O QUE OS GRANDES LIVROS ENSINAM SOBRE JUSTIÇA

O QUE OS GRANDES LIVROS ENSINAM SOBRE JUSTIÇA

Abel Fernandes Gomes
Aluisio Gonçalves de Castro Mendes
Ana Tereza Basilio
André Gustavo Corrêa de Andrade
Andréa Pachá
Calixto Salomão Filho
Camila Mendes Vianna Cardoso
Carlos Gustavo Direito
Carlos Roberto Barbosa Moreira
Cláudio dell'Orto
Claudio Lampert
Daniel Homem de Carvalho
Francisco Amaral
François Ost
Humberto Theodoro Jr.
Jairo Carmo
Joaquim Falcão
José Alexandre Tavares Guerreiro
José Carlos de Magalhães
J.M. Leoni Lopes de Oliveira
Judith Martins-Costa
Julian Fonseca Peña Chediak
Leonardo Greco
Marçal Justen Filho
Marcelo Barbosa
Maria Celina Bodin de Moraes
Maurício Almeida Prado
Miguel Reale Jr.
Nelson Eizirik
Otavio Yazbek
Patricia Ribeiro Serra Vieira
Paulo Albert Weyland Vieira
Pedro Paulo Salles Cristofaro
Ruy Rosado de Aguiar Jr.
Sergio Cavalieri Filho
Simone Schreiber
Tercio Sampaio Ferraz Jr.
Theófilo Miguel

Organização
JOSÉ ROBERTO DE CASTRO NEVES

Copyright da organização © 2019 by José Roberto de Castro Neves

Copyright © 2019 by Abel Fernandes Gomes, Aluisio Gonçalves de Castro Mendes, Ana Tereza Basilio, André Gustavo Corrêa de Andrade, Andréa Pachá, Calixto Salomão Filho, Camila Mendes Vianna Cardoso, Carlos Gustavo Direito, Carlos Roberto Barbosa Moreira, Cláudio dell´Orto, Claudio Lampert, Daniel Homem de Carvalho, Francisco Amaral, François Ost, Humberto Theodoro Jr., J.M. Leoni Lopes de Oliveira, Jairo Carmo, Joaquim Falcão, José Alexandre Tavares Guerreiro, José Carlos de Magalhães, Judith Martins-Costa, Julian Fonseca Peña Chediak, Leonardo Greco, Marcelo Barbosa, Marçal Justen Filho, Maria Celina Bodin de Moraes, Maurício Almeida Prado, Miguel Reale Jr., Nelson Eizirik, Otavio Yazbek, Patricia Ribeiro Serra Vieira, Paulo Albert Weyland Vieira, Pedro Paulo Salles Cristofaro, Ruy Rosado de Aguiar Jr., Sergio Cavalieri Filho, Simone Schreiber, Tercio Sampaio Ferraz Jr., Theófilo Miguel.

Direitos de edição da obra em língua portuguesa no Brasil adquiridos pela EDITORA NOVA FRONTEIRA PARTICIPAÇÕES S.A. Todos os direitos reservados. Nenhuma parte desta obra pode ser apropriada e estocada em sistema de banco de dados ou processo similar, em qualquer forma ou meio, seja eletrônico, de fotocópia, gravação etc., sem a permissão do detentor do copirraite.

EDITORA NOVA FRONTEIRA PARTICIPAÇÕES S.A.
Rua Candelária, 60 — 7º andar — Centro — 20091-020
Rio de Janeiro — RJ — Brasil
Tel.: (21) 3882-8200 — Fax: (21) 3882-8212/8313

CIP-Brasil. Catalogação na publicação
Sindicato Nacional dos Editores de Livros, RJ

Q35

O que os grandes livros ensinam sobre justiça / organização José Roberto de Castro Neves. - 1. ed. - Rio de Janeiro: Nova Fronteira, 2019.
720 p.; 23 cm. (Cícero)

ISBN 978-85-209-4476-9

1. Literatura - História e crítica. 2. Direito na literatura. 3. Justiça na literatura. I. Neves, José Roberto de Castro. II. Série.

19-60094	CDD: 809.933554
	CDU: 82.09:340

Meri Gleice Rodrigues de Souza - Bibliotecária CRB-7/6439

24/09/2019 27/09/2019

*Esta obra é dedicada a Luiz Olavo Baptista
e a Ruy Rosado de Aguiar Jr.*

Sumário

Introdução   13

Os irmãos Karamázov   17
    Ana Tereza Basilio

Grande Sertão: Veredas   31
    Judith Martins-Costa

O Conde de Monte Cristo   59
    Pedro Paulo Salles Cristofaro

Antígona   79
    Maurício Almeida Prado

Dom Quixote   87
    Francisco Amaral

Fahrenheit 451   103
    Cláudio dell'Orto

Elogio da Loucura   119
    Daniel Homem de Carvalho

As aventuras de Pinóquio   135
    Abel Fernandes Gomes

1984   145
    André Gustavo Corrêa de Andrade

Il processo contro Paolo di Tarso   163
    Leonardo Greco

Dom Casmurro   181
    Jairo Carmo

Os miseráveis   197
    J.M. Leoni Lopes de Oliveira

Robinson Crusoé   227
    Maria Celina Bodin de Moraes

O nome da rosa   313
    Marçal Justen Filho

Michael Kohlhaas   331
    Tercio Sampaio Ferraz Jr.

Morte e vida severina   349
    Joaquim Falcão

Apologia de Sócrates   369
    Ruy Rosado de Aguiar Jr.

Direito, legislação e liberdade   405
    Julian Fonseca Peña Chediak

Tratado das Leis e da República   413
    Carlos Gustavo Direito

Cai o pano   437
    Paulo Albert Weyland Vieira

Os sete minutos   445
    Theófilo Miguel

Eles, os juízes, vistos por um advogado   459
    Aluisio Gonçalves de Castro Mendes
    Jorge Luis da Costa Silva

O ajudante   475
    Marcelo Barbosa

Oréstia   487
    Simone Schreiber

O processo   513
    José Roberto de Castro Neves

O alienista   519
    Andréa Pachá

Assim é (se lhe parece)   527
    José Carlos de Magalhães

A ideia de justiça   545
    Calixto Salomão Filho

A balada de Adam Henry   551
    Otavio Yazbek

História da grandeza e da decadência de César Birotteau   561
    Carlos Roberto Barbosa Moreira

O ódio que você semeia   571
    Patricia Ribeiro Serra Vieira

A marca humana   583
    Nelson Eizirik

Carta aos Romanos   589
    Sergio Cavalieri Filho

O palácio da justiça   603
    Humberto Theodoro Jr.

O ESTRANGEIRO   615
    Claudio Lampert

SOUVENIRS DE LA COUR D'ASSISES   647
    Miguel Reale Jr.

DESENHA-ME UMA ILHA DE JUSTIÇA   659
    François Ost
    Tradução de Caio Liudvik

LITERATURA DO TERROR (KOESTLER, BÖLL E FRISCH)   673
    José Alexandre Tavares Guerreiro

MOBY DICK   687
    Camila Mendes Vianna Cardoso

AUTORES   709

Introdução

Vivemos no mundo das informações. Jamais a humanidade foi tão bem informada. Sabe-se imediatamente se um trem descarrilha em Jacarta, na Indonésia, ou se nasce um urso panda em algum rincão isolado da China. Porém, isso são informações, e informações se sobrepõem a todo momento — no dia seguinte, elas já terão pouca utilidade. Cultura é diferente. A cultura também engloba informações, porém, são aquelas que moldam a nossa civilização. É a informação que vem munida de valores. Na cultura se encontram os alicerces morais.

Por que entendemos que algo é certo ou errado? Por que concordamos que algo é belo ou feio, bom ou mau? O motivo é este: todos temos arraigados valores que nos foram entregues por aqueles que vieram antes de nós, que, por sua vez, receberam da geração anterior, e assim sucessivamente. Essa tradição é construída pela cultura.

E onde se encontra essa cultura?

Em primeiro lugar, nos livros. Desde que o Homem aprendeu a escrever e a armazenar seus pensamentos, os livros compõem a mais profícua fonte de cultura. A *Ilíada* e a *Odisseia* são cultura. A Bíblia é cultura. O *Tao Te Ching* é cultura. Dante, Shakespeare, Cervantes, Dostoiévski, Machado de Assis são cultura. Apenas munidos dos valores contidos na boa literatura seremos capazes de levar adiante o legado da nossa civilização.

Antes do desenvolvimento da imprensa, os textos eram copiados, para sua preservação e divulgação. Um trabalho braçal, que demandava tempo. Copiar o Evangelho, por exemplo, exigia a dedicação exclusiva de uma pessoa por mais de um ano. A Igreja, que monopolizava a informação na Alta Idade Média, mantinha em seus arquivos — normalmente mosteiros, afastados dos centros urbanos —, os textos antigos. Nos mosteiros, copiavam-se os antigos pergaminhos. Garantia-se, assim, que aquela fonte de sabedoria fosse salva.

O premiado best-seller *O nome da rosa*, do italiano Umberto Eco, profundo conhecedor do período medieval, lançado em 1980, conta a história da investigação sobre uma série de assassinatos ocorrida num mosteiro beneditino durante a Idade Média. O centro religioso guardava inúmeros manuscritos clássicos. No romance, alguns monges, intelectuais da época, com acesso ao valioso acervo e que se ocupavam de reproduzi-los, são, em sequência, encontrados mortos. Quem queria evitar que o conhecimento fosse divulgado? O romance de Umberto Eco narra como se desvenda esse mistério.

O livro termina com a menção de uma frase em latim: *stat rosa pristina nomine, nomina nuda tenemus*. A citação é uma adaptação do verso do monge de Cluny Bernardo Morliacense (século XII). O verso original é: *Nunc ubi Regulus aut ubi Romulus aut ubi Remus?/ Stat Roma pristina nomine, nomina nuda tenemus.*

Pode-se traduzir como: "E agora onde está Régulo, ou Rómulo ou Remo?/ A Roma antiga está no nome, e nada nos resta além dos nomes." Eco substitui "Roma" pela "Rosa". Assim, "A rosa antiga está no nome, e nada nos resta além dos nomes".

O texto original e a paródia de Eco fazem referência a uma corrente medieval filosófica denominada "nominalismo". O tema central dessa corrente consiste em distinguir o passageiro do eterno. A rosa é linda, e sua existência, fugaz. A rosa morrerá. O seu conceito, entretanto, permanecerá vivo.

Contudo, para que o conceito viva, temos que cultuá-lo. Em *O nome da rosa*, um dos clássicos da literatura apreciados neste livro, fica claro o combate entre os que desejam um mundo estagnado, ignorante, sem acesso à cultura, e entre aqueles que buscam o desenvolvimento novas luzes — o que se mostra possível somente com acesso à cultura.

O título *O nome da rosa* pode também ser uma referência ao famoso diálogo de Romeu e Julieta, de Shakespeare, no qual a jovem apaixonada propõe a seguinte reflexão: "Que há num simples nome? O que chamamos rosa, sob uma outra designação teria igual perfume?"

Trata-se de um convite para examinar para essência das coisas. No livro de Eco, fica claro que conhecimento é poder. Ao divulgar a cultura, dividimos o poder.

Com esta coletânea, o leitor tem nas mãos textos elaborados por expoentes do universo jurídico brasileiro, que, a partir de livros importantes na construção da nossa civilização, apontam lições de justiça. Nesta obra coletiva, promove-se uma jornada por alguns dos alicerces fundamentais da nossa história — como *Dom Quixote*, *Grande Sertão: Veredas*, *O alienista*, *Os miseráveis*, *Antígona* e *Os irmãos Karamázov*, entre muitos outros —, permitindo-se beber da mais pura fonte da cultura ocidental.

O conceito de justiça é uma construção social. Se esse conceito não for reverenciado, pode ser embotado e até mesmo perdido. Numa sociedade com tanta informação despida de carga valorativa, este trabalho, fruto do talento de seus autores, tem o propósito de garantir que seguiremos tendo a beleza e o aroma da rosa, mesmo depois de sua morte.

José Roberto de Castro Neves
Agosto de 2019

Os irmãos Karamázov

Ana Tereza Basilio

> *Como Deus e a imortalidade não existem, é permitido ao homem novo tornar-se um homem--deus, seja ele o único no mundo a viver assim.*
>
> Fiódor Dostoiévski, *Os irmãos Karamázov*, livro XI, IX

Em minha juventude, fui arrebatada por uma grande paixão: a literatura russa, em especial aquela produzida em seu apogeu realista, na segunda metade do século XIX. Esse entusiasmo, devo confessar, não foi espontâneo, nem propriamente decorreu de um profícuo impulso intelectual, incomum para a maioria dos mortais na aborrecida adolescência. A grande incentivadora do meu furor literário foi, na verdade, uma inconveniente pneumonia, que me subjugou e relegou ao repouso absoluto, por mais de um mês. E, nessa precária situação febril, só me restavam, em plena flor da idade, duas distrações: a boa leitura ou os intoleráveis programas juvenis das tardes tediosas da televisão aberta dos anos 1980.

Foi nessas circunstâncias que avancei na estante de livros de minha falecida avó. Gogol, Turguêniev, Tolstói e, por fim, Fiódor Dostoiévski me atraíram e conquistaram. Foi amor à primeira leitura, e os seus personagens me ensinaram muito sobre a natureza humana e suas vicissitudes.

Essa paixão pelos russos transformou-se, rapidamente, em amor verdadeiro com a leitura da grande obra-prima de Dostoiévski: *Os irmãos Karamázov* (em russo, братья Карамазовы). O nome Karamázov, segundo um perspicaz tradutor da obra, foi forjado a partir do vocábulo "*kara*", "castigo" ou "punição", e do verbo "*mázat*", "sujar", "pintar", "não acertar". Significaria, então, o homem que, com seu comportamento errante, vai tecendo a própria desgraça.

Em poucas obras da literatura mundial a natureza humana foi tão bem descrita e descortinada em sua complexidade. Trata-se de um verdadeiro tratado sobre a alma dos homens, com descrições esplêndidas sobre as suas fraquezas, incongruências, vícios e grandezas, de uma atualidade e perfeição desconcertantes. Sigmund Freud chegou a afirmar que "*Os irmãos Karamázov* é o romance mais grandioso jamais escrito", e muitos de seus revolucionários trabalhos científicos foram influenciados por essa obra-prima de Dostoiévski. No ensaio *Dostoiévski e o Parricídio*, escrito por Freud em 1928, o "pai da psicanálise" salienta que "na rica personalidade de Dostoiévski, é possível distinguir quatro aspectos: o escritor, o neurótico, o moralista e o pecador", e conclui, com precisão, que o autor "se entregava à experiência do mal como se o erro lhe fosse necessário para, em seguida, proclamar as mais exigências éticas, na condição de moralista". De fato, Dostoiévski era um católico fervoroso, moralista e ético, com propensões socialistas, que associava a falta de religião à eclosão dos aspectos sombrios dos homens. Certa vez disse que, se alguém o convencesse de que Cristo era contrário à "verdade", preferiria ficar com Cristo a ficar com "a verdade". Multiplicavam-se, em seu tempo, as tendências contrárias à religião, explicitadas por Nietzsche, que vai ao cerne do problema: Deus está morto como uma verdade eterna, como um ser que controla e conduz o mundo, como um pai bondoso que justifica os acontecimentos, como sentido último da existência, enfim, como uma ética, como um modo de vida, independente de sua existência ou não.

Essa obra memorável faz uma narração pormenorizada, como é característico no realismo russo, de uma testemunha ocular de fatos ocorridos em uma pequena cidade do interior da grandiosa Rússia. O narrador pede constantes desculpas ao leitor por não saber alguns fatos, por considerar a própria narrativa longa — o livro, em geral, passa de 600 páginas — e por reconhecer seu herói alguém pouco conhecido ou, até mesmo, insignificante. A narrativa não só dialoga com o leitor, mas também é onipresente e infere os pensamentos de todos os complexos personagens da obra, que retrata a geração que antecedeu os revolucionários de 1917.

No livro que o consagrou, Dostoiévski abordou temas que considerava a encarnação maléfica dos arrebatamentos modernos, identificados na figura do homem-deus: o ateísmo, o liberalismo, o socialismo e o niilismo, que ameaçavam a Rússia católica e ortodoxa do final do século XIX. E o personagem de *Os irmãos Karamázov* que incorpora essas pulsões deletérias da modernidade é o filho mais velho de Fiódor Karamázov, o intelectual e filosófico Ivan.

O pai, Fiódor Pávlovitch Karamázov, é um incorrigível libertino, mau caráter, jogador e infame. A descrição da personalidade do velho Karamázov já é suficiente para gerar a aversão do leitor. Casou-se duas vezes, interessado nos dotes de suas ricas esposas, e teve três filhos legítimos e um ilegítimo. Sua primeira esposa, mãe do primeiro filho, Dimitri, o abandona e abdica também do filho de três anos de idade. Dimitri foi, então, criado por servos e, posteriormente, esquecido pelo pai e deixado com um parente. A segunda esposa do patriarca deu à luz dois filhos, Ivan e Alieksiéi, e posteriormente morreu louca. Ivan e Alieksiéi, carinhosamente apelidado de Alióch, assim como Dimitri, também foram abandonados e esquecidos pelo pai.

O início do romance apresenta a família Karamázov e relata a história de seu passado distante e recente. Narra, ademais, o encontro dos três filhos de Karamázov em sua cidade natal, depois de longo período separados. Três personalidades absolutamente distintas e densas: Dimitri, um *bon vivant*, impulsivo, apaixonado, com tendências ora para o bem ora para o mal; Ivan, um intelectual ateu, com propensões filosóficas e niilistas; e Alióchá, o mais novo, monge sereno, generoso, conciliador e compassivo. Alióchá é, claramente, o personagem favorito do autor, que lhe atribuiu o nome de seu querido e falecido filho, e o único que se relaciona bem com todos os familiares. O quarto filho, Smierdiakóv, nasceu de um cruel estupro. Karamázov, após uma aposta com amigos, violentou uma mendiga com problemas mentais. Smierdiakóv não foi reconhecido pelo pai e trabalhava na casa da família na cozinha, como servo. É um personagem obscuro e invejoso, profundamente ressentido com a vida confortável de seus três irmãos.

O livro dois começa narrando a chegada da família Karamázov ao mosteiro local, onde reside Alióchá. O propósito da visita seria submeter ao sábio Stárietz Zossima o papel de mediador entre Dimitri e seu pai Fiódor, que estavam em litígio com relação à herança materna de Dimitri. Vários e profundos temas são abordados: o amor, a humanidade e a falta de amor ao próximo, a questão do amor atuante e a necessidade de se perceber em si as próprias falhas, como menciona Zossima a uma senhora: "O que lhe parece mau na senhora mesma está purificado pelo simples fato de que o notou na senhora." A tentativa de conciliação, no entanto, foi frustrada, e o conflito entre Dimitri e Fiódor se agrava.

O terceiro livro, por sua vez, versa sobre o triângulo amoroso que irrompe entre Fiódor, Dimitri e a atraente Grúchenka, piorando o embate entre pai e filho. A personalidade de Dimitri é explorada na conversa entre ele e Alióchá, quando Dimitri se esconde perto da casa do pai para ver se Grúchenka chegará. Nessa mesma noite, Dimitri invade a casa do velho Karamázov e o agride. Chega, inclusive, a ameaçar voltar e matá-lo.

Em seguida, o quarto livro apresenta uma história secundária, que ressurgirá em mais detalhes adiante no romance. Começa com Alióchá observando um grupo de meninos atirando pedras em um de seus colegas, Iliúcha, frágil e doente. Quando Alióchá chama a atenção dos meninos e tenta ajudar, Iliúcha morde o dedo de Alióchá. Mais tarde, fica-se sabendo que o pai de Iliúcha, um capitão reformado chamado Snieguirióv, foi atacado por Dimitri, que o arrastou pela barba para fora de um bar. Aliócha logo toma conhecimento dos infortúnios de Snieguirióv e oferece ao capitão reformado dinheiro como reparação pelos atos de seu irmão e para ajudar sua esposa doente e seus filhos. Após inicialmente aceitar o dinheiro com alegria, Snieguirióv atira-o de volta para Aliócha, movido por orgulho.

No quinto livro é exposta a ideologia racionalista e niilista do intelectual Ivan Karamázov em dialogos com seu irmão Aliócha, travados em um restaurante. Ivan revela-se o homem-deus, ou seja, aquele que, tendo em si a capacidade de produzir obras de imenso valor para a humanidade, tem o direito ilimitado de burlar as leis morais. Ou, ainda, de simplesmente ignorá-las, para conseguir realizar o que pretende. O homem-deus (também denominado homem-ideia) não se submete às leis que governam os outros homens, pois está acima de todos. Assemelha-se ao homem extraordinário descrito pelo personagem central de Dostoiévski no clássico *Crime e castigo*, Raskolnikov, um jovem estudante de Direito que, por dinheiro, assassina uma agiota. No entanto, ele acaba matando também, por acidente, a irmã da agiota, uma moça inocente e gentil.

No capítulo do quinto livro intitulado "Rebelião", Ivan proclama que rejeita o mundo que Deus criou, porque foi erguido sobre uma base de sofrimento. E no capítulo mais famoso do romance, "O Grande Inquisidor", Ivan narra para Aliócha, em conversa travada em um bar, um poema de sua autoria, que descreve o encontro de um cardeal, líder da Inquisição Espanhola em Sevilha, com Jesus, que retornou à terra. Jesus é rejeitado pelo homem, que o lança na prisão. Jesus, aprisionado, nada fala, e o Grande Inquisidor profere seu monólogo, explicando a Cristo que a Igreja não tem necessidade de sua presença e que seu retorno imprevisto só atrapalharia a salvação da humanidade. O diálogo entre o Inquisitor e Jesus é um dos trechos mais célebres da majestosa obra-prima de Dostoiévski.

De Rubem Alves vem uma profunda e grandiosa exposição desse colóquio:[1]

Jesus havia voltado à terra e andava incógnito entre as pessoas. Todos o reconheciam e sentiam o seu poder, mas ninguém se atrevia a pronunciar o seu nome. Não era necessário. De longe, o Grande Inquisidor o observa no meio da multidão e ordena que ele seja preso e trazido à sua presença. Então, diante do prisioneiro silencioso, ele profere a sua acusação: *não há nada mais sedutor aos olhos dos homens do que a liberdade de consciência, mas também não há nada mais terrível. Em lugar de pacificar a consciência humana, de uma vez por todas, mediante sólidos princípios, Tu lhe ofereceste o que há de mais estranho, de mais enigmático, de mais indeterminado, tudo o que ultrapassava as forças humanas: a liberdade. Agiste, pois, como se não amasses os homens... Em vez de Te apoderares da liberdade humana, Tu a multiplicaste, e assim fazendo, envenenaste com tormentos a vida do homem, para toda a eternidade* (...) O Grande Inquisidor estava certo. Ele conhecia o coração dos homens. Os homens dizem amar a liberdade, mas, de posse dela, são tomados por um grande medo e fogem para abrigos seguros. A liberdade dá medo. Os homens são pássaros que amam o voo, mas têm medo dos abismos. Por isso, abandonam o voo e se trancam em gaiolas. Somos assim: sonhamos o voo, mas tememos a altura. Para voar é preciso ter coragem para enfrentar o terror do vazio. Porque é só no vazio que o voo acontece. O vazio é o espaço da liberdade, a ausência de certezas. Mas é isso o que tememos: o não ter certezas. Por isso, trocamos o voo por gaiolas. As gaiolas são o lugar onde as certezas moram. É um engano pensar que os homens seriam livres se pudessem, que eles não são livres porque um estranho os engaiolou, que eles voariam se as portas estivessem abertas... A verdade é o oposto. Não há carcereiros. Os homens preferem as gaiolas aos voos. São eles mesmos que constroem as gaiolas em que se aprisionam... Deus dá a nostalgia pelo voo. As religiões constroem gaiolas. Os hereges são aqueles que odeiam as gaiolas e abrem as suas portas para que o Pássaro Encantado voe livre. Esse pecado, abrir as portas das gaiolas para que o Pássaro voe livre, não tem perdão. O seu destino é a fogueira." Palavras do Grande Inquisidor.

O Grande Inquisidor afirma que Jesus não deveria ter dado ao homem o pesado ônus do livre-arbítrio. Ao final dessas discussões, Jesus, silenciosamente, dá um passo à frente e beija, com seu puro amor, o velho homem nos lábios. O Grande Inquisidor, atônito e comovido, ordena que Ele nunca mais volte ali e o solta. Aliócha, após ouvir a história, vai até Ivan e o beija suavemente, com uma emoção inexplicável. Ivan grita de alegria, porque o gesto de Aliócha foi tirado diretamente de seu poema. Segundo reconhece Sartre, Dostoiévski lançou, nesse famoso capítulo do livro, a semente do movimento filosófico existencialista do século XX.

O sexto livro relata a história do sábio Stárietz Zossima, em seus últimos momentos de vida. Zossima narra que encontrou sua fé em sua juventude rebelde, em meio a um duelo a partir do qual decidiu tornar-se monge. Zossima prega que as pessoas devem perdoar umas as outras, ao reconhecer seus próprios pecados e culpa perante seus semelhantes. Salienta que nenhum pecado é isolado, tornando todos responsáveis pelos pecados de seus vizinhos. "Tudo é como o oceano, tudo corre e se toca, tu tocas em um ponto e teu toque repercute no outro extremo do mundo." Zossima representa uma filosofia que responde à de Ivan, desafiadora da criação de Deus, exposta no livro anterior.

O sétimo livro começa após a morte de Zossima. Acreditava-se, na cidade e no mosteiro, que os corpos de homens realmente santos são incorruptos e, por conseguinte, não sucumbem à putrefação. Assim, a expectativa geral em torno de Zossima é que seu falecido corpo não se decomponha. A cidade inteira fica chocada quando constata que o corpo do sábio não só se decompõe, como começa o processo quase imediatamente após sua morte. No primeiro dia, o cheiro do corpo de Zossima já é insuportável. Para muitos, isso põe em dúvida sua santidade. Aliócha fica particularmente devastado pela mancha na imagem de Zossima devido à mera decomposição de seu corpo morto. Um dos monges do mosteiro, Rakítin, diante do desconsolo de Aliócha, planeja um encontro entre ele e a voluptuosa Grúchenka. Mas Aliócha não se corrompe nessa cilada; ao contrario, consegue renovar sua fé e esperança com Grúchenka, enquanto a mente atribulada da mulher começa a trilhar uma verdadeira e sincera redenção espiritual, justamente em razão da amorosa influência do doce Aliócha. Esse livro termina com a regeneração espiritual de Aliócha ao abraçar e beijar a terra fora do mosteiro. Ele chora convulsivamente até finalmente voltar ao mundo, como instruído por Zossima, renovado e feliz.

No livro oitavo é retratada a busca desenfreada de Dimitri por dinheiro, para que possa fugir com a amante do pai, Grúchenka. Dimitri deve dinheiro à sua noiva Catierina e se vê na obrigação moral de devolvê-lo antes de fugir com outra mulher. Essa procura desmedida por dinheiro leva Dimitri a uma cidade vizinha, em busca de uma falsa promessa de negócio vantajoso. O grande receio de Dimitri é o de que Grúchenka acabe cedendo ao assédio do velho Karamázov, seu pai, já que ele dispõe de mais recursos financeiros para dar à amada uma vida confortável. Mas quando Dimitri retorna de seu negócio fracassado, Grúchenka esquiva-se de um encontro marcado. Furioso e descontrolado, Dimitri corre até a casa do pai com um pilão de cobre na mão e o vê pela janela. Assolado de ódio e rancor, ele acaba por se afastar da residência. Em sua saída das terras do velho Karamázov, encontra o servo Grigori e o atinge na cabeça com o pilão. Dimitri é, posteriormente, visto atordoado na rua, coberto de sangue, com um volume de dinheiro na mão. Ao ser informado de que Grúchenka estaria em Mókroie, uma aldeia próxima, Dimitri vai à sua procura. Quando os dois se encontram, Grúchenka revela a Dimitri sua paixão por ele. E enquanto Dimitri e Grúchenka estão festejando seu reencontro e fazendo planos de casamento, a polícia localiza Dimitri e o prende, sob a acusação de ter assassinado o próprio pai, Fiódor Karamázov.

O nono livro narra o interrogatório de Dimitri e a sua afirmação de que não cometeu o crime. Também descreve detalhes sobre o assassinato do velho Karamázov. A acusação contra Dimitri lhe atribui a prática de latrocínio. Afinal, Dimitri sabidamente estava sem dinheiro nenhum no início daquela noite, mas foi visto na rua com muitas notas de rublos logo após o assassinato do pai. Por outro lado, os três mil rublos que Fiódor Karamázov havia reservado para presentear Grúchenka despareceram. Dimitri esclarece, então, que o dinheiro que possuía naquela noite era aquele que sua noiva Catierina lhe entregara, para que enviasse à irmã dela. Essa seria parte da verba que gastou em seu encontro com Grúchenka; a outra parte, costurou em um saco, pretendendo devolvê-la a Catierina. Mas todos os indícios do crime recaíam sobre Dimitri. A única outra pessoa presente na casa do velho Karamázov no momento do assassinato era Smierdiakóv, que estava incapacitado devido a um ataque epiléptico que sofrera no dia anterior. Como resultado das provas inegáveis contra ele, Dimitri é formalmente acusado de parricídio e levado à prisão para aguardar o julgamento.

O livro dez retoma a história dos meninos violentos e Iliúcha, mencionada no quarto livro. O menino Kólia é descrito como um aluno brilhante, que proclama seu ateísmo, socialismo e crença nas ideias niilistas, então em voga na Europa. Sua descrição muito se assemelha à personalidade de Ivan Karamázov. Kólia está entediado com a vida e constantemente assusta a mãe com suas perigosas peraltices. Como parte de uma brincadeira, Kólia deita-se entre os trilhos de uma ferrovia enquanto o trem passa por cima e torna-se uma espécie de ídolo da garotada devido à façanha. Todos os outros meninos respeitam Kólia, especialmente o menino Iliúcha, cada vez mais doente e frágil. Kólia e Iliúcha tiveram uma desavença, porque Iliúcha maltratou um cachorro, dando-lhe pão com um alfinete dentro, por sugestão de Smierdiakóv. Mas, graças à intervenção de Aliócha, os meninos se reconciliaram. Kólia visita o amigo doente e mantém um magnífico diálogo com Aliócha, por meio do qual começa a reavaliar suas crenças niilistas.

Já o livro onze começa descrevendo a influência deletéria de Ivan Karamázov sobre aqueles que com ele convivem e narra o desenvolvimento de sua progressiva loucura. Em trecho de grande dramaticidade, o servo e meio-irmão Smierdiakóv encontra-se com Ivan e acaba por confessar que havia simulado seu ataque epiléptico, assassinado o velho Karamázov e roubado os três mil rublos que sumiram. E Smierdiakóv afirma a Ivan que ele teria sido, na verdade, seu cúmplice ideológico no parricídio, já que lhe transmitiu a crença de que, em um mundo sem Deus, tudo seria permitido. E foi após essa traumática reveleção que Ivan, febril e desnorteado, é visitado pelo próprio diabo, descrito com um *gentleman*, bem-vestido e muito educado, que ironiza suas crenças niilistas. Alióicha, então, vai ao encontro de Ivan e informa que o meio-imão Smierdiakóv se suicidou logo após o encontro que tiveram.

O julgamento de Dimitri Karamázov é descrito no livro doze. O drama na sala de audiência da corte local é objeto de comentários irônicos de Dostoiévski. O grupo de homens que assistiam ao julgamento é descrito pelo autor como raivoso e vingativo. Já o público feminino é composto por senhoras, atraídas pelo romantismo da história de amor entre Dimitri, Catierina e a sedutora Grúchenka. A loucura toma conta de Ivan e ele é carregado para fora da sala do tribunal após narrar a confissão de seu meio-irmão, o parricida Smierdiakóv. Catierina, noiva do acusado, no entanto, presta depoimento contundente contra Dimitri e exibe comprometedora carta escrita por ele, em estado de embriaguez, na qual afirma que mataria o velho Karamázov. A sessão de julgamento chega a termo, e a sentença anunciada culpa Dimitri pelo terrível latrocínio do próprio pai. A pena é de vinte anos de trabalhos forçados na Sibéria. Punição, aliás, similar à imposta ao próprio Dostoiévski pelo regime czarista, em abril de 1849, por participar do Círculo Petrashevski e pregar o fim da servidão na Russia.

A última parte do livro se inicia com a elaboração de um plano de fuga para Dimitri, que estava se recuperando em um hospital antes de ser enviado para a Sibéria. A estratégia de fuga previa que Ivan e Catierina subonariam policiais. Alióicha aprova a iniciativa, já que o irmão condenado estava enfermo e não suportaria o cumprimento de tão penosa sentença. Além disso, ele reconhece que Dimitri é inocente e que nenhum guarda seria ferido. Dimitri e sua amada Grúchenka planejam fugir para a América por alguns anos e depois retornar à Rússia, utilizando-se de nomes falsos, pois não pretendiam viver fora de sua pátria.

Catierina visita Dimitri no hospital, após receber seus enfáticos apelos pelo encontro. Realizada a visita, Dimitri pede desculpas à esposa por tê-la magoado; ela, por sua vez, pede desculpas por ter apresentado no julgamento a carta que ele escreveu embriagado. A magnífica obra termina com o funeral do menino Iliúcha. Aliócha profere, ao se despedir do falecido, o notável "Discurso junto à pedra". Em sua emocionada fala, Aliócha afirma que todos os meninos presentes estão em seu coração e lhes roga que amem uns ao outros e que sempre recordem Iliúcha, mantendo sua lembrança viva em seus corações. Aliócha arremata sua fala com a promessa cristã de que um dia se reunirão após a prometida ressurreição. Chorando, os doze meninos prometem cumprir aquilo que Aliócha lhes pede, dão as mãos e gritam juntos: "Hurra, Karamázov!" E assim termina uma das mais extraordinárias obras da literatura mundial, *Os irmão Karamázov*.

A trama central da obra é o assassinato do patriarca Fiódor Pávlovitch Karamázov por seu filho bastardo e servo, Smierdiakóv, constantemente maltratado e humilhado pelo pai. O mais impactante, no entanto, é a confissão de Smierdiakóv a Ivan Karamázov de que o que motivou o terrível crime teria sido o artigo por ele escrito, no qual defendeu a ideia de que "se Deus não existe, tudo é permitido". Na inexistência de um Criador, de um grande Ser moral, o assassino Smierdiakóv não se via como um degenerado, nem mesmo como um abjeto parricida, mas sim como um verdadeiro homem-deus (ou seja, o homem-ideia ou o homem extraordinário) a quem tudo é permitido. Aterrorizado pela confissão do meio-irmão, atacado por culpas atrozes, Ivan mergulha em uma febre nervosa na qual, em meio a uma alucinação, dialoga com o próprio demônio.

"Se Deus não existe e a alma é mortal, tudo é permitido" é um enunciado essencialmente racional e representa um diagnóstico do homem moderno. Dostoiévski anuncia a desgraça daqueles que deixaram de acreditar em Deus e, por isso mesmo, passaram a acreditar em qualquer filosofia humana. A principal mensagem do autor é a de que o contato com Deus fortalece o intelecto nas mais íntimas estruturas lógicas e práticas de sua natureza, e sua ausência o desequilibra.

Não se trata do lamento de uma mente frágil, mas sim de uma perspectiva que se desenvolveu no final do século XIX, na qual Nietzsche — inegavelmente inspirado em Dostoiévski — decretou, no âmbito de sua filosofia, a morte de Deus. A temática, primorosamente lançada por Dostoiévski, envolve as seguintes reflexões: se não há Deus, quem velará por nós? Se não há Deus, quais serão as nossas balizas éticas e morais? Terá o homem a capacidade de, sem a divindade, autorregular sua conduta simplesmente através da lei? Sem Deus, as regras dos Dez Mandamentos não são impositivas e as lições de Jesus sobre as leis do Criador, a vida após a morte e as consequências de nossas ações deixam de ser freios às nossas condutas; assim, tudo é permitido e nada é vedado. É esse o abismo moderno que Dostoiévski expõe, com genialidade, em *Os irmãos Karamázov*.

Essa tendência, de fato, chegou a seu extremo nos personagens que deflagraram as duas grandes guerras mundiais. Mas foi Dostoiévski o primeiro grande escritor da era moderna a perceber o surgimento do homem-deus (ou homem-ideia) dos seres ideológicos, os quais vivem, matam e morrem em função de uma causa desvinculada de injunções religiosas e pautada por sua própria e subvertida ética. Hitler convenceu-se de que seria um homem-deus. Stálin e Mussolini, de certa forma, também encarnaram essa mesma expectativa. Os homens-ideia do nosso século, os nazifascistas, os comunistas, os liberal-imperialistas, transformaram nosso mundo numa grande arena ideológica, eliminando dela tudo aquilo que, em algum momento, lhes pareceu contrário a suas pretensões e perspectivas.

A razão materialista de Ivan Karamázov e o seu ceticismo, por outro lado, descortinam a inconsistência do imperativo categórico universal de Kant, segundo o qual haveria leis éticas a regerem a conduta humana, pautadas pelo ensinamento de Jesus, segundo o qual só seria justo atuar de acordo com o padrão de tratamento que se espera ter dos demais. Sem Deus, perde-se a forma absoluta do juízo moral e estamos sós no universo infinito. Na crítica à ética utilitarista, Dostoiévski salienta o caráter "científico" da revolução niilista fundamentada nas ciências sociais. E se tudo é construído, toda desconstrução é racionalmente permitida. Além de desconstruir, sabemos construir? O homem poderia criar seu próprio paradigma? A modernidade achou que sim. Mas essa dúvida ainda é atual.

Notas

1   ALVES, Rubem. "Palavra de Grande Inquisidor", *Correio Popular*, Campinas/SP, 22/5/2005.

Grande Sertão: Veredas

Judith Martins-Costa

> *Quizás la historia universal es la historia de unas cuantas metáforas.*
>
> Jorge Luis Borges, *Otras inquisiciones*

Introdução:[1]

Lei e contrato são duas categorias fundamentais do pensamento jurídico, da psicanálise, da sociologia e da teoria política. Formam uma díade de opostos, para Bobbio, verdadeiramente dicotômicos.[2] São metáforas da heteronomia e da autonomia, traduzidas pelas linhas vertical e horizontal. São categorias por vezes confundidas, como ocorre na *lei negociada*, *lei aliança*, *lei dialógica* resultante do reconhecimento da alteridade, ou — em registro inverso — nos *contratos ditados*, os contratos impostos, negócios performativos a impor ao fraco a força do forte.

O imaginário do sertão mineiro pode elucidar essas categorias, apresentando pelas veredas da memória sertaneja, nos tortuosos caminhos da identidade brasileira, um sentido próprio em que a criação literária pode mesmo preencher o conceito jurídico. Partamos, pois, dessa díade — lei e contrato — para tentar evidenciar o sentido do pacto — na realidade, dos pactos — do "Sertão", tendo como fio condutor duas "ideias-força": (I): no "Sertão" não são concebíveis contratos. No "Sertão" roseano há, sim, pactos, sejam de aliança, sejam de submissão. (II) No "Sertão", não há contratos porque lá vige a lei do costume ancestral — lei mágico-performativa que desconhece a argumentação igualitária —, mas uma travessia é possível, pelo pensamento, pela palavra, que instaura o julgar racional.

I. O SERTÃO E OS PACTOS

Conquanto célebre o pacto nas Veredas-Mortas entre Riobaldo e o Sem--Nome, *Grande Sertão: Veredas* contém outros, como o trágico pacto de amizade-amor feito entre Riobaldo e Diadorim. Tentemos discernir, na tipologia de pactos: (1) as condições que os tornam pensáveis, (2) compreendendo por que os contratos — acordos de igualdade e de liberdade — aí não podem ter lugar.

A) As condições dos pactos
Sobre *Grande Sertão: Veredas*, Kathrin Rosenfield observa:

> Não há, a meu ver, maneira mais convincente e tocante de mostrar concretamente o que é o sujeito moderno — ou, melhor, o que ele não é — do que o *Lance de Dados* de Mallarmé. Ele não é o centro, a causa e a origem do seu discurso e dos seus atos, mas apenas o resultante de um processo de pulsações que ritmam um material aleatório (...) É permanente, do início ao fim do romance, o tema-imagem do lance: do gesto criador de acontecimentos, ações

e pensamentos que escapa, no entanto, totalmente da vontade e determinação do sujeito.³

Mas se o lance é incompatível com a autodeterminação, e o Sertão é o espaço do lance, é impossível pactuar no Sertão? Quais são os significados dos pactos?

No começo, foi o *pacto-obediência*, quase um pacto-lei, entre Deus, Adão e Eva, pelo qual se ajustou a obediência à regra da insciência em troca do bom viver no Paraíso. Mas em seguida iniciou-se a fértil dinastia dos *pactos-aliança*, como entre Eva e a Serpente, entre Noé e Deus. Há, ainda, o *pacto instituinte*, como o ajustado entre Deus e Moisés, resultando nas Tábuas da Lei.⁴ Nem todos os pactos são o mesmo pacto.

A literatura nos aponta, com os muitos *Fausto*, a existência de um *pacto de alienação* — nos Faustos anteriores ao de Goethe — e de um *pacto de liberação*, na epopeia goethiana. A filosofia política acrescenta: o *pactum associationis* do moderno contratualismo não é o mesmo que o *pactum subjectionis* hobbesiano⁵ que sucede ao *pactum unionis* já cogitado por Francisco Suarez.⁶

O *pacto de associação* — embasado em relações do tipo cooperativo — tem muitas veredas, podendo levar ao pacto da liberdade que situa o direito, kantianamente, como condição da liberdade e da coexistência de liberdades entre sujeitos iguais. Pode também conduzir — para Suarez e para Hobbes — ao *pacto da sujeição* que completa o mito fundador. Se, no início, todos os homens viviam no Estado natural "sem estarem sujeitos a qualquer lei", a luta de uns contra os outros era constante, de modo que, a fim de escapar a esse estado de guerra, os indivíduos pactuaram — após se unir — a cessão de seus direitos a um só, desde que suficientemente forte para protegê-los contra a violência, dando origem a uma sociedade política, o Estado.

Forma peculiarizada de sujeição é a alienação de si próprio. Analisando o *Volksbuch*, editado em Frankfurt em 1587, e o *Fausto* de Marlowe, de 1593 — época de ouro dos "livros do Diabo" (*Teufenlsbücher*) e da caça às bruxas que ensanguentou a Europa —, François Ost observa:

"não que a imagem do Pacto diabólico seja uma invenção do século XVI: a novidade é que desta vez o Diabo triunfa sobre suas vítimas."[7] Em ambos, o protagonista recebe o "salário merecido" de sua "desmedida curiosidade culpável", o terrível castigo da alienação que é a transposição da propriedade de si próprio, seja pela venda, seja pela doação.

O *Fausto* de Goethe, diversamente, se apresenta como um ser livre, imago do moderno contratualismo que imperará nos códigos de leis posteriores à Revolução Francesa, inaugurados pelo *Code Napoléon*, de 1804, do qual é contemporâneo. Não exatamente livre do pacto, mas o *triunfador da aposta* que, por isso, pergunta, ao final, inebriado pela liberdade: "Serei eu um Deus?"[8] Esta pergunta não faria Riobaldo, que sonha, todavia, com a autocriação: "Mire veja: o mais importante e bonito, do mundo, é isso: que as pessoas não estão sempre iguais, ainda não foram terminadas — mas elas vão sempre mudando."[9]

Seja como for, os pactos diferem dos contratos. A história do Direito esclarece: a estes — e só a estes — está ligada a possibilidade de uma coerção que vem de fora. Os pactos, diferentemente, se cumprem ou não se cumprem por força apenas de seus próprios protagonistas.[10] Atos de apropriação do futuro,[11] os contratos têm — desde o direito romano — a proteção da *actio*, a proteção do direito, ordem heterônoma por excelência, humano mecanismo tutelar da estabilidade das expectativas, da possibilidade de se confiar em alheias promessas: não por acaso, em Roma, os contratos eram celebrados com a invocação da deusa Fides, admitida para cidadãos e não cidadãos, deusa que tinha a sua sede na palma da mão direita, concluindo-se os negócios com um aperto das destras (*dexterarum porrectio*) — gesto que ainda hoje repetimos.

Essa proteção heterônoma se dá aos contratos — e não aos pactos — porque a civilização dos contratos está ligada à ideia do homem como animal de *trocas de coisas prometidas*, que apenas se consolidou quando foi possível o câmbio tanto dentro das cidades como entre cidades, depois de estabelecido um mínimo de segurança de um largo espaço, isto é: quando saímos do solipsismo sertanejo e o ar da *polis* começa a sua tarefa libertária. Por isso, ao contrário dos pactos, que implicam *hybris*[12] — o exagero, o ilimitado, a onipotência, a desmedida que está em os humanos se arrogarem poderes divinos —, os contratos podem ser vistos como atos do homem racional, que calcula, reflete e prevê.

B) Pacto e contrato

Hoje se entende, no Direito, que os contratos constituem, precipuamente, *atos de comunicação*[13] pelo qual as pessoas intentam enquadrar a vida social dos negócios privados de acordo com os princípios da autonomia, da imputação responsável dos próprios comportamentos e da confiança, pressuposto da própria sociabilidade.[14] Contratos são atos de intersubjetividade, somente tornados possíveis quando percebemos — como Mário de Sá-Carneiro — que "eu sou eu e o outro", mero "pilar da ponte" "que vai de mim para o outro".[15]

Antes ainda da intersubjetividade, a categoria da *pertença ao grupo* pode ser cifrada em duas chaves, tornadas clássicas pela proposição de Henry Sumner Maine em 1861: o *status* e o *contrato*. Para Maine, toda a história do Direito no Ocidente — vale dizer, toda a história de nossa civilização — era o caminho da passagem entre o *status* e o *contrato*, então considerado como o fim, inultrapassável, de um progresso histórico que arrancaria o homem das sujeições do *status* para conduzi-lo à emancipação, vigentes apenas os laços voluntariamente assumidos.

Nas sociedades arcaicas, as relações entre os homens (o seu "modo de estar na sociedade") eram determinadas pela pertença de cada um a cada família ou grupo: tribo ou *jus sanguinis*, clã ou bando — como os hermógenes, os ramiros e os bebelos que deixam sem individuação os indivíduos componentes dos seus bandos.

Se não há individuação, não há comutação. A civilização do *status* não conhece a correspectividade que virá com a troca. No *Essai sur le Don*, mostra Marcel Mauss que, antes da troca, era a doação.[16]

Em alguns sistemas jurídicos, doação não é sequer considerada contrato. Nos sistemas como o brasileiro, que a incluem na taxionomia contratual, há a qualificação necessária: "contrato *sui generis*", diz a doutrina, como se carecesse ainda de remarcar a especificidade, já apontada na letra codificada.[17] Na doação, há certa retribuição — como a que ocorre no *pactum subjectionis* —, mas não há equivalência entre prestação e contraprestação.

Equivalência é uma noção que vem da Antiguidade grega, que inventou o termo *synallagma*, cada *synallagmata* significando a reciprocidade proporcional. Conquanto a relação entre iguais devesse obedecer ao critério da justiça comutativa — isto é, a um equilíbrio fundado na igualdade aritmética[18] —, a reciprocidade como espécie de justiça implicaria, nas "transações de trocas", a igualdade proporcional e a ação recíproca, "porquanto é pela retribuição proporcional que a cidade se mantém unida".[19] Daí a ideia segundo a qual, num contrato, a prestação de uma das partes deve ser *correspectiva* à outra parte que está no fulcro da Teoria da Causa Sinalagmática contratual[20] e da *consideration* do Direito anglo-saxão.[21]

Foram os romanos, todavia, que legaram a noção de o contrato consistir numa obrigação individual, comutativa, mútua e dotada de conteúdo avaliável economicamente. *Contrahere*, o verbo, designava "obrigar-se mutuamente", a expressão *negotium contractus* aludindo aos efeitos de uma obrigação contraída em relação ao outro sujeito contratante. O termo *contractus*, etimologicamente de *contrahrer*, "puxar juntos" — traduzindo, daí, justamente a ideia de uma relação de esforço comum, isto é, uma *relação de mútua cooperação* —, designava, aliás, justamente os acordos, reconhecidos como obrigatórios porque providos de *actio*, isto é, a possibilidade de se recorrer à jurisdição, assim se distinguindo de outros acordos (os *pacta*) não obrigatórios porque desprovidos de ação: *ex nudo pacto nulla nascitur actio*.

A noção romana consolidou-se no léxico jurídico, de modo que, ainda hoje, o contrato supõe alteridade, reciprocidade, separação ou estraneidade entre sujeitos contratantes e objeto contratado e ainda a determinação — ou, ao menos, a determinabilidade pelo gênero ou quantidade — desse mesmo objeto.[22] Foram os romanos os primeiros a distinguir, entre as categorias jurídicas, as pessoas e as coisas. No contrato, o objeto, distinto do sujeito e determinado, é justamente o fator de transformabilidade do dado, o que o distingue dos *pactos-aliança* — como os casamentos —, em que a mobilidade está na pessoa do pactuante ou é por ela alcançada, tal qual a aliança com Deus, que levaria enfim à Terra Prometida.

Se esses são os traços da noção jurídica de contrato, creio que no "sertão" é impossível contratar.

Se pode, é bem verdade, tratar alianças, como aquela existente — em algum nível do discurso — entre Diadorim e Riobaldo, aliança de amor, de mútuo socorro que desliza em uma perdição. No "sertão", é impossível contratar, seja porque o outro contratante (o Demo) é o que não existe[23] — e, se existe, é a gente mesmo, está dentro da gente[24] —, seja porque o objeto (a alma) "não é vendível",[25] seja, enfim, porque a "lógica do bando" é incompatível com a lógica do contratante, ser civil por definição.

Busquemos, no texto, a irrefutável lógica jurídica de Riobaldo.

> *Que-Diga*? Doidera. A fantasiação (...)[26] "O Arrenegado, o Cão, o Cramulhão, o Indivíduo (...) Pois, não existe! E, se não existe, como é que se pode se contratar pacto com ele?[27]

Se não há sujeito contratante, não pode haver contrato. Ademais, não há objeto contratável. Como se tivesse lido o *Tratado de Direito Privado* de Pontes de Miranda ou dominasse a Teoria da Impossibilidade Inicial, posta com todas as letras na Parte Geral do Código Civil,[28] Riobaldo questiona: "Posso vender essas boas terras, daí de entre as Veredas-Quatro — que são dum senhor Almirante, que reside na capital federal? Posso algum!?"[29]

Na mesma lógica, outro argumento se ajunta: "Se tem alma, e tem, ela é de Deus estabelecida, nem que a pessoa queira ou não queira. Não é vendível."[30] A própria ideia de vender a alma é uma impossibilidade anacrônica. Se alguém quer vendê-la, "é porque ela já estava dada vendida, sem se saber; e a pessoa sujeita está só é certificando o regular dalgum velho trato — que já se vendeu aos poucos, faz tempo".[31] E repete: "Será que, nós todos, as nossas almas já vendemos? Bobeia, minha. E como é que havia de ser possível? Hem?!"[32]

Mas não é impossível o contrato não apenas pela ausência de sujeito e de objeto. No sertão roseano, o contrato é uma categoria verdadeiramente *impensável*, seja se seguirmos a categorização jurídica, seja se adotarmos a noção de contrato como categoria da filosofia política.

No Direito — já o vimos — o contrato designa, desde os mais arcanos significados romanos, uma *relação de cooperação* criada e desenvolvida a fim de regulamentar transações socialmente úteis para a (e na) vida da *polis*. Na filosofia política, por sua vez, as mais antigas origens do termo dão conta de seu emprego pelos sofistas, para quem a cidade só existe em razão de decisões que os homens tomam de comum acordo.[33] O contratualismo moderno colocou em relevo a ideia do homem como um ser capaz de razão e vontade, dando a si mesmo — e à cidade — as suas leis.[34] Assim sendo, o que deriva da noção de contrato num e noutro caso é a ideia de uma categoria social, socializante e socializadora, fundadora do *mundo em comum* que caracteriza a *polis*.[35] Por isso, concordo com Kathrin Rosenfeld ao perceber que, no lugar do pacto-contrato — promessa civilizatória —, o sertão só permite o *lance*, o texto roseano transformando "a antiga ideia de um sujeito racional e lógico no sentido de um agente emissor de lance de dados, jogador que transforma dados contingentes em figuras que são a expressão de um 'processo de ser/estar' indeterminado e maleável."[36]

Daí a razão pela qual *Grande Sertão: Veredas* promove, diz Kathrin Rosenfeld, o "sumiço do sujeito", quase nada sobrando "do tema tradicional do pacto fáustico que pressupõe um sujeito pleno, dotado de vontade, consciência, conhecimento."[37]

Com efeito, a *lógica do bando* que domina as ações dos jagunços é a lógica da *dissolutio civitatis*, puro "estado da natureza", vestígio de vida primitiva e pré-social. O que o *bando* mantém unidos, explica Agamben, "são justamente a vida nua e o poder soberano". Por essa razão, afirma, é *impossível* pensar em contratos, cabendo "dispensar sem reservas todas as representações do ato político originário como um contrato ou uma convenção."[38]

Se é impossível o contrato, será possível a lei?

II. O sertão e a lei

Se no sertão não são possíveis contratos, há de haver a lei. Essa não é, todavia, a lei moderna, igualitária, iluminista.[39] É a arcaica lei do costume de insondáveis razões (A). Mas tal qual na Roma do século IV (que reconheceu pela primeira vez a concorrência da lei ao costume secular),[40] mesmo no sertão é possível um trânsito, uma travessia, mediada pelo pensamento. Instaurando a possibilidade do pensamento, o julgamento de Zé Bebelo abre o sertão à horizontalidade das trocas fundadas em relações de igualdade, possibilitando a sua própria superação (B).

A) A lei do sertão é o costume

Para a cultura jurídica europeia continental — à qual nos filiamos —, a lei é o verbo jurídico fundador. Considerada a mais proeminente das fontes de produção jurídica,[41] símbolo da modernidade iluminada e racional, a lei é um curioso paradoxo: é um instituinte-derivado. Nascendo ou de uma força exógena e demiúrgica, ou de uma aliança fundadora — um pacto de solidariedade[42] —, a lei teria a força de um *fiat ius* inaugural, como se cada era jurídica nova se inaugurasse por um texto mítico.[43] Ainda que diferenças históricas separem a ideia antiga da moderna noção de lei, vislumbra-se, no correr dos tempos, a persistência de um mesmo ideal: à lei são conotados os atributos da segurança e da generalidade, da abstração, clareza, concisão, autoridade, perenidade, universalidade e justiça.[44] Mais do que tudo, as leis são o atestado da socialidade: "as leis não podem ser definidas por cada indivíduo e por ele só", diz Castoriadis, pois "esta ideia é tão desprovida de sentido quanto [seria] aquela de uma linguagem privada."[45]

Essa lei iluminista não é, certamente, a lei do sertão. A lei do sertão é o costume.

Demonizado pela Modernidade[46] e hoje com o prestígio em parte, o costume é fonte de normatividade, é o "direito espontâneo", oriundo das práticas e princípios consagrados no âmbito de uma determinada comunidade. Tem precedência histórica em relação às manifestações do poder normativo estatal, como a lei e a jurisprudência e até mesmo sobre o contrato.⁴⁷ Cícero, no *De officiis*, dirá: "Para o que se faz de acordo com o costume e as instituições civis, não há nada a prescrever".⁴⁸

Mas a legitimidade do costume, a sua autoridade normativa não deriva só, ou sempre, da tradição, do "assim é porque sempre foi".⁴⁹ Em sua raiz, pode estar um ato de autonomia coletiva. Assim revela o jurisconsulto romano Gaio, ao definir o *ius civile* como "o direito que um povo qualquer estabelece para si (...) como se disséssemos o direito próprio daquela cidadania".⁵⁰ Como anota Marcos de Campos Ludwig, "a força de lei que os juristas clássicos reconheciam ao hábito consolidado" era reconduzida à "vontade comum do povo" ou ao "tácito consenso de todos" — segundo Kaser, um reflexo do helenismo".⁵¹ E rubrica como paradigmática a seguinte passagem de Juliano (século II):

> O costume imemorial merecidamente se guarda como lei... Por isso, também está legitimamente recebido que se derroguem as leis não apenas por vontade do legislador, mas também por desuso, mediante o tácito consentimento de todos.⁵²

Referindo-se ao mesmo fragmento do Digesto, anotou Ruy Cirne Lima que o *tacito consensu omnium* "exige que se cuide de comunidade local, de pequenas proporções, além de autônoma".⁵³

Estudando nossa formação — e colocando, em seu núcleo, o domínio rural do café e do açúcar —, diz-nos Oliveira Vianna que o latifúndio é um átomo. "Cada núcleo fazendeiro é um microcosmo social, um pequeno organismo coletivo, com aptidões cabais para uma vida isolada e autônoma."⁵⁴

Isolado em sua propriedade rural, unidade autárquica e autônoma, o fazendeiro — por vezes tornado jagunço, como Medeiro Vaz, ou protetor de jagunços, como tantos que povoam os sertões — não precisa de leis e não tem, sequer, a necessidade de estabelecer contratos, bastando-lhe o costume legitimado pela força das armas, pois — lembrando Pascal —, se não se pode fazer com que o justo seja forte, é preciso estabelecer que o forte é o justo.⁵⁵

No sertão de Vianna, tal qual no sertão de Rosa, "não se descobre nenhum traço de associação entre vizinhos para fins de utilidade comum",[56] tão somente para a guerra. A cooperação voluntária, base que possibilita o respeito aos contratos, que torna pensável uma circulação da riqueza fundada na utilidade e na justiça,[57] "não é absolutamente necessária à alta classe rural", pois o latifúndio, a fazenda, "dispensa a cooperação", sendo capaz de "por si só, procurar os seus interesses, como o é de organizar a sua defesa"[58] e prover a sua viabilidade econômica.[59]

Em quatro séculos de história — diz ainda Oliveira Vianna —, "*nem um só sequer*" dos fatores que, nas sociedades europeias, exerceram função integralizadora do tecido social se fez presente entre nós. Mais recentemente outro historiador, Stuart B. Schwartz, confirma, em riquíssima pesquisa acerca da magistratura colonial, o entroncamento da teia de relações interpessoais primárias — alianças, e não contratos — baseadas em interesse ou em parentesco, no sistema formal da administração, levando a Câmara de Salvador a registrar, já em 1676, os "laços de parentesco e amizade [que] pervertem o necessário desinteresse."[60] Esses mesmos laços tecem as tramas dos clãs, de modo que em nossa história, afirma Vianna, os clãs rurais se conservam, "desde o primeiro século, no seu insulamento inicial, oriundo do regime dos grandes domínios independentes."[61] Nada ocorre em nossa história, "geral ou local, que force os senhores de engenhos e cafezais, isto é, os grandes chefes de clãs rurais, à prática prolongada da cooperação e da solidariedade."[62] Como registrei de outra feita,[63] nosso "individualismo trogloditico" (a expressão é de Oliveira Vianna) faz com que o fazendeiro, nosso *Erzatz* de antanho, por vezes conceda mercês. Pode ser (e frequentemente o é) um *homem cordial*, mas desconhece os fios de que são entretecidas as redes conformadoras da *polis* — as leis e os contratos.

O senhor sabe: sertão é onde manda quem é forte, com as astúcias.[64]

Diz ainda Riobaldo: "o sertão é o sozinho",[65] isto é, o lócus da insocialidade. Não há a comunidade das trocas entre iguais, não há a horizontalidade que permite o contrato, não há a sociedade política em que todos vivem no espaço da lei.[66] Assim Riobaldo descreve o "sertão", marcando a impossibilidade da lei iluminista, mandato de razão:

> Tudo, naquele tempo, e de cada banda que eu fosse, eram pessoas matando e morrendo, vivendo numa fúria firme, numa certeza, e eu não pertencia a razão nenhuma, não guardava fé nem fazia parte.[67]

E não fazia parte Riobaldo porque quer as coisas claras, porque se inventou "nesse gosto, de especular ideia".[68] Mas:

> (...) jagunço se rege por um modo encoberto, muito custoso de eu poder explicar ao senhor. Assim — sendo uma sabedoria sutil, mas mesmo sem juízo nenhum falável;[69] (...) com semêlho, mal comparando, com o governo de bando de bichos — caititu, boi, boiada, exemplo.[70]

O "modo encoberto" é o costume, e mesmo o costume é direito, na sua função social de crivo entre interesses em disputa; em escala ordenadora das hierarquias que se fazem necessárias para apaziguar pretensões rivais. Ainda que encoberta e não igualitária, a regra do costume — como toda regra jurídica — tranquiliza angústias, estabiliza expectativas ao codificar a realidade e instituir uma rede de qualificações, encerrando-a num sistema de obrigações e de interditos.[71]

Hermógenes é a mais perfeita tradução do costume: rejeita o que não é dos usos porque sabe "quem é que manda, quem é que pode".[72] É quem, vencedor, se arroga o direito de matar na ordem da vingança e da desforra. "Lei de jagunço é o momento", diz seu comparsa Ricardão,[73] assinalando o impulso momentâneo oposto à reflexão racional, a desrazão instrumental do costume servindo a proteger a oligarquia fazendeira, os coronéis, os doutores de baraço e cutelo do sertão das *gerais*. Bem por isso, observa Riobaldo: "no centro do sertão o que é doideira às vezes pode ser a razão mais certa e de mais juízo!"[74]

Bem por isso — novamente —, quando Zé Bebelo é preso, Riobaldo segue o cortejo entre os animais. Rejeita os jagunços, seus companheiros, preferindo a companhia do "bando bonzinho de jegues orelhudos, que fechavam a marcha", pois, com Zé Bebelo preso — a única pessoa que podia o entender —, "o restado consolo só mesmo podia ser aqueles jericos baianos, que de nascença sabiam todas as estradas."[75] Conquanto o estatuto ontológico dos animais seja (como percebeu Giorgio Agamben) o do "aberto", mas não o do "acessível", pois há uma "abertura sem desvelamento", opaca e cifrada pela não relação,[76] ainda assim o mundo dos animais é, para Riobaldo, preferível à desrazão dos homens bestializados que desconhecem a *civitas*, não sendo, por isso, *pessoas*.[77]

Quem mais se aproxima da lei (compreendida como poder vertical e esclarecido) é Joca Ramiro. Mas ele morre "como o decreto de uma lei nova",[78] no regime da antiga lei, a que não importa a humana razão, pois "Mundo, o em que se estava, não era para gente: era um espaço para os de meia-razão."[79]

O universo de Rosa não é, todavia, um universo fechado. As saídas — os trânsitos — não estão todos predeterminados, e a nitidez das categorias é afastada pela ambiguidade que permite ultrapassar o conhecido, o desde sempre estabelecido. Personagem ambíguo, Zé Bebelo mostra a um Riobaldo igualmente ambíguo em sua identidade sertaneja a possibilidade do trânsito entre aquele mundo atado à meia-razão do costume, ao *sumiço do sujeito* e ao mundo civil, universo de *sujeitos plenos*, garantido por normas não encobertas, normas que se podem a todos explicar, normas de igualdade e de liberdade.

B) O trânsito: o julgamento

O julgamento de Zé Bebelo não expressa um pacto, expressa um outro tipo de lei. Não mais a lei do costume, nem a lei corrompida, feita para sustentar a injustiça, mas a lei negociada no ouvir a todos, tal qual a aliança uma vez feita no Monte Sinai, onde "um Deus e um povo aprendem juntos as condições do respeito da alteridade que passa, ao mesmo tempo, pela afirmação da liberdade e pelo estabelecimento da lei".[80]

A lei negociada é o veículo das mudanças, da criação, da mobilidade reformadora que reconhece e exige a alteridade. Uma pista é dada por Riobaldo em sua primeira descrição de Zé Bebelo: "Aquele queria saber tudo, dispor de tudo, poder tudo, tudo alterar."[81] Zé Bebelo, aluno e professor, expressa o pensamento, que critica, cria e modifica, pois ele é o que veio "querendo desnortear, desencaminhar os sertanejos de seu costume velho de lei".[82] Zé Bebelo, relembra Riobaldo, "sempre: — Zé Bebelo — a gente tinha que pensar."[83]

Esse jagunço atípico que "não é do sertão"[84] porque é de toda parte, é do mundo, acessível pelo pensamento, indica na célebre cena de seu julgamento a acepção moderna de lei, a resultante de um *pacto ordenador* ou *reformador* resultante da razão, isto é, do pensar. Ao vê-lo capturado, na iminência da morte, Riobaldo apela à astúcia do pensamento gritando ser "falso, verdadeiro, inventado"[85] que Joca Ramiro o quer vivo.

Como ensinara Zé Bebelo, aluno, ao seu professor Riobaldo, o pensamento pode tomar forma, tornar-se o real. Mas assim só é possível quando é possível a autonomia, que permite o pensar criador. Autonomia que exige — antes, *pressupõe* — não o pacto de submissão, mas a associação igualitária, fundada na horizontalidade das relações.

> Joca Ramiro chegando, real, em seu alto cavalo branco, e defrontando Zé Bebelo a pé, rasgado e sujo, sem chapéu nenhum, com as mãos amarradas atrás, e seguro por dois homens. Mas, mesmo assim, Zé Bebelo empinou o queixo, inteirou-se de olhar aquele, de cima a baixo. Daí disse:
> — Dê respeito, chefe. O senhor está diante de mim, o grande cavaleiro, mas eu sou seu igual. Dê respeito![86]

Zé Bebelo, diz Riobaldo, "não era criatura que se prende, pessoa coisa de se haver às mãos",[87] por isso, tem o comando do pensar. De lócus da solidão, o sertão se torna o lugar "onde o pensamento da gente se forma mais forte do que o poder do lugar".[88] O "jagunço atípico", cuja identidade se perfaz na multiplicidade de papéis sociais

— é valente jagunço e citadino deputado, é aluno e é professor —, determina não apenas o seu próprio julgamento, mas a sua forma, até a arquitetura do rural anfiteatro onde a peça se vai desenrolar. "'Se abanquem ... Se abanquem, senhores! Não se vexem...', ainda falou, de papeada, com vênias e acionados, e aqueles gestos de cotovelo, querendo mostrar o chão em roda, o dele."[89] Habituado a exercitar o livre-arbítrio ignoto dos demais jagunços, tinha ciência de que "toda hora" estava em julgamento.[90]

Conquanto saiba Riobaldo — na mais bela sentença de *Grande Sertão: Veredas* — que "julgamento é sempre defeituoso, porque o que a gente julga é o passado",[91] também está ciente de que "para o escriturado da vida, o julgar não se dispensa".[92] Um julgamento justo, igualitário é a prova, diz Zé Bebelo ao ser solto, de que "vós, nossos jagunços do Norte, são civilizados de calibre".[93]

É da civilização ocidental a ideia segundo a qual no início está a palavra, a sociedade sendo um conjunto de laços de palavras ligando os homens entre si. Se o Fausto de Goethe se salva pela liberdade, Riobaldo se libera pela palavra, pela narração. "Contar é muito, muito dificultoso" não pela passagem do tempo, pela memória esvaída, mas "pela astúcia que têm certas coisas passadas — de fazer balancê, de se remexerem nos lugares".[94] Por isso é preciso contar, pois a palavra instaura e ordena, o nomear dá presença, torna o não ser em ser, "é que é mesmo um querer invocar que ele tome forma, com as presenças".[95] O mais difícil, reconhece Riobaldo, "dificultoso, mesmo, é um saber definido o que se quer, e ter o poder de ir até no rabo da palavra".[96]

> Entre direito e narrativa literária — observa François Ost — atam-se e desatam-se relações que parecem hesitar entre derrisão e ideal. Nessa história de motejos, de não acolhimentos — como o dos legisladores da colônia cretense dos Magnètes,[97] relatado por Platão nas *Leis*[98] que, conscientes do temível poder da ficção, queriam manter os poetas à distância[99] —, há um ponto em comum: a palavra. Pela palavra instituinte, criadora de sentidos e de significações,

se aproximam os seus respectivos discursos, ambos *noèmatopoios*, ambos narrativas — se bem que inconfundíveis — do humano experienciar, pois: "O que é pra ser — são as palavras!"[100]

Bibliografia

AGAMBEN, Giorgio. *Homo Sacer*: o poder soberano e a vida nua. trad. Henrique Burigo. Editora UFMG: Belo Horizonte, MG (2002).

_____. *L'Ouvert*: de l'homme et de l'animal. Rivages: Paris, França (2002).

ALPA, Guido; BESSONE, Mario. *Causa e Consideration*. Edizioni CEDAM: Pádua, Itália (1984).

ANDRADE, Fábio. "Causa e *Consideration*". *Revista da Ajuris*. vol. 53, p. 276-284. Associação dos Juízes do Rio Grande do Sul: Porto Alegre, RS (1991).

ARISTÓTELES. *Ética a Nicômaco*. trad. Leonel Vallandro e Gerd Bornheim. Abril Cultural: São Paulo (1973).

_____. *A Política*. trad. Roberto Leal Teixeira. Martins Fontes: São Paulo, SP (2000).

ARNAUD, Andre-Jean et al. *Dicionário Enciclopédico de Teoria e de Sociologia do Direito*. Renovar: Rio de Janeiro, RJ (1999).

BOBBIO, Norberto. *Estado, governo, sociedade*: para uma teoria geral da política. ed.3. Paz e Terra: São Paulo, SP (1992).

_____. *Thomas Hobbes*. trad. Carlos Nelson Coutinho. Editora Campus: Rio de Janeiro, RJ (1991).

CASTORIADIS, Cornelius. "Que Democracia?". *Figuras do Pensável*: as encruzilhadas do labirinto. vol. 6. trad. Eliana Aguiar. Civilização Brasileira: Rio de Janeiro, RJ (2004).

CÍCERO. *Dos Deveres*. trad. Angélica Chiappeta. Martins Fontes: São Paulo, SP (1999).

CIRNE LIMA, Ruy. *Preparação* à *Dogmática Jurídica*. ed. 2. Sulina: Porto Alegre, RS (1958).

COIPEL, Michel. "La liberté contractuellle et la conciliation optimale du juste et de l'utile". *Revue juridique Thémis*. vol. 24, n.3. Les Éditions Thémis: Montreal, Canadá (1990).

FERREIRA DE ALMEIDA, Carlos. *Texto e Enunciado na Teoria do Negócio Jurídico.* Almedina: Coimbra, Portugal (1992).

FERREIRA DA SILVA, Luis Renato. *A noção de sinalagma nas relações contratuais e paracontratuais*: uma análise à luz da teoria da causa. Tese de doutorado. Faculdade de Direito do Largo São Francisco, USP. São Paulo, SP (2001).

GHESTIN, Jacques. "L'utile et le juste dans les contrats". *Dalloz.* Édition Dalloz: Paris, França (1982).

_____. "La notion de contract". *Dalloz.* Édition Dalloz: Paris, França (1990).

GUIMARÃES ROSA, João. *Grande Sertão: Veredas.* ed. 19, reimp. 8. Nova Fronteira: Rio de Janeiro, RJ (2001).

HAURIOU, Maurice. *Principes de Droit Public.* ed. 1, p. 206. Sirey: Paris, França, (1910).

HOBBES, Thomas. *Hobbes.* Coleção "Os pensadores", vol. 14. trad. João Paulo Monteiro; Maria Beatriz Nizza da Silva. Abril Cultural: São Paulo, SP (1974).

JUNQUEIRA DE AZEVEDO, Antonio. *Negócio Jurídico e Declaração Negocial* (*Noções Gerais e Formação da Declaração Negocial*). Tese no concurso para a cátedra de Direito Civil na Faculdade de Direito do Largo de São Francisco, USP. São Paulo, SP (1986).

KASER, Max. *Direito Privado Romano.* trad. Samuel Rodrigues; Ferdinand Hämmerle. Calouste Gulbenkian: Lisboa, Portugal (1999).

LÉCUYER, Hervé. "Le contrat, acte de prévision". *L'avenir Du Droit*: mélanges en hommage à François Terré. p. 643. Dalloz/PUF: Paris, França (1999).

LUDWIG, Marcos de Campos. "Usos e costumes no processo obrigacional". *Revista dos Tribunais.* Editora Revista dos Tribunais: São Paulo, SP (2005).

MARTINS COSTA, Judith. "A noção de contrato na história dos pactos". *Revista Organon.* vol. 19, p. 20-33. Faculdade de Letras da Universidade Federal do Rio Grande do Sul: Porto Alegre, RS (1992).

_____. "Sobre o princípio da insolidariedade: os cumes das montanhas e os universos submersos". *Letras.* vol. 32, p. 145-179. PPGL Editores: Santa Maria, RS (2006); BARRETO LIMA, Martonio; ALBUQUERQUE, Paulo Antonio de Menezes (Org.). *Democracia, Direito e Política*: estudos em Homenagem a Friedrich Muller. p. 421-434. Fundação Boiteaux: Florianópolis, SC (2006).

_____. "Contratos. Conceito e evolução". *Teoria Geral dos Contratos*. org. NANNI, Giovanni Ettore; LOTUFO, Renan. Atlas: São Paulo, SP (2011).

MAUSS, Marcel. *Sociologia e Antropologia*. trad. Paulo Neves. Cosac Naify: São Paulo, SP (2003).

OLIVEIRA VIANNA, Francisco José. *Populações Meridionais do Brasil*. Senado Federal: Brasília, DF (2005).

OST, François. *Contar a Lei*: as fontes do imaginário jurídico. trad. Paulo Neves. Editora Unisinos: São Leopoldo, RS (2004).

PASCAL, Blaise. *Pensées*. Sellier: Paris, França (1991).

PLATÃO. *Les Lois*. Disponível em <http://remacle.org/bloodwolf/philosophes/platon/loislivre12.htm>. Acessado em: 12 de agosto de 2019.

POUGHON, Jean Michel. "Une constante doctrinale: l'aproche économique du contrat." *Droits*. vol. 12. PUF: Paris, França (1990).

ROSENFIELD, Kathrin. "O Pacto entendido como lance". *Revista Organon*. vol. 19. Faculdade de Letras da Universidade Federal do Rio Grande do Sul: Porto Alegre, RS (1992).

ROUANET, Sérgio Paulo. "Iluminismo ou Barbárie". *Mal-estar na modernidade*. Companhia das Letras: São Paulo, SP (1993).

SCHWARTZ, Stuart B. *Burocracia e Sociedade no Brasil Colonial*. Perspectiva: São Paulo, SP (1979).

SPERBER, Suzi Frankel. "O pacto — tradição e utopia". *Revista Organon*. vol. 19. Faculdade de Letras da Universidade Federal do Rio Grande do Sul: Porto Alegre, RS (1992).

Notas

1 Com breves alterações formais, este texto foi originalmente publicado em: *Narração e Normatividade* (MARTINS-COSTA, p. 263-282).
2 BOBBIO, 1992, p. 13.
3 ROSENFIELD, p. 97.
4 OST, p. 72-75, 311 e ss.
5 Em HOBBES, *De Cive*, Hobbes assentava: verificando-se a guerra de todos contra todos (*bellum omnium contra omnes*) e sendo o homem o lobo dos homens (*homo homini lupus*), a razão indica

dever-se procurar a manutenção da paz. Para tal, os homens se unem por meio do pacto de sociedade (*pactum societatis*). Porém, esse pacto não é suficiente para garantir a paz. Por isso, os indivíduos, como seres racionais que são, transferem a sua vontade coletiva para um único detentor da força, o soberano/Estado (*pactum subjectionis*). No *Leviatã* (1651) completará: "durante o tempo em que os homens vivem sem um poder comum capaz de os manter a todos em respeito, eles se encontram naquela condição a que se chama guerra; e uma guerra que é de todos os homens contra todos os homens" (p. 79). Porém, sendo uma "lei da natureza" a procura da paz e da segurança, enuncia o que chama de "segunda lei": "Que um homem concorde, quando outros também o façam, e na medida em que tal considere necessário para a paz e para a defesa de si mesmo, em renunciar a seu direito a todas as coisas, contentando-se, em relação aos outros homens, com a mesma liberdade que aos outros homens permite em relação a si mesmo" (p. 83).

6 O *pactum unionis* precede o *pactum subjectionis*, consistindo numa espécie de condição preliminar para obter a paz. Trata-se, como explica Bobbio, do próprio acordo que leva à instituição do Estado, em favor do qual será firmado — em razão de seu "poder irresistível" — o pacto de sujeição, em troca da segurança de todos (BOBBIO, 1991, p. 40). Antes de Hobbes, no *De legibus*, Suarez já aludira aos dois pactos — *pactum subjectionis* e *pactum associationis* — que permitiriam firmar uma doutrina protodemocrática, embasada na origem popular e no caráter humano do poder real, afirmando os direitos do povo em relação ao titular do poder soberano.

7 OST, François, op. cit., p. 313.

8 "*Bin ich Gott?*", exclama Fausto quando, abrindo o livro mágico de Nostradamus e atravessando o macrocosmo, pode ver, "para além das aparências", o "harmônico operar da Natureza".

Acerca das similitudes entre o pacto fáustico e o contrato escrevi em: MARTINS COSTA, 1992, p. 20-33.

9 GUIMARÃES ROSA, p. 39.

10 A referência é à polêmica dos *nuda pacta* que permeou o direito romano, especialmente o período romanístico, gerando o aforisma: *Ex nudo pacto inter cives Romanos actio non nascitur* (Paulo,

Sententiae 2. 141); *Nuda pactio obligationem non parit* (Ulpiano, D.2.14.7.4).

11 Esse é o "problema do contrato": toda previsão — consistente no ato de representar algo por antecipação, com base em uma conjetura — remete o seu autor a um futuro incerto. Nessa tensão entre a incerteza causada pelo futuro e a necessidade humana de um regramento, certo está o problema do contrato, definido por Hauriou como o problema "mais audacioso" que se poderia conceber ("*l'entreprise la plus hardie qui se puisse concevoir*") para "établir *la domination de la volonté humaine sur les faits, en les intégrant d'avance dans un acte de prévision*" (in: HAURIOU, p. 206; *apud* LÉCUYER, p. 643). Sendo essa uma dificuldade inafastável, pois deriva da natureza da relação entre tempo e direito e da própria função das promessas contratuais, ao direito cabe formular as regras e os princípios que, tendo em vista distinções entre tipos de contratos, sua ambiência e as multifacetárias circunstâncias exteriores, conformadoras do "contexto contratual", possibilitarão ordenar racionalmente essa tensão, normatizando-a.

12 Observa SPERBER (p. 71) que o pacto de Prometeu implica *hybris*, e que *hybris* implica pacto.

13 Para um exame aprofundado desta perspectiva de análise, ver: FERREIRA DE ALMEIDA, 1992.

14 "Pode-se, pois, conceituar o contrato como o resultado de uma atividade comunicativa voluntária e lícita entre sujeitos qualificados como suas 'partes', atividade, essa, expressada em um acordo, determinado ou determinável temporalmente, voltado, teleológica e vinculativamente, para a produção de efeitos jurídicos primordialmente entre as suas partes e cuja função é a de fazer circular a riqueza entre patrimônios, transformando a situação jurídico-patrimonial dos envolvidos e gerando-lhes uma expectativa ao cumprimento garantida pelo Ordenamento, segundo os seus critérios técnicos e valorativos." (MARTINS-COSTA, 2011, p. 60.)

15 SÁ-CARNEIRO, Mário. "Eu não sou eu nem sou o outro, /Sou qualquer coisa de intermédio: / Pilar da ponte de tédio. / Que vai de mim para o Outro".

16 No célebre ensaio (MAUSS, 2003), mostra Mauss os fenômenos que nós hoje chamaríamos de contratuais, obedecendo a uma racionalidade econômica que eram, nas sociedades arcaicas, "fenômenos sociais totais", exprimindo as mais diversas instituições: religiosas,

jurídicas e morais, de consumo, familiares e estéticas. Comprova, fundamentalmente, que nas "sociedades que precederam a nossa", nunca se constataram "simples trocas de bens, de riquezas e de produtos ńum mercado estabelecido entre indivíduos". Entre os maoris das Ilhas Samoa, por exemplo, mesmo as formas compreensíveis como "contratuais" não são compromissos individuais, mas coletivos, espraiando-se a obrigação não apenas "horizontalmente", entre os indivíduos, mas também entre gerações sucessivas, estendendo-se a várias atividades, a vários campos sociais. Longe de estar restrita à esfera econômica, a doação atinge todo o clã, contratando por todos, ou seja, tudo o que ele possui e tudo o que ele faz. Por isso, o que Mauss denomina de "sistema de prestações totais'" é obediente a uma engrenagem trina — o dar, o receber e o retribuir — que ignora a liberdade individual. O bem que é recebido, assim, como um dom a ligar mágica, moral e juridicamente o doador e o donatário, razão pela qual o doador não se pode recusar a dar, tampouco negligenciar um convite ou se recusar expressamente a recebê-lo: se trataria, então, de uma recusa à aliança, à comunhão e à relação social equivalendo, em algumas situações, a uma declaração de guerra.

17 Código Civil Brasileiro, art. 538: "Considera-se doação o contrato em que uma pessoa, por liberalidade, transfere do seu patrimônio bens ou vantagens para o de outra." O traço a assinalar é que, na taxonomia codificada, a doação é o único que vem nomeado especificamente como "contrato", nenhum outro sendo indicado por esse qualificativo. Em outras palavras, a lei passa, desde logo, a assinalar os traços distintivos de cada um dos conceitos (compra e venda; locação; seguro; mandato, etc.) sem a necessidade de dizer que se trata de um "contrato", já estando as espécies arroladas no Título VI do Livro I da Parte Especial ("Das várias espécies de contrato").

18 "Mas a justiça nas transações entre um homem e outro é efetivamente uma espécie de igualdade, e a injustiça uma espécie de desigualdade (...) de acordo com uma proporção aritmética." (ARISTÓTELES, 1973, cap. V, 4, p. 326).

Acerca das várias concepções de "contrato", ver: POUGHON, p. 47.

19 ARISTÓTELES, 1973, p. 327-328.

20 Na doutrina brasileira, ver: JUNQUEIRA DE AZEVEDO, 1986; FERREIRA DA SILVA, 2001.

21 A *consideration* consiste na necessidade de correspondência para poder considerar válido um contrato, entre a "promessa" ou "sacrifício" de um contratante e a "compensação" a esse "sacrifício" por parte de outro, podendo consistir em um direito, um benefício ou uma tolerância.
Ver: ALPA e BESSONE, p. 276-284.
22 Código Civil, art. 243. "A coisa incerta será indicada, ao menos, pelo gênero e pela quantidade". E ainda, art. 104: "A validade do negócio jurídico requer: [...] II — Objeto lícito, possível, determinado ou determinável".
23 GUIMARÃES ROSA, v.g., p. 317, 325.
24 GUIMARÃES ROSA, p. 26: "Explico ao senhor: o diabo vige dentro do homem, os crespos do homem — ou é o homem arruinado, ou o homem dos avessos."
25 GUIMARÃES ROSA, p. 41.
26 Ibid., p. 22.
27 Ibid, p. 55.
28 Código Civil, art. 104, inc. II, acima transcrito, e art. 106, in verbis: "A impossibilidade inicial do objeto não invalida o negócio jurídico se for relativa, ou se cessar antes de realizada a condição a que ele estiver subordinado".
29 GUIMARÃES ROSA, p. 41.
30 Idem.
31 Ibid., p. 55.
32 Ibid., p. 100.
33 Desde então, introduziu-se na história do pensamento ocidental a ideia da convencionalidade das leis da *polis*, isto é, as leis como resultante de uma convenção, de um contrato ou de um pacto originário entre os homens que, por essa via, abandonaram uma condição pré-política (*physis*, estado de natureza, caracterizado pela ausência de leis) para aceder a uma vida associada sob leis comuns (*nomos*, estado das leis), sendo o contrato o meio de transporte de um estado a outro.
34 Para uma síntese, ver "contrato social", in: ARNAUD, p. 153.
35 Não é demais lembrar que, desde o século XVII, a figura do contrato aparece como modelo argumentativo recorrente e unificante de todas as teorias (de Suarez e Hobbes a Spinoza e Locke, de Rousseau a Kant e a Fichte) que edificaram os fundamentos conceituais para afirmar a moderna forma de Estado.

36 ROSENFIELD, p. 94.
37 Ibid., p. 98.
38 AGAMBEN, *Homo Sacer*, p. 116.
39 Utilizo o termo no sentido propriamente conceitual. Conforme explicita Rouanet, deve-se distinguir entre a Ilustração e o Iluminismo. Este é um *ens rationis*, não uma época ou movimento. Como tal significa um conceito ou uma ideia, instrumento de análise e padrão normativo (que pode ser afirmado em qualquer época histórica), contraposto à barbárie, à superstição, ao irracionalismo. A Ilustração, por seu turno, consistiu num movimento na história cultural do Ocidente sendo a "forma" historicamente adotada, no século XVIII, pelo Iluminismo. (Ver: ROUANET, p. 9-45.)
40 Cod. 8.52.2: *Consuetudinis ususque longaevi non vilis auctoritas est, verum non usque adeo sui valitura momento, ut aut rationem vincat aut legem* ("A autoridade de um costume ou uso imemorial não é desprezível, mas não chega ao ponto de se sobrepor à razão ou à lei").
41 Constituição de 1988, art. 5.º, II: "Ninguém será obrigado a fazer ou deixar de fazer alguma coisa senão em virtude de lei".
42 A solidariedade voluntária está na raiz das leis, no fulcro da palavra grega "nomos", vinda de *nemein*, que significa distribuir, possuir (o que foi distribuído), habitar.
43 OST, p. 61.
44 Ibid.
45 CASTORIADIS, p. 207.
46 Força fundante do direito pré-moderno, ancestral marca da autoridade legitimadora do poder normativo, os usos e costumes acabaram enfim demonizados pelo positivismo legalista, que foi o efeito desviado e perverso do último Iluminismo, o que marcou a Modernidade ocidental. Desde a codificação do século XIX o seu afastamento pareceu mesmo definitivo, afogado e abafado pela preeminência da lei de origem parlamentar como fonte por excelência (e mesmo fonte única) da normatividade jurídica. Porém, o expurgo não foi definitivo. A história faz transparecer, na prática jurídica, a constância do recurso à rica experiência da vida civil que contrasta e relativiza a arrogância do poder estatal, e o costume ganha espaços, seja no direito internacional (onde se fala de uma nova *lex mercatoria*, direito costumeiro dos mercadores internacionais), seja no direito interno, abrindo o Código Civil brasileiro de

2002, por exemplo, o alargamento do campo de atuação dos usos e costumes, seja na formação de modelos hermenêuticos, seja na estatuição de modelos consuetudinários prescritivos, diretamente vinculativos ao aplicador do direito.
47 DE MARTINO, Francesco. *Individualismo e diritto romano privato*. p. 6 Giappichelli: Torino, Itália (1999); *apud* LUDWIG, 2005.
48 *De off.* 1148: "*Quae vero more agentur institutisque civilibus, de his nihil est praecipiendum...*" (CÍCERO, 1999).
49 Aristóteles, na *Política* (onde a palavra "lei" deve ser entendida como "norma jurídica'), havia dito: "Não é a mesma coisa alterar uma técnica e uma lei; a lei, com efeito, para se fazer obedecer, não tem outra força que não seja o hábito, que só se manifesta depois de muito tempo, de tal forma que passar facilmente das leis existentes a outras leis é enfraquecer o poder da lei". ARISTÓTELES, 2000, p. 286.
50 Gai. 11: "... *quod quisque populus ipse sibi ius constituit, id ipsius proprium est uocaturque ius ciuile, quasi ius proprium ciuitatis...*" (A tradução no corpo do texto é de LUDWIG, 2005.)
51 KASER, p. 46, §3, I, 2.
52 D. 1.3...321: "*Inveterata consuetudo pro lege non immerito custoditur... Quare rectissime etiam illud receptum est, ut leges non solum suffragio legis latoris, sed etiam tacito consensu omnium per desuetudinem abrogentur*". (A tradução, no texto, é de LUDWIG, 2005, onde anota: "Deve ser ressaltada a importância central desta passagem de Juliano para a construção de uma doutrina do direito consuetudinário.")
53 CIRNE LIMA, p. 44, nota 6.
54 OLIVEIRA VIANNA, p. 238. Os parágrafos seguintes reproduzem o que escrevi em "Sobre o princípio da insolidariedade: os cumes das montanhas e os universos submersos". (MARTINS-COSTA, *Letras*, p. 145-179.)
55 "*Et ainsi ne pouvant faire que ce qui est juste fût fort, on a fait que ce qui est fort fût juste*" (PASCAL, p. 201).
56 OLIVEIRA VIANNA, p. 232.
57 Acerca do justo e do útil como fundamentos ao contrato: GHESTIN, 1992; GHESTIN, 1990, p. 147.
Nestes textos que tiveram larga fortuna entre os juristas, propôs o autor a conciliação dos critérios da utilidade e da justiça, pois se só o

critério da utilidade (econômica) fosse utilizado, haveria a oposição concreta entre o justo e o útil (v. ainda COIPEL, p. 486).
58 OLIVEIRA VIANNA, p. 238.
59 "O grande domínio, tal como se vê da sua constituição no passado, é um organismo completo, perfeitamente aparelhado para uma vida autônoma e própria" (OLIVEIRA VIANNA, p. 190; sobre a organização social e econômica da propriedade rural, p. 159-206).
60 SCHWARTZ, p. 250.
61 OLIVEIRA VIANNA, p. 233.
62 Ibid., p. 240.
63 MARTINS-COSTA, *Letras*, p. 145-179.
64 GUIMARÃES ROSA, p. 35.
65 Ibid., p. 325
66 Observa CASTORIADIS (p. 207): "Vivendo em sociedade, não posso viver fora das leis. Viver em sociedade não é um atributo adventício do ser humano, é ser humano. E as leis não são um acréscimo, desejável ou deplorável, à sociedade; a instituição é o ser social da sociedade." Por isso é que — como logo assinalaremos — Riobaldo preferirá a companhia dos jegues a dos homens; por isso é que traça tantas analogias entre os bandos de jagunços e bandos de animais, como se a marcar a impossibilidade do "ser humano" na ausência de leis.
67 GUIMARÃES ROSA, p. 157-1.58.
68 Ibid., p.26.
69 Ibid., p.183.
70 Ibid., p.183-184.
71 OST, p.13-15.
72 GUIMARÃES ROSA, p.272.
73 Ibid., p.284.
74 Ibid., p.301.
75 Ibid., p.273.
76 Menção à "*ouverture sans dévoilement*": AGAMBEN, *L'Ouvert*, p. 84.
77 Em outra passagem Riobaldo relata como seus companheiros no bando de Hermógenes limavam os dentes, a demonstrar, mais uma vez, a verdadeira lupinização do humano, transição entre homem e fera, entre natureza e cultura, entre a lógica do bando e a lógica dos contratantes.
78 GUIMARÃES ROSA, p.314.

79 Ibid., p.330.
80 OST, p.70.
81 GUIMARÃES ROSA, p.92.
82 Ibid, p.276.
Expressiva é a afirmação reiterada pelo personagem Zé Bebelo, para quem "velho é o que já está de si desencaminhado". Outra indicação é dada por Riobaldo. Acabado um combate, conta ao seu interlocutor, Zé Bebelo "saia esgalopado, revolver ainda em mão, perseguir quem achasse, só aos brados: — Viva a lei! Viva a lei!" (*in* GUIMARÃES ROSA, p.93)
83 GUIMARÃES ROSA, op. cit., p.269.
84 Ibid., p.276.
85 Ibid., p.269.
86 Ibid., p.270-271.
87 Ibid., p.271.
88 Ibid., p.41.
89 Ibid., p.274.
90 Ibid., p.275.
91 Ibid., p.285.
92 Idem.
93 Idem.
94 Ibid, p.200.
95 Ibid, p.25.
96 Ibid, p.190.
97 Os Magnètes constituíam a parte da população cretense que compunha a parte da colônia para a qual Platão dá as leis.
98 "*C'est ainsi que nous réglons par la loi et la raison tous les divertissements qui tendent à provoquer le rire et que nous appelons tous du nom de comédie.Pour les poètes qu'on appelle sérieux, c'est-à-dire pour les poètes tragiques, si jamais quelques-uns venaient chez nous et nous posaient cette question :* Étrangers, *pouvons-nous fréquenter chez vous, dans votre ville et votre pays, pour y apporter et représenter nos pièces? Qu'avez-vous décidé sur ce point?' Que répondrions-nous, pour bien faire, à ces hommes divins? Pour moi, voici la réponse que je leur ferais: 'O les meilleurs des* étrangers, *nous sommes nous-mêmes auteurs de la tragédie la plus belle et la meilleure que nous puissions faire. Notre plan de gouvernement n'est qu'une imitation de ce que la vie a de plus beau et de meilleur, et nous prétendons que cette imitation est la tragédie la plus vraie. Vous* êtes *poètes, et nous aussi dans le même*

genre. Nous sommes vos rivaux et vos concurrents dans le plus beau drame, celui qu'une loi vraie est seule capable de produire, comme nous en avons l'espoir. Ne comptez donc pas que nous vous permettrons jamais si facilement de dresser votre théâtre sur notre place publique, d'y introduire des acteurs doués d'une belle voix, qui parleront plus fort que nous, qui harangueront les enfants et les femmes et tout le peuple, et, au lieu de tenir sur les mêmes institutions le intime langage que nous dirons le plus souvent tout le contraire, car on pourrait dire que nous sommes complètement fous, nous et toute la cité, si nous vous permettions de faire ce que vous demandez à présent, avant que les magistrats aient examiné si le contenu de vos pièces est bon et convenable à dire en public, ou s'il ne l'est pas. Commencez donc, enfants des Muses voluptueuses, par montrer vos chants aux magistrats, pour qu'il les comparent aux nôtres, et, s'ils jugent que vous dites les mêmes choses ou de meilleures, nous vous donnerons un choeur; sinon, mes amis, nous ne saurions le faire.' Tels seront donc touchant les chants et la danse et l'étude qu'il en faut faire les usages réglés par la loi, d'un côté pour les esclaves, de l'autre par les maîtres, si vous êtes de mon avis".
Cf. Platão, *Leis*, livro VII.
99 OST, p.10.
100 GUIMARÃES ROSA, p.64.

O conde de Monte Cristo

Pedro Paulo Salles Cristofaro

O juiz-presidente da Cour d'Assises de Paris, monsieur Christophe Arrault, não disfarçava sua apreensão, enquanto o *huissier d'audience* convocava os doze membros do júri a tomarem seus lugares. Parecia que toda Paris estava na plateia. Havia meses não se falava de outro assunto na cidade. Seria Edmond Dantés, o conde de Monte Cristo, condenado? Seria ele devolvido à prisão por ter se vingado daqueles que destruíram seus sonhos, sua vida? Seria justo tirar, mais uma vez, a liberdade de um homem para o qual a Justiça fechara os olhos? Os atos de Edmond representavam o triunfo da justiça ou da vingança? E qual o propósito desse novo julgamento, fazer justiça ou simplesmente punir?

No meio do burburinho, ouviam-se frases e palavras esparsas, contraditórias, desconexas:

"Só Deus pode fazer justiça."
"Ele não causou mal a ninguém, apenas trouxe a verdade à tona."
"Ele se julgava Deus."
"O conde permitiu que vidas fossem destruídas."

"O conde salvou vidas."
"Conde nada, ele era um bandido."
"Ele só fez assim porque tinha dinheiro, se fosse pobre estava preso."
"Ele agiu porque ninguém mais agia."
"Santo homem."
"Anjo vingador."
"Monstro."
"Deus."
"Justiça não é vingança."
"Vingança não é justiça."

O auxiliar do juiz-presidente pediu silêncio, e logo monsieur Arrault começou a falar:

"Senhores jurados, em conformidade ao artigo 336 do Código de Instrução Criminal, resumo o caso que ora está em julgamento. Nos últimos dias foram apresentadas as provas, ouvidas as testemunhas. Tenho certeza de que os senhores estiveram atentos a todos os detalhes. Os fatos que serão apreciados estão minuciosamente descritos nas 1.476 folhas dos autos, especialmente no cuidadoso relatório elaborado pelo senhor Dumas, com a colaboração do senhor Maquet.

"Em verdade, não há, neste processo, disputa quanto aos fatos, mas apenas quanto às responsabilidades que podem advir desses fatos. É incontroverso que o acusado, Edmond Dantés, quando jovem, no dia que seria o mais importante e mais feliz de sua vida, em que festejava o seu noivado com a senhora Mercedes Herrera e a promoção ao posto de capitão do Pharaon, navio mercante de propriedade do senhor Pierre Morrel, foi alvo de traição e armadilha, sendo levado preso, sem julgamento, às masmorras do Castelo de If, onde padeceu por 14 anos.

"Os responsáveis diretos pela desgraça do réu foram os senhores Fernand Mondego, Danglars, Gaspard Caderousse e o antigo substituto do procurador de Marselha, monsieur Gérard de Villefort. O primeiro, interessado em roubar de Edmond o coração da jovem Mercedes, acusou Dantés de bonapartismo e traição ao rei; o segundo, querendo comandar o navio destinado a Dantés, instigou o primeiro a caluniar e denunciar o jovem; o terceiro, por inveja, tendo assistido à trama, permitiu que esta se consumasse. E o quarto, o procurador-geral em exercício, aquele ao qual caberia, por dever de ofício, cumprir a lei, preferiu violar a ordem jurídica que jurara defender. Por interesses pessoais, por carreirismo, por medo, o advogado-geral agiu como promotor, juiz e verdugo, aplicando sobre Edmond, de forma consciente e deliberada, a pena injusta e cruel.

"Foram 14 anos de completa privação em que o bravo marinheiro perdeu até mesmo seu nome. Ele não era mais do que o prisioneiro da cela 34. Anos em que o réu esteve à beira da loucura, da demência. Edmond Dantés somente está vivo, somente está são, graças à providência divina, que levou à sua cela o abade Faria, velho e culto padre italiano jogado às grades por crimes políticos, cuja vida foi a fonte de todos os conhecimentos de Dantés e cuja morte lhe deu a liberdade e a fortuna.

"Por anos, o abade Faria ensinou ao réu tudo o que sabia, ciências, artes, línguas, e inclusive o local onde estava escondido tesouro sem medida. Ao morrer, o abade legou a Dantés o mapa para mina fornida de ouro, diamantes, pedras preciosas, títulos, moedas, mundos e fundos e o caminho para a fuga.

"Livre, o réu tomou posse da riqueza ilimitada que lhe foi concedida, adotou a alcunha de conde de Monte Cristo e descobriu que aqueles que acabaram com sua vida alcançaram todas as glórias, o poder e a fortuna, com exceção de Caderousse, que seguiu no caminho da mediocridade, da pobreza e da marginalidade.

"Fernand Mondego, após controvertida carreira militar em Janina, na Grécia, conquistou muito mais que riqueza, poder e título nobiliárquico, tornando-se o conde de Morcerf. Mondego, sobretudo, conquistou Mercedes, a noiva de Edmond Dantés, a qual desposou fingindo-se de companheiro e amigo fiel disposto a mitigar o sofrimento causado pela perda de Edmond, que Mercedes acreditava morto.

"Danglars tornou-se banqueiro de grandes posses, o barão Danglars, com crédito ilimitado nas mais prestigiosas bancas europeias.

"Gérard de Villefort alcançou o ponto mais alto da magistratura, assumindo o posto de procurador do rei em Paris.

"Enquanto isso, aqueles que se mantiveram fiéis ao réu perderam o que podiam e o que não podiam perder: o digno proprietário do Pharaon, senhor Pierre Morrel, que tudo fez para levar às autoridades a verdade sobre Edmond, a verdade que seria capaz de devolver a liberdade ao jovem injustiçado, perdeu sua riqueza, seu navio e estava à beira da bancarrota. monsieur Morrel estava prestes a não honrar sua palavra, deixando os credores a descoberto, e decidido a dar cabo de sua vida. Para o bom e fiel Morrel, pior que perder seus bens materiais seria perder a dignidade, antes a morte do que a traição à palavra empenhada.

"Por sua vez, o pai de Edmond, o velho monsieur Louis Dantés, não suportou o sofrimento e a saudade e morreu na mais absoluta miséria. Vivendo em situação humilhante, teve o apoio apenas de Mercedes, que com ele partilhava a dor que lhes era impingida pela ausência de Edmond, pela suposta morte do jovem e amado marinheiro.

"Em vista desse quadro, ao reconquistar a liberdade, Edmond Dantés decidiu se vingar.

"Em razão direta de seus atos, dos atos do conde de Monte Cristo, os pecados de Fernand Mondego são trazidos à tona. Ele perde seus bens, sua fama, seu prestígio, além do respeito de Mercedes e de seu filho Albert. Desesperado, o conde de Morcerf tira a própria vida.

"O barão Danglars também perde toda sua fortuna e foge para a Itália, como um rato que abandona o navio. Capturado por um bandoleiro, comparsa de Edmond, conhece as dores de estar preso, abandonado e privado de suas riquezas.

"O procurador Gérard de Villefort vê sua casa se transformar em palco de sucessivas tragédias. Com veneno fornecido pelo conde de Monte Cristo, a segunda esposa do procurador do rei, madame Heloise de Villefort, mata os pais da primeira esposa de Gérard, o marquês e a marquesa de Saint Méran; mata, por engano, um velho e fiel servo da casa, Barrois; tenta matar a filha e o pai de Gérard de Villefort e, finalmente, tragédia das tragédias, mata o próprio filho, o garoto Edouard de Villefort. O procurador é ainda humilhado e destituído de seu posto, descobrindo-se pai de um filho bastardo, o criminoso e assassino Benedetto, responsável por tirar a vida de Caderousse.

"No caminho de sua vingança, Edmond fez o bem e procurou compensar aqueles que tinham sofrido nas mãos de seus algozes. Espalhou riqueza, alegria, fortuna, prestigiou o amor. Graças a Edmond Dantés, o senhor Pierre Morrel não precisou tirar a própria vida, e seus filhos tiveram uma existência digna. Maximilien Morrel acabou por se casar com a bela e virtuosa Valentine de Villefort, que não tinha culpa pelos atos de seu pai. A jovem Haydée, filha do paxá de Janina e vendida como escrava por Fernand Mondego, foi salva.

"Mas Edmond também permitiu que o mal triunfasse ou, ao menos, não impediu que inocentes fossem prejudicados. Não se furtou a se associar a criminosos perigosos, contrabandistas, sequestradores; não se furtou a abusar da boa-fé de crédulos amigos, aos quais causou profundo sofrimento. Mais grave que tudo, porém, forneceu à senhora Heloise de Villefort o frasco com o veneno que matou o marquês e a marquesa de Saint Méran; o pobre coitado Barrois; a criança Edouard de Villefort.

"Por isso Edmond Dantés está no banco dos réus, acusado de contribuir de forma decisiva para a morte de pessoas inocentes. Caberá aos senhores jurados decidir se Edmond Dantés deve ou não ser responsabilizado pelos atos direta ou indiretamente decorrentes de sua vingança. Pode um homem fazer justiça com as próprias mãos? Pode a Justiça ignorar as consequências nefastas de um ato de vingança? Há justiça na vingança? Há vingança na justiça?

"Deve Edmond Dantés ser condenado pela morte do marquês e da marquesa de Saint Méran; do pobre coitado Barrois; e da criança Edouard de Villefort?

"Para decidir a sorte do réu, os senhores jurados foram convocados, e peço que, neste momento, renovem seu juramento, na forma do artigo 312 do Código de Instrução Criminal:

"Os senhores juram e prometem, diante de Deus e dos homens, examinar com a atenção mais escrupulosa as acusações aqui dirigidas contra o senhor Edmond Dantés, dito o conde de Monte Cristo; não trair os interesses do acusado, nem os da sociedade que o acusa; não se comunicarem com quem quer que seja até o final do julgamento; não se guiarem pela raiva ou pela maldade, nem pelo medo ou pela afeição; decidir em vista das acusações e das defesas apresentadas, seguindo sua consciência e sua convicção íntima, com a imparcialidade e a firmeza que convêm a um homem probo e livre?"

Nesse momento, o presidente chamou individualmente cada um dos doze jurados, que se levantaram e, com a mão estendida, declararam solenemente:

"Eu juro."

O presidente prosseguiu:

"Estando assim encerrada a instrução, peço ao senhor procurador--geral, monsieur Pascal Rénard, que, na forma do artigo 335 do Código de Instrução Criminal, apresente oralmente as razões que sustentam a acusação. Após, pedirei ao advogado do réu, *maître* J. Manseau, que ofereça a sua defesa. Ouçamos, pois, monsieur Rénard."

O procurador se pôs de pé com agilidade, olhou primeiramente para os jurados e depois se virou para o acusado, como um animal faminto que encara sua presa. Ele era conhecido por ser implacável, especialmente com os pequenos criminosos. Por isso, o mais antigo jornal satírico ilustrado do mundo, o *Charivari*, que tanto sucesso fazia desde sua fundação em 1832, não perdera a oportunidade de publicar, às vésperas do julgamento, uma ilustração de Daumier em que uma raposa[1] angustiada se perguntava: "Depois de tantas galinhas e tantos coelhos, conseguirei enfim matar a fome com um leão?"

"Senhores jurados, como bem resumiu o presidente Christophe Arrault no início desta sessão, não há no caso ora em julgamento qualquer dúvida, qualquer discussão, qualquer embate quanto aos fatos. E, por dever de ofício, como representante da sociedade, como defensor da justiça e da verdade, nada devo escamotear e logo admito: não há dúvida, discussão ou embate seja quanto aos atos praticados pelo réu, seja quanto ao sofrimento injusto de que padeceu. Ouvimos nesta tribuna e lemos na descrição minuciosa do senhor Dumas e de seu colaborador, sem margem para controvérsia, não apenas o relato dos fatos, mas também os sentimentos que deram causa a tais fatos ou deles resultaram.

"Devo admitir que, em circunstâncias normais, caberia desde já impugnar a principal prova trazida à apreciação dos jurados, o relato do senhor Dumas, assim como a descrição resumida dos fatos apresentada pelo excelentíssimo presidente. Em um e outro caso, os fatos não foram descritos com verdadeira objetividade; eis que algumas das vítimas da vingança urdida pelo réu são descritas como pessoas vis, malévolas, insensíveis, enquanto as virtudes e o sofrimento de Edmond Dantès são destacados como os de um verdadeiro herói.

"Prefiro não fazer tal impugnação, porém, por ser ela irrelevante para o julgamento submetido a esta corte e por me parecer haver certa hipocrisia em se apresentar tais narrativas aos senhores jurados e depois dizer: esqueçam. Mas, repito, não importa. Não estão em julgamento as vítimas, está em julgamento o réu. Serão apreciados os atos do réu e, de alguma forma, este julgamento é de especial importância exatamente porque o réu sofreu, porque o réu tem a aura de um herói redentor. Ouso dizer que não há dúvida de que, não fosse tal sofrimento e não fosse o seu alardeado heroísmo, a mais severa condenação por esta corte seria inescapável.

"Por isso, não ouso impugnar o relato dos fatos, por mais parcial que ele possa ter parecido. Mas desde já advirto: a lei deve ser igual para todos, para os bons e bem-intencionados, assim como para os maus e perversos; para os ricos e para os pobres; para os poderosos e para os miseráveis.

"Enfim, o réu sofreu. Sofreu muito. Sofreu como poucos. E *maître* Manseau, aqui presente, com o brilho e a eloquência que lhe deram fama de ser capaz de transformar o mais tenebroso assassino em um pobre cordeiro inocente — e, por favor, *maître* Manseau, veja nessa imagem um reconhecimento de seu talento, e não uma crítica —, enfim, *maître* Manseau, nas audiências preliminares, foi capaz de extrair das testemunhas, e ainda será capaz de tirar da plateia e, sejamos sinceros, até de nós mesmos, algumas lágrimas sentidas.

"Mas, não posso deixar de voltar a frisar, o que está em julgamento hoje não é o sofrimento do réu, mas seus atos. A Justiça foi cega em relação ao réu? Sim. Sofreu o réu? Sim. Vingou-se o réu? Não há dúvida. Fez ele justiça? Ou, mais ainda, deve a Justiça fechar os olhos para os atos do réu por serem eles consequências de sofrimentos profundos? Vejamos.

"Muito se falou de sofrimento nesta tribuna. Todo crime causa dor. Ao narrarmos um crime, especialmente os crimes de morte, tratamos por vítima aquele que tem a vida subtraída. A realidade, porém, é que o assassinado não é a única, e por vezes sequer é a maior, vítima de um crime de morte. Imaginem como é duro sobreviver à morte de um ente querido, um ser amado, especialmente quando essa morte não vem dos desígnios de Deus, mas é causada pela cruel mão dos homens. Sejamos claros, pode alguém sofrer mais do que o pai ou a mãe que têm a vida de seu filho subtraída pelo ato torpe de um facínora? Certamente não.

"Será, no entanto, que esse sofrimento incomensurável autoriza o pai ou a mãe a tomar para si a espada da justiça, sem limites, sem controle, sem freios? Pode, por exemplo, esse pai ou essa mãe vingar-se tirando a vida do assassino de seu filho, ou instigando-lhe a tirar a própria vida? Será o pai ou a mãe o melhor porta-voz da justiça?

"A verdade é, a dura verdade, caros jurados, é que não há ninguém menos apto a fazer justiça do que aquele que sofreu. O sofrimento corrói a alma, o sofrimento justifica o injustificável, o sofrimento serve de álibi para que o autor dos atos mais violentos conceda a si próprio o perdão. O homem que se julga sofredor, o homem que se sabe sofredor, deve ter a humildade de se abster de julgar aqueles que lhe causaram mal. Não se pode esperar do homem que ele perdoe o seu algoz, pois ele não é Deus. Mas também, pelo mesmo motivo, por não ser ele Deus, não cabe ao homem conferir a si próprio uma licença para praticar o mal, em nome do bem e da vingança.

"Nem o pai, nem a mãe podem fazer justiça com as próprias mãos. Seus atos de vingança não poderiam ser aceitos pela sociedade, nem por Deus. Se cada um puder tomar para si o papel de justiceiro, por mais bárbaro que seja o crime, por maior que seja a dor das vítimas, e tiver o apoio da sociedade em sua vingança, bárbara será a sociedade, corrompido será o tecido social. Não há paz em um mundo em que cada um carregue sua espada, seu gládio, seu bacamarte, seu arcabuz e se vingue, gota de sangue por gota de sangue, olho por olho, dente por dente, punindo aquele que lhe trouxe dor. Não estamos na Babilônia. Não há espaço em nosso século XIX para uma *lex talionis* privada, em que o próprio sofredor se vinga de seu algoz.

"Pois Edmond Dantés atribuiu a si próprio a tarefa de reparar os danos causados por seus inimigos e de impor-lhes sofrimento a seu ver proporcional àquele que viveu nas masmorras do Castelo de If. Sentiu-se um emissário de Deus, nomeou-se emissário de Deus.

"Ora, se nem o pai, nem a mãe têm direito à vingança, o que se dirá de Edmond Dantés. Alguém poderia dizer, Edmond não é pai, mas é filho que soube da morte de Louis Dantés na miséria, arruinado pelos atos nefastos que levaram à prisão do réu no Castelo de If. Sejamos francos, porém; não é a morte de seu pai que conduz Edmond Dantés ao caminho da vingança. O que ele não pode aceitar, o que lhe move, é o próprio sentimento de dor, é a memória dos dias e noites em silêncio nas masmorras, é a ideia da vida que poderia ter tido, mas que lhe foi ceifada, são os sonhos interrompidos e que, exatamente por terem sido interrompidos quando ainda eram meros sonhos, Edmond compara com a trágica vida real que lhe restou. Edmond compara o incomparável, uma vida que não se concretizou e que foi apenas sonho e esperança, e a privação absoluta a que se sujeitou.

"Acima de tudo, e mais uma vez peço vênias pela franqueza, assim como peço que não vejam os jurados nesse reconhecimento qualquer menoscabo à dor de Edmond Dantés, o que moveu o vingador foi a asa negra da inveja e do ciúme. Mais do que os dias de prisão, o que o conde de Monte Cristo não pôde suportar foi a reconstrução de uma vida feliz por Mercedes, a qual também não perdoou em seu coração. A maior dor de Edmond Dantés não foram seus dias de agonia, mas o sucesso de Morcerf, Danglars e de Villefort. Isso ele não pôde suportar.

"Mas, sejamos outra vez transparentes, pouco importa o motivo último dos atos do conde de Monte Cristo. Fosse apenas a dor de um filho, ou a própria dor, a causa última dos atos do réu, ainda assim não poderia ele se dedicar à sua vingança. Ou, sobretudo, não pode a sociedade aplaudir essa vingança.

"Veja-se que, cego em seu propósito, não foram poucos os que sofreram ou foram traídos pelas mãos de Edmond Dantés.

"Não perderemos tempo, todavia, com questões diminutas, com maiores ou menores mentiras, com pequenas traições. Vamos ao mais grave.

"É incontroverso que Edmond Dantés forneceu a Heloise de Villefort perigoso veneno, para o qual somente ele conhecia o antídoto. Ainda mais, Edmond induziu a dama de frágeis contornos morais a usar do veneno. Chamo a atenção para o que está provado nos autos, especialmente às folhas 647 e seguintes, que o conde de Monte Cristo instigou na madame de Villefort a curiosidade pelo veneno terrível, que mataria sem deixar marcas, que não permitiria derramar o sangue da vítima, que seria visto como remédio salvador, caso ministrado em doses corretas, pois uma única gota traria à vida uma criança à beira da morte, mas, nas palavras de Dantés, 'três gotas teriam insuflado sangue em seus pulmões e lhe provocado uma taquicardia; seis lhe teriam cortado a respiração e causado uma nova síncope, muito mais grave do que a primeira; dez, enfim, o teriam fulminado'.

"O conde de Monte Cristo sabia que estava instigando Heloise de Villefort a praticar o mal e o disse à própria assassina, como se vê às folhas 663, em que ele a instrui: 'Lembre-se apenas de uma coisa: se a pequena dose é um remédio, a dose excessiva é um poderoso veneno. Uma gota recupera a vida, cinco ou seis gotas matariam infalivelmente, e de uma maneira especialmente terrível, eis que em um copo de vinho elas não seriam capazes de alterar o gosto. Mas paro por aqui, madame, pois poderia parecer que estou a aconselhando.'

"Vejam o cinismo, caros jurados. O senhor conde instiga a assassina, sabe que assim o faz, e trata com ironia o seu ato nefasto. E, para que não haja qualquer dúvida quanto à sua intenção, o conde de Monte Cristo faz questão de dizer a si mesmo, como descrito às folhas 664 dos autos: 'Eis uma terra fértil, estou certo de que a semente que plantei não morrerá.' No dia seguinte, fiel a sua promessa, Edmond Dantés encaminhou à senhora de Villefort a receita fatal.

"De fato, a semente plantada floresceu, e dela brotaram mortes, mortes e mais mortes, mortes de inocentes.

"Pouparei os jurados da descrição da morte de Barrois, humilde e fiel empregado da casa dos Villefort, vítima de uma singela limonada na qual a assassina Heloise de Villefort despejara gotas do veneno fornecido pelo réu. As imagens são fortes e estão registradas nos autos às folhas 983 e seguintes. Pobre Barrois, com a face agitada, os olhos embotados de sangue, uma espuma emergindo dos lábios, se debatendo, rogando clemência a Deus, enquanto a garganta se fecha e lhe suprime todo o ar. Morte dolorosa, tão dolorosa quanto antecipara o conde de Monte Cristo ao descrever para a assassina o poder nefasto do veneno que acabara de fornecer.

"Também pouparei os jurados dos detalhes da morte da pobre criança, cujo corpo foi encontrado pelo senhor de Villefort, ao lado do corpo da mãe e assassina. Chamo a atenção, no entanto, para fato incontornável e provado nos autos, às folhas 1327.

"Edmond Dantés, o conde de Monte Cristo, reconheceu que a morte do garoto Edouard de Montefort era fruto de sua vingança. Ao se deparar com o corpo morto do menino, ele, aqui eu cito dos autos, 'compreendeu que acabara de violar os direitos da vingança e que não mais poderia dizer que Deus estaria a seu favor, ao seu lado'.

"Edmond Dantés ouviu aterrorizado as palavras do pai, as palavras do senhor de Villefort, acusando-o de vingar-se com o cadáver do filho, e desconfiou ele próprio do direito de fazer o que fizera, de agir como agira. O conde de Monte Cristo reconheceu ele próprio sua culpa.

"Caros jurados, aqui falamos de sofrimentos, de justiça, de vingança. Ninguém pode negar as falhas, os verdadeiros crimes, cometidos pelo procurador de Villefort, que causaram tanta dor a Edmond Dantés. Gérard de Villefort não era, não é, uma boa pessoa, um bom homem, um homem de Deus. Isso não significa, todavia, que a ele possam ser impingidas penas desproporcionais, ou que ele não possa também ser vítima de crimes. E Gérard de Villefort sofreu e sofre o maior dos padecimentos. Ele viu o corpo do filho morto, graças ao ato de vingança de Edmond Dantés.

"Como reagiríamos todos nós, os senhores jurados, a plateia, o excelentíssimo presidente Christophe Arrault, caso, enlouquecido pela dor que lhe causara a morte do filho, Gérard de Villefort sacasse uma arma e disparasse contra o conde de Monte Cristo? Ou ainda, caso Gérard de Villefort friamente guardasse a dor em seu peito, e, anos depois, conduzisse à morte um ente querido, quem sabe o filho, de Edmond Dantés? Seria ele absolvido? Certamente não. Como Gérard de Villefort encarna para todos o mal, nós o conduziríamos com rapidez às masmorras.

"Mas, como já enfatizei, a justiça há de ser a mesma para os bons e para os maus, a justiça não pode aceitar o crime, seja ele frio ou passional, seja ele cometido por um homem bom ou por um homem mau. Não há justiça fora da lei. E Edmond Dantés, o conde de Monte Cristo, é um fora da lei. Um homem que sofreu e que se julgou Deus. Mas ele é apenas um homem, um homem como qualquer outro, e um homem responsável pela morte de inocentes.

"Assim como sua dor, também a riqueza do conde de Monte Cristo não o exime de suas responsabilidades. É cristalino que, não tivesse Edmond Dantés herdado a fortuna do abade Faria, não seria ele capaz de conduzir sua vingança. Um homem pobre que tentasse praticar os atos relatados nos autos seria apenas um louco. Caso conseguisse alcançar seu intento, porém, seria execrado pela sociedade. A riqueza do conde de Monte Cristo foi a arma de sua vingança, e a bondade que por vezes ele distribui àqueles a quem admira é usada como atenuante de suas responsabilidades, como fundamento para sua inimputabilidade.

"Pois deveria ser o contrário. A maior fortuna do réu foi recuperar a liberdade. E não se tratou de uma liberdade qualquer, mas sim uma liberdade acompanhada de ouros e poderes ilimitados. A ele foi dada uma segunda chance, a chance de reconstruir sua vida, ou de renascer em uma nova vida, a de renascer conde de Monte Cristo. Quantos prisioneiros, recolhidos do convívio social por julgamentos injustos, tiveram essa oportunidade? Admitiríamos nós, admitiria a sociedade, admitiriam os senhores jurados que esses miseráveis, uma vez libertos, espalhassem sua vingança aos quatro cantos, atingindo culpados e inocentes? Ou esses homens estariam obrigados a seguir sua vida de miséria, ainda que libertos?

"Pois a riqueza e o poder conferem a seu detentor responsabilidades maiores que a quaisquer outros; devem os ricos e poderosos ser julgados até com maior severidade, devem eles servir de exemplo, para que os homens comuns, aqueles que sentem todos os dias o vigor da lei sobre suas cabeças, acreditem no sistema, acreditem no Direito, acreditem na Justiça.

"Não continuarei me alongando. Cabe a nós que lutamos pela justiça, cabe a vós que aplicarão a lei a este caso, defender nossa sociedade dos atos vis, sejam eles praticados por homens bons ou por homens maus; ricos ou pobres; abastados ou famintos. Sem equilíbrio, sem lei, não há justiça. Sem justiça, não há sociedade.

"O conde de Monte Cristo se julgou Deus, quis se vingar. Ele se vingou, mas ele não é Deus, e violou todos os mandamentos, de Deus, dos homens, das leis. A justiça e a vingança não se confundem.

"Por isso, acredito que esse júri recuperará o poder da justiça e reconhecerá que o réu praticou o crime de instigar a morte de inocentes, cabendo enfim ao magistrado aplicar-lhe a pena prevista na lei. A sociedade precisa do respeito às leis, a sociedade não convive com a vingança bárbara. E caberá aos senhores jurados restabelecer a verdadeira justiça. Obrigado."

Ao concluir suas palavras, o procurador Rénard caminhou lentamente para a poltrona que lhe fora reservada na corte com a consciência de que fora convincente. Antes de se acomodar, trocou rápidos olhares com alguns conhecidos da plateia, retribuindo com conspícuo abaixar da cabeça os cumprimentos que, sabia Rénard, eram merecidos. Não fossem as normas de etiqueta e a necessidade de respeito à liturgia do tribunal, Pascal Rénard teria encerrado sua sustentação com um grito de "*touché*", ou um singelo "xeque-mate".

O presidente Christophe Arrault retomou a palavra:

"A corte agradece a manifestação do senhor procurador. Vamos ouvir agora a defesa. *Maître* Manseau tem a palavra."

Maître Manseau se levantou lentamente e se dirigiu aos jurados. Seus gestos lentos tinham uma natureza e um propósito muito diferentes daqueles que marcaram a saída de cena do procurador Rénard, ao final de sua *plaidoirie*. Enquanto o procurador buscava saborear cada segundo de glória, com a sensação do dever cumprido e a autoestima típica dos *hommes des lois*, o advogado esperava criar com seu silêncio expectativa e tensão, atraindo os olhares e, sobretudo, as mentes dos jurados.

"Excelentíssimo senhor presidente; excelentíssimo senhor procurador; senhores jurados: logo de início, importa reconhecer e parabenizar o senhor procurador-geral por sua eloquência, por sua retórica. Entre floreios e volteios, e apesar de uma aparência de equilíbrio que justificaria, até mesmo, aqui e ali, o reconhecimento de que o réu procurou fazer o bem e sofreu penas abissais e imerecidas, o senhor procurador pede a condenação do réu por ter ele, supostamente, causado a morte de pessoas inocentes ao fornecer à assassina substância que, como atesta o procurador, ministrada em certas doses salvaria vidas, ministrada em outras causaria a morte.

"Na construção do raciocínio acusatório, o senhor procurador pinça, das milhares de folhas dos autos, frases isoladas, esparsas, reflexões descontextualizadas, para assim construir uma história. Sobre este ponto, não posso deixar de registrar o mais absoluto e veemente protesto. Conversas perdidas, ouvidas pela metade, especialmente conversas de terceiros colhidas por sabe-se lá que meios, prestam-se às mais completas distorções e presunções. Também de nada valem as autoavaliações de consciência, pois o fato de alguém questionar a si próprio suas responsabilidades perante si mesmo, perante os homens, perante Deus, não significa admissão de culpa na esfera penal.

"Deus queira prosseguiremos em nosso século XIX com avanço civilizatório que afaste dos processos criminais análises parciais e distorcidas dos fatos; que reconheça a iniquidade de se punir alguém com base em esparsas reflexões pessoais e exames de consciência. Ao julgador importa enfrentar as provas por inteiro, considerando as circunstâncias, o momento em que os atos foram praticados. Cada elemento de prova, cada elemento dos autos, deve ser examinado sob o prisma da presunção de inocência, e não como forma enviesada para construção de um libelo acusatório pré-concebido.

"Sim, a presunção de inocência. Antes de tratarmos dos fatos sob julgamento lembremos duas disposições essenciais da Declaração dos Direitos do Homem e dos Cidadãos de 1789: Todo homem é presumido inocente, até que seja declarado culpado; e, regra essencial e base de todo o Direito, os homens nascem e permanecem livres e iguais em direitos.

"A regra é, e sempre há de ser, a liberdade. Antes de se afastar um homem do convívio social, deve o aplicador da lei, deve o homem da justiça, se perguntar por que aquele homem deve ser privado da liberdade. Impõe-se conhecer as razões dos atos, a natureza das ações humanas, antes de se fazer um julgamento que se queira justo.

"Algumas frases ditas na tribuna pelo senhor procurador merecem ser repetidas: o conde de Monte Cristo não é Deus, é apenas um homem, um homem como qualquer outro. Sem equilíbrio não há justiça. A justiça e a vingança não se confundem.

"O senhor procurador, porém, parece cobrar do marinheiro Edmond a perfeição divina, transformando seu sentimento de dor, seu anseio por vingança, em algo menor, reprovável. Pois Edmond foi apenas humano, humano como todos nós, com suas falhas, com suas fraquezas, com seus desejos de vingança. De algum modo, porém, ao agir contra aqueles que causaram mal a ele próprio e a tantos outros, Edmond Dantés tornou-se para todos os homens símbolo de justiça, símbolo de superação, símbolo de reparação.

"Qual de nós, ao ler o relato do senhor Dumas, não nos sentimos vingados, libertos, felizes. Em certa medida, sentimos até mesmo a pena de não termos sofrido as dores de Edmond, para podermos ter o prazer da vingança. Quem não se regozijou a cada vez em que, conforme narrado, o conde de Monte Cristo virou-se para seus algozes e disse o seu verdadeiro nome: 'Eu sou Edmond Dantés, eu sou o homem que você destruiu.'

"E se todos e cada um de nós nos sentimos vingados pelos atos do conde de Monte Cristo, pois eles redimem os seres humanos, será possível condenar tais atos com base nas leis dos homens? Que leis seriam essas que punem os heróis, os nossos heróis, por terem a coragem de agir como gostaríamos mas não conseguimos, por medo, fraqueza, covardia.

"Devo contar-lhes uma história: enquanto estamos nesta corte julgando o conde de Monte Cristo, a milhares de quilômetros daqui, do outro lado do Atlântico, pobres operários de uma ilha caribenha trabalham em ambientes fechados por horas e horas e horas, enrolando charutos. Sabem o que lhes dá força? Sabem o que lhes dá esperança? As histórias repetidamente contadas por um leitor, que traz o relato do senhor Dumas em seu colo e lhes narra a vida e a vingança do conde de Monte Cristo. O senhor Dumas, aqui na plateia, poderia lhes confirmar que recebeu pedido para que um dos charutos desses operários passe a ostentar o nome de Monte Cristo.

"Porque é homenagem, porque o conde é sinônimo de esperança, de liberdade.

"Ao final deste julgamento, deveremos nos dirigir a esses homens e dizer: seu herói deverá retornar às masmorras porque, para o senhor procurador, ele não poderia agir como Deus, ele não poderia se vingar, a justiça é igual para todos, para os bons e para os maus.

"Que equilíbrio é esse, que busca o senhor procurador, que exige dos homens algo além do sentimento humano, que lhes exige uma pureza divina.

"O senhor procurador fundamenta o seu ataque, o seu verdadeiro clamor para que o réu seja condenado, em duas estratégias que correm em paralelo, cada uma delas voltada para uma parte dos jurados, que o senhor procurador classifica como racionais ou emocionais.

"Na concepção do senhor procurador, o convencimento de alguns dos jurados e a consequente condenação do réu que ele tanto persegue dependeriam exclusivamente de um apelo à razão. Não a uma razão qualquer, mas a uma razão pura, despida de qualquer sentimento. Segundo essa concepção, o Direito se construiria em um mundo de regras e leis insensíveis aos fatos, aplicáveis com precisão matemática. Danem-se as circunstâncias. Nesse sentido, pouco importa o sofrimento de que padeceu Edmond Dantés, pouco importa a justiça presente em sua vingança, pouco importa a redenção daqueles que sofreram na mão dos mesmos algozes que levaram Edmond às masmorras. Importariam apenas alguns fatos que, na visão apresentada nesta tribuna, seriam muito claros: Edmond Dantés forneceu a Heloise de Villefort frasco com veneno que veio a causar a morte de pessoas inocentes. Às favas com qualquer outra consideração: o réu deve ser devolvido às masmorras.

"A segunda linha de argumentação, ao contrário, é um apelo à emoção. Também não a uma emoção qualquer, sobretudo, não a uma emoção calcada na empatia com o réu, na compreensão dos atos do réu. De forma bastante sutil, a segunda linha de argumentação busca despertar em cada um dos jurados os sentimentos mais mesquinhos, mais reles: a inveja e o preconceito. Para isso, aqui e ali se faz referência de um lado à fortuna, e de outro à origem humilde do acusado. Entre elogios, o conde de Monte Cristo é retratado como um invejoso, um ciumento, um homem de origem humilde que não poderia suportar o sucesso de seus adversários, um homem que teve a sorte de ganhar a liberdade e enormes riquezas, mas com essa fortuna não se contentou, preferindo se comparar a Deus. Um homem que, contradição das contradições, não deve ser julgado como qualquer outro, a ele se exigindo algo mais, graças a sua riqueza.

"Examinemos, portanto, de início, a acusação ao réu sob o prisma da razão, e olhados os fatos por completo.

"O senhor procurador afirma que o conde de Monte Cristo forneceu veneno à senhora de Villefort. Mas omite, deliberadamente omite, as circunstâncias que antecederam esse fornecimento.

"Poucos dias antes, como provado às folhas dos autos, o conde de Monte Cristo foi testemunha de acidente envolvendo a senhora de Villefort e seu filho Edouard, em que o garoto ficou desacordado. Embora não se conhecessem, o conde de Monte Cristo foi responsável pelo pronto restabelecimento da criança, com uma única gota da substância que guardava em pequeno frasco. Iniciou-se, então, a admiração e a curiosidade da senhora de Villefort pelo conde de Monte Cristo e pelos atributos terapêuticos daquele elixir. Isso deu margem à conversa relatada pelo procurador e, posteriormente, ao fornecimento da substância, que tanto poderia servir de remédio como de veneno, à senhora de Villefort.

"Os riscos referentes a tal substância foram cuidadosamente relatados à senhora de Villefort pelo conde de Monte Cristo.

"Poderia ele, naquele momento inicial, antever os atos da senhora de Villefort? Teria o conde os dons premonitórios que lhe são atribuídos pelo procurador?

"Especialmente, pode-se presumir que tinha o conde de Monte Cristo a mais remota consciência de que tal remédio serviria de veneno nas mãos da mãe da criança, que se revelou uma assassina? Poderia o conde de Monte Cristo imaginar, horror dos horrores, que aquela mãe devotada e assustada mataria o próprio filho?

"O único elemento de prova, usado para justificar a condenação perseguida pelo senhor procurador, e já rechaçado anteriormente, é a frase pilhada da consciência de Edmond Dantés, que se pergunta se a morte da criança não seria consequência de sua vingança. Ora, qual pessoa de bem não terá, em algum momento de sua vida, questionado a si mesmo o que não poderia ter feito para evitar sofrimento alheio, sentindo-se culpado. Essa culpa, essa admissão de culpa, não tem qualquer sentido na esfera penal.

"Para que a responsabilidade penal se estabeleça, é essencial que haja um nexo de causalidade direto entre o ato praticado e o resultado danoso, sendo certo que a superveniência de outra causa, independente, rompe esse nexo e exclui a responsabilidade.

"Ora, as mortes foram causadas pelos atos voluntários da senhora de Villefort, atos em relação aos quais o conde de Monte Cristo não poderia ter qualquer controle.

"Pensem em um vendedor de cavalos, cavalos arredios, cavalos bravos. Esse homem fornece um cavalo para um jovem e adverte: a falta de cuidados deixaria o animal incontrolável. O jovem, não por falta de cuidados, mas voluntariamente, lança seu cavalo sobre um inimigo, matando-o. Haveria sentido em condenar o vendedor de cavalos por ter contribuído com a morte de uma pessoa? Haveria prova de culpa se alguém tivesse entreouvido o vendedor de cavalos se lamentando, 'Por que forneci a este jovem?'.

"Na visão do senhor procurador-geral, nossa sociedade precisa encontrar culpados. Se os verdadeiros culpados estão mortos, como a senhora de Villefort, que se encontrem outros, e outros, e outros. Qual o sentimento que alimenta essa perseguição do senhor procurador? O desejo de vingança. O mesmo sentimento de vingança que ele reprova no conde de Monte Cristo conduz o pedido de condenação do réu. Mas, diz o senhor procurador, e com ele concordamos, justiça não é vingança. O papel da justiça não é se vingar, não é sair à cata de culpados, a qualquer preço.

"Devemos admitir que alguns fatos terríveis não têm culpados.

"No caso em exame, porém, as mortes têm um culpado. Ou melhor, uma culpada, a falecida Heloise de Villefort, cuja culpa rompe qualquer nexo de causalidade entre a ação de Edmond Dantés — o fornecimento do remédio que poderia servir de veneno — e as mortes de inocentes.

"Para outros jurados, já se disse, o senhor procurador-geral apresenta argumentos emocionais, calcados na inveja. Diz ele, a lei deve ser mais severa para o conde de Monte Cristo, por sua riqueza.

"Que justiça é essa que distingue os homens pelo que possuem, e não pelo que são?

"Ao contrário do que afirma o senhor procurador, a aplicação da justiça depende de se conhecer a bondade e a maldade humanas, depende de se distinguirem os bons e os maus, mas não os ricos e os pobres.

"Não pretendo tomar muito mais do tempo dos senhores. Peço apenas que reconheçam que Edmond Dantés agiu como um homem, um homem especial, um homem que nos redimiu. Edmond Dantés agiu como o homem que todos gostaríamos de ser, e por isso ele alimenta tantos com a esperança da liberdade.

"Punir Edmond Dantés significa punir a todos nós.

"Desconsiderar os atos bons de Edmond Dantés significa negar a justiça.

"E responsabilizar Edmond Dantés com base em uma causalidade distante e incontrolável não é compatível com nossas leis.

"Encerro perguntando a mim mesmo por que estamos aqui. O que pretendemos neste tribunal? Imagino que seja fazer justiça. Jogar o conde de Monte Cristo de volta às masmorras não é fazer justiça, a verdadeira justiça, mas seria uma vingança da sociedade covarde contra aquele que teve a coragem de agir.

"Façamos justiça. Examinemos os fatos por completo, não nos esqueçamos do sofrimento imposto ao réu no passado, não nos esqueçamos da sensação de redenção que sentimos todos ao lermos o relato de seus atos, não nos esqueçamos da lei.

"Por isso, acredito que os senhores jurados absolverão o conde de Monte Cristo de todas as acusações que lhe foram dirigidas. Obrigado."

Encerrada a sustentação de *maître* Manseau, o silêncio reinou no tribunal.

Vingança ou justiça? O que fizera o conde de Monte Cristo? O que deveria fazer o tribunal?

O presidente tomou a palavra:

"Senhores jurados, cabe agora aos senhores decidir. Edmond Dantés é culpado ou inocente? Façam justiça!"

NOTAS

1   *Rénard*, em francês.

Antígona

Maurício Almeida Prado

Ao abordar os clássicos, deveríamos iniciar com uma profunda homenagem aos textos fundadores de nossa cultura, que permitem incessantes releituras, renovadoras do sentido ético da vida social.

Reverência silenciosa.

Sófocles apresentou pela primeira vez esta bela tragédia em 441 a.C. O texto viajou pelos últimos 2.460 anos de nossa experiência humana propondo questões profundas e, sempre, contemporâneas. Desde Aristóteles até os dias de hoje há numerosos filósofos, juristas e estudiosos que mergulharam neste rio caudaloso, deixando-se seduzir pelo embate entre Antígona e Creonte, entre o Direito Natural e o Direito Positivo.

Relembremos o início da tragédia e seus personagens: Antígona é filha incestuosa de Édipo com a sua própria mãe, Jocasta. Na verdade, Édipo e Jocasta tiveram quatro filhos: Antígona, Ismene, Polinices e Etéocles. Após Édipo ter furado os próprios olhos com as joias de Jocasta e partido para o exílio, Creonte (irmão de Jocasta) assumiu o trono de Tebas, com todos os poderes reais.

Os filhos homens de Édipo e Jocasta cobiçavam a sucessão ao trono de Tebas e, nesta disputa, Etéocles conseguiu exilar Polinices. Este fugiu para Argos, montou uma poderosa armada e atacou sua cidade natal.

Tebas resistiu ao invasor e derrotou Argos.

Os irmãos, em um infortúnio predito por Édipo (na tragédia *Édipo em Colono*), morreram um pela mão do outro.

Creonte, "supremo guia do Estado", sagrando-se vitorioso, ainda nas cinzas da batalha emite o édito real que instaura o conflito:

> Que Etéocles, morto lutando pela pátria, desça cercado de honras marciais ao túmulo e leve para seu repouso eterno tudo que só aos mortos mais ilustres se oferece; mas ao irmão, quero dizer, a Polinices, que regressou do exílio para incendiar a terra de seus pais e até os santuários dos deuses venerados por seus ascendentes e quis provar o sangue de parentes seus e escravizá-los, quanto a ele foi ditado que cidadão algum se atreva a distingui-lo com ritos fúnebres ou comiseração; que fique insepulto o seu cadáver e o devorem cães e aves carniceiras em nojenta cena.[1]

Aos transgressores, reservou a morte por apedrejamento. O novo rei buscava instituir o império da lei sobre os homens, submetendo todos cidadãos, como iguais, aos seus éditos.

> Se alguém transgride as leis e as violenta, ou julga capaz de as impingir aos detentores do poder, não ouvirá em tempo algum meus elogios; muito ao contrário, aquele que entre os homens todos for escolhido por seu povo, deve ser obedecido em tudo, nas pequenas coisas, nas coisas justas e nas que lhe são opostas.

Este ato, porém, criou um dilema impossível para Antígona: obedecer à lei dos homens ou à lei dos deuses, que comandavam a todos os cadáveres, libações e rituais fúnebres, para que pudessem ser admitidos no reino dos mortos. Ela, irmã de ambos os mortos, clandestinamente realizou os mínimos rituais para evitar um sacrilégio,[2] pois o corpo de Polinices fora jogado além dos muros de Tebas para ser comido por cães e aves de rapina.

Há incontáveis e ricos estudos jurídicos sobre o conflito entre o Direito Natural e o Direito Positivo que citam ou trabalham esse texto.[3] O que motiva este humilde exercício é a seguinte pergunta: que interpretação podemos fazer dessa obra a partir de paradigmas culturais e jurídicos de nossos tempos?

Iniciamos com a laicidade, que fundamenta a cultura jurídica ocidental de nossos tempos. Retomamos, assim, o momento em que Antígona, em seu confronto com Creonte, justifica sua conduta na ordem divina:

> Mas Zeus não foi o arauto delas [leis ditadas por Creonte] para mim, nem essas leis são ditadas entre os homens pela Justiça, companheira de morada dos deuses infernais; e não me pareceu que tuas determinações tivessem força para impor aos mortais até a obrigação de transgredir normas divinas, não escritas, inevitáveis; não é de hoje, não é de ontem, é desde os tempos mais remotos que elas vigem, sem que ninguém possa dizer quando surgiram.

Foi um ato que exemplifica muito bem a visão de Edgar Morin sobre a relação dos homens com os deuses: "Nós produzimos os mitos, os deuses, e estes vivem de nossa vida, nos pedindo às vezes que morramos por eles."[4]

Mas se os deuses gregos são uma criação simbólica da sociedade, o que, sob a perspectiva laica, realmente conduziu a infortunada Antígona ao confronto com o direito posto pelo poder legítimo?

A resposta nos parece ser algo maior do que uma ação ética baseada na motivação interna de um indivíduo, como defendem diversos estudos. A conduta de Antígona é orientada pela observância da tradição, forjada desde os primórdios da história humana, transmitida de geração a geração, e de indisputada relevância social. É o que se depreende da fórmula: "(...) não é de hoje, não é de ontem, é desde os tempos mais remotos que elas [prática de rituais fúnebres] vigem, sem que ninguém possa dizer quando surgiram."

A conexão entre costumes e leis transcendentais é tema da antropologia jurídica e foi bem caracterizada por Lawrence Rosen: "Quando componentes de uma cultura são replicados nos âmbitos familiar, religioso, econômico, literário, político e jurídico, assumem a aparência de ser, ao mesmo tempo, imanentes e naturais."[5]

Em suma, o imperativo ético que move Antígona nada mais é do que a internalização no indivíduo desses longínquos e profundos costumes sociais.[6] O conflito se dá, portanto, entre a força dos costumes sociais e a da lei (imposta) pela autoridade do Estado.

Passamos a questionar então outro paradigma clássico: a dicotomia entre Direito Positivo (legalidade do édito de Creonte) e Direito Natural (justiça transcendente representada pela resistência de Antígona). Inúmeros estudos tratam desse paradigma. Decidimos, aqui, fazê-lo sob o prisma dos ensinamentos do professor Miguel Reale. Autor da teoria tridimensional do Direito,[7] ele superou a dicotomia jusnaturalismo/positivismo ao demonstrar que o Direito se funda na inter-relação entre fato-valor-norma.

Em sua visão, fundar o direito em uma única perspectiva é evidentemente insuficiente para explicar a complexidade do fenômeno jurídico, que, se de um lado se estrutura a partir da autoridade legítima, o faz com o devido respeito aos valores construídos no tempo por uma sociedade, ressaltando o papel de codeterminação das normas exercido pelos que as aplicam (tribunais) e por seus destinatários (cidadãos).

François Ost e Michel van de Kerchove aprofundaram as reflexões realianas em uma maravilhosa obra, *De La pyramide au réseau? — pour une théorie dialectique du droit*, em que se chega à seguinte ilustração:[8]

Normas — legalidade

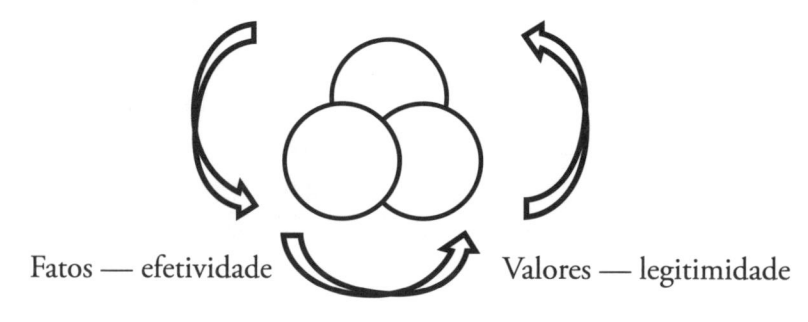

Fatos — efetividade   Valores — legitimidade

O Direito, formalmente legítimo, que carrega valores[9] aceitos e observados socialmente, cumpre sua função máxima de conferir Justiça e Segurança Jurídica. Trata-se do Direito que se justifica na coesão da sociedade, em sua perspectiva institucional, e não em uma transcendência divina, natural ou somente na autoridade da norma superior.

Visto sob essa perspectiva, o ordenamento jurídico (Direito Positivo) incorpora os valores (consensos simbólicos formulados no tempo por uma sociedade), os organiza e institucionaliza, tornando-se referência de conduta aos indivíduos. "O Direito, decididamente, não se resume a uma soma de normas escritas, nem a um conjunto de vontades explícitas, nem ao encadeamento de procedimentos formais. Se aproxima mais de uma Constituição material, soma dos valores e das práticas normativas em vigor em uma sociedade."[10]

Ressalta-se a função organizativa da norma,[11] que, por ser substancialmente legítima, se traduz no alto grau de cumprimento pelos seus destinatários (efetividade) de forma muito mais eficiente do que a perspectiva impositiva/punitiva do direito. A imensa maioria dos cidadãos, na imensa maioria dos casos, cumprem as normas que entendem traduzir valores relevantes para a vida comum. A função organizativa tem, assim, o caráter pedagógico de ensinar aos cidadãos quais são as condutas relevantes na vida social. Remanesce a função punitiva para quem não aceita ou não cumpre os ditames essenciais de uma sociedade.

Sob esse prisma, a tragédia de *Antígona* retrata um conflito entre a legitimidade formal (direito editado pelo Estado) em face à legitimidade substancial (valores considerados imparciais e justos pela sociedade) com alto grau de efetividade (aplicação).

Quando a autoridade edita uma norma formalmente correta que, porém, contém valores destituídos de legitimidade substancial, ou pior, como no caso dessa bela tragédia, que confrontam os valores fundamentais da sociedade, surgem diversos tipos de consequências: desde sua inaplicabilidade concreta (leis esquecidas no ordenamento jurídico) até o confronto direto, com consequências trágicas.[12]

A cegueira da legalidade estrita é exatamente o que se vê na trilogia de Sófocles e que o professor Tulio Ascarelli[13] maravilhosamente anotou: "Édipo [é] ainda mais cego justamente quando seus olhos estão abertos."

O mesmo está nítido na obstinação de Creonte, justificada no império da lei sobre todos os cidadãos. Seu veredito final:

"Levando-a por deserta estrada hei de enterrá-la numa caverna pedregosa, ainda viva, deixando-lhe alimento quanto baste para evitar um sacrilégio; não desejo ver a cidade maculada. Lá, em prece ao deus dos mortos — único que ela venera —, talvez obtenha a graça de não perecer, ou finalmente aprenderá, embora tarde, que cultuar os mortos é labor perdido."

Em sua cegueira, Creonte envia um vivo ao reino dos mortos enquanto retém um morto no reino dos vivos.

"Tu lançaste às profundezas um ser vivo e ignobilmente o sepultaste, enquanto aqui reténs um morto sem exéquias, insepulto, negado aos deuses ínferos."[14]

Pretensiosamente imparcial e guiado por nobres ideais, finda por cometer a violação de valores fundamentais e "eternos" da sociedade:

"Ah! é terrível quando, embora preparado para ser bom juiz, um homem julga mal!..."[15]

Creonte recusou o apelo ao bom senso feito por seu filho, Hemon: "Não há vergonha alguma, mesmo sendo sábio, em aprender cada vez mais, sem presunções."

Foi também advertido pela sabedoria do "cego" Tirésias: "Os homens todos erram, mas quem comete um erro não é insensato, nem sofre pelo mal que fez, se o remedia em vez de preferir mostrar-se inabalável; de fato, a intransigência leva à estupidez."

A inevitável tragédia se consuma com a aniquilação do governo.

O filho e a mulher de Creonte tiram a própria vida; ele pela espada, ela, pelo punhal. Creonte renuncia ao trono real e parte para o exílio.

Já Antígona (não menos obstinada que Creonte), uma vez aprisionada, enforca-se com seu véu nupcial. Porém, com seu sacrifício, renova a importância dos costumes dos rituais fúnebres. Esses seguem vitais em todos os tempos da aventura humana.

Da família real, resta apenas Ismene (irmã de Antígona), que se submeteu a Creonte (ato de covardia ou sabedoria?). Sobreviveu aos irmãos, pais e tios — porém, em completa desgraça.

O coro dessa linda tragédia grega, que repercute a voz da sociedade tebana, atravessa quase 25 séculos da história humana para nos trazer uma mensagem sobre a humildade e a temperança para os que detêm o poder sobre a pólis:

"Destaca-se a prudência sobremodo como a primeira condição para a felicidade. Não se deve ofender os deuses em nada. A desmedida empáfia nas palavras reverte em desmedidos golpes contra os soberbos que, já na velhice, aprendem afinal prudência."

Pudessem nossos governantes apreender essa mensagem...

Notas

1. Todas as citações da tragédia de Sófocles têm como fonte a tradução direta do grego de Mário da Gama Kury, publicada sobre o título *A Trilogia Tebana: Édipo Rei, Édipo em Colono, Antígona*. Rio de Janeiro: Zahar, 1990.
2. "Não víamos o morto, embora ele não estivesse bem sepulto, pois era muito pouca terra que o cobria, como se fosse posta pela mão de alguém querendo apenas evitar um sacrilégio." Depoimento do guarda que encontrou o corpo de Polinices após a ação de Antígona.
3. Para um excelente estudo da evolução do Direito Natural até os dias de hoje, ver LABRUSSE-RIOU, Catherine et al. *Droit naturel: relancer l'histoire?*. Bruxelas: Bruylant, 2008.
4. Inspirado em Heráclito e Victor Hugo. Cf. *Mes Phylosophes*. Paris: Germina, 2011, p.27.
5. ROSEN, Lawrence. *Law as Culture*, Princeton/Oxford: Princeton UniversityPress, 2006, p 65.
6. François Ost discorre sobre o conceito de *nomina*, leis divinas no conceito de Sófocles, mas que no pensamento grego da época evoluíram rapidamente para significar a consciência moral, as leis comuns às cidades gregas, dotadas de um consentimento universal,

ou como se refere Aristóteles (citando Antígona), a lei natural. Cf., *Le temps du droit*. Paris: PUF, 2004, págs. 171, 177 e 178.

7 *Teoria Tridimensional do Direito*, São Paulo, Saraiva, 5ª Ed. 1993; *Filosofia do Direito*. São Paulo: Saraiva, 20ª ed., 2002.

8 Bruxelas, Faculté Univ. Saint-Louis, 2002, capítulo VI, *passim*.

9 Valores como preferências ou atribuições simbólicas, geradas e compartilhadas por um organismo social.

10 OST, François, *Le temps du droit*. Paris: Odile Jacob, 199, p.209.

11 Ver estudos a este respeito em THIBIERGE Catherine et al, in *La Force Normative. Naissance d'unconcept.*, Paris: LGDJ/Bruylant, 2009.

12 Para José Roberto de Castro Neves, "Antígona seve de constante alerta para o fato de que o direito positivo não pode distanciar-se muito da justiça, daquilo que o nosso sentimento nos indica como sendo o bom correto", cf. *A invenção do direito*, Rio de Janeiro: Edições de Janeiro, 2015, p. 203.

13 "Antígone e Porzia", in *Rivista Internazionale di Filosofia del Diritto*, 1955, p. 756 e ss. Cf. tradução para o português por Maria Cristina De Cicco, "Antígona e Pórcia", em Civilistica.com, 2016, n. 2.

14 Como resume Tirésias.

15 Já assim conjurava um guarda sobre Creonte no início da tragédia.

Dom Quixote

Francisco Amaral

Direito e literatura; a justiça como valor e como tema literário

A literatura como conjunto de obras escritas de reconhecido valor estético que, exprimindo sentimentos, emoções e cultura, traduz a realidade de um povo e de uma época. O direito como conjunto de prescrições normativas que, realizando ideias fundamentais da sociedade — os valores —, se destina a prevenir ou a resolver conflitos de interesses.

Direito e literatura, como elementos da cultura de um povo intimamente relacionados, representam o tempo e o espaço em que nascem e evoluem, refletindo o seu meio e tendo, como elemento comum, o uso da palavra. Ambos se ocupam de textos. Na literatura, para proporcionar o prazer estético da leitura; no direito, para promover a ordem e a paz social. Enquanto a ordem jurídica é expressão de saber, de conhecimento, a literatura é beleza, emoção, sendo que a faculdade de promover emoções é que dá a um livro a sua condição literária e uma transcendental importância, pelo que passa à condição de clássico, no sentido de modelo ou referência. A leitura de um grande livro nos dá prazer estético, pela contemplação do belo, e conhecimento de um povo.

O direito é, assim, tema de expressão artística e literária, como demonstra o "conjunto de obras de reconhecido valor estético" que a ele se tem dedicado, na afirmação e na crítica dos valores culturais e éticos da sociedade e do direito, despertando crescente interesse no debate acadêmico contemporâneo, principalmente europeu e americano, mas agora também no direito brasileiro. A literatura, sobre ser caminho para a sabedoria, contribui também para a compreensão da justiça como valor fundamental da ordem jurídica e como instituição destinada à realização dessa ordem.

O que os grandes livros podem ensinar, então, sobre a justiça, é tema que importa tanto à literatura quanto ao direito, pelo que a justiça se configura como valor jurídico e como tema literário. A justiça como valor central da ordem jurídica de uma sociedade e também como instituição responsável pela realização desse valor, no caso, os tribunais. São estes o seu principal instrumento, garantindo a observância das leis e, com isso, a segurança e a paz social, como é próprio da nossa cultura e elemento fundamental da tradição de que faz parte o nosso patrimônio de civilização desde o encontro da Bíblia com a sapiência grega, passando pelo magistério de Platão (*A República*), Aristóteles (*Ética a Nicômaco*) até firmar-se no *Corpus iuris civilis* de Justiniano, que influenciou a evolução do direito ocidental e, particularmente, o direito privado brasileiro por meio da magistral contribuição de Teixeira de Freitas.

A justiça é, assim, tema dos grandes mestres da literatura ocidental, interessados em viver "a experiência da justiça, suas grandezas e suas misérias, seus agentes, seus protagonistas e suas vítimas", a que se liga a prudência, no sentido de cautela, como virtude da razão prática, isto é, a consideração da pessoa em situação. Tem, assim, especial interesse conhecer o que os grandes livros ensinam sobre a justiça, sendo agora de nosso particular interesse *Dom Quixote*, de Miguel de Cervantes.

Dom Quixote como um grande livro; razão de sua escolha

O que justifica a escolha de *Dom Quixote* como um grande livro que possa ensinar sobre a justiça?

Um grande livro é o que, pelas ideias que apresenta e os sentimentos que desperta, reunindo esplendor estético, força intelectual e sapiência, pode contribuir para a sabedoria de um povo. Ou aquele que exerceu, de modo direto ou indireto, a mais decisiva influência sobre o pensamento humano e, assim, sobre os vários tipos de comportamento social. São obras que estão na essência do pensamento do mais elevado nível de cada período histórico, com decisiva influência no curso do pensamento humano, como também são as de Ésquilo, Sófocles, Eurípedes, Aristófanes, Homero, Dante, Rabelais, grandes nomes que contribuíram para o "mundo da cultura literária e artística", patrimônio e tradição intelectual de um povo.

Assim considerando, escolhemos *Dom Quixote*, de Miguel de Cervantes, por seu reconhecido valor literário e pelo que pode contribuir para a compreensão da justiça e sua realização prática pelos tribunais. É, sem dúvida, "a obra principal da língua castelhana e uma das melhores produções de todos os tempos", consagrado livro de um autor que, sendo uma grande figura da literatura universal, um dos gênios mais criativos da história da literatura, romancista quase comparável a Shakespeare, pode contribuir para a compreensão da justiça como valor jurídico a respeitar e a defender. Contribuiu, também, para a nossa escolha, o fato de que, sendo ibérico, possui uma visão do mundo e uma linguagem que muito se assemelham às nossas, brasileiras, como esplendidamente demonstra Luís da Câmara Cascudo no seu prefácio "Com Dom Quixote no folclore do Brasil" ao *Dom Quixote de la Mancha* publicado no Rio de Janeiro, onde transcreve, dos 263 provérbios, adágios e frases feitas, usos e costumes que se encontram em *Dom Quixote*, os 100 que também se encontram no Brasil.

O que representa *Dom Quixote*?

O *Dom Quixote* é uma novela com que se inaugura a crítica social da cavalaria andante e das novelas de cavalaria do século XV, que atingem seu ponto culminante na França e na Espanha no século XVI.

Como publicamente reconheceu o rei de Espanha no seu prólogo à edição comemorativa do quarto centenário dessa famosa obra literária, em 2005, glória da Espanha e do idioma espanhol, *Dom Quixote* é uma

> novela de aventuras e de cavalaria prodigiosa, cúmulo e apogeu da literatura universal. Epopeia de prudente loucura, sobre a fantasia e a realidade, lição de profunda filosofia e disposição moralista, espelho da nossa língua mais perfeita e de quantos a têm como sua em um e em outro lado do oceano. Criação genial que se traduziu em todos os idiomas do mundo, levando as aventuras e desventuras do fidalgo espanhol, ao largo dos séculos e por meio de dezenas de milhares de edições, a todos os rincões do nosso planeta, convertendo o *Dom Quixote*, juntamente com a Bíblia sagrada, no livro mais editado, vendido e lido de quantos jamais se tenham escrito.

Dom Quixote é, assim, o romance mais famoso da literatura espanhola. Incentivado pela leitura de velhos romances de cavalaria, o nobre latifundiário Alonso Quijano, homem dos seus cinquenta anos, que vive numa cidade da Mancha, modesta província ao sul de Madri, e se perde na leitura de narrativas medievais, adota o nome romântico Dom Quixote (cuja nobreza se indica pelo título honorífico "Dom"), enverga a armadura enferrujada dos seus antepassados, arrasta do estábulo um vetusto corcel que contempla com o nome Rocinante, rebatiza uma jovem filha de camponeses, Dulcineia de Toboso, que elege para senhora do seu coração. Aos poucos, começa a viver o cavaleiro andante. Improvisa montaria e armadura e sai com seu cavalo Rocinante em busca de venturas, o pensamento posto em Dulcineia, sua amada imaginária.

Numa taberna de aldeia que ele toma por um castelo, o taberneiro arma-o cavaleiro da ordem dos cavaleiros andantes e aconselha-o a arranjar um escudeiro. Escolhe, então, o camponês Sancho Pança, passando ambos a percorrer a Espanha com o objetivo de ajudar os pobres e combater os opressores. O cavaleiro da triste figura, montado no seu rocim, e o gordo Sancho Pança, montado no seu burro, formando um par arquetípico e um contraste vivo entre o idealista visionário e o realista com a sua esperteza saloia.

Para poder desempenhar seu papel de salvador do mundo, descobre a opressão por onde passa, confunde criminosos com fidalgos aprisionados, uma manada de carneiros com um exército inimigo e moinhos de vento com gigantes. Uma demonstração de ingenuidade e idealismo.

Desejando dar o golpe de misericórdia na cortesania, base da educação europeia, e nos livros de cavalaria, que considerava ultrapassados, o livro é uma paródia dos romances em que a loucura genial do herói contrasta com o bom senso e a mediocridade de seu fiel escudeiro Sancho Pança.

Dom Quixote representa a nobreza da cavalaria, em contraste com a realidade fria de outra época. É, assim, uma novela satírica que narra as aventuras de um fidalgo espanhol que perde um pouco a razão devido às suas leituras. Com a mente cheia de aventuras fantásticas, atira-se ao caminho cheio de tropeços da cavalaria andante, imaginando que os moinhos de vento são gigantes enfurecidos, e os rebanhos de ovelhas, exércitos de infiéis a quem tem o dever de derrotar com a sua lança. Em sua imaginação distorcida confunde pousadas com castelos e empregadas com cortesãs inflamadas de amor. Contraste do "cavaleiro andante" é a figura de seu fiel escudeiro Sancho Pança, que representa o ideal do homem prático com os pés na terra e satisfeito com os prazeres modestos, porém quantiosos, que lhe oferecem a comida, a bebida, o dormir. No Dom Quixote, a honra, o ideal, a coragem, a generosidade, a nobreza, a elegância. No Sancho Pança, o bom senso, o realismo, a prudência, o interesse, a terra. Duas visões da humanidade, complementares e inseparáveis, como alma e corpo, paixão e razão.

Muitas das aventuras de Dom Quixote põem em causa os grandes problemas do Direito: os moinhos de vento são a escolha entre o realismo e o idealismo, que leva à questão do direito natural. Aquele que procura o ideal está condenado ao insucesso e ao ridículo, ou, ao contrário, o mundo moderno é que está condenado porque ignora o ideal? Outro problema é a diferença entre o soberano, o patrão, o chefe, e o súdito, o empregado, o criado, a implicar a questão da desigualdade social.

Também o episódio em que, encontrando um grupo de condenados às galeras, o cavaleiro da triste figura insiste em libertá-los, não obstante a ponderação de Sancho, implica as ambiguidades dos direitos humanos.

Quanto à justiça em si, para Dom Quixote ela é distributiva, no sentido de dar a cada um o que lhe é devido, aplicando e respeitando o disposto em lei. Para Sancho Pança, a justiça deve ser administrada com a sabedoria do rei Salomão, no sentido do bom senso. Não obstante, Cervantes não pretende afirmar que o realismo de Sancho Pança seja preferível de maneira categórica ao idealismo quixotesco de seu senhor, mas que ambos representam diferentes facetas da natureza humana.

O livro é, sem dúvida, uma sátira devastadora da mentalidade cavaleirosa que estava acelerando a decadência espanhola. Apesar de tudo, as simpatias dos leitores permanecem com o protagonista, o homem da Mancha que se atreve a sonhar o "sonho impossível".

Miguel de Cervantes, sua circunstância histórica e cultural

Dom Quixote é um clássico no sentido de que é inesquecível, exercendo uma particular influência. A ele sempre se retorna em busca de novas sensações ou de ensinamento. Seu estilo e seu conteúdo, formados de ideias e sentimentos, o tornam uma obra de relevante papel no espírito e na cultura de um povo, como é o espanhol.

A compreensão dessa obra e de sua importância como um clássico da literatura mundial e, principalmente, a contribuição que oferece à compreensão da justiça no mundo contemporâneo, complexo e problemático, implica conhecermos a circunstância do autor, no sentido orteguiano, isto é, as condições pessoais, sociais e materiais de sua existência, o cenário físico, histórico e espiritual em que decorreu a sua vida, que se reflete na obra literária que produziu, e, principalmente, na sua concepção de justiça, como ideia e como instituição.

A circunstância de Cervantes, compreendendo o seu status econômico e profissional, a sua classe social, a sua biografia, oferece contrastes e notas que ajudam a compreender o sentido do Quixote. Seu heroísmo em Lepanto e seu duro cativeiro em Argel são, sem dúvida, o que há de melhor e de mais nobre em sua vida. Ao regressar à Espanha, porém, depois de larga ausência, enfrenta agudos problemas econômicos e se vê obrigado a aceitar encargos às vezes humilhantes. Em sua qualidade de comissário de abastecimento de Andaluzia, Cervantes teve de viajar por uma parte do país, visitar as mais longínquas e isoladas aldeias e pôr-se em contato direto com o povo. Além disso, a vida irregular de sua família se tornou, talvez, a nota mais amarga da vida de Cervantes. A pobreza, as dívidas, os usurários e as angústias de ordem econômica perseguiram Cervantes desde a infância até a morte, desde o encarceramento de seu pai em Valladolid até suas próprias prisões em Andaluzia e seu enterro de caridade.

Miguel de Cervantes teria nascido em 29 de setembro de 1547, em Alcalá de Henares, no seio de uma família de linhagem galega estabelecida em Córdoba. Neto de um magistrado, quarto filho de Rodrigo de Cervantes e irmão de mais cinco. Com quatro anos foi residir com sua família em Valladolid, onde se iniciaram seus contatos com a justiça, no sentido institucional, isto é, os tribunais. Seu pai teve falência declarada, com embargo de seus bens e prisão por vários meses. Cervantes foi então morar com sua família em Córdoba, em Sevilha e, em 1566, na cidade de Madri. Era uma família pobre, em quase permanente nomadismo.

Quanto à sua formação escolar, nada se conhece de concreto. Sabe-se apenas que, quando criança, frequentou um colégio da Companhia de Jesus, hipótese que se baseia em uma passagem muito significativa de sua novela *Coloquio de los perros*. Demonstrava, porém, ter vasta cultura literária e, ao que parece, estudara gramática e retórica.

Em de setembro de 1569, por agressão física a um tal Antonio de Sigura, teve contra si uma ordem judicial que estabelecia como pena a amputação de sua mão direita e o desterro por dez anos, pena de que posteriormente conseguiu se livrar. Consta, documentalmente, que Cervantes, em dezembro de 1569, estava em Roma, de onde procurou diminuir o rigor da sentença.

Em 1571 foi soldado às ordens de Diego de Urbina, participando da esquadra espanhola que se juntou às esquadras veneziana e pontifícia para formar a grande armada que venceu os turcos na batalha de Lepanto, em 7 de outubro de 1571, onde foi ferido no peito e perdeu sua mão esquerda, "para a máxima glória da direita", como dizia com orgulho. Participou, ainda, das batalhas de Navarino, em 1572, Tunisi e Goulette, em 1573, retornando posteriormente para a Itália.

Em setembro de 1575, viajando de Nápoles para a Espanha, seu barco foi atacado por piratas que o fizeram escravo, condição em que permaneceu por cinco anos em Argel, compondo peças de teatro e fazendo planos de evasão, todos frustrados. A isso se refere o próprio autor nas obras *Galatea*, *Quichote* e *Persile*, e nas comédias *El trato de Argel* e *Los baños de Argel*.

Depois de quatro tentativas de fuga sem sucesso, Cervantes logrou ser libertado em setembro de 1580 por um missionário, Juan Gil, que pagou o resgate exigido de 500 escudos de ouro, reunidos pela família do escritor e completados com a ajuda de mercadores cristãos.

Retornando a Madri ainda no mesmo ano, onde se reuniu com seus pais e mais duas irmãs, todos em precária condição econômica e financeira, viu-se compelido a viajar para Portugal no ano seguinte, onde estava a corte de Filipe II de Espanha, "com o propósito de conseguir algo que lhe permitisse organizar a vida e pagar as dívidas que sua família havia contraído para pagar o seu resgate". Dada a sua reconhecida experiência nos costumes e na vida no norte da África, foi encarregado de uma missão em Orá, e depois, sem emprego, regressou a Madri em 1582.

Em 1584 Cervantes se casou com Catalina de Palacios Salazar y Vozmediano, mais jovem do que ele dezoito anos, depois de ter publicado *Galatea*, romance pastoril cujos direitos autorais, juntamente com o pequeno dote de sua esposa, lhe permitiram montar casa. Segundo a crítica, esse romance apresentava defeitos típicos da novela pastoril do século XVI, como a prolixidade, o artifício, a ostentação, a monotonia e a extravagância, mas revelava imaginação e fantasia. Cervantes se dedicou ainda à poesia e, com maior produção, ao teatro, escrevendo de vinte a trinta óperas dramáticas, não obtendo, porém, sucesso nem reconhecimento.

Em 1587, Cervantes está em Sevilha, ocupando-se do abastecimento de grãos às ordens de Diego de Valdivia. Em janeiro de 1588 torna-se fornecedor da Armada Invencível, mas é dispensado no mês seguinte.

Em 1592, foi condenado e preso por ter feito, como comissário de abastecimento, vendas de trigo sem a necessária autorização, mas em 1593, já libertado e declarado inocente, encontra-se novamente no exercício de suas funções.

Em 1595, entregou, em confiança, fundos do Tesouro a um tal Simon Freire de Lima, que faliu e desapareceu. Por isso, Cervantes foi preso em setembro de 1597, liberado em dezembro desse mesmo ano, e demitido, definitivamente, embora nada se tenha provado contra ele, que teria sido apenas imprudente ou desafortunado ao confiar dinheiro do Estado a um banqueiro à beira da falência.

Nos fins de 1598 compôs dois sonetos e *quintillas* por ocasião da morte de Filipe II.

Em 1605 é publicado em Madri *El ingenioso hidalgo Dom Quixote de la Mancha*. Teve tanto sucesso, conquistando o público, que no mesmo ano já se publicava a quinta edição.

O grande êxito de *Dom Quixote* não só deu a Cervantes um renome literário como também suscitou um grande interesse geral por suas obras, que a partir daquele momento se imprimiram em ritmo muito veloz. Em 1613 aparecem as *Novelas ejemplares*, em 1614 a *Viaje del Parnaso*, em 1615 a segunda parte do *Quixote* e as *Comedias y entremeses*, e em 1617, postumamente, o *Persiles y Sigismunda*.

Cervantes era muito religioso. Pertenceu a várias instituições, como a Congregação dos Escravos do Santíssimo Sacramento de Olivar, em que eram seus confrades outros escritores. Pertenceu também à Venerável Ordem Terceira de São Francisco. Morreu em 22 de abril de 1616, em Madri, assistido por sua esposa Catalina e sua sobrinha Constanza de Ovando.

Certo é que o conteúdo de sua obra revela ideias, desperta emoções que representam o espírito de uma época, os sentimentos de um povo, a cultura de uma sociedade, a espanhola, em determinado período de sua história. Foi um símbolo da consciência ocidental, no dizer do nosso Santiago Dantas.

A justiça no Dom Quixote. Os provérbios.

As referências ao direito e à justiça, como valor e como instituição, encontram-se em *Dom Quixote*, em primeiro lugar, em alguns dos seus 263 provérbios, dos quais 73 se estão na primeira parte do livro. Em segundo lugar, na concepção e na prática da justiça de Sancho Pança como juiz de uma pequena ilha. Em terceiro lugar, nos conselhos que Dom Quixote dá aos juízes. Em quarto, no encontro com os condenados às galeras.

Nos provérbios ou adágios que Cervantes cita no livro, são oito os que se relacionam diretamente com o direito e a justiça, como segue.

"*Callen barbas y hablen cartas*", o que significa dizer que é ocioso gastar palavras quando há documentos que provam o que se disse. O ditado aconselha, assim, registrar por escrito o que se acordou verbalmente.

"*Al buen pagador no le duelen prendas*", no sentido de que, quando se pretende cumprir o pactuado, não se deve pôr obstáculos, criar dificuldades, a qualquer garantia.

"*Dios bendijo la paz y maldijo las riñas*", Deus abençoa a paz e condena as brigas. Sancho Pança, que não queria desentendimento como escudeiro do Cavaleiro do Bosque, a ele se dirigiu dizendo com esse ditado que o mais acertado seria que cada um dominasse a sua cólera, para que não procurasse lá e saísse tosquiado.

"*No pidas de grado lo que puedas tomar por fuerza*", adágio nada recomendável que o próprio Sancho diz em relação a alguns desalmados.

"*Más vale pájaro en mano que buitre volando*", no sentido de que, referindo-se à justiça, "mais vale um mau acordo do que um bom litígio", mais vale o pouco seguro do que o muito incerto. No mesmo sentido "*Más vale um toma que dos te daré*", encontrado em algumas passagens, assim como "*Más vale algo que no nada*".

"*El que tiene el padre alcalde, seguro va a juicio*", isto é, pode ir a juízo, propor uma ação, quem tiver um poderoso protetor.

A peculiar forma de julgar de Sancho Pança

Também relacionado com o tema da justiça em *Dom Quixote* é a atuação de Sancho Pança como se fosse juiz de uma pequena comunidade. Em três casos que Cervantes descreve, Sancho Pança não aplicaria o direito pré-estabelecido, mas sim o que, a seu peculiar critério, lhe parecesse bom e justo. Suas decisões seriam de consciência, no sentido de compreender, por sua experiência de vida, o que é moralmente certo ou errado, o que o levava a atuar mais como árbitro, recorrendo à equidade, do que como juiz adstrito ao texto frio da lei. Recomendava, assim, prudência no julgar.

Os conselhos aos juízes

No capítulo 42 da segunda parte de *Dom Quixote*, Miguel de Cervantes faz uma série de conselhos aos juízes, referentes à função judicial mas também endereçados a Sancho Pança, se este fosse juiz. É interessante registrar que Montesquieu não havia ainda nascido, assim como a sua teoria da separação dos poderes. São, todavia, conselhos válidos para o exercício da função judicial de nossos dias.

Nessas manifestações, aconselhava mais misericórdia e equidade que propriamente o rigor da lei. Dizia assim Dom Quixote: "Quando for possível julgar com equidade não se aplique todo o rigor da lei ao delinquente, pois não é melhor a fama do juiz rigoroso que a do juiz compadecido."

"Ao culpado que cair sob a tua jurisdição, considera-o como um homem miserável, sujeito às condições da nossa depravada natureza, e em tudo o que depender de tua parte, sem prejuízo da parte contrária, mostra-te piedoso e clemente. Ainda que os atributos de Deus sejam todos os mesmos, mais resplandece a nosso ver a misericórdia do que a justiça."

"Se acaso dobrares a vara da justiça, não seja com o peso de uma dádiva, mas com o da misericórdia."

Ou quando recomenda o bom tratamento e educação do juiz para com o delinquente: "Ao que tenhas de punir com trabalhos não trates mal com palavras, pois já basta ao infeliz a pena do castigo, sem a necessidade de mais razões."

Recomenda também a Sancho a busca da verdade, sem paixões, preconceitos e parcialidades, assim aconselhando: "Quando acontecer de julgares algum pleito de algum inimigo teu, afasta da tua mente a ofensa, e põe nela a verdade."

"Não te cegue a própria paixão na causa alheia, que as marcas a fogo que nela fizeres, as mais das vezes serão sem remédio: e se ocorrerem, será à custa de teu nome e ainda de teus bens."

"Procura descobrir a verdade entre as promessas e dádivas do rico, como entre os soluços do pobre."

"Se alguma mulher formosa vier a pedir-te justiça, tira os olhos de suas lágrimas e teus ouvidos de seus lamentos, e considera devagar a substância do pedido, se não queres que se afogue a tua razão em seu pranto, e a tua bondade em seus suspiros."

São todos conselhos prudentes e razoáveis. Recomenda, assim, Dom Quixote, que os juízes sejam objetivos, justos, equitativos e respeitosos.

Os condenados às galés

No capítulo 22 da primeira parte de *Dom Quixote*, Cervantes descreve o encontro do cavaleiro e de seu inseparável escudeiro Sancho, no caminho que percorriam na Mancha, província ao sul de Madri, com um grupo de 12 condenados, acorrentados, que eram conduzidos às galeras, escoltados por quatro guardas e acompanhados de suas mulheres. Dom Quixote, movido pelo afã de socorrer os miseráveis, decidiu libertá-los, não obstante a advertência de Sancho Pança de que eles eram condenados por seus delitos. Perguntando-lhes por que tinham sido condenados, a Dom Quixote responderam com brincadeiras, ironias, negando a prática de qualquer ato que os incriminasse. Essa negativa levou então o cavaleiro da triste figura a pedir aos guardas que libertassem os prisioneiros, com o que eles naturalmente não concordaram. Em face da recusa, com golpes de lança e de sua espada, lançou-se o cavaleiro contra os guardas, libertando os condenados, no que contou com sua natural ajuda. Pediu-lhes então, a esses condenados, que fossem à cidade de Toboso e se apresentassem à senhora Dulcineia, a quem deveriam narrar que o seu cavaleiro havia libertado os 12 condenados em uma das maiores e mais famosas aventuras da Ordem da Cavalaria. Os ex-prisioneiros a isso se recusaram, alegando que poderiam ser encontrados pela Santa Irmandade (associação criada na Espanha no século XIII para dar segurança nas rotas de comércio e de peregrinação) e serem novamente presos. Ante a indignação e consequente agressividade de Dom Quixote, os libertos roubaram e apedrejaram o cavaleiro e seu fiel cavalo Rocinante, causando ao cavaleiro grande tristeza e desilusão.

Conclusão: O que os grandes livros ensinam sobre a justiça. O Dom Quixote e a realização prática do direito contemporâneo.

Os grandes livros, entre os quais *Dom Quixote*, mostram que direito e literatura são produtos da vida em sociedade e, assim, reflexo da sua cultura. O direito como um conjunto de princípios, normas e instituições, como os tribunais, que orientam o comportamento individual e social, visando realizar o valor básico que é a justiça. A literatura como conjunto de obras escritas que traduzem a realidade de um povo, seus sentimentos, suas emoções, sua vida. A justiça, no sentido aristotélico, como igualdade: as pessoas da mesma categoria devem ser tratadas do mesmo modo.

A função do direito é, então, a realização da justiça, o que se alcança por meio da decisão judicial concreta — não como simples aplicação dos dispositivos legais, próprio de modelo sistemático e positivista da modernidade jurídica, mas pelo recurso à prudência e à equidade, como sugerido; não mediante a subsunção, e sim por meio de um processo criativo de interpretação jurídica; não por intermédio da aplicação, mas de realização do direito, devendo esse processo partir não da lei mas dos fatos concretos da vida real, cabendo ao juiz, avaliando esses fatos com prudência e experiência, criar a decisão concreta.

As recomendações de Cervantes, seus conselhos, seus adágios, embora passados quatro séculos, mostram-se extremamente úteis para uma reflexão atual sobre o processo de realização do direito que, reconhecendo os novos desafios de uma sociedade complexa e pluralista, supere o modelo tradicional de interpretação jurídica, baseada na simples hermenêutica do texto legal, em prol de uma interpretação criativa e justa pelo jurista intérprete.

Bibliografia

BLOOM, Harold. *Onde encontrar a sabedoria*. Rio de Janeiro: Objetiva, 2005.
CÂMARA CASCUDO, Luís. "Com Dom Quixote no folclore do Brasil". Prefácio ao *Dom Quixote de la Mancha*. José Olympio: Rio de Janeiro, 1952.

CASTRO NEVES, José Roberto. *A invenção do direito: As lições de Ésquilo, Sófocles, Euríedes e Aristófanes*, Rio de Janeiro: Edições de Janeiro, 2015.
MALAURIE, Philippe. *Droit & Litérature*. Paris: Éditions Cujas, 1997.
COFFIN, Judith G; STACEY, Robert C. *Breve Historia de Ocidente, Las Civilizaciones y las Culturas*. Barcelona: Planeta, 2012.
MARTIN, Seymour-Smith. *Livros que mais influenciaram a humanidade*. Rio de Janeiro: Difel, 2002.
OLIVO, Luis Carlos Cancelier de (org.). *Novas contribuições à pesquisa em direito e literatura*. 2. ed. Florianópolis: EDUFSC, 2012.
PRODI, Paolo. *Una storia della giustizia*. Bolonha: Il Mulino, 2000.
SANSONE, Ariana. *Diritto e letteratura, Un' introduzione generale*. Milão: Giuffré, 2001.
SANTOS, Victor Celemín. *El Derecho em la literatura medieval*. Barcelona: Bosch Casa Editorial, 1996.
SCHWANITZ, Dietrich. *Cultura: tudo o que é preciso saber*. 7. ed. Lisboa: Dom Quixote, 2006.
TRINDADE, André; SCHWARTZ, Germano (org.). *Direito e Literatura: O encontro entre Themis e Apolo*. Curitiba: Juruá, 2008.

Fahrenheit 451

Cláudio dell'Orto

> *Que progresso estamos fazendo. Na Idade Média, teriam queimado a mim, hoje em dia, eles se contentam em queimar meus livros.*
>
> Peter Gay, *Freud: uma vida para o nosso tempo*[1]

Os livros queimam

Os livros não são importantes. As ideias permanecerão vivas independentemente do meio físico onde possam estar registradas. Queimam-se livros e pessoas, mas, enquanto houver a possibilidade de pensar, será possível o agir contramajoritário, ou seja, aquele que representa direitos das minorias.

Não há controle absoluto mesmo que se utilizem as técnicas mais sofisticadas que induzam sua aceitação. As mais modernas técnicas de controle social levam o indivíduo a aderir ao pensamento majoritário como se fosse próprio.

Ray Bradbury[2] (1920-2012), em 1953, no auge da Guerra Fria entre a União Soviética e os Estados Unidos, desenvolveu a trama de seu livro *Fahrenheit 451* no ambiente de uma cidade onde incêndios capazes de destruir moradias e vidas estavam definitivamente extintos, porque as moradias eram à prova de fogo.

O livro foi adaptado para o cinema em 1966[3] sob a direção de François Truffaut (1932–1984), tendo como principais atores Oskar Werner (1922-1984), representando o protagonista Guy Montag, Julie Christie como as duas mulheres na vida de Montag, Linda Montag (Mildred/Millie) e Clarisse, e Cyril Cusac como Capitão Beatty. No festival de Cannes de 2018,[4] uma nova versão para a televisão foi apresentada pelo diretor Ramin Bahrani, tendo no principal papel o ator Michael B. Jordan.

Personagens

O protagonista da obra de Bradbury é Guy Montag, bombeiro profissional que seguiu os passos de seu pai e de seu avô. Acredita em seu trabalho de manutenção da lei e da ordem, queimando os livros que corroem as mentes. Sua transformação será gradual, passará de leal funcionário a homem atormentado, culminando com sua libertação. Bradbury afirmou, posteriormente, que seu inconsciente foi astuto ao atribuir ao personagem o nome de uma fábrica de papel e ao personagem Faber, o professor aposentado que vai ajudar Montag, o nome de uma fábrica de lápis.[5]

Mildred "Millie" Montag, batizada de Linda no filme de Truffaut, é a bela e fútil esposa do protagonista. Totalmente controlada pelo pensamento dominante, insatisfeita, é dependente de medicamentos e vive o vazio sem percebê-lo. Jamais terá coragem para se insurgir.

Clarisse McClellan é jovem, alegre, extrovertida e questionadora. O oposto da esposa, desperta em Montag uma curiosidade adormecida. Ela o conduz pelos caminhos da divergência e da insurgência. No livro,

Clarisse simplesmente desaparece. Mas Truffaut a resgatou, assegurando-lhe um lugar no porvir.

O Capitão Beatty é o chefe do corpo de bombeiros. Ele percebe as mudanças no comportamento de Montag e acredita que pode controlá-lo. Acredita na necessidade de destruição dos livros, mas revela grande cultura, sendo capaz de citar várias passagens de obras clássicas.

Um personagem que não aparece no filme de Truffaut é o cão de caça mecânico, Sabujo. Ele é programado para caçar e matar livres-pensadores, seguindo-os pelo olfato. É o cão dos Baskerville,[6] de Sir Arthur Conan Doyle, uma homenagem de Bradbury a Sherlock Holmes.

Adaptações para cinema e televisão

As adaptações cinematográficas sempre dependem da interpretação do roteirista. Os dois filmes baseados no livro *Fahrenheit 451* optaram por aspectos distintos, cada qual desenvolvendo os personagens conforme sua ênfase. Truffaut, em 1966, destacou a angústia de Montag, e Bahrani, em 2018, a questão do "pensamento único" e do efetivo controle social.

Na versão de Bahrani, a trama ganhou outros questionáveis contornos, capazes de colocar em debate os limites que devem ser respeitados pelo roteirista ao adaptar um livro para o cinema. De acordo com o novo roteiro, nos Estados Unidos, num futuro distante, bem depois de 2018, o Ministério controla todas as informações e a vida das pessoas. Câmeras estão instaladas em todos os lugares, inclusive nas residências, e mesmo quando desligadas são capazes de monitorar os moradores e seus convidados. As fachadas dos edifícios são verdadeiros "telões" transmitindo sem parar as informações oficiais do "canal" 9. O papel foi substituído pelos registros eletrônicos. O Ministério permite que os "cidadãos" tenham acesso a alguns conteúdos de livros. O "cidadão" é aquele que está registrado no "sistema". Os excluídos, divergentes ou insurgentes, têm suas identidades "queimadas" no sistema e não podem mais viver nas cidades. São como exilados, rebelados contra o "pensamento único".

Eles conseguem "infiltrar" pessoas entre os "cidadãos" para poderem ter acesso tecnológico. A salvação dos livros e de todas as obras intelectuais e artísticas não estará somente na memória das pessoas, mas num fragmento de célula que precisa chegar a um território de liberdade.

Bahrani considerou os personagens numa nova geração, como se fossem "descendentes" dos personagens originais. Montag, por exemplo, tem lampejos de memória, em que vê seu pai sendo queimado por possuir livros. Clarisse é uma infiltrada que se aproxima de Beatty e Montag e troca informações sobre os rebeldes por permissões para permanecer entre os "cidadãos". A mulher que queima entre os livros expõe em rede nacional de televisão o projeto Omnis, deflagrando uma verdadeira "solução final"[7] dos legalistas para queimar tudo e todos que pudessem contribuir para o projeto que colocaria à disposição do público conteúdos proibidos. Entretanto, o Omnis já estava pronto, e Montag e Clarisse são a esperança dos autores, artistas e milhares de colaboradores para que o projeto alcance seu resultado num território onde exista tolerância e respeito aos pensamentos divergentes.

A nova versão, produzida pela rede de televisão HBO e exibida em seus canais ao redor do mundo, altera substancialmente o enredo do livro, destacando a questão da criminalização das condutas humanas que investem contra o pensamento único e o controle social. Novamente a questão da legitimação do poder de criminalizar e punir determinados comportamentos é colocada em destaque. Retrata uma inquisição eletrônica e sofisticada.

O conhecimento é perigoso: o desenvolvimento do *Homo economicus*[8]

> Decore este meu poema,
> Livros duram pouco tempo,
> E este será emprestado, manchado,
> Ou amarelecerá e queimará,

Quando a temperatura chegar
Em 451, e por isso quão quente estará,
Quando sua cidade queimar.
Decore este meu poema.⁹

György Faludy
(1910-2006)

    Os bombeiros sempre queimaram livros? Essa dúvida encaminhou Montag na busca de uma solução para os pensamentos aflitivos que lhe despertavam angústia e insatisfação. Qual a verdadeira origem e finalidade do trabalho que executava? Por que ele se sentia infeliz, se tinha um bom emprego, era casado com uma bela mulher e morava numa casa agradável? Sua mente estava ávida por respostas a perguntas que ele sequer ousava formular, até conhecer Clarisse.
    Truffaut desenvolve, com muita sutileza, a cena do transporte público — um trem suspenso com muitos passageiros, todos ensimesmados, olhares perdidos, verdadeiros solitários na multidão. A jovem Clarisse se aproxima e inicia a conversa com Montag, que percebe a oportunidade de tentar entender seus pensamentos aflitivos.
    A cena descrita por Bradbury e filmada por Truffaut nos remete a qualquer meio de transporte público que utilizamos atualmente. Os passageiros são corpos presentes com mentes ausentes. As mentes, hoje, estão efetivamente em local distante de onde se encontra o corpo. Os telefones celulares transportam os pensamentos para qualquer outro lugar. Não há interação com os corpos e mentes próximos. O contato é a distância, mediado por alguma outra entidade que oferece e controla os meios de comunicação. A comunicação não é feita entre as pessoas diretamente, mas entre mentes mediadas por programas de computador e pelos fabricantes dessas máquinas.
    O diretor da versão de 2018 de *Fahrenheit 451*, Ramin Bahrani, ao citar uma exclusão do registro eletrônico da Palestina do banco de dados do Google Maps, confirmou que nesse novo passo tecnológico

contemporâneo, mesmo que não seja necessário o meio físico — livro de papel — para o registro de dados e informações, é possível "queimá-los", inclusive nas "nuvens", locais incertos, mas certamente controlados por grandes corporações, para armazenamento de informações.

Clarisse, com ingenuidade ou malícia, desvia Montag de sua vida burocrática como funcionário do Corpo de Bombeiros, jogando-o num turbilhão, muito bem explorado pela lente de Truffaut, onde se misturam a sede pelo conhecimento, a busca de uma informação verdadeira com a vontade de progredir na carreira, ter uma família e, principalmente, sentir-se feliz. A alegria que ele passou a sentir ao lado de Clarisse conflitava com a melancolia de Linda (Mildred). A esposa vivia sob o efetivo controle da televisão, que transmitia reality shows e consumia seu tempo em troca das futilidades que ofertava. Drogas e entretenimento mantinham sua mente distante de qualquer pensamento ou comportamento pessoalmente úteis. As amigas do programa televisivo se confundiam com as pessoas que frequentavam sua casa para compartilhar a mesma atração. Um eventual consumo abusivo de drogas era facilmente resolvido pelos agentes de controle, que "limpavam" os corpos, deixando-os preparados para novas "overdoses".

Isso tudo inquietava Montag. Não é razoável que uma pessoa viva somente para ser consumida pelas coisas efêmeras, cotidianamente oferecidas para impedir que o pensamento se desenvolva. Não há espaço para pensar, refletir, compartilhar ou observar. O próprio amor conjugal se resume ao relacionamento sexual. Após a transfusão de sangue, o agente diz a Montag que Linda não se lembrará de nada no dia seguinte e acordará com um grande apetite, que acaba sendo também sexual.

Nesse ambiente familiar, onde não existe qualquer possibilidade de desenvolvimento de novas ideias, reina também a insatisfação, a desesperança, a letargia. O jornal possui apenas imagens. Histórias em quadrinhos, sem legendas. As imagens são interpretadas de acordo com a limitação de raciocínio e conhecimento de cada indivíduo.

A grande evolução de milhares de anos derivada do incremento de um raciocínio abstrato pelo *Homo sapiens* está sendo paulatinamente aniquilada pela construção do *Homo economicus*, exclusivamente consumidor e produtor, incapaz de pensar. Esse novo personagem, cada dia mais próximo, terá que ser tangido por alguma outra força.

O controle social absoluto é a grande esperança daqueles *Homo sapiens* que se consideram criadores e donos dos *Homo economicus*. Será possível "queimar" todo e qualquer pensamento que se desvie do "pensamento único", testado, higienizado, perfumado e controlado? Na hipótese de Bradbury, queimar os livros impede que "mentiras e falsidades" se propaguem. Há uma intervenção radical dos controladores através do fogo, capaz de destruir o que for considerado *fake News*. Eliminar as fontes de pensamentos divergentes é uma das preocupações dos *Homo sapiens* que querem controlar de forma absoluta os *Homo economicus*.

Nesse passo, mais uma vez a genialidade de Bradbury é materializada simbolicamente por Truffaut. O fogo consome página por página os livros para destruir a casa que não era imune. O corpo da mulher, igualmente solitária e distante, perdida no mundo dos livros, arde no meio dos pensamentos que lutou para preservar. Sua vida não faria mais sentido sem os livros.

O fogo acompanha a humanidade. Ao redor das fogueiras, após dominar o fogo, o homem desenvolveu o raciocínio abstrato. Aprendeu a falar, contar suas experiências, aumentá-las, criá-las. Desenvolveu a imaginação. Compartilhou suas angústias. Contou verdades e mentiras. Descreveu seus medos e criou seus mitos. O mesmo fogo que iluminou a noite da humanidade é capaz de "queimar" seus registros, apagar as memórias dos computadores, carbonizar pessoas, reduzir às cinzas os mais importantes pensamentos. Pouco importa se o papel não queima efetivamente a 451ºF ou 233ºC, os livros são capazes de "incendiar" os pensamentos. Pensamentos ou atitudes incendiárias colocam em risco o efetivo controle que se pode exercer sobre o *Homo economicus*.

O conhecimento é realmente um perigo. O filme deixa isso muito claro. Ao queimar os livros, os bombeiros evitam os incêndios que poderiam ocorrer nas mentes que tomassem conhecimento dos pensamentos neles contidos. Ao queimar livros, ideias e pessoas divergentes, impedem que a sociedade perfeita, pacífica e ordeira "pegue fogo" ou seja insurgente. Não se deve alterar o que se encontra estabilizado.

A LEGITIMIDADE DO PODER PUNITIVO

A criminalização de condutas é outro aspecto relevante abordado de forma magistral na obra. Em que momento passou a ser crime "adquirir, guardar, trazer consigo, vender, dar, emprestar, compartilhar livros"?

A distopia de Bradbury nos conduz novamente pelo universo do controle social, através de outra vereda. Montag necessita saber sua origem. Ele passou a não acreditar na história oficial dos bombeiros. O interesse pelos livros teria desaparecido diante das ofertas de entretenimento em massa, de fácil compreensão e capazes de manter o grupo social estável. Nesse passo histórico, as bibliotecas e as livrarias passaram a ser redutos de poucos. Entretanto, esses poucos tinham acesso a informações que poderiam colocar em risco — "incendiar" — as mentes submissas. Sendo poucos e controláveis, os "esconderijos" de livros poderiam ser facilmente queimados.

Várias cenas do filme revelam o ambiente burocrático do quartel dos bombeiros. Cada uma das poucas saídas para um "incêndio" era alardeada de forma a mostrar a "periculosidade" daquilo que se combatia e o heroísmo daqueles que atuavam para "imunizar" a sociedade.

A ocultação dos registros de pensamentos divergentes acompanha a história humana. A questão das bibliotecas com textos heréticos, mantidas exatamente por monges responsáveis por combatê-las, é explorada por vários autores, em especial Umberto Eco, em *O nome da rosa*.[10] O poder infinito das palavras está simbolicamente na "rosa". Qual o fundamento para afirmar que "rir é um pecado" e que o transgressor deve ser punido? Essas questões "incendeiam" as mentes e colocam em dúvida a legitimidade do poder controlador ou punitivo. O tema é tratado quando Beatty, o comandante dos Bombeiros, se revela grande conhecedor dos textos dos livros que devem ser queimados. Ele e Montag travam diálogos reveladores. Com sua autoridade, Beatty procura convencer um Montag ansioso de que os livros contêm mentiras, falsidades, ideias e informações que são nocivas ao povo e, portanto, podem ser conhecidas somente por pessoas "superiores", para mantê-las longe das mentes comuns. Renova-se o fundamento do direito de punir condutas que ofendam a "paz social". Qualquer risco a uma "ordem" dominante poderá ser criminalizada.

Beatty afirma: "Um livro é uma arma carregada na casa vizinha."

O PODER DA COMUNICAÇÃO: O *HOMO COMMUNICANS*[11]

A comunicação de massas é a base do convívio contemporâneo. Através das redes sociais, pessoas que estão fisicamente distantes trocam pensamentos e informações. O avanço tecnológico contém duas sementes antagônicas: a liberdade e a servidão.

Manuel da Costa Pinto,[12] no prefácio a uma edição brasileira do livro de Bradbury, afirmou:

> Sob certo aspecto, portanto, *Fahrenheit 451* não é uma distopia, mas um romance realista que flagra a dialética demoníaca da sociedade de massas, em que as massas parecem ser títeres das elites, mas na qual as elites só existem em função das massas. Como lembra Faber em um diálogo com Montag, a sociedade do espetáculo é uma espécie de servidão voluntária.[13]

Nesse particular, o filme opta pelo caminho da servidão. Máquinas, equipamentos, computadores, medicamentos, tudo é utilizado para exercer o controle social pleno e criar repulsa contra aqueles que se comportam de forma desviante. A cena em que Clarisse retorna à escola para buscar objetos pessoais e sofre total rejeição, inclusive de crianças, indica que a massificação de uma informação considerando determinada pessoa como responsável pela quebra da "paz social" assegura um poder imenso àqueles que controlam os mecanismos de divulgação dessas informações.

Por outro lado, a utilização de plataformas eletrônicas que permitam processamento compartilhado de dados e disseminação de informações sem o controle de governos ou corporações pode constituir um ambiente de plena liberdade. Essa liberdade plena, a que Beccaria[14] se refere como "impossível de ser preservada" para justificar o poder punitivo, exigirá responsabilidade individual, que por sua vez se sedimenta na plena consciência de que integramos comunidades que dependem do imperativo categórico kantiano[15]: "Age somente segundo aquela máxima pela qual possas querer ao mesmo tempo que ela se torne uma lei universal."

Na atualidade econômica, o maior exemplo dessa insurgência permitida pelo avanço tecnológico é a criação de "moedas virtuais" ou eletrônicas, que simplesmente aniquilam o controle dos bancos centrais submetidos aos respectivos governos e Estados soberanos. A lógica do *blockchain*[16] permite um coprocessamento de dados por milhares de pessoas e computadores dispersos pelo planeta e que não estão submetidos a um controle central.

Entretanto, na distopia ou "realidade" de Bradbury, o caminho não será de liberdade, mas de servidão. O sonho da Razão produz utopias. O sono da Razão produz monstros ou distopias. Enquanto a racionalidade humana for capaz de pensar em nações idílicas — sonho da razão —, com homens justos e solidários vivendo cordialmente, teremos utopias.

Como afirma Manuel da Costa Pinto:[17]

> As utopias surgiram como imagem invertida do real, como uma espécie de contrapartida positiva da razão crítica: se uma das atitudes filosóficas mais persistentes ao longo do tempo é o antidogmatismo e a denúncia de uma sociedade construída sobre um sistema de mistificações (o mito, a religião, a ideologia), a utopia seria o mundo possível a partir do momento em que todas essas crenças tivessem sido superadas.

Por outro lado, enquanto a racionalidade dorme, os monstros se reproduzem com uma velocidade impressionante. A incapacidade do

Homo sapiens de perceber as situações que colocam em risco sua própria existência é imensa. As distopias são construídas com ceticismo, decepção, desapontamento, desesperança, desengano, desespero, desilusão, descrença, dúvida, incredulidade, angústia, solidão, insatisfação e impotência

Conclui Manuel da Costa Pinto:

> Num século anti-humanista como o que acabamos de atravessar, porém, a razão deixou de ser o antípoda da desrazão, da mitologia e da religião, para se tornar, ela mesma, um desdobramento dessa fúria dominadora. "O esclarecimento, ou seja, a razão instrumental, é a radicalização da angústia mítica", asseveram Adorno e Horkheimer — e a imaginação literária do século XX foi pródiga em criar sociedades fictícias em que a racionalidade se transforma num fim em si mesma: abstrata, mecanicista, reduzindo o existente a um utensílio, alienando a consciência na linha de montagem e produzindo massacres com planejamento industrial. No século XX, como na famosa gravura de Goya, o sono da razão produz monstros. Ou, em outras palavras, distopias.

A INSURGÊNCIA

A vida de Montag se incendeia. Seu casamento não resiste. Suas convicções desabam. De agente da lei a criminoso, transgressor e perseguido.

Linda não consegue conviver com a ideia da transgressão, da divergência, muito menos com a insurgência. Não é companheira porque não compartilha nem compreende a insatisfação de Montag. Ela é incapaz de aceitar que livros sejam mantidos na mesma casa em que ela reside. Isso é muito perigoso.

Tudo deve queimar. Os livros. A casa. O comandante. A insurgência de Montag agora é absoluta. Montag é um inimigo da paz social. Deve ser perseguido por todos.

A água, que limpa e purifica, aparece como o canal que conduz Montag para fora do espaço onde se exercia aquele controle social absoluto. Aquele "nomoespaço"[18] vai ficando para trás enquanto ele é levado pelas águas frescas do rio até encontrar Clarisse e uma nova vida. A comunidade dos "livros" será o seu reduto. Ali ele poderá (con)viver com os "livros". Outro mundo é possível. A utopia.

Os textos estão vivos e serão transmitidos de geração em geração, preservando a construção do processo criativo do *Homo sapiens*. Mas será que existe realmente algum lugar para onde ir, agora que se sabe a verdade?

Enquanto houver pessoas dispostas a resistir haverá esperança.

> *Non omnis moriar.* Não morrerei inteiramente. Não morrerei completamente, minhas obras prolongarão minha vida.
> — Horácio[19]

Notas

1. GAY, P. *Freud: uma vida para o nosso tempo*. São Paulo: Companhia das Letras, 2012; apud COELHO, Daniel; FIGUEIREDO, Sarah. "A face transgressora da piada e do humor na vida e na obra de Freud". Revista *Ágora*. Disponível em: <http://dx.doi.org/10.1590/s1516-14982018002004.>. Acesso em: 7 de agosto de 2019.
2. Ray Douglas Bradbury (Waukegan, 22 de agosto de 1920 — Los Angeles, 5 de junho de 2012) foi um escritor americano que atuou como romancista e contista primariamente de ficção científica e fantasia. Ele é mais conhecido por sua obra *Fahrenheit 451*, de 1953, uma das mais renomadas obras de ficção do século XX, uma das histórias consideradas precursoras do gênero de distopia/ficção especulativa. Entre outras de suas obras famosas estão *Crônicas marcianas* (1950) e *The Illustrated Man* (1951). Muitas de suas obras foram adaptadas ao longo de sua carreira, tanto para o cinema, quanto para a televisão e para os quadrinhos.

3   O filme foi lançado em 1966 e recebeu em Portugal o título *Grau de Destruição*. François Truffaut é o diretor e participou da elaboração do roteiro com Jean-Louis Richard, David Rudkin e Helen Scott. A trilha sonora é de Bernard Hermann, compositor favorito de Alfred Hitchcock. Foi o primeiro filme em cores de Truffaut e o único com som original em inglês. Nesse roteiro o nome da personagem Mildred Montag, chamada de Millie por Montag, foi alterado para Linda.
4   A versão para televisão, produzida pela HBO Films, foi lançada durante o Festival de Cannes 2018, sem concorrer a prêmios porque a organização do festival não permitiu premiação de filmes para televisão. A direção e o roteiro são de Ramin Bahrani, diretor de *99 Casas* e *A qualquer preço*. Além de Michael B. Jordan como Montag, destacam-se Sofia Boutella como Clarisse e Michael Shannon como o Capitão Beatty.
5   BRADBURY, Ray. *Fahrenheit 451*. 2ª ed., Posfácio, p. 207. Editora Globo: Rio de Janeiro, 2017.
6   "*The Hound of the Baskervilles* (em português, *O cão dos Baskervilles*) é um romance policial escrito por Sir Arthur Conan Doyle, tendo como protagonistas Sherlock Holmes e Dr. Watson. Publicado em 1902, a história era originalmente dividida em partes, impressas pela revista *Strand Magazine* de agosto de 1901 a abril de 1902. Nesse caso, o detetive e seu fiel parceiro Watson investigam a morte do Sir Charles Baskerville, um milionário inglês achado morto em um pântano próximo de seu lar. Conta a lenda que Charles havia sido assassinado por um cão que assombrava a região, conhecido por matar gerações da família Baskerville. A causa mais provável da morte de Charles, no entanto, seria um ataque cardíaco. Após a morte do milionário, seu sobrinho assumiria a mansão da família. Sherlock Holmes foi chamado para investigar o caso e descobrir se o futuro proprietário da mansão teria o mesmo destino de seus antepassados. Sua missão será desvendar o mistério da lenda que assombra as gerações dos Baskervilles." Disponível em: <https://pt.wikipedia.org/wiki/O_C%C3%A3o_dos_Baskervilles>. Acesso em: 7 de agosto de 2019.
7   Solução Final (do alemão *Endlösung der Judenfrage*) foi um projeto nazista na Segunda Guerra Mundial, com o objetivo de expulsar a população judia para o leste, removendo-a de todos os territórios ocupados pela Alemanha.

8 "O *Homo economicus*, Econ, ator racional ou maximizador racional, é um ser humano fictício formulado seguindo o conselho dos economistas. Eles afirmam que o *Homo economicus* é necessário para seguir os procedimentos científicos do século XIX que aconselhavam a fragmentação do objeto de pesquisa para fins de investigação analítica. Os economistas assumiram que o estudo das ações econômicas do homem poderia ser feito abstraindo-se as outras dimensões culturais do comportamento humano: dimensões morais, éticas, religiosas, políticas, etc., e concentraram seu interesse naquilo que eles identificaram como as duas funções elementares exercidas por todo e qualquer indivíduo: o consumo e a produção, ignorando completamente qualquer outra parte da vida de seres humanos reais. Portanto, o *Homo economicus* nada mais é do que um pedaço de ser humano, um fragmento, um resto, a sua parcela que apenas produz e consome, segundo 'leis' deduzidas da observação, cujo único critério de verdade apoiava-se na evidência." Disponível em: <https://pt.wikipedia.org/wiki/Homo_economicus>. Acessado em: 7 de agosto de 2019.

9 FALUDY, György. *Learn This Poem of Mine by Heart*. Dundurn Press: Canadá, 1983. Disponível em: <https://pt.wikipedia.org/wiki/Fahrenheit_451>. Acessado em: 07 de agosto de 2019

10 Na Idade Média, a expressão "o nome da rosa" era empregada para denotar o poder ilimitado das palavras.

11 CIOFALO, Giovanni (org.), LEONZI, Silvia (org.). *Homo communicans: una specie di/in evoluzione*. Armando Editore: Itália, 2013.

12 No prefácio a BRADBURY, Ray, *op. cit.*

13 <https://www.amazon.com.br/Fahrenheit-451-Ray-Bradbury/dp/8525052248>.

14 "Cesare Bonesana, Marquês de Beccaria (1738-1794), um aristocrata milanês, é considerado o principal representante do iluminismo penal (...) Imbuído pelos valores e ideais iluministas, tornou-se reconhecido por contestar a triste condição em que se encontrava a esfera punitiva de Direito na Europa dos déspotas — sem, contudo, contestar como um todo a ordem social vigente. Suas obras, mais especificamente a intitulada *Dos Delitos e Das Penas*, são consideradas as bases do Direito Penal moderno." Disponível em: <https://pt.wikipedia.org/wiki/Cesare_Beccaria>. Acessado em: 7 de agosto de 2019.

15 "Imperativo categórico é um dos principais conceitos da filosofia de Immanuel Kant. A ética, segundo a visão de Kant, tem como conceito esse sistema. Para o filósofo alemão, imperativo categórico é o dever de toda pessoa agir conforme princípios os quais considera que seriam benéficos caso fossem seguidos por todos os seres humanos: se é desejado que um princípio seja uma lei da natureza humana, deve-se colocá-lo à prova, realizando-o para consigo mesmo antes de impor tal princípio aos outros. Em suas obras, Kant afirma que é necessário tomar decisões como um ato moral, ou seja, sem agredir ou afetar outras pessoas." Disponível em: <https://pt.wikipedia.org/wiki/Imperativo_categ%C3%B3rico>. Acessado em: 7 de agosto de 2019.

16 No prefácio a BRADBURY, Ray, *op. cit.*

17 Idem.

18 "O nomoespaço baseia-se numa relação da sociedade com o espaço regida por normas que regulam a dinâmica social protagonizada por indivíduos diferentes. O sistema social fundamenta-se na lógica. Gomes explica que a lei diferencia espaços à medida que exclui aqueles que não são por ela atingidos, criando e formalizando territórios de inclusão e exclusão social." In: GOMES, Paulo César da Costa. *A condição urbana*: ensaios de geopolítica da cidade. Bertrand: Rio de Janeiro, 2002.

19 Quinto Horácio Flaco, em latim *Quintus Horatius Flaccus*, (Venúsia, 8 de dezembro de 65 a.C. — Roma, 27 de novembro de 8 a.C.) foi um poeta.

Elogio da Loucura

Daniel Homem de Carvalho

Erasmo: os limites entre a razão e a loucura

O escritor argentino Jorge Luís Borges identificava o paraíso com a biblioteca de seu pai. Pois foi na biblioteca de meu pai, por volta dos meus treze anos, que encontrei uma (já então bastante antiga) edição de *Elogio da Loucura*, de Erasmo de Rotterdam.

Inicialmente o título me chamou a atenção, e a partir da fascinante leitura pus-me a colecionar edições da obra, assim como faço com as de *Os Lusíadas*, de *A divina comédia* e de *O gaúcho Martín Fierro*. O fascínio pelo *Elogio da Loucura* e a devoção aos clássicos são um traço existencial.

Um texto clássico pode e deve ser lido inúmeras vezes, e a cada leitura uma nova faceta se revela. Uma nova lição se pode recolher ao fim. É uma espécie de "correção monetária" que os grandes autores nos pagam pela devoção e fidelidade.

Como definir um clássico? A crítica literária é rica em debates sobre o assunto, sobretudo quando se coloca a questão dos cânones. Quantas obras já se fizeram com os dez, cinquenta ou cem melhores romances, contos ou poemas da história? Cada crítico literário há de ter uma lista. Em tempos de relativismo e de multiculturalismo, escolher seus cânones pode ser uma brincadeira perigosa. A verdade é que existe de fato uma cultura capaz de produzir obras que se constituem patrimônio universal.

Há quem repute a ideia dos cânones, caracterizando-os como uma forma de preconceito às culturas não contempladas na tradição greco-romana-judaico-cristã do Ocidente, mas os clássicos existem, e são universais e atemporais. Esta obra coletiva é uma prova disto, e sem querer (?) aqui estamos elegendo nossos cânones. De toda a sorte, *Elogio da Loucura* não pode estar de fora.

O crítico literário Harold Bloom é o mais célebre cultor dos cânones. É notória sua polêmica com os setores do "relativismo cultural da academia", a quem ele batiza de "Escola do Ressentimento". O cânone, palavra religiosa em suas origens, significa "uma escolha de livros em nossas instituições de ensino", e apesar da recente política do multiculturalismo, a verdadeira questão do cânone continua sendo: quem, tão tarde na história, tentará ler o livro que ainda deseja ler?

> Os setenta livros bíblicos já não bastam para ter mais que uma seleção dos grandes escritores do que se pode chamar de tradição ocidental, quanto mais de todas as tradições do mundo. Quem lê tem que escolher, pois não há, literalmente, tempo suficiente para ler tudo, mesmo que não se faça mais nada além disso.[1]

Percebe-se que o cânone é inevitável, ainda que não seja imutável. Há um quê de subjetividade, de escolha pessoal. No mais, é como bem lembrou o poeta inglês W. H. Auden: "Resenhar livros ruins faz mal ao caráter."

Possuímos os cânones, prossegue Bloom, "porque somos mortais e também meio retardatários. Só temos um determinado tempo, e esse tempo deve ter um fim enquanto há mais para ler do que jamais houve". Mas qual seria a fórmula para se qualificar um cânone? A obra só se qualifica se exigir uma releitura.

Ao fim e ao cabo, falamos da mortalidade ou da imortalidade das obras literárias.

Elogio da Loucura é a mais conhecida das obras de Erasmo. Ele produziu de forma constante e torrencial ao longo de sua vida. Viveu da própria pena e alcançou glória intelectual em vida. A inclusão de seus textos no índex da Igreja Católica — *Index Librorum Prohibitorum*[2] — somente ocorreu após alguns anos de sua morte. Ali Erasmo privou com a "companhia" de outros grandes escritores ao longo dos séculos, também proibidos pela Igreja, como Galileu Galilei, Copérnico, Giordano Bruno, Maquiavel, Spinoza, Locke, Diderot, Pascal, Hobbes, Descartes, Rousseau, Montesquieu, Hill e Kant.

Conforme Stefan Zweig destaca, Erasmo foi o:

> primeiro grande estilista da nova era, teve a arte de murmurar displicentemente, com um malicioso piscar de olhos, muitas verdades heréticas, o dom de tratar, sob o nariz da censura, dos assuntos mais melindrosos, com impudência genial e habilidade inigualável. Rebelde perigoso, nunca se expunha ao perigo, refugiando-se ora em sua sotaina ora na irresponsabilidade de sua pretensa loucura. Um décimo do que ousava dizer a seu tempo bastava para levar à fogueira outros que o não sabiam exprimir com a mesma sutileza. Entretanto, papas e príncipes da igreja, reis e duques aceitavam lisonjeados os seus livros e os retribuíam com dignidades e presentes. Sob esse envoltório humanístico-literário, Erasmo introduziu sorrateiramente nos claustros e nas cortes principescas o material explosivo da reforma. Precursor em todos os campos, instaurou o uso da prosa política na sua escala completa, do lirismo ao libelo, dessa arte alada das palavras incendiárias que se aperfeiçoou magnificamente em Voltaire, Heine e Nietzsche, ridicularizando todo o poder sacro ou profano e mais nociva às instituições vigentes do que um ataque franco e rude.

Graças a Erasmo, o literato passou a ocupar um lugar junto aos outros poderes europeus, e para sua glória imortal, essa autoridade nunca o ajudou a desunir ou amotinar, mas a fortalecer a união e a comunidade.

Erasmo jamais deixou o catolicismo, tendo escrito sua importante crítica à Reforma Religiosa intitulada *De Libero Arbitrio*. Entretanto, foi um duro censor dos desvios da Igreja Católica, tendo muitas de suas posições sido consideradas próximas às de Lutero. As divergências de Erasmo são fundamentalmente de forma. Afirmou ele que dentro da Igreja Católica havia capacidade intelectual para compreensão de suas críticas, enquanto que do lado dos Reformistas, embora tivessem razão, estavam os fanáticos incapazes de entender seu posicionamento.

Segundo as palavras de Zweig:

> O cosmos não lhe parecia cortado por países, mares e rios nem dividido em nações, raças e classes; constava, aos seus olhos, de dois únicos estratos: o superior, a aristocracia da cultura e do espírito e o inferior, a plebe e os bárbaros. E onde quer que imperasse o livro e a palavra "eloquentia e eruditio", tinha Erasmo uma pátria.

Erasmo foi capaz de resumir toda a crítica aos desmandos do catolicismo até sua época sem romper com o catolicismo. Lutero de alguma forma herdou essa tradição crítica tendo, porém, consumado o rompimento com a Igreja Católica iniciando uma era de intolerância e violência dentro do Cristianismo.

A vida intelectual e a glória de Erasmo foram muito ajudadas pela então recente revolução promovida pela criação da imprensa, e suas obras se tornaram best-sellers em razão da possibilidade de sua rápida reprodução pelos tipos móveis de Guttenberg. Depois de milhares de reproduções de suas obras, estas eram vendidas na velocidade subsequente à sua capacidade de produção literária espetacular.

Ao lado de seu rigor intelectual e de sua grande obra, a possibilidade de sua reprodução e distribuição cooperou para seu êxito e protagonismo.

Desiderius Erasmus Roterdamus nasceu em 28 de outubro de 1466 (ano provável) e foi batizado Gerit Geritzon (filho de Gerit). O fato de seu pai ser um cura católico impediu que lhe fosse concedido o sobrenome civil, conforme os costumes sociais da época. O nome que se tornou universal foi escolhido pelo próprio, fato não incomum à época. Normalmente optava-se por um nome que remontasse à tradição greco-romana, na linha da influência Renascentista.

Ivan Lins, em sua obra *Erasmo, a Renascença e o Humanismo*, relata que o Papa Pio II, eminente humanista do século XV, escreveu: "Não vejo por que condenam tanto a prática do amor quando a natureza, que nada fez em pura perda, incute a todos os seus humanos esse impulso a fim de perpetuar-se o gênero humano." Em sua cronografia, o mesmo Sumo Pontífice registra que as cidades holandesas do século XV recusavam-se a receber os párocos que não trouxessem consigo uma concubina, "pelo receio de corromperem a mulher do próximo". Assim, a origem familiar de Erasmo era socialmente comum e admitida, o que não foi anteparo às ofensas e humilhações ao longo de sua fértil vida intelectual.

Muito cedo, Erasmo é encaminhado à formação eclesiástica entre os agostinianos, o que lhe garantiu sólida base intelectual e especial interesse na Antiguidade Clássica. É de se notar o desprezo corrente no Renascimento por parte dos humanistas em relação à Idade Média, ou "Idade das Trevas". A partir de Petrarca e Bocaccio, os italianos instruídos passaram a considerar-se sucessores e representantes das glórias romanas. As elites nobres batizavam seus filhos com nomes gregos ou latinos. As Sagradas Escrituras, os Santos Padres e a Escolástica foram trocados por Cícero, Virgílio, Homero, Aristóteles e Platão. Entretanto é inegável que, não fosse a Igreja Católica, os monumentos literários da Antiguidade não teriam chegado e viabilizado o objeto de estudo da Renascença. O latim mantido na liturgia romana e perenizado pelo texto da Vulgata ensejou a redescoberta dos clássicos romanos. Os monastérios, mais do que o clero secular, com sua severa disciplina estimulavam o conhecimento e atraíam para si grandes intelectuais. Os conventos guardavam em segurança a literatura clássica a que até hoje temos acesso.

Ao longo de sua vida, Erasmo, lastreado nesse cabedal intelectual, circulou pela elite de pensadores europeus, tendo dialogado com os maiores do seu tempo. A Thomas Morus, Erasmo dedicou seu *Elogio da Loucura*. Há quem diga que ele foi o maior intelectual de sua era, o que é bastante provável, em virtude de sua alentada obra literária.

A paganização do mundo, consequência da redescoberta da Antiguidade Clássica e do antropocentrismo, é contemporânea ao teólogo de Amsterdã. A superação intelectual do mundo medieval, conforme já mencionado, tem reflexos importantes dentro do próprio catolicismo, e Erasmo é uma prova disso. Àquele tempo não eram incomuns saudações de papas, cardeais, homilias onde se exortassem os deuses gregos e romanos, com a comparação ao próprio Cristo.

A vida literária de Erasmo se impulsionou a partir do momento em que ele passa a dominar o latim, ensejando a popularização de sua obra. Além disso, ele foi um dedicado estudioso do grego.

Ainda que *Elogio da Loucura* seja sua obra mais conhecida e eternizada, a produção intelectual, humanista e teológica é imensamente mais vasta e conspícua. Mais à frente, veremos como o próprio escritor qualifica seu *Elogio*.

Em 1500, Erasmo de Rotterdam publica os seus *Adágios* (*Adagiorum Colltacnea*). Em sua primeira edição, os *Adágios* continham cerca de oitocentos provérbios extraídos dos antigos, classificados e comentados pelo autor. Ao longo de suas 132 edições, os *Adágios* chegaram a contar quatro mil provérbios. Dessa obra, é possível uma compreensão geral do Mundo Antigo, sob os olhos do autor.

Em seu *Manual do Cristão Militante* (*Enchiridion Militis Cristiani*), de 1503, Erasmo se consolida como o grande pensador do humanismo cristão de seu tempo. Essa obra foi traduzida para o inglês, alemão, holandês e espanhol, após oito edições do latim. Algumas questões colocadas do *Enchiridion* merecem destaque. Primeiramente um enfático elogio à cautela e à prudência. Conhecedor da alma humana, Erasmo pregava essa conduta como forma de autoconhecimento ("conhece a ti mesmo") e distanciamento do mal, termo este encontrado em outros teólogos como Agostinho e Tomás de Aquino. O autor observa que o ser humano é formado em sua natureza por elementos espirituais e corporais, e a partir dessa dualidade ele estipula normas gerais a conduzir o cristão à devoção. Para Erasmo, não há devoção destituída da razão e do conhecimento. Ao pregar o caminho da devoção, o teólogo o faz compreendendo a fragilidade e a falibilidade humanas, o que no *Elogio* é feito com dura ironia; o conhecimento humano é tratado com rigor intelectual na sua imensa obra.

A verdade cristã deve ser revelada por intermédio das coisas visíveis, mundanas, de forma a se alcançar o invisível (*per visibilia ad invisibilia*).

A racionalidade e sua visão prática do mundo fizeram-lhe considerar, de forma relevante, a retórica e a eloquência como veículos de transmissão mais eficiente do Evangelho.

Data de 1516 seu *Instituti Principis Christiani*, dedicado ao rei Carlos de Espanha, futuro Imperador Carlos V (do Sacro Império Romano). Na obra, Erasmo advoga que os príncipes e povos devem subordinar seus interesses regionais, egoísticos e imperialistas aos da humanidade: "Ninguém é príncipe se não for um homem de bem." Honra e sinceridade são exigidas do príncipe, definido aí como um servidor do povo. Muito singular o fato de que *O príncipe* de Maquiavel foi escrito três anos antes, embora tenha sido publicado postumamente em 1532 e também dedicado a um príncipe. Os *Instituti* podem ser definidos como um contraponto à *realpolitik* maquiavélica.

Em seus *Colóquios*, lançados a partir de 1516, Erasmo pode, de forma mais detalhada, expor suas convicções filosóficas. Em poucos meses, a obra alcançou 24 mil edições. Dentre os *Colóquios* mais notáveis deve-se destacar: "A Romaria", "A Mendicidade", "A Parturiente", "A Inimiga do Casamento", "A Cortesã", a "Pedagogia" e o "Naufrágio". Encontram-se nos textos críticas ao excesso de louvor dirigidos às imagens religiosas, na linha do Concílio de Rouen de 1445. Há aqui uma explícita rejeição às superstições religiosas.

Na "Mendicidade", Erasmo, na esteira de Homero e Scott, trata do problema social para concluir, de forma pragmática e até determinista: "É que a natureza cria homens para serem mendigos." Antecedendo em três séculos ao "Emílio", Erasmo trata em seus colóquios da educação dos jovens e da importância do ensino laico. O colóquio "Repasto Profano" traz a condenação à venda de indulgências, tema importante das teses luteranas. Em relação ao jejum de carne durante a quaresma, Erasmo lembra que o peixe é uma iguaria cara, inacessível aos pobres, demonstrando sua preocupação social. Em "Querela Pacis", há uma defesa da paz e uma condenação da guerra, ato que, no *Elogio da Loucura*, é debitado à conta da loucura. Ainda em 1518, em seu texto "Antibarbarorum Liber", Erasmo propõe uma vez mais o ensino laico e condena os castigos físicos na escola, fato comum à época.

Apesar de crítico veemente à corrupção do sistema católico, Erasmo, clérigo, não se afasta de seu seio com o Cisma protestante. Porém, face às suas censuras ao catolicismo, ele é instado a se contrapor à Reforma Luterana, o que faz no texto "O Livre-Arbítrio" em 1524, respondido por Lutero em 1525 com o "Servo Arbítrio". A arenga se trava em questões teológicas, sobretudo quanto à visão mais livre da hermenêutica da Palavra adotada por Erasmo e repudiada por Lutero.

No entender do teólogo católico, a Igreja Católica era dotada de uma cultura superior capaz de compreender os textos mais sofisticados, rejeitando e censurando o fanatismo dos reformistas. Nunca é demais lembrar os textos antissemitas da lavra de Martinho Lutero. Nas palavras de Zweig, Erasmo tinha o dom:

> de apaziguar os litígios, mediante a boa compreensão, de esclarecer os equívocos, de remediar a desordem, de ressoldar as rupturas, de dar aos separados mais elevados elos comuns, era a força peculiar do seu gênio paciente, e os contemporâneos agradecidos deram ao seu puro e eficaz desejo de concórdia o nome de "Erásmica". Para essa "Erásmica" esse homem tentou conquistar o mundo.

Vale lembrar que, para Erasmo, a mais importante forma de ascensão e de estabelecimento de uma hierarquia social se dava através do conhecimento. Certamente há muito de biográfico nessa posição. Segundo Stefan Zweig:

> Apegado a nenhum país e cidadão de todos eles, Erasmo, o primeiro cosmopolita europeu consciente, não reconhecia a nenhuma nação primazia entre as outras, mas, como educara o coração a avaliar os povos pelo seu escol, pelos seus espíritos mais nobres e mais cultos, considerava-os todos dignos de estima.

O ELOGIO DA LOUCURA

Assim Erasmo apresenta sua obra mais conhecida:

> Quando eu havia retornado da Itália e estava hospedado na casa de meu amigo More, minha indisposição me manteve acamado por alguns dias. Meus livros ainda não haviam sido entregues e, mesmo se tivessem sido, a doença impediu-me de trabalhar. Comecei a me entreter, passar o tempo com o *Elogio da Loucura* com nenhuma intenção de publicá-lo, mas sim diminuir as dores da enfermidade com esta pequena diversão.
> Quando a obra estava em andamento eu a mostrei a alguns amigos. Todos riram muito e ficaram tão satisfeitos, que insistiram para que eu desse continuidade a ela.
> Consenti e passei cerca de uma semana neste trabalho.

A obra mais conhecida de Erasmo de Rotterdam foi escrita em uma semana como bálsamo para sua saúde debilitada. Nada mais apropriado do que um "Stultitia Laos".

Nas palavras de Sérgio Paulo Rouanet, Erasmo faz uma distinção entre a loucura sábia e a loucura louca. Pode-se dizer que o teólogo cria uma loucura filosófica ou uma filosofia da loucura: "A loucura sábia sabe que a sabedoria é louca, e a loucura louca é suficientemente louca para acreditar na sabedoria." Carlos Ascenso André bem resumiu o alcance da *Magnum Opus* erasmiana:

> O *Elogio da Loucura* em todos os seus paradoxos é de uma profunda lucidez e os seus desígnios, bem como sua arquitetura interna, obedecem a um meticuloso espírito de racionalidade. O projeto, porém, da forma como é assumido é filho de seu tempo e fala para o seu tempo, onde tem as suas raízes: uma época em que a grandeza do pensamento vive paredes meias com a loucura, com o desvario.

Vamos encontrar em nossa tradição portuguesa o personagem do parvo do teatro de Gil Vicente. O parvo é aquele que diz a verdade a brincar, aquele que trata das questões sérias como se de jocosas não passassem, aquele que ridiculariza os grandes do mundo e seus vícios, ali, diante deles para os fazer rir. Erasmo, pela via do paradoxo, exprime as mais elementares verdades. "*Ridendo Castigat Mores*", no dizer de Molière.

Mas, afinal, quem é o alvo da dura ironia erasmiana? Pregadores palavrosos, vazios e incongruentes; os filósofos especulativos alienados da realidade, soberbos e pretensamente sábios, inúteis; escritores; poetas jurisconsultos; teólogos; monges nos quais abundam rituais e unicamente a aparência de religiosidade, destituída de espiritualidade. A crítica à religião, especialmente a seus agentes, é a mais destruidora do livro. Erasmo pergunta: "que tolo poderia agir de forma mais tola do que aqueles que foram totalmente consumidos pelo ardor da religião?" O Eclesiastes (9: 3) lhe responde: "O coração dos homens, além do mais, está cheio de maldade e de loucura."

Não há para a filosofia teológica "erasmiana" revelação sem a razão e sem o conhecimento. Daí a ironia cruel em relação às "superstições" da Igreja. Erasmo fulmina a humanidade ao decretar que é a loucura, que narra o livro na primeira pessoa, que move o mundo. A partir disso, ele lista seus exemplos de conduta humana reprovável, dando à *stultitia*, a loucura, o mérito de os ter inspirado.

Mas a loucura como ausência de consciência é também exaltada. Só há perdão no esquecimento, só há bem-estar longe da sabedoria e perto da Loucura. Aqui vale a comparação com o texto platônico, palavras de Erasmo:

> o que acontece no mito da caverna de Platão, onde aquele que escapou contou aos outros confinados que o mundo externo continha realidades em lugar de sombras, é o destino de todos os homens. Da mesma forma que eles continuavam acreditando nas sombras, acreditando que aquele que saiu estava enganado; aquele que trazia as novidades do mundo externo pensou que os outros estavam loucos por se deixarem cativar por tal erro.

Prossegue Erasmo em seu *Elogio da Loucura* sua cruel ironia do comportamento político dos humanos:

> Nunca acreditaríeis no entretenimento que vós, fantoches humanos, concedem diariamente aos deuses. Sabeis que os deuses reservam suas sóbrias horas matinais para apaziguar brigas e ouvir preces. Mas depois disso, suas mentes estão propriamente turvadas devido ao néctar, e não desejando tratar de negócios, eles procuram por um dignitário celestial e sentam-se lá contemplando os mortais e assistindo suas discussões. Não há espetáculo como este, Santo Deus, que teatro. Como são estranhas as ações dos tolos.

Vistos em linhas gerais o contexto intelectual e o conceitual de *Moriae Encomium*, passamos à busca de uma estrutura do seu texto. A partir, como já se disse, de uma narrativa em primeira pessoa, assim Erasmo define a Loucura, nas palavras da própria.

Primeiramente a Loucura personagem e narradora é uma deusa por nascimento — filha da riqueza e da beleza, por educação e por suas companhias. Trata-se da divindade mais poderosa, em face da sua prodigalidade ao distribuir generosamente seus dotes entre os deuses e os humanos indistintamente. Além disso, ela os acompanha em todas as fases de suas vidas, nas relações entre si e até nos atos gloriosos que inspira (lembremos que o desejo de glória é uma das graças da Loucura, no dizer do teólogo). A bravura, o desejo de glória e a pretensa sabedoria são presentes seus.

Não pode haver bem-estar humano sem ignorância, sem demência, amor-próprio e bajulação. A prova de seu poder é o fato de que todos os loucos rendem culto à *stultitia*. Não o culto onde se erguem templos ou estátuas, mas algo mais profundo que isso: uma imensa adoração no ato de imitar sua condução. As provas são dadas por todas as classes humanas. As menos incultas, os gramáticos, os escritores, os juristas, os filósofos, os teólogos (que incluem suas fantasias na interpretação das escrituras), os monges (os que preferem suas regras humanas à doutrina cristã), os príncipes (inconscientes de que devem cumprir seu dever), os bispos, os cardeais, os papas (os *soi disant* "vigários de Cristo" com suas preocupações carnais e terrenas, que promovem a guerra), enfim, o clero em geral.

Há que se pontuar que, estudioso da natureza humana e cético em relação à mesma, Erasmo foi um teólogo, e boa parte de sua obra é dedicada à teologia. Ainda que para Erasmo a teologia, confunda-se com a filosofia, já que a razão da especulação filosófica é atingir o invisível através do visível, sua obra é teológica. Ainda assim, há em seus textos uma profunda reflexão quanto à natureza humana e sua tendência de cortejar o mal.

Há também seus conselhos e sua crítica irônica aos maus príncipes ou aos príncipes injustos. Ainda que pragmático, Erasmo não opta pela postura de seu contemporâneo florentino, ao recomendar ao príncipe que tenha êxito em se manter no poder, mostrando-lhe como isso ocorreu na história. Não! Erasmo recomenda a um príncipe que faça o bem, que sirva seu povo e se submeta ao bem comum e não às suas prioridades pessoais.

Mostre-me um indivíduo que se pareça com seus governantes; um homem ignorante das leis, inimigo do povo, atento aos ganhos pessoais, dado ao prazer, contra o conhecimento, a liberdade e a verdade, nunca preocupado com a segurança do estado e finalmente medindo todas as coisas em termos de seus próprios desejos e lucros.

A partir desse paradoxo, Erasmo ilumina o caminho do príncipe e descortina uma visão do que seja uma boa condução das questões do Estado. Toda ironia de *Elogio da Loucura* não esconde o cético, aquele que permanentemente alerta ao homem, com platonismo explícito, que há dois mundos e que não será neste aqui que ele encontrará a bem-aventurança e a justiça.

CRONOLOGIA

1452: Nascimento de Leonardo da Vinci. 15 de abril. Anchielo, Itália

1466: Nascimento de Guerrit Gerritzon (Desiderius Erasmus Roterodamus) em 28 de outubro, em Rotterdam, filho do padre católico Guerrit Praet e de Margareta Rogers. Adota mais tarde o pseudônimo literário de Desiderius Erasmus (o desejado amável). O nome original, em razão dos impedimentos paternos, significa "filho de Guerrit", não podendo ser-lhe acrescentado o nome de família do pai, devido aos costumes e à lei vigentes.

1469: Nascimento de Nicolau Maquiavel. 3 de maio. Florença

1475: Nascimento de Michelângelo Buonarroti. 6 de março. Caprese, Itália

1478: Nascimento de Thomas Morus. 7 de fevereiro. Londres, Inglaterra

1483: Nascimento de Martinho Lutero. 10 de novembro. Eisleben, Alemanha.

1487: Erasmo ingressa no Mosteiro dos Cânones Gerais de Santo Agostinho.

1492: Erasmo é ordenado padre.

1499: Erasmo conhece Thomas Morus em sua primeira visita à Inglaterra.
1500: Publicação dos *Adágios* de Erasmo. Compilação comentada de provérbios dos autores da Antiguidade.
1503: Publicação do *Manual do Cristão Militante* (*Enchiridion Militis Christiani*).
1509: Erasmo escreve *Elogio da Loucura* em uma semana, durante estadia na casa de Thomas Morus, a quem dedica o livro.
1513: Maquiavel escreve *O Príncipe*, publicado somente em 1532, após sua morte.
1516: Tem início o movimento da Reforma Protestante
1516: Erasmo publica o *Instituti Principis Christiani*, dedicado ao Rei Carlos de Espanha, futuro Carlos V. Considerado um contraponto a'*O Príncipe* de Maquiavel.
1516: Thomas Morus publica *A Utopia*.
1516: Erasmo começa a publicar os seus *Colóquios*.
1516: Erasmo publica o *Novum Instrumentum* contendo o texto grego do Novo Testamento, reescrito e anotado, juntamente com sua tradução latina, com suas polêmicas alterações inseridas na Vulgata.
1517: Uma bula papal dispensa Erasmo dos votos religiosos.
1517: Maquiavel publica os *Discursos sobre a primeira década de Tito Lívio*, em que busca uma comparação entre as instituições da Roma Antiga e as de Florença de sua época.
1517: Martinho Lutero expõe suas 95 teses na Igreja do Castelo de Wittenberg.
1518: Erasmo publica o seu Antibarbarorum liber, em que defende o ensino laico e o fim dos castigos corporais nas escolas.
1519: Morre Leonardo da Vinci, em 2 de maio, em Roma, Itália.
1521: O Papa Leão X excomunga Martinho Lutero, em 3 de Janeiro.
1524: Erasmo publica *De libero arbitrio* obra de oposição à Reforma Protestante.
1525: Martinho Lutero publica *De servo arbitrio* em resposta ao *De libero arbitrio*.
1527: Morre Nicolau Maquiavel, em 21 de junho, em Florença.
1533: Erasmo publica *A preparação para a morte*.
1535: Erasmo recusa o cardinalato oferecido pelo Papa Paulo III.
1535: Erasmo publica *Eclesiastes ou o Pregador do Evangelho*.
1535: Thomas Morus é executado em 6 de julho, em Londres, Inglaterra.
1536: Erasmo de Rotterdam morre em 12 de junho, na Basileia, Suíça.

1546: Martinho Lutero morre, em 18 de fevereiro, em Eisleben, Alemanha.

1559: Promulgado pelo Papa Paulo IV a primeira versão do *Index Librorum Prohibitorum*.

Bibliografia

BLOOM, Harold. *O cânone ocidental*: os livros e a escola do tempo. Objetiva: Rio de Janeiro, 1995.

DOLAN, John Patrick. *A filosofia de Erasmo de Roterdã*. Madras: São Paulo, 2004.

LINS, Ivan. *Erasmo, a renascença e o humanismo*. Civilização Brasileira: Rio de Janeiro, 1967.

ROTTERDAM, Erasmo de. *Elogio da Loucura*. ed. 3, bilíngue. Nova Veja: Lisboa, 2016.

ROUANET, Sergio Paulo. *As razões do Iluminismo*. Cia. das Letras: São Paulo, 1987.

ZWEIG, Stefan. *Erasmo de Rotterdam*. Livraria do Globo: Porto Alegre, 1936.

Notas

1 De fato, na Bíblia católica são 73 livros, enquanto que na protestante são 66.

2 *Index Librorum Prohibitorum*. Rol de livros proibidos pela Igreja Católica, instituído pelo Concílio de Trento, sob o pontificado de Paulo IX, visando conter o avanço cultural da Reforma Protestante. Extinto em 1966 pelo Papa Paulo XI.

As aventuras de Pinóquio

Abel Fernandes Gomes

Segundo Immanuel Kant, a disciplina é o que preserva o homem de se desviar de sua destinação: a humanidade. É ela que limita os seus impulsos animais e o impede de correr perigos em razão de ações irrefletidas. A coletânea de lições ministradas por Kant na cadeira de pedagogia entre os anos de 1776 e 1787 foi publicada pela primeira vez em 1803 num texto denominado "Sobre a Pedagogia",[1] no qual trataria da formação do homem pela disciplina e instrução. A disciplina seria assim a parte da formação que submete o indivíduo às leis da humanidade e faz com que, futuramente, ele seja capaz de observar a coação das leis civis.

Para Kant, o homem que se mantém independente ou acima das leis faz permanecer em si o elemento selvagem, e por essa razão tem naturalmente uma grande inclinação para a desmensurada realização de caprichos, fruto do uso rudimentar da liberdade. Por isso, quanto mais cedo o indivíduo é apresentado à disciplina que o compenetra para a contenção no uso racional da liberdade e permite sua instrução, mais facilmente é possível levá-lo à compreensão dos preceitos da razão e, paulatinamente, às denominadas leis morais da liberdade, que, quando se fazem o fundamento próprio e interno de suas ações, as tornam éticas. E quando revestem suas ações externas, as fazem de acordo com as leis jurídicas.[2]

Em 1881 foram lançadas pela primeira vez em um periódico italiano as aventuras da marionete chamada Pinóquio, que tinham o título original de *Storia di um burattino*, e que somente foram editadas na forma de livro em 1883. *As aventuras de Pinóquio*,[3] de Carlo Collodi (pseudônimo de Carlo Lorenzini), objeto deste singelo ensaio, é mais que um conto infantil de aventuras, onde uma marionete de madeira enfrenta diversas situações fantásticas. Trata-se de um livro que aborda uma etapa inicial do crescimento humano, representada pela transformação da marionete de madeira num menino de carne e osso. E o faz por meio de muitas situações vivenciadas pelo protagonista e envoltas em metáforas, que podem ser lidas de forma isolada com consistentes conteúdos educativos, mas cuja leitura contextual também permite a apreensão da mensagem contida no livro sobre a formação do homem, tendo a disciplina como condição primeira para que a instrução possa ser absorvida, o que é essencial para o sucesso futuro da observância das normas jurídicas pelo cidadão adulto.

Pois bem, resultado da criação do velho Gepeto, que um belo dia se viu compelido a fazer de um pedaço de madeira uma marionete maravilhosa, capaz de dançar e esgrimir pela vida afora, Pinóquio, como fora batizada a marionete, se vê dividido entre a frequência à escola e o mundo de aventuras apenas prazerosas; entre a solidariedade para com o próximo e a ambição de uma fortuna rápida e fácil; entre a reflexão consciente sobre as virtudes e o imediatismo das bravatas; entre o respeito e amor ao seu criador e pai e as tentações efêmeras trazidas pelas más influências. Mas terá como norte e ponto de convergência de suas melhores emoções a pureza e a magia do amor maternal de uma Fada, sempre presente na recomposição de sua melhor parte rumo à humanização.

Nessa viagem pela humanização da madeira bruta em busca da disciplina para a própria formação, destacam-se três situações vivenciadas por Pinóquio e que bem resumem a disposição do indivíduo em desenvolvimento diante das regras morais e sociais. A primeira delas quando se precipita a ganhar o mundo pelas próprias pernas, mas olvidando o mínimo de orientação básica e estruturação moral para fazê-lo. A segunda, quando resolve se valer das regras de direito para reivindicar aquilo que lhe fora tomado fraudulentamente. Finalmente, quando acredita que possa haver um lugar onde os direitos individuais à própria felicidade e satisfação de todos os prazeres poderiam ser desfrutados sem as correspondentes consequências.

Sendo assim, primeiramente cabe observar que tão logo Pinóquio se viu equipado com os membros que o capacitavam para a liberdade física de locomoção, resolveu empreender fuga da casa de Gepeto pela rua afora, sem se preocupar sequer em deixar que se lhe terminasse de esculpir as orelhas, aparato anatômico ao qual o texto parece atribuir a importante aptidão para que se lhe pudessem chegar as orientações básicas para lidar com o mundo e as pessoas.

As ações que se seguem imediatamente ao empreendimento dessa fuga bem demonstram aquilo que Kant destaca como o uso rudimentar de uma liberdade que se volta para o atendimento de caprichos pessoais tão conflituosos quanto insensatos.

A primeira delas consiste na dissimulação de uma situação em que Pinóquio era na verdade justamente admoestado por Gepeto pela fuga irrefletida de casa sem sequer escutar as primeiras orientações necessárias a um neonato. Ele então encena estar sendo injustamente agredido por Gepeto na rua, diante de desocupados passantes, o que inverte o valor das ações ali acontecidas e faz de Pinóquio a vítima, causando a prisão do pobre Gepeto, que apenas agia para resgatar e admoestar o filho.

Posteriormente, já de volta à casa e num instante de solidão consigo mesmo, Pinóquio inicia uma conversação com a sua própria consciência a respeito daquele primeiro ímpeto desastrado de se lançar ao mundo sem qualquer preocupação com a própria orientação básica. E isso se vê na cena literária materializada no livro pela figura do Grilo Falante. Mas a própria consciência, também no estado rudimentar inicial da existência em que se encontrava, era incapaz de dialogar eficazmente com o menino de madeira, e acabou sendo suprimida pelo ímpeto quando, aborrecido pelas advertências do Grilo Falante, Pinóquio lhe fulmina com uma martelada na cabeça. Uma martelada para suprimir os grilos de sua própria consciência, e que obstaculizavam os primitivos ímpetos pela autossatisfação.

Com a volta de Gepeto à casa e após um incongruente relato de Pinóquio a respeito dos acontecimentos que se seguiram ao episódio da fuga, os dois conseguem encontrar um caminho para que Pinóquio seja capaz de absorver as primeiras orientações a respeito da necessidade de não se acostumar a caprichos e dengos, e de se interessar por uma formação escolar mediante a ida frequente à escola.

Acontece que ele não consegue ainda se pautar pela disciplina capaz de limitar os ímpetos que dirigiriam sua liberdade em diversas ocasiões vindouras, todas no sentido da satisfação de prazeres e caprichos que sempre esgrimiriam com seu desejo maior de se tornar um menino de boa formação (e de carne e osso), capaz de vivenciar um amor saudável pela sua família e para consigo mesmo.

Pinóquio iria vender a cartilha que Gepeto havia lhe comprado para que frequentasse a escola, para poder comprar a entrada para um teatro de marionetes que eram exploradas por um homem de nome Tragafogo, que o colocaria diante de uma situação moral real, e que o faria vivenciar o perigo para a própria vida e a solidariedade e o amor para com o próximo, na medida em que precisara interferir para que nem ele nem outra marionete de madeira, o Arlequim, do qual se apiedou, acabassem virando lenha na fogueira em que Tragafogo resolvera cozinhar o próprio jantar.

Alternando um certo remorso em relação à traição à sua própria palavra dada a Gepeto e uma inclinação latente pela vida fácil de prazeres e de ganhos mirabolantes, Pinóquio ainda se tornará presa para as artimanhas da Raposa e do Gato, que cobiçariam o pouco do dinheiro que a marionete ganhara de Tragafogo em razão de suas aventuras anteriores no teatro de títeres.

Em conflito com sua própria consciência, que através da metafórica figura do Grilo Falante lhe orientava a levar para casa o dinheiro e a experiência acidentada que tivera até aquele momento, Pinóquio acabaria mais uma vez cedendo às tentações de um desfecho fácil e imediato para suas pretensões ingênuas e rudimentares de enriquecer rapidamente, e resolve seguir a Raposa e o Gato até um tal Campo dos Milagres, onde, segundo os dois bilontras, todos os desejos imediatistas que ainda não conseguira dilapidar na vivência de seu aperfeiçoamento humano lhe seriam realizados.

São passagens que realçam o dilema infanto-juvenil entre a arrogância, o narcisismo e o egoísmo no fazer das pessoas e das situações instrumentais para a realização dos próprios caprichos e ímpetos, e a vontade de se tornar uma pessoa capaz de aderir aos bons rumos ditados pela consciência e as regras de convivência e alteridade. Tal como previa Kant, a submissão do indivíduo às leis da humanidade e futuramente às prescrições das leis civis careciam de uma disciplina que Pinóquio duramente se debatia para conseguir.

Mas a segunda importante situação narrada no livro ainda colocaria Pinóquio diante do confronto entre a justiça e a lei. O encontro com uma justiça formalmente adequada ao contexto em que aplicada, mas completamente apartada da objetiva virtude categórica, também é uma das experiências vivenciadas pelo nosso protagonista.

Após ter andado às voltas com uma sequência de mentiras sobre seus propósitos pessoais até aquele momento, e que só fizeram se avolumar diante de seus próprios olhos, a ponto de ficarem cada vez mais desnudadas pelo enorme comprimento de seu nariz e não mais poderem sequer ser escondidas de ninguém, Pinóquio resolveu retificar o seu caminho em direção ao crescimento humano, aproveitando que a Fada lhe tornara possível recapitular a verdade quanto aos seus passos até aquele momento, na busca do almejado crescimento.

Todavia, ele acaba mais uma vez cedendo à tentação de um sucesso fácil, rápido e superficial no objetivo de se tornar uma pessoa rica. A Raposa e o Gato, que antes já o tentaram lograr em vão, o encontram novamente e o seduzem com a possibilidade de multiplicar umas poucas moedas que possuía em uma grande fortuna, sem fazer muita força. Bastaria que se dirigisse em suas companhias ao imaginário Campo dos Milagres, onde poderiam ser semeadas aquelas moedas até o ponto de dar abastados frutos.

Acontece que o tal Campo dos Milagres ficava na terra de Enrola-Trouxas, na qual cachorros pelados, ovelhas tosquiadas, galos sem crista, borboletas sem asas e pavões sem cauda se espalhavam pelas ruas pedindo esmolas, enquanto assistiam passar pelas mesmas ruas da cidade carruagens elegantes que carregavam Raposas, Pega-Ladras e Aves de Rapina, todos aparentemente prósperos.

Obviamente que as moedas investidas numa pequena cova cavada no chão não se transformaram numa árvore repleta de dinheiro, mas foram apropriadas, isso sim, pela Raposa e o Gato, quando Pinóquio não estava por perto.

Era preciso fazer alguma coisa, bradou um Papagaio que encontrara pelo caminho, e que aprendera a duras penas que dinheiro não dá em árvore.

"Restabeleça-se a justiça!", disse o Papagaio.

E Pinóquio foi levar seu pleito ao juiz da cidade, o qual encontraria, não na pessoa de uma sábia Coruja, mas sim na de um grande Gorila de idade avançada e barba grande, cuja respeitabilidade vinha mais exatamente refletida nos óculos de ouro que usava do que nos indicativos de sua maturidade e experiência.

O relato da fraude da qual fora vítima foi feito com toda a minúcia, e o juiz ouviu atentamente e se comoveu com o ocorrido. Fez soar sua campainha, e quando adentraram o recinto os dois cães da guarda judiciária vestidos de gendarme, a eles ordenou que pusessem Pinóquio imediatamente na cadeia.

Pinóquio não deveria ter deduzido tão abusiva denúncia! Não era justo que não compreendesse o real sentido do costume daquela cidade e da lei da terra de Enrola-Trouxas. Não poderia jamais acusar pessoas que trabalhavam livremente em prol do próprio enriquecimento e do desenvolvimento amoral da movimentada cidade, adotando atividades tão astutas e produtivas economicamente (ainda que moralmente questionáveis), mas que faziam circular de qualquer forma o dinheiro. Cabe aqui um breve registro: qualquer semelhança com os tempos de hoje é mera coincidência.

Ademais, aquela acusação se mostrava totalmente incompatível com o estatuto jurídico que se consubstanciava tão bem enunciado no nome daquele país: Enrola-Trouxas.

Para se livrar da prisão foi preciso admitir ser ele mesmo um gatuno, culpado de ter se deixado lograr por dois escroques. Afinal, fora essa a condição exigida para que pudesse ser contemplado com um indulto concedido quatro meses depois de sua prisão pelo jovem Imperador de Enrola-Trouxas.

Por óbvio que a experiência não se tornara uma lição sobre direito e justiça das mais auspiciosas para Pinóquio. Não obstante, ela fez com que a marionete de madeira caísse em si, admitindo que tudo aquilo que lhe acontecera fora fruto de sua própria teimosia e imprudência. O direito que lhe fora aplicado não era justo, mas o infortúnio que cavou para si próprio sim. Uma bela lição sobre o exercício de liberdade na escolha voluntária por ações e a assunção de suas consequências.

Mas uma situação inusitada vivenciada pela marionete ainda estava por acontecer. E seria ela a mais radical em direção à sua transformação em menino e cidadão. Foi a que o levou para o País dos Brinquedos. Lá sim, segundo informações de um amigo chamado Pavio, todos os direitos lhe seriam assegurados. E direitos, para uma marionete de madeira que insistia no hedonismo ao mesmo tempo em que se deixava manipular por quem quer que mexesse os cordéis no sentido dos prazeres, nada mais eram do que a fruição incondicional e desmedida desses mesmos prazeres.

O País dos Brinquedos era um lugar onde a realização dos prazeres se convertia na mais plena fruição de direitos ilimitados. Um lugar sem livros para estudar, sem escolas para frequentar e sem professores para exigir o aprendizado das lições. Uma total ausência de deveres. Lugar onde jamais se estudaria e no qual só haveria diversão. Lá, como assegurara o amigo Pavio, as férias começavam no primeiro dia de janeiro e acabavam no último dia de dezembro.

Pavio o seduzira a ir com ele para o País dos Brinquedos. A ida para esse lugar era até mesmo, de certa forma, desconfortável. Vários meninos deveriam ingressar numa camionete puxada por burros, na qual se acotovelam alegremente, muito mais inspirados pelos prazeres que estavam prestes a encontrar no destino do que pelo desconforto no caminho da viagem. Ademais, o homenzinho que conduzia a camionete era amável e simpático, e tornava o convite e a viagem bastante agradáveis.

E tal como prometido nos relatos de Pavio, no País dos Brinquedos tudo era diversão. A população era composta exclusivamente por crianças entre oito e catorze anos. Todos ocupavam as ruas em brincadeiras as mais diversas. Riam, falavam alto, cantavam e até recitavam, alguns fantasiados de palhaço. Uma algazarra sem fim.

Ali Pinóquio e Pavio não tiveram dificuldade em se inserirem, e logo entraram no clima de brincadeiras, diversões e prazeres, sem nenhuma preocupação com disciplina e os deveres para com escolas, professores, livros ou estudos. Nem deveres para consigo mesmo. Foram horas, dias e semanas de intensa diversão. Até que um dia Pinóquio acordou e percebeu que suas orelhas haviam crescido e ficado peludas nas pontas.

A marionete que queria se transformar em menino não mais conseguiria o seu objetivo? Acreditar que meninos são credores de todos os prazeres e diversões que possam imaginar e almejar tinha uma consequência. O déficit no cumprimento de certas obrigações, dedicação a compenetrações e até mesmo vivência de frustrações lhe reservara algo assustador: a febre do burro, a qual se manifestava paralelamente ao crescimento de suas orelhas tal qual as do mamífero perissodáctilo. Alguém haveria então de lhe dizer que estava escrito nos "decretos da sabedoria" que meninos que só querem saber de prazeres viram burros.

A princípio, ele ficou revoltado e se penitenciou por ter se desviado do caminho que deveria seguir e que tão bem lhe mostrara a Fada. Mas quando encontrou Pavio e percebeu que este também ganhara um par de orelhas de burro, logo se puseram às gargalhadas e gritos que aos poucos se transformavam em zurros asininos, ao mesmo tempo em que o rabo lhes crescia e as pernas se curvavam na direção da posição quadrúpede.

Nunca parecera que Gepeto, depois o Grilo Falante e finalmente a Fada, tivessem coagido Pinóquio a jamais se divertir, brincar ou desfrutar dos prazeres a que acreditava ter direito. O que orientavam era para que ele soubesse enxergar na vida um equilíbrio entre o que queria fazer e o que deveria ser feito. O próprio Pinóquio por diversas vezes se sentiu compelido a seguir o que Gepeto dizia. E muitas foram as vezes em que se viu dividido e almejou voltar a encontrar o seu criador e pai, e ajudá-lo nas tarefas e obrigações do dia a dia.

Ocorre que ele apenas se deixou levar pelos impulsos mais rudimentares; lhe atraíram sempre as facilidades e as ambições irreais; seguiu quimeras desenhadas por pessoas de reputação duvidosa; afastou-se do caminho equilibrado pela justa-medida aristotélica; atirou-se no prazer, diversão diuturna e nas gargalhadas contínuas, sem perceber que quanto mais gargalhava, mais zurrava como um burro. Enfim, em vez de contemplar a vida voluntariamente com o necessário equilíbrio normativo, se deixou manipular como uma marionete. Agora, segundo pensava, seria para sempre um burro e não atingiria o estado humano mais perfeito de um menino de carne e osso.

O problema criado era tamanho que se transformou num enorme e gigantesco tubarão, capaz de engoli-lo inteiro. Mas, felizmente, nosso protagonista acaba conseguindo encontrar a solução para superar o fundo buraco em que se metera, e ao sair do ventre do tubarão seguiu o caminho que haveria de ser traçado na direção de sua humanidade, vivenciando a disciplina, a solidariedade, o trabalho e o estudo, a capacidade de reflexão e o equilíbrio entre os direitos e os deveres, até que um dia amanheceu transformado em um verdadeiro menino, cidadão de carne e osso.

O livro *As aventuras de Pinóquio* vai muito além da narrativa de aventuras infantis. Muitos livros e fábulas possuem lições didáticas excelentes, mas esta reunião de publicações periódicas de Carlo Collodi transformada em literatura infantil é uma excepcional metáfora a respeito das primeiras vivências conflituosas na formação humana. Uma literatura que marca pela contundência das lições que se pode colher das experiências de Pinóquio, e da riqueza dos personagens que com ele interagem para sua formação moral.

NOTAS

1 KANT, Immanuel. *Sobre a pedagogia.* Trad. João Tiago Proença. Lisboa: Edições 70, 2017.
2 KANT, Immanuel. *A metafísica dos costumes.* Trad. Edson Bini. São Paulo: EDIPRO, 1. ed, 2003.
3 COLLODI, Carlo. *As aventuras de Pinóquio: história de uma marionete.* Trad. Marina Colasanti. São Paulo: Companhia das Letrinhas, 2017.

1984

André Gustavo Corrêa de Andrade

Introdução

Nem sempre é fácil de explicar ou definir o que faz de uma obra literária um clássico. A elegância estética ou estilística e a forma original são qualidades encontradas em muitos dos cânones da literatura universal. Em outros casos, o que coloca um livro nesse rol é seu conteúdo, sua trama, a atmosfera, tudo aquilo que transporta o leitor para o mundo particular desconstruído ou reconstruído pelo autor.

Alguns clássicos não resistem ao teste do tempo, permanecendo nessa categoria apenas pelo seu valor histórico. Outros, por sua vez, mantêm o mesmo vigor com o passar dos anos.

1984, de George Orwell, é um desses raros livros que, além de reunir todos os elementos que compõem um clássico, têm a qualidade de se mostrar atual. Assustadoramente atual.

A obra é uma das principais representantes da literatura distópica,[1] caracterizada por retratar sociedades opressoras, tirânicas, desumanas ou que representem, de modo geral, a antítese de uma sociedade utópica.

Publicado em 1949, pouco depois do fim da Segunda Guerra Mundial, o livro constitui um dos mais impactantes libelos contra os regimes totalitários de governo. Em um estilo próprio, direto, influenciado por sua experiência como jornalista, ensaísta, crítico literário e novelista, o autor desenha com tintas fortes e sombrias uma sociedade distópica, terrivelmente opressora e desumana, na qual as pessoas não apenas são inteiramente desprovidas de liberdade de expressão, mas também permanentemente vigiadas em todos os lugares — em casa, na rua, no trabalho — e devem total e completa obediência e fidelidade ao partido único que detém o poder, representado pela figura do "Grande Irmão" — o *Big Brother*.[2]

A obra de Orwell reflete sua experiência de vida e sua profunda aversão ao imperialismo, ao fascismo e a todas as formas de governo totalitário.

Com a derrota do nazismo e do fascismo, o desmoronamento da União Soviética e o consequente fim da Guerra Fria, a queda do muro de Berlim e a derrocada de vários regimes ditatoriais fez parecer, a muitos, que havia desvanecido o risco de uma sociedade opressora como a retratada por Orwell. O sentimento de grande parte da sociedade e dos teóricos da política era o de que as democracias liberais e o livre mercado haviam triunfado, levando ao "fim da história".[3]

A marcha da história, porém, não se acomoda muito bem em previsões teóricas.

Ainda há no mundo várias sociedades não democráticas, nas quais seus cidadãos são privados de direitos políticos. Talvez o exemplo mais extremo seja o da Coreia do Norte, ditadura hereditária na qual as liberdades políticas são inexistentes e os direitos humanos são sistematicamente violados.

Além disso, as sombras do fascismo, do nacionalismo radical, do extremismo político (de direita e de esquerda) e do fanatismo religioso continuam presentes, a ameaçar a democracia. E não apenas em relação às democracias mais jovens, como é o caso do Brasil, mas, também, em relação às mais tradicionais, nas quais políticos populistas têm ganhado espaço catalisando o preconceito e a discriminação contra imigrantes e outros grupos minoritários.

Por isso, a obra de Orwell, mais do que atual, constitui uma leitura essencial para quem se preocupa com a democracia e com a preservação das liberdades e dos direitos fundamentais — e, principalmente, para quem não se preocupa com esses assuntos. Deveria ser leitura obrigatória nas faculdades de Direito e de Ciência Política.

Breve sinopse

A estória se passa em Londres, que faz parte de uma nação que veio a se chamar Oceania. O Partido, denominado "Ingsoc", tem absoluto controle sobre tudo e sobre todos, exercendo vigilância permanente sobre as pessoas, através da "Polícia do Pensamento", do estímulo à delação entre os cidadãos, de microfones ocultos, e do uso da "teletela", dispositivo semelhante a uma televisão, que transmite propaganda e permite que o Partido observe e ouça os indivíduos em todos os lugares. Por toda parte são vistos cartazes, em larga escala, com a imagem do "Grande Irmão", líder do Partido, com a legenda "O GRANDE IRMÃO ESTÁ DE OLHO EM VOCÊ" (*BIG BROTHER IS WATCHING YOU*).

Para exercer o controle sobre as pessoas, o Partido manipula a história e a linguagem. Além disso, criou uma língua própria, a "novilíngua" ("*newspeak*"), na qual são atribuídos sentidos contraditórios às expressões, com vistas a manipular e controlar os membros da sociedade. Os três lemas do Partido — "Guerra é Paz; Liberdade é Escravidão; Ignorância é Força"[4] — refletem esse processo de manipulação linguística.

A ação essencial do Partido é o "duplipensar" ("*doublethink*"), que consiste em "usar a fraude consciente ao mesmo tempo em que conserva a firmeza de propósito que acompanha a completa honestidade"; "dizer mentiras deliberadas e nelas acreditar piamente"; "negar a existência da realidade objetiva e ao mesmo tempo perceber a realidade que se nega".[5]

O Partido está permanentemente em guerra com uma das outras duas nações existentes no mundo, a Eurásia e a Lestásia. Essa guerra sem fim ora tem como inimiga a Eurásia, ora a Lestásia, de acordo com a versão que interesse ao Partido.

O protagonista da estória é Winston Smith, de 39 anos, membro de pequena importância do Partido. Solitário, trabalha no Ministério da Verdade, tendo por função alterar fatos, narrativas e informações constantes de livros, revistas, jornais e quaisquer outros escritos que estejam em desacordo com a narrativa oficial. Seu trabalho, em síntese, é reescrever a história, para que esta seja um reflexo da infalibilidade do Partido.

Atormentado por pensamentos que questionam o controle da realidade exercido pelo Partido, Winston faz anotações em um diário, adquirido ilegalmente em um dos bairros onde vivem os "proles", assim chamados os proletários não educados e não integrantes do Partido, que constituem a maior parte da população. Nesse diário, Winston escreve várias vezes a frase "Abaixo o Grande Irmão", com a consciência de ter cometido o pior dos crimes, a "crimideia" ("*thoughtcrime*"), ou crime de pensamento.[6]

De forma inesperada, Winston inicia um relacionamento secreto com Julia, mulher bem mais jovem e de espírito livre, também membro do Partido. Com o passar do tempo, os sentimentos de Winston por Julia se tornam mais fortes. Ambos passam a se encontrar em um sótão alugado em um bairro dos "proles", onde conversam sobre a vida de repressão que levam e sobre a possibilidade de se juntarem à "Irmandade", grupo secreto de oposição, que tem como líder Emmanuel Goldstein.

Um dia, enquanto trabalhava, Winston é contatado por O'Brien, alto membro do Partido. Indicando compartilhar as ideias de Winston contra o sistema, O'Brien o convida a se juntar à "Irmandade", e lhe faz chegar às mãos dias depois um livro que contém os segredos acerca da atuação e dos objetivos do Partido.

Posteriormente, durante um de seus encontros no sótão, Winston e Julia acabam sendo presos pela Polícia do Pensamento.

Winston é levado ao prédio do Ministério do Amor, onde é submetido a tortura, com a finalidade de ser "curado" de seus pensamentos heréticos. Para a surpresa de Winston, a tortura é conduzida por O'Brien, que revela ser um fiel e dedicado membro do Partido.

Ao final de meses de tortura, com sua condição física e psicológica extremamente deteriorada, Winston é levado à famigerada sala 101, onde, confrontado com o maior de seus medos, acaba por trair o seu amor por Julia.

Livre da prisão, Winston, já recuperado fisicamente, encontra-se por acaso com Julia, que admite que também traiu o seu amor por ele. Ambos revelam que, após o ocorrido, já não sentem mais o mesmo um pelo outro.

Após esse encontro, Winston vai para o bar que habitualmente frequenta, onde acompanha avidamente as notícias na teletela, que acaba de anunciar uma importante vitória do Partido contra as tropas inimigas. Com duas lágrimas de alegria escorrendo por seu rosto, Winston sente que, depois de quarenta anos de um mal-entendido cruel e desnecessário, tudo finalmente está em paz. Amava o Grande Irmão.

Reflexões suscitadas pela obra

A densidade da narrativa orwelliana suscita uma infinidade de questões e reflexões sobre vários temas que interessam à ciência política, à filosofia, à sociologia, à antropologia, à psicologia, à psicanálise e ao direito. Cada um dos diversos temas extraíveis do texto daria ensejo (como já deu) a estudos aprofundados.

Temas como o problema do mal, a questão da identidade humana, o sistema de classes, a sexualidade, o amor, a linguagem, o controle da mente, a lealdade ao partido, o uso da tecnologia e tantos outros perpassam a obra de Orwell.

Considerando os objetivos e as limitações naturais do presente texto, foram selecionados temas específicos, relacionados ao direito e à justiça: o problema da manipulação da informação, a importância da liberdade de expressão, o direito à privacidade e a necessidade da democracia como resistência ao totalitarismo.

A MANIPULAÇÃO DA INFORMAÇÃO: O PROBLEMA DAS *FAKE NEWS*

Uma das principais formas de dominação do Partido na sociedade orwelliana é a manipulação da informação, com a negação da realidade objetiva e o emprego de mentiras deliberadas. "Quem controla o passado controla o futuro; quem controla o presente controla o passado",[7] diz o lema do Partido.

O Partido controla todas as fontes de informação, reescrevendo jornais e livros, de modo que os cidadãos não tenham nenhum registro da história, a qual pode, assim, ser livremente modificada. Ao controlar o presente, o Partido consegue manipular o passado; ao controlar o passado, passa a controlar o futuro.

O controle da informação concebido pela imaginação de Orwell remete às chamadas *fake news*, expressão que se popularizou após as eleições presidenciais de 2016 nos Estados Unidos, representativa de um dos mais sérios abusos da liberdade de expressão, constituindo uma séria ameaça para a própria democracia.

Trata-se de fenômeno que não é novo — como se vê da própria narrativa orwelliana —, mas que adquiriu uma dimensão muito maior e mais preocupante nos tempos atuais, em que uma publicação falsa em uma mídia ou rede social digital leva poucos minutos para se tornar viral, podendo provocar danos incomensuráveis a reputações, carreiras políticas e, em certos casos, à própria vida das pessoas.

A distorção, a dissimulação e o falseamento da verdade ganharam proporções endêmicas. Fatos são relativizados e refutados como se fossem meras opiniões. Opiniões são afirmadas como se fossem fatos comprovados ou como asserções que estão acima de questionamentos ou debates.

Particularmente grave e danosa para a democracia é a propagação de notícias falsas com o intuito de influir no processo de decisão política, como ocorreu na campanha para as eleições presidenciais norte-americanas de 2016, em que, contra todas as previsões, acabou sendo eleito o candidato republicano Donald Trump. Descobriu-se, posteriormente, que ele teria sido beneficiado por notícias falsas contra sua concorrente, a candidata democrata Hillary Clinton. Essas notícias foram disseminadas em larga escala nas mídias sociais com o uso de programas ou softwares (*internet bots* ou *social media bots*) que enviam mensagens de forma automática, em larga escala, como se tivessem sido remetidas por usuários reais, de carne e osso.

O fenômeno das *fake news* está intimamente relacionado com o conceito de "pós-verdade" (*post-truth*), segundo o qual a verdade é uma noção relativa, que tem menos relevância do que convicções ou crenças pessoais. Essa relativização da verdade, que é levada ao paroxismo, não vem fundada em nenhum arcabouço teórico consistente, como o que formou o relativismo (em suas diversas vertentes), mas no apego radical a crenças (sejam elas ideológicas, políticas ou religiosas), sentimentos e emoções, com total e absoluto desprezo e repúdio a argumentos, evidências ou provas factuais que demonstrem a falsidade ou o desacerto de certas ideias ou afirmações.

Em tempos de pós-verdade, acredita-se que não há fatos incontestáveis ou inquestionáveis, mas apenas versões ou narrativas. A crença se sobrepõe à evidência. E quando uma evidência é contraposta a uma afirmação, ela é, ironicamente, repelida sob a acusação de... "*fake news!*".

Nesse contexto, chegou-se ao ponto de um integrante do governo norte-americano, a conselheira Kellyanne Conway, dar uma entrevista a um programa de televisão defendendo uma declaração falsa do então porta-voz do presidente ao argumento de que ele fornecera um "fato alternativo".[8]

A expressão "fato alternativo", evidente *contradictio in terminis*, parece extraída diretamente da distopia orwelliana, na qual a linguagem é utilizada como instrumento de dominação política. Na sociedade imaginada por Orwell, um dos princípios mais importantes consiste em negar a realidade objetiva e subverter os fatos, usando a técnica do "duplipensar". É como soa a expressão "fato alternativo", que sugere que fatos objetivos, empíricos, sujeitos à demonstração e comprovação se confundem com opiniões pessoais, de natureza subjetiva, passíveis de debate.

Mas não há como confundir fatos com opiniões. Fatos são acontecimentos que podem ser comprovados, corroborados, verificados e demonstrados por evidência — ou, por outro ângulo, passíveis de refutação pela experiência. Opiniões constituem crenças ou julgamentos subjetivos, não passíveis de comprovação ou refutação. Platão considerava a opinião como algo intermediário entre a ciência e a ignorância.[9] Kant a definia como "uma crença, que tem consciência de ser insuficiente, tanto subjetiva como objetivamente".[10] Por isso já se disse que todos têm direito a opiniões próprias, mas não aos próprios fatos.[11]

Preocupante é a percepção de que, mesmo dispondo de amplo acesso à informação, muitas pessoas não se mostram interessadas na verdade ou nos fatos, preferindo buscar narrativas e manifestações que reforcem suas convicções e seus preconceitos. Essa inclinação é potencializada pelos mecanismos de busca da internet, que, com os seus algoritmos, constroem o perfil do usuário para filtrar e mostrar as informações que estejam mais de acordo com esse perfil.[12] Retroalimentando suas crenças pessoais, em um círculo vicioso, os indivíduos se fecham a opiniões divergentes e tendem a radicalizar as próprias.

Nesse cenário, os órgãos de imprensa e os provedores e disseminadores de conteúdo em meio digital devem ter cuidado redobrado com a checagem do material divulgado, para não replicarem notícias falsas, danosas para terceiros, para a credibilidade dos órgãos de informação e para o processo democrático.

As *fake news* constituem um sério abuso ao princípio da liberdade de expressão, e, quando assumem a roupagem da desinformação política, configuram um grave problema para a democracia.

A SUPRESSÃO DA LIBERDADE DE PENSAMENTO E DE EXPRESSÃO

Em *1984*, uma das metas do Partido é "extinguir de uma vez para sempre qualquer possibilidade de pensamento independente".[13] Não se admite nenhum pensamento não ortodoxo, que destoe das diretrizes oficiais. Em um membro do Partido, "não se pode tolerar nem o menor desvio de opinião sobre o assunto menos importante".[14]

A redução ou restrição de liberdade de expressão e, consequentemente, do tráfego de informações e ideias cria um véu de ignorância, torna as pessoas mais apáticas e mais suscetíveis de serem manipuladas por aqueles que exercem o poder.[15] Não é por outra razão que nos governos não democráticos, ditatoriais ou totalitários, como o descrito na obra de Orwell, a primeira liberdade que se suprime ou se restringe é a de expressão.

Um dos principais benefícios proporcionados pela liberdade de expressão é possibilitar aos cidadãos a compreensão dos problemas de interesse público e das questões inerentes à política, para ampliar efetivamente sua participação na condução do governo e na construção de uma sociedade democrática. Vista por este ângulo, a liberdade de expressão é condição para a existência e o aperfeiçoamento da democracia e do autogoverno (*self-government*).

Nenhuma sociedade verdadeiramente democrática pode subsistir sem que se garanta o trânsito das ideias e um amplo, variado e aprofundado debate acerca de assuntos de interesse coletivo. A democracia exige que as pessoas sejam adequadamente informadas sobre os temas relevantes para a comunidade e sobre todos os lados ou pontos de vista existentes, sem interferência ou censura dos governantes.[16]

A liberdade de expressão, exercida com as congêneres liberdades de reunião e associação, possibilita a cada um participar de discussões e deliberações coletivas, debatendo ideias e trazendo argumentos e informações que podem influenciar os demais.[17] De posse dessas ideias e informações, cada indivíduo deve poder fazer suas escolhas e tomar suas decisões políticas.

Democracia, afinal, é muito mais do que a possibilidade de votar e de ser votado: é, em última análise, a possibilidade de influir na condução das políticas públicas e, consequentemente, no destino da sociedade em que se vive, o que se pode alcançar, também, pela participação em associações, organizações não governamentais e movimentos sociais ou, mesmo, através de iniciativas individuais, facilitadas pelos diversos meios modernos de comunicação, notadamente, a internet.

A liberdade de expressão é, principalmente, a liberdade de criticar o governo, os atos das autoridades governamentais e a condução das políticas públicas. O governo e as autoridades que o compõem, embora democraticamente eleitos, não detêm o monopólio da verdade e devem, por isso, se submeter à crítica mais acerba, que deve ser tolerada como uma característica da democracia.

A circunstância de um grupo ou partido se encontrar no poder, amparado pela maioria da população, não significa que as ideias e políticas desse grupo ou partido sejam as melhores ou simplesmente boas ou acertadas. O direito das minorias para contribuir para o debate público decorre não apenas do respeito e da consideração que se lhes deve atribuir, mas porque as ideias apresentadas podem ser melhores do que aquelas da maioria eleita,[18] o que só é possível saber quando se garante a todos a possibilidade de comunicá-las ou expressá-las livremente.

A SUPRESSÃO DO DIREITO À PRIVACIDADE

O livre tráfego do pensamento e das ideias depende, dentre outras coisas, da preservação de um espaço pessoal, no qual o indivíduo tenha a possibilidade de manter sob reserva determinados assuntos ou pensamentos. A privacidade, por esse prisma, constitui condição de possibilidade da liberdade de expressão.

Na sufocante sociedade imaginada por Orwell, não há privacidade possível. Todos são vigiados, em todos os lugares, inclusive em casa, pelas "teletelas":

> A teletela recebia e transmitia simultaneamente. Qualquer barulho que Winston fizesse, mais alto que um cochicho, seria captado pelo aparelho; além do mais, enquanto permanecesse no campo de visão da placa metálica, poderia ser visto também. Naturalmente, não havia jeito de determinar se, num dado momento, o cidadão estava sendo vigiado ou não.[19]

Essa sociedade de hipervigilância, que remete ao panóptico[20] de Jeremy Bentham e poderia parecer um delírio de ficção científica em 1949, ano da publicação da obra de Orwell, hoje constitui uma realidade palpável.

O acelerado desenvolvimento tecnológico dos últimos anos e o advento da internet têm levado muitos a anunciarem a morte ou o fim da privacidade. Pelo menos da privacidade como nós a conhecemos. A ideia de que o lar do homem é o seu castelo inexpugnável, no qual ele mantém sua privacidade a salvo, já não corresponde à realidade.

Inscrito no artigo 12 da Declaração Universal dos Direitos Humanos, o direito à privacidade é reconhecido em praticamente todas as democracias. A despeito de seu reconhecimento abstrato, tem sido cada vez mais objeto de relativização. Em nome da segurança nacional, do combate à criminalidade ou ao terrorismo, órgãos governamentais e agentes públicos realizam escutas telefônicas não autorizadas judicialmente, invadem sistemas de dados informatizados e catalogam informações sobre comportamentos e atividades dos cidadãos.

Em algumas cidades, câmeras de vigilância com o uso de programas de reconhecimento facial se encontram por toda parte. Satélites podem captar imagens com qualidade cada vez maior de residências e pessoas. *Drones* são utilizados para fotografar de grandes alturas sem serem percebidos.

Além disso, empresas privadas e indivíduos dispõem de tecnologia relativamente barata para invadir a privacidade alheia. Vários dispositivos de uso cotidiano, como os telefones celulares, estão conectados à internet. Através deles temos nossa localização monitorada, muitas vezes sem que saibamos. Por trás da câmera e do microfone do seu *laptop* ou do seu celular você pode estar sendo observado ou ouvido.

Muitos usuários acreditam que empresas como o Facebook ouvem nossas conversas pelo microfone dos celulares, mesmo quando não estamos usando o aparelho, para nos direcionar anúncios publicitários, o que foi negado pelo cofundador e principal dirigente da empresa, Mark Zuckerberg, que disse se tratar de teoria conspiratória. Seja como for, a tecnologia para isso já é uma realidade, não uma ficção como no tempo de Orwell.

Quando navegamos pela internet, usando uma rede social, visitando um site ou realizando uma transação on-line, comumente fornecemos dados e deixamos rastros de informações, que são usados para fins comerciais e podem ser compartilhados e usados para fins diversos, sem autorização dos respectivos usuários.

A revolução tecnológica trazida pela era da informação digital tornou necessária a promulgação de normas específicas para a proteção da privacidade dos indivíduos e punição daqueles que a violam.

O totalitarismo e a necessidade da democracia como forma de resistência

Nos duros capítulos finais do livro, O'Brien, em meio a uma das sessões de tortura de Winston, fala com este sobre o objetivo do Partido e os meios utilizados para alcançá-lo. Revela que o Partido não quer permanecer no Poder para benefício próprio, nem para concretizar alguma ideia abstrata de bem comum. Nada disso, o poder é um fim em si mesmo:

> O Partido procura o poder por amor ao poder. Não estamos interessados no bem-estar alheio; só estamos interessados no poder. Nem na riqueza, nem no luxo, nem em longa vida de prazeres: apenas no poder, poder puro.[21]

Exatamente porque o poder, sob o manto do totalitarismo, não constitui um meio para alcançar um objetivo, mas um fim em si mesmo considerado, ele tende a se perpetuar. O ditador não tem jamais a intenção de abdicar do poder, porque estará abdicando daquilo que constitui a sua única finalidade, como explica didaticamente o torturador O'Brien:

> Sabemos que ninguém jamais toma o poder com a intenção de largá-lo. O poder não é um meio, é um fim em si. Não se estabelece uma ditadura com o fito de salvaguardar uma revolução; faz-se a revolução para estabelecer a ditadura. O objetivo da perseguição é a perseguição. O objetivo da tortura é a tortura. O objetivo do poder é o poder.[22]

Para preservar esse poder, o Estado totalitário depende da submissão total do indivíduo, que é obtida com a eliminação (ou a restrição ao mínimo) das liberdades individuais e com a utilização da tortura como instrumento de dominação. O'Brien deixa isso claro, afirmando: "O poder reside em infligir dor e humilhação."[23]

Tortura-se o indivíduo com a finalidade de quebrar não o seu corpo, mas o seu espírito, até a sua total rendição moral. O retrato do Estado de terror totalitário é assim pintado por O'Brien: "Se queres uma imagem do futuro, pensa numa bota pisando um rosto humano, para sempre."[24]

A dominação do indivíduo é tão completa que não apenas sua vida, mas sua própria existência passa a depender da vontade do ditador, que pode eliminá-lo da história, como se nunca tivesse nascido:

> Deves deixar de pensar que a posteridade te vindicará, Winston. A posteridade jamais ouvirá falar de ti. Será totalmente eliminado da história. Havemos de te transformar em gás e te soltar na estratosfera. Nada restará de ti: nem um nome num registro, nenhuma lembrança na mente. Será aniquilado no passado como no futuro. Não terás existido nunca.[25]

Essas passagens do livro não constituem uma hipérbole ficcional, mas um retrato fidedigno da completa anulação do indivíduo em um Estado totalitário.

Em sua obra *As origens do totalitarismo*, publicada em 1951, dois anos após a obra de Orwell, Hannah Arendt, descrevendo o terror do mundo totalitário, observa que essa forma de governo não se contenta com que a população subjugada se torne mais ou menos voluntariamente coordenada e que desista dos seus direitos políticos. Sob o manto do Estado totalitário, mesmo o livre consentimento é visto como um obstáculo ao domínio total, tanto quanto a própria oposição. Por isso, a "destruição dos direitos de um homem, a morte de sua pessoa jurídica, é a condição primordial para que seja inteiramente dominado".[26]

O segundo passo para a total anulação do indivíduo é a "morte da pessoa moral". Como na distopia orwelliana, em que os indivíduos indesejáveis para o sistema são "vaporizados",[27] tendo negada sua existência anterior, o Estado totalitário nazista desnudado por Arendt buscava, além de eliminar o indivíduo, apagá-lo da história, retirando-lhe até mesmo o direito de ser lembrado e pranteado:

> Os campos de concentração, tornando anónima a própria morte e tornando impossível saber se um prisioneiro está vivo ou morto, roubaram da morte o significado de desfecho de uma vida realizada. Em certo sentido, roubaram a própria morte do indivíduo, provando que, doravante, nada — nem a morte — lhe pertencia e que ele não era de ninguém. A morte apenas selava o facto de ele jamais haver existido.[28]

Apesar de o poder ser o seu objetivo, o totalitarismo sempre vem fundado em uma ideologia, que constitui, na verdade, um mero instrumento de justificação do terror. Em nome dessa ideologia, seja ela qual for, tudo é permitido, inclusive o sacrifício dos interesses vitais e imediatos dos indivíduos.

A lógica do raciocínio ideológico prepondera sobre a realidade. As ideologias partem sempre de uma premissa (ou ideia), que é tida ou pressuposta como suficiente para explicar tudo, através de um mero raciocínio lógico-dedutivo, que despreza a experiência ou o mundo prático. Nessa pretensão de explicação total, a ideologia tende a analisar e explicar não "o que é", o real, mas "o que vem a ser", o ideal.[29]

O pensamento ideológico descola-se ou emancipa-se da realidade, podendo, desse modo, arrumar os fatos sob a forma de um processo formalmente lógico e coerente. A partir da aceitação da premissa ideológica, tudo o mais decorre e pode dela ser deduzido.[30]

Para impedir o terror total representado pelo Estado totalitário, há que estar atento aos sinais do arbítrio e do autoritarismo. Estes sinais, comumente, vêm sob a forma de relativização de direitos fundamentais, como o direito à participação política, a liberdade de manifestação de pensamento, o direito à privacidade e o direito à informação verdadeira. Direitos que levamos séculos para alcançar. Muito sangue e suor foi derramado para que pudéssemos ver reconhecidos esses e outros direitos, que são essenciais para uma democracia digna desse nome.

Não é aceitável enfraquecer esses direitos em nome de uma ideia ou de um conjunto de crenças abstratas acerca de um modelo ideal de sociedade ou de governo. Tais direitos, porque indissociáveis da própria democracia, são inegociáveis. Somente com o respeito a esses direitos e com a união de todos os cidadãos em torno da sua defesa é possível preservar a democracia e resistir ao avanço do totalitarismo.

À GUISA DE CONCLUSÃO

A obra de Orwell deve ser lida como um alerta de que a democracia, com todas as suas vicissitudes, é o único caminho para a vida em sociedade. Sua alternativa, a ditadura, tende à tirania e ao totalitarismo, com todos os horrores trazidos por esta forma de governo.

É importante lembrar que o risco do totalitarismo não vem apenas da usurpação violenta do poder estatal. Comumente surge da ascensão pacífica ao poder, pelas vias democráticas, de políticos populistas que manipulam o povo, como ocorreu na Alemanha nazista, com Hitler, e na Itália fascista, com Mussolini.

Por isso, deve preocupar o crescimento, em diversos países, de partidos extremistas (de direita e esquerda) e da eleição de políticos populistas, que, se apresentando como *outsiders* do *establishment* político e como a encarnação da vontade do povo, usam slogans nacionalistas de fácil apelo e buscam culpar a política tradicional, as "elites", os imigrantes, as minorias étnicas ou religiosas, o "inimigo" externo e grupos políticos de oposição por todos os problemas sociais e econômicos.

Uma vez no poder, o populista despreza, ridiculariza e demoniza as minorias, enfraquece as instituições, esvazia os demais poderes constituídos, e acusa de contrária aos interesses do povo a imprensa crítica às suas ações.

Os cidadãos não devem flertar com ideias autoritárias ou ditatoriais, nem sonhar com a salvação da sociedade pelas mãos de um "déspota esclarecido" ou de um "rei-filósofo" platoniano. Esse sonho inexoravelmente se transforma em pesadelo, porque, conforme já se advertiu: "O poder tende a corromper, e o poder absoluto corrompe absolutamente."[31]

Notas

1. Ao lado de outras obras clássicas do mesmo gênero, como *Admirável mundo novo* (1932), de Aldous Huxley, *A revolução dos bichos* (1941), do próprio Orwell, *Fahrenheit 451* (1953), de Ray Bradbury, e, mais recentemente, *O conto da aia* (1985), de Margaret Atwood.
2. A expressão inglesa "big brother", que pode ser traduzida como "grande irmão" ou "irmão mais velho", entrou para a linguagem popular como sinônimo de "sociedade de vigilância", dando origem a um reality show que se tornou uma franquia de sucesso em vários países.
3. No sentido atribuído à expressão por Francis Fukuyama. *The End of History and the Last Man*. Nova York: Free Press, 2006.
4. ORWELL, George. *1984*. Tradução de Wilson Velloso. 29ª ed. São Paulo: Companhia Editora Nacional, 2004, p. 7.
5. Ibidem, p. 206.
6. Ibidem, p. 26.
7. ORWELL, George. Op. cit., p. 36.
8. Em 22 de janeiro de 2017, Kellyanne Conway, conselheira do presidente dos Estados Unidos Donald Trump, durante uma en-

trevista a um programa de televisão, defendeu a declaração falsa do então porta-voz do presidente norte-americano, de que o público presente à cerimônia de posse fora o maior da história, dizendo que o referido porta-voz havia fornecido "fatos alternativos" (*alternative facts*).

9 PLATÃO. *A República*. São Paulo: Edipro, 2001, p. 218.
10 KANT, Immanuel. *Crítica da razão pura*. 5ª ed. Lisboa: Calouste Gulbenkian, 2001, p. 662.
11 A frase é atribuída ao político e diplomata norte-americano Daniel Patrick Moynihan: "*Everyone is entitled to his own opinion, but not to his own facts*." *Daniel Patrick Moynihan: A Portrait in Letters of an American Visionary*. Nova York: PublicAffairs. 2010. Introdução, p. 2.
12 Veja-se, a respeito, PARISIER, Eli. *O filtro invisível: o que a internet está escondendo de você*. Rio de Janeiro: Zahar. 2011.
13 ORWELL, George. Op. cit., p. 186.
14 Ibidem, p. 202.
15 ZELEZNY, John D. *Communications Law: Liberties, Restraints and the Modern Media*. Califórnia: Wardsworth Learning, 2010, p 35.
16 FRALEIGH, Douglas M.; TUMAN, Joseph S. *Freedom of Expression in the Marketplace of Ideas*. Califórnia: SAGE, 2010, p. 8.
17 TRAGER, Robert; RUSSOMANNO, Joseph; ROSS, Susan Dente. *The Law of Journalism and Mass Communication*. Califórnia: CQ Press, 2015, p. 58.
18 BARENDT, Eric. *Freedom of Speech*. Oxford: Oxford University Press, 2007, p. 20.
19 ORWELL, George. Op. cit., p. 6.
20 O panóptico é uma estrutura arquitetônica prisional em formato circular, idealizada por Jeremy Bentham, que permitiria ao carcereiro observar todos os prisioneiros, possibilitando, assim, um total controle sobre eles. V., a respeito, BENTHAM, Jeremy. *The Works of Jeremy Bentham*, 1843, v. 4. Disponível em: The Online Library of Liberty. A ideia do panóptico foi retomada posteriormente por Foucault em sua obra *Vigiar e Punir*, na qual é desenvolvido o conceito de panoptismo, que constitui "uma maneira de definir as relações de poder com a vida cotidiana dos homens." FOUCAULT, Michel. *Vigiar e Punir*: Nascimento da Prisão. Petrópolis: Vozes, 1987.

21 ORWELL, George. Op. cit., p. 251.
22 Ibidem.
23 Ibidem, p. 255.
24 Ibidem.
25 Ibidem, p. 242.
26 ARENDT, Hannah. *As origens do totalitarismo*. Alfragide: D. Quixote, 2018, p. 597.
27 ORWELL, George. Op. cit., p. 21.
28 Ibidem, p. 598.
29 Ibidem, p. 623.
30 Ibidem, p. 622 et seq.
31 DALBERG-ACTON, John. A frase é extraída de carta enviada ao bispo anglicano Creighton. No original: "*Power tends to corrupt, and absolute power corrupts absolutely*". Cf. o sítio eletrônico oll.libertyfund.org. Disponível em: http://oll.libertyfund.org/quote/214. Acesso em 11.5.2018.

Il processo contro Paolo di Tarso[1]

Leonardo Greco

Este é o título do livro de Anna Maria Mandas publicado pela Editora Jovene de Nápoles, em 2017, com o subtítulo: "uma leitura jurídica dos Atos dos Apóstolos". Os Atos, escritos por São Lucas depois do Evangelho, relatam episódios da vida da Igreja cristã no século I, descrevendo as atribuladas viagens missionárias de São Pedro e São Paulo por todo o Mediterrâneo e constituindo fonte de pesquisa para teólogos, historiadores e também por juristas, na medida em que retratam as relações entre a ordem jurídica do Império Romano e as instituições dos povos naquela época por ele dominados, como o povo da Judeia.

Anna Maria Mandas é uma pesquisadora contemporânea da Antiguidade greco-romana, autora de uma Gramática do Grego Antigo. Confrontando a obra de Lucas com outras da mesma época ou posteriores, ela encontra suporte para reconhecer no julgamento do apóstolo descrito pelo evangelista um documento processual, fidedignamente representativo do processo criminal praticado pelos romanos nas províncias do Império.

Giancarlo Rinaldi, que escreve o prefácio, ressalta que a descrição de Lucas, tal como a literatura cristã dos primeiros séculos, é preponderantemente encomiástica do humanismo dos rituais romanos, em contraste com o barbarismo dos costumes e leis dos povos dominados, como o judaico. Essa visão otimista é em grande parte favorecida, a meu ver, pelo corte abrupto que Lucas realiza no final dos Atos, encerrando sua obra nos dois anos que se seguiram à chegada de Paulo a Roma, e omitindo as subsequentes perseguições sofridas pelos cristãos, inclusive provavelmente Paulo, sob o governo de Nero. Aliás, não se explica por que esse corte de Lucas, se o próprio Paulo atesta que o evangelista o acompanhou até o fim de sua vida, conforme registra numa de suas últimas cartas, a Segunda Carta a Timóteo (4,9-11).[2]

A avaliação otimista de Rinaldi e da própria autora a respeito do processo criminal romano certamente se justifica numa perspectiva histórica mais ampla, na qual o posterior período sombrio dos excessos de Nero teria sido atípico, não sendo capaz de obscurecer os méritos da cultura romana, que lhe deram a autoridade de que desfruta como formadora de algumas das mais caras premissas do garantismo processual moderno: o contraditório, a ampla defesa, a imparcialidade do julgador e o *nullum crimen sine lege*.

O livro de Anna Maria Mandas está dividido em três capítulos: o primeiro, sobre a prisão de Paulo em Jerusalém e as investigações preliminares (Atos dos Apóstolos, 21,27 a 23,11); o segundo, sobre o processo de Paulo na Judeia (23,12 a 26,32); e o terceiro, sobre o envio a Roma e a continuidade do processo na capital do Império (27,1 a 28,31).

Lucas, o escritor

A principal finalidade dos Atos dos Apóstolos não é a reconstrução histórica da biografia de São Pedro e de São Paulo, mas o relato da pregação da mensagem cristã empreendida por ambos junto à comunidade hebraica e especialmente dirigida a outros povos.[3] Independentemente do caráter religioso da obra de Lucas, o acerto da maior parte das informações que transmite a respeito do direito a que se submetiam os episódios por ele relatados leva o leitor a se voltar para a pessoa do evangelista. Lucas era um hebreu nascido em Antioquia, na Síria, médico, formado em escola grega, com bons conhecimentos de navegação, que se agregou ao cortejo de Paulo, que provavelmente o converteu em Alexandria da Trôade por volta do ano 50 d.C., acompanhando-o quase ininterruptamente até o final da vida. Tinha grande talento como escritor. Escrevia num grego muito puro. Tinha linguagem elegante e era um cronista muito consciencioso.[4] Deve ter escrito o Evangelho e os Atos entre 80 e 90 d.C., valendo-se de diversas fontes, entre as quais sobressaem suas próprias anotações diárias no curso das peregrinações ao lado de Paulo. Enquanto o Evangelho relata a vida de Cristo, os Atos descrevem a expansão do cristianismo pela pregação missionária dos apóstolos Pedro e Paulo, "até os confins do mundo". Na obra de Lucas, Jerusalém tem uma importância capital não apenas como ponto de partida da nova religião, mas como terra representativa das suas origens judaicas, a que o cristianismo se achava fortemente vinculado.[5]

> O processo contra Paulo é objeto dos capítulos finais (21 a 28) dos Atos dos Apóstolos. A sua análise sob a perspectiva estritamente jurídica ajuda a compreender o que ocorreu no julgamento de Jesus, cerca de meio século antes, de que foram igualmente protagonistas autoridades romanas e líderes da comunidade israelita, tendo como centro a mesma cidade de Jerusalém que Lucas descreveu no seu Evangelho.

Quem é Paulo

Paulo era um judeu da tribo de Benjamim, nascido em Tarso da Cilícia, região grega muito próxima da Síria. A condição social privilegiada da sua família lhe confere desde o nascimento a cidadania romana. Educado em Jerusalém, na escola judaica do fariseu Gamaliel, torna-se ainda jovem um propagador dessa fé e, nessa condição, torna-se o perseguidor das novéis comunidades cristãs, inicialmente na Judeia e na Samaria. O próprio Lucas, nos Atos (7, 58-60 e 8,1) relata a participação de Paulo no martírio de Estêvão e a virulência da sua perseguição, que se estendeu à Síria. No caminho de Damasco, foi colhido pela revelação que determinou a sua conversão, iniciando, então, o seu apostolado cristão, a princípio em Jerusalém, mas estendendo-o no curso dos anos à Síria, ao Chipre, à Macedônia e à Grécia.

Paulo era fariseu e capitaneava o grupo de israelitas que acreditava na ressurreição e que via na mensagem de Jesus o cumprimento das promessas dos profetas. Seus sermões eram ardorosos e, assim como empolgavam a muitos, suscitavam muitas reações adversas, não só entre os membros das diversas comunidades judaicas, mas até mesmo entre os novéis cristãos. Estes se mostravam ainda inseguros quanto à conciliação da mensagem cristã com os rituais judaicos, como a circuncisão, e perplexos pela extensão da salvação cristã aos gentios, vigorosamente propalada e praticada por Paulo e por Pedro. Paulo foi muito hostilizado em vários lugares da sua peregrinação, como Éfeso, Corinto e Filipos.

A PRISÃO EM JERUSALÉM

No final da sua longa jornada missionária, Paulo quis voltar a Jerusalém e participar no templo dos rituais pascais. Foi logo alertado de que seus inimigos difundiam mentirosamente que ele pregava o abandono de Moisés e dos costumes mosaicos, entre os quais a circuncisão dos filhos, e que introduzia pagãos no templo. Vendo-o ingressar no templo, amotinaram-se, criando grande alvoroço, o arrastaram para fora e o espancaram. "O povo o seguia em massa dizendo aos gritos: À morte!" (Atos, 21,36).

O tribuno romano Claudio Lísias, que era a maior autoridade militar em Jerusalém, interveio com o auxílio de soldados, prendeu-o e mandou que fosse recolhido à cidadela. Paulo quis falar ao povo, mas o seu discurso gerou mais revolta e tumulto. Em consequência, o tribuno de fato o recolheu ao cárcere e mandou açoitá-lo para que fosse interrogado.

A TORTURA COMO MEIO DE PROVA

Os açoites eram comumente usados pelos romanos para preparar o interrogatório de testemunhas de condição servil. Os homens livres não podiam sofrer torturas, mas no primeiro século depois de Cristo elas eram praticadas, embora proibidas. A *Lex Iulia de maiestate*, de 27 a.C., somente permitia a tortura de homens livres nos crimes de lesa-majestade, que eram crimes que desafiavam a autoridade do soberano, o que era inteiramente inaplicável a Paulo, sobre o qual recaíam acusações fundadas em motivos puramente religiosos, decorrentes de divergências entre membros da comunidade judaica. Mas na província da Judeia ela era praticada habitualmente em relação a cidadãos não romanos. A detenção de Paulo se justificava para que fosse restabelecida a ordem pública e porque, num primeiro momento, o tribuno o confundiu com um agitador egípcio.

CIVIS ROMANUS SUM

Quando a sessão de açoites estava prestes a começar, Paulo se declarou cidadão romano. "É permitido açoitar um cidadão romano que nem sequer foi julgado?" (22,25). Não foi a primeira vez. Anteriormente, em Filipos, na Macedônia, preso por motivos semelhantes e após ter sido muito ferido por golpes de varas, queixou-se de ter sido açoitado publicamente, juntamente com Silas, "sem nenhum julgamento", "nós que somos cidadãos romanos" (16, 36), e os magistrados vieram lhes pedir desculpas (16, 39). A tortura de cidadão romano, salvo em crime de lesa-majestade, sujeitava os magistrados que a tivessem ordenado à pena *aquae et ignis interdictio*, ou seja, privação da água e do fogo, que correspondia à perda da cidadania romana e ao exílio. No caso de crime de lesa-majestade praticado por cidadão romano, a tortura não podia ser decretada por magistrado instrutor, mas apenas pelo próprio tribunal competente para julgar o acusado. Nem os magistrados em Filipos, nem o militar Claudio Lísias em Jerusalém tinham poder jurisdicional. Acresça-se que o cidadão romano podia, sim, afinal, depois de condenado em processo regular, ser preso e açoitado, mas não antes do julgamento. Daí a pergunta de Paulo.

Note-se a diferença de atitude do apóstolo nos dois episódios, em Filipos e em Jerusalém: num invocando a cidadania romana depois de espancado, noutro a invocando para evitar o espancamento. Na historiografia da época essa incoerência suscita controvérsia não apenas sobre a veracidade do relato de Lucas, mas também sobre a efetiva invocação daquela cidadania, assim como sobre a ausência de registro a respeito da razão que levou aqueles que a receberam a aceitá-la como verdadeira, porque, segundo alguns, seria necessária prova testemunhal para atestar esse tipo de declaração. A autora sustenta que a invocação da cidadania romana então representava, por força da *Lex Iulia*, uma espécie de *habeas corpus*, sendo suficiente declarar *civis Romanus sum* para tutelar a própria liberdade e a própria integridade física. Paulo, nascido em província romana, era romano de nascimento (22,23).

Ainda no primeiro capítulo, a autora examina a cidadania de Paulo, que se afirma um judeu de Tarso da Cilícia (21,39), analisando a compatibilidade da cidadania romana com o status de hebreu e com o vínculo à *pólis* grega. Ressalta que a invocação da cidadania romana parece ter sido um último recurso, porque em nenhuma de suas cartas o apóstolo a havia mencionado.

Desde a época de Augusto a cidadania romana era compatível com a cidadania local, pois de diferentes níveis eram as relações do indivíduo com o Império e com a sua cidade de origem. Anteriormente, na República, como atesta Cícero, a dupla cidadania era proibida.[6] Já no Império, nada impedia que um cidadão romano pertencesse à nação hebreia, havendo quem sustente que, sendo esta comunidade organizada com base em princípios eminentemente religiosos, nada obstava que seus membros atuassem como romanos no plano laico, como o militar ou o de exercício de funções de governo civil. Também em cidades gregas havia comunidades hebraicas independentes, até mesmo com regras jurídicas próprias, o que não é difícil de compreender diante da partilha *sui generis* do poder político entre diversas comunidades religiosas, como ocorre hodiernamente no Líbano, em que o presidente da República é sempre um católico maronita, o primeiro-ministro um muçulmano sunita e o presidente do parlamento um muçulmano xiita, e em que cada comunidade religiosa rege inúmeras relações jurídicas dos seus integrantes como as relações de família.

Entretanto, a aquisição da cidadania romana pelos hebreus não era automática, resultante apenas do seu nascimento ou residência no território do Império, mas dependia em geral de um reconhecimento individual. Também não se pode dizer que o nascimento de um hebreu em cidade grega, como Tarso, desse a Paulo a cidadania de Tarso, que ele num passo afirma (21,39) e noutro se refere apenas como a cidade do seu nascimento (22,3). Parece que, ao se declarar romano "de nascimento", Paulo invocava essa condição porque ela já havia sido adquirida pela sua família. Ele já teria nascido em família que, embora hebraica, havia adquirido a cidadania romana.

A cidadania de Tarso não oferece relevância no julgamento do apóstolo, mas as cidadanias romana e hebraica vão influir intensamente no curso do processo, especialmente quanto à competência para a sua tramitação e julgamento.

O comparecimento ao Sinédrio judaico

Para julgá-lo de acordo com a lei romana, era preciso que fosse formalizada uma acusação de crime previsto no ordenamento romano, porque as imprecações dos adversários de Paulo pareciam ser de índole exclusivamente religiosa. Para que se formalizasse uma acusação, Claudio Lísias mandou que Paulo comparecesse ao Sinédrio, o conselho dos sumos sacerdotes da comunidade hebraica, composto de pouco mais de setenta membros oriundos de diversos grupos antagônicos, como fariseus e saduceus.

Paulo afirmava-se fariseu, um grupo de cultura mais elevada que acreditava na ressurreição dos mortos, mais propício à aceitação da continuidade do cristianismo em relação ao judaísmo. Os saduceus, mais rudes, rejeitavam a tradição, apegando-se à letra das Escrituras, negando a ressurreição. Jesus os havia censurado (Marcos, 12,18-27).[7] Ruidosa foi a polêmica no Sinédrio, e os adversários de Paulo resolveram armar uma cilada para matá-lo. Informado da conspiração por um sobrinho de Paulo, o tribuno Claudio Lísias decidiu retirá-lo de Jerusalém, enviando-o com escolta para Cesareia, para ser julgado por Antônio Félix, governador da Judeia, ao qual dirigiu uma carta na qual reconheceu não haver nenhum crime que justificasse a morte ou a prisão do acusado, mas que os acusadores deveriam expor pessoalmente ao governador "o que eles têm contra esse homem" (23,26-30).

A INCOMPETÊNCIA DO SINÉDRIO JUDAICO

As acusações de ter introduzido gregos no templo hebraico e de tê-lo profanado não tinham relevância perante as leis de Roma, mas constituiriam crimes à luz do direito hebraico, o que justificaria, segundo alguns, uma reserva de jurisdição em favor do Sinédrio israelita, com a possibilidade de, perante este, ser condenado à morte, independentemente da cidadania romana. A previsão da morte aos infiéis que penetrassem no segundo pátio do templo estava inscrita nas suas paredes.[8] Para alguns, a morte era uma sanção jurídica. Para outros, entretanto, os anúncios eram apenas uma advertência do risco de que o profanador suscitasse revolta que poderia levá-lo à morte, ou o reconhecimento da legitimidade da morte infligida ao infiel que ultrapassasse o limite imposto.

Quem profanou o lugar santo não foi Paulo, que era fariseu da tribo de Benjamim, mas Trófimo de Éfeso, que acompanhava Paulo em

Jerusalém. Este é que poderia ser condenado à morte, não aquele. Por outro lado, os termos da advertência inscrita na lápide deixavam claro que à morte ficava sujeito quem fosse pilhado no ato de profanação do templo, ou seja, que fosse colhido em flagrante no momento da invasão do segundo pátio, o que ficava inteiramente excluído, porque a acusação que os inimigos dirigiam a Paulo era de que "tinham visto Trófimo de Éfeso com ele na cidade e pensavam (*aestimaverunt*) que Paulo o tivesse introduzido no templo" (21,29). Não havia, portanto, flagrância, nem em relação a Trófimo, muito menos em relação a Paulo.

Se o Sinédrio judaico fosse competente para o julgamento do profanador, o texto de Lucas dá a entender que esse julgamento seria sumário, sendo facultado aos presentes executar de imediato a sanção, sem outras formalidades (21, 30-31). Se Paulo tivesse sido assim executado, os judeus justificariam o homicídio como legítimo, sendo comum que os romanos silenciassem se o povo tivesse feito justiça pelas próprias mãos.

Desde o ano 6 d.C. a Judeia se tornara província romana, atribuída ao Sinédrio autoridade civil, administrativa e financeira, bastante limitada na gestão da jurisdição criminal, restrita a delitos menores e excluídas condenações à morte, em que atuava apenas com funções de instrução e acusação. Esta limitação é corroborada no processo de Jesus pela necessidade do recurso a Pilatos para a imposição e execução da pena capital. A incompetência do Sinédrio para o julgamento de crimes capitais é acentuada no julgamento de Jesus pelo Evangelho de São João, no qual os judeus respondem a Pilatos: "Não nos é permitido matar ninguém" (18,31).[9] A tradição rabínica confirma que somente após a saída dos romanos de Jerusalém é que os judeus voltaram a executar criminosos.

A atitude de Lísias, libertando Paulo da prisão e dos açoites e convocando o Sinédrio para se pronunciar, torna evidente a relação de subordinação do órgão judaico em relação à autoridade romana e o caráter meramente instrutório da sua audiência.

No Sinédrio, após o discurso de Paulo, os judeus, divididos entre saduceus e fariseus, travaram caloroso debate, degenerado em tumulto que levou o tribuno a temer que Paulo fosse despedaçado (*discerperetur*), recolhendo-o à prisão e o enviando com escolta a Cesareia logo após a informação do sobrinho do apóstolo de que mais de quarenta saduceus tramavam matá-lo (23, 10-22).

O *forum commissi delicti*

Embora o *forum commissi delicti*, como regra de fixação da competência territorial, somente tivesse sido formalizado no século seguinte, já era usado no processo criminal romano, apesar de poder o juízo do foro competente optar pelo julgamento no foro de que o acusado fosse originário. Daí a pergunta de Félix a Paulo (23,34), logo que o acusado lhe foi apresentado, sobre a sua origem, Tarso de Cilícia. Em seguida o governador determina o seguimento do processo ali mesmo em Cesareia. A autora observa a diferença do que ocorreu no julgamento de Jesus, relatado pelo próprio Lucas no seu Evangelho (23, 6-11), em que Pilatos pergunta ao Cristo se ele era galileu, encaminhando-o a Herodes, que governava a Galileia e que, após humilhá-lo, o devolveu a Pilatos, que governava a Judeia, o *forum commissi delicti*. E concluiu o evangelista que o gesto de cortesia de Pilatos o reconciliou com Herodes, pois antes eram inimigos (23,12).

O início do processo judicial

Nessa época, não havia separação de poderes. O governador era ao mesmo tempo autoridade administrativa e judiciária. Como magistrado, não devia acusar. Mas, como titular de cargo político de livre escolha do imperador, sujeitava-se a pressões. Ananias, sumo sacerdote israelita que liderou a interpelação de Paulo no Sinédrio de Jerusalém, fez parte da delegação de judeus que fora a Roma pedir a nomeação de Félix como governador. Além disso, como administrador de Cesareia, Félix enfrentava desordens frequentes resultantes da divergência entre judeus, gregos e sírios.[10] Félix, portanto, ao mesmo tempo atua como o representante da justiça romana que protege Paulo como cidadão romano com direito a um julgamento imparcial e como um funcionário político que precisa agradar os judeus que lhe são próximos e que lhe dão suporte. Holzner relata que Félix havia sido escravo de Antônia, mãe do imperador Claudio. Era homem cruel e sensual, que exercia poderes de rei com alma de escravo.[11]

Perante o governador, compareceram os acusadores de Jerusalém, que, pelo seu advogado, Tertulo, apresentaram Paulo como um herege. Calcada na acusação de Tertulo, a autora tenta identificar a natureza do crime atribuído a Paulo. Quando o acusador imputa a Paulo ter fomentado a discórdia entre os judeus no mundo inteiro (Atos, 24,5), muitos qualificam juridicamente a conduta descrita ao crime de sedição, previsto na *Lex Iulia de maiestate*, de 27 a.C. Entretanto, esse crime somente se caracterizava se a instigação ou o tumulto tivessem sido cometidos *adversus populum romanum vel adversus securitatem eius*, contra o povo romano ou contra a sua segurança. Podia capitular-se a conduta também no crime de tumulto (*vis*), definido na *Lex Plautia de vi*, editada entre 78 e 63 a.C.

O processo se configurava como tipicamente acusatório, distinguindo-se a função de acusação da função de julgamento. A acusação podia ser pública ou privada. Se o funcionário iniciante tivesse colhido provas da procedência da imputação, bastava a sua provocação para instaurar o juízo. No caso de Paulo, Lísias, na carta de encaminhamento ao governador, já se manifestara pela inocência do acusado. Era necessário esperar a acusação privada. Comparecendo os acusadores privados, instaurou-se o processo e Paulo foi citado (24,2). O governador teve de convocar os acusadores privados para desencadearem o processo, ouvindo a imputação verbalizada pelo seu advogado e a defesa preliminar de Paulo. Tudo indica que o processo se desenvolvia em duas fases. Terminada a fase inicial dos articulados, instaurar-se-ia a fase instrutória, predominantemente debatimental, na qual o ônus da prova cabia aos acusadores, preservando a *terzietà* do julgador. A presença do oficial comunicante era necessária nessa fase, não como parte, mas como informante do que havia sido apurado antes da comunicação inicial ao julgador.

A alegação de Paulo na defesa preliminar de que os seus acusadores "não podem provar as coisas de que agora me acusam" (24,13) indica que o ônus da prova era dos acusadores, mas não significa que o processo se sujeitasse rigorosamente ao princípio dispositivo. O que textos posteriores sugerem é que na fase instrutória o julgador tinha amplos poderes de iniciativa probatória, não ficando tolhido pela inércia do acusador. Portanto, o processo era acusatório, distinguindo-se a função de acusar da função de julgar, mas inquisitório quanto à possibilidade de produção de provas por iniciativa *ex-officio* do julgador.

Da fase preliminar nunca resultava condenação imediata do acusado, porque, após essa fase de confronto entre acusação e defesa, ao acusado devia ser assegurada "a liberdade de defender-se dos crimes que lhe são imputados" (25,16).

> Como o fizera perante o Sinédrio, também nessa instância Paulo se defendeu. Cumpriu-se assim a primeira fase do procedimento criminal, a fase dos articulados: acusação e defesa, à qual deveria seguir-se a fase instrutória. O governador, porém, permaneceu indeciso por dois anos, tempo em que, para agradar os acusadores, manteve o acusado preso.

De acordo com a tradição, o oficial que prendeu o acusado deveria tê-lo acompanhado à presença do julgador, o que Lísias não fez, enviando Paulo a Félix sob escolta. Mas a ausência de Lísias é notada por Félix, quando, após a audiência preliminar, praticamente suspendeu o processo, à espera da vinda do tribuno para lhe dar continuidade (24,22).

Terminada a fase dos articulados, o governador, indeciso, deveria ter instaurado a fase instrutória, mas adiou qualquer providência para esperar que o tribuno Lísias lhe trouxesse novos elementos. Manteve Paulo preso, embora determinando que fosse tratado com brandura, podendo ser assistido pelos seus amigos (24,23). Alguns dias depois, na presença de sua esposa Drusila, que era judia, Félix chamou Paulo e mais uma vez o ouviu, e voltou a chamá-lo outras vezes, parecendo que queria extorquir-lhe algum dinheiro. E assim se passaram dois anos.

A autora não explica a razão da hesitação do governador e por que razão mantinha preso o acusado, pois parecia claro que o conflito era meramente religioso. Parece fácil compreender que Félix sabia que a acusação era injusta, mas a manutenção da ordem pública e a conveniência de não desagradar a comunidade judaica o inclinava a sustentar a arbitrariedade mais branda, que era a prisão de Paulo.

Novo governador: Pórcio Festo

Decorridos os dois anos, Félix foi substituído por Pórcio Festo, que governou a Judeia entre 60 e 62 d.C. O novo governador provinha de uma família ilustre, tendo fama de funcionário romano eficiente.[12] A superioridade do ordenamento romano é mais uma vez ressaltada. Lucas atribui a Festo a proclamação de que "não era costume dos romanos condenar homem algum, antes de ter confrontado o acusado com os seus acusadores e antes de se lhes dar a liberdade de defender-se dos crimes que lhe são imputados" (25,16), contrapondo essa afirmação à tentativa de linchamento de Paulo pelos judeus, sem forma nem figura de juízo, impedido pela intervenção romana.

Retomando o processo do apóstolo, Pórcio Festo foi pressionado pelos acusadores a levá-lo a julgamento em Jerusalém. Festo convocou nova audiência. Após nova citação e nova acusação pelos judeus, Paulo foi ouvido em contraditório sobre a proposta de julgamento em Jerusalém, que imediatamente repeliu, recordando implicitamente a sua cidadania romana. "Estou perante o tribunal de César. É lá que devo ser julgado... ninguém tem o direito de entregar-me a eles. Apelo para César!" (25,10-11).

Visitado em Cesareia pelo rei Agripa — judeu investido pelo imperador Cláudio de jurisdição sobre a Judeia e a Samaria e pelo próprio

Cláudio feito superintendente do templo de Jerusalém, cabendo-lhe o direito de nomear o sumo sacerdote —, Festo a ele apresentou Paulo, que não só mais uma vez se defendeu das acusações dos seus adversários, mas pregou a mensagem de Cristo, sustentando a sua fidelidade às previsões dos profetas e de Moisés.

O APELO A CÉSAR

O apelo a César tinha efeito suspensivo, interrompendo a continuidade do processo e o desenvolvimento da fase instrutória. O procedimento não poderia prosseguir em Cesareia. A apresentação de Paulo a Agripa teria sido meramente informal, mas revela a busca do referendo por uma autoridade judaica superior da convicção de Festo de que, tal como se convencera Lísias, as acusações contra Paulo diziam respeito unicamente a divergências relativas a questões da religião comum a acusadores e acusado, sem qualquer relevância para o direito romano. "Agripa ainda disse a Festo: 'Ele poderia ser solto, se não tivesse apelado para César'" (26,32).

O uso do verbo "apelar" não identifica um meio de impugnação específico. Não seria uma verdadeira *appellatio*, nem uma *provocatio ad populum*. Seria possivelmente uma *provocatio ad imperatorem* ou *ad principem*, figura híbrida na transição da *provocatio* republicana à *appellatio* imperial, meio de subtrair-se de abusos e atos arbitrários de magistrados e funcionários, privativa de cidadãos romanos.

O texto de Lucas não esclarece se a proposta preliminar de Festo a Paulo, de ser julgado em Jerusalém, seria para ali submetê-lo a um julgamento romano ou se, tal como ocorrera com Pilatos no julgamento de Jesus, para agradar os judeus, ele pretenderia em Jerusalém entregar Paulo ao julgamento do Sinédrio, cujo veredito sancionaria com a autoridade romana.

A afirmação de Festo de que o julgamento transcorreria perante ele próprio, governador romano, não tranquilizou Paulo. E as leis romanas previam severas punições para os magistrados que ignorassem o apelo a César pelos cidadãos romanos. O desrespeito a esse apelo somente não seria punível se o réu já estivesse condenado ou houvesse confessado o crime, o que não era o caso de Paulo.

A DEVOLUÇÃO DO JULGAMENTO AO TRIBUNAL IMPERIAL

E assim, Paulo foi transportado sob custódia a Roma em viagem atribulada que Lucas descreve, na qual o apóstolo está preso sem muito rigor, sendo acompanhado dos seus amigos mais próximos, como o próprio Lucas. Em Roma foi-lhe permitido morar por conta própria, recebendo visitas de amigos e prosseguindo na sua pregação, situação em que permaneceu por dois anos, embora sob permanente vigilância. O relato suscita a questão da natureza da prisão provisória a que estava submetido. Recorrendo a texto de Ulpiano no Digesto, escrito mais de um século depois, a autora explica a natureza cautelar da custódia do acusado para garantir a presença do réu aos atos do procedimento, podendo variar do encarceramento civil ou militar à prestação de uma fiança, conforme a condição do imputado (*honor, facultas, dignitas*), a gravidade do crime (*vel pro criminis quod obicitur*) ou ainda o convencimento do magistrado a respeito da inocência do imputado (*pro innocentia personae*), numa avaliação ditada pela mais ampla discricionariedade, o que era observado pelos governadores provinciais. O critério da provável inocência do réu deve ter determinado a pouca rigidez da custódia de Paulo. Félix, após a primeira audiência, já havia ordenado ao centurião "que o guardasse e o tratasse com brandura, sem proibir que os seus o servissem" (24,23). A descrição de Lucas indica que Paulo foi submetido à custódia militar mais leve. Entretanto, a menção à guarda de um só soldado (28,16) não parece consistente, porque, segundo Modestino, a vigilância militar era sempre cumprida por dois soldados, o que parece um detalhe de pouca importância.

O possível desfecho do processo

Lucas termina bruscamente o seu relato, narrando que "Paulo permaneceu por dois anos inteiros no aposento alugado, e recebia todos os que vinham procurá-lo. Pregava o Reino de Deus e ensinava as coisas a respeito do Senhor Jesus Cristo, com toda a liberdade e sem proibição" (28,30-31). Não fornece nenhuma informação sobre a sequência do processo perante o Tribunal Imperial, nem sobre a sua conclusão.

Os estudiosos, com base em diversas fontes, formulam as mais variadas hipóteses, das quais ressalto as que, segundo a autora, desfrutam de maior consistência. A possível condenação à morte pelo próprio Festo em Cesareia, com apelo a Nero que foi rejeitado, parece pouco provável, pelo efeito suspensivo do apelo ao imperador.

A menção final de Lucas aos dois anos de espera em Roma, associada à referência constante do versículo 21 do capítulo 28 de que os judeus de Roma teriam afirmado a Paulo que da Judeia não veio "irmão algum que nos dissesse ou falasse mal de ti", sugere que o decurso daquele prazo, sem que os acusadores de Jerusalém comparecessem a Roma para dar seguimento a ele, prazo esse que deve ter-se esgotado entre os anos 58 e 63 d.C., deva ter determinado, de acordo com éditos de Cláudio e Nero e do *senato consulto* Turpiliano, a perempção da ação penal, instituto que foi regulado por esses atos para aliviar a sobrecarga do Tribunal Imperial com processos paralisados por inércia das partes.

Esta hipótese, assim como a de que Paulo tenha sido absolvido por Nero, corroborando a improcedência das acusações já prenunciada por Lísias, Festo e Agripa, parece ser a mais provável, corroborada pela notícia, em fonte diversa, de que, depois da permanência em Roma, Paulo teria efetuado missão evangelizadora na Espanha.

A autora não abraça a lenda do martírio e decapitação de Paulo em Roma, relatados por Fabris com base em outras fontes da história cristã, que descrevem a perseguição que Nero impôs aos cristãos e que teria ensejado uma nova prisão e um novo processo contra Paulo, possivelmente posterior ao seu retorno da Espanha, pelo delito de lesa-majestade: "Em

Roma, o apóstolo se defende com audácia e firmeza diante do imperador Nero, converte seus carcereiros e até mesmo vários membros da família imperial e, no final, segundo a lei romana, é condenado à decapitação."[13] Desse novo processo existem poucas informações. Teria sido igualmente bifásico, embora pela lei de Nero a culpa dos cristãos no incêndio da cidade, que o ditador lhes imputava, era presumida. O apóstolo não teve defensor, nem se apresentaram testemunhas.[14]

E assim termina este modesto relato do processo de Paulo de Tarso, que Anna Maria Mandas pesquisou sob a interessante perspectiva histórica do processo criminal romano e da relação das autoridades que nele atuaram com os judeus de Jerusalém, sob a qual transparecem com vigor a altivez do acusado, a sua luta corajosa e incansável na propagação e consolidação do cristianismo, despertando nos seus interlocutores as mais controversas reações de paixão e ódio e recorrendo com maestria não só a argumentos religiosos, mas até mesmo a argumentos jurídicos.

NOTAS

1. "O processo contra Paulo de Tarso", em tradução livre.
2. "Demas me abandonou, por amor das coisas do século presente, e se foi para Tessalônica. Crescente, para a Galácia; Tito, para a Dalmácia. Só Lucas está comigo."
3. FABRIS, Rinaldo. *Paulo, apóstolo dos gentios*. 6ª ed. São Paulo: Paulinas, 2008, p. 5.
4. HOLZNER, Josef. *Paulo de Tarso*. 2ª ed. São Paulo: Quadrante, 2008, p. 187-196.
5. MOREIRA, Gilvander Luís. *Lucas e Atos: uma teologia da história*. São Paulo: Paulinas, 2012, p. 35-36.
6. Cícero, Pro Balbo 28: *duarum civitatum civis noster esse iure civili nemo potest*.
7. HOLZNER, Josef. Ob. cit. P. 438-440.
8. Segundo FABRIS (ob. cit. P. 589-590), a inscrição era a seguinte: "Nenhum estrangeiro (*allogenê*) atravesse a balaustrada que marca o recinto do templo: se alguém for pego, será para si mesmo causa

da morte que daí se seguirá." Seria uma condenação à morte por linchamento popular.

9   No julgamento de Jesus, observam-se duas diferenças: a primeira é de que o processo criminal não se dividiu em duas fases, o que parece justificado porque, ao contrário de Paulo que contestou a acusação, Jesus confessou que era o rei dos judeus (João, 18,37), o que dispensou a fase instrutória; a segunda é que Jesus não sendo romano, o abuso de condená-lo à morte sem uma acusação fundada nas leis romanas não constituía falta funcional do magistrado que pudesse levá-lo à perda do cargo, sendo tolerada pelos romanos.

10 FABRIS, Rinaldo. Ob. cit. P.600-601.
11 Ibidem, p. 447.
12 Ibidem, p. 606.
13 Ibidem, p. 644. No mesmo sentido, MURPHY-O'CONNOR, Jerome. *Jesus e Paulo: vidas paralelas*. São Paulo: Paulinas, 2008, p. 126-127.
14 HOLZNER, Josef. Ob. cit. P. 557-567.

Dom Casmurro

Jairo Carmo

> *Retórica dos namorados,*
> *Dá-me uma comparação exata e poética*
> *para dizer o que foram aqueles olhos de Capitu.*
> *Não me acode uma imagem capaz de dizer,*
> *sem a quebra da dignidade de estilo,*
> *o que eles foram e me fizeram.*
> *Olhos de ressaca? Vá, olhos de ressaca.*
>
> *Dom Casmurro*, capítulo XXXII

Nota prévia: a dúvida

Se fôssemos à Academia Brasileira de Letras, na hora do chá cerimonial, e ali alguém fizesse a velha pergunta mil vezes respondida — "Afinal, Capitu traiu ou não traiu Bento Santiago?" —, creio que nossos veneráveis imortais olhariam com ares de enfado, um deles propondo assunto mais prosaico.

É improvável que um e outro dos ilustrados acadêmicos aditasse algo virtuosamente original ao enigma de Capitu. Fosse eu um dos convivas, argumentaria que Machado quis compor uma Desdêmona tropicalista, logrando suplantar, em palavras e talento, a genialidade branca de Shakespeare, basta comparar a excelência de *Dom Casmurro* ao *Otelo* do bardo inglês.

Mal acabo de falar, uma feminista grita o absurdo de julgar Capitu só pelos olhos de "cigana oblíqua e dissimulada". Voz masculina refuta: e as lágrimas no funeral de Escobar? Peço vênia para considerar a existência de fortes indícios a favor da inocência, pondo em dúvida o adultério. E se atualizássemos a data do romance, eu provoco, analisando-o, por exemplo, à luz do *contraditório*, com as garantias do devido processo legal, dando a Capitu um defensor fiável, pronto a desqualificar a narrativa viciada de Bento-Casmurro, separando o que nela é realidade e o que é fantasia ditada pelo ciúme doentio, a ponto de exilar a esposa e o filho na Europa. Ademais, talvez valha examinar o teimoso e melancólico marido face à evolução dos costumes, que toleram o divórcio por respeito à liberdade de amar dos cônjuges.

Acrescento, por último, que adultério nem mais é crime.

Agindo como mediador, uma das imortais censura minha proposta, convencida de que o direito, com sua técnica e métodos, não pode pacificar o mistério de Capitu, esposa de Bentinho, nem de afirmar, ao fim e ao cabo, o que de real aconteceu entre ela e Escobar, o amigo predileto de Bentinho, que se considera traído.

Concordo que a certeza dos juízes, tal como assentada nas sentenças, é muito mais sentimento e íntima convicção fundamentada. Mas também o é a dos leitores, aos quais se dirige Machado de Assis. Indago o interesse de avançarmos, revisitando *Dom Casmurro*. Quanto a mim, antecipo, inclino-me ao pregão de que nunca houve infidelidade, sendo ficcional o terrível libelo de Bentinho, "mordido pelo dente do ciúme", conforme ele mesmo confessa. Igual ciúme cresce no coração de Otelo, ferido pelos dentes afiadíssimos de Iago, que desconfiado adora e mata Desdêmona, parecendo-me útil fazer essa comparação, como adiante veremos.

Breve resumo da história

Machado de Assis contava sessenta anos quando publicou *Dom Casmurro*, que, para muitos, é sua obra-prima. Editada em Paris, em 1899, os primeiros exemplares do livro chegaram ao Brasil em fevereiro de 1900. No início do romance, o personagem-narrador, Bento Santiago, um advogado de 55 anos, avisa que vai relembrar acontecimentos passados, no propósito evidente de "atar as duas pontas da vida e restaurar na velhice a adolescência".[1] Explica o apelido "Dom Casmurro" e como pretende relatar, a partir de sua residência no Engenho Novo, subúrbio distante do centro da cidade do Rio de Janeiro, as experiências de quando viveu na rua de Matacavalos e, a seguir, no rico bairro da Glória.

Na pele de Bento Santiago, o outrora jovial Bentinho é agora um introvertido, nostálgico e irônico cinquentão, a recordar a infância e a adolescência na rua de Matacavalos, onde morava em casa vizinha de Capitu, menina pobre que o seduz, aí nascendo a irresistível atração de ambos. A viúva, Dona Glória, mãe de Bentinho, mantém a família com rendas de investimentos somadas aos aluguéis de casas e escravos. À medida que vão crescendo, Bento e Capitu desenvolvem uma espécie de namorico infanto-juvenil que, em cumprimento à promessa de Dona Glória de tornar o filho um padre, poderá sucumbir com a ida de Bentinho ao seminário.

No seminário, Bento conhece Escobar, amigo inseparável, e de lá sai, com relutância da mãe, para cursar Direito em São Paulo, vindo a esposar sua fabulosa Capitu, que se torna uma elegante dama da sociedade do Segundo Império — o de Pedro II, encerrado em 1889, com a Proclamação da República. O casal fixa domicílio no bairro da Glória, lugar em que um Bentinho progressivamente *casmurro* começa a desconfiar que o filho Ezequiel, criança tão desejada, é fruto de adultério de Capitu com Escobar, seu diletíssimo amigo, também ex-seminarista.

Acossada pelas suspeitas do marido, Capitu e Ezequiel terminam indo morar na Suíça, enquanto Dom Casmurro fica no Brasil, mantendo as aparências de um casamento transoceânico, ainda que remoa alguma amargura pela família perdida, tanto que no final do livro anota:

> E bem, qualquer que seja a solução, uma coisa fica, e é a suma das sumas, ou o resto dos restos, a saber, que a minha primeira amiga e o meu maior amigo, tão extremosos ambos e tão queridos também, quis o destino que acabassem juntando-se e enganando-me... A terra lhes seja leve![2]

O ETERNO ENIGMA DE CAPITU

A vida sempre guardará segredos indecifráveis. O imaginário de Machado pertence ao domínio público onde viceja a grande arte. Li *Dom Casmurro* pela primeira vez já estudante de Direito, no Largo da Trindade, em Belém, Pará. Ao final, estava tomado de impropérios, mas esse Bentinho é um sujeito reles e covarde, nem sei se lhe cabe alcunha de neurótico ou psicopata, talvez seja um louco varrido, como dizia vovó Marocas. Fiquei com pena de Capitu, pobre moça, tão graciosa e cheia de encantos, cair justo nas mãos de um advogado inseguro, de espírito tacanho e sorumbático, a ruminar fatos passados, como sofreu a pobrezinha, forçada ao exílio, acabando por morrer ela e o filho em terra estrangeira.

Não ignoro a grave acusação de Bentinho, impregnada, porém, de remorsos e ressentimentos, em meio a comentários ácidos e sarcásticos, e sem forças, conseguintemente, para remover o enigma indecifrável de Capitu. No plano estrito da condição humana, vergada a paixões e transtornos, renovo a angustiante pergunta: terá sido Capitu adúltera ou é inocente?

O idílio Capitu-Bentinho inicia na meninice, longe de quaisquer outras afeições na vida do casal debutante. Escobar é amizade nascida no seminário. Viveram como irmãos até a morte do último, afogado num mar de ressaca. Os dois casam com duas amigas íntimas, Capitu e

Sancha, que permanecem unidas após o matrimônio, sabido que foram condiscípulas em solteiras. Escobar não era nenhum santo, ressalte-se. Machado traça numa frase parte do caráter do personagem: "Era um rapaz esbelto, olhos claros, um pouco fugitivos, como as mãos, como os pés, como a fala, como tudo."[3] Depois de casado, estabelece discreta ligação com uma bailarina, no que se mostra um tipo aventureiro. Que ele pudesse espreitar a formosa Capitu parece tão plausível no enredo quanto o próprio Bentinho estar atraído pelos doces olhares da esposa do amigo, a Sancha. As sinceras relações de amizade não constituiriam entrave à consumação de impulsos lascivos. Em matéria de amor sensual, a concupiscência emoldura os escrúpulos. Dobrados à poética dos instintos, o desejo irrefreável de Escobar, facilitado pela proximidade, antes de impedir, atiçava sua ousadia, confundindo o perplexo amigo ciumento.

Ao desenrolar do romance flagram-se certas visitas de Escobar à casa de Bentinho, apenas eventualmente descobertas por este, como no caso das libras[4] e da doença simulada de Capitu, quando insiste que o marido vá ao teatro.[5] Nessa mesma noite, contudo, ao voltar para casa, Bentinho encontra o amigo com sua esposa, sem motivo definido — alegou interesse legal nuns *embargos de terceiro*?! —, embora a camaradagem pudesse justificar visitas a qualquer hora. Sobre esse incidente, no capítulo CXV, o narrador-Bentinho escreve: "Quando ele saiu, referi minhas dúvidas a Capitu; ela as desfez com a arte fina que possuía, um jeito, uma graça toda sua (...)". Adverte Schopenhauer que a dissimulação é a melhor arma da mulher, poder que sobrava em Capitu, como realça o livro em tópico específico.

Apesar de farto, esse grosso acervo é insuficiente.

Esmiuçando todas as evidências, das ostensivas às discretas e sublimadas, nenhuma prova surge limpa, positiva e incontestável. Tenha-se que as suspeitas de Bentinho aguçam na voz de Bento-Casmurro, sendo bem mais contundentes após a morte do amigo Escobar, nessa altura muito tarde para obter prova concreta. Como observa o crítico Paula Azzi, em "Capitu, o enigma de D. Casmurro", publicado no *Correio da Manhã*, de 30 de junho de 1939, Machado soube dispor tudo calculadamente, evitando deixar vestígios de culpabilidade.⁶ Não se diga, à vista disso, como fazem alguns estudiosos, que o livro é cruel. Penso como Lygia Fagundes Telles,⁷ a ambiguidade é um traço do estilo machadiano, exacerbado em *Dom Casmurro*, que insere seus personagens com a desenvoltura de um rio de águas cristalinas. De repente, na transparência das águas, vemos nódoas de sombras, uma aqui, outra ali, vindo macular. Forma-se uma espécie de névoa delicada e perniciosa. Aquele Bentinho ingênuo e tímido, o futuro Dom Casmurro, lenta e gradualmente, precisa esconder o rosto. Ou não será ele o embuçado, mas, sim, Capitolina, a ardilosa Capitu? Exposto está Escobar, o belo e cativante amigo desde o seminário. Aí vem outro duro golpe: o filho único do casal, Ezequiel, a custo gerado, é cada dia a cara desse amigo belo e cativante, que tormento.

O leitor, claro, é arrastado por essas águas turvas. Nesse clima de suspeitas crescentes, a história adentra como uma broca sorrateira, penetrando fundo na carne. Incendeia-se o foco-narrador. Em vez das lembranças de um cortês e educado Bentinho, adolescente ou ex-seminarista, apaixonado, na esperança de ser feliz, revela-se um cara desconfiado e matreiro, até impiedoso. Outra estranheza é Capitolina, a amiguinha serelepe da infância, com suas tranças e peraltices, que num relance reaparece com aqueles "... olhos que o Diabo deu... Você já reparou nos olhos dela? São assim de cigana oblíqua e dissimulada."⁸ Ah, Deus, será crível que Capitu adulta se uniu a Escobar para atraiçoar Bentinho? É inevitável especular e fazer conjecturas, muitos alardeando indesmentível a infidelidade.

A CONFIGURAÇÃO DAS SUSPEITAS

Um dos primeiros sinais parte de Dona Glória. Bentinho-Casmurro nota certa frieza e retraimento da mãe para com o neto e a nora. Capitu presta-lhe explicação: "(...) coisas de sogra. Tem ciúmes de você. Quem sabe se não anda doente?"⁹ Falava isso com enorme ternura, afirma o narrador Bentinho, nem um pouco magoada. Então aparece em cena prima Justina, viúva seca e sem malícia, que manifesta sentimentos de antipatia contra Capitu.[10] Confirme-se que ela, o agregado José Dias, servil e formal, dado a superlativos, e tio Cosme, advogado e também viúvo, completam o lar de Matacavalos. Pois Justina pede para ver Ezequiel quando volta da Europa no fito de espiolhar nele feições de Escobar.

Nessa toada, transparece que a fonte primária de discórdia é a enorme semelhança de Ezequiel com o finado Escobar. A princípio, Bentinho percebe certa analogia entre os gestos do garoto e os do amigo. Tratando com Capitu essa constatação, ela justifica a curiosidade como momices de criança.[11] Algum tempo depois, entretanto, quem se surpreende é a própria Capitu: "Você já reparou que Ezequiel tem nos olhos uma expressão esquisita? Só vi duas pessoas assim, um amigo de papai e o defunto Escobar."[12] Impõe perguntar-se: se Capitu tivesse culpa no cartório, arriscaria realçar a semelhança física do filho com o amigo Escobar, já agora indiscretíssima e palpável? O que seja a verdade, é nesse ambiente que o ciúme mórbido de Bento-Casmurro fermenta perigoso. Não lhe sai da cabeça a identificação física do filho ao amigo Escobar, ideia que mais adensa com o crescimento do menino e reminiscências passadas, que inicialmente não valorava. Nas suas tortuosas palavras:

> Escobar vinha assim surgindo da sepultura, do seminário, do Flamengo, para se sentar comigo à mesa, receber na escada, beijar no gabinete de manhã, ou pedir-me à noite a bênção de costume.[13]

Fragilizado moralmente, sem mais vergonha, refere-se a Escobar como "meu amigo e comborço".[14]

Na noite em que Bento-Casmurro volta do teatro, cotejando a desgraça de Desdêmona, na peça *Otelo*, com sua virtuosa Capitu, dardeja culpas somente na esposa. Em realidade, recusa ver nela a inocência da heroína de Shakespeare. De mais a mais, enfatiza essa aproximação com o mouro Otelo nos capítulos LXII e LXXII, talvez para aludir ao modelo que gostaria de imitar. Com a cabeça no paradigma, Bentinho não hesita em envenenar uma xícara de café, que oferece a Ezequiel, pintando um quadro dramático, cujo desfecho é felizmente frustrado. Num acesso Bentinho explode: "Não, não, eu não sou teu pai!"[15] Capitu chega de inopino, interpela-o:

> Só se pode explicar tal injúria pela convicção sincera (...) Que é que lhe deu tal ideia? Diga, diga tudo; depois do que ouvi, posso ouvir o resto; não pode ser muito (...) já que disse a metade, diga tudo (...) ou conte o resto para que eu me defenda, ou peço-lhe desde já nossa separação: não posso mais![16]

Como dimensionar essa reação irada de Capitu? Quanto brio e pudor! Dizer que é pura dissimulação por julgar-se dona exclusiva do seu segredo figura demasiado. Reconheço, não obstante, a dificuldade de reabilitar sua honra, livrando-a da falsa acusação de que é vítima. O suposto adultério, meramente putativo, funda-se em três suposições: semelhança de traços fisionômicos entre o filho e o indigitado amante Escobar, agravada, secundariamente, pelas esquisitices de Dona Glória, sogra, mãe e avó; demora da concepção de Ezequiel, que se realiza, malgrado, quando amiúdam as visitas de Escobar à casa de Bentinho; tristeza de Capitu diante da morte do amigo Escobar. Em contraposição, Capitu faz novo desabafo, na tentativa de extirpar do marido *casmurro* o pesaroso equívoco:

> Sei a razão disso; é a casualidade da semelhança... A vontade de Deus explicará tudo... Ri-se? É natural: apesar do seminário não acredita em Deus; eu creio... Mas não falemos nisto; não nos fica bem dizer mais nada.[17]

Persistindo o impasse, consuma-se a ruptura.

A bem dizer, houve um divórcio tácito, na aparência de casamento. Era uma imposição da sociedade imperial da época. E nessa condição a bela Capitu resvala ao túmulo, morrendo no exílio, farta de mágoas e — imagino — dignidade.

Capitu e o Direito

Em perspectiva histórica e evolutiva, hoje Capitu estaria livre do crime de adultério, que deixou de ser apenado no Brasil desde 2005. O revogado artigo 240 do Código Penal punia o adultério com detenção de quinze dias a seis meses. Atualmente, fidelidade conjugal é matéria afeta à lei civil, inserida entre os deveres anexos do casamento. Na jurisprudência, contudo, subsistem casos de infidelidade feminina que servem de base para sanções de natureza criminal. A tese da legítima defesa da honra, até data recente, amparava homens acusados de agressões e assassinatos.

Vista a literatura, o tema aparece em diversas obras, sofrendo a mulher, invariavelmente, as mais severas punições, efeito de um reprovável sadismo popular, como se colhe em *A letra escarlate*, romance de Nathaniel Hawthorne. Não faz tempo, uma decisão de tribunal português ganhou manchetes, posto minimizar o ato de violência doméstica ante o cometimento de *adultério*. O acórdão exarado no processo nº 355 vai ao cúmulo de reportar à lei penal de 1886, quando um homem podia ser "perdoado" ou apenado leve se matasse a esposa infiel.

Com nossa Constituição de 1988, tanto as relações conjugais quanto paterno-filiais sofrem oportunas transformações, tal como positivam os seus artigos 226 e 227. Mas, culturalmente, a família ainda é patriarcal em sua estrutura, infestada de desigualdades e discriminações arbitrárias. A despeito do contexto sócio-político contemporâneo, que admite múltiplos arranjos familiares, em que pese o respeito e tutela à dignidade da pessoa humana, a mulher continua vulnerável ao flagelo da violência doméstica, praga que mutila e mata.

Cumpre-me volver, sem mais delongas, à narrativa de *Dom Casmurro*. Saber se Capitu traiu ou não traiu Bento Santiago é irrelevante para a grandeza do romance, que é o meu preferido sobre *Memórias póstumas de Brás Cubas* (1881) e *Quincas Borba* (1891). É indiscutível, entrementes, que a dúvida quanto à fé conjugal repercute como um notável argumento para divulgação da obra imorredoura, provocando fatos inéditos, tal como o júri organizado pelo jornal *Folha de S.Paulo* para julgar a ilustre personagem e seu marido Bentinho. O julgamento foi realizado a 21 de junho de 1999, presidido por um ministro do Supremo Tribunal Federal, com a presença de advogados, historiadores, escritores e um público vibrante, todos concluindo pela *inocência* de Capitu.

Presunção de inocência

Neste tópico, uma advertência: meu intento não é reabilitar a honra de Capitu, afrontando os fiéis devotos da traição. Lembro a situação de Kant que, perante a existência de Deus, concorre para arruiná-lo. A depender de mim, sigo conselho do próprio Machado, mais liberal: "É que tudo se acha fora de um livro falho. Assim preencho as lacunas alheias, leitor amigo; assim podes também preencher as minhas."[18] Clemência, rogo. Sou complacente; idealista, talvez. Filio-me à crença de que Capitu foi vítima de ciúme patológico do marido. Não existiu queda moral, ela não incorreu em falta. A mente desequilibrada do marido é que a derrotou.

Não viajo sozinho. Críticos ilustres, estudiosos eméritos. Uma legião dá-me guarida desde Paula Azzi em artigo de 1939, que atrás citei, havido como o primeiro crítico a demonstrar a inocência de Capitu. O escritor Érico Veríssimo é outro famoso a suspeitar do depoimento de Bentinho, a teor do que escreveu no *Jornal do Commercio*, de 19 de março de 1900.[19] Dois estrangeiros defendem Capitu. Helen Caldwell publicou em 1960 *The Brazilian Othelo*, atualmente traduzido para o português como *O Otelo brasileiro de Machado de Assis*, desconstruindo, com boas razões, a tese da culpabilidade. O segundo é John Gledson, estudioso inglês, especialista no "Bruxo". Em *Machado de Assis: impostura e realismo*, ele retoma o ponto de vista de Caldwell, fixando, em conclusão, a atitude patriarcal e privilegiada do narrador.

A dúvida de Bento-Casmurro, nos dias atuais, seria resolvida pelo teste de DNA. Se o fizermos, todavia, destruímos Machado de Assis. Nem cabe julgar Capitu com discursos da toga porque isto mudaria o extraordinário romance, reduzindo o gênio criativo do autor, que nunca idealizou uma história de tribunal, curvada a princípios jurídicos, por mais nobres e imprescindíveis, como o dogma da presunção de inocência, prevalecente até o trânsito em julgado da sentença condenatória.

Exceto por diletantismo teórico e baixíssimo interesse prático, seria ocioso submeter Capitu e o filho ao desgaste de ações indenizatórias por danos morais, a demandar na seara cível, como é hoje corriqueiro, atirando ainda mais lenha no campo minado das relações familiares. Já não teríamos *Dom Casmurro*, mas uma novela televisiva, imediatamente perecível, salvo reprises.

Melhor rever o comportamento de Bentinho com o olhar de Caldwell: fantasias de um coração cinquentenário que amava Capitu. Por isso ela o compara a Otelo que mata Desdêmona por ciúme. A distinção abissal é que Desdêmona *não traiu* Otelo. Também Capitu não traiu, entende Caldwell.[20] A traição de Capitu é *autossugestão* do marido ciumento, querendo purgar, quem sabe, o seu desatino, a sua maldade. No poente existencial, ao peneirar o infinito de sua loucura, carrega na alma os corpos de Capitu e do filho mortos, os dois agarrados ao sangue dele. O mais desesperador é se também voltavam como assombrações.

Se tal não for a visão do leitor, vamos prosseguir agradecidos a Deus pelo legado de Machado de Assis, riqueza imperecível da bela e admirável Capitu. A propósito, à guisa de reflexão, valho-me de outra resposta dele, no capítulo LXXVII, espetacular: "nem tudo é claro na vida ou nos livros."

Últimas observações

Lygia Fagundes Telles, no artigo citado,[21] conta que um retrato de Machado de Assis, provavelmente do tempo de *Dom Casmurro*, registra essa secreta ironia: "Sim, sou aquele que tem por ofício remexer a alma e a vida dos outros." Vida que começa bem-comportada, diz ela, e vai se contaminando devagar, tal como coágulos escuros num rio de águas limpas. Isto acontece com Bentinho, o personagem-narrador, que aos 55 anos é uma pessoa desconfiada.

Machado é também um "bruxo zombeteiro", como o denominou Carlos Drummond de Andrade, por criar seu Dom Casmurro de idade provecta, sentado numa cadeira de balanço, a relatar fatos e impressões. O mesmo laureado poeta mineiro poderia acalentá-lo com estes versos: "De tudo fica um pouco, às vezes um botão. Às vezes um rato". Com efeito, é pungente a trajetória de Bentinho, nas vestes de um velho casmurro, decaído de sonhos e fantasias, que acusa de adúltera a esposa amada e dela se separa, enviando-a sem escândalo para a Europa, onde ela morre. O único filho do casal, que ele considera filho do amigo, excursiona ao exterior, na companhia de colegas, por lá morrendo vítima de febre tifoide que grassava no Egito. O amicíssimo Escobar morreu afogado. Que sina, tudo naturalmente resolvido. Se não ficou botão, hão de sobejar *ratos* nas emoções. É incrível o que sucede à notícia da morte de Ezequiel. Como ele é a prova viva da traição, a presumível dor de sabê-lo defunto não atinge o coração do pai identificado em cartório, que recebe a desditosa notícia e sai para jantar *com apetite*, seguindo depois ao prazer do teatro.

Podíamos censurá-lo, que frieza, que insensibilidade! Mas não lhe atiramos pedras. É que a ambiguidade do texto machadiano nos leva a suspeitar das fabulações de Bentinho, duvidando se ele é ou não um narrador confiável. Vá que os fatos suscitados sejam obra de alucinada imaginação! Nélida Piñon diz que Machado zela "para o livro ser a história de uma imaginação exacerbada".[22] No ferver dessa dúvida, não o abandonamos no seu martírio, esforçando-nos por compreendê-lo e perdoá-lo. Como ele mesmo admite, na fala desventurada de Capitu, o seminário foi-lhe nocivo. Foi lá que minou sua fé, descrendo em Deus. Lá conheceu seu melhor amigo, o infiel Escobar, que desonra seu leito com o pior adultério, aquele que gera um filho, Ezequiel. Lá, em suma, não aprendeu a regra de ouro do cristianismo: *não julgueis*! A lição é de Jesus, reproduzida no Evangelho de Mateus.

Síntese conclusiva

Como os críticos enfatizam, Bento-Casmurro apega-se a duas principais evidências para acusar Capitu: o comportamento dela em presença do corpo morto de Escobar; e a semelhança física do filho Ezequiel com Escobar. Por outro lado, Bentinho-narrador desenha um perfil ambíguo de Capitu, sugestivo de uma mulher sedutora, capaz de trair. Diz Ayrton Marcondes que a conduta de Dom Casmurro assume clara perspectiva neurótica, senão esquizofrênica.[23] Eis aí o nó da questão. Se ele é a voz onisciente entre o leitor e os fatos que narra, resulta temerário aceitar, sem desconfiança, se o que relata aconteceu tal como é contado.

De conseguinte, alinho com os que apostam que a ambiguidade é a chave do romance *Dom Casmurro*, cuja mola impulsora é o ciúme, à semelhança de *Otelo*, peça de Shakespeare, que Machado talvez quisesse imitar como desafio comparativo. Para nosso gozo e júbilo, Capitu é a personagem feminina mais bem-acabada do Bruxo do Cosme Velho, muito mais complexa do que a morna Desdêmona. Impossível não ver Capitolina-Capitu nas expressões de uma mulher incomum e fascinante, desde a adolescência plena de faceirice, inteligência e libertária. Importa perguntar: terá Machado capitulado em prol de Bentinho, ampliando o grau de ambiguidade do texto, de modo a ofuscar o impacto desse padrão de mulher moderna, confiante de si e plenamente idônea para inquirir o inseguro marido? Estaria ele a jogar sementes de nova moral familiar, reduzindo a supremacia marital?

Finalizando, lanço dois fragmentos como ponderação:

1) Talvez Dom Casmurro seja lampejo de um Machado desejoso de ceder à volúpia de Bento Santiago. Capitu é o sonho dele, e de todo homem, sonho que amiúde se frustra, vencido pelos dissabores existenciais, confirmando o ceticismo que governa o mundo. Temos à mão e repentinamente esvoaça a felicidade impossível de perpetuar. A alma, que nasce pura e bondosa, como era a de Bentinho, tão delicado que penteia Capitu aos catorze anos, finda caindo nos vagalhões que a todos

sugam como um mar de ressaca. Ninguém logra soerguer-se inteiro; despedaçamos. Esse ser cortado é o Bento-Casmurro, um sujeitinho perverso, que acusa de infiel a mulher que ama, praguejando o único filho antes de partir em viagem, até ao absurdo de perguntar a si mesmo por que ele não morre atacado de lepra. Compreende-se o desabafo: Ezequiel é rebento da imperdoável traição. Por coerência, ao receber a notícia da sua morte, como se fosse um estranho abominável, sai para jantar e depois vai ao teatro.

2) Sob as máscaras de uma história de amor, Machado de Assis investe-se na dramaturgia de Shakespeare, inspirado em *Otelo*, para destilar o amargo de sua visão pessimista da condição humana. Com esses elementos, executa sua obra-prima, um livro magnífico. Só não escorraçamos Bento-Casmurro porque cremos que sua narrativa deriva de atribulada imaginação. Ele não é crível, mas tal como as bruxas, em dúvida se existem ou não, damos ouvidos às suas urdiduras cavilosas, porquanto *nós também* muitas vezes somos atingidos por setas inflamadas, que nos aviltam e até matam.

Repito o óbvio: *Dom Casmurro* é história memorável, um romance monumental. Decorridos tantos anos, ainda agora posso entrar na casa de Dona Glória, conversar com o ensaboado José Dias e brincar de Bentinho no encalço da travessa Capitu. No encantamento dela, não consigo largar a narrativa, inebriado com a verve luminosa de Machado de Assis. Sexagenário, hoje, sinto compaixão por Bento Santiago, sozinho e abandonado, a encher de lembranças a casa vazia que mandou construir no Engenho Novo, reproduzindo a antiga moradia de Matacavalos, com o objetivo inocultável de regressar às alegrias da infância com sua deslumbrante Capitu.

O problema insolúvel é como justificar que a perdeu mordido pelo dente do ciúme. A saída é imitar Otelo que matou Desdêmona, a esposa inocente. Sabemos que ela *não* o traiu. Daí que a traição de Capitu, morta no exílio, é autossugestão de um marido ciumento, um modo desesperado de atenuar sua culpa. Pergunta-me uma neta: "Vô, conta de verdade, não inventa, Capitu namorou Escobar?" Olho o mar, o céu... "Ah, querida, o que somos e o que fazemos resulta de tantos golpes do destino. São muitos acasos, inumeráveis circunstâncias. Se as ondas revoltosas, num mar de ressaca, escondem mistérios, que dizer de uma linda mulher com olhos de ressaca! Misture-se a isso a imagem de uns olhos de cigana oblíqua e dissimulada, uma graça genuína, espontânea, toda sua. Como resistir ao charme de Escobar? Recorde-se que ele tinha olhos fugitivos, como as mãos, como os pés, como a fala, como tudo.

"Sabes, minha neta, apesar disso, penso que o Bruxo Zombeteiro só queria que a história do amor de Bentinho com Capitu mexesse na alma da gente. Se você um dia vier a condenar Capitu, esclareça que o seu avô, leitor obsessivo e juiz togado, votava pela absolvição, convencido de que o libelo acusatório, como bem diz Roberto Schwarz, 'é tortuosa autojustificação de Dom Casmurro, que, possuído de ciúme, exilara a família'.[24] Prostrado pelo remorso, Bentinho atiça a imaginação como fuga e subterfúgio, um meio de esconder sua tediosa solidão.

"É isso, netinha. Aí tens o meu veredito, a minha íntima convicção."

Bibliografia

ARAÚJO, Homero Vizeu. "Bentinho, o mais elegante e malicioso narrador da literatura brasileira". In: ASSIS, Machado de. *Dom Casmurro*. L&PM: Porto Alegre, 2017.
ASSIS, Machado de. *Dom Casmurro*. L&PM: Porto Alegre, 2017.
AZZI, F. de Paula. "Capitu, o enigma de D. Casmurro". *Dicionário de Machado de Assis: ontem, hoje e sempre*. Rio de Janeiro: ABL, 2008.
MACHADO, Ubiratan. *Dicionário de Machado de Assis*. Rio de Janeiro: ABL, 2008.
MARCONDES, Ayrton. *Machado de Assis: Exercícios de Admiração*. São Paulo: A Girafa Editora, 2008.
MERQUIOR, José Guilherme. *De Anchieta a Euclides*. 3ª ed. Rio de Janeiro: Topbooks, 1966.

TELLES, Lygia Fagundes. "Ainda uma vez, Capitu". In: NOVAES, Tiago (org.). *Tertúlia: o autor como leitor*. São Paulo: Edições Sesc, 2013.

PIÑON, Nélida. *Filhos da América*. ed. 1. Rio de Janeiro: Record, 2016.

SCHWARZ, Roberto. "A poesia envenenada de Dom Casmurro". *Duas Meninas*. São Paulo: Companhia das Letras, 1997.

Notas

1   ASSIS, 2017, cf. cap. II.
2   Ibidem, cf. cap. CXLVIII.
3   Ibidem, cf. cap. LVI.
4   Ibidem, cf. cap. CVI.
5   Ibidem, cf. cap. CXIII.
6   MACHADO, p. 373-75.
7   TELLES, p. 75.
8   ASSIS, 2017, cf. cap. XXV.
9   Ibidem, cf. cap. CXV.
10 Ibidem, cf. caps. LXVI e C.
11 Ibidem, cf. cap. CXII.
12 Ibidem, cf. cap. CXXXI.
13 Ibidem, cf. cap. CXXXII.
14 Ibidem, cf. cap. CXXXII.
15 Ibidem, cf. cap. CXXXVII.
16 Ibidem, cf. cap. CXXXVIII.
17 Ibidem, cf. cap. CXXXVIII.
18 Ibidem, cf. cap. LIX.
19 ABL, *Dicionário de Machado de Assis: ontem, hoje e sempre*, verbete *Dom Casmurro*, ob. cit., p. 114.
20 MARCONDES, p. 286.
21 TELLES, ob. cit., p. 76.
22 PIÑON, p. 77.
23 MARCONDES, ob. cit., p. 285.
24 SCHWARZ, p. 10.

Os miseráveis

J.M. Leoni Lopes de Oliveira

Os dois julgamentos de Jean Valjean

Victor-Marie Hugo (1802-1885) tinha sessenta anos à época da publicação de *Os miseráveis* (1862), muito tempo depois da publicação de *O corcunda de Notre-Dame* (1831), quando contava apenas vinte e nove anos. Segundo os críticos, *Os miseráveis* foi em grande parte escrito durante o seu exílio em Guernsey que durou quase vinte anos, em decorrência de sua revolta contra o Império de Napoleão III.

A obra que se pretende analisar neste ensaio é provavelmente uma das mais extensas do Ocidente, materializada nas traduções para a língua portuguesa em 1509 páginas na tradução em um volume de Regina Célia de Oliveira,[1] e em 1890 páginas distribuídas ao longo de dois volumes, com tradução de Frederico Ozanam Pessoa de Barros.[2] *Os miseráveis* recebeu pelo menos cinco produções cinematográficas: em 1934, com direção de Raymond Bernard, com Harry Baur no papel de Jean Valjean; em 1935, dirigido por Richard Boleslawski, com Frederic March no papel de Jean Valjean; em 1952 dirigido por Lewis Milestone e com Michael Rennie interpretando o protagonista; em 1978, dirigido por Glenn Jordan, com Richard Jordan no papel principal; e em 2000, dirigido por Josée Dayan, com Gerard Depardieu. Ainda em 2012, o musical *Os miseráveis* foi adaptado à telas, sendo dirigido por Tom Hooper e contando com Hugh Jackman no papel de Jean Valjean. O musical de *Os miseráveis*, lançado na Broadway, em 1987, ultrapassou a marca de mais de 6.500 apresentações.[3]

Segundo Carpeaux, o romantismo francês adquiriu sua independência no dia 25 de fevereiro de 1830 com a representação de *Hernani*, de Victor Hugo,[4] nos palcos da Comédie-Française. Reconhece-se que a obra de Hugo é um universo literário, compreendendo todos os gêneros. Mas Hugo parece sempre o *poeta lírico*, inclusive nos discursos políticos, destacando-se nos romances sociais, como em *Os miseráveis*, a influência do sentimentalismo que descende de Rousseau, concluindo Carpeaux que, em *Os miseráveis*:

> a história de Jean Valjean nunca deixará de empolgar os leitores semicultos; para os outros, a generosidade dos sentimentos e a abundância de grandes cenas não chega a fazer esquecer a imensa ingenuidade do grande escritor, que parece ignorar a realidade.[5]

Também Lanson e Tuffrau[6] classificam *Os miseráveis* como uma novela lírica na qual se expõem todas as ideias do pensador, todas as emoções do poeta.

No presente ensaio, deixando de lado os aspectos estéticos literários, faremos um recorte no que diz respeito ao que *Os miseráveis* nos ensina sobre *justiça*. Desse modo pretende-se analisar as noções de justiça no *contexto social* em que se passa o romance, bem como as noções de justiça de Jean Valjean e de Javert.

Tal análise somente é possível pela descrição dos fatos narrados pela personalidade central de *Os miseráveis*: Victor Hugo. Efetivamente, como ressalta Vargas Llosa:

[o] personagem principal de *Os miseráveis* não é monsenhor Bienvenu, nem Jean Valjean, nem Fantine, nem Gavroche, nem Marius, nem Cosette, mas sim aquele que os conta e inventa, um narrador linguarudo que surge continuamente entre as suas criaturas e o leitor.[7]

Realmente, estamos diante de um *narrador onisciente*.[8] Também se nota esse poder do narrador em outra obra de Hugo, *Claude Gueux*, onde "nos encontramos diante de um narrador onisciente e subjetivo que dá a conhecer o interior dos personagens para expor a bondade de uns e a maldade de outros."[9]

Em *Os miseráveis*, através desse *narrador onisciente*, tomamos contato com um "autêntico tratado sobre os vícios e virtudes" dos personagens, nos convocando a tomar uma atitude diante das mazelas e injustiças praticadas sobre as misérias dos homens, que não desfrutam do conforto em que se encontram os leitores. Percebe-se isso na passagem que descreve a desdita do filho mais novo da irmã de Jean Valjean:

[toda] manhã ia a uma tipografia na rua Sabot, número 3, onde trabalhava na montagem de livros. Tinha de chegar às seis horas da manhã, muito antes de nascer o dia durante o inverno. No mesmo local, havia uma escola à qual levava o filhinho, que tinha sete anos. Como ela entrava às seis horas, e a escola só abria às sete, o menino tinha de esperar, ao relento, a escola abrir; uma hora ao relento da noite, no inverno. Não queriam que a criança entrasse na tipografia porque poderia atrapalhar, diziam. Todas as manhãs os operários que passavam viam o pobre menino sentado no chão, caindo de sono adormecido, encolhido e dobrado sobre sua cesta.[10]

Nesta passagem, como em tantas outras, Hugo nos obriga a olhar, no conforto do nosso lar, a miséria *lá fora*. Como diz Ribeiro,[11] a miséria que até então *não* era objeto do olhar da *literatura* — impregnada pelo olhar do rei, da riqueza dos palácios no Antigo Regime. Assim, com *Os miseráveis* na França e com *Little Dorrit*, de Charles Dickens, na Inglaterra, passa a estampar, ou melhor, a colocar na literatura o *olhar* da miséria, a apresentar o "espetáculo da pobreza", tão bem retratado no livro da historiadora e professora da Unicamp, Maria Stella M. Bresciani.[12]

Além de aspectos sociais como a luta de classes — que, por sinal, quase não aparece no romance —, a finalidade de *Os miseráveis*, nas palavras do próprio autor, é ter o infinito por primeiro personagem e o *homem* como segundo personagem.[13] Apesar disso, o romance apresenta com descrição lancinante a situação dos pobres na Paris do século XIX ao narrar a vida de Fantine:

> aprendeu como passar inteiramente sem fogo no inverno, como renunciar a um passarinho que come um pouquinho de painço a cada dois dias, como fazer de uma saia um cobertor e de um cobertor uma saia, como poupar a vela, ceando à luz que vem da janela do vizinho (...)

E também, tirando só cinco horas para dormir, e trabalhando todo o resto na costura, consegue ganhar o seu pão, sendo certo de quando está triste, come menos, concluindo que é isso mesmo, "sofrimentos, preocupações, um bocadinho de pão daqui, mágoas dali, tudo isso vai me alimentar".[14] Em outra passagem, o retrato da pobreza aparece na voz do Bispo de Digne, Bienvenu Myriel, exortando os fiéis num sermão a terem piedade e abrirem os olhos para a pobreza em torno deles:

> na França, há 1.320.000 casas de camponeses que só têm três aberturas; 1.817.000 que têm duas aberturas, uma porta e uma janela; e, finalmente, trezentas e quarenta e seis mil cabanas, cuja única abertura é a porta. E isso por causa do denominado imposto de portas e janelas! Coloquem pobres famílias, velhas senhoras e criancinhas dentro dessas habitações, e verão as febres e as doenças.

Sobre o estado de miséria dos camponeses, ressalta o Bispo Bienvenu no sermão:

> os camponeses, nem carrinhos de mão possuem, transportam o esterco nas costas; não têm velas, queimam lenha resinosa e pedaços de corda untados em resina! (...) Fazem pão para seis meses e o assam queimando estrume seco de vaca. No inverno, partem o pão a machado e o deixam de molho por vinte e quatro horas para poder comê-lo.[15]

Na pobreza que vigora no século XIX nos grandes centros como Paris e Londres, em decorrência da migração do campo para as cidades, destaca-se em *Os miseráveis* a condição indigna da mulher, materializada na prostituição. Essa é a história de Fantine, que Hugo retrata como a "sociedade comprando uma escrava"; de quem?, ele indaga, e responde categoricamente, "da miséria". Enganam-se aqueles que dizem "que a escravidão desapareceu da civilização europeia: é um erro. Existe ainda, mas não pesa senão sobre a mulher, chama-se prostituição".[16]

Instituições que são criticadas em *Os miseráveis* são o sistema da justiça criminal e o sistema carcerário, destacando-se a luta contra a pena de morte. Salienta Llosa que há um aspecto em que o romance é claro: "quando aponta como causa maior de injustiça e infidelidade a lei e os sistemas encarregados de aplicá-la e de castigar seus infratores; quer dizer, os tribunais e as prisões."[17] Sobre a situação dos presos, a passagem intitulada "A corrente" retrata o espanto e o horror presenciados por Jean Valjean e Cosette no desfile dos presos acorrentados com coleiras no pescoço, expostos como um espetáculo para a multidão que se amontoava nos dois lados da rua para assistir os presos, até mesmo os doentes, receberem golpes de cassetete. Um dos guardas parecia remexer *aquele amontoado de lixo humano* com a ponta do gancho de seu cassetete. Diante dessa cena dantesca, a menina Cosette indaga de Jean Valjean: "'Pai, será que ainda são homens?' 'Às vezes', disse o miserável."[18] Esse trajeto feito pelos presos era um desvio que durava três ou quatro dias a fim de poupar à figura real a visão de um suplício.[19] Esse episódio certamente foi inspirado em situação semelhante que Hugo presenciou, conforme consta de discurso que proferiu em 3 de maio de 1847 à Câmara dos Pares, pleiteando a melhoria do sistema penitenciário, referindo-se em termos dramáticos a essa desumana corrente de presos.[20]

Victor Hugo foi um grande defensor da abolição da pena de morte. Além dos discursos e da luta política, a defesa da abolição da pena de morte se materializa em *El último día de un condenado a muerte*, publicado em 1829, como obra anônima, mas com a segunda edição, três semanas depois, aparece o nome do autor, com um prefácio nominado "Uma comédia a propósito de uma tragédia", em que Hugo responde às críticas que o livro recebera, ridicularizando seus adversários. Em 1832, apresenta outro longo prefácio em que relaciona os argumentos para a abolição da pena de morte. Mas o personagem de *El último día de un condenado a muerte*, diferente de Jean Valjean, não tem nome, nem sequer se sabe qual o crime que praticou para ser condenado à morte. Sabe-se, apenas, que se trata de um homem jovem, casado, com uma filha pequena. Esse caráter abstrato do personagem visava criar um personagem genérico que pudesse se identificar com a maioria dos leitores de Hugo na época e, desse modo, colocá-los na posição do condenado à guilhotina.[21] Em *Os miseráveis*, Hugo também procura obter o mesmo resultado, mas agora no plano social. Os personagens como Jean Valjean, ex-presidiário que se torna o filantropo; Bispo Bienvenu, caridoso e rebelde contra a Igreja; Fantine, que abandona sua filha Cosette, órfã e explorada pelos Thenardiers; Marius, filho de um general que participa da barricada juntamente com os jovens republicanos; o pivete Gavroche, que mora sozinho nas ruas e vem a ser morto pela Guarda Nacional. Todos eles são conhecidos, ou melhor dizendo, *reconhecidos* pelos leitores de Hugo, como pertencentes à realidade social do século XIX. Como um livro "escrito para as massas, o novo romance de Hugo colocava-se ao lado do indivíduo", isto é, Hugo criara a mais lúcida, humana e absorvente diagnose moral da sociedade.[22] Segundo Lamartine, mesmo assim *Os miseráveis* encontrou críticos que o consideravam um livro perigoso e Hugo, um radical. A essas acusações, Hugo respondia:

> Eu sou radical (...) Minha tendência é a sociedade sem rei, a humanidade sem fronteira, a religião sem livro. Sim, combato o padre que vende a mentira, o juiz que distribui injustiça. Quero universalizar a propriedade, suprimindo o parasitismo... Quero destruir a fatalidade humana. Eu condeno a escravidão, ataco a miséria, ensino contra a ignorância, trato a doença, clareio a noite, odeio o ódio.[23]

O primeiro julgamento de Jean Valjean

O espetáculo da pobreza

Hugo retrata a sociedade francesa do século XIX. Este é o século de grandes transformações, como o das primeiras linhas rodoviárias em Paris, Berlim, Nova York, Londres, o começo do uso da eletricidade (1870), a utilização de papel feito de polpa de madeira, inventado na década de 1870, substituindo assim o papel fabricado à base de trapos de linho; o relógio de pulso, além de torradeiras elétricas, ventiladores, máquinas de costura e chaleiras, todos inventados no século XIX, bem como fogões a gás que começaram a ser vendidos em 1834. Como informa Ian Mortimer,[24] o século XIX foi a era das invenções, muito mais do que o século XX: "a média de pedidos de patente no Reino Unido era de vinte e três mil oitocentos e vinte e seis na década de 1890; na década de 1990, essa média era menos da metade, apenas dez mil seiscentas e duas solicitações por ano." Porém, essas transformações não refletiam uma sociedade próspera. Ao contrário, a imensa migração da população rural para os grandes centros gerou um estado de pobreza generalizada em Paris e Londres. Em toda a Europa as pessoas abandonavam seus povoados e suas raízes rurais e se dirigiam para as pequenas e grandes cidades em que fábricas ofereciam trabalho. Como consequência:

[no começo do século XIX, todas] as cidades eram fedorentas e escandalosamente cheias de pobres carentes. As ruas das cidades eram fétidas, mas o mau cheiro que emanava das fossas de cortiços em áreas miseráveis era ainda pior. Bairros viviam infestados de doenças. A pobreza gerava doenças, e as doenças aumentavam a pobreza, arrastando os pobres urbanos para um ciclo de misérias. Em 1842, a média de vida entre trabalhadores de Bethnal Green, por exemplo, era de dezesseis anos apenas; já entre londrinos em melhor situação, essa média chegava a quarenta e cinco anos de idade. Mas, quando se tratava de tomar ações para melhorar essa situação, a sociedade parecia indiferente, [chegando ao ponto de] um médico francês, depois de refletir sobre as possíveis razões que levavam os pobres de uma rua parisiense a apresentar uma taxa de mortalidade cinquenta por cento maior do que a dos burgueses de uma rua vizinha, concluiu que a culpa disso estava na imoralidade.[25]

Essa *indiferença* da burguesia em relação aos pobres é escancaradamente retratada por Hugo em *Os miseráveis*, como nas passagens acima referidas do filho mais novo da irmã de Jean Valjean, ou na voz do Bispo de Digne, Bienvenu Myriel, exortando os fiéis a terem piedade e abrirem os olhos para a pobreza em torno deles.

A história de Jean Valjean transcorre no período de 1815 a 1833, isto é, em longos dezoito anos, lembrando que o exílio de Victor Hugo durou mais de dezenove. O romance está dividido em cinco partes, a saber: "Fantine"; "Cosette"; "Marius"; "O idílio da rue Plumet e a epopeia da rue Saint-Denis"; e "Jean Valjean".

A origem de Jean Valjean

Jean Valjean era filho de Jeanne Mathieu e Jean Valjean, também conhecido como Vlajean — alcunha que, segundo diziam, derivava da contração de *Voilà Jean* —, família de camponeses pobres da cidade de Brie, a uma distância de mais ou menos dois dias a pé de Paris. Quando adulto, trabalhava como podador no tempo das podas, e depois foi ceifeiro, cavador, ajudante de fazenda, carregador; enfim, fazia o que podia para sustentar a irmã e os sobrinhos na cidade de Faverolles, também relativamente próxima da capital francesa. Ainda muito novo, Jean Valjean ficou órfão, em virtude da morte de sua mãe, vítima de uma febre de leite malcuidada, e de seu pai em virtude da queda de uma árvore, pois também era podador. Foi criado por sua única irmã mais velha, uma viúva com sete filhos. Jean Valjean, com 25 anos de idade, passou a exercer o papel de pai de suas sobrinhas, amparando a irmã que o criara. Era uma vida de trabalho rude e mal pago, que, apesar de certo enfado, para ele era simplesmente o cumprimento de um dever. Após um dia de trabalho:

> voltava cansado e tomava sua sopa sem dizer uma só palavra. Enquanto comia, com frequência, sua irmã tirava-lhe da tigela o melhor da refeição, o pedaço de carne, a fatia de toucinho, o miolo da couve, para dar a algum de seus filhos; ele não parava de comer e, debruçado sobre a mesa, com a cabeça quase metida na tigela, os longos cabelos caídos em volta dela e cobrindo seus olhos, parecia nada ver, nem se importar.

Quando os seus sobrinhos, em nome da mãe, iam pedir leite a uma caseira do outro lado da rua onde moravam, Jean Valjean "rude e rabugento, pagava o leite a Marie-Claude às escondidas da mãe das crianças, evitando assim que elas fossem castigadas". Como esclarece Hugo: "era um triste grupo que a miséria ia envolvendo e abraçando pouco a pouco."[26]

O furto do pão

O romance começa em 1815, isto é, vinte anos após a prática do furto de um pedaço de pão por Jean Valjean. Em um inverno rigoroso de 1795, Jean Valjean ficou sem trabalho e, como consequência, a família ficou sem pão, "sem pão, literalmente. Sete crianças". Mais precisamente, numa noite de domingo de 1795,[27] Jean Valjean quebra a vidraça da padaria de Maubert Isabeau. Com o braço ensanguentado, sai correndo, levando um pão. Porém, perseguido pelo padeiro, joga o pão fora. Segundo consta dos autos, Jean Valjean foi denunciado "por roubo com arrombamento, durante a noite, de uma casa habitada".[28] Jean Valjean foi considerado culpado e *condenado a cinco anos de galés*.[29]

A vida na prisão

Enquanto o prendiam, a golpes de martelo, à argola de ferro, ele chorava exclamando "eu era podador em Faverolles" e gesticulava com a mão direita querendo dizer que o que fez foi para alimentar sete criancinhas. Com corrente no pescoço, chegou a Toulon em uma charrete, após 27 dias de viagem.[30] "Desde então, tudo o que constituíra sua existência se apagou, até mesmo o nome; não era mais Jean Valjean, era apenas o número 24.601."[31] Nunca mais soube de sua irmã e de seus sobrinhos: que fim levaram? Após alguns anos nas galés, até o próprio Jean Valjean os esqueceu. Segundo informações, depois de quatro anos preso, alguém que os conhecera em sua terra tinha visto sua irmã em Paris, disse que morava em uma rua pobre das proximidades de Saint-Suplice, a rua de Geindre, em companhia apenas de um filho, o mais novo de todos. Fora essa notícia, nada mais a respeito deles chegou a seus ouvidos, nem tampouco tornou a vê-los. Nunca mais os encontrou.[32]

As fugas de Jean Valjean

Jean Valjean tentou fugir quatro vezes. A primeira depois de quatro anos preso, com a colaboração dos seus camaradas, mas foi preso novamente após dois dias de liberdade, se é que se pode chamar de liberdade o estar fugindo, perseguido, olhando pra trás a todo momento, estremecendo ao menor ruído, com medo de tudo: do cão que ladra; do cavalo que galopa; do dia, porque se vê; da noite, porque não se vê; da estrada; do atalho; do arvoredo; do sono. Por essa fuga, foi condenado a um prolongamento de três anos, o que perfez um total de oito anos. A segunda tentativa de fuga se deu no sexto ano de prisão, ao não responder à chamada, sendo encontrado à noite, escondido debaixo da quilha de um navio em construção. Respondeu pelo crime de evasão e rebelião, sendo punido com um agravo de cinco anos, sendo dois com duplas correntes. Treze anos. Conforme informações do nosso narrador onisciente, no décimo ano, mais uma tentativa, mas também não teve melhor resultado, vindo a ser condenado por mais três anos, fazendo um total de dezesseis anos. Finalmente, no décimo terceiro ano, ao que indicam informações do presídio, tentou fugir pela última vez: "conseguiu foi ser recapturado apenas quatro horas depois da fuga. Três anos por essas quatro horas. Em outubro de 1815, foi posto em liberdade, tendo entrado ali em 1796, por quebrar um vidro e furtar um pão."[33]

O primeiro julgamento moral de Jean Valjean.

Na prisão, Jean Valjean criou um tribunal interior onde inicia por julgar a si mesmo, o sistema de justiça e finalmente a sociedade. Inicia nosso narrador onisciente a afirmar categoricamente que "é realmente necessário que a sociedade olhe para essas coisas, já que é ela que as produz". Jean Valjean, consultando sua consciência, refletiu que era necessário julgar a si mesmo e reconheceu que não era um inocente injustamente punido. Não. Tinha cometido um delito, roubado um pedaço de pão. Poderia ter esperado ganhar o pão pela solidariedade alheia; poderia ter tentado obter através do trabalho, mas estava desempregado naquele inverno. Chegou ainda à conclusão que "é muito raro que se morra literalmente de fome", que devia, portanto, ter paciência. Apesar disso, começou a indagar se ele teria sido o único a proceder mal nessa história. Também não seria grave que um trabalhador como ele não tivesse trabalho? Que um homem laborioso como ele não tivesse o que comer? E a pena a ele aplicada pela lei não era um abuso do sistema penal? Não houvera excesso de peso no prato da balança da Justiça? Chegou à conclusão de que o erro do *delinquente* foi substituído pelo erro da *repressão*. Passou a indagar ainda se os sucessivos agravos em sua pena em virtude das tentativas de fuga, em que não houve agressão a quem quer que seja, elevando-a de cinco para dezenove anos, não constituíam "um atentado do mais forte contra o mais fraco, um crime da sociedade contra o indivíduo, um crime que recomeçava todos os dias, um crime que durava dezenove anos?". Finalmente passa a refletir sobre a sociedade: não seria exorbitante que ela tratasse precisamente desse modo seus membros menos contemplados na repartição dos bens que faz o acaso e, em consequência, os mais dignos de consideração? Afirmou para si mesmo que não havia equilíbrio entre o dano que causara e o dano que lhe causaram para concluir que "seu castigo não era, é verdade, uma injustiça, mas, inquestionavelmente, tinha sido uma iniquidade". Nosso narrador onisciente nos explica que a "cólera pode ser absurda e insensata; podemos nos irritar sem razão, porém, só nos indignamos se sentimos que, de alguma forma, temos razão, e Jean Valjean sentia-se indignado". Finalmente o tribunal interior de Jean Valjean julgou e condenou a sociedade: "Condenou-a com seu ódio."[34]

O estigma de um ex-detento

Finalmente, depois de dezenove anos de trabalho forçado nas galés, Jean Valjean é informado de que vai sair da prisão: está livre! "A ideia de liberdade o deslumbrava na possibilidade de uma nova vida." Entretanto, logo percebeu sua ilusão ao ser-lhe apresentado o passaporte amarelo, que além de informar que era um ex-detento afirmava categoricamente que se tratava de um homem perigoso.

Nosso narrador onisciente descreve a dificuldade de se reintegrar na sociedade em virtude do estigma de ex-detento materializado no passaporte amarelo. Ao sair da prisão, viu-se roubado duas vezes: a primeira quando calculava que deveria ter recebido do seu pecúlio dos dezenove anos de trabalho forçado 181 francos, sendo pago somente 109 francos e quinze soldos; a segunda vez, no dia seguinte à sua saída da prisão, apesar de trabalhar descarregando fardos, quando pediu seu pagamento como todos os demais trabalhadores (trinta soldos) o patrão lhe pagou somente quinze, avisado por um soldado que tratava-se de um ex-detento com o passaporte amarelo. Indagando Jean Valjean essa diferença em relação aos demais trabalhadores, foi ameaçado pelo patrão: "Isso já está bom demais para você. Olhe a cadeia!" Mesmo querendo pagar por um prato de comida e pernoite para dormir, se vê rejeitado toda vez que descobrem tratar-se de um ex-detento com passaporte amarelo. Jean Valjean conclui que liberdade não é estar solto. Pode-se sair da prisão, mas não da condenação.[35]

A primeira porta do destino de Jean Valjean

Morto de cansaço e desalentado, Jean Valjean se deita num banco de pedra que ficava perto da tipografia. Uma senhora que saía da igreja, vendo-o deitado no escuro, perguntou-lhe: que faz aí, meu amigo? Não está vendo, minha boa senhora? Vou dormir. Ao que a senhora perguntou: nesse banco? Por dezenove anos tive um colchão de tábua, hoje vou ter um colchão de pedra. Conclui a senhora: não pode passar a noite aqui! Poderiam tê-lo acolhido por caridade. O pobre homem lhe responde: já bati em todas as portas. E então? Fui enxotado de todos os lugares. A boa senhora apontou-lhe para uma casinha branca pegada ao paço episcopal: já bateu em todas as portas? Já. Naquela também? Não. Pois então bata lá. Jean Valjean bate naquela porta. Entre, diz alguém. A porta se abriu.

O acolhimento de um ex-detento

Depois de peregrinar em busca de alimento e de abrigo, Jean Valjean entra na casa do Bispo de Digne e, mesmo depois de identificar-se como Jean Valjean, ex-presidiário que cumpriu dezenove anos na cadeia, portador do passaporte amarelo — que consignava, segundo nos informa nosso narrador onisciente, "Jean Valjean, condenado libertado (...) passou dezenove anos na prisão. Cinco anos por roubo com arrombamento, catorze por tentar quatro vezes evadir-se. É um homem muito perigoso"

—, é recebido por Charles-François-Bienvenu Myriel, Bispo de Digne, que, depois de ouvir sua história, o recebe sob o tratamento de senhor: "cada vez que ele dizia a palavra *senhor*, com sua voz de suave gravidade e seu modo atencioso, o rosto do homem se iluminava." Bienvenu esclarece a Jean Valjean que ele "poderia não ter dito quem era. Esta casa não é minha, é de Jesus Cristo. Aquela porta não pergunta a quem entra se tem nome, mas se tem alguma necessidade". Determina o Bispo de Digne que o hóspede seja servido com os talheres de prata que eram usados quando recebia visitas.[36]

Todos foram dormir: o Bispo de Digne, sua irmã e a serviçal, bem como Jean Valjean. Mas este despertou às duas da manhã, e o que o acordou fora a cama, pois *era boa demais*: "havia quase vinte anos não dormia em uma cama, e, embora estivesse vestido, aquela sensação era bastante nova para que não perturbasse seu sono." Ele havia reparado nos talheres de prata maciça que certamente, com a concha, dariam pelo menos duzentos francos, o dobro do que havia ganhado em dezenove anos. Chegando à janela, verificou que a mesma não tinha ferrolhos, dava para o jardim e estava apenas fechada por uma simples tramela.

A segunda porta do destino de Jean Valjean

Mais uma vez, Jean Valjean se vê diante de uma porta. A do quarto onde dormia o Bispo de Digne e onde se encontravam os talheres de prata. Empurrou a porta levemente, como um gato que quer entrar, e a porta cedeu à pressão. Empurrou novamente e ela continuou a ceder em silêncio. Empurrou pela terceira vez, a fim de por ela passar, mas desta feita, "uma dobradiça enferrujada lançou de repente um grito rouco e prolongado no meio da escuridão". Para Jean Valjean, o ranger daquela porta soou como a trombeta do Juízo Final. Ao transpor aquela porta, Jean Valjean se encontrava "entre dois abismos, o da perdição e o da salvação". O bispo dormia serenamente, e era possível ouvir a sua compassada e serena respiração. Seu rosto iluminava-se com uma vaga expressão de satisfação, esperança e beatitude. Havia uma espécie de divindade naquele homem. Valjean estava assombrado, pois nunca vira coisa semelhante. A confiança do bispo o espantava. "O mundo moral não conhece espetáculo mais grandioso: uma consciência perturbada e inquieta, à beira de uma má ação, contemplando o sono de um justo." Jean Valjean colocou o boné e dirigiu-se ao armário para forçar a fechadura, mas a chave estava ali. Pegou a prataria, atravessou o quarto e saiu.[37]

A compra da alma de Jean Valjean

No dia seguinte, a senhora Magloire avisa espantada ao bispo: "Monsenhor, o homem foi embora e a prata foi roubada!" O bispo indaga-lhe: "Antes de mais nada, aquela prataria nos pertencia?" Diante do silêncio da senhora, completa o Bispo de Digne: "Senhora Magloire, havia muito que eu era ilícito possuidor daquela prata. Ela pertencia aos pobres. E quem era aquele homem? Um pobre, evidentemente." Quando o chefe de polícia apresenta Valjean ao bispo, preso de posse da prataria, é surpreendido com a explicação do bispo, de que ele tinha dado a Valjean a prataria e ainda os castiçais, que ele se esquecera de levar.

Nesse momento, o bispo aproxima-se de Valjean e lhe diz em voz baixa:

> Não se esqueça, jamais se esqueça de que me prometeu empregar este dinheiro para tornar-se um homem de bem. Jean Valjean, meu irmão, lembre-se de que já não pertence ao mal, mas sim ao bem. É sua alma que acabo de comprar; furto-a aos maus pensamentos e ao espírito de perdição para entregá-la a Deus.[38]

O SEGUNDO JULGAMENTO DE JEAN VALJEAN

Jean Valjean, depois de sair da casa do bispo, tornou-se pessoa conhecida e reconhecida por todos como homem sério, caridoso e competente. No correr de sua vida, até o final, teve vários nomes: Monsieur Madeleine, próspero industrial e prefeito de Montreuil-sur-Mer; o rentista Monsieur

Leblanc, em Paris; Urbain Fabre; Ultime Fauchelevent, no convento do Petit-Picpus. Essas mudanças no correr do romance se dão principalmente para escapar da perseguição do inspetor Javert, que o procurava incessantemente, face sua condição de foragido, por não ter se apresentado à autoridade competente após a sua soltura. Aqui nos interessa os fatos que levaram Jean Valjean ao seu segundo julgamento.

Certa manhã, foram avisar ao Monsieur Madeleine que o inspetor Javert queria lhe falar. Autorizou a entrada do inspetor, que começou a explicar que Madeleine deveria expulsá-lo da polícia por ter cometido um crime: denunciado como sendo Jean Valjean, quando foi informado pelas autoridades que estava louco, pois o verdadeiro Jean Valjean estava preso em Arras, tendo sido reconhecido por dois detentos e pelo próprio Javert, apesar de o pobre miserável negar que era Jean Valjean, dizendo ser Pai Champmathieu. Foi preso, continuou Javert, por ter roubado umas maçãs do pomar de alguém, ainda com um ramo da macieira na mão ao ser capturado. Se fosse só isso, pegaria alguns dias na cadeia, porém, sendo um foragido, Jean Valjean certamente seria condenado à prisão perpétua e ao trabalho forçado. Monsieur Madeleine, para se livrar dele, manda-o cumprir as tarefas de seu ofício, mas é contestado pelo inspetor Javert, que insiste em ser tratado como qualquer outro e em ser punido, pois se algum de seus subordinados fizesse o que ele fez, ele o declararia indigno do serviço e o expulsaria:

> Durante minha vida, frequentemente fui severo para com os outros. E era justo; estava certo. Agora, se não for severo comigo mesmo, tudo o que fiz de justo se tornaria injusto. Acaso eu deveria poupar-me mais do que aos outros? Não, oras! Eu teria servido apenas para castigar os outros, e não a mim mesmo? Eu seria um miserável!

Afinal, não o punir seria uma *bondade ruim*. E conclui Javert, afirmando seu critério de Justiça: "é muito fácil ser bom, o difícil é ser justo."

O segundo julgamento moral de Jean Valjean

Apesar disso, Monsieur Madelaine se despede de Javert e inicia o seu segundo julgamento interior. Agora Jean Valjean está em frente à porta da sua consciência. Nosso narrador onisciente denominou "a tempestade de uma consciência".[39] Mas, como diz o nosso narrador, não há nada mais aterrador do que contemplar as profundezas da nossa consciência. "Há um espetáculo mais grandioso que o mar, é o céu; e há outro mais grandioso que o céu, é o interior da alma." Inicialmente, Valjean foi arrebatado pelo instinto de conservação, que lhe dizia que não havia mais nada a fazer senão deixar as coisas acontecerem. Afinal, por mais crítica que fosse a situação, era ele quem a dominava inteiramente. Pensou: "só havia uma porta entreaberta por onde meu passado poderia irromper em minha vida; essa porta está fechada! Para sempre." Chegou à conclusão de que não devia pensar mais nisso. Entretanto não sentiu nenhuma alegria, pelo contrário, começou a indagar-se sobre a decisão tomada e acabou confessando a si mesmo que tudo o que acabava de decidir era horrível. Explica nosso narrador onisciente que ninguém consegue impedir o pensamento de voltar a uma ideia, da mesma forma que não podemos impedir o mar de voltar sempre a uma praia.

Pode-se resumir que Jean Valjean estava num conflito entre a moral individual (ser justo com o outro) e o interesse social, continuando a ser o Monsieur Madeleine, grande empreendedor de sucesso, que evitaria o desaparecimento da prosperidade de Montreuil-sur-Mer, como de fato ocorreu quando veio a ser preso mais uma vez: o fechamento de suas oficinas teve como consequência a dispensa dos operários; os edifícios caíram em ruínas; os operários se dispersaram, mudando de cidade ou de ofício; não havia mais um certo, mas somente concorrência e ganância.[40] Mas, sem saber, Jean Valjean optou, na minha interpretação, por obedecer o imperativo categórico kantiano: não uses o outro como um meio, mas como um fim. Diante do dilema entre aceitar uma "ideia que dizia: o próximo, e a outra que dizia: eu", decidiu que "era preciso cumprir com seu dever; que talvez depois de tê-lo cumprido não ficasse mais infeliz do que ficaria se não o cumprisse".[41]

A terceira porta do destino de Jean Valjean

Chegando ao Tribunal de Arras, Monsieur Madeleine é informado que o julgamento de Champmathieu, acusado de roubo de maçãs e de ser o perigoso condenado Jean Valjean, já começou, mas a sala está lotada, tendo somente alguns lugares atrás do juiz, porém destinados apenas a funcionários públicos. A fim de entrar na sala de julgamento, entrega ao oficial um bilhete para ser apresentado ao juiz com o seguinte texto: *Madeleine, Maire de Montreuil-sur-Mer*. O juiz, diante do pedido de uma das pessoas mais ilustres e respeitadas de todo o Baixo-Bolonhês, que prestava serviço de restauração da indústria local, sendo mesmo o seu nome pronunciado com veneração, redige o seguinte bilhete que é dirigido a Madeleine: "O Presidente do Tribunal apresenta seus respeitos ao Mr. Madeleine." O oficial entrega o bilhete a Madeleine curvando-se até o chão, e diz-lhe: "Meu senhor, esta é a sala do conselho; basta girar a maçaneta desta porta para entrar na sala de audiência, bem atrás da poltrona do senhor juiz."

Pronto, o momento supremo havia chegado. Mais uma vez, Jean Valjean se encontrava em frente a uma porta que definiria seu destino, mais uma vez vinha o grande dilema: atender aos mandamentos da moral e se apresentar como Jean Valjean, ou deixar tudo como estava e continuar sendo Madeleine, pessoa respeitada na sociedade por tudo de bom que fez para ela? Olhava a pequena sala em que se encontrava "tão calma e aterrorizante, onde tantas existências tinham sido destruídas, onde seu nome iria ressoar dentro de alguns minutos e que seu destino, naquele momento, atravessava." Voltando-se, deparou com a porta que o separava da sala de audiência. O seu olhar, a princípio tão calmo, deteve-se assustado e fixo, enchendo-se pouco a pouco de terror. Gotas de suor caíam-lhe dos cabelos, escorrendo-lhe pelas têmporas. Mas pensou: afinal, o que o obrigava a abri-la? Voltou-se e saiu da sala pela porta que havia entrado. Depois de um quarto de hora, inclinou a cabeça, deixou cair os braços e voltou, parecendo que "um ser invisível o detivera em sua fuga, fazendo-o voltar". Dentro da sala do conselho novamente, pousou o olhar primeiro na maçaneta: "Aquela esfera de cobre brilhante resplandecia-lhe aos olhos como uma estrela de pavor. Olhava-a como um cordeiro a encarar os olhos de um tigre." De passo em passo, "sem que se apercebesse, viu-se junto à porta, agarrando-se convulsivamente à maçaneta; a porta se abriu. Estava na sala de audiência".[42]

As palavras de um injustiçado.

A fim de terminar os debates no tribunal, o juiz deu a palavra ao acusado Pai Champmathieu para acrescentar alguma coisa à sua defesa. O acusado, de pé, amassando entre as mãos um boné muito sujo, começou de maneira incoerente, confusa, a se defender, dizendo que era carroceiro em Paris, quando trabalhava para Monsieur Baloup. Era um trabalho duro, tendo de ficar ao sol, em pátios descobertos e no inverno, o frio era tanto que era preciso bater os braços para se esquentar, mas os patrões não o permitiam, alegando que isto o fazia perder tempo. Disse ainda que, neste trabalho, aos quarenta anos, um homem já está acabado. Informou ainda ao tribunal que tinha uma filha que era lavadeira à beira do rio. Ela também, coitada, sofria muito, passando o dia inteiro metida em uma tina, com chuva, com neve, com vento que lhe cortava a face, mas era preciso lavar sempre: "Minha filha voltava às sete da noite e se deitava logo, tão cansada estava. O marido a maltratava, e ela morreu. Nunca fomos felizes." E completa de maneira desordenada, dizendo: "Não roubei nada. Sou um homem acostumado a não comer todos os dias." Quando indagado se era Jean Valjean, respondeu: "Os senhores falam em Jean Valjean, em Jean Mathieu. Não conheço ninguém com esses nomes." E reafirma: "Meu nome é Champmathieu."

A confissão

Ao lado da cadeira do juiz, Monsieur Madeleine se levantou, voltou-se para os jurados e para a corte. Disse com voz suave: "Senhores jurados, mandem soltar o réu. Sr. Presidente, mande-me prender. O homem que os senhores procuram não é este, sou eu. Eu sou Jean Valjean!" Diante do espanto de todos, o presidente e o advogado-geral pediram a presença de um médico, mas Monsieur Madeleine, ou melhor, Jean Valjean foi categórico, demonstrando o engano das testemunhas e reconhecendo-os como seus parceiros de prisão. Após colocar-se à disposição da justiça, Jean Valjean sai pela porta e nenhum braço tenta impedi-lo. Informa nosso narrador onisciente: "Menos de uma hora depois, o veredito do júri livrava o velho Champmathieu de qualquer acusação, e Champmathieu, posto imediatamente em liberdade, se foi, apalermado, crendo todos loucos, e nada entendendo de toda aquela visão."[43]

A primeira vez que Javert trata Jean Valjean como senhor

A narração desses fatos poderia ter como título, como o fez nosso narrador onisciente, "A vingança de Jean Valjean". Mas antes cabe explicar que isso se deu quando Javert tornou-se prisioneiro dos insurretos. O pequeno Gavroche chama a um canto Enjolras (líder dos insurretos) e lhe diz em voz baixa que o homem grandão que estava na Rue de Billettes era um espião. Diante dessa informação, Enjolras aproxima-se do homem e indaga-lhe se ele é um espião, então o homem afirma ser um agente da autoridade. Ao ser perguntado por seu nome, o homem diz que se chama Javert. Ato contínuo, confirmando sua identidade no seu documento funcional, levam o inspetor Javert e o amarram na coluna da taverna onde estavam os insurretos.

Quando a situação se agrava para os insurretos, Enjolras determina que o último a sair da taverna mate Javert, momento em que aparece Jean Valjean e pede que lhe deem como recompensa a possibilidade de ele mesmo matar Javert, o que lhe é concedido. Quando Jean Valjean estava sozinho com Javert na ruela Mondétour, Javert, diante do olhar de seu carrasco, diz: "Pode vingar-se à vontade." Jean Valjean corta as cordas que prendiam Javert, avisando-o de que está livre. Em seguida, dá seu endereço para que Javert possa prendê-lo, caso consiga sair vivo daquele lugar. Javert abotoou o capote e pôs-se a caminhar em direção de Les Halles, seguido pelo olhar de Jean Valjean. Depois de alguns passos, Javert voltou-se e gritou: "O senhor me aborrece. É melhor que me mate!" Esclarece logo nosso narrador onisciente que "Javert não percebeu que deixara de tratar Jean Valjean de você". Depois que Javert foi embora, Valjean deu um tiro para o ar.[44]

A segunda vez que Javert trata Jean Valjean como senhor

Depois de fugir pelos esgotos de Paris carregando Marius ferido, Valjean consegue chegar do lado de fora. Acontece que ali lhe esperava o inspetor Javert. Jean Valjean lhe faz um pedido: "Estou em seu poder. Aliás, desde esta manhã me considero seu prisioneiro. Não lhe dei o meu endereço para escapar-lhe outra vez. Prenda-me. Conceda-me, porém, uma coisa." Javert, que parecia nada ouvir, indaga-lhe: "Que faz o senhor aí? Quem é esse homem?" Como se pode verificar, continuava a tratar Valjean de *senhor*. Depois de informar quem era Marius, Jean Valjean pede para entregá-lo na casa do avô. Javert, sem dizer que concordava, chama o cocheiro e determina que rumem para o endereço que lhe fornecera Jean Valjean. Depois de entregarem o corpo de Marius para o porteiro da casa de seu avô, Jean Valjean lhe faz outro pedido: "Deixe-me voltar por um instante à minha casa. Depois pode fazer de mim o que quiser." Pretendia informar a Cosette onde se encontrava Marius. Mais uma vez, sem concordar expressamente, Javert determina ao cocheiro que siga para a casa de Jean Valjean. Ao chegarem à Rue de l'Homme-Armé, número 7, Javert informa para Jean Valjean que o aguardaria ali. Ao subir, Jean Valjean, que achara estranho o comportamento de Javert, dirige-se à janela e inclina-se para a rua, "que era curta e o lampião a iluminava de uma extremidade a outra. Jean Valjean ficou espantado: não havia mais ninguém ali. Javert tinha ido embora."[45]

A lei não esgota o direito, assim como a partitura não esgota a música

Ao se afastar a passos lentos da Rue de l'Homme-Armé, Javert pela primeira vez em sua vida caminhava de cabeça baixa, com as mãos atrás das costas. Dirigiu-se em direção ao ponto do Sena que era temido pelos barqueiros, perto da Pont Notre-Dame e da Ponte au Change, de um lado, e do Quai de la Mégisserie e do Quai des Fleurs, de outro. Nesse passo, peço licença ao paciente leitor deste ensaio para, usando as palavras de nosso narrador onisciente, sintetizar o que passava pela cabeça de Javert naquele momento.

Ele via na sua frente dois caminhos retos a seguir, mas era o fato de serem dois caminhos o que o assustava, porque ele em toda sua vida somente conhecia um caminho reto. Sabia que uma daquelas duas linhas retas excluía a outra. Qual delas era a verdadeira? Entregar Jean Valjean não era justo; deixá-lo livre também não era justo. Uma de suas ansiedades era ser constrangido a pensar. Pensar era para ele uma coisa estranha e singularmente dolorosa, porque há sempre no pensamento certa quantidade de rebelião interior; isso é o que o irritava. Que resolver: voltar para prender Jean Valjean? Era a única resolução acertada. Mas alguma coisa lhe barrava o caminho para esse lado. Que coisa? No mundo pode haver algo mais que tribunais, sentenças executórias, polícia, autoridade? Javert estava transtornado. Sua suprema angústia era o desaparecimento da certeza. Sentia-se desenraizado. O código não passava agora de uma coisa inútil em suas mãos.

Javert chegara sem saber à mesma conclusão que, muitos anos depois, chegaria Bertold Brecht: "De todas as coisas seguras, a mais segura é a dúvida." Convencia-se então de que era verdade, que havia exceções, que a autoridade podia ser confundida, que a regra poderia ser insuficiente diante de um fato, que nem tudo se enquadrava no texto do código, que o imprevisto exigia obediência, que a virtude de um criminoso poderia preparar uma armadilha à virtude de um funcionário. Para Javert, o ideal não era ser humano, ser grande, ser sublime; era ser irrepreensível. Viu-se obrigado a confessar que a infalibilidade não é infalível, o dogma pode conter erros, o código não é completo, a sociedade não é perfeita, a autoridade pode vacilar, um desacordo no imutável é possível, os juízes são homens, a lei pode enganar-se, os tribunais podem errar![46]

Javert se mata no dia 7 de junho de 1832. Tinha então 52 anos, como constava de sua carteira funcional,[47] mais ou menos à uma hora da manhã, segundo carta por ele deixada e assinada no Posto da Place du Châtelet.[48]

As lições de justiça em Os miseráveis

Podemos retirar algumas lições de justiça da leitura de Os miseráveis. Uns destacam a luta contra a pena de morte e o sistema de justiça penal na época. Outros, entretanto, encontram a luta contra a pobreza que envolvia grande parte da população no século XIX.

Esses temas, que tiveram grande relevância na época da publicação de Os miseráveis, ainda continuam como lições para nós brasileiros na atualidade. Apesar de proibida a pena de morte em nosso ordenamento jurídico, por previsão constitucional, ao afirmar que "não haverá pena de morte, salvo em caso de guerra declarada",[49] assistimos diariamente a defesa de seu retorno como medida de controle da violência em nosso país. O sistema carcerário brasileiro é caótico, apesar de a Constituição Federal afirmar expressamente que "a pena será cumprida em estabelecimentos distintos, de acordo com a natureza do delito, a idade e o sexo do apenado";[50] que "é assegurado aos presos o respeito à integridade física e moral";[51] que "às presidiárias serão asseguradas condições para que possam permanecer com seus filhos durante o período de amamentação".[52] Essas normas constitucionais são diariamente violadas, como se verifica das chacinas ocorridas em Amazonas e Roraima; das facções criminosas que agem nos presídios como grandes gangues ou cartéis; das superlotações no sistema carcerário insalubre, que tornam as prisões brasileiras concentração de doenças, como a tuberculose, pneumonia, hepatite, doenças venéreas em geral. Afirma-se que aproximadamente 20% da população carcerária seja portadora do vírus HIV, contraído em virtude de relações sexuais sem uso de preservativo, da violência e do uso de drogas injetáveis.⁵³ As prisões brasileiras da atualidade, assim como as do tempo de Jean Valjean, não primam pela ressocialização dos presos, limitando-se a mantê-los afastados da sociedade por um determinado período, em estado de degradação, com violação dos direitos humanos mais elementares.

Nós nos emocionamos com o retrato da pobreza em *Os miseráveis*. Lamento o Brasil não ter tido, no século XIX, um Victor Hugo para retratar com a emoção do romantismo os nossos Valjeans, Fantines e Cosettes. Todos negros. Todos escravos. Todos *miseráveis*.

No período entre 1790 e o fim do tráfico legal de escravos, em 1830, calcula-se que o Porto do Rio de Janeiro recebeu cerca de 697.945 africanos.⁵⁴ Mas, como sabido, mesmo depois da proibição do tráfico negreiro, essa prática nefanda ainda perdurou até pelo menos 1850, com o apoio de grupos políticos e das elites econômicas dependentes da mão de obra e do tráfico de escravos, o que permitiu a entrada de cerca de 470 mil escravos africanos, através de tráfico *ilegal*, no período de 1831 a 1845, com o fundamento de que a manutenção do tráfico era "imprescindível para o bom funcionamento da economia".⁵⁵ Conforme Klein, "o Brasil foi o maior receptor de escravos africanos da América, tendo somado pelo menos 4,8 milhões de pessoas até 1850".⁵⁶ Mas não era somente um terço da população branca que tinha escravos, cerca de 5% a 10% da população negra livre também os possuía.

É estarrecedor pensar que mesmo depois da eliminação do tráfico em caráter definitivo, em 1850, por ser reconhecida como atividade *ilícita*, a escravidão no Brasil ainda durou 38 anos. Até mesmo a legislação abolicionista era complacente com o estado de infâmia da escravidão. A proposta da lei de 1871, conhecida como Lei do Ventre Livre, foi recebida com resistência, ao argumento de que a liberdade aos filhos de escravas se caracteriza como *desapropriação*, que deveria vir, como consequência, acompanhada de *indenização*. Determinado deputado, Barros Cobra, em discurso na Câmara, em 24 de julho de 1871, equiparava os filhos das escravas aos frutos de uma árvore, sustentando que o proprietário do escravo tinha um direito sobre os filhos, ainda no ventre da escrava, como o proprietário da árvore aos frutos que ela pode produzir. Diante do impasse, a Lei do Ventre Livre passou com restrições, estabelecendo que, quando o filho de uma escrava chegava aos oito anos, o senhor tinha a opção de receber do Estado uma indenização ou de utilizar-se dos serviços do menor até a idade de 21 anos completos. Também a lei de 1885, conhecida como Lei dos Sexagenários, ao estabelecer a alforria dos escravos que tivessem mais de sessenta anos de idade, atendendo aos interesses da elite branca, determinou que o velhos escravos, a título de indenização pela sua alforria, deveriam prestar serviços a seus ex-senhores pelo período de três anos.

Mas, atualmente, passados mais de cem anos, lamentavelmente continuamos a ver esses personagens nos grandes centros. Noss*Os miseráveis*, que vivem abaixo do nível da pobreza, nossos moradores de rua. Os que não têm casa, a não ser a marquise dos prédios do centro ou da zona sul, não têm emprego, não trabalham, não têm CPF, não votam. Aqueles que não existem para o Direito e para quem o Direito não existe. Segundo pesquisa divulgada em 15 de dezembro de 2017, pelo IBGE, cerca de 50 milhões de brasileiros vivem na linha da pobreza, isto é, com menos que US$ 5,5 por dia, critério reconhecido pelo Banco Mundial para considerar uma pessoa como pobre, agravando-se a situação na região nordeste do país, onde, segundo essa pesquisa, 43,5% da população se enquadram nessa situação.

As semelhanças não se esgotam na quantidade de pessoas largadas à própria sorte, mas especialmente no tratamento que essas pessoas recebem das elites. Também vemos dentre os personagens atuais o pequeno Gavroche, morador de rua, nas ruas de cidades como o Rio de Janeiro ou São Paulo. São os nossos *pivetes*, tão bem retratados na música de Chico Buarque de Holanda, "Pivete". Segundo a pesquisa referida acima, 42% das crianças na faixa estaria entre 0 a 14 anos de idade sobrevivem com apenas US$ 5,5 por dia.

Esses miseráveis causam medo à burguesia, lembrando que "filha do medo, a raiva é mãe da covardia".[57]

Quer concordemos ou não com a abolição da pena de morte, quer reconheçamos ou não que a injustiça social com os mais pobres materializa em cada um deles a indignidade da pessoa humana, todos nós, com humildade, devemos reconhecer que por vezes nos vemos diante de portas do destino e duvidamos se devemos abri-las ou deixá-las fechadas.

Ao que tudo indica, razão assiste nas palavras de Victor Hugo no prefácio de *Os miseráveis*, em 1862, ainda tão atuais:

> Enquanto os três problemas do século — a degradação do homem pelo proletariado, a prostituição da mulher pela fome e a atrofia da crença pela ignorância — não forem resolvidos; enquanto houver lugares onde seja possível a asfixia social; em outras palavras, e de um ponto de vista mais amplo ainda, enquanto sobre a terra houver ignorância e miséria, livros como este não serão inúteis.

BIBLIOGRAFIA

BRESCIANI, Maria Stella M. *Londres e Paris no século XIX*: o espetáculo da Pobreza. São Paulo: Brasiliense, 2013.

CARPEAUX, Otto Maria. *O romantismo por Carpeaux*. São Paulo: Leya, 2012.

CHAUVIN, Jean Pierre. "A pena de Victor Hugo em *Os miseráveis*: Romance historiográfico e reparação social". In: HUGO, Victor. *Os miseráveis*. trad. Regina Célia de Oliveira. São Paulo: Martin Claret, 2014.

DAMACENO DE ASSIS, Rafael. *A realidade atual do sistema penitenciário brasileiro*. Disponível em: <https://www.direitonet.com.br/artigos/exibir/3481/A-realidade-atual-do-sistema-penitenciario-brasileiro>. Acessado em: 26 de maio de 2017.

FLORENTINO, Manolo. *Em costas negras*. São Paulo: UNESP, 2014.

GALLO, Max. *Victor Hugo: este um sou eu!* vol. 2. Rio de Janeiro: Bertrand Brasil, 2006.

GONZÁLEZ, Martín Garcia. "Estudo preliminar". In: HUGO, Victor. *El último día de un condenado a muerte; Claude Gueux*. Madrid: Alcal, 2018.

HUGO, Victor. *Os miseráveis*. trad. Frederico Ozanam Pessoa de Barros. Tomos I e II. São Paulo: Penguin/Companhia das Letras, 2017.

_____. *Os miseráveis*. trad. Regina Célia de Oliveira. São Paulo: Martin Claret, 2014.

_____. *El último día de un condenado a muerte*; *Claude Gueux*. Madri: Alcal, Espanha, 2018.

KLEIN, Herbert S. "Demografia da escravidão". *Dicionário da escravidão e liberdade*. org. Lilian M. Schwarcz; Flávio Gomes. São Paulo: Companhia das Letras, 2018.

LLOSA, Mario Vargas. *A tentação do impossível*: Victor Hugo e *Os miseráveis*. Rio de Janeiro: Objetiva, 2012.

LANSON. G; TUFRAU, P. *Manual de historia de la literatura francesa*. Barcelona: Labor, 1956.

MOREIRA DE ARAÚJO, Carlos Eduardo. "Fim do Tráfico". *Dicionário da escravidão e liberdade*. org. Lilia M. Schwarcz; Flávio Gomes. São Paulo: Companhia das Letras, 2018.

MORTIMER, Ian. *Séculos de transformações*. Rio de Janeiro: Difel, 2018.

PLINVAL, Georges de. *História da literatura francesa*. Lisboa: Presença, 1978.

RIBEIRO, Renato Janine. "Um novo olhar". In: HUGO, Victor. *Os miseráveis*. trad. Frederico Ozanam Pessoa de Barros. Tomos I. São Paulo: Penguin/Companhia das Letras, 2017.

ROBB, Graham. *Victor Hugo — Uma Biografia*. Rio de Janeiro: Record, 2000.

TIEGHEM, Philippe Van. *História ilustrada das grandes literaturas*: literatura francesa. Lisboa: Estúdios Cor, 1955.

Notas

1. HUGO, 2017.
2. HUGO, 2014.
3. CHAUVIN, 2014, p. 26.
4. CARPEAUX, 2012, p. 295.
5. Ibidem, p. 304.
6. Ibidem, p. 304.
7. LLOSA, 2012, p. 23.
8. CHAUVIN, 2014, p. 25.
9. GONZÁLEZ, 2018.
10. HUGO, 2014, p. 126.
11. RIBEIRO, 2017.
12. BRESCIANI, 2013.
13. HUGO, 2014, p. 553.
14. Ibidem, p. 223.
15. Ibidem, p. 52.
16. Ibidem, p. 229.
17. LLOSA, 2012, p. 124.
18. HUGO, 2014, p. 951.
19. Ibidem, p. 952.
20. LLOSA, 2012, p. 130.
21. GONZÁLEZ, 2018.
22. ROBB, 2000, p. 366.
23. GALLO, 2006, p. 227.
24. MORTIMER, 2018.
25. Ibidem, p. 290.
26. HUGO, 2014, p. 122-123.
27. Ibidem, p. 124.
28. Idem.
29. HUGO, 2017, p. 124/144. Conforme nota na edição, Jean Valjean é personagem inspirado em *Pierre Maurin*, que também foi condenado por furto de um pão e acolhido, como veremos adiante, como Jean Valjean, pelo Bispo de Digne, *Bienvenu de Miollis*. Ver crítica de Mario Vargas Llosa (LLOSA, 2012, p. 119) sobre a pena de cinco anos para o furto de um pedaço de pão.
30. Atualmente o trajeto Faverolles/Toulon demora mais de oito horas de carro.

31 HUGO, 2014, p. 125.
32 Idem.
33 Ibidem, p. 126-127.
34 Ibidem, p. 127-129.
35 Ibidem, p. 135-136; 106-109.
36 Ibidem, p. 113-117.
37 Ibidem, p. 137-142.
38 Ibidem, p. 143-145.
39 Esse é o título do nº III do Livro sexto, Parte I, segundo a tradução de Frederico Ozanam Pessoa de Barros (HUGO, 2017, tomo I, p. 323). Achei melhor do que o título *tempestade sob um crânio*, empregado na tradução de Regina Célia de Oliveira (HUGO, 2014, p. 262).
40 HUGO, 2014, p. 405.
41 Ibidem, p. 270-271.
42 HUGO, 2017, tomo I, p. 376-380.
43 Ibidem, tomo I, p. 396-401.
44 Ibidem, tomo II, p. 1612-1614.
45 Ibidem, tomo II, p. 1704-1706; 1708-1710.
46 Ibidem, tomo II, p. 1718-1731.
47 Ibidem, tomo II, p. 1463.
48 Ibidem, tomo II, p. 1730.
49 Constituição Federal, art. 5º, XLVII, "a".
50 Constituição Federal, art. 5º, XLVIII.
51 Constituição Federal, art. 5º, XLIX.
52 Constituição Federal, art. 5º, L.
53 DAMACENO DE ASSIS, s.d., on-line.
54 FLORENTINO, 2014, p. 49.
55 MOREIRA DE ARAÚJO, 2018, p. 232-233.
56 KLEIN, 2018, p. 185.
57 Chico Buarque de Holanda. *As Caravanas*.

Robinson Crusoé

Maria Celina Bodin de Moraes

*No man has tasted differing fortunes more,
and thirteen times, I have been rich and poor.*
— Daniel Defoe

*It is the only instance of a universally popular book that
could make no one laugh and could make no one cry.*
— Charles Dickens

*Chi rilegga questo semplice e commovente
libro alla luce della storia susseguente non può non
subirne l'incanto fatidico.*
— James Joyce

Um homem apaixonado

A primeira publicação de *As aventuras de Robinson Crusoé* se deu há trezentos anos, em 25 de abril de 1719, sendo, portanto, muito anterior à maioria dos acontecimentos que moldaram a nossa época, inaugurada com a Revolução Francesa. O personagem principal tornou-se um mito já em seu próprio tempo, e sua fama e atualidade só fizeram aumentar.

Embora uma multidão de comentadores, ensaístas e pensadores já se tenha debruçado sobre o tema do náufrago, da ilha isolada e do indivíduo ilhado, o imenso sucesso da obra permanece tão enigmático quanto a vida de seu autor. Defoe foi um homem de paixões, contraditório, paradoxal e controverso, a ponto de ter sido visto como "*heartily detested*" por muitos de seus contemporâneos. Autor prolífico e versátil, escreveu um grande número de obras — livros, panfletos e ensaios sobre os mais variados temas —, sendo considerado não apenas o criador do gênero romance, mas também o pai do jornalismo moderno.

Formado no puritanismo dissidente herdeiro da Revolução Puritana de 1640, religião de matriz calvinista que tudo atribui à graça de Deus — pouco importando as atitudes da vida cotidiana dos fiéis. A essa religião agarrou-se por toda a vida. Inicialmente, por meio de panfletos inflamados e atitudes "performáticas"; depois, nos duros embates da política inglesa do final do século XVII — marcada por guerrilhas religiosas entre protestantes de todos os matizes, anglicanos e católicos. Além destas, havia ainda as lutas sobre a divisão de poderes entre o Rei e o Parlamento, cujo ápice se deu com a Revolução Gloriosa de 1688-89, quando o Trono teve de abrir mão dos poderes absolutistas que o rei católico Jaime II tentava impor.

Defoe foi, antes de tudo, um pensador político cuja inteligência brilhante seguia ao lado de uma extraordinária capacidade de persuasão. Daí nasceu o jornalista preocupado não apenas com a política cotidiana, mas também com as origens dos governos, as causas dos sucessos e insucessos da sociedade civil, os princípios dos deveres políticos e as diversas naturezas da liderança em momentos de crise institucional. Com efeito, até mesmo para os seus primeiros biógrafos, era evidente que Defoe havia sido o principal panfletário político da Revolução, sempre imbuído do profundo conhecimento da vida conflituosa de seu país. Embora gostasse de dizer que "escrever sobre o Comércio foi a meretriz que eu realmente amei", a bibliografia mais conservadora de seus trabalhos impressos apoiaria a afirmação de que "a Política foi a mulher com quem ele havia se casado".[1]

As muitas faces de um cidadão do mundo

Daniel Defoe amava conhecer *in loco* países, cidades e pessoas estrangeiras. E, por gosto, disfarçava-se — tanto que, além de comerciante, político e jornalista, foi também espião. Pseudônimos e disfarces combinavam muito bem com a sua personalidade cambiante. Ele gostava de usar nomes diferentes e se passar por outras pessoas — e ao que parece representou mais de noventa personagens. Tinha ainda outra marca, acentuada por diversos estudiosos: o gosto pela dissimulação fez dele um mestre na arte da ironia. As numerosas sátiras que escreveu eram tão verossímeis que muitas vezes se viu em sérias dificuldades: tornou-se o foco do desprezo de seus colegas escritores. Diziam que era um mercenário da escrita, por sua capacidade de defender qualquer lado do espectro político com a mesma verve, o mesmo poder de convencimento. Defoe, contudo, era o oposto: um homem ardorosamente fiel a suas ideias e muito à frente de seu tempo. Suas opiniões, sempre contundentes, vão se revelar, como tentarei demonstrar, quase contemporâneas.

Afora as centenas de obras econômicas e políticas, publicou ainda alguns poemas elogiados, entre os quais *The True-Born Englishman* (1700-1701), em que aponta uma real descendência mista naqueles que orgulhosamente reivindicam a sua suposta, e "superior", condição de "verdadeiros ingleses". Não haveria sequer um inglês "verdadeiro", porque toda a nação inglesa, como foi constituída, era resultado da mistura de vários elementos estrangeiros: *"For Englishmen to boast of generation/ Cancels their knowledge and lampoons the nation;/ A true-born Englishman's a contradiction,/ In speech an irony, in fact a fiction*". A composição, escrita para homenagear o rei Guilherme III, de Orange, holandês de nascimento, fez de Defoe um reconhecido autor. Mas os versos foram além: tornaram-se o poema em língua inglesa mais vendido do século XVIII. Veja-se aqui o exemplo de sua significativa capacidade de convencimento: vender mais de 80 mil cópias de estrofes que tratam, em sátira mordaz, das raízes miscigenadas de seu público — isso não é tarefa para qualquer um.

A sociedade inglesa, como se sabe, sempre foi especialmente definida pela obsessiva distinção de classes, distinção até hoje presente no dia a dia. Daniel Defoe pertencia à então incipiente camada média mercantil, terceiro filho de Annie e James Foe, uma dona de casa que morreu cedo e um comerciante de velas de sebo que ascendera a açougueiro na City, nascido em Etton, vila de rua única em Yorkshire — uma família recém tornada puritana. Nasceu em Londres e, impedido que estava de frequentar as universidades públicas de Oxford e Cambridge, então exclusivas para anglicanos, acabou se formando na famosa academia do reverendo Charles Morton, de Newington Green — que veio a ser presidente do Harvard College. Isso, todavia, não empobreceu a sua formação; ao contrário: as academias, nessa época, eram mais "modernas" do que as já então vetustas instituições que obedeciam a rigoroso *Index*.

Desconsiderando a vontade paterna — de que o filho fosse pastor protestante —, apressou o término de sua formação intelectual e, tão logo pôde, dedicou-se ao comércio. Com 24 anos, em 1684, casou-se com Mary Tuffley, uma herdeira que lhe trouxe o significativo dote de quase quatro mil libras. E então, de 1685 a 1692, obteve sucesso como grossista de malhas (meias), fabricante de tijolos, importador de vinho e tabaco e segurador de navios. Ainda nesse ano de 1692, depois de graves perdas, viu-se obrigado a declarar falência. As ameaças de falência, no entanto, foram constantes em sua vida, a ponto de ser condenado e preso. Em certa ocasião, para fugir dos credores, abrigou-se em Bristol e lá se tornou conhecido como Mr. Sunday, o cavalheiro que só saía de casa aos domingos, quando os oficiais de Justiça não estavam autorizados a prender criminosos. Um acordo com seus credores o libertou desta residência forçada, e por mais de uma década trabalhou continuamente para amortizar a enorme soma de suas dívidas, cerca de dezessete mil libras esterlinas.[2]

Antes de se tornar escritor, fora, como disse, um pouco de tudo no âmbito do comércio, da política e da espionagem. Aos 35 anos mudou seu sobrenome, incluindo a partícula "De". O objetivo, segundo alguns, era fazê-lo parecer "mais nobre"; outros afirmaram que desejava era livrar-se da incômoda homonímia *foe* ("inimigo", em inglês). Poucos notaram que o escritor, na verdade, sempre assinara "D.Foe".

As muitas vidas de Daniel Defoe refletiram-se em sua produção literária. Em 1919, em homenagem ao bicentenário da publicação de *Robinson Crusoé*, Virginia Woolf observou que a obra não parece o efeito de uma mente única, mas uma produção da humanidade. A impressão que causava era a "que o nome de Daniel Defoe não tem direito a aparecer na capa"[3] — impressão frequente na leitura de escritos do autor, cuja imensa capacidade de se despersonalizar, mimetizando-se com os seus personagens, até hoje surpreende. A propósito do livro, Edgar Allan Poe afirmou:

> Defoe não tem nenhum de seus pensamentos — Robinson, todos. (...) Nós lemos, e nos tornamos abstrações perfeitas na intensidade de nosso interesse — fechamos o livro, e ficamos muito satisfeitos que poderíamos ter escrito também nós mesmos! (...). Tudo isso é efetuado pela poderosa magia da verossimilhança. De fato, o autor de Crusoé deve ter possuído o domínio exercido pela volição sobre a imaginação, que permite à mente perder sua própria individualidade fictícia. Isso inclui, em um grau muito grande, o poder da abstração; e com essas chaves podemos desbloquear parcialmente o mistério daquela magia que por tanto tempo investiu a obra diante de nós.[4]

Um episódio memorável

Pouco demonstra melhor a capacidade de Defoe de dissimulação do que o episódio que o levou ao pelourinho. Em 1702, aos 42 anos, teve a ideia de publicar um panfleto anônimo intitulado "O caminho mais curto [para lidar] com os dissidentes" (*The Shortest Way with the Dissenters*), escrito como se por um fanático anglicano. O panfleto dizia, com sedutores argumentos, que a melhor maneira de extirpar a praga do dissenso era eliminar os opositores fisicamente, enviando-os ao degredo ou ao carrasco: "*Alas, the Church of England! What with Popery on one hand, and Schismatics on the other, how has She been crucified between two thieves. Now, let us crucify the thieves! Let her foundations be established upon the destruction of her enemies! The doors of Mercy being always open to the returning part of the deluded people, let the obstinate be ruled with the rod of iron!*".[5]

O seu objetivo era zombar da posição anglicana, mas clérigos eminentes da Igreja da Inglaterra, enganando-se, louvaram o escrito. Quando a identidade do autor foi descoberta, e com ela sua intenção, ofereceram-se cinquenta libras por sua prisão.[6] Encurralado pela recompensa, foi capturado em maio de 1703 e confinado na prisão de Newgate (onde era possível obter alojamentos "confortáveis", ainda que às próprias custas). Foi libertado sob fiança em junho, e seu julgamento por "difamação sediciosa" começou no mês seguinte, concluindo-se de forma sumária. Declarou-se culpado, como tecnicamente era, e apelou à misericórdia. Condenaram-no a pagar uma salgada multa, a ficar por três vezes no pelourinho e ainda a passar um período indeterminado na prisão, até que pudesse dar garantias de bom comportamento.

A condenação ao pelourinho era humilhante e severa, já que os condenados — infratores menores, trapaceiros, desordeiros e homossexuais — ficavam expostos em praça pública, presos pelas mãos e pela cabeça, e ao dispor do povo, que neles jogava tomates, ovos podres, pequenos animais mortos, pedras, panelas e o que mais calhasse. Era frequente cortarem-lhes as orelhas.

Defoe ali ficou nos últimos três dias de julho, uma hora por dia, em locais diferentes e movimentados da cidade. Diz-se que chovia na maior parte do tempo, o que piorava o desconforto do condenado, mas afastava as massas. A experiência, no entanto, transformou a provação em triunfo. O que Defoe recebeu na cara, segundo se conta, não foram ovos, mas flores. E pelas cercanias seus amigos vendiam ao público cópias de *A Hymn to the Pillory*, poema que o condenado compusera especialmente para a ocasião.

Foi a seguir levado de volta para Newgate, onde cumpriria a sua pena. O governo, enquanto isso, reconsiderava a situação de Defoe. Em novembro, a multa foi enfim paga, com fundos do serviço secreto, e ele, liberado da prisão. O secretário de Estado Robert Harley percebera cedo a relação da opinião pública com o poder político na Inglaterra pós-Revolução e encontrou em Defoe o agente-observador de que precisava, empregando-o para atuar como espião do governo, para viajar pela Inglaterra e reportar-lhe os acontecimentos mais relevantes.[7] Pelas mãos de Harley, Defoe — um *Whig* de coração — foi contratado também para publicar um jornal regular, com o objetivo de mostrar o ministério *Tory* sob uma luz favorável. Em 1706 foi enviado diversas vezes à Escócia para ajudar a promover a bem-sucedida união com a Inglaterra (ocorrida em 1707). Trabalhou para sucessivos ministérios, até o fim do reinado da rainha Ana e da Casa Stuart em 1714, e continuou a atuar como jornalista até o fim da vida.[8]

Após tentar a sátira dos versos e da prosa, a controvérsia política e religiosa, a história, o jornalismo, o ensaio, a ode, o hino e o panegírico, em narrativas simples e semifictícias, Daniel Defoe, segundo observou James Sutherland, acabou por voltar a sua atenção para a ficção em prosa: "... se é possível julgar essas coisas em termos de valores sociais, ele já estava, sem dúvida, em trajetória descendente quando escreveu o romance" — obra, aliás, recusada por quase todos os editores de Londres. E remata: "Para um autor que se envolveu com sucesso no embate político e religioso, tornar-se autor de histórias de aventura foi — para o modo de pensar do século XVIII — um sinal de decadência social, se não mesmo de intelecto."

Poucos meses depois da publicação da primeira edição de *Robinson Crusoé*, Defoe completou sessenta anos. Nos anos seguintes publicou outros seis romances, que consolidaram sua fama, mas não sua fortuna — e retornou, sem sucesso, aos escritos políticos. Teve oito filhos, sobre os quais pouco se sabe, um casamento de quase cinquenta anos e, em 1731, uma morte por "letargia". Até o fim, isolado, pobre e moribundo, escondeu-se dos credores.[9]

SUCESSO DE VENDAS, DECEPÇÃO DE CRÍTICA

A expansão dos estudos dedicados a *Robinson Crusoé* ao longo dos séculos acabou por demonstrar que a obra era muito mais significativa do que se pensava ao início, atraindo variadas interpretações e servindo de paradigma para quase todos os campos do saber. Não se tratava de um livro para crianças, mas para adultos, inclusive para os adultos de hoje.[10] Personagem e autor ali se confundem, mesclando-se em ambos, latejantes e contrapostos, os interesses da religião e os do dinheiro. Esse entrelaçamento entre autor e personagem vai revelar-se, aqui neste texto, fundamental.

Defoe usou no texto o seu estilo simples, direto e baseado em fatos, totalmente compreensível para a camada média então incipiente, porém ainda carente de cultura para livros "profundos". Os devoradores de relatos de viagem, então em ascensão, os pequenos comerciantes e artesãos, os donos de pubs, os lacaios e as criadas, os soldados e marinheiros, aqueles que sabiam ler, mas não liam, por falta de hábito ou tempo — para eles é que *Robinson Crusoé* foi feito. Como afirmou um de seus contemporâneos: "*It was not intended to the lady and the gentleman.*"[11]

Foi o primeiro best-seller da história, atingindo números antes somente alcançados pela Bíblia. Tornou-se assim o novo padrão do "romance" inglês. Até o final de 1719 já havia sido reimpresso outras quatro vezes. Logo em seguida o autor escreveu duas continuações, ambas acolhidas com entusiasmo, mas consideradas de menor valor artístico:

The Farther Adventures of Robinson Crusoe (1719), na qual Sexta-Feira morre, salvando a vida de Crusoé; e *Serious Reflections During the Life and Surprising Adventures of Robinson Crusoe With His Vision of the Angelick World* (1720), que não receberam tradução para o português. Na realidade, o terceiro volume, ao contrário dos anteriores, não é uma obra de ficção, mas uma série de ensaios escritos na voz do protagonista. O volume original e a primeira continuação passaram, com frequência, a ser publicados juntos.

O romance foi, sem dúvida, um triunfo comercial muito invejado, mas nunca considerado uma realização digna de elogios literários. Encontrou, quando muito, algum público no âmbito da elite educada (o mais importante poeta da época, Alexander Pope, confessou, em particular, alguma admiração pelo texto).[12] Defoe, portanto, era visto como um autor com uma produção "descaradamente" comercial, desafiadora até mesmo do decoro literário tradicional ao se tornar acessível a todos os leitores. Assim, se de um lado o primeiro romance de Defoe surgiu como um dos mais notáveis sucessos do mercado editorial do século, de outro foi sempre considerado como "suspeito".[13]

Seu impactante realismo desafiou o público leitor e ainda foi além, representando — e assim apresentando — a vida como "realmente" se dava.[14] A história segue contada com tanta perspicácia e eficiência que parece, de fato, verdadeira. E para muitos era — não só porque Defoe assim a definiu, atribuindo a autoria ao próprio Robinson Crusoé, mas porque proveio de um autor cujo imenso talento jornalístico havia sido lapidado por cerca de duas décadas de trabalho diuturno.

A ampla e profunda compreensão que Defoe tinha dos problemas sociais, políticos e econômicos de seu tempo fez com que criasse um novo tipo de ficção, dita "realista". Suas características: datas e dados locais historicamente verificáveis, grande cuidado na escrita do diário e na marcação do seu calendário, ambos tidos como "confiáveis", e detalhamento descritivo de pessoas e lugares. Sua prosa, em suma, é repleta de explicações densas para pessoas, lugares e coisas, e ele foi detalhista em seu esforço. Segundo Italo Calvino:

Minuciosas até ao escrúpulo são as descrições das operações manuais de Robinson: como ele escava a casa na rocha, cingindo-a com uma paliçada, como constrói um barco que depois não consegue levar até ao mar, aprende a modelar e a cozer vasos e tijolos. Por este seu empenho e prazer em referir as técnicas de Robinson, Defoe chegou até nós como o poeta da paciente luta do homem com a matéria, da humildade e dificuldade e grandeza do fazer, da alegria de ver nascer as coisas das nossas mãos.[15]

Isso faz com que *As Aventuras* transmitam fortíssima credibilidade. Tudo o que Defoe escreve, por mais incrível que possa parecer, é veraz, autêntico e, portanto, poderoso. Para Charles Lamb, em ensaio escrito em 1822, "o charme geral ligado aos romances de Defoe deve ser atribuído, principalmente, à destreza inigualável com a qual ele deu uma aparência de honestidade aos incidentes que narra". E continua: "... mesmo as deficiências de estilo de Defoe, a simplicidade de sua linguagem, sua rusticidade de pensamento parecem reivindicar crédito para ele como alguém que fala a verdade."[16]

Em um artigo sobre o conhecimento de Defoe acerca da pintura e das artes visuais em geral, Maximillian Novak diz que o escritor estava particularmente interessado nas tendências artísticas do norte da Europa.[17] Vê o seu realismo narrativo como um reflexo do realismo visual da pintura holandesa em sua época de ouro. Rembrandt, Vermeer e Frans Hals, entre outros — deles se disse que "eram verdadeiros repórteres".[18]

O grande problema para os artistas realistas é o fato de que algumas coisas não são facilmente representáveis como verdadeiras. O realismo tem seus limites. O apelido preferido de Defoe para o objeto da representação realista, diz Novak, é "a coisa-em-si". A representação o mais fiel possível dessa coisa-em-si, no tecido da prosa, surge como o objetivo final de todo escritor realista. Ouvimos com frequência que a história real era tão extraordinária que se tornou impossível de ser contada. Com efeito, observa Hazlitt, Defoe mostrou-se bastante cuidadoso:

Todos os "andaimes e máquinas" usuais empregados na composição de uma história fictícia foram descartados. Os primeiros incidentes da história, que em trabalhos comuns de invenção são usados como estacas para pendurar a conclusão, neste texto são apenas tocados e logo desaparecem de vista. Robinson, por exemplo, nunca mais nada ouve sobre seu irmão mais velho, que entra nos Dragoons de Lockhart no início, e que, em qualquer romance comum, certamente teria aparecido antes do final. Perdemos de vez e para sempre o interessante Xuri, e muitas das aventuras anteriores do nosso viajante desaparecem, para não serem trazidas à nossa lembrança no curso subsequente da história. O pai dele — bom e velho mercador de Hull — e todas as outras pessoas ativas originalmente no drama desaparecem de cena para não aparecerem novamente. Este não é o caso do romance comum, em que o autor, por mais luxuriante que seja sua invenção, não deixa de bom grado a posse de criaturas de sua imaginação até que elas lhe prestem alguns serviços na cena; enquanto na vida comum raramente acontece que nossos primeiros conhecidos exerçam muita influência sobre a sorte de nossa vida futura.[19]

O que distinguiu *Robinson Crusoé* foram elementos que hoje parecem essenciais ao romance — ou, por outra, estão já naturalizados nesse gênero literário. Um marinheiro que não apenas suportou as dores da solidão durante quase trinta anos, como também conseguiu edificar um tipo novo de organização social em uma ilha — este é o tema do livro.

O que Robinson faz? Trabalha. Trabalhando, acaba por fundar uma nova sociedade, mostrando que nela há um lugar de honra para o indivíduo, que apenas com o seu trabalho cotidiano se reapropria do mundo. Assim começa a ideia da valorização do trabalho independentemente de sua natureza. A dignificação de todo e qualquer tipo de trabalho ocorre no mesmo momento em que a substituição do multissecular dístico monárquico inglês *Dieu et Mon Droit* pelo lema republicano *In God We Trust*, segundo o qual cada indivíduo se torna rei de seus domínios.[20]

O direito divino da monarquia, aliás, já havia sido diversas vezes criticado por Defoe, embora nunca tão claramente como no poema *De Jure Divino* (1706), obra considerada por muitos de seus contemporâneos como "ilegível". Não há nada no texto, segundo o autor, projetado para expor ou questionar a monarquia ou mesmo a soberania do governo pelos reis. Há, no entanto, outro projeto: provar que o poder real não é, por sua vez, divino, não podendo ser, portanto — e para o bem dos governados —, superior e insubmisso. Quando os reis assumem uma origem divina para o seu poder, tornam-se tiranos, invasores do direito, e por isso podem ser depostos pelas pessoas governadas.[21]

As aventuras da obra

Mito é aquilo que todos conhecem, na bela definição de Michel Tournier.[22] Robinson, claro, carrega essa palavra às costas. Embora se trate de uma simples história de aventuras — basicamente com um único personagem, em um só local, em um só tempo —, a obra acabou por delinear, com pelo menos um século de antecedência, a existência de um novo personagem do cenário social: o indivíduo livre, que trabalha apenas para o seu proveito. Robinson torna-se então o herói a que todos aspiram e ao qual podem assemelhar-se (e ainda achar tal projeto divertido e interessante). E tudo escrito em linguagem simples e direta, completamente estranha à moda de então, e ao mesmo tempo totalmente compreensível para todos.

A história é conhecida; já a lemos e ouvimos na infância.[23] Mas vale aqui o resumo de Italo Calvino — considerado uma obra de arte da arte do resumo —, mesmo tendo o próprio Calvino dito que "*Robinson Crusoé* é sem dúvida um livro a ler linha a linha, fazendo sempre descobertas novas":[24]

> Um náufrago chega a uma ilha deserta, sendo o único sobrevivente. Ele tem com ele apenas um cachimbo e tabaco. Do navio naufra-

gado recupera provisões, rum, armas, munição (vai caçar pássaros e cabras), machado e serra (vai construir um forte), grãos de trigo (vai semear e recolher). Ele também encontra dinheiro ("Para que você serve?", mas pega), encontra papel e tinta; três Bíblias; cães e gatos. Faz uma mesa, uma cadeira, e põe-se a escrever: começa com um balanço de seu destino em duas colunas, o mal e o bem que o compensa, pelo qual ele agradece a Deus. Faz de tudo: reinventa a agricultura, é oleiro, se veste de peles. Tem um papagaio, a única voz amigável. Depois de 15 anos de solidão (ansiando encontrar seus semelhantes), uma descoberta o aterroriza: a pegada de um pé na areia! Tribos desembarcaram para celebrar ritos canibais. A tiros, salva uma futura vítima. O selvagem Sexta-Feira, em reconhecimento, torna-se seu súdito: trabalha a terra obedientemente; estuda o Evangelho. Outras vítimas são libertadas então: o pai de Sexta-Feira e um branco (mas espanhol, portanto um inimigo: outro perigo!). Desembarcam finalmente os ingleses, e eles trazem prisioneiros acorrentados (Sexta-Feira acredita que também existam brancos canibais), são marinheiros amotinados. Os oficiais, salvos, recuperam o navio: depois de 28 anos, Robinson deixa a ilha.[25]

A literatura da época era já abundante em relatos em primeira pessoa de viagens perigosas de aventureiros movidos pelo desejo de saquear navios; aventureiros de terras exóticas e distantes, nas quais eram norma os motins, a pirataria e o escorbuto; e todas as variações em torno da ideia. A maioria dos críticos considera que o estreante Defoe se inspirou, para o seu Robinson, na figura do escocês Alexander Selkirk, que virou marinheiro e pirata em 1695.

Selkirk era um jovem teimoso e indisciplinado que decidiu juntar-se aos corsários que cruzaram o Pacífico Sul durante a Guerra da Sucessão Espanhola. Essa expedição foi embarcada no Cinque Ports, sob as ordens do famoso capitão William Dampier. Quando o navio ancorou ao largo da costa do Chile, nas ilhas de Juan Fernández, para abastecer, Selkirk considerou o barco em que estava como inadequado ao serviço, e pediu para ser deixado na ilha. Passados quatro anos o pirata inglês Woodes Rogers, comandante do Duke, encontrou o jovem Selkirk. Havia se tornado especialista em caçar, fugir dos espanhóis que lá aportavam e costurar peles de cabra usando um prego.

Com seu retorno à Inglaterra, em 1711, a história de sua sobrevivência foi amplamente divulgada, primeiro no livro do próprio Rogers, *A Cruising Voyage Around the World*, publicado em 1712.[26] O livro, embora rico em descrições de canhoneiras, tempestades e brigas de tripulação, limitava-se a poucas informações sobre Selkirk, além de como foi resgatado e quais eram os seus parcos bens. Até então pouco se via de extraordinário na história de um náufrago que passa o tempo todo desesperado, aprendendo a tolerar-se a si mesmo.

Outro relato esplêndido sobre a aventura de Selkirk, este de Diane Souhami, mostra o quão pouco o arquipélago de Juan Fernández e o marinheiro escocês contribuíram para as aventuras de Robinson.[27] A ilha imaginária de Defoe fica no Equador, acima da Venezuela, e Robinson, que sempre afirma estar no Caribe, passa o tempo a trabalhar, a rezar em sua Bíblia, a escrever o seu diário e a cumprir uma rigorosa rotina no calendário que estabeleceu para si mesmo, repleto de normas de conduta.

Há, hoje, outras hipóteses disputando a origem da história de Robinson Crusoé. A mais interessante é de Tim Severin, ele mesmo um explorador que fez muitas expedições, buscando percorrer as mesmas rotas antigas para jogar um pouco mais de luz sobre as histórias de Moby Dick, dos Vikings, de Marco Polo e Gengis Kan, entre outros. Na busca por Crusoé, e depois de analisar os lugares, os escritos e os relatos aos quais a história está conectada, Severin concluiu: "*Alexander Selkirk was not the prototype for Robinson Crusoe. He was the inspiration.*"[28] De fato, Severin encontrou um pequeno livro, intitulado *Um relato dos grandes sofrimentos e das estranhas aventuras de Henry Pitman, cirurgião* — publicado trinta anos antes, em 1689, pelo pai do editor de Defoe, J. Watson. Depois de mostrar numerosas coincidências, e comparando os dois relatos (o de Selkirk, escrito por Rogers, e o de Pitman, escrito pelo próprio), Severin concluiu que, de fato, houvera, sim, um marinheiro, deixado numa ilha deserta, cujo detalhado relato em primeira pessoa foi usado por Defoe. Seu nome era Henry Pitman.[29]

Embora escritor muito prolífico, com mais de quinhentas obras,[30] *Robinson Crusoé* foi o romance de estreia de Defoe. Seu título original, como era usual então, fazia as vezes de verdadeira sinopse do livro: "A vida e as surpreendentes aventuras de Robinson Crusoé, de York, marujo, que viveu 28 anos sozinho numa ilha deserta na costa da América, perto da embocadura do grande rio Orinoco; tendo sido lançado à costa por um naufrágio, no qual morreram todos os homens menos ele; com o relato de como foi, afinal, estranhamente salvo por piratas. Escrito por ele mesmo".[31]

Se ainda há diversas correntes que tentam localizar os verdadeiros antecedentes — fictícios ou não — de Crusoé, nenhuma história ou sequer conto foi indicado como possível fonte, ou mesmo "pano de fundo", para a figura literária de Sexta-Feira.[32]

Contextualizando Robinson

Sabe-se que Defoe esteve muitas vezes à beira da falência e que os relatos de viagens, desde que verídicos, tinham venda garantida na Inglaterra de sete milhões de habitantes (Londres era já a quinta maior cidade do mundo). Defoe forjou seu relato fazendo-o parecer verídico e foi por isso chamado de mentiroso e mau-caráter por diversos colegas. Havia, porém, como quase tudo em relação a Defoe, uma questão subjacente: os puritanos não estavam autorizados a escrever ficção.[33]

As qualidades de Defoe como narrador fizeram dele um romancista *a posteriori*, na disposição de tudo quanto pede uma história que surpreenda e que convença: a novidade, os detalhes, os personagens cativantes, as confissões, os nomes e pseudônimos completos e realistas, o suposto testemunho dos acontecimentos autênticos. Sua atenção para a descrição do ambiente é intermitente, mas os ocasionais detalhes vívidos reforçam a contínua implicação do que ele narra e nos fazem considerar a ação bem ancorada na verossimilhança. A ilha de Robinson povoa-se de memoráveis peças de vestuário e de utensílios.[34] Esses traços conferiram a Defoe pioneirismo e exemplaridade.

Segundo Sutherland, Defoe operou uma drástica "simplificação da sociedade e das relações sociais, e ao despojar a vida de seus aspectos não essenciais chegou às raízes da experiência humana. Seu herói nunca dá sinais de que irá se tornar um santo — ele continua sendo gente como nós —, mas deixa de ser um mero pecador".[35]

A obra é uma fábula política que visava estimular o desenvolvimento do colonialismo britânico, então incipiente, e emanou de uma imaginação vívida e treinada nos mais intensos debates políticos da história moderna da Inglaterra. *Robinson Crusoé* é o primeiro romance inglês a refletir sobre um elemento decisivo da expansão europeia: a conquista de novos territórios para ganhos patrimoniais. Com efeito, Defoe, cuja motivação era escrever uma obra de conduta sociopolítica, e sendo um brilhante polemista, percebeu que era preciso adaptar, e eventualmente mudar, o domínio do gênero em que trabalhava para atingir o seu objetivo retórico. Registra Schonhorn que a afirmação de um componente político significativo na obra poderá surpreender o leitor atual, uma vez que a ficção de Defoe parece ser tudo, menos política.[36] De fato, julgou-se um milagre não que aquelas aventuras houvessem sido escritas, mas que "fosse Defoe, o político, a registrá-las".[37]

A primeira tradução em língua portuguesa foi feita em 1785, por Henrique Leitão de Sousa Mascarenhas, que partiu do texto em francês. A primeira adaptação brasileira, cem anos depois (1885), é de Carlos Jansen, professor do Colégio Pedro II, que a ofereceu à "mocidade brasileira". A segunda, de autoria de Monteiro Lobato, intitulada com a inclusão do ano da primeira publicação: *Robinson Crusoé: aventuras dum náufrago perdido numa ilha deserta, publicada em 1719* (Editora Brasiliense, 1931); e a terceira adaptação digna de menção é de Ana Maria Machado (Editora Globo, 1995),[38] que contou que o seu fraco por livros e por ilhas nasceu com o segundo presente que recebeu na vida, curiosamente, "uma edição integral do *Robinson Crusoé*, ilustrado por Carybé".[39]

O indivíduo Robinson

Paradoxalmente, embora Robinson Crusoé tenha acabado por se tornar o paradigma do "homem modelo" da modernidade, ele traz, observa Norbert Elias, a marca de uma sociedade específica, de uma nação específica e de uma classe específica. Assim também o define James Joyce: "Toda a alma anglo-saxã se encontra em Crusoé: a independência viril; a crueldade inconsciente; a persistência; a inteligência lenta, mas eficaz; a apatia sexual; a religiosidade prática e equilibrada; a calculada taciturnidade."[40]

Para Harold Bloom, "é difícil imaginar outra personagem literária que se aproxime da autoconfiança de Robinson Crusoé. A nudez da alma perante Deus está manifesta no náufrago de Defoe. Ele exige uma competência sublime para lidar com circunstâncias que esmagariam ou enlouqueceriam qualquer homem dotado de uma consciência mais sociável".[41] Para os leitores mais ou menos jovens, tais qualidades, vistas em conjunto, resultam num indivíduo ao mesmo tempo comum, extraordinário e atraente, com que acreditam poder identificar-se, encontrando em *Crusoé* uma "imagem de continuidade entre a fantasia infantil e os acordos maduros com a realidade".[42] Virginia Woolf, ao contrário, dizia que Defoe podia até ser considerado tedioso,[43] mas nunca como alguém interessado em banalidades: não se trata, de fato, de uma história para moças.

A imensa novidade que a obra representou para a sua época estava na história de um homem que, sozinho, triunfa sobre a natureza, sobrevive e até mesmo enriquece. O que faz para tanto? Trabalha, apenas trabalha; trabalha sem parar, sem descanso, todos os dias, sem esmorecer, especialmente depois que encontra Deus na leitura cotidiana de uma das Bíblias que recolheu dos destroços. Para comprovar esse trabalho, primeiro para si próprio, cria um calendário e escreve um diário, como faziam os puritanos de então, como determinara Calvino, como fizeram os primeiros ingleses a imigrarem para a América.

Na submissão da natureza, ao início, e depois na afirmação do indivíduo como o centro da ação, dos valores e do saber — nisso consiste o novo relacionamento do homem com o mundo, relacionamento que está no âmago da história moderna: o individualismo.[44]

Em vez de aludir a deuses, semideuses ou personagens fantásticos de todos os tipos, surgia finalmente a narrativa que contaria a aventura de um homem, com seus defeitos, seus erros e sua limitada capacidade de trabalho — tudo levado por uma descrição detalhada, contextualizada e desconhecida na literatura anterior; uma descrição ambientada num mundo longínquo, sim, mas nada vago ou genérico. Robinson ilhado, prático, positivo, armado, reduzido a si ao ponto de desconfiar de que a pegada na areia fosse a do Diabo, ou a sua própria — esse homem comum se faz soberano, e ao fazê-lo converte-se no mito do individualismo moderno.

Segundo Macherey, esta é a marca de *Crusoé*: ele "elabora o lugar do indivíduo em uma ordem já familiar; a sua é a história da legitimação dessa elaboração e daquele lugar".[45] De fato, em *Crusoé*, a fábula e a ilha são o suporte de uma lição: essa história da formação de um homem, ou melhor, de sua reforma (já que constrói uma segunda vida, que toma forma somente no fundo da primeira), é obviamente um livro educacional.[46] Foi o que Rousseau percebeu:

> Robinson Crusoé em sua ilha, sozinho, sem a ajuda de seus companheiros e de todos os seus instrumentos, e ainda capaz de prover sua própria preservação e até mesmo obter certo bem-estar. Aqui está um tópico interessante para todas as idades, que pode divertir as crianças de mil maneiras diferentes. É precisamente assim que conseguimos realizar, na realidade, a ilha deserta que usei anteriormente como termo de comparação. Admito que esse estado não é o do homem social e, com toda a probabilidade, não será mesmo o de Emílio, mas é precisamente a partir desse estado que ele deve apreciar todos os outros. A maneira mais segura de se distanciar dos preconceitos e de ordenar as próprias avaliações com base nas relações reais entre as coisas é colocar-se na pele de um homem isolado e julgar tudo como esse homem faria em relação ao seu próprio lucro.[47]

A história deve ser contada porque encontra justificativa em seu caráter exemplar, porque tem o valor de ensinar coisas importantes. Já foi dito que, ao fim da leitura, um menino terá se tornado homem. *Robinson Crusoé*, portanto, é a história que cria o individualismo, isto é, o lugar do indivíduo na sociedade, embora nem o termo nem o conceito estivessem em uso em 1719. Robinson é um ser humano, ficcionalmente real, plausivelmente concreto, e todos podem tentar ser como ele.

A habilidade de Crusoé em construir seus utensílios a partir de quase nada lembra a criação do mundo, gerado do caos pelo Deus solitário do protestantismo.[48] Com efeito, o resultado da obra acaba por se coadunar com um dos efeitos da Reforma Protestante, que deve ser aqui entendida em seu mais extenso sentido: um estímulo ao progresso dos valores cristãos em cada indivíduo.

Quando chega à ilha Robinson já tem quase 30 anos.[49] É, portanto, um homem feito, formado pelo puritanismo, pelo calvinismo, pelo capitalismo e pelo colonialismo. Sua performance diária é ditada pelas regras das suas circunstâncias, e delas torna-se o melhor exemplo para si mesmo — seu protótipo e seu modelo. E em sua ilha, de fato, Robinson faz, cria, planta, caça, pesca, constrói e tem pouco tempo para se emocionar.[50] Depois de sua conversão, e mesmo graças a ela, já não há espaço para sentimentos; tudo é ação — assim, sempre assim, até o momento em que vê uma pegada na areia da praia.

E então ele se faz ainda mais humano: é tomado pelo pânico, invade-o o medo paralisador, e não consegue agir. Quem já não sentiu o mesmo? Por isso *Robinson Crusoé* surge como o primeiro thriller de que se tem notícia, segundo Mario Praz, que atribui a observação a Edgar Allan Poe: "... um conto de medo que procede por fugas e esconderijos, de altos e baixos, entre diástole e sístole, naufrágios e salvamentos. É um homem que acredita que a Providência o salvou, mas que ainda assim se vê forçado a lutar, e a reconhecer que, às vezes, essa salvação reside na guerra, na violência e no assassinato, mesmo que a sua alma puritana o empurre para Deus e para a solidariedade."[51]

Capitaneando um navio negreiro brasileiro

Antes de chegar à ilha, que chama de ilha do Desespero, Robinson Crusoé vive muitas aventuras, as quais desapareceram por completo nas adaptações feitas para o público infantojuvenil. Seguia-se, assim, a sugestão de Rousseau, para quem o romance, para o seu Emílio, deveria ser "privado de todas as partes supérfluas, a partir do tempo do naufrágio de Robinson perto da ilha e terminando com a chegada do navio que o salva".[52]

De modo que nem sempre é fácil perceber, por conta das numerosíssimas versões e adaptações da obra, que o naufrágio de Crusoé ocorre numa viagem que se inicia no Brasil — onde já vivia há quatro anos com uma carta de naturalização e como proprietário de terras — e tinha como destino a África, com o objetivo de contrabandear escravos. O fato de Robinson ter sido brasileiro, escravocrata e senhor de engenho permaneceu desconhecido do grande público por séculos. Essa parte inicial da história, que parece não ter interessado a ninguém, ficou de fora das adaptações publicadas ao redor do mundo, inclusive das brasileiras.[53]

Em fins de 1654 Robinson chega a Salvador com cerca de "duzentos e oitenta pesos duros de prata", obtidos com a venda de Xuri, seu companheiro de fuga de Salé, com a venda das peles de leopardo e de leão que caçaram, de algumas armas e de cera de abelha para velas. Ao conhecer um *ingeino*, isto é, uma plantação de cana e uma casa de refino de açúcar, e percebendo que "os donos enriqueciam depressa", consegue obter uma "carta de naturalização" e adquirir o máximo que pôde de terras incultas, com vistas a planejar a sua propriedade.

A partir do terceiro ano, já dono de engenho, ele e os seus vizinhos começam a sentir cada vez mais falta de "mãos", a ponto de fazê-lo perceber que havia errado ao "se desfazer" de Xuri (p. 84).[54] Robinson já conhecia a Guiné e sabia como se comerciava com os negros de lá e como era fácil trocar ninharias, como miçangas, brinquedos, facas, tesouras e pedaços de vidro, por pó de ouro, pimenta-malagueta e por negros para a servidão no Brasil. Então organiza com seus vizinhos uma viagem à costa africana. Robinson conta a empreitada:

> Para chegar então, no momento devido, aos detalhes dessa parte da minha história, o leitor pode imaginar que, tendo eu vivido a essa altura quase quatro anos nos Brasis, começando a prosperar e a aumentar a produção de minha propriedade, não só aprendi a língua como também travei conhecimento e amizade com vários outros proprietários, além de mercadores de São Salvador, que era o nosso porto; e, nas conversas com eles, eu me referia com frequência às minhas viagens à costa da Guiné (...) Ouviam sempre atentamente essas minhas histórias, e especialmente a parte que falava da compra de negros; que na época era um tráfico muito praticado, e sempre por *asientos*, ou concessões dos reis de Espanha e Portugal, registradas em documentos públicos; de maneira que poucos negros eram trazidos, e os que chegavam eram excessivamente caros.
> (...) três deles vieram ter comigo na manhã seguinte, dizendo que tinham refletido muito sobre o que eu lhes contara na noite anterior e queriam me fazer uma proposta secreta. E depois de me pedirem que jurasse segredo, contaram seu intento de aparelhar um navio para ir à Guiné; que todos tinham terras como eu, e o que mais lhes faltava eram escravos; que como era um tráfico que não se podia praticar, pois não seria possível vender publicamente os negros que viessem, desejavam fazer uma única viagem, trazendo negros para suas terras particulares, dividindo o total entre suas propriedades; numa palavra, a questão era se eu aceitava embarcar como comissário daquela carga no navio, encarregado de cuidar das negociações na costa da Guiné. E me propuseram que eu ficaria com uma parte igual de negros, sem precisar contribuir com dinheiro algum para a empresa.
> Era uma boa proposta, devo admitir, se feita a qualquer um que não tivesse terras e uma propriedade para cuidar, a caminho àquela

altura de se tornar bastante considerável e com um bom valor. Mas, para mim, assim assentado e estabelecido, que nada mais precisava fazer que continuar da mesma forma por mais três ou quatro anos (...); para mim, aceitar fazer essa viagem era a coisa mais absurda de que se poderia acusar um homem nas mesmas circunstâncias.

Mas eu, que nasci fadado a ser meu próprio destruidor, não pude resistir à proposta, da mesma forma como não fui capaz de conter meus desígnios errantes quando não dei ouvidos aos bons conselhos de meu pai. Numa palavra, respondi que iria de boa vontade se eles se comprometessem a cuidar das minhas terras em minha ausência (...). Em suma, tomei todas as medidas possíveis para preservar o que possuía e manter minhas terras (...) E segui em frente, obedecendo cegamente aos ditames dos meus caprichos em vez de ouvir a razão. (p. 91)

O navio, de cerca de 120 toneladas, partiu do Brasil em 1º de setembro de 1659, "mesmo dia e mês em que, oito anos antes, eu deixara meu pai e minha mãe em Hull" (p. 91). Aos doze dias de viagem, um violento furacão tirou-o do rumo; a seguir, uma violenta tempestade. A tripulação não fazia a menor ideia de onde estava nem para qual direção seguir.

Nas cinco páginas seguintes Defoe descreve com maestria a confusão de pensamentos, a agitação do mar, a imensidão das ondas, os caldos, a falta de fôlego, o sentimento de quase morte, para, enfim, concluir que era "impossível exprimir fielmente como se dão os êxtases e transportes da alma quando ela se vê desse modo resgatada, por assim dizer, de dentro da própria sepultura" (p. 98).

O dia a dia na Ilha do Desespero

O aspecto central do livro é justamente o tempo em que Robinson Crusoé permanece sozinho na ilha — cerca de vinte e cinco anos —, tempo suficiente para a sua redenção espiritual e para a construção de uma nova sociedade. O livro é também, em toda a sua primeira parte, uma autobiografia espiritual, já que o "pecado original" de Crusoé, a desobediência a seu pai, que desejava que o filho fosse advogado, o perseguia de modo incessante.

Crusoé chega exausto à praia, com uma faca, um cachimbo e um pouco de tabaco numa caixa, e logo percebe ser o único sobrevivente, assim se referindo ao resto da tripulação: "... quanto a eles nunca mais os vi, ou qualquer sinal deles, exceto três de seus chapéus, um gorro e dois sapatos desemparelhados" (p. 98). Procura abrigo e comida. Depois, numa jangada improvisada, volta aos destroços cerca de uma dúzia vezes para resgatar, entre outras coisas, biscoitos, pão, arroz, três queijos holandeses, carne-seca, a caixa do carpinteiro, mais duas serras, um martelo e um machado, rum, armas e munição e dois barris de pólvora (o terceiro estava molhado). Nas viagens seguintes recolhe sacos de pregos, um macaco de rosca, pedra de amolar, roupas de homem, uma rede e cobertas. E assim sucessivamente. Dentre as coisas importantes que consegue juntar estão alguns talheres, um par de navalhas, uma tesoura grande, três Bíblias muito boas, alguns livros portugueses de orações católicas e papistas, um cão e dois gatos, além de pena, papel e tinta. Logo constrói um primeiro abrigo preenchido com mobiliário rudimentar. Pouco tempo depois erige uma cruz e marca um entalhe para cada dia que iria passar, começando no dia do seu desembarque, 30 de setembro de 1659.

Somente quando a sua leitura da Bíblia começa a revelar mensagens que sente como reconfortantes, a vida de Robinson melhora, tanto em termos psicológicos como em relação à sua condição física. Ele então, segundo Stuart Sim, deixa de chafurdar na autopiedade, se convence de que Deus está ao seu lado e de que a sua sobrevivência está garantida.[55] Um dia pela manhã, muito triste, conta:

> Abri a Bíblia nas seguintes palavras: "não te deixarei, nem te abandonarei". Imediatamente me ocorreu que essas palavras eram dirigidas a mim. (...) Pois bem, disse eu, se Deus não me abandonou,

que mal pode me suceder, ou o que importa que todo o mundo me tenha abandonado, se posso ver, pelo outro lado, que se tivesse o mundo todo, mas perdesse a graça e a bênção de Deus, a perda seria incomparavelmente maior? (p. 176)

A suposição calvinista é a de que ele foi escolhido por Deus para ser um dos eleitos a quem a salvação será concedida e de que a sua recuperação, a partir desse ponto, ainda segundo Sim, é evidente.[56] Robinson sente-se como se tivesse sofrido uma mudança dramática de consciência, a sinalizar um novo começo de vida. Diz: "Minha condição começava agora a ser, embora não menos penosa quanto ao meu modo de vida, bem mais leve para o meu espírito" (p. 157-158).

Para os puritanos, o relacionamento com Deus é pessoal, não havendo clero, santos ou profetas para mediar a interação entre o crente e o Divino. Caberá, então, ao próprio Robinson encontrar Deus por si mesmo, numa busca espiritual intensa — e cotidiana. O protestantismo não esperaria menos dele. Na melhor tradição evangélica, deverá comungar com Deus através da Bíblia, aceitando o que as suas leituras do texto lhe dirão sobre o seu destino, como se fossem divinamente sancionadas. Para o personagem, mas também para o próprio Defoe, a Bíblia contém verdades literais e as suas palavras carregam o peso de uma autoridade absoluta.

Qualquer reviravolta na fortuna deve, portanto, ser lida como um exemplo da graça divina sendo estendida ao indivíduo: para aquele que renasceu, a Providência está em toda parte. Quando as suas colheitas de cevada, arroz e milho florescem apesar dos esforços da vida selvagem local para consumi-los antes que amadureçam, Robinson detecta a mão de Deus no trabalho, não obstante a sua grande determinação em proteger as colheitas. Todo esforço humano deve ser subsumido à vontade divina, à qual se credita qualquer boa fortuna. Se Deus não quisesse que aquele homem sobrevivesse, então nenhuma precaução tomada frente à vida selvagem local — pendurar em meio às suas plantações alguns pássaros mortos, como espantalhos, para afastar pássaros vivos, por exemplo —

seria bem-sucedida. Deus, afinal, tem o domínio completo sobre todas as espécies.[57]

Há três hábitos que Crusoé adquire na ilha e que perduram por todo o tempo possível. O primeiro é o de marcar o passar dos dias; o segundo, a compilação diuturna de um diário que perdura enquanto há tinta; o terceiro revela-se o mais interessante: Robinson vive na "pura presença", isto é, "na condição silenciosa da minha vida na ilha, onde desejava apenas o que tinha e tinha apenas o que podia desejar".[58] Com efeito, nada acontece com ele que ele mesmo não faça acontecer. Robinson terá de explorar, experimentar, construir, reproduzir. Em suma, evidencia-se a ideia de que a cultura é a maneira que o homem tem de assumir, modificar e, portanto, dar sentido à natureza — natureza que, em si, é obtusa a ponto de se revelar hostil. Somente o seu trabalho, descrito por Defoe com zelosa meticulosidade, terá o poder de transformar aquele ambiente natural em um ambiente controlado, mudando assim a sua condição, que, de outra forma, permaneceria na inocuidade da condição de um náufrago.

A pegada do Diabo e o relativismo cultural

Depois de quinze anos de completa solidão, Robinson vê uma pegada humana numa parte pouco explorada da ilha e apavora-se, angustiado quanto à sua origem.

> Aconteceu um dia, quando em torno do meio-dia me encaminhava para o meu barco, de eu ficar extraordinariamente surpreso com a marca de um pé descalço de homem na praia, claramente visível na areia: foi como se um raio tivesse me atingido, ou como se tivesse avistado uma aparição. Eu me pus à escuta, olhei toda a volta, mas não ouvi nem vi nada. Subi a um ponto mais elevado para enxergar mais longe, percorri toda a praia de ida e de volta, mas tudo sem resultado, e não vi outra pegada além daquela. (...).

> Houve momentos em que achei que fosse o Diabo; e logo minha razão fez eco a essa conjectura. Pois como alguma outra coisa com forma humana haveria de chegar àquela ilha? Onde estava a nau que a teria trazido? Que sinais havia de outras pegadas? E como seria possível que um homem chegasse até ali? (p. 224)

A obsessão tomou conta da ilha. A tranquilidade que Robinson alcançara para si mesmo — a sua paz acolhedora — é imediatamente destruída por aquela pegada, que gera pavor, miséria, insegurança e pensamentos catastróficos. E o mundo de Robinson vira de cabeça para baixo:

> O medo do perigo é dez mil vezes mais aterrorizante que o próprio perigo que os olhos conseguem ver, e o fardo da ansiedade nos pesa bem mais do que o mal que nos deixa ansiosos. (...). Não dormi aquela noite. Quanto mais longe eu me encontrava da causa do meu medo, maiores eram minhas apreensões, o que é um tanto contrário à natureza dessas coisas. Mas eu me sentia tão tolhido por minhas ideias mais assustadoras acerca da situação, que dela só me ocorriam as imagens mais sinistras. (...)
> Uma abundância de ideias me ajudou a abandonar a apreensão de que pudesse tratar-se do Diabo. E concluí, em seguida, que havia de ser criatura mais perigosa, a saber: um dos selvagens do continente do outro lado do mar (...) Então, minha imaginação foi assolada por pensamentos terríveis, de que teriam encontrado meu barco, e ainda havia gente na ilha. Se esse era o caso, eu certamente os veria chegar em grande número e me devorar... (p. 225-226)

Quando Robinson mais tarde se depara com as evidências de canibalismo — "a areia coalhada de crânios, mãos, pés e outros ossos de corpos humanos" (p. 237) —, suas fantasias sombrias se fixam na ideia de massacrar cada selvagem na ilha com suas pistolas e sua espada.

O longo monólogo de Robinson sobre os canibais é claramente influenciado por Montaigne.[59] Defoe sabia melhor que ninguém que depois que seu personagem alcançasse relativa serenidade e começasse a relaxar no paraíso perdido, precisava criar um suspense para dar continuidade à aventura. Em termos narrativos, Defoe precisa de um ponto de tensão. Como afirmou Richetti, "a guinada narrativa é brilhante. A ilha já foi explorada, Robinson está instalado e leva uma vida serena. Aquele vestígio isolado de outro ser humano, amigo ou inimigo, assinala nova crise e restaura a incerteza em plena calmaria".[60]

Os numerosos relatos de viagens que Defoe havia lido mencionam que os canibais estavam presentes nas costas dos países não civilizados. O primeiro instinto de Robinson — matar — baseia-se na resposta emocional ao crime contra outros seres humanos. Ele ameaça uma emboscada violenta, uma fantasia tão atraente que "muitas vezes sonha com isso; e sua mente estava, assim, cheia de pensamentos de vingança". Após muito refletir, no entanto, percebe que para ele a vingança não pode ser a base da política de um governo liberal, que é o que vê como representativo. E é como uma encarnação do governo, não como um cidadão solitário, que finalmente chega à crise de consciência que nos parece contemporânea. Faz, então, uma declaração de tolerância religiosa quase ilimitada.

Suas reflexões sobre os canibais ocorrem ao longo de vários anos após o descobrimento das pegadas, e ele explora nessas meditações a evolução de sua relação moral e social com eles.[61] Depois de examinar os restos mortais de "suas desumanas festas sobre os corpos de seus semelhantes", mergulha na depressão: "Comecei a cultivar tamanho horror a esses selvagens nefandos de que falo, e de seu costume desumano e execrável de devorarem uns aos outros, que continuei pensativo, e triste, e me mantive restrito ao meu próprio círculo por quase dois anos." Em seguida conta em detalhes os diversos planos que desenvolveu para matar todos os vinte ou trinta canibais ao mesmo tempo, e depois, cada um deles, e o posto de sentinela que escolheu, a longa caminhada até lá todas as manhãs, por tanto tempo e as tantas distâncias percorridas — até que "minha opinião a respeito desses atos começou a mudar, e passei a dedicar pensamentos mais frios e serenos aos fatos em que estava me metendo" (p. 243).

Com efeito, note-se que Locke escreveu na Carta 225 que "toda igreja é ortodoxa para si mesma; errônea ou herética para os outros".⁶² Assim, a resposta inicial de Robinson aos canibais é instintiva; depois, de forma muito mais ponderada, conclui que "não podemos conhecer a vontade de Deus e, portanto, que não estamos em posição de ser seu flagelo". Em termos contemporâneos, a sua atitude passa a ser a de "relativismo moral", metaética em que o julgamento moral varia conforme as entidades diferentes de indivíduos, culturas e classes sociais o propõem. Confabulando consigo mesmo, raciocina:

> Que autoridade, ou direito, eu tinha de me arrogar em juiz e carrasco daqueles homens, como se fossem criminosos, mas que aprazia ao Céu por tanto tempo deixar impunes, permitindo-lhes a execução de suas sentenças uns sobre os outros? Até que ponto aquelas pessoas tinham ofendido a mim, e que direito tinha eu de me envolver na contenda em torno daquele sangue, que derramavam uns dos outros de maneira tão promíscua? Debati assim muitas vezes comigo mesmo. Como podia conhecer o juízo do próprio Deus naquele caso? É certo que aquela gente não enxerga essas suas práticas como crime; não se trata de algo que suas próprias consciências reprovem, ou seu entendimento condene. (...) Para eles, não é mais criminoso matar um prisioneiro de guerra do que, para nós, abater um boi; nem acham pior comer carne humana do que, nós, comer a carne de um cordeiro.
>
> (...) No fim das contas concluí que, nem em princípio nem por cálculo, eu devia interferir da maneira que fosse. Que o melhor seria, por todos os meios possíveis, continuar a me esconder deles, e não dar qualquer sinal que lhes permitisse adivinhar haver alguma criatura vivendo na ilha; de forma humana, claro.
>
> A religião também concordava com essas considerações da prudência, e me vi convencido de várias maneiras que era totalmente estranho à minha obrigação traçar todos aqueles planos de batalha, tramando a destruição de criaturas inocentes; inocentes,

claro esteja, em relação a mim. Quanto aos crimes de que eram culpados uns em relação aos outros, com esses eu nada tinha a ver; eram nacionais, e eu devia deixá-los por conta da justiça de Deus, que governa todas as nações e sabe como usar as formas nacionais de punição como paga justa pelos delitos locais; e fazer o julgamento público daqueles que praticam seus delitos publicamente, da maneira que mais Lhe convém. (p. 244-247)

De obsessões assassinas e superioridade moral enojada, muda para uma complexa tolerância moral e intelectual, uma inflexão do etnocentrismo então mais do que natural. Esse rompimento com o etnocentrismo europeu poderia gerar perplexidade, mas *Robinson Crusoé*, como se sabe, é uma fábula propagandista com vistas a incentivar o colonialismo britânico, então incipiente. Com efeito, o romance de Defoe permanece central no cânon do pós-colonialismo: não é apenas uma história que celebra o colonialismo, é um "veículo" da imaginação colonialista.[63]

Defoe de imediato ataca seu verdadeiro inimigo, dizendo que os espanhóis, em suas crueldades na conquista das Américas, são "muito mais culpados" do que essas pessoas, que estão apenas seguindo suas luzes limitadas e para quem matar e comer um inimigo não é mais errado do que para os europeus comer carne de cordeiro. Por um lado, essas meditações se baseiam na história (a conquista espanhola das Américas), na teoria política e na teologia moral: os canibais, ele argumenta, devem responder a Deus e não a ele, e a prática e a política têm precedência.[64] De outro modo, argumenta Robinson,

> ... seria possível justificar a conduta dos espanhóis em todas as barbaridades que praticaram na América, onde exterminaram milhões desses habitantes que, embora idólatras e bárbaros, praticando rituais sangrentos com seus costumes, tais como o sacrifício de corpos humanos a seus ídolos, ainda assim, em relação aos espanhóis, eram de todo inocentes. E o extermínio deles em sua terra é tratado com o maior horror e aversão até pelos próprios espanhóis em nossos

dias, e por todas as demais nações Cristãs da Europa, como uma simples carnificina, uma crueldade sangrenta e insólita, injustificável tanto perante a Deus quanto aos olhos dos homens, a tal ponto que a simples palavra "espanhol" desperta medo e terror em todos na humanidade, ou nas criaturas dotadas de compaixão Cristã. (p. 245)

Surge aqui um paralelo particularmente revelador, porque em outras partes do romance o espanhol católico é usado em comparação com a civilização protestante de Crusoé. Assim, a confrontação inicial entre Robinson e os canibais torna-se relevante não apenas porque permite que ele defina suas ideias de si (e de seu papel como rei) contra um outro povo, mas também porque permite que comece a definir com mais clareza a sua nação contra um Outro nacional.

Em outras palavras, isso exige o início de uma ação de "política externa". E assim como Crusoé começa a considerar as limitações da autoridade do Estado, também reconhece as limitações cruciais nas interações entre os povos. No romance, a ironia dessa rejeição de uma política de ataque preventivo a um "poder" estrangeiro que hoje apresenta apenas uma ameaça potencial é esta: ele apenas retarda um confronto que poderia destruir as estruturas civis pelas quais esses princípios são impostos.[65]

Sexta-Feira, personagem inédito?

O encontro de Robinson com Sexta-Feira fica marcado em nossa mente como se com ferro e fogo. O que há, pois, num nome, indaga Julieta? "Aquilo a que chamamos rosa, mesmo com outro nome, cheiraria igualmente bem."[66] Ao mesmo tempo que batiza Sexta-Feira, Robinson indica-lhe como deve ser ele próprio chamado: *Master* (Amo).

Numa leitura apressada, condenamos Robinson como um escravagista sem coração. Dizer que seu nome é "Amo" é mesmo desmedido, pensamos hoje, e vamos reler os detalhes desse histórico encontro. Em primeiro lugar, sabemos que Robinson não fala com outro ser vivo há mais de 25 anos. Em seguida, damo-nos conta de que Sexta-Feira é um jovem e de que está inteiramente nu, em seus vinte e poucos anos, enquanto Robinson é já um vetusto senhor, beirando os sessenta anos, e que se veste de pele de cabra, usa chapéu e carrega por todo o tempo um guarda-sol (e, portanto, também um guarda-chuva). Vale reler como Sexta-Feira se apresenta a ele:

> (...) o pobre selvagem que tinha fugido, mas agora estava parado, (...) e ficou tão assustado com o fogo e o estrondo da minha arma que se quedou imóvel, sem avançar nem recuar, embora parecesse mais inclinado a continuar fugindo que a se aproximar de mim. Tornei a chamá-lo (...). Fiz novamente um gesto para que se aproximasse, e dei-lhe todos os sinais de encorajamento que me ocorreram, ao que ele foi chegando cada vez mais perto, ajoelhando-se a cada dez ou doze passos, em sinal de reconhecimento por eu ter salvado sua vida. Sorri para ele, com uma expressão amistosa, e fiz gestos para que viesse mais perto ainda; finalmente ele se aproximou e então tornou a cair de joelhos, beijou o chão, apoiou a cabeça na terra e, pegando meu pé, pôs a sola em sua cabeça. Isso, ao que parece, era um sinal pelo qual jurava tornar-se meu escravo para sempre; eu o pus de pé e o tratei muito bem, procurando animá-lo de todas as maneiras que podia. (p. 281-282)

Em seguida Robinson descreve o seu novo companheiro, e usando palavras mais doces que o mel:

> Era um sujeito de ótima aparência, muito bem feito de corpo, com pernas e braços retos e compridos, não muito corpulento; era alto e bem formado, e, pelo que calculo, contaria uns vinte e seis anos de idade. Tinha um semblante bondoso, não um aspecto arrogante e feroz, mas parecia ter algo de muito másculo no rosto, ao mesmo tempo que transmitia a doçura e a suavidade de um Europeu

também na expressão, especialmente ao sorrir. Tinha os cabelos longos e negros (...). A cor de sua pele não era exatamente preta, mas muito crestada; não de um moreno feio e amarelado como são os brasileiros e os virginianos, e outros nativos da América; mas de um tipo mais claro de cor parda ou olivácea de impressão muito agradável. O rosto era redondo e cheio; o nariz pequeno, não chato como dos negros, uma bela boca, lábios finos e os bons dentes bem distribuídos e brancos como o marfim. (p. 284)

E de novo, completamente capturado pela gratidão para com o seu Salvador, Sexta-Feira ajoelha-se aos pés de Robinson e dá todos os sinais de sujeição, de servidão e de submissão:

Quando me avistou, veio correndo em minha direção, tornando a se estender no solo com todos os sinais possíveis da gratidão mais humilde, fazendo muitos gestos exagerados de demonstração. Finalmente, encostou o rosto no chão, perto do meu pé, e pôs meu outro pé sobre sua cabeça, como tinha feito antes; e depois disso, ainda deu todos os sinais de sujeição (...) para me dizer que seria meu criado para o resto da vida. Percebi muitas coisas do que me dizia e dei-lhe a entender que ficava muito satisfeito; dali a pouco comecei a falar com ele, e a ensinar-lhe a falar comigo. Primeiro, dei-lhe a saber que seu nome seria Sexta-Feira, o dia em que eu tinha salvado sua vida; dei-lhe este nome em memória da data. Ensinei-lhe também a me chamar de "amo", dando a entender que era este o meu nome. (p. 284-285)

E, por fim, Robinson mostra-se também cativado por sentimento semelhante ao estender a Sexta-Feira a consideração cristã devida a todos os seres:

Isso me deu ocasião de observar, e com admiração, que assim como aprouve a Deus, em sua providência e em Seu governo das obras de

Suas mãos, tirar de tão grande parte do mundo de Suas criaturas os melhores usos a que se prestariam suas faculdades, e os poderes de suas almas, ainda assim Ele os dotou dos mesmos poderes, da mesma razão, das mesmas sensibilidades, dos mesmos sentimentos de gentileza e obrigação, das mesmas noções de gratidão, sinceridade, fidelidade e de todas as capacidades para o bem, e receber o bem, que deu a nós. (p. 288)

Não obstante as expressas palavras de Robinson de que Sexta-Feira não é negro, nas seguidas reedições da obra, especialmente a partir do início do século XIX, ocorre a paulatina transformação do índio em negro. Segundo Maria Lígia Coelho Prado, na edição francesa de 1845, a pele de Sexta-Feira assume um tom mais escuro a ponto de ele poder ser confundido com um africano.[67] Mas a transformação inequívoca ocorre na edição francesa do começo do século XX: Sexta-Feira foi por inteiro transfigurado em negro africano. Tal transformação foi apropriada pela edição brasileira da Editora Itatiaia de 1964. Na capa, está Sexta-Feira pintado como um negro africano, com lábios grossos e cabelos crespos; eles estão atravessados por ossinhos, associando — de forma inequívoca — a África ao canibalismo.[68]

Ao entrarmos hoje na internet em busca de representações de Sexta--Feira, encontraremos, em sua maioria, imagens de negros, mostrando a permanência dessa imprópria assimilação.[69] Na verdade, as apropriações e adaptações da história original de Robinson Crusoé e Sexta-Feira carregam fortes significados culturais e políticos que se renovam até momento atual. Assim, afirma Maria Lígia Coelho Prado:

> A história do inglês náufrago no Caribe oferece elementos que permitem releituras e contribuem para sutilmente defender a lógica da superioridade da "civilização" sobre a "barbárie" e justificar o encontro assimétrico entre colonizador e colonizado em qualquer época da História. O olhar imperial se manifesta naturalizando essa relação e ocultando sua violência. Nos diálogos culturais entre

o Velho e o Novo Mundo, no alvorecer dos tempos modernos, a saga de Robinson Crusoé e Sexta-Feira desponta como texto referencial por sua simplicidade, sua pretensa neutralidade e sua contundente formulação da possibilidade da construção de uma relação harmoniosa e ingênua entre colonizador e colonizado.[70]

Eu havia afirmado antes que nenhuma história, nenhum conto, indicou alguma possível fonte para o personagem de Sexta-Feira. Isso era assim, até que me deparei com um livrinho magrelo intitulado *As fontes portuguesas de Robinson Cruso*é, no qual, num trabalho investigativo de valor, Fernanda Durão Ferreira mostra algumas semelhanças entre a história de Robinson e a literatura portuguesa de outrora, provando ainda que tudo estava já traduzido para o inglês e disponível a Defoe. A autora assim compara a análise que fez:

> A restauração de quadros antigos implica, muitas vezes, ter de se utilizar o RX para se detectar se as telas sofreram pinturas anteriores à atual. Durante este processo há casos em que os técnicos veem aparecer várias camadas de tinta sobrepostas, cada uma com uma paisagem diferente. À semelhança desse processo veremos aparecer ao longo da narrativa uma outra face de Robinson Crusoé e, com ela, os contornos de alguns dos mais importantes episódios da Literatura Portuguesa dos séculos XV e XVI a que Daniel Defoe recorreu para escrever a sua obra imortal. (...) Muito mais parecida com a história de Robinson Crusoé [do que a história de Selkirk] é a odisseia (também verdadeira) dum português do séc. XVI, narrada nas suas crônicas, pelos escritores portugueses de então, a saber: João de Barros, Gaspar Correia e Fernão Lopes de Castanheda. (...) Fernão Lopes é o nome do nosso herói. (...). Ao chegar à ilha de Santa Helena (no meio do Atlântico), onde os navios costumavam parar para fazer aguada, foge e esconde-se com o propósito de deixar o navio partir sem ele. É isso o que acontece, ficando a viver em total solidão na sua ilha, durante muitos

anos. (...) Só mais tarde se lhe vêm juntar um galo e um mestiço, os quais, à semelhança do papagaio e do criado Sexta-Feira, serão seus únicos companheiros durante muitos anos.[71]

Uma aflição pesada demais

Harold Bloom e James Joyce concordam que Defoe foi, sobretudo, um lutador, "um homem duro que viveu uma vida dura: criado como dissidente na Londres da Grande Praga e do Grande Incêndio, suportou o pelourinho e a prisão de Newgate na falência na meia-idade (...); morreu velho, e pode ser considerado um sobrevivente, tendo sofrido boa parcela de realidade — seus romances refletem sua resistência".[72]

Era, principalmente, um homem pragmático que vivia a vida da cidade, *outsider* fora do escritório, e dela participava, com vigor, por meio da política, e com panfletos inflamados. Diz-se que escreveu "sobre tudo", mesmo porque essa se tornou a sua principal fonte de renda na meia-idade. Consta que um panfletista da época justificava, e com malícia, o hábito de Defoe de citar-se a si mesmo, afirmando que se devia ao fato de serem mais os livros por ele escritos do que os por ele lidos.

Toda pesquisa leva-nos aos mais diversos lugares. Esta minha pesquisa revelou-me dois documentos que merecem aqui a sua transcrição. O primeiro é mais um trecho de Joyce, o final de sua extraordinária palestra, sobre os últimos dias de Defoe:

> Sua morte é misteriosa. Talvez fosse um fugitivo, talvez o desacordo com seu filho (um patife digno de ser alojado nas páginas de seu pai) o tenha forçado a uma peregrinação miserável que lembra um pouco a tragédia do Rei Lear. Talvez as dificuldades de sua longa vida, a escrita excessiva, as fraudes, os desastres, a crescente avareza tivessem produzido como que um marasmo senil em sua ágil e frutífera inteligência. Nós permaneceremos na incerteza. E ainda assim, em sua solitária e estranha morte numa pequena albergaria

de Moorfields, há algo de significativo: aquele que imortalizou o estranho e solitário Crusoé e muitos outros solitários perdidos no magno mar da miséria social, como Crusoé no mar literal, talvez sentisse, com a aproximação de seu fim, uma nostalgia pela solidão. O velho leão vai para um lugar isolado quando chega sua hora suprema. Ele sente o desgosto de seu corpo esgotado e exausto e quer morrer onde nenhum olhar possa vê-lo. E assim, às vezes, o homem que nasce no pudor também se curva ao pudor da morte e não quer que outros se entristeçam com o espetáculo desse fenômeno obsceno com o qual a natureza brutal e zombeteira põe fim à vida de um ser humano.[73]

O segundo documento, mais raro, é considerado a última carta de Defoe a seu genro, John Baker, marido de sua filha mais querida, Sophia, de cerca de um ano antes de sua morte. Ele, que já havia suportado todas as dores do mundo, adverte que a dor que sente agora, a traição de um filho, se revela pesada demais para as suas forças.

Caro Sr. Baker[74]

Eu recebi sua carta muito amável e carinhosa do dia 1º: mas não chegou a minha mão até o dia 16; por que se atrasou eu não sei. Com seus modos amáveis, e pensamento mais amável, do qual flui, (...) foi uma satisfação particular para mim, então a demora da carta, como aconteceu, privou-me naqueles dias das palavras cordiais, considerando o quanto eu precisava disso, para sustentar uma mente afundando sob o peso de uma aflição pesada demais para minhas forças, e me vendo abandonado de qualquer conforto, amigos, e qualquer relação, exceto daquelas que não são capazes de me dar assistência.

Eu lamentei que você tivesse que dizer, no começo de sua carta, que estava impedido de me ver; dependendo de minha sinceridade para isso, eu estou longe de lhe impedir. Pelo contrário, seria um conforto maior para mim do que qualquer outro de que eu agora desfrute, que eu pudesse ter suas agradáveis visitas com segurança, e pudesse vê-lo e minha querida Sophy, e que pudesse ser sem lhe dar a dor de ver seu pai *in tenebris* e sob o peso de tristezas insuportáveis.

Lamento ter de abrir minhas mágoas até o ponto de lhe dizer que não foi o golpe que recebi de algum inimigo perverso, traidor e desprezível que invadiu meu espírito; que ela bem sabe que me sustentou através de desastres maiores do que estes. Mas foi a injustiça, a indelicadeza e, devo dizer, o trato desumano de meu próprio filho, que arruinou minha família e, em uma palavra, que partiu meu coração, e estou neste momento sob o peso de uma aflição pesada demais, que eu acho que vai ser uma grave febre, e aproveito esta ocasião para desabafar a dor no meu peito. Quem me conhece fará um uso prudente disso, e lhe dirá que nada além disso me dominou, ou poderia me dominar. *Et tu! Brute*. Dependi dele, confiei nele, entreguei meus dois filhos queridos e desprovidos em suas mãos; mas ele não teve compaixão, e permitiu que eles e sua pobre mãe moribunda implorassem o pão em sua porta, e implorassem, como se fosse uma esmola, o que ele é obrigado a entregar, para além das mais sagradas promessas; ele próprio, ao mesmo tempo, vivendo em uma profusão de abundância. Isso é demais para mim. Desculpe minha enfermidade, não posso dizer mais nada; meu coração está cheio demais. Eu só peço uma coisa a você como um pedido moribundo. Fique ao lado deles quando eu for embora, e não deixe que eles sejam injustiçados (...). Fique com eles como um irmão; e se você tem alguma coisa dentro de si, devido à minha memória, que lhe concedeu o melhor presente que tive para dar, que não sejam feridos e pisoteados com falsos pretextos e reflexos antinaturais. Espero que eles não desejem mais ajuda do que conforto e conselho, mas isso eles realmente quererão, sendo tão fáceis de serem gerenciados por palavras e promessas. (...)[75]

Robinsonadas literárias

O termo *robinsonada* é um antropônimo inventado pelo alemão Schnabel[76] e tornado famoso por Karl Marx[77] para exemplificar histórias de sobrevivência insular. As histórias são moldadas uma de acordo com a outra; e todas se articulam da mesma maneira, tanto no cenário — naufrágios, lutas pela sobrevivência, encontros com o Outro, presenças de selvagens — como nos temas: fé, solidão, técnicas e ofícios, desenvolvimento pessoal, relações humanas, oscilação entre desespero e esperança.

Um naufrágio, um acidente de trem ou avião estão na origem de praticamente todas as *robinsonadas*. Essas circunstâncias trágicas e mórbidas marcam uma ruptura violenta e definitiva com a família, a comunidade, a nação, o resto do mundo. E os episódios preliminares são motivo das mais animadas representações, fortes em emoções e manobras desesperadas: tempestades, mares revoltos, velas despedaçadas, cascos quebrados, afogamentos, corpos na praia, sempre mais mortos que vivos.

Roland Barthes inventariou os "primeiros códigos" que estruturam as *robinsonadas*, em romances que encenam a condição do isolamento. São dois: o "código adâmico" (como campo temático do despojamento original da humanidade primitiva), com dois subcódigos, o edênico (presente no motivo do paraíso natural insular) e o colonial (presente na problemática colonialista); e o "código heurístico" (como decifração e desbravamento da natureza).[78]

As compilações de viagens pelo mar eram generalizadas. Destinavam-se tanto à instrução dos marinheiros quanto ao entretenimento do público. Além disso, entre a realidade e a ficção há um vaivém permanente que semeia grande confusão nas *robinsonadas* — confusão iniciada por Defoe, ao atribuir a paternidade da obra ao próprio Robinson, até mesmo aos Robinsons que precederam Robinson.

Com efeito, quase dois séculos antes do *Robinson Crusoé* de Defoe, o livro de Jean de Léry, cuja primeira edição é de 1578, traz um "colóquio entre as pessoas do país chamadas Tupinambá e Tupiniquim em língua selvagem e em francês".[79] Ali se verifica a presença de diversos aspectos identificados segundo os códigos de Barthes, em especial na narrativa da perseguição e da fuga dos reformados da ilha de Villegagnon e do seu refúgio em terra firme, junto aos canibais, com os quais Léry viveu "familiarmente" e "em boa inteligência".[80]

Com efeito, o huguenote Jean de Léry escreveu uma verdadeira *robinsonada*, quase 150 anos antes de Defoe,[81] e sua obra contrasta fortemente com a ausência de transcrições de discursos de índios nos escritos jesuíticos portugueses, em mais de dois séculos de trabalho evangélico no Brasil. A inserção do colóquio no relato de Léry abre via à representação de um "selvagem"[82] com capacidade enunciativa e que discursa em sua própria língua. A primeira edição desse livro resultou da experiência inusitada de colonização do Rio de Janeiro: a França Antártica.

No interior da colônia, instalada numa ilhota da baía de Guanabara entre 1555 e 1560, reproduziram-se em miniatura as guerras religiosas que viriam rasgar a França em poucos anos. Os huguenotes enviados ao Rio de Janeiro por Calvino, entre eles o próprio Léry, imersos numa violenta controvérsia teológica que os opusera ao chefe da expedição, Villegagnon, acabaram por deixar a ilha e buscar refúgio, em terra firme, junto aos Tupinambá. Pouco mais de vinte anos depois, Jean de Léry publicaria a "verdadeira história" da colônia antártica, que é também a de sua vida entre os índios, durante quase um ano.[83]

Nem todos os Robinsons, porém, foram náufragos; alguns, apenas desembarcados e abandonados, a pedido ou como resultado de insubordinação. A primeira hipótese, ainda que de difícil crença, é a do próprio Alexander Selkirk, que pediu ao seu capitão que o deixasse só numa das ilhas de Juan Fernández, como já referido. Já no caso muito mais frequente de amotinados, Umberto Eco conta: "Sabia-se, desde as primeiras viagens a essas ilhas, que os mapas faziam referência a lugares imprecisos, onde se abandonavam os amotinados, tornando-se esses lugares prisões com grades de ar, onde os próprios condenados eram carcereiros de si mesmos, visando à punição recíproca."[84]

Os Robinsons surgem, em geral, como heróis civilizadores. Investem, colonizam, mapeiam, denominam cada lugar, organizam, legislam e governam. São pioneiros, agricultores, criadores e artesãos. A ilha, organizada, domada e domesticada, frutifica até produzir excedentes. O símbolo da dinâmica do capitalismo decorre, de fato, do medo persistente da escassez e assim estimula o reflexo de acumulação. O trabalho torna-se um valor essencial. O exemplo mais significativo está em *The Crater*, de James Fenimore Cooper (1847), novela na qual o personagem principal consegue transformar um recife vulcânico, estéril por excelência, em terra fértil.

Robinson Crusoé tornou-se assim um modelo, um subtipo da literatura de ficção de sobrevivência. Traz consigo questões sobre o significado da humanidade: vida natural ou modernidade, relações com o Outro, autoconsciência e vida espiritual. A multiplicação de produções criou inúmeras versões, inúmeras variantes da narrativa original — semelhantes e diferentes ao mesmo tempo. Desde então os Robinsons têm estado sempre presentes: nas livrarias, no teatro, na televisão, no cinema, em desenhos animados e em jogos de aplicativos. Até mesmo os aficionados por reality shows tiveram a sua vez em *Koh Lanta*, na Tailândia, onde a realidade encontrou a ficção: os candidatos submeteram-se a rituais que reproduziram os desafios de Robinson Crusoé.[85]

Tais usos foram tantos, e tão frequentes, que se criou, como se viu, um gênero literário — a releitura do mito, ou mesmo sua imitação. *Robinson Crusoé*, com todas as suas facetas, possui a singular característica de ter servido de material para uma amplíssima gama de assuntos, e dos mais variados campos do saber, manipulados por personalidades cuja importância transcende a própria época. São mais do que relatos de sobrevivência e de isolamento de um personagem numa ilha deserta: são as *reescrituras* do mito.

ROBINSONADAS FILOSÓFICAS E ECONÔMICAS

Até o final do século XVIII, as *robinsonadas* confiavam na obra-prima de Defoe com inúmeras variações e transformações, a mais notável das quais foi a sua redução a livros de leitura infantil — graças, sobretudo, ao elogio quase autoritário de Rousseau, no seu *Tratado sobre a Educação*, livro que considerava o seu melhor trabalho.[86] Rousseau dizia peremptoriamente que odiava os livros porque "eles ensinam as pessoas a falar apenas sobre o que não sabem".[87] Em outras palavras, não ensinam ninguém a saber, mas apenas a fingir saber. Conclui Rousseau:

> Como, porém, os livros são absolutamente necessários, há um que constitui, na minha opinião, o tratado mais feliz sobre educação natural. Será o primeiro que Emílio lerá e, por muito tempo, formará toda a sua biblioteca, na qual sempre terá uma posição privilegiada. Será o texto ao qual todas as nossas conversas sobre ciências naturais servirão como comentário, representará o ponto de referência, durante nosso progresso, para medir o nível de nossa capacidade de julgar e, desde que nosso gosto não seja distorcido, a leitura será sempre bem-vinda. Então, o que é esse livro maravilhoso? É de Aristóteles? De Plínio? De Buffon? Não, é o *Robinson Crusoé*.[88]

De Rousseau a Lacan, de Weber a Buñuel, de Marx a Croce, de Kant a Arturo Ustar Pietri, a Victor Hugo, Offenbach, Valèry, Derek Walcott, Elizabeth Bishop, dentre outros, foram muitos os que fizeram releituras da condição ilhada do homem, reapresentando o personagem com as suas próprias tintas e em suas próprias telas.[89] Os autores citados, e muitos outros, dos mais diferentes interesses, culturas e saberes, usaram o mito para pensar os personagens que viriam a popular o mundo ocidental nos séculos seguintes: o *Homo economicus*, o *Homo heroico* e seu uso pedagógico, o *Homo juridicus*, o civilizador, o colonizador, o moderno — numa palavra, o homem burguês.

Segundo Weber, foi justamente quando o ardor da busca pelo reino de Deus começou a se diluir gradualmente na fria virtude profissional, que apareceu no imaginário popular o "Robinson Crusoé", esse homem econômico isolado, que simultaneamente faz as vezes de missionário e que assumiu o posto do "peregrino" de Bunyan, movido pela solitária aspiração ao reino dos céus; quando, mais tarde, o princípio de "aproveitar o melhor dos dois mundos" dominou, a boa consciência limitou-se a tornar-se um dos meios para desfrutar de uma vida burguesa confortável. O autor conclui afirmando que o que "essa época religiosamente vivaz do século XVII legou à sua herdeira utilitária foi sobretudo, e precisamente, uma consciência boa — digamos sem rodeios: *farisaicamente* boa — no tocante ao ganho monetário, contanto que se desse pelos meios legais. Todos os vestígios do *Deo placere vix potest* desapareceram. Surgiu o *ethos* profissional especificamente burguês".[90]

Alberto Cavallari, no ensaio "A ilha da modernidade" — constante da edição italiana da Feltrinelli de *Robinson Crusoé* —, afirma que são três as releituras que se impõem como principais: aquelas feitas por Rousseau, por Kant e por Marx. Decerto que Rousseau contribuiu para tornar Robinson o personagem-chave da relação entre o indivíduo e a sociedade moderna. Para ele, a parábola do homem naufragado salvo sem qualquer ajuda, com o único conforto da razão e de uma fé puramente deísta, é quase verbete da Enciclopédia: mostra um homem bom, que inventa técnicas e artes de sobrevivência e que se junta a outro homem, também bom por natureza — o selvagem Sexta-Feira.

Kant, em sua obra *Início conjectural da história humana*, de 1786, considera Robinson um símbolo da ética progressista, isto é, o homem moderno nostálgico da inexistente era de ouro, porém consciente de ter iniciado um processo de civilização que o impede de reentrar no antigo estado de inocência. Assim:

> O *terceiro* desejo, que é muito mais uma ânsia vazia (...), é a imagem poética da tão louvada época de ouro, onde deve ocorrer a moderação das simples necessidades da natureza e a libertação de todas as necessidades imaginárias que nos carregam para o luxo. Neste tempo haveria uma universal igualdade entre os homens e uma paz perpétua entre eles, em uma palavra, haveria um puro desfrutar de uma vida despreocupada, absorta em preguiça ou

despendida em jogos infantis. Uma ânsia que tão fortemente estimula os *Robinsons* e as viagens para as ilhas dos mares do sul. (...) A vacuidade desses desejos de retornar àquela idade de simplicidade e inocência torna-se suficientemente visível quando se é instruído sobre o estado originário da representação acima: o homem não podia se manter no estado da natureza, (...) pois nesse estado ele mesmo não se bastava; muito menos está disposto a retornar alguma vez a ele. Portanto, o homem sempre deve imputar a si mesmo e a sua própria escolha o estado atual de dificuldades.[91]

Trata-se, portanto, de um homem que não pode culpar a providência, pois é capaz de perceber que a inocência não é suficiente para ele, que ele mesmo não a quer de fato, e assim reflete as verdadeiras características da natureza humana e do caminho humano como sendo o de um "contentamento com a providência e com o curso das coisas humanas em sua totalidade, o qual não vai do bom para o mau, mas se desenvolve gradualmente do pior para o melhor; e cada indivíduo é chamado pela natureza a participar daquele progresso, tanto quanto está em suas forças".[92]

No texto "Ideia de uma história universal com um propósito cosmopolita", de 1784, Kant explicita a conhecida opinião de Montaigne sobre a sociabilidade do ser humano.[93] Com efeito, na Quarta proposição, o filósofo elabora a ideia da "sociabilidade insociável" como instrínseca ao ser humano:

> Entendo aqui por antagonismo a sociabilidade insociável dos homens, isto é, a sua tendência para entrar em sociedade; essa tendência, porém, está unida a uma resistência universal que, incessantemente, ameaça dissolver a sociedade. Esta disposição reside manifestamente na natureza humana. O homem tem uma inclinação para entrar em sociedade, porque em semelhante estado se sente mais como homem, isto é, sente o desenvolvimento das suas disposições naturais. Mas tem também uma grande propensão para se isolar, porque depara ao mesmo tempo em si com a propriedade

insocial de querer dispor de tudo a seu gosto e, por conseguinte, espera resistência de todos os lados, tal como sabe por si mesmo que, da sua parte, sente inclinação para exercer a resistência contra os outros. Ora, esta resistência é que desperta todas as forças do homem e o induz a vencer a inclinação para a preguiça e, movido pela ânsia das honras, do poder ou da posse, a obter uma posição entre os seus congéneres, a quem ele não pode suportar, mas dos quais também não pode prescindir.[94]

Segundo Joel T. Klein, esta seria a razão pela qual não se pode buscar a compatibilização do conceito de antagonismo kantiano com a obra de Rousseau, pois em Kant essas tendências antagônicas — de isolamento e socialização — estão intrinsecamente subordinadas à natureza humana; em Rousseau, diversamente, haveria a possibilidade de que apenas uma ou outra dessas inclinações se manifeste, ou seja, há a possibilidade de pensar um indivíduo que se retire da sociedade e viva isoladamente, o que corresponderia ao ideal rousseauniano do Crusoé.[95]

Quanto a Marx, escreve sobre Robinson na *Introdução à Crítica da Economia Política e do Capital* — o "sóbrio Robinson", que tem todas as características do burguês do século XVIII: é um homem que diz acreditar (como os economistas pré-marxistas) na Providência, na "mão invisível", nos mecanismos naturais do processo de produção, como se o mundo fosse o mesmo nas sociedades primitivas e modernas. Mas isso mostra, na verdade, que nas sociedades modernas é mesmo o indivíduo isolado que age dentro de uma comunidade na qual as relações sociais se cruzam com a chamada "natureza". De fato, assegura Marx, na figura de Crusoé o isolamento e a dependência da sociedade se sobrepõem. Na ilha deserta, torna-se um empresário de si mesmo: "... e eis que nosso Robinson, que entre os destroços do navio salvou relógio, livro comercial, tinta e pena, põe-se logo, como bom inglês, a fazer a contabilidade de si mesmo."[96]

As *robinsonadas* mais frequentes dizem respeito à configuração desse *Homo economicus*. As primeiras referências a Crusoé nos escritos econômicos datam de meados do século XIX, e incluem, além de Marx, autores como Carl Menger e Eugen von Böhm-Bawerk. Na perspectiva neoclássica,

> é frequentemente invocado para representar a figura paradigmática do *Homo economicus*, termo que se refere à maneira de conceber a ação humana como maximizadora de utilidade, o que não quer dizer, necessariamente, egoísmo, no sentido em que o *Homo economicus* está sempre buscando seus próprios benefícios; ao contrário: ele pode ser altruísta, se, eventualmente, a utilidade dos outros for parte integrante de suas próprias preferências.[97]

Como modelo icônico do homem econômico — sucesso comprovado pelo ingresso do verbete "Robinson Crusoé" no *The New Palgrave Dictionary of Economics*, de autoria de M. V. White —, o personagem aparentemente mantém a sua influência sobre os economistas. De modo paradoxal, a história da vida de um náufrago numa ilha deserta é vista como a encarnação de agentes inseridos numa sociedade marcada pela divisão do trabalho.

Talvez seja então óbvio por que Robinson Crusoé persistiu como favorito entre os economistas políticos. Naufragado no Caribe, a partir do nada, Robinson é o próprio *self-made man*, ordenando o ambiente em seu benefício e, assim, reproduzindo a ideologia burguesa. Do mesmo modo como a *Origem das Espécies*, de Darwin (1859), seria tomada pelos capitalistas como evidência da naturalidade da livre competição, o náufrago provou a perfeita parábola burguesa, quase a história da origem do próprio capital.

A resposta de Marx aos economistas, em *O Capital*, é espirituosa e mordaz:

> Como a economia política ama *robinsonadas*, lancemos um olhar sobre Robinson em sua ilha. Apesar de seu caráter modesto, ele tem diferentes necessidades a satisfazer e, por isso, tem de realizar trabalhos úteis de diferentes tipos, fazer ferramentas, fabricar

> móveis, domesticar lhamas, pescar, caçar etc. Não mencionamos orar e outras coisas do tipo, pois nosso Robinson encontra grande prazer nessas atividades e as considera uma recreação. Apesar da variedade de suas funções produtivas, ele tem consciência de que elas são apenas diferentes formas de atividade do mesmo Robinson e, portanto, apenas diferentes formas de trabalho humano. A própria necessidade o obriga a distribuir seu tempo com exatidão entre suas diferentes funções. Se uma ocupa mais espaço e outra menos em sua atividade total depende da maior ou menor dificuldade que se tem de superar para a obtenção do efeito útil visado. A experiência lhe ensina isso, (...). Seu inventário contém uma relação dos objetos de uso que ele possui, das diversas operações requeridas para sua produção e, por fim, do tempo de trabalho que lhe custa, em média, a obtenção de determinadas quantidades desses diferentes produtos. Aqui, todas as relações entre Robinson e as coisas que formam sua riqueza, por ele mesmo criada, são tão simples que até mesmo o Sr. Wirth[98] poderia compreendê-las sem maior esforço intelectual. E, no entanto, nelas já estão contidas todas as determinações essenciais do valor. (...).[99]

Em outras palavras, para Marx, ainda quando Robinson Crusoé estava só e abandonado, já tinha uma cabeça cheia de ideias sobre como a sociedade deveria ser organizada. Com efeito, naufragou aos trinta anos, capitaneando um navio negreiro. Também Joyce concluiu que ele é o "verdadeiro protótipo do colono britânico". Defoe, como já dito, estava interessado em desenvolver o colonialismo britânico, então praticamente inexistente, se comparado com o espanhol, o português e até mesmo o holandês.

Enfim uma *robinsonada* tocante: Philip Roth é autor de um pequeno livro de entrevistas intitulado *Entre nós – Um escritor e seus colegas falam de trabalho*.[100] Roth entrevista dez escritores, a maioria judeus, como ele. A conversa com Primo Levi abre o livro, e Roth, a certa altura, diz:

— *É isto um homem?* termina com um capítulo intitulado "História de dez dias", em que você relata em forma de diário como sobreviveu de 18 a 27 de janeiro de 1945, com um pequeno grupo de pacientes doentes e moribundos na enfermaria improvisada do campo de concentração, depois que os nazistas fugiram para o oeste com cerca de vinte mil prisioneiros "sadios". Esse relato me parece a história de Robinson Crusoé no inferno, com você, Primo Levi, no papel de Crusoé, extraindo os elementos necessários à sobrevivência do resíduo caótico de uma ilha perversa (...).

LEVI: Exatamente — você acertou em cheio. Naqueles dez dias memoráveis, eu de fato me senti como Robinson Crusoé, mas com uma diferença importante. Crusoé trabalhava para sua sobrevivência individual, enquanto eu e meus dois companheiros franceses trabalhávamos conscientemente e de bom grado com um objetivo justo e humano: salvar a vida dos nossos companheiros doentes.

Robinsonadas jurídicas

"*Ubi societas, ibi ius: l'apologo di Robinson Crusoe.*"[101] Assim começa o *Manuale di diritto privato*, de Guido Alpa, um dos mais reconhecidos civilistas italianos. Observa o autor: "Robinson é a história mais convincente e simples que pode ser usada para explicar uma das funções da lei: a ordem de agregação social. Enquanto Robinson vive sozinho na ilha dispersa no oceano e consegue seus meios de sustento, ferramentas e um abrigo para se defender de animais e de inimigos em potencial, não há razão para pensar que é necessário recorrer a regras de comportamento", isto é, ao direito.[102]

Assim também começam muitas das primeiras aulas do curso de Direito. Somente quando Sexta-Feira aparece na história, mais de vinte e cinco anos depois do naufrágio, entende-se que haverá necessidade de estabelecer regras e conduzir comportamentos, firmando-se então uma "relação social" dita "jurídica". Esse prólogo vem sendo repetido há muitas décadas nas salas de aula, como instrumento ao alcance dos mestres para explicar aos alunos do primeiro ano a condição *sine qua non*, o verdadeiro cerne do fenômeno jurídico: a relação jurídica. O mito é tão conhecido que ninguém se preocupa em explicar quem seria "Sexta-Feira"[103] e, portanto, ninguém se dá ao trabalho de especificar que, sendo Sexta-Feira um escravo, a relação jurídica entre Robinson e esse escravo não configura propriamente uma relação jurídica típica, de correspondência entre direitos subjetivos e deveres jurídicos.

Nesse caso, embora seja fácil perceber o objetivo simplificador implícito para mostrar que a relação jurídica é uma relação bilateral — que só passa a existir quando há pelo menos dois sujeitos na história —, na realidade, Sexta-Feira não se constitui como um sujeito capaz, na mesma medida, de ter direitos na ordem civil. É de fato o oposto. Sexta-Feira comporta-se como um escravo, tanto na sua gratidão, quanto em sua condição concreta. Aliás, depois que Sexta-Feira surge, é ele quem passa a fazer todo o trabalho braçal — o que o leitor considera absolutamente natural e a que não dá a menor importância.

Edgar Bodenheimer configura uma rara exceção, ao afirmar que as relações sociais entre Robinson e Sexta-Feira e entre Robinson e o capitão são de tipos muito diferentes:

> A relação entre Robinson e Sexta-Feira, seu companheiro de cor, é de dominação e sujeição. Robinson desfruta de um poder ilimitado em relação a Sexta-Feira. Não tem nenhuma obrigação para com ele; pode fazer com ele o que quiser, pode até matá-lo. Diversamente, a relação entre Robinson e o capitão é de contrato e igualdade. Os dois homens reconhecem-se mutuamente como ingleses livres, nenhum dos quais seria capaz de considerar seriamente a possibilidade de se submeter como escravo do poder arbitrário do outro. Cada um deles tem algo a oferecer ao outro e, portanto, a maneira natural de trocar seus serviços é um acordo contratual.

Essas considerações nos permitem traçar uma distinção importante. A relação entre Robinson e Sexta-Feira é uma relação de poder. Tais relações existem quando um homem é submetido à vontade arbitrária e totalmente ilimitada de outro. Para um escravo, o poder de seu mestre é um mero ato de dominação, o escravo não tem direitos que possam funcionar como restrições ao poder do amo. A relação entre Robinson e o capitão, por outro lado, é uma relação de direito. É uma relação contratual na qual ambas as partes reconhecem a existência de direitos e deveres recíprocos, baseados em certa igualdade.[104]

Sobre a natureza social da pessoa, Hans Hattenhauer afirma que o mais importante, ao se estabelecer o direito como o desfrute de direitos na sociedade civil, é a declaração implícita de que o homem, individual e isoladamente, não pode ser pessoa em sentido jurídico, uma vez que essa qualidade só se adquire mediante sua integração em sociedade com outros homens.[105] Para Hattenhauer, no entanto, a relação entre Robinson e Sexta-Feira é uma relação de tipo contratual. Não vê Sexta-Feira como escravo de Robinson:

> A teoria do direito natural encontra sua mais sugestiva representação em *Robinson Crusoé*, de Defoe. Defoe não escreveu o livro para crianças, mas quis brindar uma expressiva veracidade da teoria social do direito natural, valendo-se da situação, extraordinariamente bem elaborada, de Robinson. Quem, em seguida ao naufrágio, foi jogado inconsciente na praia era o homem Robinson Crusoé. É, antes de tudo e unicamente, um homem; porém, não é pessoa. Este homem, em seu isolamento, está dotado da capacidade de conhecer Deus e pode expressar a seu divino salvador uma oração de graças pela alegria da sua salvação. (...) No entanto, só ao encontrar-se com outro homem, sucede a descoberta do direito e de sua condição como pessoa (...).

Algo novo acontece quando Sexta-Feira entra em sua vida. Robinson não foge dele nem o faz seu escravo, mas estabelece um "contrato" no verdadeiro sentido da palavra, e então a paz e o direito aparecem entre os dois homens. A sociedade civil nasce. O contrato simboliza o contrato social sobre o qual, de acordo com a doutrina da lei natural, se baseia toda a sociedade humana e, consequentemente, o direito. Enquanto Robinson é o único dono da ilha, apenas a religião o une ao Deus que o mantém vivo. A aparição de outro homem provoca a descoberta de deveres e direitos entre os homens e, através de suas relações com Sexta-Feira, o dono Robinson torna-se proprietário e também monarca da ilha. A necessidade de assegurar a paz entre os membros da sociedade humana dá origem ao direito, do qual tanto Robinson quanto Sexta-Feira se beneficiam. Eles já são pessoas. O ordenamento jurídico se identifica com a paz na sociedade humana.[106]

Como a maioria, Gustav Radbruch afirma que "somente quando Eva se uniu a Adão, e Robinson a Sexta-Feira, começou a ter validade para eles, ao lado da moral, o direito. A lei moral vale para o homem em sua individualização, real ou imaginária; a norma jurídica, para os homens em sua existência comunitária".[107] Para um homem só, diz o autor, a noção de direito não tem significado ou sentido. Robinson pode, no máximo, adquirir uma moralidade, a de seus pais ou aquela que ele mesmo venha a criar. O direito, por outro lado, pressupõe a presença de outro: não ocorre no interior da pessoa, mas nas relações sociais que organiza. Os juristas repetem em coro o aforismo romano: *ubi societas, ibi jus*. Em outras palavras, a necessidade do direito só se manifesta quando a pessoa vive em grupo. A norma jurídica torna-se, então, um fator de ordem, um regulador da vida social.[108]

De igual forma, e apenas sobre a condição inescapável de alteridade do direito subjetivo, Jean Dabin já afirmava: "Robinson Crusoé, sozinho em sua ilha, não tem direito subjetivo porque não há competição com outros homens. Somente a presença de outros homens transformará as necessidades e interesses de Robinson em direitos. A condição de alteridade está assim induzida na própria noção de Direito Subjetivo. De fato, o Direito Subjetivo tem sua sede no indivíduo, mas é, não obstante, provocado pela presença de outros indivíduos."[109]

Muito semelhante é a peremptória manifestação de Michel Villey: "Não existe direito, *dikaion*, senão no interior de um grupo social, de certos grupos em que se opera uma divisão. (...) Não existe um direito de Robinson isolado na sua ilha. O direito é *relação*, fenômeno social; repito mais uma vez que não existe direito de Robinson em sua ilha."[110]

Em obra de maior fôlego, Villey, todavia, considera fundamental diferenciar os conceitos antigo e moderno da noção de "Direito Subjetivo", apontando que o conceito moderno, o qual critica, foi posto exclusivamente a serviço do individualismo:

> Os filósofos dos tempos modernos, obcecados pelo próprio *Eu*, mergulhados no âmago da *subjetividade*, acaso não irão se calar acerca do direito? (...) Uma nova significação impõe-se à palavra *direito*. Detenhamo-nos neste fenômeno semântico, pouco notado pelos juristas e mesmo pelos historiadores do direito, que não veem nenhuma graça em se cansar pensando em problemas filosóficos. O próprio termo "direito subjetivo" data apenas do século XIX. Mas a noção de direito concebido como o atributo de um sujeito (*subjectum juris*) e que só existiria para *benefício* deste sujeito remonta pelo menos ao século XIV. Ela já está presente em Guilherme de Ockham, fundador da "nova via". Notamos em seguida seu desenvolvimento na escolástica da baixa Idade Média e do Renascimento espanhol e finalmente, sobretudo a partir do século XVII, nas teorias dos juristas. Ela comanda o sistema de Hobbes. É o signo do triunfo do sistema individualista.
>
> Robinson sozinho, na sua ilha, é sujeito de direito; o homem do "estado de natureza" de Hobbes já tem seu direito subjetivo. O direito só está ligado ao *sujeito* do direito. Não é mais um *ter*, mas uma qualidade inerente ao indivíduo. Mas, então, ele acaso signi-

ficaria (o que historicamente o termo *jus* designou sob o regime do pensamento bíblico) a *conduta* reta do sujeito, ou a "norma" da conduta reta? Sim, em certas definições da escolástica espanhola. Mas, leiamos as de Guilherme de Ockham, depois as de Hobbes: o *jus* não evoca mais o dever que a lei moral nos impõe, mas o contrário, é uma permissão que a lei moral nos concede — uma *licentia* —, ou uma liberdade — *libertas*. A ciência abstrata dos modernos isola no direito o *benefício* que ele constituirá para o indivíduo.

Hobbes define o direito subjetivo do estado de natureza *(the right of nature — jus naturale – Lev 1,14)* como a *liberdade* da qual dispõe o homem de fazer tudo, no estado de natureza, para a própria conservação; e esta liberdade é ilimitada. Com efeito, como não existe ainda nenhuma espécie de ordem social, tudo é *permitido* a todos os homens no estado de natureza; eles têm direito a tudo *(jus omnium in omnia)*. Mas seria um magro benefício ter a permissão de fazer tudo se, vivendo no estado de natureza, situação de insegurança e de guerra permanente, não pudéssemos aproveitá-la. Assim, entramos no estado civil. Então, nosso *direito* ganhará uma dimensão suplementar. O que pediremos ao Estado, criado pelo contrato social, será que, além de limitar, torne efetivos, garanta os direitos subjetivos, fundando-os na força pública.[111]

Robinson Crusoé foi analisado também pela obra de Locke,[112] que Defoe leu, com certeza. Locke formulou o senso de identidade em seu *Segundo Tratado*, usando um experimento mental no qual considera a humanidade em um estado de natureza pré-social. Esse experimento é, em essência, o que Defoe repete ao abandonar Crusoé em sua ilha. Poder-se-ia argumentar que as duas situações são diferentes num sentido fundamental: a pessoa natural de Locke nunca fez parte da sociedade (é pré-social), enquanto Crusoé se encontra separado da sociedade há pouco tempo e só depois de ter sido completamente socializado. Mas a diferença, adverte Brian Cooney, é menos importante do que parece, porque Locke descreve a pessoa pré-social como possuindo a maioria das características necessárias à pessoa em sociedade. Assim, Locke atribui a esse indivíduo pré-social a liberdade — uma compreensão da propriedade (conquista de seu trabalho individual) e uma compreensão dos fins pessoais (a ordenação das ações). O governo, argumenta Locke, surge apenas para facilitar a continuação da busca e do desfrute da humanidade num mundo potencialmente perigoso, formando um estado de liberdade negativa.

Grande parte da primeira metade do romance é marcada pelos esforços de Robinson para reconstruir uma Inglaterra idealizada a partir do zero, um esforço que o leva através dos "estágios" da civilização: primeiro como caçador; depois como pastor, quando aprisiona uma cabra; e enfim como fazendeiro, quando por acidente derrama milho perto de sua casa. Só depois de ter subjugado a natureza, volta a sua atenção para o crescimento das instituições civis — e, embora sozinho, declara-se monarca da ilha.[113] Ecoando Locke, imagina-se rei "e senhor indisputável daquelas terras, das quais tinha o direito de posse" (p. 160). Como proprietário da ilha e tendo delineado as fronteiras geográficas de sua nação, está preparado para considerar os limites da cidadania.

Uma última *robinsonada* jurídica chama-se justamente de "hipótese robinsoniana", adotada na Itália por Vittorio Frosini, que afirma não se apoiar o conceito de Direito em um solipsismo do ser humano, no sentido de só ser necessário em sociedade. Ao contrário, sustenta Frosini, o Direito se radica de forma muito mais profunda no âmbito da própria natureza humana. O estar em sociedade é uma consequência desta natureza, e também a sua condição essencial.[114] No mesmo sentido, manifesta-se Francesco D'Agostino:

> Robinson, vivendo, como escreve Defoe, no modo mais normal possível, salva a própria identidade humana mantendo, no único modo que lhe é concedido, uma relação, seja mesmo somente ideal, com os seus longínquos concidadãos, com os quais não tem a certeza de poder um dia voltar a conviver, mas em cujo confronto não pode e não quer perder a própria dignidade de

homem. Mesmo o solitário, assim como a seu modo também o eremita, experimentam uma espécie de relacionamento, pelo menos ideal, com o resto dos seus semelhantes: eximir-se desse relacionamento parece impossível, tanto quanto libertar-se da própria condição humana.[115]

Hoje bem se sabe que o ser humano existe como integrante de uma espécie que precisa de outro(s) para existir (*rectius*, coexistir).[116] A concepção outrora dominante via o homem, e por longo tempo, como um ser hermeticamente fechado para o mundo exterior, isolado, solitário em si mesmo, como numa ilha: o chamado *Homo clausus*. Essa concepção foi abandonada em prol da compreensão a ela oposta, isto é, o indivíduo existe *se* e *enquanto* estiver em relação com outros (o sentido da alteridade fundamental) e com o mundo a ele externo.[117]

Com efeito, do ponto de vista da moderna sociologia, o indivíduo, como tal, não *existe*; ele *coexiste*, ao lado de outros indivíduos. E porque a sua relação com os semelhantes passou a ser avaliada como *constitutiva* de sua existência, uma condição *fundadora*, não mais pôde ele ser estimado, como havia feito o pensamento liberal-individualista, como uma pequena "totalidade", uma microcélula autônoma, autossuficiente e autossubsistente. Por outro lado, como é evidente, a noção não se esgota na espécie; cada ser humano é único em sua completa individualidade. Único e plural a um só tempo, parte da comunidade humana, embora possuidor de um destino singular, essa é a lei da pluralidade humana, referida por Hannah Arendt: "Quem habita este planeta não é o Homem, mas os homens. Pluralidade é a lei da terra."[118]

A solidariedade humana configura, então, um fato social,[119] uma vez que não se pode conceber o homem sozinho, como acreditou o mito de Robinson Crusoé na ilha deserta — acreditou e quis fazer acreditar. Somente se pode pensar o indivíduo como inserido na sociedade: como parte de um tecido social mais ou menos coeso, em que a interdependência é a regra — e, sendo a regra, a abertura em direção ao outro torna-se inelutável.[120]

Conclusão

> *Por que dar fim a histórias?*
> *Quando Robinson Crusoé deixou a ilha,*
> *que tristeza para o leitor do Tico-tico.*
> *Era sublime viver para sempre com ele e com Sexta-Feira*
> *na exemplar, na florida solidão,*
> *sem nenhum dos dois saber que eu estava aqui.*
>
> *Largaram-me entre marinheiros-colonos*
> *sozinho na ilha povoada,*
> *mais sozinho que Robinson, com lágrimas*
> *desbotando a cor das gravuras do Tico-tico.*
>
> "Fim"
> (Carlos Drummond de Andrade, *Boitempo*)

Quando começou a escrever ficção, na meia-idade de uma vida de obstinações, Defoe estava aparentemente exausto: dívidas, filhos, lutas e panfletos a vida inteira em prol do puritanismo dissidente, o amor do público, o ódio dos pares, a reputação sempre abaixo da crítica — e, como se não bastasse, sendo sempre considerado um enganador, desagradável e antipático. O primeiro personagem que surge é, não por acaso, o seu ilhado *alter ego*. Lembremos que também a Inglaterra é uma ilha. Embora a história de Robinson tenha adquirido uma importância ímpar, a história e a obra de Defoe, hoje, revelam-se muito mais interessantes. Em seu *The Political History of the Devil* (1726) consta, por exemplo, o adágio que deu origem ao famoso ditado: "Nada é certo neste mundo, exceto a morte e os impostos."[121]

Daniel Defoe, porém, nunca aceito no ambiente cultural mais alto, sempre foi visto com enorme desconfiança pelos escritores e filósofos de então. E isso não apenas pelo fato de ser puritano — outros também o eram, como John Bunyan —, mas porque, todo o tempo precisando de dinheiro, havia se tornado um mercenário político, um panfletário a pagamento. Nas análises mais antigas de seus trabalhos não se veem quaisquer referências positivas à sua *persona*, talvez porque lhe faltasse empatia, talvez porque fosse considerado presunçoso e arrogante. Os próprios puritanos, aliás, eram tidos como avarentos, azedos e críticos.

Defoe foi, como bem sintetizou George M. Trevelyan, a um só tempo "cínico e generoso, ávido e utópico, corrupto e sonhador, perpetuamente oscilando entre pecado e redenção, entre progresso e oportunismo, entre ímpeto e ambiguidade, entre fins nobres e meios ignóbeis, perfeito filho do século, perfeito filho da modernidade já começada, tendo sido um dos primeiros a ver o velho mundo que morre com olhos modernos".[122] Quanto à sua obra mais famosa, Mario Praz assim tentou resumi-la: "Com a sua ingênua arte, Defoe escreveu a epopeia da burguesia inglesa, o marinheiro que por 28 anos, 2 meses e 19 dias viveu em uma ilha deserta perto da costa da Venezuela, protótipo dos pioneiros que tornaram anglo-saxônicas tantas partes do mundo, Robinson é a um só tempo a Bíblia e a *Odisseia* dos garotos ingleses."[123] Nas palavras mais sucintas de Paula Backscheider: "Quem foi Defoe? Ele foi o gênio que criou novos temas, novos conceitos e novas formas literárias para incorporá-los."[124]

Provavelmente nada mais resta inédito na interpretação desse clássico. Tudo já foi aventado, tudo já proposto. Mas há uma hipótese que, depois de tantas leituras, não encontrei, a não ser *en passant* — hipótese que compartilho aqui. Robinson Crusoé é quem Defoe, na verdade, gostaria de ter sido.[125] Que Robinson seja o *alter ego* de Defoe é evidente, mas há mesmo quem considere Robinson "a primeira autobiografia de Defoe".[126]

Há ainda uma série de curiosidades, como os lugares de criação dos pais de Robinson e de Daniel. Ambos viveram em Yorkshire, em cidades pequenas: Etton e Hull. Defoe, assim como Robinson, não seguiu o conselho paterno quanto ao futuro: o pai o queria ministro presbiteriano, e para isso foi educado. Já o pai de Robinson desejava que fosse um advogado ou um homem da lei, nunca um marinheiro. Defoe era também o caçula de três filhos, embora, no seu caso, fossem irmãs (Elizabeth e Mary), e não irmãos. Tal como Defoe, Robinson foi um homem de grande inteligência e com uma imensa habilidade para exercer papéis diferentes durante a vida, seja por talento, por curiosidade ou necessidade. E ambos possuem a mesma tremenda capacidade de sobreviver e de se reinventar nas profissões mais distintas.

Os dois têm ideias muito modernas para a sua época e a tendência a romper com esquemas mentais pré-fabricados, sobressaindo-se ao enfrentar, com coragem, as vicissitudes da vida. Defoe, ao que parece, chegou algumas vezes a dizer que gostaria de viver numa ilha deserta. Embora tenha negado a vida toda a autoria de *Robinson Crusoé*, constando até mesmo do prefácio do livro que "o editor julga que o relato seja uma história fiel de fatos; nem existe nela qualquer aparência de ficção"[127] — aproximando-se toda a estrutura narrativa daquilo que se costuma chamar de "ficção dos papéis achados" —, no terceiro volume da trilogia, *Serious Reflections During the Life and Surprising Adventures of Robinson Crusoe With His Vision of the Angelick World*, Defoe muitas vezes se confunde e fala de si e de Robinson trocando os sujeitos.[128] Nesse terceiro prefácio Robinson afirma que, se os eventos narrados não são estritamente verdadeiros, são alegoricamente verdadeiros, e que talvez Robinson Crusoé não seja o seu verdadeiro nome.[129]

Muitas das opiniões de Defoe são mais do que modernas; são contemporâneas. No que se refere à educação das mulheres, por exemplo. Embora Robinson não toque no assunto "sexo" nos 28 anos em que ficou longe de seu país e mal fale de mulheres na obra (todas as que encontrou pela vida parece terem sido deveras honestas com o personagem), sabe-se que, no mesmo ano de 1719, Defoe publicou outras dezesseis obras, e entre elas uma vanguardista defesa da educação das mulheres, que começa assim:

> Muitas vezes pensei nisso como um dos costumes mais bárbaros do mundo, pois, considerando-nos como um país civilizado e cristão,

negamos as vantagens de aprender às mulheres. Nós reprovamos o sexo todos os dias por insensatez e impertinência; enquanto eu estou confiante que se elas tivessem as vantagens da educação como nós, seriam menos culpadas do que nós mesmos. (...)

Uma mulher bem criada e bem ensinada, munida de realizações adicionais de conhecimento e comportamento, é uma criatura sem comparação. Sua sociedade é o emblema dos prazeres sublimes, sua pessoa é angelical e sua conversa celestial. Ela é toda suavidade e doçura, paz, amor, inteligência e prazer. Ela é uma forma adequada ao desejo mais sublime, e o homem que tem tal pessoa à sua porção não tem nada a fazer senão se alegrar com ela, e ser grato.

A grande diferença distintiva, vista no mundo entre homens e mulheres, está na educação; (...) e aqui é que eu tomo sobre mim para fazer uma afirmação corajosa: que todo o mundo está enganado em sua prática sobre as mulheres. Pois não posso pensar que Deus Todo-Poderoso as tenha feito criaturas tão delicadas e tão gloriosas; e que as mobilizou com tais encantos, tão agradáveis e tão agradáveis à humanidade; com almas capazes das mesmas realizações que os homens, para serem apenas administradoras de nossas casas, cozinheiras e escravas. (...)[130]

Além disso, há autores que sustentam ter sido Defoe um dos primeiros a propor a elaboração de uma lei fundamental escrita, sugerindo-se que tal proposta pode até ter influenciado, embora indiretamente, a elaboração da Constituição americana. Com efeito, é sabido que Defoe defendia o desenvolvimento de documentos escritos estabelecendo os princípios básicos de uma ordem governamental, com o objetivo de restringir o poder das maiorias legislativas. A propósito, afirma Bernadette Mesley que "assim como o *ethos* individualista de Robinson Crusoé capturou a imaginação americana a partir de meados do século XVIII, uma concepção de constitucionalismo escrito semelhante à que ele promulgou originou-se em solo americano".[131]

Voltemos a James Joyce, um dos poucos grandes fãs do gênio literário de Defoe, que assim expressou a sua admiração:

> Agora, pela primeira vez, a verdadeira alma inglesa começa a aparecer na literatura. Considere quão mínima era a importância dessa alma nos primeiros tempos. Em Chaucer, um escritor de corte com um estilo polido e atraente, o espírito indígena pode ser discernido como a estrutura para as aventuras de pessoas respeitáveis — ou seja, clérigos normandos e heróis estrangeiros. Como o grande público inglês é retratado nos variados dramas de Shakespeare, que escreveu duzentos anos depois de Chaucer? Um camponês grosseiro, um bobo da corte, um maltrapilho maluco e meio estúpido, um coveiro. Todos os personagens de Shakespeare vêm de fora e de longe. Otelo, um líder mourisco, Shylock, um judeu veneziano, César, um romano, Hamlet, um príncipe da Dinamarca, Macbeth, um usurpador celta, Julieta e Romeu, de Verona. De toda a rica galeria, talvez o único que possa ser chamado de inglês seja o gordo cavaleiro de monstruosa pança *sir* John Falstaff. Nos séculos que se seguiram à conquista francesa, a literatura inglesa foi ensinada por mestres como Boccaccio, Dante, Tasso e *messer* Ludovico. *Contos de Canterbury*, de Chaucer, são uma versão do Decamerão ou do Novellino; o *Paraíso Perdido* de Milton é uma transcrição puritana da *Divina Comédia*. Shakespeare, com sua paleta titânica, sua eloquência, sua paixão epiléptica e sua fúria criativa é um inglês italianizado, enquanto o teatro da era da restauração da monarquia provém do teatro espanhol, das obras de Calderón e Lope de Vega. O primeiro escritor inglês a escrever sem copiar ou adaptar obras estrangeiras, a criar sem modelos literários, a instilar um espírito verdadeiramente nacional nas criações de sua pena e a fabricar para si uma forma artística que talvez não tenha precedentes, exceção feito para as monografias resumidas de Salustio e de Plutarco, é Daniel Defoe, o pai do romance inglês.[132]

Post-scriptum

James Sutherland, um dos mais reconhecidos especialistas na obra de Daniel Defoe, adverte num de seus prefácios que "quem escreve sobre Defoe se depara com o problema da seleção",[133] e ao iniciar o livro observa:

> Poucos autores ingleses de qualidade comparável escreveram tanto quanto Defoe. Mas ele foi muito mais do que apenas um escritor, ele desempenhou um papel considerável em alguns dos eventos mais importantes de sua época, e o que ele escreveu foi tão frequentemente relacionado ao que ele estava fazendo na época, e às controvérsias em que ele estava envolvido, que um breve relato de sua carreira é uma preliminar necessária para qualquer discussão de seus escritos.[134]

Encerro aqui as minhas reflexões sobre *Robinson Crusoé* com esta pequena confissão, que creio já ter ficado evidente: apaixonei-me mais por Defoe do que por Robinson, e isto tornou a minha tarefa quase impossível. Daniel Defoe é para mim uma espécie de Forrest Gump — Defoe, porém, em vez de bafejado pela sorte, foi inspirado pela arguta curiosidade. O que têm em comum? Assim como Gump, Defoe está presente em todas as histórias, todas elas quase tão mirabolantes quanto extraordinárias.[135]

Eu não sabia de nada disso quando o nosso José Roberto de Castro Neves, idealizador desta trilogia e queridíssimo padrinho desta oportunidade, me convidou a participar de tão magnífico projeto. Como fui possivelmente uma das primeiras pessoas com quem falou, ofereceu-me alguns dos *filets mignons* da literatura mundial. Muitos, no entanto — obras consagradas a tangenciar o universo jurídico —, pareceram-me girar à volta de uma infinita tristeza.

E eu estava determinada a escrever sobre algo leve, ou pelo menos supostamente leve. E me veio à lembrança a história de Robinson Crusoé — a lembrança das tantas vezes em que o havia citado em sala de aula, e até mesmo em textos do Direito, para ilustrar a noção fundamental da relação jurídica. Eu conhecia as adaptações da aventura, mas achei que poderia ser interessante conhecer melhor Sexta-Feira. Imaginava Robinson e seu criado muito amigos, quase como Tom Sawyer e Huck Finn, ou como os quatro mosqueteiros, cada um com a sua qualidade e cujo lema tanto me encanta: "Um por todos e todos por um."

Ainda agora tento entender por que não escolhi qualquer livro de Dickens, ou Eça, ou Primo Levi, ou Vargas Llosa, ou Philip Roth, ou Elias Canetti, alguns de meus escritores favoritos — ou, ainda, dentre as mulheres, Elena Ferrante, ou qualquer uma das Brontë, Jane Austen ou, ainda melhor, Mary Shelley, autora de *Frankenstein* e filha de Mary Wollstonecraft, uma das primeiras feministas europeias. Nesse último caso teria sido, talvez, ainda mais interessante escolher uma brasileira, e eu teria apenas o embaraço da escolha: entre Adélia Prado, Hilda Hilst e Ana Cristina César, além das mais reverenciadas Cecília Meirelles e Clarice Lispector.

Mas nesse processo Daniel Defoe tornou-se o meu Dom Quixote, um homem a ser defendido, e me trouxe de volta ao estudo da História, curso que fiz, na PUC-Rio, concomitantemente ao de Direito e que, desde então, deixara de lado. Redescobri a paixão de estudar os séculos XVI e XVII. Tentei mudar o texto muitíssimas vezes, redirecioná-lo, ampliar a investigação jurídica e reduzir a pesquisa histórica e biográfica. O texto, contudo, não me obedeceu. Tentei escrever focada no burguês, nos horrores da escravidão, na economia de mercado, no colonialismo, mas a figura de Defoe sobressaía sempre: sua inteligência brilhante, seu espírito vivaz e mordaz, sua finíssima ironia, sua contemporaneidade.

Defoe, com efeito, foi único. Não teve antecessores e não deixou sucessores. Não pode ser considerado representante de qualquer classe ou opinião. Em razão de suas atitudes contraditórias e apesar da imensa popularidade de *Robinson Crusoé*, hoje um conhecido gênero literário — as *robinsonadas* —, nenhum romancista jamais buscou imitar a sua técnica literária. Defoe era favorável à educação das mulheres, foi um pai orgulhoso e bom marido, era contrário aos governos divinos e interessava-se pela gente comum. Dizia: "Tenho observado que muitos autores de livros de viagens dedicam-se a narrar as famílias dos nobres e dos ricos (...). Encontrei poucos que se ocuparam da gente humilde: como vivem, quais são suas atividades (...), e no entanto, para mim, essas observações são de grande importância."[136]

Sobre *Robinson Crusoé*, uso a célebre definição de Italo Calvino, segundo a qual *"un classico è un libro che non ha mai finito di dire quel che ha da dire"*. Sobre Defoe chego aqui à minha conclusão, nascida da paixão que só cresceu ao longo deste texto: foi um estupendo escritor e foi ainda mais. Foi um homem bom e justo.

Referências

ALPA, Guido. *Manuale di diritto privato*. Padova: CEDAM, 2017.
ALVES, Rubem. *Quando eu era menino*. Campinas: Papirus, 2013.
ARENDT, Hannah. *A condição humana* (1958). Trad. de Roberto Raposo. Rio de Janeiro-São Paulo: Forense Universitária, 9ª ed., 1999.
BACKSCHEIDER, Paula R. *Daniel Defoe:* His Life. Baltimore & Londres: John Hopkins University Press, 1989.
_____. "Defoe: The Man in the Works". In: J. RICHETTI. *The Cambridge Companion to Daniel Defoe*. Cambridge: Cambridge University Press, 2008, p. 5-22.
BARBA, Gilles. *Robinson Crusoé et Robinsonnades.* Disponível em http://robinsons.over-blog.com/article-32707964.html, acesso 30 jul. 2019.
BARTHES, Roland. *Le degré zéro de l'écriture*. Paris: Seuil, 1972.
_____. *Mitologias*. Trad. de Rita Buongermino e Pedro de Souza. 8 ed. Rio de Janeiro: Bertrand Brasil, 1989.
BARTEZZAGHI, Stefano. "Robinson". *La repubblica*, 12. nov. 2016.
BIGNAMI, Marialuisa. *Daniel Defoe*. Dal saggio al romanzo. Florença: La Nuova Italia, 1984.
BLACK, Sidney James. "The Critical Reputation of Defoe's Novels: A Reflection of Changing Attitudes Toward the Novel in

England". Boston University. Disponível em https://hdl.handle.
net/2144/7803, acesso em 30 jul. 2019.

BLOOM, Harold. "A moldagem do caos por um náufrago". *Folha de São Paulo*, 7 de janeiro de 1996.

_____. *Daniel Defoe's Robinson Crusoe* (Modern Critical Interpretations). Nova York: Chelsea House, 1988.

BODENHEIMER, Edgar. *Teoría del Derecho*. 2ª ed., 5ª reimp. Cidade do México: Fondo de Cultura Económica, 2007.

BODIN DE MORAES, Maria Celina. "O princípio da solidariedade". In: *Na medida da pessoa humana*. Rio de Janeiro: Processo, 2010, p. 237-265.

BROWN, Homer O. "The Displaced Self in the Novels of Daniel Defoe". *ELH* Vol. 38, nº 4, dez. 1971, p. 562-90. Disponível em https://www.jstor.org/stable/2872266, acesso em 30 jul. 2019.

CALVINO, Italo. "Poche chiacchiere!" In *L'Espresso*, 10 out. 1982. Disponível em http://www.doppiozero.com/materiali/sala-insegnanti/poche-chiacchiere, acesso em 30 jul. 2019.

_____. *Por que ler os clássicos*. Trad. de Nilson Moulin. São Paulo: Companhia das Letras, 2017.

CARPEAUX, Otto Maria. *História da Literatura Ocidental*. 4 Vols. Edição do Senado Federal. 2008. Disponível em http://www2.senado.leg.br/bdsf/item/id/528992, acesso em 30 jul. 2019.

CARVALHO, Diógenes Buenos Aires de. *A adaptação literária para crianças e jovens*: Robinson Crusoé no Brasil. Tese de Doutorado. Letras. PUC-RS, Porto Alegre, 2006. Disponível em http://tede2.pucrs.br/tede2/handle/tede/2118, acesso em 30 jul. 2019.

CAVALLARI, Alberto. "L'isola della modernità." Milão: Feltrinelli, 1993.

CHALMERS, George. *Life of De Foe* (E-book – Project Gutenberg) Londres, 1785.

COONEY, Brian C. "Considering *Robinson Crusoe's* 'Liberty of Conscience' in an Age of Terror." *College English*. Vol. 69, nº 3 (jan. 2007). Disponível em https://www.jstor.org/stable/25472206, acesso em 30 jul. 2019.

CUNHA, Gualter M. Q. *Dialéticas do poder*. A representação do individualismo em *Robinson Crusoé*. Tese de Doutorado. Letras. Universidade do Porto. Porto, 1986.

DABIN, Jean. *Le droit subjectif*. Paris: Dalloz, 1952.

D'AGOSTINO. Francesco. "La persona e il diritto". In: A. MAZZONI (ed.) *A sua immagine e somiglianza?* Il volto dell'uomo alle soglie del 2000: un approccio bioetico. Roma: Città Nuova, 1997, p. 44-47.

DAHER, Andrea. "A invenção capuchinha do selvagem na época moderna". *Rev. Hist.* (São Paulo), nº 177, 2018. Disponível em http://www.scielo.br/pdf/rh/n177/2316-9141-rh-177-a01417.pdf, acesso em 30 jul. 2019.

DEFOE, Daniel. *Robinson Crusoé.* São Paulo: Companhia das Letras (em associação com a *Penguin Classics).* Trad. de Sergio Flaksman; introdução e notas de John Richetti, 2011 (1ª reimp., 2014).

_____. *The Complete Works of Daniel Defoe.* Delphi Classics, 2012.

ECO, Umberto. *A memória vegetal e outros escritos sobre bibliofilia.* Trad. de Joana A. D'Avila. 2ª ed. Rio de Janeiro: Record, 2011.

ELIAS, Norbert. *Norbert Elias por ele mesmo* (1990). Trad. de André Telles. Rio de Janeiro: Zahar, 2001.

FALLON, Ann Marie. *Global Crusoe.* Comparative Literature, Postcolonial Theory and Transnational Aesthetics. Farnham: Ashgate, 2011.

FERREIRA, Fernanda Durão. *As fontes portuguesas de Robinson Crusoe.* Lisboa: Cadernos Minimal, 1996.

FROSINI, Vittorio. ""L'ipotesi robinsoniana" e l'individuo come ordinamento giuridico". *Sociologia del diritto,* nº 3, 2001.

HATTENHAUER, Hans. *Conceptos fundamentales del derecho civil.* Barcelona: Editorial Ariel, 1982.

HAZLITT, William. *The Works of Daniel Defoe, With a Memoir of His Life and Writings.* Londres: John Clements, Little Poultney Street, 1840.

HEMMING, John. *Ouro vermelho.* A conquista dos índios brasileiros. Trad. de Carlos Eugênio Marcondes de Moura. São Paulo: Edusp, 2007.

JOYCE, James. "Verismo e idealismo nella letteratura inglese". In: *Scritti italiani,* a cura di G. Corsini e G. Melchiori. Milão: Mondadori, 1979.

KANT, Immanuel. "Ideia de uma história universal com um propósito cosmopolita" (1784). Trad. de Arthur Morão. Disponível em https://www.marxists.org/portugues/kant/1784/mes/historia.pdf, acesso em 30 jul. 2019.

_____. "Início conjectural da história humana" (1786). Trad. de Joel T. Klein. Disponível http://www.sociedadekant.org/studiakantiana/index.php/sk/article/download/86/36, acesso em 30 jul. 2019.

KLEIN, Joel Thiago. "A sociabilidade insociável e a antropologia kantiana". *Revista de Filosofia*, Curitiba: Aurora, v. 25, n. 36, p. 265-285, jan./jun. 2013. Disponível em https:// doi: 10.7213/revistadefilosofiaaurora.7774, acesso em 30 jul. 2019.

LAMB, Charles. "On Defoe's Novels". In: M. SHINAGEL (ed.) *Robinson Crusoe*: An Authoritative Text, Contexts, Criticism. 2. ed. Nova York: Norton, 1994.

LIMA, Luiz Costa. *O controle do imaginário & a afirmação do romance*. São Paulo: Companhia das Letras, 2009.

LERY, Jean de. *Histoire d'un voyage faict en la terre du Brésil* (p. 306-338). Genebra: A. Chuppin, 1580.

_____. *Viagem à terra do Brasil* (1578). São Paulo: Edusp; Belo Horizonte: Itatiaia, 1980.

MACHEREY, Pierre. *Pour une théorie de la production littéraire*. Paris: ENS Éditions, 1966.

MARX, Karl. *O Capital*. Crítica da Economia Política. Livro I. O processo de produção do capital (1867). Trad. de Rubens Enderle. São Paulo: Boitempo Editorial, 2014.

MEYLER, Bernadette. "Daniel Defoe and the Written Constitution". *Cornell Law Review*, Vol. 94, 2008, p. 73-132. Disponível em https://papers.ssrn.com/sol3/papers.cfm?abstract_id=1091749, acesso em 30 jul. 2019.

MONTAIGNE, Michel de. *Ensaios* (1595). Vol. I. Trad. de Sérgio Milliet. São Paulo: Nova Cultural, 1996.

MOORE, John Allen. *A Checklist of the Writings of Daniel Defoe*, 1960.

MOORE, John Robert. *Daniel Defoe:* Citizen of the Modern World. Chicago: University of Chicago Press, 1969.

MORETTI, Franco. *O burguês*: entre a história e a literatura. Trad. de Alexandre Morales. São Paulo: Três Estrelas, 2014.

NOVAK, Maximillian E. *Daniel Defoe:* Master of Fictions: His Life and Ideas. Londres: Oxford University Press, 2003.

_____. "Picturing the Thing Itself, or Not: Defoe, Painting, Prose Fiction, and the Arts of Describing" (p. 1-20). *Eighteenth-Century Fiction* 9, nº 1 (1996). Disponível em http://muse.jhu.edu/article/413714, acesso em 30 jul. 2019.

_____. "The Deplorable Daniel Defoe: His Supposed Ignorance, Immorality, and Lack of Conscious Artistry". *Digital Defoe: Studies in Defoe & His Contemporaries 9*, no. 1 (outuno 2019), acesso em 30 jul. 2019.

OST, François. "El reflejo del derecho en la literatura". *Doxa*, 29, 2006.

POE, Edgar Allan. "Critical Notices". *Southern Literary Messenger*. Vol. II, nº 2. janeiro 1836.

PRADO, Maria Lígia Coelho. "Diálogos entre o Velho e o Novo Mundo: Robinson Crusoé e Sexta-Feira". *História Revista*, Goiânia. Vol. 15, nº 1 (p. 133-157), jan./jun. 2010. Disponível em https://doi.org/10.5216/hr.v15i1.10823, acesso em 30 jul. 2019.

PRAZ, Mario. *Storia della letteratura inglese*. Florença: Sansoni Editore, 1954.

RADBRUCH, Gustav. *Introdução à ciência do direito*. Trad. de Vera Barkow. São Paulo: Martins Fontes, 1999.

REIS, Daniela Amaral dos. "A separação Igreja-Estado na doutrina sobre a tolerância de John Locke". Kínesis. Vol. IV, nº 8, dez. 2012.

REISS, Timothy J. "Crusoe Rights His Story". In: *The Discourse of Modernism*. Cornell University Press, 1982. Disponível em https://www.jstor.org/stable/10.7591/j.ctt207g6cc.14, acesso em 30 jul. 2019.

RICHETTI, John. Introdução. *Robinson Crusoé*. São Paulo: Companhia das Letras (em associação com a *Penguin Classics*). Trad. de Sergio Flaksman; introdução e notas de John Richetti, 2011 (1ª reimpressão, 2014).

_____. "Secular Crusoe: The Reluctant Pilgrim Re-Visited". In: D. TODD; C. WALL, (ed.). *Eighteenth-century Genre and Culture*: Serious Reflections on Occasional Forms: Essays in Honor of J. Paul. Hunter. Newark: University of Delaware Press, 2001.

RIDLEY, Matt. *As origens da virtude*. Um estudo biológico da solidariedade (1996). Rio de Janeiro: Record, 2000.

ROTH, Philip. *Entre Nós*. Um escritor e seus colegas falam de trabalho. Trad. de Paulo Henriques Britto. São Paulo: Companhia da Letras, 2008.

ROUSSEAU, Jean-Jacques. *Emilio o Dell'educazione*. L. III. Roma: Edizioni Studium, 2016.

SCHAEFFER, Denise. *Rousseau*. On Education, Freedom, and Judgment. The Pennsylvania State University Press, 2014.

SCHONHORN, Manuel. *Defoe's Politics: Parliament, Power, Kingship and* Robinson Crusoe. Cambridge University Press, 1991.

SEVERIN, Tim. *In Search of Robinson Crusoe*, Endeavour Media, 2015.

SIM, Stuart. *The Eighteenth-Century Novel and Contemporary Social Issues*. An Introduction. Edimburgo: Edinburgh University Press, 2008.

SILVA, Marcos Fernandes Gonçalves da. "Robinson Crusoé e Macunaíma". Disponível em https://pesquisa-eaesp.fgv.br/publicacoes/gvp/robinson-crusoe-e-macunaima-um-ensaio-sobre-eficiencia-justica-e-racionalidade, acesso em 30 jul. 2019.

SOUHAMI, Diana. *A ilha de Selkirk*. A verdadeira história de Robinson Crusoé. Trad. de Beatriz Horta. Rio de Janeiro: Ediouro, 2002.

SUTHERLAND, James. *Daniel Defoe. A Critical Study.* Cambridge: Harvard University Press, 1971.

TREVELYAN, G. M. *England under Queen Anne*. Londres: Longmans, Green & Co., 1934.

VILLEY, Michel. "Droit subjectif et subjectivisme juridique. Archives de Philosophie du Droit". Tome IX. *Le droit subjectif en question*. Paris: Sirey, 1964.

_____. *Filosofia do direito*. Definições e fins do direito. Os meios do direito. 2. ed. Trad. de Mario Pontes. São Paulo: Martins Fontes, 2008.

WAIZBORT, Leopoldo (org.). *Dossiê Norbert Elias*. São Paulo: Edusp, 1999.

WALL, Cynthia. "Defoe and Londres". In: J. RICHETTI. *The Cambridge Companion to Daniel Defoe*. Cambridge: Cambridge University Press, 2008, p.158-181.

WATT, Ian. *Defoe's Reputation*. Disponível em http://academic.brooklyn.cuny.edu/english/melani/ novel_18c/defoe, acesso em 30 jul. 2019.

_____. *Mitos do individualismo moderno*. Fausto, Dom Quixote, Dom Juan, Robinson Crusoé. Trad. de Mario Pontes. Rio de Janeiro: Zahar, 1997.

WEBER, Max. *A ética protestante e o "espírito" do capitalismo*. Trad. de José Marcos M. de Macedo. Introdução de Antônio Flávio Pierucci. São Paulo: Cia das Letras, 2004.

WILSON, Walter. *Memoirs of the Life and Times of Daniel De Foe containing a Review of his Writings, and his Opinions upon a Variety of Important Matters, Civil and Ecclesiastical* (1830). Disponível em https://archive.org/details/memoirslifeandt08wilsgoog/page/n10, acesso em 30 jul. 2019.

WOOLF, Virginia. "Robinson Crusoe". *The Common Reader: First Series.* (1919). University of Adelaide, Austrália. Disponível em https://ebooks.adelaide.edu.au/w/woolf/virginia/w91c/chapter9.html, acesso em 30 jul. 2019.

Notas

1 Manuel Schonhorn. *Defoe's Politics. Parliament, Power, Kingship and* Robinson Crusoe. Cambridge University Press, 1991, p. 141. Sobre a vida de Defoe, v. Paula R. Backscheider. *Daniel Defoe: His Life.* Baltimore & Londres: John Hopkins University Press, 1992, *passim* e Paula R. Backscheider. Defoe: "The Man in the Works". In: J. Richetti. *The Cambridge Companion to Daniel Defoe.* Cambridge: Cambridge University Press, 2008, p. 5-22.

2 James Joyce, em conferência sobre Daniel Defoe na *Università popolare di Trieste*, em 1912, assim contou seus primeiros anos: "Depois de completar seus estudos, o jovem se jogou na voragem da política e, quando o duque de Monmouth (um dos muitos bastardos do alegre monarca [Jaime I]) levantou a bandeira da revolta, ele se alistou nas fileiras do pretendente. A revolta foi abortada e Defoe quase perdeu a vida. Encontramo-lo alguns anos mais tarde quando começa um negócio de malharia; e, em 1689, cavalgou no regimento de cavalaria voluntária que escoltou os novos soberanos Guilherme e Maria para um solene banquete no Guildhall. Depois ocupou-se em comercializar drogas orientais. Viajou para a França, Espanha e Portugal, ficando lá por algum tempo. Em suas viagens comerciais, ele foi até para a Holanda e a Alemanha, mas quando retornou à Inglaterra, sofreu o primeiro de uma longa série de desastres. (...)" (James Joyce. "Verismo e idealismo nella letteratura inglese". In: *Scritti italiani*, a cura di G. Corsini e G. Melchiori.

Milão: Mondadori, 1979, p. 145. A versão inglesa da conferência está publicada e intitula-se *Daniel Defoe* (1912). *Buffalo Studies*, 1, nº 1, 1964, p. 3-25).

3   Virginia Woolf. *Robinson Crusoe*. *The Common Reader: First Series.* (1919). University of Adelaide, Austrália. Disponível em https:// ebooks.adelaide.edu.au/w/woolf/virginia/w91c/chapter9.html, acesso em 30 jul. 2019: *"The book resembles one of the anonymous productions of the race rather than the effort of a single mind; and as for celebrating its centenary we should as soon think of celebrating the centenaries of Stonehenge itself. (...) It still seems that the name of Daniel Defoe has no right to appear upon the title-page of Robinson Crusoe, and if we celebrate the bi-centenary of the book we are making a slightly unnecessary allusion to the fact that, like Stonehenge, it is still in existence".*

4   Edgar Allan Poe. "Critical Notices". *Southern Literary Messenger*, Vol. II, nº. 2, January 1836, 2:127-129.

5   *The Harvard Classics*. Vol. 27. *English Essays*. From Sidney to Macaulay, P. F. Collier & Son, 1910, p. 188.

6   O aviso de recompensa foi publicado na *London Gazette*, de 10 de janeiro de 1703, com a seguinte descrição do procurado: "*A spare man, middle-aged, about forty years old, of a brown complexion, dark-brown coloured hair, but wears a wig; a hooked nose, a sharp chin, grey eyes, and a large mole near his mouth, born in London, for many years a hose-factor in Cornhill, now owner of a brick and pantile works at Tilbury in Essex County.*"

7   Segundo G. M. Trevelyan (*England under Queen Anne*. Londres: Longmans, Green & Co., 1934), a ligação entre Defoe e Harley foi muito profunda: "*(...) Harley found in Daniel Defoe a man of shifting and secrets ways like himself, of moderate views and kindly nature like himself, like himself a Puritan upbringing, but with a style of writing as lucid and telling as Harley's was slovenly and confused. (...) Moving about under an assumed name, he communicated with the Secretary of State by stealth. Defoe was still so unpopular with all parties in Church and State that Harley dared not own him in public. Moreover, both men loved mystery for its own sake. Defoe became Harley's Man Friday, and remained so for long years to come, through many changes of men and measures*".

8   Um de seus biógrafos, John Robert Moore (*Daniel Defoe: Citizen of the Modern World*. Chicago: University of Chicago Press, 1969,

p. 56), afirmou que Defoe "criou não apenas uma nova forma literária, mas também um novo público leitor". A propósito, observa James Joyce, *Scritti italiani*, cit., p. 151: "Se não tivesse escrito *Robinson Crusoé*, Daniel Defoe mereceria a imortalidade pelo gênio que demonstra no seu *Um Diário do Ano da Peste*." Segundo Otto Maria Carpeaux (*História da Literatura Ocidental*, vol. II, p. 1057. Disponível em http://www2.senado.leg.br/bdsf/item/id/528992, acesso em 30 jul. 2019), Defoe "é um dos maiores jornalistas de todos os tempos". Com isso, Carpeaux diz aludir menos à sua atividade jornalística propriamente dita do que "a seus trabalhos de repórter: o *Journal of the Plague Year*, sobre a grande peste de Londres; o guia *A Tour through the Whole Island of Great Britain*; e sobretudo a estupenda reportagem ocultista *A True Relation of the Apparition of one Mrs. Veal*, na qual a aparição de um espectro é descrita de maneira tão convincente que o leitor acaba acreditando. Nessas obras jornalísticas, Defoe criou o seu método narrativo: narração lenta, comunicando fatos e só fatos, passo por passo, sem arte de construção do conjunto, mas com coerência lógica dos pormenores. Método de um realista que quer fazer acreditar, mas que também, ele mesmo, acredita".

9   Cynthia Wall. Defoe and London. In: J. Richetti. *The Cambridge Companion to Daniel Defoe*. Cambridge: Cambridge University Press, 2008, p. 167: "*Defoe's "travels" ended back in London proper when he died on 24 April 1731, "of a lethargy" (probably a stroke), in Ropemaker's Alley, another area of shopkeepers, hiding from creditors once again. He was buried on 26 April in Bunhill Fields, which had been made into a cemetery during the Great Plague of 1665. (...) His death record in the St. Giles, Cripplegate, General Registry declares him a "Gentleman"; his obituaries, "the famous Mr Daniel De Foe" who was "well known for his numerous and varied Writings." Defoe personally experienced all the lives of his city, its prosperity and poverty, respectability and criminality, its overworld and underworld: he knew it above and ended below its ground.*"

10 O livro não deixa de ser, evidentemente, maravilhoso para crianças. V. o depoimento de Rubem Alves (*Quando eu era menino*. Campinas: Papirus, 2013, p. 54): "Vocês já leram o *Robinson Crusoé*? Pois tratem de ler. Seria interessante que seu professor, na escola, lesse esse livro para vocês. A aula seria uma delícia — e vocês acabariam por querer ter e ler o livro, para chegar logo ao fim.

Imaginem que vocês estão sozinhas, numa ilha deserta. Que é que vocês fariam? Seria preciso arranjar água, comida, abrigo...".

11   V. Maximillian E. Novak ("The Deplorable Daniel Defoe: His Supposed Ignorance, Immorality, and Lack of Conscious Artistry". *Digital Defoe: Studies in Defoe & His Contemporaries 9*, no. 1 (fall 2019), acesso em 30 jul. 2019) afirma: "*It should be noted that Defoe was not a writer of the kind of polite literature, replete with classical allusions, that brought with it contemporary literary fame. A satire such as* The True-Born Englishman *was witty and merciless in destroying a simplistic xenophobia that was being expressed against The Dutch and William III.*"

12   Alexander Pope: "*The first part of* Robinson Crusoe *is very good — De Foe wrote a vast many of things; and none bad, though none excellent, except this*" (1742). No mesmo sentido, a conhecida frase de dr. (Samuel) Johnson: "*Was there ever yet any thing written by mere man that was wished longer by its readers, excepting* Don Quixote, Robinson Crusoe, *and the* Pilgrim's Progress?" (1776).

13   Jonathan Swift, por exemplo, achava Defoe "tão grave, tão sentencioso, tão antiquadamente dogmático, que não havia como suportá-lo". Um dos mais ácidos críticos de Defoe foi Sir Walter Scott ("*Defoe seems to have written too rapidly to pay the least attention to his circumstance; the incidents are huddled together like paving-stones discharged from a cart, and as little connection between the one and the other.*"). No mesmo sentido, Samuel Taylor Coleridge ("*Crusoe himself is a representative of humanity in general; neither his intellectual nor his moral qualities set him above the middle degree of mankind; his only prominent characteristic is the spirit of enterprise of wandering, which is, nevertheless, a very common disposition. You will observe that all that is wonderful in this tale is the result of external circumstances of things which fortune brings to Crusoe's hand*"). Para a reputação de Defoe, v. Ian Watt. *Mitos do individualismo moderno*. Rio de Janeiro: Zahar, 1997, p. 177, e *Defoe's Reputation*. Disponível em http://academic.brooklyn.cuny.edu/english/melani/novel_18c/defoe, acesso em 30 jul. 2019.

14   O que mais encantou James Joyce (*Scritti italiani*, cit., p. 156-157) foi justamente o realismo de Defoe: "Procurarão em vão nas obras de um escritor que, dois séculos antes de Gorki ou Dostoiévski, trouxe para a literatura europeia a mais insignificante raça da população, o enjeitado, o gatuno, o servente, a prostituta, a megera,

o predador, o náufrago, aquele ardor estudado de indignação e de protesto que dilacera e acaricia. (...) Suas mulheres têm a indecência e a continência das bestas; seus homens são corpulentos e silenciosos como as árvores. O feminismo inglês e o imperialismo inglês já estão se formando nessas almas que mal emergem do reino animal."

15 Italo Calvino. *Por que ler os clássicos*. Trad. Nilson Moulin. São Paulo: Companhia das Letras, 2017, p. 104.

16 Charles Lamb. "On Defoe's Novels". In: M. Shinagel (ed.) *Robinson Crusoe*: An Authoritative Text, Contexts, Criticism. 2ª ed. New York: Norton, 1994, p. 269 e ss. Comentando sobre os leitores de Defoe, Charles Lamb afirma que Robinson Crusoé é "delicioso para todas as classes", mas foi escrito para as classes mais baixas: "Seus romances são leitura de cozinha, embora sejam dignos de ser encontrados nas prateleiras das bibliotecas dos mais ricos e mais instruídos."

17 Maximillian E. Novak. "Picturing the Thing Itself, or Not: Defoe, Painting, Prose Fiction, and the Arts of Describing". *Eighteenth-Century Fiction* 9, nº 1 (1996): 1-20. Disponível em http://muse.jhu.edu/article/413714, acesso em 30 jul. 2019.

18 Interessante notar que Maurício de Nassau (governador de Pernambuco de 1630 a 1654) trouxe em sua comitiva seis pintores, entre eles Frans J. Post e Albert Eckhout. Como não eram católicos, puderam reportar, sem preconceitos, o que viam na flora, na fauna e no povo brasileiros. As imensas telas de Eckhout estão à mostra no Museu Nacional da Dinamarca, em Copenhage.

19 William Hazlitt. *The Works of Daniel Defoe, With a Memoir of His Life and Writings*. Londres: John Clements, Little Poultney Street, 1840, p. 169.

20 François Ost. "El reflejo del derecho en la literatura". *Doxa*, 29 (2006), p. 343.

21 Segundo Manuel Schonhorn (*Defoe's Politics*, cit.): *"Perhaps it has been the obviousness of the satire in* Jure Divino *of those who believe in the divine right of hereditary succession that has denied it serious consideration. Perhaps the clarity of Defoe's prose notes has turned many to dismiss the "unreadable" poetry. (...) Nevertheless, despite its momentarily digressive populist and "Lockean" overtones, it is in* Jure Divino *that Defoe's scriptural and martial imagination disposed to*

the Book and the Sword orders his myth of the origins of government and kings."

22 Achei por bem poupar o leitor das teorias, das implicações e dos significados do termo "mito". Poucos deixam de qualificar Robinson com o substantivo e encontrei em Gilles Barba (*Robinson Crusoé et Robinsonnades*. Disponível em http://robinsons.over--blog.com/article-32707964.html, acesso em 30 jul. de 2019) a chamada "saída Roland Barthes". Diz Barthes ("O mito, hoje". In: *Mitologias*. Trad. Rita Buongermino e Pedro de Souza. 8ª ed. Rio de Janeiro: Bertrand Brasil, 1989, p. 131-178): "Esta palavra é uma mensagem. Pode, portanto, ser outra coisa que não oral; pode ser composta de escritos ou representações: o discurso escrito, mas também fotografia, cinema, reportagem, esportes, shows, publicidade, tudo isso pode servir de apoio para a palavra mítica."

23 Virginia Woolf (*Robinson Crusoe. The Common Reader*, cit.): "(...) *we have all had* Robinson Crusoe *read aloud to us as children, and were thus much in the same state of mind towards Defoe and his story that the Greeks were in towards Homer. (...) The impressions of childhood are those that last longest and cut deepest. (...)*".

24 *Por que ler os clássicos*, cit., p. 105.

25 In *L'Espresso*, 10 out. 1982. Para as circunstâncias em que foi feito o resumo, v. http://www.doppiozero.com/materiali/sala-insegnanti/poche-chiacchiere, acesso em 30 jul. 2019.

26 O relato de Rogers sobre Selkirk criou um ambiente que foi rapidamente seguido por outros escritores. No mesmo ano, o capitão Edward Cooke publicou o seu *A Voyage to the South Sea and Round the World*, no qual incluiu um relato de Selkirk. Em *The Englishman*, de dezembro de 1713, Sir Richard Steele, amigo de Rogers e que conhecera Selkirk, publicou um relato sobre o marinheiro escocês.

27 Diana Souhami. *A ilha de Selkirk. A verdadeira história de Robinson Crusoé*. Trad. Marcia V. M. de Aguiar. Rio de Janeiro: Ediouro, 2002.

28 Tim Severin. *In Search of Robinson Crusoe*, 2015, edição on-line.

29 Entretanto, outras pesquisas remetem a uma história muito antiga, do século XII, traduzida pela primeira vez para o inglês em 1708--1709. Trata-se de um conto intitulado "O filósofo autodidata", de Abubácer (*Ibn Tufail*), poeta mulçumano, nascido em Al-Andalus, como era conhecida a Península Ibérica na época, e muito amigo

de Averróes. O conto, provavelmente lido por Defoe, é a história de um menino que é deixado só numa ilha deserta para crescer. Sua mãe é uma gazela que morre quando ele faz catorze anos. Só aos 49 anos (no sétimo ciclo de sua vida) lhe aparece um amigo.

30 Hoje diversos autores falam em 548 obras (cf. Ian Watt. *Mitos*, cit., p. 153). A propósito, v. John Allen Moore. *A Checklist of the Writings of Daniel Defoe*, 1960. No entanto, Philip Nicholas Furbank e W.R. Owens (*Defoe De-Attributions: Critique of J. R. Moore's Checklist*) consideram que a lista de Moore é exagerada. James Joyce, na palestra que proferiu sobre Defoe em Trieste, em 1912, dizia que ele era autor de 210 obras, que dividiu em dois grupos de interesse: de um lado, "os escritos que dizem respeito a um acontecimento do momento" [reportagens]; de outro, "as biografias que, se não são verdadeiros romances, no sentido que nós entendemos, porque lhes faltam a trama amorosa, o exame psicológico e o equilíbrio estudado de caracteres e tendências, são documentos literários nos quais a alma do romance realista se entrevê como uma alma que dorme em um organismo imperfeito e amorfo". No que foi considerada a primeira biografia relevante de Defoe, de George Chalmers (*The Project Gutenberg EBook Life of De Foe. Londres, 1785*), são enumeradas 174 obras. Já a biografia de Walter Wilson apresenta o número de 214 obras (*Memoirs of the Life and Times of Daniel De Foe containing a Review of his Writings, and his Opinions upon a Variety of Important Matters, Civil and Ecclesiastical*. 3 Vols. Londes: Y Hurst, Chance, and Co. 1830. Disponível em https://archive.org/details/memoirslifeandt08wilsgoog/page/n10, acesso em 30 jul. 2019).

31 Título original: "*The Life and Strange Surprizing Adventures of Robinson Crusoe, Of York, Mariner: Who lived Eight and Twenty Years, all alone in an un-inhabited Island on the Coast of America, near the Mouth of the Great River of Oroonoque; Having been cast on Shore by Shipwreck, wherein all the Men perished but himself. With An Account how he was at last as strangely deliver'd by Pyrates. Written by Himself.*"

32 Mas, v., *infra*, nota 71.

33 Sidney James Black ("The Critical Reputation of Defoe's Novels: A Reflection of Changing Attitudes Toward the Novel in England". Boston University. Disponível em https://hdl.handle.net/2144/7803, acesso em 30 jul. 2019, p. 53) afirma: "*In the*

> *period 1700-1730, the use of the word 'novel' would have been an anathema to Defoe. Because to the Puritan mind, they represented a type of moral dishonesty, fiction and fable had to be defended. (...) But moral disapproval was so deeply rooted in the puritan attitude of mind that writers who wished to avoid it, disguised their fiction under titles that indicated the presence of fact rather than fiction. (...) Defoe's works are examples in point, for they were never presented as fiction. Robinson Crusoe, Colonel Jack, Moll Flanders, and The Fortunate Mistress were offered as autobiographies under the supervision of an editor. Memoirs of a Cavalier and A Journal of the Plague Year are classified by their titles."*

34 Ian Watt. *Mitos,* cit., p. 149.
35 James Sutherland. *Daniel Defoe. A Critical Study,* cit., cap. 4.
36 Manuel Schonhorn (*Defoe's Politics,* cit., p. 1), o qual cita o juízo de Hans-Dietrich Kuckuk (*Die politischen Ideen Daniel Defoes,* 1962) sobre o autor: "*Defoe war ein Grosser Politiker*" (Defoe era um grande político).
37 Assim, Charles Whibley, *apud* Manuel Schonhorn. *Defoe's Politics,* cit., p. 141.
38 Diógenes Buenos Aires de Carvalho. *A adaptação literária para crianças e jovens: Robinson Crusoé no Brasil.* Tese de Doutorado. PUC-RS. Porto Alegre, 2006. Disponível em http://tede2.pucrs.br/tede2/handle/ tede/2118, acesso em 30 jul. 2019.
39 Ana Maria Machado. *Esta força estranha*: trajetória de uma autora. São Paulo: Atual, 1996, p. 21.
40 James Joyce. *Scritti italiani,* cit., p. 158.
41 Harold Bloom. "A moldagem do caos por um náufrago". *Folha de São Paulo,* 7 jan. 1996.
42 Id., *ibidem.*
43 Virginia Woolf. *Robinson Crusoe. The Common Reader,* cit.
44 Gualter M. Q. Cunha. *Dialéticas do poder.* A representação do individualismo em *Robinson Crusoé.* Tese Doutorado. Universidade do Porto. Porto, 1986.
45 Pierre Macherey. *Pour une théorie de la production littéraire.* Paris: ENS Editions, 1966, p. 267, *apud* Timothy J. Reiss. *The Discourse of Modernism. [Crusoe Rights His Story].* Cornell University Press, 1982. Disponível em https://www.jstor.org/stable/10.7591/j.ctt207g6cc.14, acesso em 30 jul. 2019.
46 Id., *ibidem.*

47 Jean-Jacques Rousseau. *Emílio* o *Dell'educazione*. L. III. Roma: Edizioni Studium, 2016.
48 Assim, Harold Bloom. "A moldagem do caos por um náufrago", cit.
49 Robinson Crusoé nasceu em York, em 30 de setembro de 1632, fugiu de casa em 1651, foi capturado por piratas turcos em 1652. Dois anos depois, foge e chega a Salvador em 1654. Parte para a Guiné em 1º de setembro de 1659. Em 30 de setembro põe o pé na "horrenda" ilha. A partir de 4 de novembro seguinte, estabelece uma rotina, e em 12 de novembro inicia o seu diário, que escreve até a tinta acabar. Em novembro de 1684, salva Sexta-Feira. Retorna a Londres em 11 de junho de 1687, depois de quase trinta e cinco anos.
50 Franco Moretti. *O burguês*: entre a história e a literatura. Trad. Alexandre Morales. São Paulo: Três Estrelas, 2014.
51 Mario Praz. *Storia della letteratura inglese*. Florença: Sansoni editore, 1954.
52 Jean-Jacques Rousseau (*Emílio* o *Dell'educazione*, cit., p. 484): "Este romance (...) será para o Emílio objeto de instrução e, ao mesmo tempo, de entretenimento para todo o período de crescimento com o qual estamos lidando. Quero que ele seja conquistado e fique fascinado a tal ponto que cuide continuamente de seu castelo, de suas cabras e de seus campos; quero que aprenda nos menores detalhes, não por livros, mas por coisas, o que precisa ser feito em tais circunstâncias. Ele deve achar que é o próprio Robinson (...). Quero que ele se preocupe com as decisões a serem tomadas se isto ou aquilo vier a acontecer, para examinar a conduta de seu herói, para ver se por acaso não negligenciou nada, ou se não poderia fazer nada melhor, que olhe cuidadosamente para os erros dele, não os cometa em circunstâncias semelhantes, porque, não duvide, já estará preparando em seu coração viver uma aventura semelhante. (...)."
53 Aliás, e incrivelmente, seria bem possível resumir os dois volumes da história da seguinte maneira: "*Robinson Crusoé*, de Daniel Defoe (1719), começa na Bahia e termina com um ataque desfechado por canibais brasileiros que matam Sexta-Feira": assim, John Hemming. *Ouro vermellho*. A conquista dos índios brasileiros. Trad. Carlos Eugênio M. de Moura. São Paulo: Edusp, 2007, p. 64.
54 Todas as citações feitas são da edição de *Robinson Crusoé* da Companhia das Letras, em associação com a *Penguin Classics*, tradução

de Sergio Flaksman e introdução e notas de John Richetti, 1ª reimpr., 2014.
55 Stuart Sim. *The Eighteenth-Century Novel and Contemporary Social Issues*. The Life and Strange Surprizing Adventures of Robinson Crusoe, Born-Again Theology and Intelligent Design. Edimburgo: Edinburgh University Press, 2008, ch. II. Born-Again Theology and Intelligent Design, p. 21 e ss.
56 Id., *ibidem*.
57 Id., *ibidem*.
58 Stefano Bartezzaghi. "Robinson". *La repubblica*, 12. nov. 2016.
59 Montaigne, no capítulo XXXI do vol. I dos *Ensaios*, trata de um tema-chave do século XVI, qual seja, o contato dos franceses com os Tupinambás durante a tentativa francesa de colonizar a baía de Guanabara. Montaigne faz uma leitura favorável dos canibais, prezando a sua simplicidade e humanizando-os na exposição de seus valores: "Não vejo nada de bárbaro ou de selvagem no que dizem daqueles povos; e, na verdade, cada qual considera bárbaro o que não se pratica em sua terra. (...) Esses povos não me parecem, pois, merecer o qualificativo de selvagens somente por não terem sido senão muito pouco modificados pela ingerência do espírito humano e não haverem quase nada perdido de sua simplicidade primitiva (...)". Michel de Montaigne. *Ensaios*. (1595). Vol. I. Trad. Sérgio Milliet. São Paulo: Nova Cultural, 1996, p. 195-196. Esse mesmo trecho, como se sabe, já havia sido citado em *A Tempestade*, de Shakespeare (1610-1611).
60 John Richetti. Introdução. *Robinson Crusoé*. São Paulo: Penguin Classics e Companhia das Letras, 2014, p. 34.
61 John Richetti. Secular Crusoe: "The Reluctant Pilgrim ReVisited". In: D. Todd & C. Wall (Ed.). *Eighteenth-century Genre and Culture: Serious Reflections on Occasional Forms: Essays in Honor of J. Paul. Hunter*. Newark: University of Delaware Press, 2001, p. 58 e ss.
62 Daniela Amaral dos Reis. "A separação Igreja-Estado na doutrina sobre a tolerância de John Locke". *Kínesis*, Vol. IV, nº 8, dezembro de 2012, p. 109-110.
63 Ann Marie Fallon. *Global Crusoe*. Comparative Literature, Postcolonial Theory and Transnational Aesthetics. Farnham: Ashgate, 2011, p. 28.
64 John Richetti. "Secular Crusoe", cit., p. 69.

65 Brian C. Cooney. "Considering *Robinson Crusoe's* 'Liberty of Conscience' in an Age of Terror." Disponível em https://www.jstor.org/stable/25472206, acesso em 30 jul. 2019.
66 William Shakeaspeare. Romeo and Juliet: "*What's in a name? that which we call a rose/ By any other name would smell as sweet*" (Act. II, II).
67 Maria Lígia Coelho Prado. "Diálogos entre o Velho e o Novo Mundo: Robinson Crusoé e Sexta-Feira". *História Revista*, Goiânia, v. 15, nº 1, p. 133-157, jan./jun. 2010, p. 135. Disponível em https://doi.org/10.5216/hr.v15i1.10823, acesso em 30 jul. 2019.
68 Id. *ibidem*.
69 Acredito que o Sexta-Feira do filme de Luis Buñuel (*Robinson Crusoe*, 1954) seja uma rara exceção. A versão completa da película, com legendas em espanhol, está disponível no Youtube em https://youtu.be/b-YoBU0XT90, acesso em 30 jul. 2019.
70 Maria Ligia Coelho Prado, cit.
71 Fernanda Durão Ferreira. *As fontes portuguesas de Robinson Crusoe*. Lisboa: Cadernos Minimal, 1996, p. 13.
72 Harold Bloom. "A moldagem do caos por um náufrago", cit.
73 James Joyce. *Scritti italiani*, cit., p. 149.
74 Vale citar aqui o final da carta em seu texto original: "*(...) Kiss my dear Sophy once more for me; and if I must see her no more, tell her this is from a father that loved her above all his comforts, to his last breath.*
Your unhappy, D. F.
About two miles from Greenwich, Kent, Tuesday, August 12th, 1730. P.S. I wrote you a letter some months ago, in answer to one from you, about selling the house; but you never signified to me whether you received it. I have not the policy of assurance; I suppose my wife, or Hannah, may have it.
Idem, D. F.
75 Para explicação detalhada das circunstâncias da carta, v. Maximillian E. Novak. *Daniel Defoe: Master of Fictions: His Life and Ideas*. Londres: Oxford University Press, 2003, p. 695 e ss.
76 Johann G. Schnabel, no prefácio de sua obra *Die Insel Stronghold* (A Ilha da Fortaleza), de 1731.
77 "Como a economia política ama *robinsonadas*, lancemos um olhar sobre Robinson em sua ilha", observa Marx. (In: *O Capital*. Crítica da Economia Política. Livro I. *O processo de produção do capital*

(1867). Trad. Rubens Enderle. São Paulo: Boitempo Editorial, 2014, p. 211).
78 Roland Barthes. *Le degré zéro de l'écriture*. Paris: Seuil, 1972, p. 145-155.
79 Jean de Léry (*Histoire d'un voyage faict en la terre du Brésil*. Genebra: A. Chuppin, 1580, p. 306-338, Chap. XX): "*Colloque de l'entrée ou arrivée en la terre du Brésil, entre les gens du pays nommez Tououpinambauoults & Toupinenkins en langage Sauvage & François*". V., em português, Jean de Léry. *Viagem à terra do Brasil* [1578]. São Paulo: Edusp; Belo Horizonte: Itatiaia, 1980.
80 Assim, Andrea Daher. "A invenção capuchinha do selvagem na época moderna". *Rev. Hist.* (São Paulo), n.º 177, 2018. Disponível em http://www.scielo.br/pdf/rh/n177/2316-9141-rh-177-a01417.pdf, acesso em 30 jul. 2019.
81 Andrea Daher, cit.
82 Id., *ibidem*.
83 Segundo Andrea Daher, o livro foi um grande sucesso editorial, e sua larga circulação, em função das lutas de representação dos grupos reformados, fez com que sua imagem dócil e cordial dos Tupinambá consistisse num tributo sólido, que teria inaugurado na França o fenômeno de "tupinambização" das representações do índio americano. Reeditado e reimpresso mais de dez vezes, em francês e latim, até 1611, o livro de Léry circulou amplamente. Há uma edição brasileira relativamente recente: Jean de Léry. *Viagem à terra do Brasil* (1578). São Paulo: Edusp; Belo Horizonte: Itatiaia, 1980.
84 Umberto Eco. *A ilha do dia anterior*. Trad. Marco Lucchesi. Rio de Janeiro: Record, 1994, p. 107-108. Em ensaio intitulado "Sobre os insulares", Eco explica as razões históricas do fascínio por ilhas: "Não tanto porque são um lugar que, como diz a própria palavra, é isolado do resto do mundo. (...) É porque, antes do século XVIII, quando foi possível determinar as longitudes, podia-se achar uma ilha por acaso e, à semelhança de Ulisses, até fugir dela, mas não havia como reencontrá-la. Desde os tempos de São Brandano uma ilha sempre foi uma *Insula Perdita*" (Umberto Eco. *A memória vegetal e outros escritos sobre bibliofilia*. Trad. Joana A. D'Avila. 2ª ed. Rio de Janeiro: Record, 2011, p. 96).
85 Gilles Barba (*Robinson Crusoé et les robinsonnades*, cit.): "Ainda mais significativo é a explosão de Robinsons no *reality show*. O canal americano CBS produziu uma forma de jogo de aventura

batizado de *Survivor*. O conceito foi adotado em 2001 pela *TF1* [francesa] sob o título de *Koh Lanta*, preferível ao de "Operação Robinson". Não importa, a intenção estava lá! É bom criticar o gênero e o formato, mas os candidatos estão se esforçando para participar da aventura e, a cada sábado à noite, mais de 6 milhões de telespectadores se colocam em frente à tela pequena. (...) Em 2001, a cortina sobe em uma jangada que atinge uma ilha tropical do Oceano Índico: praia arenosa, fundos marinhos excepcionais, corais, águas cristalinas (...), todos os ingredientes estão lá para viver como Robinson Crusoé."

86 Jean-Jacques Rousseau (*Confessions*, XI, in *Œuvres complètes*, I, p. 573): "Nunca um trabalho teve tantos elogios privados e tão pouca aprovação pública. O que dele me disseram e o que as pessoas mais capazes de me julgar me escreveram confirmam que era o melhor dos meus escritos, e o mais significativo". É conhecida a oposição de Rousseau à prática de usar livros para ensinar crianças a pensar. Explicitamente, sustenta que as crianças devem aprender com o mundo ao seu redor. Emílio deve ser protegido até mesmo das fábulas de La Fontaine, que na época de Rousseau era a obra literária francesa mais popular para crianças. Assim, Denise Schaeffer (*Rousseau. On Education, Freedom, and Judgment*. The Pennsylvania State University Press, 2014, p. 111), que afirma ainda que "há ampla evidência a sugerir que Rousseau considerava os livros prejudiciais ao desenvolvimento do bom senso, especialmente em crianças".

87 Um dos elementos mais originais da reflexão pedagógica de Rousseau no Émile, de 1762, é a consideração de que a infância é um período específico do crescimento da criança. A divisão do texto em cinco livros, que tratam das diferentes etapas do desenvolvimento de Emílio, atesta a importância que Rousseau atribui aos estágios de crescimento de seu aluno. O primeiro livro é dedicado à infância (de zero a cinco anos) (...). A segunda continua até a idade de doze, a terceira até quinze, a quarta até vinte anos, e a quinta, que conclui o trabalho, termina com o nascimento do filho de Emílio. No último volume, Rousseau trata da educação de *Sophie*, que será a esposa de Emílio.

88 Jean-Jacques Rousseau. *Emílio o Dell'educazione*, cit., nota 44 (p. 482-3).

89 Seriam infindáveis as citações, mas menciono, a título de exemplo, algumas obras mais recentes: *L'empreinte à Crusoé* (Patrick Chamonieux, 2012); *L'isola del giorno dopo* (Umberto Eco, 1994); *John Dollar* (Marianne Wiggins, 1989); *Foe* (J. M. Coetzee, 1986); *Crusoe's Daughter* (Jane Gardam, 1985); *China Men* (Maxine Hong Kingston, 1980); *Crusoe at England* (Elizabeth Bishop, 1979); *Adiós, Robinson* (Julio Cortàzar, 1977); *Concrete Island* (J. G. Ballard, 1974); *Vendredi ou Les limbes du Pacifique* (Jacques Tournier, 1967); *Friday's Footprint* (Nadine Gordimer, 1960); *Lord of the Flies* (William Golding, 1954). Outros autores sofreram tanta influência da história de Crusoé que dela continuaram a tratar, como no caso das histórias ligadas às "famílias Robinson" (originárias de *A Família do Robinson Suíço*, de Johann David Wyss, 1812), que foram adaptadas para o cinema em 1960 sob o título de *A Família Robinson*, e para a TV, no seriado *Perdidos no Espaço*, 1965-1968, com as aventuras da família Robinson a bordo da nave *Júpiter 2*; além dos filmes *Castaway* (Zemeckis, 2000) e *The Martian* (Andy Weir, 2012); o seriado *Lost* (2004); os reality shows *Survivor* (2000) e *Koh Lanta*, este último já mencionado. Segundo Ann Marie Fallon, *Global Crusoe*, cit., p. 35: "Crusoé, hoje, não é mais apenas um sobrevivente solitário e lutador, um individualista como Ian Watt argumentou convincentemente, mas uma figura cosmopolita de conexão e representação de nosso próprio momento de ansiedade em torno de um mundo globalizado. O Crusoé que aparece na literatura do século XX é uma advertência contra os perigos do isolamento individual e da opressão colonial."

90 Max Weber. *A ética protestante e o "espírito" do capitalismo*. Trad. José Marcos M. de Macedo. Introdução de Antônio Flávio Pierucci. São Paulo: Cia das Letras, 2004, p. 82 e ss. A referência ao "*Deo Placere vix potest*" (ele mal agrada a Deus) é parte de um dito atribuído a São Jerônimo: "*Homo mercator vix aut numquam potest Deo placere*" (Um comerciante dificilmente ou nunca é capaz de agradar a Deus).

91 Immanuel Kant. "Início conjectural da história humana." (1786). Trad. Joel Thiago Klein. Disponível em http://www.sociedadekant.org/studiakantiana/index.php/sk/article/download/86/36, acesso em 30 jul. 2019, p. 149-150.

92 Id., *ibidem*.

93 Michel de Montaigne. *Ensaios*, vol. I, cit., p. 219: "Não há ser mais sociável ou menos sociável do que o homem; é ele uma coisa pela sua própria natureza e outra em consequência de seus vícios ("*Il n'est rien si dissociable et sociable que l'homme: l'un par son vice, l'autre par sa nature*").

94 Immanuel Kant. "Ideia de uma história universal com um propósito cosmopolita" (1784). Trad. de Arthur Morão. Disponível em https://www.marxists.org/portugues/kant/1784/mes/historia.pdf, acesso em 30 jul. 2019, p. 7-8.

95 Joel Thiago Klein. "A sociabilidade insociável e a antropologia kantiana". *Revista de Filosofia*, Curitiba: Aurora, v. 25, n. 36, p. 265-285, jan./jun. 2013. Disponível em https:// DOI: 10.7213/revistadefilosofiaaurora.7774, acesso em 30 jul. 2019.

96 Karl Marx. *O Capital*. Livro I, cit., p. 211.

97 Marcos Fernandes Gonçalves da Silva. "Robinson Crusoé e Macunaíma (um ensaio sobre eficiência, justiça e racionalidade econômica)". Disponível em https://pesquisa-eaesp.fgv.br/publicacoes/gvp/robinson-crusoe-e-macunaima-um-ensaio-sobre-eficiencia-justica-e-racionalidade, acesso em 30 jul. 2019.

98 Marx refere-se à obra de Max Wirth, *Grundzüge der National--Oekonomie*, Colônia, 1861.

99 Karl Marx. *O Capital*, Livro I, cit., p. 211-212.

100 *Entre Nós*. Um escritor e seus colegas falam de trabalho. Trad. Paulo Henriques Britto. São Paulo: Companhia da Letras, 2008.

101 "Onde há sociedade, há Direito: a fábula de Robinson Crusoé".

102 Guido Alpa. *Manuale di diritto privato*. Padova: CEDAM, 2017, p. 1-2.

103 A propósito, o conhecido jornal italiano *La repubblica*, tendo há muitos anos um suplemento literário que sai às sextas-feiras — e por isso mesmo intitulado *Venerdì* —, em 2016, ao escolher o nome de sua revista dominical optou por chamá-la *Robinson*.

104 Edgar Bodenheimer. *Teoría del Derecho* (2ª ed., 5ª reimp., 2007 ed.). México: Fondo de Cultura Económica, p. 16. Todavia, dizer que no primeiro caso a relação é apenas de poder e no segundo caso é de direito não leva em consideração a voluntariedade de ambas as relações.

105 Hans Hattenhauer (*Conceptos fundamentales del derecho civil*. Barcelona: Editorial Ariel, 1982, p. 17) cita um trecho de Johannes Althusius, que sistematizou a teoria e cuja obra (*Epitome Dicaeo-*

logiae Romanae, de 1623) exerceu notável influência nos séculos posteriores: "Pessoa é o homem como compartícipe do Direito. Sempre se soube que o homem somente pode viver junto com outros homens, de modo que no conceito de pessoa do Direito Natural *o indivíduo* se situa como pano de fundo da sociedade humana. Era importante a teoria de que a sociedade estava aí por vontades individuais, e composta por indivíduos. Primeiro é o homem e depois a sociedade que, de sua parte, é o sustentáculo das vidas individuais".

106 Hans Hattenhauer (*Conceptos fundamentales*, cit., p. 18) é um dos poucos autores a discordar da interpretação dominante de que Sexta-Feira é escravizado por Robinson.

107 Gustav Radbruch. *Introdução à ciência do direito*. Trad. Vera Barkow. São Paulo: Martins Fontes, 1999, p. 7.

108 Id., *ibidem*.

109 Jean Dabin. *Le droit subjectif*. Paris: Dalloz, 1952, p. 93 e ss.

110 Michel Villey. "Droit subjectif et subjectivisme juridique". *Archives de Philosophie du Droit*. Tome IX. *Le droit subjectif en question*. Paris: Sirey, 1964, p. 21.

111 Michel Villey. *Filosofia do direito*. Definições e fins do direito. Os meios do direito. Trad. Mario Pontes. 2ª ed., São Paulo: Martins Fontes, 2008, p. 141 e ss.

112 Brian C. Cooney. "Considering *Robinson Crusoe's* 'Liberty of Conscience' in an Age of Terror", cit.

113 Maximillian E. Novak. "Crusoe the King and the Political Evolution of His Island." *Studies in English Literature*, 1500-1900, vol. 2, nº 3, 1962, p. 337. Disponível em www.jstor.org/stable/449483, acesso em 30 jul. 2019. Novak observa: "*That Defoe was half-serious in suggesting Crusoe's right to call himself King of the island, there can be no doubt. Coleridge wondered whether Crusoe's claim was valid, but according to Grotius, islands in the sea belonged to the first inhabitant*".

114 Vittorio Frosini. "L'ipotesi robinsoniana e l'individuo come ordinamento giuridico". *Sociologia del diritto*, nº 3, 2001. Do autor, v. tb *"Jus solitudinis"*. Milano: Giuffrè, 1953.

115 Francesco D'Agostino. "La persona e il diritto". In: A. Mazzoni (ed.) *A sua immagine e somiglianza?* Il volto dell'uomo alle soglie del 2000: un approccio bioetico. Roma: Città Nuova, 1997, p. 45.

116 Artífices desta tese são, entre outros, Georg Simmel e Norbert Elias (cf. Leopoldo Waizbort (org.), *Dossiê Norbert Elias*. São Paulo: Edusp, 1999, p. 100-101): "No sentido mais rigoroso possível, pode-se e deve-se dizer o mesmo da sociologia de Norbert Elias. A defesa *simmeliana* da diferença entre sociedade e socialização (isto é, da natureza da sociedade que está aí em jogo) reproduz-se assim no sociólogo de Breslau: agora se fala não propriamente de 'socialização', mas sim de 'entrelaçamentos' e 'interdependências' que configuram a sociedade enquanto tal."

117 Norbert Elias (*Norbert Elias por ele mesmo* (1990). Trad. de André Telles. Rio de Janeiro: Zahar, 2001, p. 97 e ss.) foi um dos maiores defensores dessa corrente, que concebe o indivíduo como *fundamentalmente* em relação com um mundo, com outros objetos e em particular com outros homens.

118 Hannah Arendt. *A condição humana* (1958). Rio de Janeiro-São Paulo: Forense Universitária, 9ª ed., 1999, p. 188.

119 Matt Ridley. *As origens da virtude*. Um estudo biológico da solidariedade (1996). Rio de Janeiro: Record, 2000, *passim*. Segundo o autor, "a sociedade funciona não porque a inventamos intencionalmente, mas por ser um produto muito antigo de predisposições que desenvolvemos. Ela está, literalmente, na nossa natureza" (p. 13).

120 Sobre as repercussões jurídicas dessa noção, v. Maria Celina Bodin de Moraes. "O princípio da solidariedade." In: *Na medida da pessoa humana*. Rio de Janeiro: Editora Processo, 2010, p. 237-265.

121 *The Complete Works of Daniel Defoe*. Delphi Classics, 2012, p. 6.646: "*Things as certain as Death and Taxes can be more firmly believed*".

122 G. M. Trevelyan *apud* Alberto Cavallari. "L'isola della modernità", cit.

123 Mario Praz. *Storia della letteratura inglese*. Florença: Sansoni editore, 1954.

124 Paula R. Backscheider. "Defoe: The Man in the Works." In: J. Richetti. *The Cambridge Companion to Daniel Defoe*. Cambridge: Cambridge University Press, 2008, p. 22.

125 Homer O. Brown. "The Displaced Self in the Novels of Daniel Defoe", *ELH* 38, nº 4 (1971): p. 562-90. Disponível em https://www.jstor.org/stable/2872266, acesso em 30 jul. 2019.

126 Luiz Costa Lima. *O controle do imaginário & a afirmação do romance*. São Paulo: Companhia das Letras, 2009, p. 300.

127 *Robinson Crusoé*, cit., p. 42.

128 Maximillian E. Novak. *Daniel Defoe: Master of Fictions*, cit., p. 11.
129 "(...) *I have heard that the envious and ill-disposed part of the world have raised some objections against the two first volumes, on pretence, for want of a better reason, that (as they say) the story is feigned, that the names are borrowed, and that it is all a romance; that there never were any such manor place or circumstances in any man's life; that it is all formed and embellished by invention to impose upon the world. I, Robinson Crusoe, being at this time in perfect and sound mind and memory, thanks be to God, therefore, do hereby declare their objection is an invention scandalous in design, and false in fact; and do affirm that the story, though allegorical, is also historical; and that it is the beautiful representation of a life of unexampled misfortunes, and of a variety not to be met within the world, sincerely adapted to and intended for the common good of mankind, and designed at first, as it is now farther applied, to the most serious uses possible. (...) Further, that there is a man alive, and well known too, the actions of whose life are the just subject of these umes, and to whom all or most part of the story most directly alludes; this may be depended upon for truth, and to this, I set my name*". In: *The Complete Works of Daniel Defoe*, cit., p. 6.589 e ss.
130 Daniel Defoe. "The Education of Women". *The Complete Works of Daniel Defoe*, cit., p. 7.486-7.490.
131 Bernadette Meyler. "Daniel Defoe and the Written Constitution." *Cornell Law Review*, Vol. 94, 2008, p. 73-132. Disponível em https://papers.ssrn.com/sol3/papers.cfm?abstract_id=1091749, acesso em 30 jul. 2019.
132 James Joyce. *Scritti italiani*, cit., p. 143-144.
133 James Sutherland. *Daniel Defoe*, cit., p. vi.
134 Id., cit., p. 6.
135 Para um último exemplo, trata-se de um homem que, tendo escrito quase nada até os 42 anos, tornou-se autor de vastíssima quantidade de ensaios até chegar aos sessenta, quando então viveu uma tão breve quanto brilhante época narrativa. Assim, Marialuisa Bignami. *Daniel Defoe. Dal saggio al romanzo*. Florença: La Nuova Italia, 1984, p. 85.
136 Daniel Defoe. "A Tour Through the Whole Island of Great Britain." *The Complete Works of Daniel Defoe*, cit., p. 4.270 e ss.

O nome da rosa

Marçal Justen Filho

*In omnibus requiem quasivi, et nusquam
inveni nisi in angulo cum libro*

Kempis[1]

O nome da rosa[2] é um dos grandes livros do final do século XX, que explora questões diversas, inclusive sobre o poder como instrumento para dominação dos seres humanos.

A riqueza dessa obra deriva não (somente) do estilo, do enredo ou da capacidade criativa do autor. O livro não deixa de ser uma espécie de experimento prático produzido por um teórico da linguística.

O nome da rosa é uma criação destinada intencionalmente a explorar as diversas dimensões da comunicação. O livro não se destina apenas a contar uma história. É uma obra em que a história é o pretexto para transmitir mensagens, dialogar com as personagens e com o leitor, induzir o leitor a recriar um universo perdido e a meditar sobre valores essenciais.

Explicar uma obra-prima?

Explicar uma obra-prima é como explicar uma anedota. Compreende-se a obra de arte, tal como a anedota, como um conjunto, uma composição indissociável. Explicá-las é destruí-las. Mas a explicação permite incorporar as virtudes da obra (não tanto da anedota) na existência cultural, numa espécie de processo autofágico.

Essa ressalva prévia é indispensável para justificar a chatice de uma crônica sobre *O nome da rosa*.

A farsa

Umberto Eco tratou largamente e com grande virtuosidade os padrões do romance, assumindo de modo claro a dimensão da farsa que se encontra em toda obra de arte. Há aspectos muito evidentes dessa brincadeira, que foram largamente explorados pelos críticos.

A história é enquadrada numa grande farsa. A trama central de *O nome da rosa* transcorre durante uma semana, no final do mês de novembro do ano de 1327. A história teria sido escrita como um manuscrito de memórias, redigido dezenas de anos depois da ocorrência dos eventos. Esse manuscrito teria ficado perdido durante séculos e foi descoberto numa aventura muito estranha e mal contada pelo narrador. Por razões pouco explicadas, o manuscrito é novamente perdido, e o "autor" reproduz o texto com base na própria memória, em anotações e em outras fontes reconhecidamente inconfiáveis.

O livro contém uma série de menções à cultura livresca, com uma grande quantidade de referências indiretas, produzidas quase como uma diversão. O texto, escrito na primeira pessoa, tem como narrador um noviço (chamado "Adso") de origem germânica, que expõe fatos extraordinários ocorridos num mosteiro encravado nas montanhas do norte da Itália. Essa narrativa envolve especificamente a atuação de um monge franciscano mais idoso, oriundo da Inglaterra, chamado "Guilherme de Baskerville". Esse contexto e a estrutura do livro remetem diretamente à personagem de Sherlock Holmes de Conan Doyle. Basta considerar o paralelo "Watson — Adso" e a referência a Baskerville, que envolve uma das mais famosas aventuras do grande detetive, *O cão dos Baskervilles*.

Outra questão evidente refere-se a uma das personagens mais importantes da história. Trata-se de um monge cego, chamado Jorge, que domina uma grande biblioteca labiríntica repleta de espelhos — uma alusão evidente à figura de Jorge Luis Borges.

Em outra passagem, o autor lamenta a figura do Papa João XXII, qualificado como uma pessoa desprezível e um péssimo líder religioso. O texto formula o desejo de que nunca mais um papa adotasse o nome João. A brincadeira é evidente, pois João XXIII foi uma das personalidades mais queridas e respeitadas da Igreja Católica.

O livro contém, então, essa espécie de "tesouros escondidos", que indicam o compromisso da obra em produzir um diálogo pessoal com cada leitor.

A OBRA SÉRIA

Mas *O nome da rosa* também é uma obra de arte muito séria, que aborda questões fundamentais para a humanidade, inclusive para aqueles que atuam na órbita jurídica. O livro trata de poder e controle entre os seres humanos, num universo de práticas engendradas por diversos meios instrumentais, que vão desde a religião até o conhecimento, passando inclusive e obviamente pela pura e simples força física.

SÍNTESE DA TRAMA

A estória narrada em *O nome da rosa* relaciona-se a um encontro preparatório, ocorrido no território neutro de um monastério e destinado a estabelecer as condições para uma reunião futura entre o Papa João XXII e Michele de Cesena, um dos líderes do movimento franciscano da época.

Guilherme de Baskerville é um dos emissários franciscanos e é acompanhado por um noviço beneditino (Adso). Guilherme fora um inquisidor, mas abandonou o ofício, desiludido pelas práticas adotadas. Detém grandes virtudes de investigação e de raciocínio lógico. Infere-se que Guilherme se dispôs a participar desse encontro prévio especificamente porque o monastério escolhido mantém a maior biblioteca existente à época na Europa, com dezenas de milhares dos volumes mais raros, conservados por séculos.

Existe uma questão política subjacente. O Papa João XXII, francês de origem, dominava a Europa Ocidental à época. Contra ele se levantou Ludovico da Baviera, que invadira com suas tropas a Itália. Nessa época, o Papa João XXII já se estabelecera em Avignon, na França.

Há uma questão religiosa fundamental. Os seguidores de Francisco de Assis se opunham radicalmente aos costumes da Igreja e denunciavam as práticas generalizadas das diversas ordens religiosas. Detestavam o Papa João XXII, que reprimia violentamente as diversas "heresias". No cenário histórico da época, havia o risco de que o Papa João XXII estabelecesse que os franciscanos seriam também uma heresia.

Em todas essas circunstâncias, o papa se valia não apenas dos exércitos dos monarcas aliados, mas principalmente da Santa Inquisição para perseguir todos os seus desafetos.

No dia em que Guilherme e Adso chegam à abadia, ocorre a morte de um dos monges que trabalhava na biblioteca. Guilherme, por sua reputação como grande investigador, é convocado para apurar o ocorrido.

Na sequência, sucedem-se mortes de outros monges, todos relacionados de algum modo com a biblioteca. Acontece uma morte a cada dia. Guilherme tem várias teorias, mas antes que consiga desvendar o fato, Papa João XXII encaminha Bernardo — um dos mais cruéis inquisidores da época — à abadia, para comandar a missão.

Em pouco tempo, Bernardo prende um suspeito, ameaça-o de tortura, obtém uma confissão falsa e determina a pena de morte de outros inocentes. Durante o procedimento inquisitório, os franciscanos e os partidários do papa entram em conflito, tornando inviável a realização do futuro encontro.

No final, Guilherme e Adso descobrem o motivo real das mortes, que reporta a Aristóteles. E também identificam o responsável pelos trágicos eventos, que se tornam ainda mais trágicos ao final.

Guilherme e Adso partem e nunca mais se encontram. No final da vida, dezenas de anos depois, Adso termina as suas memórias com as seguintes palavras: "deixo esta escritura, não sei para quem, não sei mais sobre o quê: *stat rosa pristina nomine, nomina nuda tenemus*".

Por que "O nome da rosa"?

Não se pode afastar que o sucesso do livro de Umberto Eco tenha a ver com o seu título. Não há, ao longo da obra, referência alguma que justifique essa escolha, até a sua última passagem, acima reproduzida. O título "O nome da rosa" tem relação com essa passagem final do livro.

A tradução do trecho comporta diversas alternativas. Literalmente, a tradução seria: "A rosa antiga está no nome e dela nada temos senão os nomes." Uma outra tradução mais satisfatória seria: "Quando a rosa deixa de existir, dela nos resta apenas o seu nome." Ou, talvez: "Conhecemos as coisas do passado pelos nomes e, quando elas deixam de existir, delas restam apenas isso: os nomes."

Portanto, o "nome da rosa" significa o nome que remanesce de algo que existiu no passado e que desapareceu. Nós sabemos muito pouco do que ocorreu no passado. Como esses fatos passados foram referidos em palavras, só sobrou a história contada. Entre os fatos reais e a história representada nas palavras, sobrevive apenas essa última.

A escolha do título revela uma opção filosófica central do autor, que coincide com a negação das relações intrínsecas entre os objetos e seus respectivos nomes. Ele reconhece que as coisas do mundo têm uma realidade distinta do discurso que sobre elas é produzido. O conhecimento é produzido por meio das palavras. Talvez a única realidade a que tenhamos efetivo acesso sejam as palavras. As palavras constroem uma "realidade", que é dotada de autenticidade própria — ainda que não se confunda com os eventos fáticos que conduziram à produção do discurso. Todos os fatos são transitórios e se perdem, menos as palavras que a eles se reportam.

Portanto, o título do livro é uma profissão de fé filosófica do autor. E a obra é um exercício dessa concepção, no sentido da possibilidade de (re)construir, por meio das palavras, um mundo inteiro, uma situação aparentemente concreta, dotada de uma elevada carga de verossimilhança. Não é possível afirmar que a história é falsa porque isso implicaria aceitar que algumas histórias são (ou podem ser) verdadeiras. E histórias são isso: histórias. Contradizendo o dito popular, o "vento" leva tudo, menos as palavras.

A escolha do nome teve outra função, segundo reconhecido pelo próprio autor em um escrito posterior, datado de 1983 (publicado nas edições mais recentes da obra). Umberto Eco afirma que o "nome" de um livro condiciona a leitura e a interpretação realizada. Diz, no entanto: "Um título deve confundir as ideias, não enquadrá-las." As pessoas formam uma preconcepção sobre a obra a partir do seu título.

Ao escolher tal título para *O nome da rosa*, Umberto Eco faz com que nenhum leitor inicie o livro com uma estimativa próxima sobre o seu conteúdo. A compreensão do significado do título somente é desenvolvida na última linha da obra, tal como acima exposto.

A rejeição à influência do autor

A escolha do título do livro também se enquadrou numa proposta de reduzir as interpretações formuladas a partir da identidade do próprio autor. Umberto Eco afirmou, no já referido estudo complementar, que:

> Um narrador não deve fornecer interpretações da própria obra, caso contrário não teria escrito um romance (...) O autor deveria morrer após ter escrito. Para não perturbar o caminho do texto

> (...) Quando a obra está terminada, instaura-se um diálogo entre o texto e seus leitores (o autor fica excluído).

Essas ponderações são muito relevantes porque Umberto Eco rejeitava paralelismos entre a obra e realidades contemporâneas. Afirmava que o seu maior prazer consistia em examinar teses sobre a obra que nunca tinham sido concebidas (ao menos, conscientemente) por ele. Ele propõe uma hermenêutica aberta quanto ao seu livro, que propicie propostas subjetivas, desenvolvidas autonomamente por cada leitor.

Um livro sobre palavras

O nome da rosa é um livro sobre as palavras. É um exercício sobre o poder das palavras na construção das realidades humanas. As coisas em si e as palavras em si não se confundem, ainda que essas últimas sejam produzidas a propósito daquelas. E a realidade das palavras talvez seja ainda mais consistente do que a realidade das coisas, rejeitando-se uma concepção essencialista que vincule as palavras a algum sentido prévio, autônomo e intrínseco.

> Tal é a magia dos falares humanos, que por humano acordo significam frequentemente, com sons iguais, coisas diferentes[3]

> (...) é agora sabido que diferentes são os nomes que os homens impõem para designar os conceitos, e iguais para todos são apenas os conceitos, signo das coisas[4]

Um livro sobre os livros

O nome da rosa é um livro sobre livros. Uma porção significativa da cultura humana refere-se aos livros. Talvez não seja exagero afirmar que os livros tenham produzido a própria condição humana. Nós somos o que somos porque escrevemos e lemos o que os nossos antepassados escreveram. A civilização somente tornou-se possível mediante a ação humana sobre o mundo exterior: os livros preservaram, corrigiram e (por que não?) criaram essa ação.

> Percebia agora que não raro os livros falam de livros, ou seja, é como se falassem entre si.[5]

> Os livros não são feitos para acreditarmos neles, mas para serem submetidos a investigações.[6]

> Um livro é feito de signos que falam de outros signos, os quais por sua vez falam de coisas.[7]

Não seria um exagero afirmar que Umberto Eco valorizava mais os livros do que a própria realidade. O trecho escolhido por ele para iniciar a obra — que se encontra transcrito também no início deste ensaio — reflete um sentimento compartilhado por uma parcela enorme da intelectualidade. A paz e a tranquilidade — senão a felicidade — somente podem ser encontradas na leitura de um bom livro, realizada em qualquer lugar, por mais estranho que o seja, por mais reduzido que o espaço se apresente. Quantos de nós não compartilhamos desse sentimento?

Ou seja, Eco se propôs a produzir um livro para ser aproveitado pelos amantes da literatura. Um livro muito denso no seu início, exatamente para permitir a construção de um universo apartado. Aqueles que sobrevivem às primeiras cem páginas do livro serão capturados por uma dimensão espacial e histórica criada com enorme maestria pelo autor. O leitor ingressa nesse "mundo" e se desconecta da realidade da sua própria vida. A abadia torna-se parte de sua existência e se torna um interlocutor nos diálogos sobre temas essenciais à condição humana.

Um livro sobre dominadores e dominados

O nome da rosa é um livro sobre dominadores e dominados. É uma abordagem da realidade de uma sociedade num momento determinado, em que a maioria da população (as massas) é tratada apenas como os "simples". Mas grande parte das considerações realizadas são muito atuais e poderiam ser desenvolvidas a propósito dos nossos tempos: "Os simples são carne de matadouro, de se usar para colocar em crise o poder adverso, e para sacrificar quando não prestam mais."[8]

Segundo o interesse dos dominadores, os "simples" devem manter essa condição, o que exige inclusive evitar a oportunidade para que surja o questionamento sobre a correção desse estado de coisas: "Os simples não devem falar. Este livro teria justificado a ideia de que a língua dos simples é portadora de alguma sabedoria."[9]

O mero acesso à comida é suficiente para assegurar a dominação. Algumas passagens mais marcantes do livro se relacionam ao poder que um prato de comida assegura sobre os miseráveis. Mas a disputa econômica desenvolve-se nas mais diversas dimensões. Coloca-se no relacionamento direto entre a aristocracia e a plebe, mas também propicia confrontos no âmbito da Igreja Católica.

Há uma disputa frontal entre as teses dos franciscanos e o interesse da acumulação da riqueza, consagrado em outras ordens religiosas. A descrição da pobreza essencial das populações "simples" contrasta com a exposição dos tesouros acumulados no interior do monastério.

Um livro sobre o poder do conhecimento

O nome da rosa desenvolve-se em torno do conhecimento. Mais ainda, refere-se à instrumentalização do conhecimento para a dominação entre os sujeitos, inclusive em dimensões individuais.

Na trama, algumas das personagens submetem-se espontaneamente à dominação alheia para obter acesso ao conhecimento. Tão relevante quanto a dimensão individual é também a instrumentalização do conhecimento para a dominação social.

Na obra, a biblioteca apresenta uma centralidade marcante. Para todos que amam livros, a biblioteca representa uma concretização terrena do Paraíso. A história se desenvolve a propósito de uma extraordinária biblioteca, onde se encontram os livros mais importantes da história até a época, provenientes de todos os tempos e lugares.

Guilherme de Baskerville está tremendamente atraído pela biblioteca, onde espera encontrar livros referidos por fontes diversas e ter acesso a novos conhecimentos.

O nome da rosa utiliza a biblioteca também como um símbolo para questões muito mais complexas. Se é verdade que a biblioteca é uma representação do próprio conhecimento, quem detém o controle da biblioteca domina o próprio conhecimento.

Ou seja, a biblioteca é instrumento não apenas da preservação das obras como do impedimento ao seu acesso. Na história, o ingresso na biblioteca não é livre. A função de bibliotecário é central na existência do monastério, e o seu titular é o único autorizado a entrar nas suas dependências. A biblioteca é construída como um labirinto, destinado também a impedir o acesso e a localização dos livros. O controle sobre a biblioteca (e, portanto, sobre o conhecimento,) produz a diferenciação entre dominadores e dominados: "E então uma biblioteca não é um instrumento para divulgar a verdade, mas para retardar sua aparição?"[10]

Há uma disputa intensa entre Guilherme e Jorge quanto à liberação produzida pelo conhecimento: "não significa que os segredos não devam ser revelados, mas que compete aos sábios decidir quando e como."[11] E não se trata apenas de diferenciação entre a elite governante e os governados. Trata-se de evitar que, no âmbito da própria elite, haja o livre acesso a todas as informações disponíveis: "Entretanto, muitas vezes os tesouros da ciência devem ser defendidos não contra os simples, mas contra os outros sábios."[12]

Por isso, também o controle do conhecimento é essencial. A difusão do conhecimento coloca em risco os processos sociais de dominação. Conforme explicita o personagem Jorge:

Tu viste ontem como os simples podem conceber, e pôr em prática, as mais túrbidas heresias, desconhecendo quer as leis de Deus quer as leis da natureza. Mas a igreja pode suportar a heresia dos simples, que se condenam sozinhos, arruinados por sua ignorância (...) Basta que o gesto não se transforme em desígnio, que este vulgar não encontre um latim que o traduza (...) Mas este livro poderia ensinar que se libertar do medo do diabo é sabedoria.[13]

Aliás, um dos pontos marcantes reside na inviabilidade de comunicação entre Adso e a população que habita a região. Adso fala diversas línguas, mas se comunica basicamente por meio do latim. A população pobre, os "simples", fala dialetos incompreensíveis. Eles não podem "falar" porque nem são compreendidos pelos dominadores.

Os dominadores nem mesmo admitem um conceito homogêneo de "povo":

> Por povo, disse, seria bom entender a universalidade dos cidadãos, mas uma vez que entre os cidadãos é necessário considerar as crianças, os obtusos, os mal viventes e as mulheres, talvez se pudesse chegar de modo razoável a uma definição de povo como parte melhor dos cidadãos.[14]

Um livro sobre a conquista do poder

Precisamente por tratar da diferenciação entre dominadores e dominados, *O nome da rosa* discorre sobre outras diversas manifestações do poder, além da instrumentalização do conhecimento para tais fins. Esse é um tema presente em todos os momentos da história.

O livro trata da disputa entre o poder temporal e o poder do papado. Mas essa é uma questão relativamente irrelevante, pois tende a se resolver pelo confronto militar. O lado mais forte e mais hábil vencerá, e *O nome da rosa* não se detém sobre essas questões. Ainda que, nas meditações de

Adso, haja o claro reconhecimento de que Ludovico não é melhor do que o Papa João XXII.

Mais interessante é que a intercessão entre as diversas dimensões pode ser utilizada para manter o poder, como afirma Jorge: "Mas a lei é imposta pelo medo, cujo nome verdadeiro é temor a Deus (...) E o que seremos nós, criaturas pecadoras, sem o medo, talvez o mais benéfico e afetuoso dos dons divinos?"[15] Nessa passagem, está retratada uma concepção essencial à dominação, que se relaciona com o medo imposto ao dominado. A maior peculiaridade reside, certamente, na transformação do medo em uma benesse divina. A qualificação do medo como benéfico e afetuoso é uma construção monstruosa para legitimar a dominação.

Outra questão fundamental é a disputa pelo poder econômico. O livro disserta sobre a miséria existente na Europa Medieval, em que a imensa maioria da população padece de fome e somente pode ser mantida sob controle mediante a invocação da religião e o uso da espada. Essa situação precisa ser mantida desse modo para que os fatos continuem a seguir seu curso. Por isso, é necessário tomar cautela com as propostas de reforma e aperfeiçoamento: "Não te fies nas renovações do gênero humano quando delas falam as cúrias e as cortes."[16]

Os acontecimentos ocorrem durante o período das chamadas "heresias", concepções religiosas heterodoxas que implicavam a alteração da prevalência das bases da Igreja Católica. As heresias permitiam inclusive a liberação dos dominados, não apenas religiosa, mas em todas as demais dimensões existenciais. Afinal: "Não é a fé que um movimento oferece que conta, conta a esperança que propõe."[17]

A difusão das heresias produziu consequências trágicas. Libertas das amarras impostas pela religião, as massas se levantaram e destruíram pessoas e patrimônios. Produziram massacres e foram objeto de massacres.

Um livro sobre a condição humana

O nome da rosa examina a condição humana, individual e coletiva, tratando das fraquezas e das virtudes. Mas trata especialmente daquilo que se poderia denominar de *autoengano*. De modo geral, os seres humanos não têm consciência de seus próprios defeitos. Embora vinculados a valores distintos, todos têm a profunda certeza de sua própria correção. Ninguém tem consciência das próprias falhas. Os seres humanos impõem aos demais sofrimentos profundos sem compreender a dimensão dos próprios equívocos, das próprias limitações. Como diz Guilherme, numa passagem fundamental: "O diabo não é o príncipe da matéria, o diabo é a arrogância do espírito, a fé sem sorriso, a verdade que não é nunca presa de dúvida."[18] Já em outra passagem, há uma confissão muito humana:

> Mas me aconteceu frequentemente achar as representações mais sedutoras do pecado justamente nas páginas daqueles homens de virtude incorruptível, que delas condenam o fascínio e os efeitos.[19]

A invocação aos valores fundamentais pode ser acompanhada pela afirmação de valores opostos:

> Como se à margem de um discurso que por definição é o discurso da verdade, se desenvolvesse, profundamente ligado a ele, um discurso mentiroso sobre um universo virado de cabeça para baixo.[20]

Um livro sobre a função de julgar

Algumas das passagens mais intensas do livro envolvem as funções de investigar e de julgar. Guilherme avalia os julgadores com palavras muito pesadas, a partir inclusive do reconhecimento das limitações inerentes à condição humana. Afirma, então:

> (...) fiz parte eu também desses grupos de homens que acreditam produzir a verdade com o ferro incandescente (...) E foi por isso que renunciei a essa atividade. Faltou-me coragem de inquirir sobre as fraquezas dos maus, porque descobri que são as mesmas fraquezas dos santos.[21]

Nesse contexto, não se pode excluir que a atuação do julgador também seja entranhada por defeitos e valores negativos:

> Vós, portanto – disse o Abade em tom preocupado – estais me dizendo que em muitos processos o diabo não age apenas sobre o culpado, mas talvez e acima de tudo sobre os juízes?[22]

As limitações do julgamento decorrem inclusive da contaminação produzida pela demanda coletiva pela condenação e pela exposição dos culpados:

> Quem sou eu para emitir juízos sobre as tramas do maligno, especialmente – acrescentou, parecendo querer insistir neste ponto – em um caso em que os que tinham dado início à inquisição, os bispos, os magistrados civis e todo o povo, talvez até os próprios acusados, desejavam verdadeiramente sentir a presença do demônio?[23]

Em outro ponto, evidencia que a função de julgar não se destina necessariamente a revelar a verdade, mas a produzir culpados:

> Frequentemente os inquisidores, para dar prova de solércia, arrancam a qualquer custo uma confissão do acusado, achando que bom inquisidor é só aquele que conclui um processo encontrando um bode expiatório.[24]

Esse é um problema ainda mais grave porque há a tendência a combater o fogo com fogo, valendo-se dos mesmos instrumentos dos infratores. Como diz Bernardo, o grande inquisidor do livro, dirigindo-se ao antigo inquisidor, Guilherme: "Tu o sabes também, não se lida tantos anos com os endemoninhados sem vestir o seu hábito..."[25] Embora aludindo especificamente a um inquisidor, as palavras de Guilherme podem ser aplicadas de modo generalizado: "Porque a Bernardo não interessa descobrir os culpados, porém queimar os acusados."[26]

E o processo — especialmente quando não observa limites inerentes à dignidade humana — conduz não necessariamente à revelação da verdade. Nas palavras de Guilherme: "sob tortura, ou ameaçado de tortura, um homem não só diz aquilo que fez, mas também aquilo que desejaria fazer, ainda que não soubesse."[27]

Conclusão

O nome da rosa produz uma meditação sobre a condição humana, especialmente num cenário de ausência da presença do Estado. A história se passa num período histórico anterior à afirmação do Estado Moderno. Essa circunstância conduz à impertinência de uma plêiade de valores e soluções inerentes à modernidade, que condicionam o nosso modo de pensar a própria civilização. A nossa visão de mundo incorpora, de modo inconsciente, uma pluralidade de limites formais, que induzem à superação dos problemas que afetavam as populações medievais.

No entanto, os temas centrais em *O nome da rosa* são inerentes à nossa condição humana e ao modo de interação entre os sujeitos. A supressão da figura do Estado e dos mecanismos de repressão por ele desenvolvidos permite uma visualização mais clara quanto à individualidade humana. O resultado não permite um grande otimismo. Os seres humanos, no passado e no presente, produzem grandes e belos feitos e grandes barbaridades. Em alguns casos, essas são apenas facetas de um mesmo indivíduo. Essa compreensão é essencial para todos nós, mas com grande certeza para os operadores do direito.

Alguém poderia contrapor que o grande defeito de *O nome da rosa* consiste em colocar num cenário do passado seres humanos dotados de virtudes e defeitos inerentes apenas à sociedade moderna. Mas essa é uma objeção não admissível. É rebatível mediante a ponderação final da própria obra: "conhecemos as coisas do passado pelos nomes e, quando elas deixam de existir, delas restam apenas isso: os nomes." Não temos nenhuma certeza sobre como eram as pessoas durante o século XIV. Apenas podemos conhecê-las por meio das palavras que foram escritas à época: depois que a rosa deixou de existir, tudo o que nos restou foi *O nome da rosa*.

Notas

1 *O nome da rosa* se inicia com essa passagem: "Em todos os lugares eu procurei a paz e não a encontrei em local algum, exceto em um canto com um livro."
2 *O nome da rosa*, de autoria de Umberto Eco, foi publicado em italiano, no ano de 1980. O presente texto toma por base a 10ª edição brasileira do livro.
3 ECO, p. 320.
4 Ibd., p. 383.
5 Ibd., p. 318.
6 Ibd., p. 347.
7 Ibd., p. 423.
8 Ibd., p. 187.
9 Ibd., p. 506.
10 Ibd., p. 318.
11 Ibd., p. 126.
12 Ibd., p. 125.
13 Ibd., p. 502.
14 Ibd., p. 382.
15 Ibd., p. 502.
16 Ibd., p. 154.
17 Ibd., p. 236.
18 Ibd., p. 504.
19 Ibd., p. 117.

20 Ibd., p. 113.
21 Ibd., p. 97.
22 Ibd., p. 69.
23 Ibd., p. 69.
24 Ibd., p. 67.
25 Ibd., p. 415.
26 Ibd., p. 421.
27 Ibd., p. 416.

Michael Kohlhaas

Tercio Sampaio Ferraz Jr.

Michael Kohlhaas,[1] publicado originalmente em 1810, é uma obra do romântico alemão Heinrich von Kleist (1777-1811), nascido em Frankfurt an der Ode, na antiga Prússia, descendente de uma família nobre de enraizada tradição militar. Espírito inquieto e fragmentário, encarnou o sentimento sombrio e desesperado de seu tempo, amargurado numa luta interna a que não sobreviveu.

O autor

Kleist, trágico na vida como na arte, tornou-se militar prussiano, abandonando, porém, o serviço para se dedicar à ciência, ao estudo do direito e à filosofia. Consta ter lido Rousseau e Voltaire, entusiasmando-se com a *Crítica do juízo*, de Kant, da qual infere uma curiosa percepção do conflito entre razão e emoção, que ele acaba por expressar num dramático ceticismo sobre a verdade.

Noivo da filha de um general, cuja família dele exigira a adoção de uma carreira bem-comportada, larga os estudos e ingressa na administração pública. Mas, infeliz, junta-se ao exército francês contra a Inglaterra, a fim de "buscar a morte na batalha".[2] Convencido por amigos a retornar à Prússia, é, entrementes, preso e condenado na França como espião. Consegue se livrar, regressando a Berlim. Tenta a vida literária, mas sem alcançar reconhecimento, sendo acossado pela censura. Passa necessidade e começa a ter tendências suicidas. É quando se aproxima de uma jovem, Henriette Vogel, que sofre de um câncer terminal. Numa atitude de profunda desestruturação, aceita, a pedido dela, matá-la, o que executa com um tiro, suicidando-se em seguida. Tinha 34 anos.

A OBRA

Michael Kohlhaas, uma novela esquecida em seu tempo, foi resgatada posteriormente como uma das obras-primas da literatura alemã. Destaca-se por seu estilo lacônico, que põe vida num personagem ao mesmo tempo revoltado e submisso, perigosamente lançado nos labirintos insuspeitados de uma nascente burocracia judicial. Na tradução para o português, Marcelo Backes, em seu posfácio, lembra que Kafka, um século depois, diria ter sentido em Kleist um "parente consanguíneo".[3]

Merece, a meu ver, a leitura refletida de quem busca a sublimidade trágica dos encontros e desencontros da justiça com a vingança.

O texto alemão é de difícil leitura, pela extensão dos parágrafos, nos quais narrações, diálogos e reflexões se mesclam sem se preocupar com pontuações destacadas. Não obstante, é leitura de tirar o fôlego, pela forma envolvente da trama. *Kohlhaas* é um personagem de uma dramaticidade quase simplória, descrito pelo próprio Kleist, no início da narrativa, como "um comerciante de cavalos, filho de um mestre-escola e um dos homens mais honestos e ao mesmo tempo mais terríveis de sua época".

Kohlhaas parece ter realmente existido. Chamava-se Hans Kohlhase, nascido em 1500 e enforcado em 1532. Daí a menção "de uma antiga crônica" no subtítulo da obra. Mas o personagem ficcional é muito distante do histórico. Embora Kleist narre como se uma crônica fosse, trata-se antes de uma novela na qual o autor se vale de figuras que de fato existiram, como ocorre com Martinho Lutero.

O ambiente é a Prússia no início da Reforma protestante, pouco depois da chamada Guerra dos Camponeses (*Bauernkrieg*, 1524-1526), um levante popular contra a nobreza em nome dos reformadores, mas repudiada por Lutero. Lutero chegara a escrever um livro sobre a *liberdade do homem cristão*, pregando que "um cristão é um livre senhor sobre todas as coisas e a ninguém submetido". A pregação entusiasmara o mundo camponês que pega em armas contra antigos direitos feudais (a *Leibeigenschaft, propriedade sobre o corpo*, determinava que um campônio não podia se casar sem licença do seu senhor, nem caçar, nem pescar, nem cortar lenha, pagando altos tributos para isso). Lutero tinha consciência das injustiças; porém, em nome do respeito à autoridade terrena instituída por Deus, se põe ao lado dos senhores.

O episódio é significativo para a novela de Kleist. À época em que redige a obra (1808-1810) era acesa a disputa em torno do *direito de resistência*, o direito legítimo de rebelião contra o poder instituído, provocada por revoltas contra Napoleão, de fato ocorridas na Espanha, no Tirol e até na própria Prússia.[4] O tema, que vinha da tradição do absolutismo, tomara forma propriamente nos séculos XVII e XVIII. Agasalhado por Hobbes, negado por Rousseau, o direito de resistência marca a novela de Kleist. É verdade que com recortes anacrônicos, o que se pode perceber ao ler as palavras que Kleist põe na boca de Lutero, quando este, numa carta dirigida ao príncipe-eleitor da Saxônia intercedendo pelo mercador de cavalos, esclarece que a opinião pública estava perigosamente ao lado de Kohlhaas em sua rebelião violenta contra a ordem do Estado, mas sugerindo que ele fosse tratado como um estrangeiro que ataca um território e não um "rebelde que se levanta contra o trono".

O enredo

O enredo, distantemente inspirado em um fato histórico, se passa em Dresden, Saxônia, e em Brandemburgo, antigas suseranias prussianas. O mercador de cavalos Kohlhaas sai de sua cidade, Kohlhaasenbrück, localizada em Brandemburgo, a caminho da Saxônia. Na fronteira entre Brandemburgo e a Saxônia, junto a uma fortaleza imponente, topa com uma cancela que antes nunca vira. Como de hábito, chama pelo guarda, entregando-lhe uns poucos vinténs que sabia devidos para a travessia. Começa a ultrapassar a cancela quando ouve uma voz que o chama, pedindo-lhe o salvo-conduto. Surpreso com a exigência, reclama já ter passado a fronteira por 17 vezes sem que nunca lhe tivessem pedido tal documento. É quando duas pessoas, o alcaide e, depois, o administrador do castelo, o impedem de seguir, reportando-se a um decreto do senhor do castelo, o fidalgo Wenzel von Tronka. Ambos requerem o documento, sem o qual não poderia passar com seus cavalos. No entanto, porque Kohlhaas não o tinha, exigem que ele deixe os animais em custódia e que vá até Dresden, para lá obter o salvo-conduto necessário. Kohlhaas concorda e ainda deixa seu servo fiel, Herse, para o cuidado dos cavalos.

Em Dresden lhe é dito, porém, que ele não precisaria de salvo-conduto algum, que aquilo não passava de um embuste. Ele viaja, então, de volta até o castelo, para retomar seus cavalos e continuar seu trajeto. Entretanto, lá chegando, vê que o fidalgo os usara em suas terras para trabalho de campo pesado. Os animais, depauperados, nem sombra são dos corcéis que lá deixara. Também o servo é encontrado nas piores condições físicas.

Indignado, Kohlhaas resolve processar Wenzel von Tronka no tribunal em Dresden. Valendo-se de um erudito em leis, reclama a devolução dos cavalos na condição em que os deixara e uma indenização para si e para seu servo. Mas, para seu espanto, o processo, após um ano, é arquivado sem maiores explicações. Kleist faz Kohlhaas perceber que a petição contra o fidalgo von Tronka, por influência nepotista de conselheiros seus parentes, tinha sido simplesmente desqualificada. Kohlhaas se revolta. Mas, dissuadido por sua mulher Lisbeth, e aconselhado por um conhecido, corregedor em Brandemburgo, aceita peticionar ao seu próprio príncipe-eleitor, de quem era súdito, para que este interferisse junto ao tribunal em Dresden, isto é, na suserania da Saxônia, na qual correra seu processo. Para seu desgosto, entretanto, a iniciativa também não dá certo.

Ao ficar sabendo que sua petição sequer tinha sido enviada a Dresden, perdendo-se nos meandros burocráticos, retorna a sua casa. Sua mulher se dispõe, então, a pedir, em favor do marido, uma solução ao príncipe-eleitor em Berlim. Mas, ao viajar para submeter sua petição, é ferida por uma estocada de uma lança quando tentava ultrapassar a fronteira. O fato é obscurecido nos relatos que chegam ao comerciante. Michael Kohlhaas fica transtornado quando a esposa não se recupera e vem a falecer. Percebe os meios legítimos disponíveis como exauridos e ineficazes. Então se transforma, torna-se uma pessoa amarga e quer justiça pelas próprias mãos. Equipa seus servos com armas para que eles possam se mover contra Wenzel von Tronka em uma batalha. Dirige-se ao castelo, pondo-o em chamas e matando desordenadamente quem aparece pela frente.

Começa a espalhar terror por toda parte. Seu pequeno exército cresce, impulsionado pelos camponeses ainda ressentidos com a derrocada na *Bauernkrieg*. Mais e mais pessoas se juntam às suas tropas. Kohlhaas é, então, um herói do povo, ao mostrar-se capaz de resgatar a justiça, uma justiça que ele pretende conquistar, aliás, não mais circunscrita a uma justa indenização por suas perdas, mas como uma reparação total da dor que experimentara em sua alma, diante da soberba de um fidalgo leviano que foge a suas responsabilidades e se justifica dizendo que ele mesmo nem sabia o que acontecera com os cavalos, revelando-se, assim, perdido e sem força para controlar sua própria vassalagem. Von Tronka se torna o símbolo da destruição do sentido de sua vida.

É desse modo que Kohlhaas vira um vingador. Ele destrói o castelo do fidalgo, mata-lhe o meirinho e muitos de seus habitantes, enquanto o próprio Wenzel von Tronka, seu verdadeiro e único alvo, consegue escapar. Como Kohlhaas encontra apelo no povo, dirige-se para Wittenberg, onde supõe estar foragido o fidalgo. Pede à cidade para entregar-lhe o fugitivo. Quando a cidade não responde, ele nela ateia fogo. A cidade está mentindo, pensa Kohlhaas. Dizem-lhe, no entanto, que Wenzel von Troka tinha ido para Leipzig. Kohlhaas, não encontrando o fidalgo, dirige-se a Leipzig. Mas porque Leipzig não pode também render-lhe von Tronka, Kohlhaas se enche de ódio e põe a cidade em chamas.

É nesse momento que aparece Martinho Lutero, que, preocupado com o curso dos acontecimentos, admoesta Kohlhaas publicamente. Lutero é mostrado como um sábio, merecendo todo o respeito. Os dois se reúnem. Kohlhaas, no entanto, desconfiado, comparece disfarçado ao encontro e não é reconhecido. Mas, ao longo da conversa, logo percebe que Lutero está do seu lado. Kohlhaas se deixa convencer. Recebe de Lutero a garantia de uma anistia por seus atos, permitindo, então, que suas tropas se dissolvam, e viaja só para Dresden na expectativa de que Wenzel von Tronka venha a responder perante o tribunal.

Mas o próprio Kohlhaas também era acusado dos incêndios e da invasão de terras, em suma, de rebeldia contra o trono. Apesar da anistia assegurada por Lutero, as intrigas da corte se voltam contra Kohlhaas. Conseguem seus inimigos, cortesãos, mediante uma falcatrua, convencer o príncipe-eleitor da Saxônia de que Kohlhaas está, secretamente, reagrupando suas tropas. Ele é então condenado à morte.

Entrementes, o príncipe-eleitor de Brandemburgo é informado do que acontecia na Saxônia. Convencido da sugestão de Lutero e de que todo o processo de condenação tinha sido um embuste, ele, então, resolve solicitar ao imperador, em Viena, uma decisão para sustar o veredicto contra Kohlhaas. Mas é tarde demais. O veredicto já tinha sido assinado e estava sendo executado. Kohlhaas deve morrer.

Antes, porém, ainda ocorre um último surpreendente evento. O príncipe-eleitor da Saxônia, homem que representa afinal o mundo baixo de intrigas políticas e desvirtuamentos da lei, percebe, pendurada no pescoço de Kohlhaas, uma cápsula. Sabedor de que nela está contido um bilhete escrito por uma cigana, mulher símbolo da ordem satânica, e que, outrora, teria vaticinado o fim de sua dinastia e o nome daquele que o sucederia, ele tenta, então, obter a qualquer preço o bilhete, dispondo-se até mesmo a trocá-lo pelo perdão a Kohlhaas. Este, porém, sabendo que von Tronka tinha sido também condenado a dois anos de prisão e a lhe devolver os cavalos recuperados, toma uma atitude surpreendente.

Na frente do príncipe, que se aproximava com seu chapéu de penas brancas e azuis e lhe rogava para que dissesse o que estava escrito no bilhete, Kohlhaas "soltou a cápsula que trazia junto ao peito, retirou o bilhete, arrancou-lhe o selo, e o leu: e, com os olhos fixos no homem com o chapéu de penas azuis e brancas, que já começava a dar-se espaço a doces esperanças, enfiou-o na boca e o engoliu. O homem com o chapéu das penas azuis e brancas, ao ver isso, caiu desmaiado, tomado por convulsões. Kohlhaas, porém, enquanto seus acompanhantes consternados se abaixavam e o levantavam do chão, voltou-se para o cadafalso, onde sua cabeça caiu sob o machado do carrasco".

O personagem

Kohlhaas é um herói dividido entre a loucura da rebeldia sem freios e a dócil aceitação da autoridade em nome de um crédito obediente à lei. Um herói trágico, porém. Cabem-lhe as palavras de Walter Benjamin:[5] "um herói que estremece ante o poder da morte, mas como algo que lhe é familiar, próprio e destinado." Ou seja, como, na novela, sua vida se desenvolve a partir da morte — a morte de sua mulher, o desamparo de seus filhos, sua própria condenação tornada irreversível —, para Kohlhaas a morte não é o seu fim, mas a sua forma, pois a existência trágica só chega à realização porque os limites, os da vida no corpo, lhe são dados *ab initio* e lhe são inerentes. Por isso sua obstinação, uma obstinação muda, que resgata com sua vida o direito ao seu silêncio, o silêncio da vingança diante de uma justiça que entende graças a ele finalmente realizada.

Ao final da história, Kohlhaas prefere a morte ao perdão. Sua justiça se realiza, mas numa forma de vingança que, ao deixar voltar o gládio da justiça contra si mesmo, traz o gosto de poder acabar com o outro, total e impiedosamente.

Percebe-se, nesse final, o "mistério" da *punição* versus a "racionalidade" da *indenização*. Kohlhaas sabe que von Tronka tinha sido condenado à prisão e à devolução dos cavalos, e com isso até se rejubila. Mas não é suficiente. Como se sentisse que, enquanto o reembolso *civil* lida com a atribuição equitativa de direitos e obrigações, o cumprimento da *pena* opera no mundo (misterioso) da punição satisfativa. Kohlhaas, que lutara pela compensação pecuniária, a mensuração dos custos, a devolução dos animais no estado em que deixara, exige a *satisfação* por aquela ofensa que lhe consumia a alma. Era a indignação pelo desprezo no trato do que lhe parecia legítimo e adequado, algo que lhe consumia dolorosamente a mente honrada. Uma espécie de estado agônico em tudo insuportável. O que se vê, então, quando sua esposa, à beira da morte, percebendo-lhe o ódio nos olhos, aponta para a Bíblia, onde se lê o perdão aos inimigos e o amor aos que nos odeiam, mas provocando em Kohlhaas o seguinte pensamento: "se é assim, que Deus jamais me perdoe, se eu perdoar o fidalgo!" Mais do que uma indenização, exige ele limpar uma mancha, purificar o seu próprio respeito atingido, a dor trazida por uma inconsequente atitude de um caráter indigno.

E aqui aparece a *vingança*, que tem a ver com uma expectativa de destruição total do outro. Num primeiro momento, ela fica obscurecida pela proximidade com as exigências de reparação. O comerciante ainda se curva, obediente à lei. Vai a Dresden, peticiona junto ao tribunal. Porém, depois do enterro da mulher, Kohlhaas recebe uma resolução senhorial acerca da petição da falecida, determinando que era ele, Kohlhaas, quem deveria buscar os cavalos no estado em que estavam, no castelo de von Tronka, sob pena de ser lançado à prisão, abstendo-se de qualquer outra ação com respeito à causa. Kohlhaas não se enfurece nem grita aos céus. Lança-se de joelhos ante o leito agora mortuário da esposa e assume logo em seguida o "negócio da vingança" (*das Geschäft der Rache*).

O "negócio da vingança"

Kleist cobre a vingança com a ironia de uma ocupação negocial. Pois, na verdade, Kohlhaas é, naquele primeiro momento, frio e calculista. Senta-se e redige calmamente uma *sentença judicial*, na qual, pela força do seu poder inato, exige de von Tronka que os cavalos lhe sejam trazidos de volta no prazo de três dias, sendo antes tratados e engordados. Manda entregar a mensagem e, decorridos três dias sem que nada aconteça, reúne um grupo na direção do castelo. O fidalgo, que lia a sentença às gargalhadas com alguns jovens, foge pálido de terror ao saber da chegada de Kohlhaas. Este, agora enfurecido, precipita-se a arrombar portas, a pôr fogo em tudo. Mas, percebendo que seu alvo maior havia escapulido, dá início ao "negócio da vingança". Nele, o episódio do recurso à *força do seu poder inato* é relevante.

Kohlhaas, desde o começo, dirige-se à autoridade constituída emprestando-lhe a devida confiança diante de uma revolta gerada pelo embuste e pela indiferença de um senhor indigno, o fidalgo von Tronka. Esse é o dado que fica obscurecido no curso da história com o fracasso do Estado e o monopólio da força, fazendo a vingança, que conduz o ofendido à própria morte, parecer algo "inútil", mascarando a sensação de que é o Estado que é frágil ou inexistente quando não cumpre o papel do ofendido na estrutura da retaliação vingativa.

Nesse sentido, se entende que a vingança perpetrada por Kohlhaas não seja, propriamente, uma pena imposta ao ofensor, mas uma espécie de restauração satisfativa de uma situação a sua plenitude original. É o que descreve Kleist, ao final da novela. Kohlhaas é sepultado decentemente no cemitério dos arredores, o príncipe-eleitor chama os filhos do falecido junto a si, arma-os cavaleiros e os faz ser educados como pajens. O príncipe-eleitor da Saxônia, dilacerado de corpo e alma, volta a Dresden e tem o fim que a História lhe fez merecer. "E de Kohlhaas ainda viveram em Mecklemburgo alegres e robustos descendentes..."

A vingança é, propriamente, uma reação a uma *mancha* intolerável que cobre o corpo e a alma do comerciante de cavalos. Donde a exaltação maior do herói quando morre no cadafalso e o caráter de reparação satisfativo que tem para ele o sofrimento do culpado que soçobra sem poder saber o conteúdo do bilhete.

Com efeito, é o que se percebe quando Kohlhaas, engolindo o bilhete, satisfaz-se com o desespero do príncipe-eleitor. É essa satisfação, mais do que tudo, que lhe acalma o espírito. A indenização, ter sabido que o fidalgo von Tronka tivesse sido obrigado a restituir-lhe os cavalos, conta menos. Conta mais saber que o inimigo repulsivo fora *condenado*. Sim, ele, von Tronka, o leviano soberbo, que sempre parecia escapulir astuciosamente do rigor da lei, fora, afinal, *condenado*.

Note-se que, nessa vingança, o causador das ofensas, de fato, ocupa um papel por assim dizer secundário, cabendo o primário àquele que se sente ofendido. É ele quem, nessa estrutura vingativa, dá a medida de uma reparação, a satisfação, como se vê, por exemplo, num duelo. Nessa estrutura, não importa, afinal, o que fez o ofensor, que pode ter tido até legitimidade para agir. A carga da vingança repousa no que percebe o ofendido. Vale dizer, é a perspectiva e a carga do sentimento do ofendido que fornece a (des)medida da reação.

O fidalgo von Tronka, com toda a carga da sua covardia irresponsável, é um leviano mesquinho e até vítima de sua própria incapacidade de administrar sua herdade. O príncipe-eleitor da Saxônia, que acolhe as atitudes nepotistas dos parentes, aliás, ironicamente designados na novela como dois "ninguéns", senhor Beltrano e senhor Sicrano, é um suserano sem respeito próprio, perdido nas urdiduras cortesãs, e que, em tudo, pensa só em si e na sua dinastia. Mas não é isso que conta. Conta a dor insuportável de Kohlhaas. O que vale verdadeiramente é resgatar o sentimento indignado do ofendido, ainda que, para isso, tenha de entregar-se à sua própria morte. Kohlhaas quer a satisfação total, a impossibilidade de lhe arrancar a mensagem do bilhete e, por isso, prefere a morte: morre sereno por se sentir satisfeito.

Justiça e vingança

Afinal, qual o sentido dessa satisfação? O que dá sentido a Kohlhaas recorrer ao seu *poder inato* contra o poder dinástico do fidalgo e dos príncipes? Por que parece desistir das petições e dos tribunais para se tornar um rebelde? Qual o significado da morte de sua mulher, somada ao recebimento de uma resolução que beira ao sarcasmo, ao revirar um sentido mínimo de justiça? E por que nesse exato momento, quando, para além dos bens que perdera, olha para os filhos agora sem a mãe, vendo no interior da família desestruturada um alento desesperado para entrar no jogo agônico da destruição e da morte?

Entender o direito e a justiça exige uma volta ao *apócrifo* (de *apo*, "emanação", e *kryphos*, "secreto"). Daí a importância da arte para chegar ao imanente das coisas mesmas e o papel da literatura, do relato dramático: olhar a profundeza da alma para conseguir ver melhor a superfície do que aparece. Isto é, ir da obscuridade única, íntima e incomunicável dos segredos do coração humano, para a transparência das regras vistas pelo senso comum jurídico.

Para atingir essa intimidade é preciso criar um meio de chegar ao *ontos*, ao direito que nunca se positiva, como, num certo sentido, pode ser visto mesmo em Kelsen, para quem a teoria pura do Direito não é uma teoria do Direito positivo. De certo modo ela é, a contragosto de Kelsen, uma espécie de metafísica do Direito. Ou seja, o Direito é irredutivelmente apócrifo.

Isso faz perceber a necessidade de buscar no nascimento da experiência jurídica essa espécie de evento que não se põe diacronicamente, mas olha o evento nascente como um *chiasma*, uma fissão fundamental, em que a profundidade do Direito "revela" uma negação da profundidade escondida: o sentimento do justo e as sombras da vingança. Tem-se desse modo a percepção de que o direito positivado é incapaz de lidar com a profundidade (o sentimento do sofrer o crime e a dificuldade de relacionar crime e castigo). Ou seja, a punição efetiva pode consistir em qualquer punição em medida e grau preestabelecidos, mas aquilo que se oferece às vítimas não alcança jamais o sentimento de satisfação, donde as fronteiras indefinidas entre o pedido de justiça e o sentimento de vingança.

Para explicá-lo, noto que, quanto mais o ser humano é capaz de ternura dentro do seu grupo, tanto mais é indiferente quanto aos grupos vizinhos, gerando um sentimento de (quase) "igualdade" em força para dentro e de "desigualdade" para fora. Todo sistema do *jus* repousa nessa "igualdade aproximativa": o espaço do outro.

É nesse espaço que restabelecer uma igualdade *perdida em sentimento* pode acionar o mecanismo da *vingança*. E mesmo no terreno das trocas, em que a justiça parece brilhar mais intensamente, o valor dos objetos trocados não deixa de ser expressão das relações de "força" entre os trocadores, como se percebe na *permuta* em face da *compra e venda*, ao se admitir, ainda hoje, que a primeira, ao contrário da segunda, não exija equivalência entre os bens.

É, aliás, o que explica a atitude do príncipe-eleitor da Saxônia: a princípio, disposto a comprar a cápsula com o bilhete, o que faz seu mensageiro dizer que ocultaria o grande interesse demonstrado para que Kohlhaas não abusasse do preço, termina por entregar tudo, isto é, o perdão (de *per-donare*, dar totalmente), recebendo, em resposta, a suprema indiferença. É essa indiferença do vassalo que aniquila a autoridade do senhor.

A vingança se explica, nesse sentido, naquelas situações em que a relação entre o ofendido e o ofensor é uma relação de desigualdade. Em geral, na estrutura da vingança, o ofendido está abaixo do ofensor. Ele se sente, por assim dizer, atingido e se volta contra o ofensor, enquanto colocado numa posição superior. E nessa estrutura, a reação do ofensor, quando o ofendido se revolta, é desmesurada. Para lembrar um exemplo, até o século XVIII, em muitos países europeus, o simples furto praticado por um empregado doméstico dentro da herdade ou da casa de um senhor era punido com pena de morte. Pode-se perceber aí o caráter desmedido da reação vingativa quando comparada com a justiça: ela vai ao infinito mesmo quando encontra uma delimitação: olho por olho, dente por dente.

Explica-se também por que o comerciante de cavalos tenta se igualar ao senhor do castelo. Ao reclamar para si *a força do poder inato*, Kohlhaas se iguala ao senhor, o fidalgo von Tronka. E com isso se sente forte. A esposa morrera. Mas nada mais o segura: *"il desir vive, e la speranza è morta"* (Petrarca).

É o que propunha Hobbes: com base na igualdade natural do estado de natureza (*igualdade de fato*), mesmo o mais fraco tem força suficiente para eliminar (matar, escravizar) o mais forte. A igualdade engendra o combate, este engendra o medo, o medo engendra o contrato, o contrato engendra o mundo da justiça que se resume, no *Leviatã*, à *equity*: *da igualdade inicial à equidade final*.

Igualdade, porém, carregada de uma torturada relação. Ou, como diz Rousseau no *Émile*, há duas espécies de dependência: a das coisas, que é da natureza, e aquela dos homens, que é da sociedade. A dependência das coisas é amoral, não prejudica a liberdade e não engendra vícios; a dependência dos homens é desordenada e engendra todos eles, isto é, é por meio dela que o senhor e o escravo se depravam mutuamente. Por isso Rousseau quer constituir o ego como uma fortaleza inviolável, liberando-o das paixões. Mas como fazê-lo?

Kohlhaas não é, propriamente, um herói rousseauniano. E bem aqui se coloca o *direito de resistir*, que, na forma vivenciada por Kleist e por ele encarnado em Kohlhaas, se aproxima, no limite, do justo *assassinato do tirano* (*Tyrannenmord*). É quando os oráculos se calam e a tarefa do homem não é mais acolher o sentido das coisas, mas de fazê-lo ou, ao menos, restituí-lo num processo em que o *ego* dirige soberanamente o debate. Por isso, na novela, quando o modelo do equilíbrio de direito (justiça), mais estável e mais seguro, se revela imprestável, nada obsta que seja substituído pelo modelo do equilíbrio de fato, ainda que precário e perigoso, e acabe por gerar vingança.

Entende-se, assim, o contexto peculiar da novela que, embora se passe já em plena era moderna, que, ao final das guerras religiosas, assistiu ao aparecimento do Estado-nação, faz com que Kohlhaas ainda se insira nas estruturas medievais, o feudalismo, que mostra nexos que imitam a estrutura familiar: o vassalo e o suserano, a dinastia como sucessão solidária de uma linha de sangue (a árvore, o tronco, a seiva). Pois é o nexo feudal que marca a novela, ao apontar para duas grandes características tradicionais do nexo familiar: *a solidariedade e a vingança*. Apesar de ser anistiado, como recomendava Lutero, deve Kohlhaas responder pelo crime de insurreição contra a ordem suserana. Era a presença do caráter inexpiável da morte do senhor, que reproduzia o tabu do parricídio: "*no redemption for the man, who kills his master*",[6] a condenar o mercador de cavalos como um amaldiçoado por seus atos de rebeldia contra o suserano.

A novela de Kleist toca, assim, num dos temas cruciais da filosofia jurídica, que é a questão da retribuição justa. Ela está na base, por exemplo, das discussões em torno da medida da pena a um crime. Ora, a vingança também é uma forma de retribuição. Quem pede ou tem sede de vingança não é tão diferente assim daquele que tem sede de justiça e pede justiça. Daí a dificuldade de distinguir: até onde vai a justiça e onde começa a vingança.

Veja-se, por exemplo, *Electra* de Eurípedes. Da peça, destaco um verso em que Electra diz a Clitemnestra, sua mãe: "Se a justiça quer que se retribua assassínio por assassínio, é pela morte que teu filho Orestes e eu vingaremos nosso pai. Se o primeiro assassínio é justo, este é justo também." O que se percebe nesse trecho é a presença simultânea das duas palavras: *justiça* e *vingança*. De um lado, Electra diz que Orestes e ela *vingarão* o pai, que tinha sido morto pela mãe com a ajuda de Egisto. Por outro lado, também diz Electra serem *justos* um e outro assassinato. Reunidas as duas expressões num mesmo verso, pode-se perceber a dificuldade de distingui-las no plano concreto da ação.

Nesse plano, a retribuição ganha matizes que deixam difícil sua redução a um equilíbrio proporcional. Clitemnestra, mulher de Agamenon, como se sabe, instigara seu amante Egisto a matar Agamenon porque este, por sua vez, pelo bem dos gregos, havia sacrificado a filha de ambos, Efigênia, para que os deuses mandassem bons ventos a fim de que as naves gregas pudessem navegar na direção de Troia e conquistá-la. E Clitemnestra chega a dizer que "foi pelo bem da nação grega que ele matou minha filha, eu sei disso, mas não justifica que ele tenha assassinado a própria filha e, nesse sentido, eu como mãe podia e até devia me vingar".

E aqui aparece a *vingança*. O sangue derramado estimula a reação. Nesse sentido Aristóteles[7] distingue entre *kolasis*, pena cuja medida é voltada para o autor, o paciente da punição, e a *timoria*, que se exerce em vista da restauração da plenitude. O grego *timorós* (o vingador) é aquele que vela (*orán*, olhar, velar) pela *timé* (a honra). Por isso o vingador evoca certa solidariedade familiar. De se lembrar que mesmo a palavra latina *vindex,* que vem de *vindicare* e que deu em português *vingar* e *vindicar*, é expressão que substituiu *ultor* (o defensor), de origem desconhecida, que, desaparecida, restou, porém, na expressão *insultus* (*in* e *ultor*). Sendo *ultor* uma palavra que designava, primitivamente, aquele que vinha em proteção de um devedor, pode-se imaginar que o *vindex* tivesse algo a ver com a solidariedade familiar de alguém que punia no sentido de resgatar o indefeso.

Como, no entanto, a vingança não era propriamente uma punição, mas uma *satisfação* para o ofendido, ela também se aproximaria da exação de uma reparação, donde uma analogia entre resgate e a recuperação de uma dívida. E com isso se compreende que o credor, na Roma antiga, pudesse *escravizar* o devedor inadimplente. Pode-se pensar aqui em uma forma de retribuição — retaliação, de Talião, *talis/talis* —, mas é muito mais forte, pois atinge o horror implacável de Themis.

A porta da lei: Kleist/Kafka

Os gregos, como se sabe, conheciam duas deusas da justiça: Themis e Diké. Esta é a deusa da balança de dois pratos e da espada. Nela é forte o senso de igualdade (*ison*) que se estabelece na pólis, entre os senhores (*eleuteroi*). Já o mundo de Themis é o mundo familiar, lugar privilegiado do terror ético, cujo centro de referência é o círculo da família, e nele, a figura do pai, com a forte presença de uma agregação natural marcada pela desigualdade, donde a punição maior é a rejeição, ser deixado ao abandono, ser repudiado e condenado pelos seus. Por isso, nem a propriedade nem a riqueza marcam a diferença. A punição maior é o banimento, o abandono a uma vida solitária, uma espécie de excomunhão e maldição.

E, nessa linha, a novela de Kleist se aproxima do grande mito de Kafka: o de uma culpabilidade que investe contra o homem, sem que ele possa conhecer nem o rosto do acusador nem o conteúdo da acusação, e que Unamuno[8] descreveu como a eterna solidariedade do *accusare* e do *accusari* — a condição mais terrível do homem que julga a si mesmo.

A calúnia representa talvez a chave do romance *O processo*, de Kafka. No entanto, embora a letra *K* pareça estar referida a *kalumnia*, relacionar-se-ia antes a *kalumniator*, ao falso acusador, aquele que acusa a si próprio. Nesse sentido, o alguém (*jemand*) que dá início, com sua calúnia, ao processo seria o próprio Josef K. Seria o que K dá a entender, como conclusão de sua conversa na catedral: "O tribunal não quer nada de você: ele o acolhe quando você vem e o deixa quando você vai"; vale dizer, "O tribunal não o acusa, mas apenas acolhe a acusação que você faz de si mesmo"[9].

Kohlhaas, por coincidência também um *K*, estremece indignado em sua alma quando recebe a resolução do príncipe-eleitor, determinando-lhe que faça exatamente o oposto do que pedira que seu desafeto fizesse: que fosse ele buscar os cavalos e ainda no estado como estavam como preço por tê-los deixado no castelo. É aí que escreve sua sentença, pela força do poder que lhe era inato. Mas, ao fazê-lo, torna-se um rebelde, que traz sobre si o gládio da justiça. Como se a estratégia da lei, cuja porta, na parábola de Kafka, é a acusação, consistisse em fazer Kohlhaas acreditar que ela estava ali precisamente para ele, mas que o tribunal exigiria (talvez?) alguma coisa dele que estava em curso num processo em que, afinal, ele era o acusado. E acusado por si mesmo, quando se fez rebelde.

Sua rebeldia, nesse sentido, é uma espécie de banimento, mas um banimento de si mesmo, um exílio forçado que se impõe, ao se expulsar do acolhimento do mundo familiar que se perde com a morte da esposa. Kohlhaas é um maldito, um solitário, mesmo quando sente o apoio da turba que faz do rebelde um herói. E que, afinal, só encontra paz na sua própria morte, a que se entrega exatamente quando podia se salvar.

A justiça, então, transmutada em vingança, nada mais é, no fundo, senão um aceno do destino para que Kohlhaas passe pela porta (da lei, na parábola de Kafka) que não leva a lugar algum. Ou melhor, leva ao paradoxo de realizar-se pela condenação à qual o condenado se entrega triunfante e satisfeito. Daí a ambiguidade paradoxal do Direito, que se apresenta como um poder estranho e superior, a garantir a liberdade obediente de cada um.

NOTAS

1. Lido na edição da Reclam, Stuttgart, 2003, com um posfácio de Michael Lützeler.
2. Marcelo Backes, no posfácio de sua tradução *Michael Kohlhaas (De uma crônica antiga)*. Rio de Janeiro: Civilização Brasileira, 2014 — faz menção a essa expressão, na correspondência de Kleist com sua irmã.
3. Posfácio, p. 61.
4. Cf. Lützeler, no posfácio citado, p. 129.
5. *A origem do drama trágico alemão*. Lisboa: Assírio & Alvim, 2004, p.116.
6. Ver Marc Bloch: *La societé féodale: la formation de liens de dépendence, in L'évolution de l'humanité*, Paris, 1939, p. 345 e ss.
7. Retórica, I, 10, 1369b.
8. *Del sentimiento trágico de la vida en los hombres y los pueblos*, Salamanca, 1912.
9. Giorgio Agamben, "*K.*", em *Nudez*, Belo Horizonte, 2014, p. 38.

Morte e vida severina

Joaquim Falcão

Por que escolhi *Morte e vida severina*?[1]

Manuel de Barros,[2] grande poeta brasileiro criado no Pantanal mato-grossense, fazia poesia não somente com as palavras, como significantes, mas também com a natureza, como significados. Disse ele certa vez: "Tenho elevada consideração pelo chão."[3] Eu também. Tenho elevada consideração pela justiça como chão do Brasil. Como nossa realidade quotidiana, pisada e caminhada por todos.

A teoria do direito tem tipologias clássicas sobre justiça: *justiça comutativa* é aquela que tenta regular as relações dos indivíduos entre si; *justiça distributiva* é a que tenta regular as relações do poder com os indivíduos; *justiça legal* é a que tenta regular monopolisticamente as relações sociais pela lei do Estado; *justiça comunitária* é a que tenta regular pluralisticamente as relações sociais por meio das normas e hábitos da comunidade. Entretanto, a justiça que o leitor vai encontrar em *Morte e vida severina* é outro tipo de justiça: a justiça social. A síntese de todas.

Diferentemente das outras, ela não vive apenas de advogados, legisladores, juízes e normas. Em suma, do sistema judicial. Antes, é resultado e consequência do sistema judicial e de todas experiências de justiças da sociedade. É fruto das relações entre justiça distributiva e justiça comutativa. Pois no chão se entrelaçam.

É fruto das relações entre justiça do Estado e justiça das comunidades. Pois no chão se entrelaçam.

Por favor, pois, leiam *Morte e vida severina* a partir do conceito da justiça social, da justiça-síntese. Resultado da soma ou diminuição de todo e qualquer tipo de justiça colhida na Terra Brasiliensis.

Não há de se esquecer, porém, de outra tipologia. A maior de todas, em geral, relegada de tão óbvia.

Os leitores já devem ter percebido que classifiquei as diferentes justiças apenas como "tentativas" de serem justas. Tentar não é conseguir. Pode-se ter sucesso ou não. Tentar é esperança em dúvida. Falar de justiça é falar de injustiça ao mesmo tempo. Ambas são uma. Faces da mesma moeda. A constituição pretende plantar justiça, mas, às vezes, colhe injustiça: comutativa ou distributiva, legal ou comunitária, inclusive social. A injustiça pode sair pela culatra da justiça.

Em *Morte e vida severina*, falar de justiça é falar de seu contrário, a injustiça, e falar de morte será também falar de vida.

A obra foi escrita por João Cabral de Melo Neto, entre 1954 e 1955. É o maior poema da poesia brasileira, na feliz distinção de Antônio Carlos Secchin. Poema a nos orgulhar. A ser lido intensa e imediatamente. Um relato de viagem. Também fotografia, cenário, *post*, curta ou longa-metragem, documentário ou romance, sobre o que costumo chamar de "constitucionalismo de realidade". Constitucionalismo feito de chão, com ou sem tapete.

A "luta renhida"[4] é saber qual prevalece e regula de fato nossa convivência. A justiça do chão é justa? Ou injusta? Onde? Quando? Qual justiça social vamos encontrar ao acompanhar a viagem de Severino? Do "nordestinado" Severino, diria Marcus Accioly, outro poeta pernambucano.

A viagem é solitária, a pé, por medidos quilômetros. Fugindo, Severino abandona o pedaço de terra, sua roça, que o expulsa. Tenta sair da morte para entrar na vida. Conseguirá? Escapando do Sertão em busca do mar, narra esperança quando se vê dor. Narra água quando se vê seca. Narra trabalho quando se vê desemprego.

Severino parte do inclemente sol da caatinga em busca da solitária sombra do Recife. O rio Capibaribe, seu guia, leito mesmo seco, o conduziria pelo Agreste e Zona da Mata até o litoral, beira-mar. O Recife é a grande cidade onde tudo haveria. Severino acredita, como o poeta Carlos Pena Filho, que: "É dos sonhos dos homens que a cidade se inventa."[5] Severino inventou seu Recife. Precisa agora apalpá-lo com as mãos, diria Gilberto Freyre.

Mas, ao chegar, vê desilusão, mangues, mocambos, lama e cemitérios. Carpinas de caixões. Coveiros de defuntos. Quer desistir. Pular da ponte e sair da vida. Mas não se apresse leitor. Esse é um auto de Natal pernambucano. É sobre o nascer também. Não é apenas sobre o morrer. É sobre o viver.

Subitamente, João Cabral faz nascer uma criança que pula para a vida do ventre da mulher de Seu José, um carpina com quem Severino conversava. E o faz renascer.

Sua viagem acaba. Ou recomeça outra vez?

O começo é a metade de tudo: a morte Severina

Aproxime seu ouvir, caro leitor. João Cabral de Melo Neto apresenta Severino, o retirante.

> Meu nome é Severino
> (...)
> Somos muitos Severinos
> iguais em tudo na vida:
> na mesma cabeça grande
> que a custo se equilibra,

> no mesmo ventre crescido
> sobre as mesmas pernas finas
> e iguais também
> porque o sangue
> que usamos tem pouca tinta.
> E se somos Severinos
> iguais em tudo na vida
> morremos de morte igual,
> mesma morte Severina

Mas não se engane. Não se trata do direito à igualdade, como diz a constituição — "todos são iguais". Não se trata de todos os brasileiros Trata-se de descrever que todos que sejam Severinos são iguais entre si. A desigualdade aí se esconde. Ela é inter, e não intra.

Ao tentar deixar o Agreste, Severino tem o direito de ir, de locomoção, de procurar a vida. No entanto, só encontra morte.

> Desde que estou retirando
> só a morte vejo ativa,
> só a morte deparei
> e às vezes até festiva;
> só a morte tem encontrado
> quem pensava encontrar a vida
> e o pouco que não foi morte
> foi de vida Severina.

Cedo encontra um defunto sendo carregado por irmãos das almas numa rede. Defunto de morte matada, de emboscada, e não de morte morrida. Assassinado por ter tido o direito a pequena propriedade cobiçada por grande proprietário, mesmo sem várzea. Um defunto de nada.

Depois encontra a quase morte do rio Capibaribe, já com "pernas que não caminham". A seca do verão lhes cortou. O direito ao meio ambiente sadio e equilibrado inclui o direito à seca?

Continua a viagem.

Na pequena casa ouve cantorias. Estão cantando excelências para defunto que consegue ver pela janela. Pergunta por emprego à rezadeira titular da região.

> — Muito bom dia, senhora
> que nessa janela está;
> sabe dizer se é possível,
> algum trabalho encontrar?
> — Trabalho aqui nunca falta
> a quem sabe trabalhar;
> o que fazia compadre
> na sua terra de lá?
> — Pois fui sempre lavrador
> lavrador de terra má;
> não há espécie de terra
> que eu não possa cultivar.
> (...)
> — Como aqui a morte é tanta,
> só é possível trabalhar
> nessas profissões que fazem
> da morte ofício ou bazar.

Embora tenha o direito à educação, as profissões da morte não têm. A viagem continua.

Chega finalmente à Zona da Mata onde "a terra se faz mais branda e macia (...) Terra doce para os pés e para a vista". Os grandes canaviais morro acima e abaixo, o verde luminoso: "Vejo agora que é verdade / o que pensei ser mentira. / Quem sabe se nesta terra / não plantarei minha sina?" Mas seu olhar, na Zona da Mata, lhe duvida: "Por onde andará a gente / que tantas canas cultiva?"

Então, assiste outro enterro. De um trabalhador do eito. Ouve, então, o que dizem do morto, amigos que o levaram ao cemitério.

— Essa cova em que estás,
com palmos medida,
é a cota menor
que tiraste em vida.
— É de bom tamanho,
nem largo nem fundo,
é a parte que te cabe
neste latifúndio.
— Não é cova grande.
É cova medida,
é a terra que querias
ver dividida.

Decide se apressar, logo chegar. Não mais procurar emprego ou trabalho, antes.

No Recife, Severino "senta-se para descansar ao pé de um muro alto e caiado". O muro do cemitério. E, calado, João Cabral o faz ouvir, sem pedir ou ser notado, conversa entre dois coveiros. Descobre que cemitério, túmulos, jazigos, tudo é dividido em "avenidas e bairros". Coveiros disputam os bairros de menor trabalho. E maior gorjeta. Diz, um ao outro: "Não creio que te mandassem / para as belas avenidas / onde estão os endereços / e o bairro da gente fina."

Dos usineiros, políticos, banqueiros, industriais, membros de associações patronais e dos que foram horizontais nas profissões liberais. Em seguida:

— Esse é o bairro dos funcionários
(...)
Para lá vão os jornalistas,
os escritores, os artistas;
ali vão também os bancários,

as altas patentes dos comerciários,
os lojistas, os boticários,
os localizados aeroviários
e os de profissões liberais
que não se liberaram jamais.

E aqueles, como o retirante Severino, são em número crescente:

— (...) essa gente do Sertão
que desce para o litoral, sem razão,
fica vivendo no meio da lama,
comendo os siris que apanha;
pois bem: quando sua morte chega,
temos que enterrá-los em terra seca.
— Na verdade, seria mais rápido
e também muito mais barato
que os sacudissem de qualquer ponte
dentro do rio e da morte.
— O rio daria a mortalha
e até um macio caixão de água
(...)
Morre gente que nem vivia
(...)
Não é viagem o que fazem
vindo por essas catingas, vargens;
aí está o erro:
vêm é seguindo seu próprio enterro"

Severino aproxima-se então de um morador dos mocambos, entre o cais e a água do rio Capibaribe. Mocambos na beira do mangue.

Elevada nota de rodapé sobre mocambo modelar

João Cabral se permite a ironia. Afasta de seu poema doce, solidário e metálico: "Cada casebre se torna / no mocambo modelar / que tanto celebram / os sociólogos do lugar." Trata-se, sem dúvidas, de alusão a Gilberto Freyre, que havia escrito o clássico *Sobrados e mucambos*. Mais ainda, seu primeiro artigo para a *Revista do Patrimônio*, logo em 1937, intitula-se "Mocambos do Nordeste".[6]

Freyre defende que os mocambos são patrimônio do Brasil tanto quanto as igrejas barrocas de Minas Gerais, como pretendeu Rodrigo Melo Franco de Andrade. Pelo menos, mocambos são patrimônios dos muitos brasis. Do Mangue Brasil, diria Chico Science.

Do Brasil que Mangabeira Unger chamaria como o da "sentimentalização das trocas desiguais".[7]

O fim é o começo de tudo: a vida severina

Ao conversar com Seu José, mestre carpina, perto do cais do Capibaribe, Severino ainda pensa na morte. Não mais em emprego e trabalho, que não encontra. Mas se deve, e como, se suicidar. O direito à vida inclui o direito de sair dela?

> — Nunca esperei muita coisa,
> é preciso que eu repita.
> Sabia que no rosário
> de cidades e de vilas,
> e mesmo aqui no Recife
> ao acabar minha descida,
> não seria diferente
> a vida de cada dia
> (...)
> esperei, devo dizer,

que ao menos aumentaria
na quartinha, a água pouca,
dentro da cuia, a farinha,
o algodãozinho da camisa,
ao meu aluguel com a vida.
E chegando, aprendo que,
nessa viagem que eu fazia,
sem saber desde o Sertão,
meu próprio enterro eu seguia.

Seu José resiste à morte. Discorda. Defende a vida. Vale qualquer esforço. Mesmo sendo ela severina:

— Severino, retirante,
o meu amigo é bem moço;
sei que a miséria é mar largo,
não é como qualquer poço:
mas sei que para cruzá-la
vale bem qualquer esforço.

E mais: Severino insiste na morte. Seu José insiste na vida:

— Severino, retirante,
o mar de nossa conversa
precisa ser combatido,
sempre, de qualquer maneira,
porque senão ele alarga
e devasta a terra inteira.

Diz, finalmente, Severino:

— Seu José, mestre carpina
que diferença faria

se em vez de continuar
tomasse a melhor saída:
a de saltar, numa noite,
fora da ponte e da vida?

Nesse momento, uma mulher sai de um mocambo e, em espanto, chama Seu José. É o auto de Natal:

— Compadre José, compadre,
(...)
não sabeis que vosso filho
saltou para dentro da vida?
Saltou para dentro da vida
ao dar seu primeiro grito;
e estais aí conversando;
pois sabeis que ele é nascido.

Aproximam-se da casa de Seu José vizinhos, amigos, duas ciganas e tanto mais para ver o recém-nascido.

— Todo o céu e a terra
lhe cantam louvor.
Foi por ele que a maré
esta noite não baixou
— Foi por ele que a maré
Fez parar o seu motor:
a lama ficou coberta
e o mau-cheiro não voou.

Começam a chegar os pobres amigos do mangue trazendo presentes.

— Minha pobreza tal é
que coisa alguma posso ofertar:

somente o leite que tenho
para meu filho amamentar;
aqui todos são irmãos,
de leite, de lama, de ar.
— Minha pobreza é tal
que não tenho presente melhor:
trago papel de jornal
para lhe servir de cobertor;
cobrindo-se assim de letras
vai um dia ser doutor.

Trazem os bonecos de barro de Severino de Tracunhaém, mangas dos quintais dos ricos, pitu de Gravatá, tamarindos da Jaqueira, cajus da Mangabeira. A solidariedade é a riqueza coletivizada pela pobreza.
Amigos louvam o menino magro e guenzo.

— De sua formosura
deixa-me que diga:
é tão belo como um sim
numa sala negativa.
(...)
— Belo porque é uma porta
abrindo-se a mais saídas.
(...)
— Belo porque tem do novo
a surpresa e a alegria.
(...)
— Ou como o caderno novo
quando a gente o principia.
— E belo porque com novo
todo o velho contagia.

Seu José volta a Severino e faz fala final.

> — Severino, retirante,
> deixe agora que lhe diga:
> eu não sei bem a resposta
> da pergunta que fazia,
> se não vale mais saltar
> fora da ponte e da vida
> (...)
> é difícil defender,
> só com palavras, a vida;
> ainda mais quando ela é
> esta que vê, severina;
> mas se responder não pude
> à pergunta que fazia
> ela, a vida, a respondeu
> com sua presença viva.
> E não há melhor resposta
> do que o espetáculo da vida

A observação de João Cabral é fundamental. Temos que prestar atenção. Sua resposta não é retórica. Nem um simples abstrato texto constitucional. É muito claro.

"É difícil defender, só com palavras, a vida." Direito à vida não é palavra perdida, mas experiência vivida. No chão.

Seu José experimentara a explosão que é o nascimento de seu filho:

> mesmo quando é assim pequena
> a explosão, como a ocorrida;
> mesmo quando é uma explosão
> como a de há pouco, franzina;
> mesmo quando é a explosão
> de uma vida severina.

E Severino?

A Constituição Severina

O leitor pode ainda perguntar: se não tem sua resposta, para que viagem tão longa? O que esse poema tem a ver com justiça? Aparentemente nada. Porém, tudo.

Tente, caro leitor, ouvir a busca por trabalho e vida, até o mar, como um caminhar pelo chão da constituição, a lei maior da justiça legal, da justiça estatal, da justiça comunitária. Não é difícil. Afinal, a constituição pretende regular toda a conduta humana. Em todos os momentos. Em todo os lugares. De todas as pessoas. Em todos desejos.

Há evidente ambição monopolística por trás de cada constituição. Somente ela é válida e legítima. Ambição totalizante, tudo regula. Mas é apenas tentativa de ambição, que se concretiza como texto. O que não basta. É preciso realizar. Torná-la exigível pela força legítima do Estado, pela prisão, pela multa. É preciso ser comportamento.

São por volta de 55 mil palavras, encadeadas em 10 Títulos, 30 Capítulos, 225 artigos, 1.100 incisos, 80 emendas, aproximadamente 300 mil letras.

Cabem mais de 200 milhões de brasileiros?

A constituição ambiciona ter respostas prontas para perguntas ainda não feitas. Severino, o contrário. Tinha perguntas prontas – morte ou vida severinas – para respostas que não encontrou.

A ambição constitucional, dizem alguns juristas, a tudo atinge, envolve e embala. Seu texto é um dogma. Para se interpretar um dogma totalizante, é preciso aceitá-lo como ato de fé. Imune à experiência. Este ato de fé no futuro previsto se reveste de uma pretensão lógica. Tudo que nela não está proibido por ela está permitido. Comportamentos, intenções, boa ou má-fé, dentro e fora dela. Ao mesmo tempo.

O texto constitucional não percebe o passado nem descreve o presente. Apenas garante um futuro que pode não acontecer. Constituição é texto imune a contexto. É egocêntrica,ególatra e sonhadora. Entende como desnecessária sua própria eficácia. É oração curativa. Uma "excelência", diria a rezadeira titular. Diante desta ambição, seríamos todos, em todo e qualquer gesto, sístoles ou diástoles, contratos ou avenças, constitucionais ou inconstitucionais. Queiramos ou não.

E a viagem de Severino: constitucional ou inconstitucional? O chão cabe dentro do texto ou foi desapercebido?

Um morador de favela do Rio de Janeiro respondeu a um pesquisador de direito que lhe entrevistou para sua tese de doutorado:[8]

— O senhor considera legal invadir a terra do outro?
— Doutor, não é a terra que é ilegal. Eu é que sou ilegal.

Severino, ele próprio, é legal ou ilegal? Constitucional ou inconstitucional?

O texto constitucional é o início da ambição do poder estatal. É o começo da estatização da vida cotidiana. É o começo da justiça legal. E o começo é a metade de tudo. Mas necessariamente não é o fim. A justiça legal, dos legisladores e magistrados, sintetizada na lei maior, a constituição, pretende mais do que ser apenas o começo ou a metade da vida e da morte. Pretende ser tudo, "o início, o fim e o meio", como em "Gita", de Raul Seixas e Paulo Coelho. Totalidade que aprisiona o sim e o não.

Mas a totalidade de Gita é canção de amor. A Constituição Severina também?

A constituição tem sido um vácuo que se solidariza com o chão, mas o desconhece. A Constituição de 1988 em nenhum momento está presente no poema. Nem João Cabral lhe intencionou. E, no entanto, está. Dependerá de você, leitor, encontrá-la. Tente.

O DIREITO SEVERINO DE PROPRIEDADE

A constituição assegura direito de propriedade. Indispensável amálgama que une e desune qualquer sociedade. O desafio é concretizar. Como texto, vira comportamento. Como sonho, chão. Como oração, milagre.

Morte e vida severina trata, pelo menos três vezes, do direito de propriedade. Quando Severino tem que abandonar sua roça, sua propriedade, por causa da seca: "Conheço todas as roças / que nesta chã podem dar; / o algodão, a mamona, a pita, o milho, o caroá." Mas, digo, não é o bastante: "Esses roçados o banco / já não quer financiar."

O direito de propriedade é meio para a vida. Manter não seria viver. Abandonar é sobreviver. Não é o direito de usar, gozar e fruir, como pretende a doutrina. É o direito de não ter. Quando Severino encontra o defunto de nada, de morte matada, na rede sendo carregado. Encontra a falta de limites da disputa pelo direito de propriedade. Pergunta:

— A quem estais carregando,
irmãos das almas,
embrulhado nessa rede?
Dizei que eu saiba
— A um defunto de nada,
irmão das almas
(...)
— E sabeis quem era ele,
irmãos das almas,
sabeis como ele se chama
ou se chamava?
Severino Lavrador,
irmãos das almas,
Severino Lavrador,
mas já não lavra.
— (...) essa foi morte morrida
ou foi matada?
— (...) essa foi morte matada,
numa emboscada.
— (...) quem contra ele soltou
essa ave-bala?
— Ali é difícil dizer,

irmão das almas,
sempre há uma bala voando
desocupada.
— (...) o que havia ele feito
contra a tal pássara?
— Ter uns hectares de terra,
irmão das almas,
de pedra e areia lavada
que cultivava.
(...)
— E era grande sua lavoura,
irmãos das almas,
lavoura de muitas covas,
tão cobiçada?
— Tinha somente dez quadras,
irmão das almas,
todas nos ombros da serra,
nenhuma várzea.
(...)
— E agora o que passará,
irmãos das almas,
o que é que acontecerá
contra a espingarda?
— Mais campo tem para soltar,
irmão das almas,
tem mais onde fazer voar
as filhas-bala.

Será que, no imenso chão do sertão, ter o direito de propriedade sobre apenas dez quadras é enfrentar de espingarda impune a bala voando desocupada?

Quando encontra outro Severino enterrado na cova que lhe cabe neste latifúndio.

> — Não é cova grande.
> é cova medida,
> é a terra que querias
> ver dividida.
> (...)
> — Esse chão te é bem conhecido
> (bebeu teu suor vendido).
> — Esse chão te é bem conhecido
> (bebeu o moço antigo)
> — Esse chão te é bem conhecido
> (bebeu tua força de marido).

João Cabral escreveu este poema entre 1954 e 1955. O Brasil discutia a reforma agrária. Chão quente que ferveu em 1964.

Existe sempre tensão entre a legalidade do texto e sua eficácia legítima. Frei Caneca tem a mais sintética das definições de constituição. Cinco palavras apenas: "a ata do pacto social." A constituição é a ata do pacto social. Será esta a ata dos sonhos irrealizáveis?

Diante da viagem vivida, para Severino, morte ou vida?

Pergunta ao mestre carpina:

> "que diferença faria
> se em vez de continuar
> tomasse a melhor saída:
> a de saltar, numa noite,
> fora da ponte e da vida?"

Responde Seu José, mestre carpina:

> "é difícil defender,
> só com palavras, a vida,

ainda mais quando ela é
esta que vê, Severina."

O Auto de Natal de João Cabral termina.

"E não há melhor resposta
que o espetáculo da vida:

[...]

mesmo quando é assim pequena
a explosão, como a ocorrida;
como a de há pouco, franzina;
mesmo quando é a explosão
de uma vida Severina".

A justiça social poderia ser "tão bela como um sim, numa sala negativa"? Ou "uma porta abrindo-se em mais saídas"? Como "a última onda que o fim do mar sempre adia"? Teria do "novo a surpresa e a alegria"? No chão da multidão? O que fazer da ambição da constituição?
"Ajustar o gesto à palavra, a palavra ao gesto", diria Hamlet.
Mas como?

Notas

1   O poeta João Cabral de Melo Neto possui uma intensa incorporação na cultura e no imaginário brasileiro, servindo de matéria-prima para inúmeras obras sequentes. Dentre algumas, citamos o álbum musicado por Chico Buarque (1966) e o teleteatro homônimo produzido pela Rede Globo (1981). Ver: http://memoriaglobo.globo.com/programas/entretenimento/especiais/morte-e-vida-severina.htm
2   Manoel de Barros (1916-2014) é um poeta brasileiro cuja obra situa-se, em geral, à fase pós-modernista. Recebeu duas vezes o

Prêmio Jabuti, duas vezes o Prêmio Nestlé e também foi premiado pela Academia Brasileira de Letras, pela Biblioteca Nacional e pela APCA.

3 Corpo documental disponibilizado na 43ª edição da Ocupação Itaú Cultural da qual o autor foi tema.
4 Referência ao poema "Canção do tamoio", de Gonçalves Dias.
5 PENA FILHO, Carlos. *Guia prático da cidade do Recife*. Recife: UFPE, 1969.
6 FREYRE, Gilberto. *Mucambos do Nordeste: algumas notas sobre o tipo de casa mais primitiva do nordeste brasileiro*. Rio de Janeiro, Ministério da Educação e Saúde. Publicações do Serviço do Patrimônio Histórico e Artístico Nacional, n. 1, 1937.
7 UNGER, Roberto Mangabeira. "Os três espíritos do Brasil". *Folha de S. Paulo*, Opinião. Publicado em 13 de setembro de 2005.
8 Trata-se da tese de doutorado de Boaventura Sousa Santos (1973) transformada no livro *O direito dos oprimidos* (2015).

Apologia de Sócrates

Ruy Rosado de Aguiar Jr.

Sócrates é uma das mais altas e enigmáticas figuras da História. *Alta* porque influenciou a filosofia depois dele, e hoje, passados mais de dois mil anos de sua morte, ainda é objeto de estudos e debates. Basta dizer que nesta coletânea de escritos sobre os mais diversos temas, que o gênio e o carisma de José Roberto Castro Neves souberam reunir, Sócrates é o assunto de duas exposições. *Enigmático*, porque pouco se sabe do Sócrates histórico, da sua família, da vida diária, do seu modo de subsistência, e, nada tendo escrito, seu pensamento é conhecido apenas por referências de terceiros, que escreveram, em sua maior parte, após sua morte. A questão socrática ainda hoje é insolúvel, de fontes com narrativas divergentes, sobre um Sócrates histórico e um Sócrates filósofo.

*

Apologia (defesa) é título de diversas obras, sendo aqui referidas as escritas por Platão (427 a 347 a.C.), por Xenofonte (430 a 355 a.C.) e por Libânio (314 a 394 a.C.). O texto de Platão é mais completo e de melhor estrutura literária, com uma preocupação de explicar as ideias do filósofo. O de Xenofonte, menos extenso, expressa o seu intento mais prosaico de defender a figura de Sócrates. Libânio viu no julgamento a oportunidade para Sócrates defender a liberdade de expressão.

Diversas outras apologias foram escritas, mas não chegaram até nós.

Sócrates histórico

Sócrates era ateniense de classe média, nascido provavelmente em maio de 468 a.C., no distrito (*demo*) de Alopece, ao sul de Atenas, filho de Sofrônico e de Fenarete. O pai trabalhava com pedras, talhava e esculpia, atividade que talvez Sócrates tenha exercido na sua juventude. A mãe, segundo ele informou, era parteira. Foi casado com Xantipa, dizem mulher de mau gênio, e teve três filhos (Lamprocles, Sofronisco e Menexeno). Aristóteles menciona uma outra mulher, Mirto, neta de Aristides, o Justo, não se sabendo se de convivência anterior ou contemporânea ao casamento com Xantipa. Na prisão compareceu Xantipa com os filhos, um com 18 anos e outros dois pequenos, sendo um bebê de colo. Por causa de Xantipa, correram algumas anedotas. Ele teria respondido, a quem lhe perguntava como vivia com ela por tanto tempo, que isso provava a possibilidade de viver feliz com qualquer pessoa. Também, perguntado sobre qual a escolha – casar ou não casar –, ele teria respondido: "Quer tenhas feito uma ou outra escolha, te arrependerás."

*

Pouco se sabe sobre os recursos de sua subsistência. Uma vez que passava os dias a dialogar pela cidade, nada produzia nem trabalhava. Todo dia era visto nos lugares públicos a conversar, questionar, debater. Há informação de que o pai lhe teria deixado certa quantia (80 minas, cada uma com 430 gramas de ouro), emprestada a seu amigo Criton. Homem simples, satisfazendo-se com pouco ou quase nada, usava sempre o mesmo manto, inverno ou verão, e andava descalço. Pertencia à classe média, pois, na guerra, Sócrates estava entre os hoplitas, da infantaria pesada, com seu próprio armamento, o que significava que dispunha de algum recurso; não era um cavaleiro, como Alcibíades, nem pobre da infantaria leve ou remador.

*

Teria sido pupilo de Arquelau, por sua vez discípulo de Anaxágoras, mais dedicados aos estudos da filosofia natural, da qual Sócrates logo se desligou. Uma mulher, Diotima, teria sido a educadora de Sócrates, introduzindo-o no método da interrogação. A outra mulher que o influenciou foi Aspásia, mulher erudita que viveu e depois casou com Péricles. Quando um casal pediu a Sócrates a indicação de um mestre para o filho, recomendou Aspásia.

*

Era admirado por muitos, especialmente por aqueles que dele se aproximavam para ouvir seus diálogos, embora negasse a condição de educador, mas também suscitou muitas inimizades. Aristófanes escreveu sobre ele uma peça, *As nuvens*, na qual criticou suas ideias e o modo de vida, descrevendo-o como um sofista, "que faz o argumento mais fraco derrotar o mais forte".

*

Empregou dois métodos. Um deles (*elenchos*, refutação), que aparece nos primeiros diálogos, consistia em demonstrar, por meio de perguntas e de respostas, que o interlocutor nada sabia do que dizia que sabia, e com isso terminava por diminuir a figura do parceiro, que saía ofendido e humilhado. Ânito, seu futuro acusador, está entre estes, e tal comportamento certamente influiu no seu julgamento.

Na interlocução, Sócrates afirmava sua ignorância e, com base nisso, desenvolvia o diálogo sobre os mais diversos temas: a justiça, o belo, a coragem, a amizade, a virtude, a piedade, e todos terminaram inconclusos. Aqui aparecia a "ironia socrática", que consiste em fingir que se quer aprender alguma coisa de seu interlocutor, para levá-lo a descobrir que nada sabe. Sócrates afirmou, no julgamento, que assim agia atendendo a uma ordem de Deus, cuja missão ele cumpria a fim de que seus concidadãos tivessem conhecimento de si mesmos, e se preocupassem mais com a alma do que com o corpo e com seus bens materiais. Essa posição também auxiliava sua defesa, para afastar a acusação de que não acreditava nos deuses, uma vez que a eles se submetia como a uma missão de vida.

Mais tarde, no *Diálogo Teeteto*, Sócrates se define como parteiro (*maieusôs*), parteiro de almas. Usou, então, de outro método, a maiêutica, que consistia em extrair do interlocutor, também por perguntas e respostas, o conhecimento que este não sabia possuir. "Eles jamais aprenderam alguma coisa que vem de mim, mas eles mesmos encontraram, a partir de si mesmos, muitas coisas belas, e continuam sendo os possuidores delas." Essa posição servia bem a Platão, com a relembrança de conhecimentos que a alma possuía antes da encarnação, associando assim o nome de Sócrates à sua própria filosofia.

*

No cenário político de Atenas, Sócrates era um antagonista. Contra a opinião geral, negou-se a participar da política da cidade, com o que se pôs em desacordo com a opinião dominante, segundo a qual todo cidadão deveria contribuir para decidir sobre os destinos do Estado. Os gregos se orgulhavam da organização da sua cidade e do modo pelo qual era garantida a participação dos cidadãos nos destinos do Estado. A Constituição, escrita por Clístenes, implantada por Solon, e elevada por Péricles ao seu mais alto grau de execução e respeito à liberdade e à isonomia, permitiu a instalação de um regime político que não tinha similar no mundo antigo, uma das maiores realizações da civilização de todos os tempos. A importância dessa ideia ficou bem resumida no discurso de Péricles, em homenagem aos mortos no primeiro ano da Guerra do Peloponeso: "Nós somos, com efeito, os únicos a pensar que um homem que não se ocupa de política deve ser considerado não um cidadão tranquilo, mas um cidadão inútil."

Péricles (495-429 a.C.) foi o maior estadista da Antiguidade. Eleito magistrado-chefe, exerceu o cargo por uma geração. Cercou-se de grandes figuras: Fídias, o escultor; Tucidides (460 a.C.), o historiador; Ésquilo, um dos três maiores comediógrafos; Sófocles, o autor de *Antígona*; Aspásia, inteligente e culta, sua companheira e amiga de Sócrates; Protágoras, cuja frase "O homem é a medida de todas as coisas" está gravada no saguão do STJ. Tratou de reconstruir Atenas e a transformou no centro artístico e arquitetônico do mundo antigo, o que interessaria Sócrates, cuja família negociava com pedras. Apesar de todas essas qualidades, Sócrates discordava dele por suas ideias políticas.

Ao tempo de Sócrates, 120 a 150 mil pessoas tinham direito a voto, e a população total (escravos, libertos e estrangeiros) não ultrapassava 250 mil. A assembleia era composta de quinhentos cidadãos, cinquenta de cada uma das dez tribos em que estava dividida a cidade.

*

Apenas em uma ocasião, Sócrates participou do governo da cidade: quando, por sorteio, a sua tribo assumiu o Conselho dos Cinquenta, e tocou a ele, em 406 a.C., presidir a sessão de julgamento de Trasilo e outros generais, acusados de não terem recolhido os mortos e os feridos na batalha de Argenusa. A maioria exigia julgamento único; Sócrates opôs-se a esse procedimento, que seria ilegal, e assim contrariou poderosos e a maciça opinião popular. A moção foi de qualquer forma aprovada, e Sócrates correu o risco de ser processado e morto. Para ele, de acordo com a lei, o processo deveria ser individualizado, com o exame da conduta e defesa de cada um, pois alegaram que as condições do mar não permitiram a ação de resgate.

*

Quando Sócrates tinha aproximadamente 35 anos, seu amigo Querefonte consultou o Oráculo de Delfos: quem, entre todos, era o mais sábio? O Oráculo respondeu que não havia homem mais sábio do que Sócrates. Ao tempo do julgamento, Querefonte estava morto, mas ainda vivia seu irmão, Querecrates, que poderia contestar a história, se fosse falsa.

Tomando conhecimento desse dizer da pitonisa, que falara inspirada por Apolo, Sócrates, surpreso, porque se considerava um ignorante, procurou todas as pessoas mais admiradas da cidade, governantes, generais, artesãos, pensando que eles seriam os mais sábios, mas percebeu que nada sabiam. Então, concluiu que ele realmente era o mais sábio, porque sabia que nada sabia.

*

Sócrates justificava sua recusa em participar da política, porque assim lhe ordenara a divindade, permanecendo livre para bem exercer a sua missão de auxiliar as pessoas no encontro da sabedoria e da virtude.

*

Quando é abordada a questão da sua omissão na vida pública, devem ser mencionados os movimentos antidemocráticos de 411 a.C., 404 a.C. e 401 a.C., fatos políticos muito próximos da data do julgamento

Em 411 a.C., os oligarcas eliminaram a democracia e assumiram o poder (Governo dos Quatrocentos), que perdurou quatro meses.

Em 404 a.C., perdida a Guerra do Peloponeso para Esparta, Lisandro, o comandante espartano, cercou a cidade e forçou sua rendição, instalando no governo uma junta de aristocratas oligárquicos, liderada por Crítias, primo da mãe de Platão, e Cármides, tio de Platão, ambos do círculo de Sócrates. Eram os Trinta Tiranos, durante cujo governo, que durou oito meses, foram praticadas inúmeras atrocidades, inclusive a execução de 1.500 cidadãos.

Sob o comando de Trasíbulo, a democracia foi restaurada, com ampla anistia. Esse perdão teve dois efeitos sobre o julgamento de Sócrates: no processo, não poderia aparecer sua motivação política, nem a relação de Sócrates com o tirano Crítias, pois isso poderia sugerir uma violação ao acordo; em segundo, porque Ânito, que liderou a redemocratização, tinha receio de que os discursos de Sócrates atingissem a agora frágil democracia ateniense, e viu no processo o meio de estancar esse perigo. Hoje se admite que as ligações de Sócrates com Crítias e Alcibíades serviram de inspiração para a propositura do processo.

Em 401 a.C., houve um movimento que partiu da cidade de Elêusis, para onde se refugiaram os inconformados com a derrubada dos Trinta Tiranos, que prepararam um ataque à cidade de Atenas. Os atenienses se mobilizaram e venceram os resistentes, estabelecendo-se definitivamente a paz. Isso dois anos antes do processo de Sócrates.

*

Em nenhum desses momentos Sócrates manifestou-se em favor da democracia.

Assim também aconteceu com os episódios de Mitilene e de Melos (em 427 a.C.), que foram fatos marcantes da história da Grécia, não constando que Sócrates deles tenha participado, ao contrário do que seria esperável.

Melos, em 416 a.C., não se aliou a Atenas, preferindo ficar neutra. Melos foi sitiada, rendeu-se, mas os atenienses, em represália, mataram os homens e escravizaram mulheres e crianças. O episódio foi cruel e lamentável, mas não há registro de que Sócrates, então com 53 anos, tenha se manifestado.

A cidade de Mitilene, da ilha de Lesbos, rebelou-se contra Atenas, e a Assembleia decidiu destruí-la. Mas, no dia seguinte, Diodoro reabriu o debate, a decisão foi cancelada e foi enviado um navio, que chegou a tempo de evitar o massacre. Era de se presumir que Sócrates tenha tido alguma participação nesse feito, que engrandeceu a cidade, mas não há disso menção nos livros.

Sócrates referiu-se a Tersister com desdém. Este era um guerreiro grego, homem comum que, durante a Guerra de Troia, reclamou justa e publicamente de uma decisão do Rei Agamemnon, e foi brutalmente agredido por Odisseu. Sócrates foi criticado por não ver ali uma manifestação legítima contra o poder.

*

É verdade que, durante o regime dos Trinta, Sócrates protagonizou dois fatos merecedores de registro, mencionados por ele, aliás, em seu julgamento.

Os Tiranos necessitavam de recursos para enfrentar suas despesas e decidiram se apropriar de bens privados. Entre outros abusos, decidiram matar Leão de Salamina e arrecadar seus bens. Nomearam uma comissão de cinco, entre eles Sócrates, para executar a ordem. Sócrates negou-se a acompanhar os demais "e foi para sua casa".

Ainda nesse período, os Tiranos proibiram Sócrates de discursar aos jovens, o que motivou a interpelação sarcástica de Sócrates a Crítias e Cármides. Quis saber qual a idade deveria considerar como jovem. Eles definiram trinta anos. Ele, então, indagou se poderia perguntar a um jovem com menos de trinta anos onde alguém morava, ou qual o preço de certo produto.

*

A sua omissão política não o impediu de fazer a guerra, distinguindo-se em batalhas pelo seu desprendimento e sua coragem.

Em 430 a.C., a cidade de Potideia, no litoral do mar Egeu (membro da Liga de Delos, formada para lutar contra a Pérsia), revoltou-se contra o aumento da contribuição de guerra, e Atenas revidou. Na retirada de

Potideia, no frio inverno, vestindo pouca roupa e descalço, destacou-se pela bravura e salvou a vida de Alcibíades, que descreveu o episódio. Também lutou em Délio, na Beócia e em Anfípolis.

O pensamento de Sócrates

Para compreender a instauração do processo e a defesa ali apresentada, convém mencionar alguns pontos do pensamento de Sócrates.

*

Afirmava ser guiado por um sinal divino particular, uma voz interior que o impedia de fazer coisas prejudiciais. Uma dessas orientações era a de não ingressar na política. A sua submissão a um sinal divino seria tendência à superstição (Voltaire). O que permite dizer-se que a ética de Sócrates não era autônoma, não derivava de sua consciência, mas de uma inspiração divina.

*

Conheça-te a ti mesmo era a inscrição no templo de Apolo em Delfos, dístico que Sócrates tomou como o ponto central da sua vida. Dizia: a vida que não se examina não vale a pena ser vivida.

*

Em *Críton*, disse que jamais deveríamos retribuir a injustiça com outra injustiça, nem o mal com o mal. Mas a crença dominante era a da retaliação.

*

Em *Fédon*, sustentou a imortalidade da alma.

*

Usou da ironia, figura de estilo em que o significado pretendido é o oposto do expresso pelas palavras usadas.

*

Para Sócrates, a virtude é um saber, um conhecimento; a virtude é uma só, o que não correspondia ao pensamento grego de então.

*

Ele submetia o saber técnico ao saber moral. Assim, o médico aplica sua técnica para salvar, sem nenhuma consideração de ordem moral, sobre as consequências do seu ato.

*

Sustentava que ninguém pratica o mal conscientemente, ninguém escolhe o mal pelo mal. Mas lhe lembraram que o melhor exemplo para demonstrar o equívoco dessa tese está no comportamento de Medeia, que sabia estar praticando o mal ao matar os filhos.

*

A doutrina política de Sócrates não era a democracia vivida na Atenas de seu tempo, que garantia a todos, desde os tempos de Clístenes e de Sólon, ativa participação política, independentemente de origem e de patrimônio. Em várias passagens, Sócrates ironizou o fato de se entregar a decisão das graves questões de Estado para pessoas despreparadas. E dizia: para comandar o meu navio, escolherei um especialista em navegação, o melhor piloto.

*

Para regime de governo, não aceitava a democracia (por escolha ou sorteio), nem a monarquia (pelo cetro), ou a oligarquia (pela classe), e menos ainda a tirania (pela força). O governo deve ser exercido por aquele que sabe. Assim, ele e Platão entendiam que o governo deveria ser dos sábios, cabendo aos demais obedecer. Sócrates dizia que os cidadãos deveriam ser governados por um líder, enquanto os atenienses achavam que podiam se autogovernar.

*

Sócrates também não comungava na admiração para com os deuses da cidade: Peito, deusa da persuasão, e Zeus Agoraios, deus da assembleia e dos debates livres. Esse fato constou da acusação feita durante o julgamento. Ele falava em deuses e em Zeus, mas não mencionava os da cidade.

*

Afirmava ele que a virtude somente pode ser alcançada pelo conhecimento. O conhecimento não seria alcançável pelos homens comuns, pela maioria, que assim não poderia autogovernar-se. Discordava assim de Antifonte, citado por Xenofonte, segundo o qual todos são nascidos iguais, e distinguia as leis da natureza, obrigatórias, e as leis da cidade, que devem ser consentidas. Essas ideias somente foram praticadas por outros povos a partir do século XVIII.

*

Sócrates pregava a não participação na vida política da cidade. Mas Aristóteles demonstrou que o homem é um ser político; participar da política era um direito, um dever e uma educação.

*

Homero era o grande e admirado poeta dos gregos, que cantou a vida, as aventuras e as artes dos deuses, semideuses e heróis da antiguidade. Seu poema era a bíblia dos gregos. Mas Sócrates não acompanhava essa poesia, desprezando as histórias fictícias que envolviam os deuses. Não via virtudes na tradição poética vinculada a Homero.

> Seu método era o oposto da narrativa épica de Homero. Sua dialética não tinha nada de semideuses com superpoderes e histórias incríveis. Ele não estava disposto a falar o que os defensores da tradição homérica gostariam de ouvir.

Observo que Homero era o grande poeta da Antiguidade, cujos poemas eram estudados e conhecidos pelos cidadãos de Atenas, e seguidamente há referências nos livros de pessoas que conheciam de cor e citavam trechos de Homero. Desqualificar Homero era um ato especialmente gravoso à tradição ateniense.

*

Os filósofos gregos, até Sócrates, estudavam a natureza e procuravam explicar os fenômenos da terra e dos céus, com ensinamentos que até hoje impressionam pela genialidade. Mas Sócrates desviou a sua atenção para o humano, o que interessa é conhecer o homem e as coisas que lhe dizem respeito, e fez do homem o foco de sua reflexão.

> As questões discutidas por ele eram: o que é o piedoso, o que é o ímpio, o que é o belo, o que é o feio, o que é o justo, o que é o injusto, o que é a prudência, o que é a loucura, o que é a coragem, o que é a covardia, o que é o homem político, o que é o governo.

Sua convicção de que nada sabia lhe permitiu a investigação em que esteve empenhado nos seus últimos quarenta anos de vida, pregando a necessidade de o homem conhecer a si mesmo, em busca do conhecimento que levava à virtude. A sua preocupação ética com a virtude o afastava definitivamente dos sofistas, que eram relativistas, preocupados com a vitória imediata, sem nenhuma submissão à moral. Combateu aqueles que pensavam que o conhecimento em excesso aumenta os escrúpulos e prejudica o poder de decisão.

*

Sócrates era um pragmático, e seus métodos ainda hoje podem ser empregados com sucesso na administração de empresas, como meio para conhecer a realidade do negócio e as qualidades dos colaboradores. Procurou mostrar a vantagem de investigar a veracidade dos fatos e estar sempre aberto a descobertas e inovações. Instigou os outros a desenvolverem todo o seu potencial, ainda que desconhecido, por meio da maiêutica.

*

Sustentava que mais feliz é o homem que se contenta com pouco, desapegado das riquezas materiais. Esse homem sempre estaria mais disposto a defender a cidade e sofreria menos os males de um cerco (como realmente aconteceu com Sócrates, quando Atenas esteve sitiada por Esparta).

A MOTIVAÇÃO DO PROCESSO

Algumas ideias e condutas influíram na instalação do processo e pesaram contra ele no julgamento.

É de se acreditar que os principais motivos do processo e da condenação foram a defesa dos ideais antidemocráticos e sua amizade com Crítias e Alcibíades. Stanley é o historiador que defende essa tese com fartos elementos e erudito estudo. Também pesou o seu desinteresse pela participação na política, ambas as teses diametralmente opostas ao que se procurava restaurar em Atenas depois da Guerra do Peloponeso e da Tirania dos Trinta.

Não deu valor às virtudes da tradição poética vinda de Homero. Não aceitava a história dos semideuses com poderes extraordinários. O cidadão deveria preocupar-se com a apreensão do que é bom e justo, não com os exercícios da guerra.

O fato de não ter saído da cidade durante a Tirania dos Trinta era motivo de censura. Pela anistia, Sócrates não poderia ser acusado disso, mas apenas do que fizera da queda dos Trinta até o dia do julgamento, num período de quatro anos.

A Assembleia sabia, porém, da sua amizade com Crítias e com Alcibíades, dos quais se disse: Crítias foi o mais ganancioso e violento dos oligarcas, e Alcibíades, o mais devasso e insolente dos democratas. O primeiro liderou o governo dos Trinta Tiranos, e o segundo conduziu Atenas a uma excursão desastrosa contra Siracusa (embora se diga, a favor de Alcibíades, que a derrota se deve ao general Nícias, com quem repartia o comando, o qual, por superstição, receou avançar no momento de um eclipse, perdendo a oportunidade de surpreender o adversário).

Sócrates e os outros

Como já se disse, a importância de Sócrates para a filosofia está em desviá-la para o conhecimento do homem, e não da natureza, que até ali fora a principal preocupação da inteligência grega.

*

Depois dele, muitos a ele se referiram. Cícero, que estudou sua vida, o cognominou de *Pai da Filosofia*.

*

Aristóteles nasceu 15 anos depois da morte de Sócrates e, em 367, com 17 anos, ingressou na Academia de Platão e lá ficou durante vinte anos, até a morte de Platão. Aristóteles também foi acusado de impiedade e saiu da cidade.

*

Nos seus livros, fez 34 breves referências a Sócrates. A principal está na sua *Metafísica*, em que atribui a ele o mérito por duas descobertas que estariam no ponto de partida da ciência: "o discurso indutivo e a definição geral" (*Metafísica*, M4,1078 b28-29).

Reconheceu o valor de Sócrates ao ter se consagrado exclusivamente às questões morais, buscando definições universais das diferentes virtudes morais. Mas um discípulo de Aristóteles, Aristoxeno, escreveu uma *Vida de Sócrates*, da qual restam apenas fragmentos, e nela critica Sócrates como grosseiro, colérico, inculto e dedicado à especulação financeira (talvez porque ele teria emprestado dinheiro a Críton).

*

Os cristãos estudaram Sócrates, entre eles Santo Agostinho. Em *Cidade de Deus*, ele diz:

> Em razão desta vida e desta morte tão insignes e famosas, Sócrates deixou atrás de si muitos seguidores de sua filosofia, rivalizando no debate das questões morais, em que se trata do problema do bem supremo capaz de tornar o homem feliz.[1]

*

Hegel acredita que a condenação de Sócrates resultou da oposição de duas perspectivas morais igualmente justas, nisso constituindo um passo necessário da dialética que leva o *Zeitgeist* a seu desenvolvimento mais pleno. Sócrates faz um apelo à própria consciência, em oposição ao senso moral coletivo, e esse conflito era inevitável.

*

Para Kierkegaard, o papel de Sócrates foi o de levar a moralidade grega a um estágio mais elevado de desenvolvimento, e Sócrates utilizou a ironia para realizar essa transformação. A ironia é justamente o incitamento da subjetividade e, em Sócrates, uma verdadeira paixão histórica.

*

Nietzsche criticou acerbamente Sócrates, como pessoa e como filósofo: "Sócrates foi um mal-entendido; toda a moral do melhoramento, também cristã, foi um mal-entendido." ("O problema de Sócrates", 11).[2]

O JULGAMENTO

Antes do julgamento, já instaurado o processo, Sócrates encontrou-se com Eutífron, próximo do tribunal do arconte-rei, magistrado encarregado de dar andamento à acusação. Sócrates estava ali porque processado por impiedade, e Eutífron, porque pretendia fazer uma acusação contra o pai, que causara a morte de um servo. Sócrates desejava saber afinal o que era a impiedade. O diálogo se desenvolve em torno do conceito de piedade e não chega a um fim conclusivo, a não ser com a demonstração de que Eutífron não sabia o que era piedade.

*

Em 399 a.C., foi levado a julgamento perante a assembleia composta de quinhentos atenienses, a pedido de Ânito, Meleto e Laques.

A sessão foi ao ar livre, sendo o júri formado por quinhentos cidadãos, dos quais possivelmente um terço conhecia o réu, outro terço ouvira falar dele, e o último terço nada sabia. Alguns não prestavam atenção ao seu discurso, o que levou Sócrates a reclamar mais de uma vez.

Os jurados atenienses prestavam juramento: "Votar segundo as leis, onde leis houver, e, onde não as houver, votar com tanta justiça quanto tivermos em nós."

Cícero registrou que Lísias, um *meteco* (estrangeiro) rico, orador afeito a fazer defesas perante a assembleia, escreveu um discurso para a defesa de Sócrates, que se recusou a usá-la por estar em desacordo consigo. Perguntado então sobre o que pretendia apresentar em sua defesa, respondeu simplesmente: a minha vida.

*

A acusação formal, segundo Diógenes Laércio, que teria tido acesso ao documento original, preservado ainda naquele tempo (século II d.C.):

> Meleto, filho de Meleto, do demo de Pitos, indicia Sócrates, filho de Sofronisco, do demo de Alopécia, em seu juramento, como segue. Sócrates é culpado, em primeiro lugar, por não adorar os deuses a quem o Estado adora, mas por introduzir práticas religiosas novas e incomuns; e, em segundo, por corromper os jovens. O querelante exige a pena de morte.

Os acusadores eram Meleto, Laques e Ânito. Desses, a figura mais importante era Ânito, democrata que lutou contra os Trinta Tiranos para a restauração da democracia.

A contrariedade de Ânito em relação a Sócrates pode estar na sua ideia de que o filósofo defendia teses contrárias à democracia, o que poderia favorecer o retorno da ditadura. Impedido, pela anistia, de lembrar a proximidade de Sócrates com Crítias, líder dos Trinta, restava abrir processo por impiedade. Ânito, tempos antes, fora recriminado por Sócrates por não dar ao filho a educação merecida. Ao término do diálogo, Ânito advertiu Sócrates sobre a sua conduta de criticar os outros e criar inimizades.

A acusação de ateísmo seria contraditória, pois, logo em seguida, o acusavam de acreditar em novas divindades. Platão e Xenofonte não confirmaram a ideia de que Sócrates não acreditava em Zeus e outras divindades do Olimpo, mas ele não aceitava a representação de deuses vis e imorais, considerando mentirosa certa tradição poética. Sobre novas divindades, seria referência aos sinais que recebia dos deuses, que consistiriam em manifestações divinatórias particularmente recebidas por Sócrates. O terceiro ponto seria de impiedade, incitando os jovens a não acreditar nos deuses nem obedecer a seus pais. Também poderia decorrer do método socrático de desmascarar a ignorância alheia, o que agradaria aos jovens seguidores, que repetiam a experiência com outros, mas que irritava os interlocutores.

Nesse aspecto, era lembrado o efeito pernicioso que Sócrates teria exercido em Alcibíades, Crítias e Cármides, todos traidores da causa da democracia ateniense.

Mas esse motivo político (que constou de panfleto publicado por Polícrates depois da morte de Sócrates) não poderia ser anunciado publicamente porque a anistia geral, que se seguiu à derrubada dos Oligarcas, impediria uma condenação com aquele fundamento.

*

Certamente não foi condenado por ofender os deuses, uma vez que isso constava das inúmeras peças teatrais e não era motivo de processo. Foi, talvez, por não prestar homenagens aos deuses da cidade – Peito e Zeus Agoraio. Mas principalmente porque, na época de fragilidade social e política depois da guerra, e com a recente experiência dos Trinta Tiranos, havia o receio de que a pregação por um regime antidemocrático abalasse o sistema vigente. Acrescente-se o fato de que Sócrates não fazia segredo de suas ideias, que as expunha publicamente e em qualquer tempo. Além disso, pesou sua ligação com Crítias e Alcibíades.

A Apologia de Platão

Platão tratou do julgamento de Sócrates em quatro obras: *Êutifron, Apologia, Críton* e *Fédon*.

A mais extensa, detalhada e bem escrita descrição do processo é a de Platão, da qual faço breve resumo.

Em *Êutifron*, o diálogo versa sobre o conceito de piedade; em *Críton*, o filósofo explica a razão pela qual não pode aceitar a oportunidade de fuga, que lhe é oferecida pelos amigos; em *Fédon*, dá sua versão da imortalidade da alma.

*

Na sua defesa, Sócrates iniciou sua oração, desculpando-se pela falta de prática desses discursos e pedindo licença para falar, assim como sempre falou em outros lugares.

Negou a acusação de sofista, de tornar mais forte a razão mais fraca. Aliás, essa sua discórdia em relação aos sofistas manifestou-se em diversos diálogos, e irritou-se sempre que o compararam aos sofistas.

Disse que são de duas espécies os seus acusadores: uns que o acusam recentemente (que seriam os autores do processo), e outros há muito tempo. Entre esses, menciona um dramaturgo, que seria Aristófanes, autor da comédia *As nuvens*, na qual faz críticas a Sócrates (425 a.C.).

Ele cita a ata de acusação: "Sócrates age de forma vil e criminosa, investigando as coisas terrenas e celestes, e tornando mais forte a razão mais débil e ensinando isso aos outros."

Ele desafia os atenienses a se perguntarem se algum dia ouviram dele tratar de tais assuntos. Afirma que nunca instruiu nem ganhou dinheiro com isso, embora outros o façam, como os sofistas Górgias, Pródico e Hípias.

Essa negativa de que tenha ensinado por dinheiro ou que tenha sido professor é recorrente nos diálogos de Sócrates, talvez em parte para se distanciar dos sofistas.

Diante da possível dúvida dos jurados sobre qual a origem dessa acusação, ele explicou que decorre de "certa sabedoria humana, porque nessa na verdade me pareço sábio". E contou, então, a história de que Querofonte, seu amigo e amigo de muitos ali, tendo ido a Delfos, perguntou ao oráculo se havia alguém mais sábio do que Sócrates, e o oráculo respondeu que não havia ninguém. Essa história, disse, pode parecer fantasiosa, mas foi contada por pessoas que àquele tempo ainda viviam, e poderiam contestá-la.

Diante da resposta do deus Apolo, que seria o inspirador da pitonisa, ficou ele intrigado com o significado daquilo e recorreu ao seguinte método. Foi falar com aqueles que eram tidos por sábios, a fim de poder dizer ao oráculo que outros havia mais sábios. Esteve com grandes políticos, com poetas e com artesãos e lhes mostrou que, embora parecessem sábios, conhecedores do seu assunto, na verdade não o eram. Então pensou: "Sou mais sábio do que esse homem, porque nenhum de nós parece saber nada grande e bom; mas ele diz saber de algo embora saiba nada. Ao passo que eu, como não sei de nada, não digo saber." E assim pensando, Sócrates se convenceu de que era o mais sábio, pois sabia que não sabia.

Acontece que, com essas investigações, Sócrates criou fortes inimizades, fonte de oposição a ele.

Meleto ficou raivoso por causa dos poetas; Ânito, por causa dos artesãos e políticos (ele trabalhava com couro e era político influente); e Lícon, por causa dos retóricos.

Aliás, todo o método socrático do *elenchos* implicava a desmoralização do interlocutor, e, fazendo isso toda a vida, ele adquiriu a antipatia de um grande número de pessoas ofendidas pelos seus discursos. Essas indisposições de ordem pessoal estavam presentes na origem da acusação e no próprio momento do julgamento.

Mas não apenas dos discursos dele; também daqueles jovens que ouviam suas interrogações surgiram essas inimizades. É que esses jovens, deleitando-se com o método, trataram de replicar com outros e suscitaram ódios que se voltavam não contra os jovens, mas contra Sócrates, que seria o instrutor.

*

Nesse ponto, Sócrates repete outra parte da acusação: "Sócrates age injustamente ao corromper a juventude e em não acreditar nos deuses em que a cidade acredita, e sim em divindades estrangeiras."

Trava-se, então, um diálogo entre Meleto e Sócrates, entre acusador e réu, procedimento que hoje desconhecemos, mas que era comum na assembleia de Atenas, onde todo o cidadão tinha direito à palavra, cuja sessão se instalava com um arauto perguntando se alguém queria falar. Nessa interlocução, Sócrates procura demonstrar que Meleto é contraditório, ao reconhecer que Sócrates não acredita em deuses e, ao mesmo tempo, o acusa de introduzir outras divindades.

Nesse ponto, observo que a irritação dos atenienses não era em relação aos deuses do Olimpo, mas, sim, aos deuses da cidade – Peito e Zeus Agoraio –, a respeito dos quais Sócrates não se refere na sua defesa.

Pergunta a Sócrates se ele corromperia a juventude com intenção ou involuntariamente. Se com intenção, ele também estaria se corrompendo, e ninguém razoavelmente procura o mal para si. Se involuntariamente, ele, então, deveria ter sido repreendido para deixar daquilo, e não trazido a um tribunal a fim de ser condenado. Mas Meleto nunca se preocupou com isso.

*

Retornando ao tema dos deuses, Sócrates cita a acusação de que acredita em demônios. Mas como Meleto concorda em que os demônios são deuses ou filhos de deuses, Sócrates aponta para a contradição entre a acusação de que não acredita em deuses e depois o acusam de acreditar em demônios. Então: "se os demônios são filhos de deuses, mesmo que ilegítimos, como um homem poderia pensar que existem filhos de deuses, mas que não existem deuses?"

Com isso, o acusado está fazendo uma defesa indireta, apontando para a contradição do acusador, mas sem afirmar ou desmentir o mérito da acusação, isto é, sua descrença nos deuses da cidade.

Ele se pergunta: "Não tens vergonha, Sócrates, de teres seguido uma linha de estudo que colocou tua vida em risco?" E responde: quem quer que tenha sido colocado nessa posição, por vontade própria ou por uma voz de comando, deve ali permanecer e enfrentar o risco, sem temer a morte, seja na vida civil, seja na guerra, e cita as batalhas de Potideia, Anfípolis e Délio. O comando seria ou dos generais, ou do oráculo, que o designou para passar a vida no estudo da filosofia, a observar os outros e a ele mesmo. Temer a morte é parecer sábio, sem realmente sê-lo.

*

Se a assembleia, por hipótese, lhe oferecesse a absolvição em troca de não mais insistir no estudo da filosofia, responderia: "Atenienses, eu vos honro e vos amo, mas devo obedecer aos deuses acima de vós [referia-se à ordem que teria recebido de Delfos]. E enquanto eu respirar e for capaz, não posso cessar o estudo da Filosofia."

Ele também elogia a si mesmo:

> E acredito que não existe bem maior a ter caído sobre a cidade do que meu zelo em servir aos deuses. Porque o meu dever é nada mais do que persuadir-vos, jovens e idosos, a não vos importardes com o corpo ou com riquezas antes de vos importardes com a alma. E dizer como ela pode ser aperfeiçoada por meio da virtude que não nasce das riquezas, mas que as riquezas e todas as outras bênçãos humanas, públicas ou privadas, nascem da virtude (...) É isso o que eu digo, e que ninguém diga que outro é o meu discurso.

Despreza a acusação de Ânito e Meleto, porque "um homem melhor não pode ser ferido por um outro pior".

Defende-se, porque, se for condenado, a cidade perderá. Outro igual não será facilmente encontrado:

> [pois não são comuns homens que] negligenciam todos os seus outros assuntos e fazem sofrer seus assuntos íntimos ao longo dos anos para que atendais constantemente às preocupações, dirigindo-se a vós pessoalmente, cada um à sua vez, como um pai, um irmão mais velho, persuadindo-os a buscar sempre a virtude.

Renovou sua disposição de não ter participado da política por entender que seria mais útil na sua pregação: "É necessário que aquele que, em um embate sincero, clama por justiça, se for reservado e tiver pouco tempo, viva em retiro e não tome parte em assuntos políticos."

Esse argumento certamente não foi bem acolhido por uma assembleia que vive e se fortalece com a participação de todos os cidadãos.

Mas achou conveniente narrar dois fatos que aconteceram com ele, a descrever a sua participação na vida pública. Ao que parece, esses foram os dois únicos momentos em que Sócrates teve atuação pública.

Contou que, quando senador, por sorteio no regime democrático, a assembleia decidiu condenar em conjunto dez generais acusados de não terem recolhido os que pereceram em batalha naval, violando a lei. Sócrates entendeu que isso seria injusto e foi o único a votar contra, enfrentando o risco de ser aprisionado e morto.

No regime oligárquico dos Trinta, ordenaram-lhe, junto com outros quatro, a trazer Leão, de Salamina, para que fosse executado, e desapropriado de seus bens; os outros seguiram, mas Sócrates recusou-se a obedecer – "e eu fui para casa".

*

Negou que tenha sido professor ou ensinado por dinheiro:

Eu nunca fui preceptor de ninguém, mas se alguém desejasse me ouvir falar, querendo ver-me ocupado em minha missão, quer fosse jovem, quer idoso, eu nunca me recusaria. Também nunca discursei em troca de dinheiro.

*

A assembleia sabia das ligações de Sócrates com Crítias, do cruel governo dos Trinta, e com Alcibíades, o líder que trouxe infelicidade e derrotas à cidade. Antecipando-se à acusação, Sócrates explica que falava a todos:

> e para esses, caso alguém prove ser boa ou má pessoa, não posso ser responsabilizado porque eu nunca prometi a esses nenhuma instrução ou ensinamento. Mas se alguém disse que aprendeu ou ouviu algo de mim diferente do que eu dizia para todos os outros, estejais certos de que essa pessoa não fala a verdade.

Cita sete das pessoas presentes, que ouviam seus discursos, mas que não trouxe para testemunhar, entre elas Críton, Lisânias e Adimantus, irmão de Platão. Também se recusou a trazer mulher, filhos e amigos, para evitar a dramatização do julgamento.

Entende que "o juiz não está ali para administrar a justiça por favores, mas, sim, para julgar pelo direito. E ele fez um juramento de não se mostrar a favor de quem o agrada, mas, sim, daquilo que estiver de acordo com as leis".

Essa invocação é uma lição perene para todos os juízes.

*

Nesse ponto, Sócrates encerra sua defesa, e o veredito é proferido: é declarado culpado pela maioria: 280 condenavam, 220 absolviam.

*

Trata-se, então, de definir a pena.

Sócrates volta a falar.

Não ficou surpreso com a condenação, mas com a pequena diferença, pois esperava ser condenado por grande maioria.

Sócrates passa a examinar as possíveis penas. A primeira proposta é uma ironia: sugere que seja mantido no Pritaneu, "com direito de assento perpétuo à mesa pública".

Pritaneu era lugar de honra, sede do governo da cidade. Os membros do conselho de 50, eleitos por sorteio (Sócrates uma vez o integrou), compareciam diariamente ao local e lá havia um refeitório onde os membros do conselho faziam suas refeições. Algumas pessoas distintas eram convidadas a sentar à mesa: embaixadores, campeões olímpicos, os que se destacaram na defesa da cidade ou da democracia. Os descendentes de alguns heróis tinham o direito perene de lá fazer suas refeições. Conta Plutarco que essa dignidade foi conferida aos descendentes de Demóstenes. Era sarcástica a proposta e certamente irritou os membros do júri, a evidenciar que Sócrates, propositadamente, agia para hostilizar o júri.

> Deveria eu escolher a prisão? E por que eu viveria na prisão, como um escravo da magistratura no poder, os Onze? Deveria escolher a fiança e continuar preso enquanto não pudesse pagá-la? Mas então cairia na mesma situação que mencionei antes, a de não ter posses para pagar (...) Deveria então eu me exilar? Porque talvez vós me concedêsseis esse pedido.

Mas Sócrates reconhece que não teria paz em outras cidades: se ele repelisse os jovens que quisessem ouvi-lo, estes o expulsariam; se não os repelisse, seus pais o expulsariam.

Ou poderia ser deixado livre, para ter uma vida silenciosa.

Mas essa seria a maneira mais difícil de me convencer (...) Se eu digo que este é o bem maior do homem, discursar diariamente sobre a virtude e outros assuntos que já me ouvistes discursar, examinando a mim e aos outros, a vida sem investigação não é digna de ser vivida, e ninguém acreditaria em mim que eu dissesse o contrário (...) Se de fato eu fosse rico, eu me puniria com uma soma vultosa que pudesse saldar, porque isso não me feriria. Mas não tenho esse dinheiro, seja ele qual for.

Sócrates então sugere uma mina de ouro, recurso de que ele dispunha.
Nesse ponto, os amigos oferecem trinta minas: "Platão, Críton, Cristóbolo e Apolodoro me acenam com trinta minas, e se oferecem como meus fiadores. Eu me multo, portanto, com esse valor."

*

Agora os juízes passam à sentença e condenam Sócrates à morte, 360 a 140.

*

Os que estudaram a Apologia entendem que Sócrates, desde o início da sua argumentação, estava conduzindo a assembleia a um juízo condenatório. E, no momento da escolha da pena, ficou bem claro que ele esperava e aceitava ser condenado à morte. Depois, já na prisão, no diálogo com Críton, evidenciou a sua inclinação para a morte, que seria uma espécie de libertação e de reencontro com os deuses.

*

Sócrates continua.
Recrimina da assembleia a pressa, pois, em pouco tempo, pela idade, morreria naturalmente.

Diz que usou, na sua defesa, os argumentos que julgou adequados, não escolheu palavras mais palatáveis aos ouvidos dos juízes, nem suplicou ou chorou, situação a que eles estavam acostumados.

Mas eu não acho que devia ter feito nada disso para escapar do perigo, nada indigno de um homem livre. E não me arrependo em ter me defendido dessa maneira, mas certamente prefiro morrer, tendo me defendido como o fiz, do que viver em desgraça.

Previu os males que aconteceriam aos seus acusadores.

Aos que votaram a seu favor, disse que desde cedo, ao sair de casa, teve a sensação de que "em verdade, esse meu caso arrisca ser um bem, e estamos longe de julgar diretamente quando pensamos que a morte é um mal. Passemos a considerar a questão em si mesma, de como há grande esperança de que isso seja um bem".

Cuida então da morte, que seria uma dessas duas coisas: ou como um sono, e então seria um maravilhoso presente; ou uma passagem deste para um outro lugar, onde todos os mortos se encontrariam, e ele poderia conversar com Orfeu, Museu, Hesíodo, Homero e Ulisses. "Qual o bem que poderia existir maior que este?" Poderia lá encontrar outros que também foram julgados injustamente (Palamedes e Ajax Telamônio), "e poderia comparar os nossos casos".

O fato com Palamedes acontecera ao tempo da Guerra de Troia, quando Menelau convocou os gregos para reaver Helena e punir os troianos. Ulisses, rei de Itaca, mostrou-se indisponível, fingindo ter enlouquecido. Palamedes o desmascarou. Durante a guerra, já no seu final, Ulisses vingou-se e incriminou falsamente Palamedes por traição e assim conseguiu sua condenação à morte.

*

Por fim, Sócrates declara:

o que aconteceu a mim não é devido ao acaso, mas é a prova de que para mim era melhor morrer agora e ser libertado das coisas deste mundo. De minha parte, não estou zangado com aqueles cujos votos me condenaram, nem contra meus acusadores. Mas eles pensaram causar-me mal. Por isso, é justo que sejam censurados.

Lembrou dos filhos e pediu que eles fossem encaminhados para uma vida justa:

> Quando meus filhos ficarem adultos, que os puni, atenienses, atormentai os garotos do mesmo modo que eu vos atormentei a todos, quando parecer que eles cuidam mais das riquezas ou de outras coisas do que da virtude (...) Mas já é hora de irmos: eu para a morte, e vós para a vida. Mas quem vai para melhor sorte, isso é segredo, exceto para os deuses.

*

Sócrates permaneceu na prisão até o dia da execução da sentença. Deveria ser imediata, no dia seguinte, mas tal não poderia acontecer durante a comemoração religiosa pela emancipação de Atenas por Teseu, que se renovava com despacho de barco santificado ao santuário de Apolo, em Delos. Enquanto não voltasse, era proibida a execução da pena de morte. Ventos contrários atrasaram o retorno do barco por um mês, tempo de duração da prisão de Sócrates.

Enquanto recolhido, acorrentado durante a noite para não fugir, recebia e conversava com os amigos.

Interessa em especial o diálogo com Críton, amigo fiel, que compareceu à prisão com o propósito de convencê-lo a fugir, para o que tudo estava preparado.

Críton usou de diversos argumentos. Um deles seria a crítica que receberia por não ter impedido a morte do amigo, tendo meios e recursos para levá-lo ao exílio. "Daríamos, os seus amigos, a impressão de que nos ocultamos, covardes e sem brio, sem termos encontrado um meio – nenhum de nós – de reequilibrar a situação e te salvar." Além dos recursos de Críton, ainda havia os dos estrangeiros Símias de Tebas e Cebes, que estavam dispostos e dispunham de recursos suficientes para isso. Sócrates poderia levar vida agradável em outras cidades. "Na Tessália", disse Críton, "tenho gente lá que te dará tudo o que precisares." Lembrou os filhos, que ficariam abandonados.

Nada convenceu o filósofo.

Na conversa que se seguiu, Sócrates propôs a seguinte questão: "Devemos averiguar se é justo que eu tente sair daqui sem permissão dos atenienses, ou injusto; se for provado que é justo, tentaremos; se não, desistiremos."

Na sequência, descreve a seguinte situação:

> Bem, Críton, pensa no seguinte. Se, no momento em que estivesse para me evadir daqui, chegassem as Leis e a Cidade, e perguntassem juntas: Diz, Sócrates, o que pretendes fazer? Que outra coisa estais pensando com a atitude que estás tomando, senão destruir a nós, as Leis e toda a Cidade, na medida de tuas forças? Por acaso pensas que ainda possa subsistir e não esteja destruída uma cidade onde nenhuma força tenha as sentenças proferidas, tornadas inoperantes e aniquiladas por obra de simples particulares? (...) Mas, seja na guerra, seja no tribunal, em toda a parte, cumpre-se executar as ordens da Cidade e da Pátria ou obter revogação pelas vias criadas do direito. É impiedade usar de violência contra a mãe e o pai, mas ainda muito pior contra a Pátria do que contra eles. O que responderei a isso, Críton?

Ao final, Críton aceita a argumentação de Sócrates, e desistem da fuga.

Alguns amigos compareceram à prisão, inclusive Xantipa com os filhos (*Fédon*). Platão não esteve lá (dizem que doente).

Em suas últimas palavras, já deitado e aguardando a morte, lembrou a Críton: "Devemos um galo a Asclépio, não se esqueça de saldar essa dívida." Muitas foram as interpretações desse último pedido, talvez a melhor seja (cfe. Nietzsche) uma forma de agradecer ao deus da saúde, por ser curado da doença vida, o que estaria de acordo com toda a pregação que fizera em favor da morte e da imortalidade da alma (*Fédon*).

A Apologia de Xenofonte

Xenofonte de Atenas (430-354 a.C.) pertenceu ao grupo de Sócrates, mas destacou-se como general e historiador. Sobre Sócrates, Xenofonte também escreveu *Ditos e Feitos Memoráveis de Sócrates*, conhecido como *Memorabilia*, onde conta episódios da vida do filósofo e muitos dos seus diálogos. Dizem que, ao se encontrar pela primeira vez com Sócrates, este impediu sua passagem e perguntou-lhe onde se faziam homens bons e virtuosos. Tendo Xenofonte se atrapalhado, disse-lhe Sócrates: "segue-me e ficarás a saber." A partir daí, Xenofonte tornou-se seu seguidor.

Os historiadores confrontam os dois autores (Platão e Xenofonte) e apontam divergências inconciliáveis. Mas os escritos de ambos nos auxiliam no conhecimento de Sócrates: o histórico, com Xenofonte; o filósofo, com Platão.

Na sua *Apologia*, descreve o julgamento (período em que esteve ausente de Atenas) de acordo com o que ouvira de Hermógenes, um dos mais próximos de Sócrates, e intelectual de grande cultura, que teria sido mestre de Platão.

O texto tem três partes: introdução, esclarecendo que vai expor o que ouviu de Hermógenes; a descrição dos fatos de 399, antes do julgamento, Sócrates no tribunal e depois do julgamento; finalmente, uma conclusão.

Inicia Xenofonte dizendo que, antes do julgamento, Hermógenes teria observado a Sócrates que ele tratava de qualquer outro assunto, menos de sua defesa: "Não deverias, Sócrates, examinar os argumentos com os quais te hás de defender?" Ao responder, Sócrates diz que sua defesa é a sua conduta: "Porque nunca cometi qualquer ação injusta, e é esse comportamento que eu considero, precisamente, a melhor maneira de preparar uma defesa."

Também disse que, por duas vezes, tentou ocupar-se da defesa, mas a divindade não permitiu.

Nesse ponto, Sócrates repete o que seguidamente afirmava, de receber recomendações dos deuses a respeito do seu comportamento.

O filósofo concordava que o melhor para ele seria morrer logo, depois de ter usufruído de uma vida que não poderia ter sido melhor, antes de "sofrer as consequências da velhice: ver pior, ouvir menos, ser mais lento no aprender e mais esquecido do que aprendeu".

Diante da acusação de que não reconhecia os deuses da cidade, de introduzir novas divindades e de corromper a juventude, Sócrates se espanta com a afirmação de Meleto (poeta) e de Laques (Arconte nesse ano) de que não reconhecia os deuses, uma vez que eles dois e toda a cidade o poderiam ter visto a fazer sacrifícios nas festas da cidade. A alegação de introduzir novas divindades teria surgido por afirmar que recebia sinais dos deuses:

> Ora, e os que consultam os gritos das aves? (...) Mas, enquanto outros chamam augúrios, vozes, casualidade e profetas àqueles que lhes enviam sinais, eu chamo-lhe divindade, e penso que, chamando-lhe assim, o faço com maior verdade e com maior piedade que os que atribuem às aves o poder dos deuses.

Ouvindo isso, os juízes protestaram, "uns por desconfiarem de suas afirmações, e outros invejosos por ele obter dos deuses mais favores do que eles conseguiam".

Sócrates refere o episódio do Oráculo de Delfos, que teria sido consultado por Querefonte: "Apolo respondeu-lhe que nenhum homem era mais livre, nem mais justo, nem mais sensato do que eu." Sócrates desafiou os juízes a encontrar alguém mais livre do que ele, menos escravo dos desejos do corpo, que não recebe ofertas nem salário, que se contenta com o que tem, que nunca deixou de investigar e de procurar a virtude, e que, durante o cerco – Atenas esteve cercada por Esparta durante o último ano da Guerra do Peloponeso –, viveu sem dificuldades e sem lamentações.

Perguntou a Meleto se conhecia algum jovem que, por causa dele, tenha-se tornado ímpio. Meleto retrucou dizendo que Sócrates havia ensinado os jovens a obedecer mais a ele do que aos pais. "Concordo, anuiu Sócrates, pelo menos no que diz com a educação, pois sabem que essa é a área pela que me interessei." Ele explicou: assim como o doente deve seguir a orientação do médico, os soldados, as ordens dos generais, nas assembleias todos obedecem mais aos que falam com sensatez, mais do que aos pais ou irmãos. Assim, na educação, deveriam seguir a ele, "porque alguns me consideram melhor no que é o mais importante dos bens para o homem, a educação".

Quando o julgamento chegou ao fim, Sócrates disse: "Quanto a mim, não me sentirei agora menos orgulhoso do que antes de ser condenado, já que ninguém me convenceu de ter cometido nenhum dos crimes de que me acusaram."

Ao se retirar, vendo seus companheiros a chorar, recriminou-os: "O que se passa? Por acaso não sabiam há muito tempo que eu, desde o dia em que nasci, estava sentenciado, pela natureza, à morte?"

Apolodoro, um dos presentes, disse: "Mas Sócrates, a mim o que me traz maior pesar é ver-te morrer injustamente." Sócrates, então, respondeu-lhe: "Preferias tu, então, meu querido Apolodoro, ver-me morrer com justiça a sem justiça?"

Ao ver passar Ânito, um dos seus acusadores, observou Sócrates:

> Eis um homem cheio de orgulho, convencido de que realizou uma grande e bela proeza, por ter conseguido que me matassem, porque, ao ver que a cidade lhe concedia grandes honras, disse-lhe que não devia educar o filho no ofício de curtidor.

Esse Ânito é apontado como o verdadeiro mentor do processo contra Sócrates. Homem rico, de uma família de comerciantes de curtumes. Foi general na Guerra do Peloponeso e depois liderou o movimento de redemocratização contra o domínio dos Trinta Tiranos, em 403 a.C. Obteve, então, a simpatia popular, também porque dispensara a indenização a que teria direito pelos prejuízos que lhe causaram os Tiranos. Sua participação no processo pode ter duas origens: ou pela sua preocupação política com os ensinamentos antidemocráticos de Sócrates, que poderia gerar instabilidade no regime ainda enfraquecido, ou por sua antipatia pessoal, depois que Sócrates o advertiu contra a educação que estava dispensando ao filho. Filho, aliás, que logo depois se tornou um inútil alcoólatra, destino previsto por Sócrates.

Na prisão, ao recusar a proposta de seus companheiros de fugir da cadeia, "até pareceu zombar deles ao perguntar-lhes se conheciam algum lugar fora da Ática que não estivesse ao alcance da morte".

Xenofonte conclui sua história observando que Sócrates, ao elogiar-se durante o julgamento, despertou a inveja dos juízes. "Eu, por minha vez, disse Xenofonte, ao refletir sobre a sabedoria e nobreza de espírito daquele homem, não posso deixar de o lembrar e, ao lembrá-lo, de o elogiar."

A Apologia de Libânio

Libânio (314-394 a.D.) nasceu em Antióquia (Síria). Famoso filósofo e professor de retórica, estudou em Atenas e foi amigo do Imperador Juliano, o Apóstata. Na sua época, os cristãos passaram de perseguidos a perseguidores, atacando a liberdade de culto e de pensamento (aliás, as igrejas com deus único e pensamento único são as que tendem ao fundamentalismo).

Libânio louvou a liberdade de expressão de Atenas, o que ainda existia ao seu tempo, por ele louvado como o motivo da grandeza da cidade. Sócrates seria o defensor das liberdades cívicas, e criticou Ânito por combater e limitar a liberdade de expressão. Esse aspecto da vida de Sócrates não se harmoniza com os ensinamentos divulgados pelos autores dos outros textos. Isto é, o Sócrates de Libânio se distancia, mais do que os dos demais, do Sócrates histórico. Na verdade, Sócrates não baseou sua defesa na liberdade de expressão, e, caso o tivesse feito, talvez houvesse sido absolvido. Mas não o fez, porque nunca fora essa a sua pregação, porquanto ele preferia o rigor de Esparta à liberdade de Atenas.

Segundo Libânio, a acusação atribuía a Sócrates a citação dos ensinamentos mais imorais dos poetas para transmitir a seus jovens discípulos. Menciona Píndaro, que cantava odes em favor de tiranos, e Teógnis, que repetia o ódio da nobreza dos proprietários de terras em relação à classe média emergente.

Observações finais

O fato do processo contra Sócrates não era novidade na vida da cidade. Foram processados perante a Assembleia, entre outros: Péricles, por corrupção; Anaxágoras, por impiedade; também Aspásia.

O paradoxo da condenação de Sócrates está em ter sido proferida por uma cidade que prezava a liberdade política em todos seus níveis, contra um cidadão que nada mais fez do que exercer a sua liberdade de expressão. Na verdade, ele foi julgado por suas ideias. "Sócrates foi o primeiro mártir da liberdade de expressão e pensamento."

*

Apologia é um texto que tem sido apontado como a expressão da liberdade do pensamento confrontado com o poder, o pensamento da maioria, a tradição religiosa. Ele foi um crítico do Estado vigente, da sua concepção política e do modo pelo qual a cidade era dirigida. Não era um democrata, no sentido de que o governo deveria ser exercido com a participação de todos, conforme era na Atenas daquele tempo, considerado um avanço civilizatório e até hoje admirado, mas entendia que o governo deveria ser exercido pelo mais sábio, cabendo aos governados obedecer. Esse ideal, que também está presente em Platão, não era o da maioria democrata, que recém tinha sido restabelecida depois dos Trinta Tiranos, e enfraquecia suas bases. Aí, certamente, a causa submersa do processo movido contra ele.

O que é admirável – ainda que se discorde de suas ideais filosóficas – foi o modo pelo qual conduziu sua vida, dedicada a auxiliar os outros no encontro da virtude, e comove o modo pelo qual enfrentou a morte, com a tranquilidade de quem, tendo feito na vida o que considerava certo, estava disposto a seguir o seu destino. Aos que pretendiam libertá-lo, disse que descumprir as leis da cidade seria uma retribuição injusta, ainda que a condenação fosse injusta – ele que passara a vida a sustentar que não se deve retribuir o mal com o mal.

Há um ensaio sobre as vidas de Buda (+ 483 a.C.), Jesus e Sócrates, mostrando suas semelhanças e diferenças. O que distingue o filósofo dos demais é que ele não é o fundamento de nenhuma religião, mas se aproxima dos outros por seus ensinamentos sobre a vida virtuosa, o desapego aos bens materiais, a não retribuição do mal. Sócrates e Jesus foram condenados à morte por sua pregação.

Mas Sócrates não seria condenado só por ser sábio, especialmente porque Atenas era um centro de reunião de filósofos de todas as origens. Então, para Sócrates, o mal estava no conteúdo de suas lições políticas.

Pesaram as inimizades adquiridas durante mais de trinta anos de diálogos e inquisições. Ânito já o advertira: "Sócrates, tenho a impressão de que você difama as pessoas com leviandade. Se quer um conselho, ouça-me: seja mais cuidadoso."

*

Parece que não são verdadeiras as versões de que, logo depois do julgamento, os seus acusadores tenham sido perseguidos e mortos, ou que tenha sido erguida uma estátua a Sócrates. Segundo registro de um processo em que debateram Demóstenes e Ésquines, quarenta anos depois do julgamento, este refere a condenação de Sócrates como algo a ser seguido, e venceu a causa.

Notas

1 Santo Agostinho, *Cidade de Deus*, livro VIII, cap. I. Rio de Janeiro: Editora Vozes, 2013.
2 Friedrich Nietzsche, *O crepúsculo dos ídolos*, São Paulo: Companhia das Letras, 2006.

Direito, legislação e liberdade

Julian Fonseca Peña Chediak

> *Deserves it! I daresay he does. Many that live deserve death. And some that die deserve life. Can you give it to them? Then do not be too eager to deal out death in judgement. For even the very wise cannot see all ends.*
>
> J.R.R. Tolkien, *The Fellowship of the Ring*

Quando se fala em Friedrich August von Hayek, as opiniões são normalmente extremadas. De um lado há quem tenha enorme admiração por sua obra como economista, jurista e filósofo, concordando ou não com o seu pensamento. De outro, há aqueles que o desprezam, achando que seus estudos em economia são na verdade meros exercícios sobre ciência política, e sua produção em direito e filosofia considerações superficiais, que não merecem maior atenção. É impossível ter contato com o pensamento de Hayek sem que se tenha uma forte reação.

No meu caso, a obra de Hayek foi uma revelação. Mesmo reconhecendo a validade de algumas críticas, poucos autores me causaram tamanha reflexão e me abriram tantas linhas de pensamento. O livro *Law, Legislation and Liberty*, publicado em 1973, quando Hayek já tinha 74 anos, pouco antes de receber o Prêmio Nobel de Economia, é para muitos o ápice de seu pensamento, ainda que ele tenha continuado a publicar outras instigantes obras até perto de seu falecimento, em 1992, e alguns de seus textos tenham sido objeto de publicações póstumas.

Muito do contido em *Law, Legislation and Liberty* é o desenvolvimento e a consolidação de linhas de pensamento iniciadas em obras anteriores. Aqui, irei me concentrar nos aspectos básicos de uma dessas linhas, para apresentar ao leitor como é inspiradora a concepção de Hayek sobre o justo, quando tratamos de relações econômicas privadas.

Os limites do conhecimento

O primeiro ponto a se considerar é a visão de Hayek sobre os limites do conhecimento. Não nos damos conta do quanto somos influenciados pelo pensamento iluminista. Pessoas ocidentais bem formadas são treinadas para acreditar que o método científico é o único que pode oferecer respostas verdadeiras. Qualquer afirmação que não passe pelo crivo do cientificismo deve ser descartada, tratada como mera crendice.

Essa concepção parece fazer todo o sentido. Desde que passamos a usar consistentemente o método científico, conquistamos do espaço ao átomo, passando pelos avanços da medicina e de todos os outros derivados da tecnologia. Como negar essa realidade tão evidente?

Esse sucesso todo nos fez querer usar o mesmo método, ou pelo menos coisas parecidas, em todas as áreas do conhecimento humano. Aliás, para merecer o título de conhecimento, o assunto deve ter o nome de ciência. Se pretendemos verdadeiramente estudar um assunto, ele precisa ser científico.

Surgem então as ciências sociais. Tentativa e erro, reprodução de experiências, avaliação por pares e possibilidade de refutação, conceitos caros ao processo científico de elaboração de uma hipótese e sua verificação, precisavam de alguma forma ser adaptados para ciências que examinam o comportamento ou a ação humanos.

Uma das facetas dessa adaptação foram os experimentos sociais que levaram a centenas de milhões de mortos no século XX, especialmente em sua primeira metade. Mais importante para o que aqui pretendo tratar, porém, é um lado mais subjetivo, menos visível desse fenômeno. Refiro-me à pretensão ao conhecimento.

A aplicação do método científico foi muito bem-sucedida em sistemas simples, em objetos limitados. A capacidade que hoje temos de mandar robôs para Marte é resultado de experiências realizadas em ambientes controlados e do contínuo esforço de aproveitar experiências passadas, construindo novos resultados a partir dos anteriores. Essa sequência de experiências, sempre baseada em outras anteriores largamente difundidas, é o corpo do conhecimento científico.

Os seres humanos, seus anseios e desejos, a forma como as pessoas se agrupam ou não em unidades familiares, o meio como essas unidades familiares se juntam em grupos maiores, formando comunidades, e a relação entre os povos, formando a grande sociedade aberta, são por demais complexos para serem conhecidos por qualquer um de seus integrantes, individualmente considerados.

No estudo da sociedade, do comportamento humano, ou seja, nas chamadas ciências sociais, não é possível que se tenha conhecimento do todo, já que ele é amplo demais. Qualquer tentativa, portanto, de se interferir no funcionamento da sociedade como um todo (e não em uma de suas partes) é pretensão a um conhecimento que não se tem, e fadada ao insucesso. Pode-se até ter a impressão de haver uma relação de causa e efeito. Mas trata-se de mera impressão, ou, no máximo, de um conhecimento parcial, já que os efeitos serão sentidos em dimensões imprevisíveis, e quando finalmente descobertos, não haverá condições de entender o que exatamente os pode ter causado.

Kosmos e Taxis

Como então pode haver ordem nesses sistemas complexos e caóticos? Uma resposta seria simplesmente dizer que não há propriamente uma ordem. Essa afirmacão talvez não esteja errada e mereceria uma análise em separado. Acho até que se chegaria a algumas conclusões semelhantes às de Hayek, mas não foi essa a conclusão a que ele chegou.

Para Hayek, existe nas sociedades uma ordem espontânea, natural, resultante de um processo de evolução desde o sistema tribal até a grande sociedade aberta. Essa ordem é humana, não existe *a priori*; ela resulta da ação humana, mas não de uma intenção humana. Não se trata de um projeto, de um desenho – ela é apenas o resultado de um processo de seleção natural (eu diria que ela é resultado do processo cultural). Essa ordem espontânea, endógena, geradora de si mesma, seria a ordem que em grego clássico era conhecida como *Kosmos*.

Diferente dessa ordem existe outra, criada deliberadamente pelos seres humanos. Essa, sim, resultado de um projeto, da engenhosidade humana. A essa ordem exógena, criada com uma função, Hayek se refere como organização ou, mais uma vez recorrendo ao grego clássico, *Taxis*.

Para defender seu ponto, Hayek faz referência a outras ordens espontâneas existentes na natureza, como os organismos biológicos, ou mesmo na cultura humana, como a linguagem. Esse último exemplo é particularmente interessante pelo paralelo que se poderia fazer com a filosofia analítica (além de contemporâneo, Hayek era primo de Ludwig Wittgenstein, talvez o mais influente filósofo do século XX, e existem relatos de que eles tiveram pouca, mas alguma convivência). Esse paralelo, porém, não parece ter sido feito por Hayek, que usou o exemplo da linguagem apenas para explicar seu conceito de ordem espontânea, ou seja, para ilustrar o fato de que a linguagem é resultado da ação humana, mas não de um planejamento, ou de uma criação deliberada. A linguagem, como a grande sociedade aberta, resulta de uma evolução natural, e é impossível prever ou planejar para onde ela irá caminhar.

Essa visão da sociedade capitalista, globalizada, ou da grande sociedade aberta, como Hayek gostava de dizer, é essencial para compreender a premissa que ele usava em sua visão do direito. Como em um organismo, o equilíbrio da sociedade é altamente complexo, e qualquer tentativa de mexer com uma parte pode ter consequências imprevisíveis no todo.

A DISPERSÃO DA INFORMAÇÃO NA SOCIEDADE

Outro ponto essencial para a compreensão do pensamento de Hayek é a sua teoria a respeito da dispersão da informação na sociedade. Esse tema foi objeto de um influente artigo publicado por ele em 1945 chamado "The Use of Knowledge in Society", que também é tratado em *Law, Legislation and Liberty*.

A tese por ele levantada é relativamente simples, mas de grande alcance: cada integrante de uma sociedade tem apenas uma fração do conhecimento contido na soma dos conhecimentos de todos os integrantes da mesma sociedade. Sendo assim, uma sociedade planejada perderá sempre em eficiência para uma sociedade aberta, já que apenas numa sociedade livre de interferências, livre de decisões centralizadas em poucos, poderá ser aproveitada toda a informação disponível, dispersa entre todos os agentes.

Pensando no mercado, na circulação dos produtos escassos disponíveis para a satisfação das necessidades individuais, Hayek demonstra que a flutuação do preço de tais produtos funciona como uma comunicação involuntária de informação. Por exemplo, havendo escassez de um produto, o agente, ao perceber o aumento do preço, mesmo sem saber das razões que levaram ao encarecimento, tende a usar menos do produto, ajudando a que se chegue a um equilíbrio entre a oferta e a demanda.

A ordem espontânea na sociedade, portanto, não deve ser vista apenas como um ponto de equilíbrio, mas acaba sendo desejável, já que mais eficiente na geração da riqueza. Tentativas centralizadas de conduzir a sociedade, de dar a ela algum direcionamento artificial ou uma função, são adotadas com base em informação muitíssimo inferior à disponível, e assim certamente equivocadas, substituindo a ordem espontânea por uma desordem artificial.

Nomos: a lei da liberdade

Chegamos então à conclusão de Hayek quanto às normas que regem as diferentes ordens: às que ele se refere como *Nomos*, normas de justa conduta para o *Kosmos*, e às *Thesis*, normas que organizam a *Taxis*.

De forma simplificada, as *Thesis* são normas para estruturas hierarquizadas, como as de Direito Público, de funcionamento das estruturas do poder público, e que fogem da finalidade desse texto.

As normas que aqui mais nos interessam são as que Hayek chamava de *Nomos*, que regem a ordem espontânea a que chamamos de sociedade. Hayek as chamava de "leis da liberdade".

Vale aqui uma referência histórica. Apesar de ter nascido e se formado na Áustria, e falecido na Alemanha, grande parte da vida e da produção de Hayek se deu entre o Reino Unido e os Estados Unidos, países cujos sistemas não eram e continuam não sendo como o nosso, de Direito Codificado. Tais países, adeptos do que chamamos de *Common Law*, têm na sua tradição jurídica a formação do direito por meio de precedentes judiciais. Existem em tais países leis no mesmo sentido que usamos a palavra por aqui, ou seja, comandos escritos emanados do poder legislativo, mas a formação das regras de funcionamento da atividade privada, sujeitas à autonomia da vontade, se dá substancialmente por meio das decisões dos tribunais.

Para Hayek, o sistema de *Common Law* seria mais eficiente no tratamento das relações privadas do que o de Direito Codificado.

Isso não surpreende. Como a sociedade é um *Kosmos*, uma ordem espontânea, as normas se desenvolveram naturalmente. Muito antes de haver uma compreensão do que seria o direito, de existirem juízes, já existiam as normas, sendo desnecessário para legitimá-las a existência de um governo (Hayek, por diversas razões, preferia usar a expressão "governo", e não "Estado"), que é uma *Taxis*, uma organização hierarquizada.

Ou seja, as *Nomos*, as leis da liberdade, evoluíram à medida que as sociedades avançavam, mesmo após a criação de governos, até mesmo com influência deles, mas com independência, como decorrência da seleção natural que levou ao surgimento da grande sociedade aberta.

Nesse contexto, o papel do juiz é *descobrir* as leis, as *Nomos*. No caso da ordem construída, da organização, das *Thesis* que regem a *Taxis*, o juiz deve aplicar a lei posta, artificialmente concebida. Mas ao tratar de questões privadas, que ocorrem no âmbito do *Kosmos* que é a ordem espontânea a que chamamos de sociedade (ou grande sociedade aberta), a lei faz parte da ordem, e está lá para ser descoberta.

Por consequência, nos países de Direito Codificado, que não seguem o sistema dos precedentes da *Common Law*, o papel do legislador, em matérias relativas a questões privadas, deve seguir a mesma lógica. Ou seja, cabe ao legislador, nessas situações, colocar por escrito as normas de justa conduta que forem descobertas na ordem espontânea. E, de tempos em tempos, rever essa ordem para atualizar essas descobertas.

Hayek vai ao extremo de afirmar que se a lei (emanada do governo) ou o precedente (como uma lei decorrente de decisões anteriores dos tribunais) não respeitar a ordem espontânea, deve o juiz decidir o caso da forma que ele ou ela entenda que as *Nomos* se apresentam, prontas para serem descobertas.

E ISSO É JUSTO?

Há que se ver certa poesia na visão de Hayek. Desde o reconhecimento das limitações do ser humano, dos governos, de impor um propósito para a sociedade, que exerce uma função espontânea, e que jamais pode ter um objetivo, passando pela descoberta de que sabemos mais quando agimos em conjunto e de que mesmo pensando individualmente operamos no coletivo, até a conclusão de que, no que diz respeito às relações entre particulares, a lei não é resultado de uma concepção humana, de um projeto deliberado, mas sim um processo de descobrimento do que a ação humana criou inadvertidamente.

Como aproveitar essa visão, tão distante da realidade atual?

Se é verdade que é impossível segui-la a ferro e fogo, ela pode e deve servir de fonte de inspiração. Nunca seremos justos se acharmos que sabemos tudo e que o outro não sabe nada. A soberba do conhecimento só leva ao desastre. Há que se reconhecer que a sociedade é um produto complexo, e tentativas ideológicas de forçá-la para um caminho ou outro não acabam bem. E o justo está aí para ser encontrado, no âmbito das relações pessoais, sem a pretensão de que em cada caso se está resolvendo o problema do todo. Esse tal de todo não passa de uma soma das partes, que ninguém sabe onde vai parar.

Tratado das Leis e da República

Carlos Gustavo Direito

Existem autores que são atemporais, porque pensaram o seu respectivo tempo com os olhos voltados para o futuro. Ao mesmo tempo, ao olharmos para o passado, nossa mente reflete o momento atual. O historiador não é neutro, assim como o jurista e o julgador. Todos carregam os frutos das suas respectivas formações e informações. Assim, ao nos voltarmos para o passado, estamos mirando o presente e o futuro, o que nos permite concluir que o passado é atual e não se esgota no seu tempo.

O presente trabalho tem como objetivo a apropriação do pensamento de Cícero desenvolvido em suas obras de maturidade com os olhos e a formação de um jurista contemporâneo, que se formou sob a égide da Constituição de 1988. Isto significa dizer que não se busca aqui fazer um histórico do nosso texto constitucional nem tampouco aplicar as lições de Cícero para explicar qualquer dos institutos constitucionais modernos. Isso seria, no meu modo de sentir, anacrônico e impossível de ser feito. Quando nos apropriamos do pensamento dos antigos, o que estamos fazendo na realidade é adaptá-lo a nossa forma de pensar e ao nosso tempo. Não se trata de congelarmos um instituto antigo e trazermo-lo dessa forma aos dias atuais. Jamais conseguiríamos pensar como um romano do século I a.C. Pensamos como agentes dos séculos XX e XXI, com todas as influências que recebemos do nosso tempo.

Dito isso, buscarei aqui fazer uma leitura atual daquilo de que me apropriei do pensamento de Cícero referente aos conceitos de "república" e de "direito". Na colocação histórica de Cícero, é importante lembrar que além de orador e filósofo ele foi um homem de ação, um político, que chegou a ocupar o cargo de cônsul em Roma e procônsul na Sicília, tendo vivenciado os momentos que precederam o fim da República romana.

A República de Cícero

É impossível entender Roma e sua República sem se conhecer o pensamento de Cícero. Ao se afastar da atividade política, em razão de seu banimento por força do conflito político com Clódio, Cícero escreveu, entre 54 e 51 a.C., dois tratados complementares de filosofia política e jurídica: o *Tratado da República*, publicado no verão de 51, e o *Tratado das Leis*, publicado *post mortem* (Plutarco, III).[1]

O *Tratado da República* é considerado o primeiro tratado sobre teoria política na literatura latina (Everitt, 2003) e contém a mais antiga história de Roma que chegou até nós, revelando uma profunda reflexão do autor sobre política, sociedade e império.

A forma dialógica dos tratados de Cícero se aproxima mais do modelo aristotélico do que do modelo platônico, pois não são construídos pelo mecanismo da maiêutica, e sim pela atribuição da palavra aos interlocutores por turnos longos, até que tenham esgotado seus argumentos. Além disso, a figura do autor se insere (geralmente "encarnada" numa das personagens) com a função de reger o diálogo conceitual que se descortina ao leitor, influenciando os rumos da discussão. Por fim, o modelo aristotélico inclui um prólogo (segundo os gêneros dramáticos), que introduz o cenário, até que os interlocutores entrem em cena, enquanto o modelo platônico prescinde de um narrador.

Em suas origens, Cícero não possuía uma ascendência aristocrática, apesar de sua família possuir recursos financeiros (sua mãe era da ordem dos equestres). Isto não o impedia, entretanto, de adotar um discurso elitista em termos de posições políticas, sociais e culturais. A preocupação com a forma do discurso e com a formação do orador foi objeto de críticas de autores posteriores, que o consideraram mero repetidor[2] das palavras gregas (Voegelin, 2011).

Ainda que se aceitem as críticas direcionadas a Cícero no sentido de não haver inovado o pensamento filosófico e político, sua importância ultrapassa estes limites acadêmicos, na medida em que suas obras retratam o pensamento dos *optimates*[3] do final da República romana — uma vez que o próprio Cícero foi personagem ativo dentro do seu contexto histórico.

Ademais, a disputa entre o homem de ação (o político) e o de contemplação (o filósofo) foi o mote retratado no início do diálogo que compõe o *Tratado da República*, com considerações a respeito da antinomia entre a contemplação e a ação, refletida no embate entre as questões celestiais e as humanas (República, I, 12 e 17).

Não é demais repetir que Cícero privilegiava o homem de ação em detrimento ao homem contemplativo, apesar de reconhecer a importância de se reservar um tempo para meditar sobre as experiências vividas, tal como ele mesmo fez ao ser banido temporariamente da política e teve a oportunidade de escrever seus dois tratados.

Note-se que em seu *Tratado da República* Cícero elege um período histórico semelhante ao que vivia para expor, pela voz de Cipião Emiliano, sua ideia de República, focada, sobretudo, na proteção da coisa pública e na vedação do uso do poder para a promoção pessoal. Essa sua ideia terá um desdobramento lógico quando o autor tratar das leis em sua obra subsequente, o *Tratado das Leis*, uma vez que Cícero se mostrará sempre crítico das chamadas "leis de ocasião" e também das "leis da força".

O período retratado na República, as férias latinas (*Feriae Latinae* — um dos principais festivais político-religiosos, ligados especificamente ao consulado e ao *imperium*) do ano de 129 a.C., lembrava, além das grandes vitórias do exército romano sobre os inimigos externos e a consolidação destas conquistas, o surgimento de famílias e de políticos de relevo oriundos de classes que não pertenciam originariamente ao patriciado. Era o fortalecimento da chamada *nobilitas*. Aquele período representava também o embate entre o que o autor considerava um discurso populista (popular) e perigoso, marcado, sobretudo, pelo modelo Cesarista, e o discurso conservador (*optimates*) e mantenedor da tradição, defendido pela família de Cipião e pelo próprio Cícero.

Assim, o momento escolhido por Cícero para expor, pelo recurso da ficção, sua ideia de política e de poder se assemelhava ao período histórico por ele vivenciado no final da República e do seu embate entre os pensamentos populista e conservador. Ao antagonismo entre a família dos Cipiões e dos Gracos presente na época eleita por Cícero comparava-se a disputa entre Cícero e Clodius[4] quando do afastamento do primeiro da atuação política. Nas suas reflexões políticas expostas no seu *Tratado*, o autor busca dar respostas à grave crise moral e institucional, que, no seu modo de ver, se iniciara na época dos Gracos, com o uso do poder de forma pessoal à margem da legalidade, como era o modelo adotado pelos generais Mario, Sila, Pompeu e César, e o uso da violência política através de assassinatos, proscrições e fomento de guerra civil.

Cícero se volta ao passado para traçar um paralelo entre a tradição romana e o momento final da República romana. Traz a ideia da monarquia temperada (República, I, 45) e não o modelo de realeza que existiu na Roma arcaica ou mesmo aquele proposto pelos generais que alcançaram pela força o poder durante a República tardia. Na realidade, após a morte de Júlio César, Cícero acreditou que o fortalecimento de Augusto (que depois o trairá) representava, ao mesmo tempo, o enfraquecimento de Marco Antônio, exemplo de prodigalidade e insanidade para o autor, pois populista e agressivo, e o retorno às tradições romanas propostas por um descendente de uma das famílias fundadoras. Ressalte-se, entretanto, que, na linha exposta por Claudia Beltrão (Rosa, 2010, p. 42), nos filiamos à corrente que entende que Cícero não oferece em sua obra qualquer tipo de teoria do principado, pressagiando o regime de

Augusto — o que podemos supor é que Augusto conhecia o pensamento de Cícero — ou qualquer tipo de reabilitação da antiga realeza romana.

Diferente da realeza, o poder imperial era uma delegação, uma missão confiada a um indivíduo pretensamente escolhido ou aceito pelo povo romano. Mesmo que se aceite a concessão do *imperium* real através da vontade do povo, a *Lex curiata de imperium*, o rei uma vez entronizado possuía poder absoluto sobre os seus súditos. No Império, a sucessão de imperadores seria, em tese, uma "cadeia perpétua de delegações". As medidas tomadas por um príncipe só continuariam válidas após a sua morte se confirmadas por seu sucessor; "nesse sentido, conclui Mommsen, o imperador não é um rei" (Veyne, 2009, p. 1). A palavra República, durante o Império, não deixará de ser pronunciada em momento algum. Veyne ensina que, sob o Antigo Regime, o indivíduo estava a serviço do rei; um imperador, ao contrário, servia à República. O imperador não reinava para a sua própria glória, como um rei, mas para a glória dos romanos; suas conquistas e vitórias visavam única e exclusivamente ao benefício da glória *romanorum* (do povo romano) ou da glória da *rei publicae* (da coisa pública). O mérito do príncipe reside não em ter sido poderoso ou bom, mas em haver salvado ou restaurado a República. Mesmo que não se possa dizer que Cícero anteviu o Império de Augusto, pode-se se conjecturar que Augusto seguiu de alguma forma as ideias centrais do pensamento ciceroniano, sobretudo no que diz respeito à manutenção do *status quo*.

O regime imperial não mantinha sua fachada republicana por meio de uma ficção, mas à custa de um compromisso; o príncipe não podia nem desejava abolir a República, pois esta lhe era imprescindível. Sem a ordem senatorial, sem os cônsules, os magistrados e promagistrados, o Império, destituído de sua coluna vertebral, ruiria (Veyne, 2009, p. 8).

O sistema romano de monarquia temperada erguia-se sobre a classe dirigente, que era a nobreza senatorial, pelo menos até o século III, e por isso agradava ao pensamento político conservador de Cícero, pois as famílias senatoriais constituíam uma potência com a qual era preciso contar, visto que haviam conservado suas riquezas. Entre a nobreza e

Otávio Augusto, firmou-se inicialmente um compromisso com seus sucessores. Infelizmente, era um pacto frágil, fadado a engendrar um conflito perene, porque era contraditório que o príncipe fosse, ao mesmo tempo, todo-poderoso e um simples mandatário.

No principado imposto por Augusto, o príncipe era o todo-poderoso, pois a razão de seu cargo estava na concepção romana de poder, de *imperium*, o poder absoluto e completo (o mesmo de um oficial no campo de batalha, detentor do direito de vida e de morte sobre seus homens, em que desobediência e delito não se distinguem).

Não é demais repetir que desde a realeza o *imperium* era o poder absoluto nos assuntos temporais civis, militares e religiosos, e um crime cometido contra o rei era considerado um sacrilégio, passível de pena de morte (Rolim, 2008, p. 17). Este poder era acrescido dos poderes de organizar o Estado, declarar guerra e celebrar a paz, e foi mantido tanto durante a República, na figura do ditador temporário, como no Império, através do príncipe.

Assim, o *imperium* no principado era depositado nas mãos de um único homem, tal como na realeza, ao invés de ser dividido entre diversos magistrados. Todavia, tal como na República, este *imperium* era limitado pela proteção da coisa pública e não deveria ser usado como forma de promoção pessoal.

Logo, ele se diferencia do rei, porque, em termos pessoais, o imperador não passa de um simples cidadão, submetido às leis, ao direito civil — e, se quiser cometer abusos, deve tomar antes a precaução de alterar a lei, para si mesmo e todos os demais, o que não seria necessário na realeza. Em razão deste híbrido governamental entre Império e República, Cícero afirmava que dos três sistemas primitivos de governo o melhor seria a "monarquia temperada", isto é, os poderes da realeza com a limitação da coisa pública, que, de qualquer maneira, seria inferior à forma política que resultaria da combinação dela com as duas outras.

Com efeito, Cícero prefere no Estado um poder eminente e real, que dê algo à influência dos grandes e algo também à vontade da multidão, do que um poder entregue à vontade do povo ou de um rei que confunda a coisa pública com a sua imagem pessoal. Este *imperium* estaria previsto na constituição mista que apresenta um grande caráter de igualdade, necessário aos povos livres e, bem assim, apresenta condições de estabilidade. Esta teoria política defendida por Cícero tinha como propósito a manutenção dos ideais republicanos de Roma.

Destaque-se que, para o autor, ser republicano não era ter uma vinculação com o sistema político correspondente de forma pura e intocada. Muito pelo contrário. Para Cícero, ser republicano independia da forma de governo adotada (monarquia, república, principado). Basicamente, era não sobrepor o poder pessoal ao poder do Estado (*imperium*), proteger os interesses da coisa pública em detrimento das coisas privadas e observar as leis e a constituição (que no caso era a tradição da sociedade romana). O "equilíbrio constitucional" apregoado por Cícero na sua defesa da constituição mista e a observância das tradições romanas previnem que ao rei suceda-se o tirano; aos aristocratas, a oligarquia facciosa; ao povo, a turba anárquica, substituindo-se desse modo umas perturbações a outras, afastando-se, pois, o medo do ciclo denominado de *anaciclose* por Políbio.

Nesta linha de raciocínio, nessa combinação de um governo em que se amalgamam as outras três formas, não acontece a alteração das boas formas de governos para as más, mantendo-se uma estrutura política coesa e duradoura. Cícero propõe a renovação da constituição republicana, que afirma ter sido o ponto de chegada de toda a história romana, vendo a superioridade dessa nova construção política resultar da intervenção de todos, e em gerações sucessivas, e advogando a necessidade de ninguém, indivíduo ou geração, desertar ou se alhear da *res publica*, única forma de manter a estabilidade e a coesão pátrias.

Defende Cícero que a *res publica* é a coisa do povo, considerando tal, não todos os homens de qualquer modo congregados, mas a reunião que tem seu fundamento no consentimento jurídico e na utilidade comum. Em uma concepção filosófica, a primeira causa da agregação dos homens a outros é menos a sua debilidade do que o instinto de sociabilidade em todos inato. O homem não nasceu para o isolamento e para a vida errante, mas para procurar apoio comum. Nesta busca de comunhão dos interesses nasce a sociedade e da identificação destes interesses comuns, e da sua manutenção nasce a República. Esta identificação do seu pensamento político com a filosofia da Academia vai ser identificada também quando Cícero elaborar o seu *Tratado das Leis* de cunho estoico, mas com a influência do pensamento eclético daquela corrente filosófica.

No mesmo sentido, buscando a virtude no agir dos governantes, Cícero adverte que a necessidade de uma contribuição coletiva não afasta a importância da qualidade moral da liderança política, garantida na boa formação da cultura, dos costumes e das leis. O poder deve ser entregue àquele ou àqueles que conservem a coisa pública. Para que isso ocorra, o autor acredita que o líder político deve ter uma formação intelectual e moral sólida para assegurar a conservação da *res publica*.

Assim é que Cícero, mesmo compondo um cenário ficcional em seu *Tratado da República*, analisava a história da política romana com olhos de um homem de ação, homem do seu tempo que fundamentava o retorno ao passado, na antiga tradição romana, para se alcançar o futuro. E é dentro desta estrutura política defendida no *De Res Publica* que Cícero criará uma teoria geral do direito em sua obra *De Legibus*.

Como ressalta Claudia Beltrão da Rosa (2010, p. 23), os elementos do pensamento ciceroniano estão na base da moderna concepção de Estado. A essência estatal abstrata separada da sociedade e do governo, caracterizada pelo princípio de soberania, no qual o Estado surge como um guardião secular e amoral da vida e dos bens de seus cidadãos, nada mais é do que o conceito moderno daquilo que Cícero pregava.

Deveras, a tradição do pensamento político ocidental viu em Cícero o primeiro pensador a fornecer uma definição formal e concisa do Estado. Decerto, a época de Cícero não conheceu o Estado moderno, mas os modernos reconheceram em Cícero elementos nos quais podiam se fundamentar para a teorização do Estado. Cícero organizou os ideais romanos e os conceitos políticos que embasaram teoricamente o modelo de república adotado em Roma, idealizando a formação do "espírito republicano".

Com efeito, Roma reunia um conjunto de homens e cidadãos ligados por direitos e deveres dentro de uma comunidade política. Assim, mesmo que não se veja nesta ligação uma formatação jurídica que se identifique com o Estado moderno, Roma se transformou em uma cidade diferenciada, uma "cidade-Estado" ou "cidade-Nação". Daí sua importância como estrutura politicamente organizada produtora de direito público. Nesta linha Cícero definiu o pensamento político romano do final da República. Apesar de ser um "homem novo", isto é, não originário de uma tradicional família romana — o que lhe era lembrado frequentemente pelos seus adversários (Plutarco, XX) —, Cícero era o representante da tradição iniciada com a fundação de Roma (República, II, 2). Valia-se da erudição e da cultura para sustentar intelectualmente a ideia de uma sociedade republicana dominada pelos poderes do Senado, pelo jogo político centrado na aristocracia senatorial e na observância da autoridade moral do seu líder e nas leis corretamente votadas. Estes três elementos devidamente equilibrados legitimariam o *imperium*, o poder do Estado.

O sentido e o conceito de cidadão romano e a sua relação com a República é que darão a tônica do sistema político romano e, naturalmente, do seu modelo de administração pública. Com a "preservação" dos ideais republicanos, mesmo que na figura de um príncipe, protegia-se o sistema administrativo e jurídico romano e principalmente o poder constituído dos senadores, magistrados e tribunos e, por consequência dos "antigos". Cícero era um conservador no sentido de buscar a manutenção do *status quo* do sistema político romano, sem que houvesse concessões pessoais e uso da força para o exercício do poder. A proteção da República — interpretada essa como o bem comum — seria, para ele, a proteção dos próprios cidadãos romanos.

Destarte, Vasconcelos Diniz (2006, p. 39) identifica um projeto político no pensamento de Cícero ao afirmar que sua obra tem origem na necessidade que sentiram os homens públicos de seu tempo de fornecerem respostas satisfatórias à grave crise política e moral que Roma estava atravessando. Assim, nada melhor do que iniciar uma obra política com base numa ideia acerca do sucesso: o sucesso coletivo de Roma e o sucesso pessoal do homem novo na política.

Para Cícero, Platão e todos os demais filósofos gregos foram bons teóricos (República, II, 1), mas não souberam expor um sistema de governo bom e funcional. Ao contrário dos ensinamentos platônicos, o sistema político ideal tem a sua pedra angular no cidadão, que se obriga a seguir os preceitos da autoridade e da lei.

Cícero defendeu acima de tudo a formação técnica dos líderes romanos. A qualificação moral e intelectual dos magistrados para a formação da boa liderança. Atacou o sistema eleitoral e o uso da força. Fundamentou a formação de uma cidade sobre uma base legal. Direito, para Cícero, era a tradição, e a constituição mista romana era o exemplo maior da união dos costumes com as leis. O direito como ideia fundamental de proteção da coisa pública e da tradição dos antigos é um conceito que surge ao final da República. Tal como concebido pelos romanos, é conservador e tradicionalista. Neste momento, deixa de ser apenas instrumental e pragmático para se transformar em regra geral de conduta moral e ética e como fundamento e legitimação do poder do Estado (*imperium*).

Cícero não viveu o suficiente para ver os desmandos do Império Romano, mas foi observador do seu tempo e do seu passado e construiu com esta experiência uma sólida linha de pensamento, que se revelará nos seus sucessores intelectuais como a base do pensamento político. Entender seu pensamento é entender o seu tempo e a própria Roma.

As Leis de Cícero

No *De Legibus*, Cícero pretende escrever uma Teoria Geral do Direito, centrando-se, sobretudo, no direito público romano. Neste sentido, inicia a sua obra advertindo que o que se busca é a explicação da natureza do direito através do estudo da natureza do homem, examinando, pois, "as leis pelas quais se deveriam reger os Estados, assim como as normas e as disposições concebidas e redigidas por cada um dos povos, e, entre estas, não deixará desfigurar o chamado direito civil de nosso povo".

Cícero não abandona o *ius civile*, que, para ele, é de alguma forma superestimado pelos seus colegas juristas contemporâneos, mas considera que este é apenas uma parte do que se pode entender como direito. Assim, ao responder ao questionamento de seu amigo Ático sobre o que pensa do direito civil,[5] Cícero afirma que "existiram homens eminentes que se dedicaram a interpretar esse direito para o público e a resolver casos jurídicos, mas que, apesar de suas grandes pretensões, só se ocuparam de pormenores sem importância" (*Legibus*, I, 4, 14). O direito civil é, na sua concepção, insuficiente sob o aspecto teórico, mesmo que seja necessário sob o aspecto prático. Daí Cícero buscar na filosofia grega e na religião romana as respostas aos seus questionamentos sobre a natureza do direito, ao invés de se limitar às amarras do direito civil aplicado, isto é, do pragmatismo jurídico romano.

Com efeito, em *De Inventione* (*Inventione*, II, 160-161), Cícero afirma que o direito procede da natureza, sendo atrelado a nosso ser moral, ao sentimento íntimo que temos da justiça, não sendo uma crença mas sim uma potência inerente ao ser humano. Em torno dessa expressão primitiva, a experiência do tempo, o desenvolvimento da vida social e a vontade dos povos o enriquecem, mas em definitivo a lei escrita a que nos referimos não é senão expressão ulterior, o decalque de uma lei natural, o produto de uma força moral real que se trata da consciência humana (*summa Lex*).

Deveras, este pensamento é repetido por Cícero no *De Legibus* ao defender que a lei é a razão soberana incluída na natureza que ordena o que nós devemos fazer e o que nos é proibido. Esta razão, desde que apoiada e realizada no pensamento do homem, é ainda uma lei (*Lex est ratio summa, insita in natura, quae iubet ea quae facienda sunt, prohibetque contraria. Eadem ratio cum est in hominis mente confirmata et perfecta, Lex est*) (*Legibus*, I, 6, 18).

Assim, o direito não se subsume ao *ius civile*. Pelo contrário, é o *ius civile* que se subsume ao direito. Ele é a profunda expressão da lei suprema, que, comum a todos os séculos, nasceu antes que existisse alguma lei escrita ou que fosse constituída em qualquer parte algum

Estado (*Constituendi uero iuris ab illa summa lege capiamus exordium, quae, saeclis communis omnibus, ante nata est quam scripta Lex ulla aut quam omnind civitas constituta*) (*Legibus*, I, 6, 19).

A originalidade do pensamento ciceroniano reside justamente neste abandono das regras do *ius civile* como elemento formador do conceito de direito. O direito romano, grosso modo, desenvolveu-se entre a fundação[6] da cidade até o advento do *corpus iuris civilis*[7] de Justiniano. Santos Justo separa as épocas do direito romano segundo o critério jurídico interno em época arcaica, que decorre entre os anos 753 e 130 a.C. e que se caracteriza pela mistura do jurídico com a religião[8] e a moral e pela existência de instituições jurídicas rudimentares; época clássica, entre os anos 130 a.C. e 230 d.C., que compreende a época pré-clássica, de 130 a 30 a.C., onde há um desenvolvimento do que se denominou de ciência jurídica (*iurisprudentia*); clássica central, de 30 a.C. a 130 d.C., marcada pelo esplendor da *iurisprudentia* que se manifesta na perfeição da sábia estilização da casuística e na criação de novas *actiones* que integraram e modernizaram o *ius civile*; e a clássica tardia, que decorre entre os anos 130 e 230 d.C. e assinala o início da decadência da *iurisprudentia*, que, "esgotada, se volta para a elaboração monográfica do *ius civile* e para o desenvolvimento do *ius publicum*, com destaque para os direitos administrativo, militar, fiscal, penal e processual civil" (2010, p. 10-11).

Após a época clássica, o direito romano modificou-se no período compreendido entre os anos de 230 a 530 para o que se convencionou chamar de direito romano pós-clássico, que é dividido por Santos Justo em duas etapas. A primeira compreende os anos de 230 a 395 e é marcada pela confusão de terminologia, conceitos e de instituições e pelo advento da Escola, que substituiu a *iurisprudentia* e se dedica à elaboração de glosas, glosemas e resumos de textos que revelam uma ciência simplista e elementar. A segunda etapa compreende o período de 395 a 530 e se caracteriza, no Ocidente, pela vulgarização do direito romano, que se revela na simplificação de conceitos, na confusão de noções clássicas e no predomínio do aspecto prático sem atenção às categorias lógicas, e no Oriente pela reação antivulgarista (classicismo) alimentada pelas Escolas de Constantinopla, Alexandria e Beirute. (ibidem)

Por fim, a época justiniana (entre os anos 530 e 565) é também marcada pelo classicismo e pela helenização, tendo sido produzida a maior compilação jurídica jamais feita: o *corpus iuris civilis*, que atualizou o direito romano e o transmitiu para as gerações subsequentes.

Sob este aspecto, Cícero escreve o *De Legibus* no auge do direito romano clássico central e ainda sob a influência dos eventos ocorridos na fase pré-clássica. Adota o modelo aristotélico de diálogos, tal como utilizado em sua obra precedente *De Res Publica*, e mesmo o de seguir a ordem dos assuntos nos moldes do filósofo grego. Cícero se afasta do idealismo platônico que criou leis para uma República imaginária, na medida em que propõe para a sua República real leis práticas, positivas e de inspiração racional, sendo a *Summa Lex*[9] fruto da razão humana de inspiração divina (*Legibus*, I, 6, 18) .

Com efeito, Cícero entendia que a lei não retirava a sua força no simples fato de ter sido promulgada e sim nas tradições do povo romano e na inspiração dos deuses. Com este pensamento, levou o conceito de legitimidade do *imperium* ao centro do debate político, ao criticar desde o início de sua carreira as medidas ilegais impostas por Sila e por todos aqueles que tentavam usurpar indevidamente o poder do Senado e, por consequência, do povo romano, da mesma forma como criticava as atitudes populistas dos Gracos. Proclamava-se, assim, como inimigo feroz das leis da violência, das leis de circunstâncias e das leis de exceção, em nome da defesa da *res publica* (coisa pública) protegida pela tradição e pela qualidade moral dos seus governantes (*Legibus*, I, 8, 24). Não haveria nenhum homem que fosse incapaz de alcançar a virtude, uma vez que esta era conforme a natureza, por isso os homens teriam o dever de perceber que haviam nascido para a justiça e que o direito encontrava-se na natureza e não em suas convenções. Dessa forma, os homens que receberam a razão da natureza também receberam a lei, que nada mais é do que a justa razão no campo das concessões e proibições (*Legibus*, I, 10, 28).[10]

O *De Legibus* é sua obra de maturidade, onde Cícero pensa na formação das instituições do povo Romano, sem utopias nem idealismo, pois não concebe a criação de uma cidade utópica, reconhecendo a falibilidade humana e se afinando com o discurso pragmático dos estoicos — marca, também, da tradição romana de se adaptar à realidade. Reconhece, porém, a conquista histórica do povo romano e a realização positiva do seu regime político representado pela República, enquanto não usurpado pelos discursos populistas daqueles que misturavam a coisa pública com o interesse privado. A República, como proteção do interesse do bem que a todos pertence, é o ideal do exercício do poder.

Expõe Cícero o que ele chama de leis autênticas de Roma, que seriam aquelas que melhor se adaptam ao bom funcionamento do "Estado" inteligentemente organizado e preparado para a proteção da coisa pública. Instigado pelo seu melhor amigo, Ático, e por seu irmão, Quinto, Cícero desenvolve o seu pensamento jurídico ao diferenciar a lei fruto dos éditos e das normas escritas (a lei civil) da lei objeto da razão humana (*Summa Lex*) (*Legibus*, II, 5, 11). Na construção ciceroniana, o ser humano se iguala aos deuses na sua natureza divina e, tal como estes, busca a virtude de realizar algo bom e válido em sua vida ativa. Nesta linha, afirma que "a natureza criou o homem para que todos participassem do direito e o possuíssemos em comum". É este o sentido que Cícero atribui ao direito quando afirma "que [o direito] se baseia na Natureza; mas, tamanha é a corrupção proveniente dos maus costumes que destrói o que poderíamos chamar de lampejos que nos foram dados pela Natureza, fomentando e reforçando os vícios contrários".

Se os homens ajustassem seus pensamentos à natureza e confirmassem o dito do poeta de que "nada humano lhes é estranho", todos respeitariam igualmente o direito. "Assim, os que receberam a razão da natureza também receberam a justa razão e consequentemente a lei, que nada mais é que a justa razão no campo das concessões e proibições". E, se receberam a lei, receberam também o direito.

A concepção de Cícero de que a lei não está fundada na lei escrita, mas sim na justa razão compartilhada por todos, é basicamente a adaptação da velha escola estoica. O filósofo do direito tem que ser um filósofo da natureza humana, na medida em que a justiça está na natureza.

Na "constituição republicana" defendida por Cícero, os antigos ocupam o poder através da figura dos magistrados, que teriam o poder de *imperium* sobre a cidade e sobre os cidadãos e que exercem, cada um no limite das suas competências e por prazo previamente estabelecido, a plenitude do seu poder e da sua autoridade.

O Estado é, assim, submetido a uma sorte de direções compostas por magistrados inferiores e superiores, sendo cada um autônomo na sua esfera e nos seus poderes. Mas para todos, mesmo para o ditador, magistrado extraordinário com prazo de duração da sua responsabilidade, há limites. Estes limites, a proteção última da República, compensariam o caráter "quase divino" do exercício da autoridade pelos magistrados. O limite entre público e privado é, para Cícero, a base que sustenta um Estado republicano.

Conclusão

Mario Bretone, ao discorrer sobre a escolha da perspectiva e do "núcleo dogmático" do direito romano, adverte que "perante qualquer uma das sociedades antigas, como perante cada uma das sociedades diferentes daquela em que vivemos, pode pôr-se a pergunta: em que medida se encontra um observador externo em condições de a compreender?" (BRETONE, 1998).

O observador externo (no tempo e no espaço) leva a formação recebida e não consegue se desvencilhar de todos os elementos intelectuais adquiridos ao longo da sua preparação. Assim, ao se voltar ao passado, o jurista "não se encontra numa condição de inocência; e mesmo que o estivesse, isto não tornaria a sua tarefa menos árdua. Ele tira da sua experiência, da sua própria condição cultural, e elabora no decorrer do seu trabalho analítico os pontos de vista, os esquemas interpretativos, os 'modelos' úteis para entender os dados" (BRETONE, 1998, p. 20).

Assim, o *De Legibus* de Cícero com os olhos atuais, por si só, já se apresenta como um problema importante no mundo jurídico. Cada momento histórico do pensamento ocidental se apropriou de um determinado Cícero. Como ensina Claudia Beltrão da Rosa: "O Renascimento imaginou um Cícero humanista e cético, recriando seu estilo e sua cortesia. No século XVII europeu, pensadores tão diversos quanto Grócio, Hobbes, Bousset, Locke, Kant e outros fundamentaram muitas das suas ideias na releitura do orador. Nos oitocentos, o ceticismo francês e escocês, os *whigs* britânicos e os idealistas alemães retornaram e reinterpretaram Cícero. Os 'pais fundadores' norte-americanos viram em Cícero seu mentor intelectual e, no século XIX, utilitaristas, comunistas e socialistas recriaram o seu orador romano" (Rosa, 2010, p. 22-23).

Nesta linha de raciocínio, podemos perguntar: qual é o Cícero que queremos ler? Como interpretar, em pleno século XXI, a ideia ciceroniana de que "a lei é a razão suprema da natureza, que ordena o que se deve fazer e proíbe o contrário. Essa mesma razão, uma vez confirmada e desenvolvida pela mente humana, se transforma em lei. Por isso, afirma que a razão prática é uma lei cuja missão consiste em exigir as boas ações e vetar as más" (*Legibus*, I, 6, 18)?

Será que há espaço no pensamento jurídico ocidental para se entender, como Cícero, que a lei natural une os homens entre si e estes aos seus deuses? Podemos, ainda, proclamar que "os que possuem a lei em comum também participam em comum do direito, e os que partilham a mesma lei e o mesmo direito devem considerar-se como membros de uma mesma comunidade" e que os homens "obedecem também à presente ordem celestial, à mente divina e aos deuses onipotentes", considerando que o "nosso universo é uma só comunidade, constituída pelos deuses e pelos homens" (I, 7)?

Em uma só palavra, qual é a importância e a atualidade do pensamento de Cícero no mundo jurídico?

Podemos afirmar, por fim, com Mario Bretone, que o direito é um "organismo vivo": "não um monte de pedras, segundo a similitude de Georg Friedrich Puchta, mas mais uma obra de arte. É preciso olhar para a sua 'multiplicidade simultânea' para compreender a 'multiplicidade sucessiva'. Nesta linha, as 'antiguidades jurídicas' (*Rechtsalterthümer*) dão-nos, portanto, o quadro do estado do direito num tempo passado, sem nos dizer como ele teve origem e a que coisa deu lugar, enquanto é exatamente este o dever da história jurídica. A investigação arqueológica é um auxílio indispensável da história jurídica, mas não substitui a história". (BRETONE, 1998, p. 23).

Cícero propôs em sua obra uma clarificação do emaranhado de textos jurídicos que existiam até aquele momento em Roma. Ao invés de elaborar, como faziam os jurisconsultos romanos, um repositório de normas e textos legais, Cícero trouxe a lume a ideia da formação de um conceito do direito através da busca de seus princípios gerais.

Por trás destes princípios legais trazidos por meio dos diálogos elaborados em sua obra, Cícero embutiu conceitos filosóficos que passaram a ser incorporados à tradição do estudo do direito. Identificar estes conceitos através de uma decomposição dos elementos que foram trazidos por Cícero no *De Legibus* é de fundamental importância para se entender no que se transformou o direito hoje.

Cícero partiu em busca dos princípios gerais do direito tendo como principal influência a metafísica. Para ele, a lei — fonte principal do direito — era fruto da nossa razão suprema, que advinha do absoluto, da divindade. Por este pensamento, Cícero entendia que a lei máxima estava acima de todas as outras leis e deveria ser observada por todos, dado o caráter universal do direito.

BIBLIOGRAFIA

ALVES, José Carlos Moreira. *Direito Romano*. 6ª ed. Vol. I e II. Rio de Janeiro: Forense, 2003.
BERGER, Adolf. *Encyclopedic Dictionary of Roman Law*. New Series – Volume 43, Part 2 (1953). The Lawbook Exchange, ltd. 1953, Clark, New Jersey, 474 p.

BRETONE. Mario, *História do Direito Romano*. Lisboa: Editorial Estampa, 1998.

CANTALICE, Magela. *Influência do Cristianismo sobre o Direito Romano*. Revista do Tribunal de Justiça da Bahia. Ano XVIII, 1979, vol. 14, p. 03/14.

CANTO-SPERBEL, Monique. *Dicionário de Ética e Filosofia Moral*. Volumes I e II. São Leopoldo: Editora Unisinos, 2007.

CHRISTOL, Michel e Nony. Daniel. *Rome et son Empire*. 5 édition. Hachette Supérieur. 2011. 303p.

CÍCERO, Marco Túlio. *Tratado da República*. Tradução do latim, introdução e notas de Francisco de Oliveira. Portugal: Círculo de leitores e Temas e Debates, 2008.

_____. *Traité des Lois*. Texte établi et tradui par Georges de Plinval. Paris: Les Belles Lettres, 2002.

_____. *Sobre a Amizade (DE AMICITIA)*. Tradução, introdução e Notas de João Teodoro D'Olim Marote. Edição Bilingue. São Paulo: Nova Alexandria, 2006.

_____. *Do Sumo bem e do Sumo mal (DE FINIBUS BONORUM ET MALORUM)*. Tradução Carlos Ancêde Nougué. São Paulo: Martins Fontes, 2005.

_____. *Pour T. Annius Milon*. Texte établi et traduit pour A. Boulanger. Paris: Les Belles Lettres, 2010.

CUNHA, Paulo Ferreira da; SILVA, Joana Aguiar e; SOARES, Antonio Lemos. *História do Direito*. Do Direito Romano à Constituição Europeia. Coimbra: Edições Almedina, 2010.

DENIAUX, Élizabeth. Rome de la Cité-État à l'Empire. *Institutions et vie politique*. Hachette Supérieur, 2001.

_____. Rome, de la Cité-État à l'Empire. *Institutions et vie Politique*. Paris: Hachette Supériur, 2010.

DINIZ, Marcio Augusto de Vasconcelos. *O Princípio de Legitimidade do Poder no Direito Público Romano e sua Efetivação no Direito Público Moderno*. Rio de Janeiro: Editora Renovar, 2006.

EVERITT, Anthony. Cicero. *The Life and Times of Rome's Greatest Politician*. Random House New York: Trade Paperbacks, 2003.

FONTANIER, Jean-Michel. *Vocabulário Latino da Filosofia*: de Cícero a Heidegger. Tradução Álvaro Cabral. São Paulo: Editora Martins Fontes, 2007.

FUNARI, Pedro Paulo. *Grécia e Roma – vida pública e vida privada*. Cultura, pensamento e mitologia. Amor e sexualidade. São Paulo: Editora Contexto, 2001.

GAIO. *Instituições*. Direito Privado Romano. Lisboa: Fundação Calouste Gulbenkian, 2010.

GAIUS. *Institutes*. Texte établi e traduit par Julien Reinach. Cinquiéme Tirage. Paris: Les Belles Lettres.

GARRAFONI, Renata Senna. "Exército Romano na Bretanha: o caso Vindolanda." In: *História Militar do Mundo Antigo – Guerras e Representações* – Vol. 2, Orgs: CARVALHO, Margarida Maria de; FUNARI, Pedro Paulo A.; CARLAN, Claudio Umpierre, SILVA, Érica Cristhyane Morais da. AnnaBlume editora, 2012.

GIACHI, Cristina e Marotta. Valerio. *Diritto e Giurisprudenza in Roma Antica*. Carocci Editore. 2012. 369p.

GUARINELLO, Norberto Luiz. "O Império Romano e Nós." In: *Repensando o Império Romano: Perspectiva Socioeconômica, Política e Cultural*. Orgs: SILVA, Gilvan Ventura da; MENDES, Norma Musco. Rio de Janeiro: Edufes Mauad X, 2006.

LISSNER, Ivar. *Os Césares – Apogeu e Loucura*. Tradução: Oscar Mendes. Belo Horizonte: Editora Itatiaia Limitada, 1985.

LOPES, José Reinaldo de Lima. *As palavras e a lei*. Direito, ordem e justiça na história do pensamento jurídico moderno. São Paulo: Editora 34, 2004.

MADEIRA, Hélcio Maciel França. *Digesto de Justiniano*. Introdução ao Direito Romano. Editora Revista dos Tribunais, 6ª edição.

MENDES, Norma Musco. "Roma e o Império: Estrutura de poder e colapso de um império antigo." In: *Impérios na História*. Coord.: SILVA, Francisco Carlos Teixeira da; CABRAL, Ricardo Pereira; MUNHOZ, Sidnei J. Rio de Janeiro: Ed. Campus, 2009.

MONTESQUIEU. *Considerações sobre as causas da grandeza dos romanos e de sua decadência*. Rio de Janeiro: Editora Contraponto, 2002.

NAY, Olivier. *História das Ideias Políticas*. Petrópolis: Editora Vozes, 2007.

PINTO, Eduardo Vera-Cruz. *A disciplina de Direito Romano em Portugal e nos Países Africanos de Língua Oficial Portuguesa*. Revista da Faculdade de Direito da Universidade de Lisboa. Lisboa: Coimbra Editora, 2005.

PLUTARCO. *Vidas Paralelas*. Alcibíades e Coriolano. Tradução Maria do Céu Fialho e Nuno Simões Rodrigues. São Paulo: AnnaBlume Editora, 2011.

_____. Cícero. *Consciência.org*. (formato digital). Tradução Sady Garibaldi. Copista (edição virtual) Miguel Duclós.

ROLIM, Luiz Antonio. *Instituições de Direito Romano*. 3ª edição. São Paulo: Editora Revista dos Tribunais, 2008.

ROSA, Claudia Beltrão da. *Vir Bônus e a Prudentia Civilis em Marco Túlio Cícero in Intelectuais, Poder e Política na Roma Antiga*. Org. ARAÚJO, Sônia Regina Rebel de; ROSA, Claudia Beltrão da ; NAU, Fábio Duarte Joly. Rio de Janeiro: Editora Faperj, 2010.

ROSSI, Roberto. *Introdução à Filosofia*. História e Sistemas. Tradução Aldo Vannuchi. Edições Loyola, 2004.

ROULAND, Norbert. *Roma, Democracia Impossível? Os agentes do Poder na Urbe Romana*. Tradução Ivo Martinazzo. Brasília: Editora UnB. 1997. 477p.

SCHIAVONE, Aldo. Ius. *L' Invention Du Droit En Occident*. Paris: Belin, 2008.

SUÉTONE. *Vie des douze Césars*. César-Auguste. Classiques em Poche. Les Belles Lettres. Texte établi et traduit par Henri Ailloud. Paris, 2008.

VEYNE, Paul. *O Império Greco-Romano*. São Paulo: Editora Campus, 2009.

VILLEY, Michel. *O direito e os direitos humanos*. Tradução Maria Ermantina de Almeida Prado Galvão. São Paulo: Ed. Martins Fontes. 2007.

_____. *A formação do pensamento jurídico moderno*. Tradução Claudia Berliner. São Paulo: Ed. Martins Fontes, 2009.

VOEGELIN, Eric. *Helenismo, Roma e Cristianismo Primitivo*. História das Ideias Políticas — Volume I. Tradução Mendo Castro Henriques. São Paulo: Realizações Editora, 2012.

VON JHERING, Rudolf. *O Espírito do Direito Romano*. Nas diversas fases de seu desenvolvimento. Tradução Rafael Benaion. Volumes I e II. Rio de Janeiro: Alba Editora, 1943.

WATSON, Alan. *The Law of ancient Romans*. Southern Methodist University Press, 1970.

Notas

1. Em introdução à obra de Erasmo de Roterdã, *Diálogo Ciceroniano*, a professora Elaine C. Sartorelli explicará que durante a Idade Média, sobretudo em seu início, os humanistas poderiam ser divididos em estritos, aqueles que imitavam o pensamento de Cícero a tal ponto de utilizar somente as palavras que haviam sido por ele empregadas, e os ecléticos que misturavam o pensamento de Cícero a outros pensamentos, todavia sem abandonar a ideia central do aludido pensador romano. Isto mostra que o início do humanismo no mundo foi marcado de alguma forma pelo pensamento de Cícero, o que comprova a sua influência na evolução do pensamento político moderno (*Diálogo Ciceroniano*, Editora UNESP, 2013).
2. Eis uma luta contra os "helenocêntricos": fazer com que se perceba que Cícero utilizava *formas* gregas, mas suas criações são originais. Esta é uma discussão que está em pauta hoje, especialmente entre os especialistas de história da arte, problematizando a crença comum de que a arte romana é uma cópia da arte grega.
3. No final da República romana a classe política poderia ser dividida em dois grupos: dos *optimates* liderados por Cícero e que buscavam o fortalecimento do Senado em detrimento do poder dos Generais que assumiram o poder a partir de 100 a.C. e os populistas liderados por Júlio Cesar e que buscavam a consolidação do poder centralizado nas mãos de um homem forte que permitisse uma maior distribuição de rendas pela plebe.
4. A inimizade entre Clodius e Cícero surgiu em razão de suposto envolvimento do primeiro com a mulher de César e o questionamento perante o Senado do segundo sobre o comportamento da esposa do então *Pontifex Maximus* (Plutarco, XXVIII). Cícero foi banido da vida pública após projeto apresentado por Clodius, Tribuno da Plebe, no sentido de impedir que qualquer romano ajudasse cidadão que tenha levado à morte outro cidadão romano. A medida foi direcionada a Cícero, que anos antes havia induzido o Senado à condenação e execução à morte dos conspiradores do chamado "caso Catilina", sem que houvesse qualquer tipo de possibilidade de recurso ao povo (*provocatio ad populum*), o que era absolutamente contrário à tradição romana de condenar à morte um romano sem lhe garantir recurso ao povo.

5   Ao explicar os três sistemas jurídicos que existiram em Roma, Bonfante de forma absolutamente clara esclarece que: "o *ius civile* é o sistema primogênito, expressão fiel do espírito latino, ordenamento lógico e coerente em toda a sua parte, rigoroso e inflexível; é o único sistema verdadeiramente orgânico que tivemos dos romanos. Como diz a sua própria designação, traz uma relação com as *cives*. Apesar do termo análogo moderno significar convencional (...), a qualificação de *civile* diz sem mais que o direito aplicado às *cives* (...) compreende o direito privado e aqueles que têm a cidadania romana". (Pietro Bonfante, Storia Del Diritto Romano, vol. II, Milano – Dott. A. Giuffrè – Editore – 1959, p. 66).

6   Ihering compara o nascimento do Direito em Roma à cosmogonia do Antigo Testamento. Em suas palavras: "La primera *Del mundo romano ofrece el espectáculo general de la historia em su origen: la arbitrariedad y violencia entre hombres enérgicos sin patria ni derecho ni dioses comunes. La fase siguiente es la de una comunidad, uma liga para practicar el bandolerismo, que no por esto deja de constituir el origen Del Estado. La família la consolidación de la dignidad real, la alianza com um publo extranjero, vienen después. Con Numa aparecen la religión y la moralidad: bajo Túlio Hostillo revive el antiguo salvajismo, pero solo hacia el exterior, y el sucesor de este Rey, fundador del derecho internacional restaura el espíritu de la época de Numa.* Com esto termina la génesis del mundo romano, muy semejante em la leyenda a la cosmogonia Del Antiguo Testamento, porque Roma hace nacer sucesiva y separadamente las diversas partes según um orden natural desde um caos original hasta el derecho internacional que es la conclusión. *(El espíritu Del Derecho Romano. Abreviatura por Fernando Vela. Marcial Pons. Madrid. 2005, p. 57).*

7   O *Corpus Iuris Civilis* só receberá este nome muito tempo depois quando da sua publicação em Genebra sob a curadoria de Dionísio Godofredo em 1538.

8   Ensina Marques Gonçalves que: "Durante os primeiros séculos da História de Roma, a construção do direito esteve nas mãos dos sacerdotes, ou seja, dos pontífices. Eles foram os responsáveis por definir o comportamento social dos *patres*, isto é, dos chefes das "gentes", das famílias extensas que formaram os primordiais núcleos sociais da Roma Antiga. Deste modo, a pronúncia do *ius,*

do direito, foi atribuída inicialmente a um círculo de sacerdotes, o chamado colégio dos pontífices, componente essencial da religião romana arcaica."

9 *Lex est ratio summa, insita in natura, quae iubet ea quae facienda sunt, prohibetque contraria. Eadem ratio cum est in hominis mente confirmata et perfecta, Lex est.*

10 "*quam plane intellegi, nos ad iustitiam esse natos, neque opinione sed natura constitutum esse ius. Id iam patebit, si hominum inter ipsos societatem coniunctionemque perspexeris*" – *esta verdade que nós somos nascidos para a justiça na qual o direito se funda, não sobre a opinião, mas sobre a própria natureza (...).*

Cai o pano

Paulo Albert Weyland Vieira

Eu não aprovo assassinatos.

Hercule Poirot

A morte de Hercule Poirot foi noticiada na primeira página do *The New York Times* de 6 de agosto de 1975. A comoção foi tamanha que o detetive belga criado por Agatha Christie mereceu ter o seu obituário publicado na primeira página do famoso jornal. Sua morte foi anunciada antes do lançamento do livro *Cai o pano*, o que apresentaria o último caso de Poirot.

Evitei por muitos anos ler este livro, pelo simples fato de que Poirot morre no final.

Hercule Poirot, elegantíssimo no vestir e na forma de usar as suas *little grey cells*, tornou-se sinônimo de inteligência e infalibilidade. Mas, na minha infância, para mim, ele foi simplesmente um amigo. Na era pré-internet, aquele pequeno homem era a descoberta da possibilidade de existência (e do êxito) de um ser peculiar, diferente. E, sendo assim, sem mudar seu jeito por qualquer convenção ou imposição de costumes e da época, obtém um sucesso sem precedentes no que faz.

"Eu sou o melhor detetive do mundo" soava como a afirmação definitiva do ser peculiar. Ele era diferente em tudo. Na forma de falar, na obsessão pelo detalhe, pela perfeição, pela simetria. Era um estrangeiro na Inglaterra na primeira metade do século XX. Maior peculiaridade não há. Não havia nada mais alienígena. (Conheço bem este sentimento, porque, tendo morado e estudado na Inglaterra — em especial em Cambridge, a mais "peculiar" das universidades — no início da década de 1990, senti o peso da tradição, que pode rejeitar tudo o que é estrangeiro.)

Como toda criança, eu não queria ser diferente. Mas certamente também não via muita graça no convencional. Sobretudo, não era dali que vinham meus heróis. Olhando para trás, vejo que sempre aceitei, como deveria ser a vontade da escritora, Poirot como um infalível condutor da justiça. Diferentemente de outros detetives que simplesmente investigavam e entregavam culpados para que fossem julgados e condenados, Agatha Christie foi capaz de criar um personagem que acabou por personificar o senso de justiça, a virtude moral que permitiria a alguém investigar, julgar e, muitas vezes, punir ou não o investigado.

Em alguns casos, ele claramente interfere no curso do processo. Assim é em *Assassinato no Expresso Oriente*, onde ele decide não entregar os 12 assassinos de um criminoso por entender que eles, na verdade, executaram uma sentença que teria sido proferida caso a vítima tivesse sido levada a julgamento.

A personificação do senso de justiça é um fenômeno histórico que permanece atual. Quando cercados por injustiças, tendemos a glorificar e entregar nossas esperanças a protetores, santos milagreiros, salvadores da pátria, justiceiros, heróis. Ao herói é permitido tudo, inclusive substituir o Estado e fazer justiça com as próprias mãos. A ação geralmente movida pelo desejo de vingança é romanticamente travestida em ato de heroísmo. A impossibilidade de retornar ao momento anterior ao crime faz com que os fins justifiquem os meios.

Esta é uma característica da justiça literária, que comporta a figura do herói como aquele que provê justiça. A justiça da vida real, em tese, deveria ser incompatível com o heroísmo. Por vezes, porém, a vida real se inspira na literatura para consagrar seus heróis. O Brasil importou de Portugal o Sebastianismo e, desde muito cedo na nossa história, a ideia do salvador da pátria parece nos perseguir.

Mas algo sempre me fez aceitar que Poirot estava acima do bem e do mal e que poderia se sobrepor a tudo e a todos. Não sei bem o porquê. Talvez por ser claramente um alienígena, um ser irreal. Brilhante, implacável, mas irreal. O herói perfeito, cujas ações não pensamos questionar.

Ao reler *Cai o pano*, entendo a genialidade de Agatha Christie quando ela coloca em xeque o personagem que criou e alimentou por décadas. A trama é complexa, e o personagem de Poirot é um ser torturado e, aparentemente, impotente. Não à toa, uma das traduções do texto foi de Clarice Lispector.

Um Poirot doente, perto da morte. Um criminoso que nunca cometeu um crime com as próprias mãos. E um desfecho incrível, onde Poirot se afasta da justiça dos homens, julga e condena aquele que entende ser o verdadeiro culpado por vários crimes e executa ele mesmo a sentença. Mata o criminoso e, sem tentar justificar ou glorificar seu ato, acelera sua morte e se entrega à justiça divina.

Essa história contada num só parágrafo seria considerada uma heresia para os fãs do detetive belga. Lembro-me de ler e reler esse livro e não aceitar aquele final. Décadas depois, contudo, lendo com os olhos de hoje, parece fazer muito sentido.

Na juventude, era difícil para mim aceitar um Poirot frágil e impotente. Vê-lo se afastar totalmente da justiça e executar o ato contra o qual se insurgiu toda a sua vida era impensável. Agora, já no meio da minha vida, não só aceito, como, estranhamente, me reconforta a ideia de dúvida, fragilidade e falibilidade frente à urgência da justiça. A vida é cruelmente didática e ensina que a noção de justiça e a certeza sobre a melhor forma de administrá-la podem ser objetos de constante questionamento.

Sábia e humildemente, Agatha Christie desconstrói seu maior herói e o inunda de humanidade nas últimas páginas que escreve sobre ele.

Sabendo que deverá morrer em breve, Poirot se muda para a mansão Styles, palco do seu primeiro caso, *O misterioso caso de Styles*, e chama para se juntar a ele o seu fiel companheiro da vida toda, Hastings.

Poirot, aparentemente preso a uma cadeira de rodas, explica o problema ao seu amigo: na mansão Styles, dentre várias pessoas, estaria o autor intelectual de cinco assassinatos. Em cada um dos cinco casos uma outra pessoa teria sido incriminada. Mas, na verdade, os cinco crimes não teriam acontecido se não fosse a atuação nefasta do personagem que Poirot apresenta, no início da trama, como X. Teria sido X, em todos os casos, sem que ninguém desconfiasse, aquele que maquinara e criara todas as condições para que os crimes acontecessem.

Poirot está não apenas convencido da sua culpa, mas também de que ele agirá novamente e, assim, mais um crime será cometido, razão pela qual ele deverá impedi-lo, com a ajuda de Hastings.

"Todo mundo é um assassino em potencial. Em todo mundo surge o desejo de matar, ainda que não a determinação de matar", e é exatamente esta a matéria-prima de X que ativa o potencial criminoso, explica Poirot. Nessa linha de comportamento criminoso, X nunca cometerá o crime diretamente, nunca manchará suas mãos de sangue.

Poirot encontra no final de sua carreira o criminoso perfeito, que inventara uma técnica de tal modo que jamais pudesse ser incriminado. Ele nem mesmo sugere o desejo de matar; mina a resistência a ele. X sabia a palavra certa e até mesmo a entonação perfeita para sugerir e, depois, potencializar a pressão sobre o alvo da sua perversidade.

A trama principal se desenrola a partir da relação desgastada de um casal e de relações laterais que se desenrolam a partir daí.

O envolvimento de sua filha na trama arrasta Hastings para o centro do palco, o que torna o caso ainda mais urgente para Poirot. Ele precisa impedir que o criminoso faça mais vítimas e que seu melhor amigo seja, também, uma peça desse jogo macabro.

Depois de vários acidentes que parecem repetir as circunstâncias dos cinco casos anteriores, duas pessoas morrem. O último a morrer é Norton, um homem sem grande expressão. Ele é encontrado morto no quarto. Um buraco no meio da testa e a arma na mão. No entanto, a porta teria sido trancada por dentro, e a chave do quarto estava no bolso do seu robe. Tudo apontava para um suicídio, apesar de o tiro ter sido desferido exatamente no meio da testa. Uma estranha forma de se suicidar.

Na noite anterior, ele havia se encontrado com Poirot, que foi o último a vê-lo com vida. Logo depois da morte de Norton, a morte chega para Poirot. Seu coração estava cada dia mais fraco e ele sofria de angina. Somente o nitrito de amila impedia as fortes dores no peito e, muitas vezes, a sua morte.

Hastings perde o companheiro de tantas aventuras. Eu me lembro de virar as páginas lentamente, temeroso de chegar a este desfecho: "Não quero escrever nada sobre o fato. Quero pensar o mínimo possível nele. Hercule Poirot estava morto, e com ele morreu uma boa parte de Arthur Hastings." Ao ler o livro, eu me transportei para o lugar de Hastings. Recebi, junto com ele, o manuscrito.

A verdade sobre o que realmente ocorrera na mansão Styles somente viria à tona quatro meses depois, quando Hastings recebe um manuscrito entregue por um escritório de advocacia.

Ali Poirot revela ao amigo toda a verdade sobre as tensões, relações e desejos proibidos ou secretos que foram explorados por Norton, levando a todos os incidentes e à morte de uma das ocupantes da casa. Ele explica também que ele não pararia por aí. "Uma morte é pouco para ele." Poirot estava decidido. Ele encerraria a carreira criminosa de X.

Voltando aos cinco casos anteriores, onde parecia claro que a pessoa acusada, ou sob suspeita, realmente cometera o crime, Poirot esclarece que não poderia realmente haver qualquer solução alternativa. Mas desvenda o mistério: que o elo entre todos aqueles crimes e o verdadeiro responsável por eles era Norton.

São casos de "catálise", explica Poirot, uma relação entre duas substâncias que ocorre somente na presença de uma terceira, que não participa da reação e que permanece inalterada.

Norton era o arquiteto de uma tática insidiosa e fatal. Uma figura frágil, ele teria sido alvo de bullying no colégio. A fragilidade e a aparente incapacidade de atos de heroísmo na infância foram aos poucos abrindo a porta para um ativo que lhe parecia natural: a facilidade de influenciar pessoas. Era simpático, e as pessoas gostavam dele. Mas sempre sem notar muito sua presença.

Essa descoberta alimentou um sentimento de poder. Stephen Norton, de quem todos gostavam, mas a quem subestimavam, conseguia com que as pessoas fizessem coisas que não queriam fazer, penetrando em seus pensamentos, em seus segredos, em seus desejos. E desenvolveu um gosto mórbido pela violência. A violência para a qual, quando criança, não demonstrara aptidão, razão pela qual era ridicularizado. Ele passou a alimentar com violência psicológica suas ambições de sadismo e poder.

Poirot sabia que Norton jamais seria julgado e que, se o fosse, seria absolvido. Esta ideia se torna insuportável para ele. Para encerrar a carreira de crimes de Norton, apenas entregá-lo à justiça não seria suficiente.

Poirot chama Norton no seu quarto e conta tudo que sabia sobre ele. Norton não nega. Simplesmente se recosta na cadeira e dá um "sorrisinho malicioso". E pergunta o que Poirot fará com aquelas informações.

Poirot informa que pretendia executá-lo. "Com um punhal ou com uma taça de veneno?", zomba Norton. Estavam prestes a tomar um chocolate quente e Norton pede para trocar as xícaras. Poirot não se importa, pois o conteúdo de ambas é o mesmo: pílulas para dormir.

Como vinha tomando remédios para dormir havia dias, Poirot já tinha adquirido alguma resistência a eles. Assim, após adormecer Norton, Poirot o coloca numa cadeira de rodas e o leva de volta ao seu quarto. Deita-o na cama e atira nele com uma pequena pistola. Bota a chave do quarto no bolso de Norton e tranca a porta do quarto por fora com uma chave extra que mandara fazer.

Seria impossível para qualquer um desconfiar como tudo isto aconteceu, pois para todos Poirot estava paralítico.

Poirot reconhece no manuscrito o pecadilho que cometera. Sabia que deveria ter atirado nas têmporas para simular um suicídio, mas não conseguiu fazer algo tão sem capricho. E atirou, simetricamente, bem no meio da testa.

Depois de assumir a autoria do crime, Poirot confessa a Hastings: "Não sei, Hastings, se o que fiz é justificável ou não. Não acredito que um homem possa fazer justiça com as próprias mãos.

"Tirando a vida de Norton, salvei outras vidas, vidas de inocentes. Mas mesmo assim não sei...Talvez seja assim mesmo; talvez eu não deva saber. Sempre fui tão seguro das coisas, tão certo.

"Mas agora eu estou humilde e digo como uma criancinha 'eu não sei...'.

"Adeus, *cher ami*. Coloquei minhas ampolas de nitrito de amila longe da cama. Prefiro me entregar, nas mãos do *bom Dieu*. Que seu castigo, ou seu perdão, seja rápido."

E assim cai o pano para Poirot. Depois de uma vida reprovando assassinatos, ele morre atormentado pelo seu ato.

Agatha Christie, ao contar esta última história de Poirot, desconstrói a imagem do infalível detetive e dá a ele seus contornos mais humanos. O abalo das incertezas é o que permanece. Afasta Poirot da figura do herói literário e o aproxima de nós. E, de forma inequívoca, reforça uma ideia: que na busca pela justiça não há lugar para heróis.

BIBLIOGRAFIA

CHRISTIE, Agatha. *Cai o Pano*. Trad. Clarice Lispector. Rio de Janeiro: Nova Fronteira, 2009.

Os sete minutos

Theófilo Miguel

Irving Wallace (Chicago, 19 de março de 1916 — Los Angeles, 29 de junho de 1990) foi um romancista e roteirista norte-americano, considerado um dos cinco autores mais lidos do mundo. Iniciou sua carreira literária com a produção de roteiros para o cinema, durante a década de 1950, mas foram os livros que tratam de temas fortes como política, religião e sexo (inspirados na realidade e em acontecimentos atuais), que fizeram de Wallace um sucesso mundial.

Entre suas obras mais conhecidas estão *O relatório Chapman: a vida íntima das mulheres* (1960), *O prêmio* (1962), *O homem* (1964), *Os sete minutos* (1969), *A palavra* (1972), *O fã-clube* (1974), e *O sétimo segredo* (1986). O apelo universal dos livros de Wallace tornou a maioria deles best-sellers. Dentre esses, *Os sete minutos*, publicado em 1969, tornou-se o livro mais polêmico do escritor.

Nesse romance, Wallace conta a história de um livro, de mesmo nome, escrito na década de 1930, em Paris, por um autor de nome J.J. Jadway, cujo conteúdo correspondia aos pensamentos de uma mulher durante os sete minutos de relações sexuais com o seu companheiro.

O livro era dividido em sete capítulos, que detalhavam tudo o que a protagonista (Cathleen) sentia e pensava a cada minuto da relação até o clímax.

À época de seu lançamento, o livro de J.J. Jadway foi considerado extremamente obsceno, reputado censurado por toda a sociedade e pela Igreja Católica, ganhando o status de obra maldita. Em virtude da referida reputação, sua comercialização ficou proibida durante 35 anos. Já o autor, por conta da obra polêmica, foi expatriado e, a partir de então, teve seu paradeiro desconhecido.

Passadas mais de três décadas de seu lançamento, uma editora resolveu relançar o polêmico romance, na esperança de que dessa vez fosse aceito pela sociedade. No entanto, o ambicioso promotor público e aspirante a senador dos Estados Unidos, Elmo Duncan, persistia na concepção da obra como obscena, defendendo a ilegalidade de sua comercialização.

Diante disso, o Departamento de Costumes de Los Angeles, amparado pelo artigo 311 do Código Penal da Califórnia, prendeu um livreiro, Ben Fremont, que vendia exemplares de *Os sete minutos* em sua loja. Como agravante, Jerry Griffith, o filho do publicitário Frank Griffith, conhecido herói local, é preso por estuprar uma jovem em Los Angeles, tendo sido encontrado pela polícia um exemplar do livro de Jadway no carro do rapaz. Em depoimento, Jerry afirmou que teria perdido o controle após ler a obra, o que o levou a cometer o crime.

Duncan, munido de tais informações e influenciado pelo industrial Luther Yerkes — homem rico e poderoso que pretendia ajudá-lo a vencer as eleições deixando-o famoso em todo o país — decidiu assumir o caso e acusar o livro *Os sete minutos* de obscenidade, acendendo um intenso debate entre pornografia e liberdade de expressão.

A censura ganhou as manchetes de todos os jornais. Os debates colocaram dois grandes advogados em lados opostos. Elmo Duncan viu na condenação do livro e do livreiro uma chance de ouro para subir na carreira, enquanto o jovem advogado Mike Barrett assumiu a defesa do livreiro (e do livro) por acreditar que a obra não teria nada de obsceno. O julgamento versou não somente sobre a situação do vendedor e da obra, mas principalmente a respeito da liberdade de expressão e da real intenção do autor em publicar o livro.

Neste romance, Irving Wallace trata diretamente da censura e da liberdade de expressão, alertando para os riscos que a privação desse direito pode causar na sociedade, usando para isso a condenação e julgamento de um livro fictício dentro da própria obra.

A LIBERDADE DE EXPRESSÃO DO PENSAMENTO

A liberdade de expressão do pensamento está consagrada na Constituição da República Federativa do Brasil nos seguintes artigos:

> Art. 5º, IV: é livre a manifestação do pensamento, sendo vedado o anonimato;
>
> Art. 5º, XIV: é assegurado a todos o acesso à informação e resguardado o sigilo da fonte, quando necessário ao exercício profissional;
>
> Art. 220: a manifestação do pensamento, a criação, a expressão e a informação, sob qualquer forma, processo ou veículo não sofrerão qualquer restrição, observado o disposto nesta Constituição.
>
> §2º É vedada toda e qualquer censura de natureza política, ideológica e artística.

Trata-se, portanto, de um direito fundamental, reconhecido e positivado na ordem constitucional.

Nas palavras de Gilmar Mendes e Paulo Gustavo Branco,

> (...) o ser humano se forma no contato com seu semelhante, mostrando-se a liberdade de se comunicar como condição relevante para a própria higidez psicossocial da pessoa. O direito de se comunicar livremente conecta-se com a característica da sociabilidade, essencial ao ser humano.[1]

A liberdade de expressão compreende o direito de o ser humano manifestar, sem censura, o seu pensamento, a sua opinião, a sua atividade intelectual, artística, científica, cultural, religiosa e de comunicação. Trata-se de direito fundamental e, como tal, dotado de características próprias: extrapatrimonialidade, universalidade, inalienabilidade, imprescritibilidade, irrenunciabilidade. Sua garantia é essencial para a dignidade do indivíduo e, ao mesmo tempo, para a estrutura democrática do Estado. O pluralismo de opiniões é caro à realização da vontade livre. A diversidade plural e cultural, expressada pelos meios de comunicação, consiste num elemento catalisador da formação da opinião pública, proporcionando à população uma tomada de posição de forma mais adequada.

A doutrina classifica a liberdade de opinião como primária e ponto de partida das demais. Na definição de José Afonso da Silva, "trata-se da liberdade de o indivíduo adotar a atitude intelectual de sua escolha: quer um pensamento íntimo, quer seja a tomada de posição pública; liberdade de pensar e dizer o que se crê verdadeiro".[2] Sobre a liberdade de comunicação, acrescenta o renomado autor: "A liberdade de comunicação consiste num conjunto de direitos, formas, processos e veículos, que possibilitam a coordenação desembaraçada da criação, expressão e difusão do pensamento e da informação."

No entanto, a liberdade de expressão não pode ser considerada como um direito absoluto; eis que possui limites constitucionais. Importante compreender que o exercício dos direitos requer harmonia. Portanto, a liberdade de expressão deve ser limitada pela proteção constitucionalmente dada aos demais direitos da personalidade, como honra, imagem, intimidade, dentre outros.

A violação de outros direitos fundamentais sujeita o titular da liberdade de expressão à responsabilização civil ou criminal. Salienta-se que não se admite a prática de delitos como calúnia, injúria e difamação (crimes contra a honra) a pretexto do exercício da liberdade de expressão do pensamento.

Cabe ressaltar, ainda, que, embora seja livre a manifestação do pensamento, é vedado o anonimato. Logo, caso haja abuso no exercício do direito, será assegurado o direito de resposta, proporcional ao agravo, além da indenização por dano material, moral ou à imagem.

No entanto, não há que se falar em censura prévia. Primeiro se assegura a plena e livre manifestação do pensamento para, então, em juízo posterior, averiguar-se a eventual ocorrência de violação de direito fundamental e a correlata responsabilidade do agente, conforme entendimento do Supremo Tribunal Federal[3] sobre a Lei de Imprensa.

Especificamente sobre a liberdade artística e literária, é interessante ressaltar as lições do ministro Aliomar Baleeiro: "O conceito de obsceno, imoral e contrário aos bons costumes é condicionado ao local e à época. Inúmeras atitudes aceitas no passado são repudiadas hoje, do mesmo modo que aceitamos sem pestanejar procedimentos repugnantes às gerações anteriores."[4]

Também se manifestaram os Ministros do Supremo Tribunal Federal à época, salientando que

> (...) à falta de conceito legal do que é pornográfico, obsceno ou contrário aos bons costumes, a autoridade deverá guiar-se pela consciência de homem médio de seu tempo, perscrutando os propósitos dos autores do material suspeito, notadamente a ausência, neles, de qualquer valor literário, artístico, educacional ou científico que o redima de seus aspectos mais crus e chocantes.[5]

Por fim, o filósofo Ronald Dworkin, em seu livro *Uma questão de princípio*, colaciona parte do Relatório do Comitê sobre a Obscenidade e a Censura de Filmes — o Relatório Williams de 1979:[6]

> (...) não conhecemos antecipadamente que desenvolvimentos sociais, morais ou intelectuais se revelarão possíveis, necessários ou desejáveis para os seres humanos e o seu futuro, e que a livre expressão, intelectual e artística — algo que talvez seja preciso incentivar e proteger, além de simplesmente permitir —, é essencial para o desenvolvimento humano, como um processo que não apenas

acontece (de uma forma ou de outra, acontecerá de qualquer jeito), mas, tanto quanto possível, é compreendido racionalmente. A livre expressão é essencial não apenas como um meio para o desenvolvimento humano, mas como parte dele. Como os seres humanos não estão apenas sujeitos à sua história, mas aspiram a ter consciência dela, o desenvolvimento dos indivíduos, da sociedade e da humanidade em geral é um processo adequadamente constituído em parte pela livre expressão e pelo intercâmbio da comunicação humana.

Dworkin ainda acrescenta que

(...) é difícil, se não impossível, elaborar uma fórmula que possamos ter certeza que, na prática, irá separar o que é lixo imprestável de contribuições potencialmente valiosas. Qualquer fórmula será administrada por promotores, jurados e juízes com seus próprios preconceitos, seu próprio amor ou temor pelo novo.[7]

Conclui-se, portanto, que a manifestação da liberdade de expressão, na forma artística, requer bastante ponderação aos julgadores, pois, nas hipóteses em que esse direito colida com outros constitucionalmente garantidos, deve-se considerar o princípio da proporcionalidade, levando-se em consideração certa flexibilidade conceitual inerente à atividade artística, em constante desenvolvimento.

O caso Hustler Magazine Inc. vs Falwell

Já vimos que, em *Os sete minutos*, o tema da liberdade de expressão é trabalhado tendo como pano de fundo a possibilidade ou não de censura sobre conteúdo sensível — se não pornográfico. De forma análoga, o caso Hustler Magazine Inc vs. Falwell, julgado pela Suprema Corte dos Estados Unidos, testa os limites do exercício do direito de liberdade de expressão em face de suposta lesão a direito de imagem de terceiro, quando da publicação de tais conteúdos reputados como indecorosos.

Na década de 1980, a fabricante do aperitivo alcóolico Campari teve como estratégia de marketing e de promoção de seu produto a veiculação de anúncios no formato de entrevistas, em que personalidades proeminentes da época contavam como havia sido "sua primeira vez". Apenas ao final, revelava-se que a entrevista se referia, em verdade, ao primeiro momento em que tais celebridades haveriam provado da bebida. A propaganda, portanto, utilizava-se da apelação ao duplo sentido, para, em um jogo de palavras com suposta confissão delicada, chamar a atenção do público e, ao apreendê-la, divulgar o produto vendido. Os anúncios atingiram grande popularidade na época.

Ocorre que, em 1983, a *Hustler Magazine*, revista de conteúdo polêmico, com exposição de fotos de mulheres nuas, de propriedade de Larry Flynt, publicou uma paródia ao anúncio da bebida Campari, em mesmo formato tipográfico e de entrevista utilizado pelo instrumento publicitário. A publicação consistia na submissão de Jerry Falwell[8] à entrevista de sua primeira experiência com a bebida, com a impressão de seu retrato ao lado do texto, da mesma forma em que eram reproduzidos os anúncios originais.

Quando questionado pelo entrevistador a respeito de sua "primeira vez", o Falwell, confundindo a real intenção da pergunta, relatava como havia realmente ocorrido o seu primeiro encontro sexual: bêbado de Campari (*"drunk off our God-fearing asses on Campari"*), em um encontro incestuoso com sua mãe, no banheiro do anexo da casa da família.

Ao responder à pergunta do entrevistador se havia provado "aquilo" novamente, a paródia trazia outra má interpretação de Falwell, que, em meio a palavras de baixo calão, dizia que o acontecimento se repetira várias vezes, mas não no banheiro do anexo, por incômodo com as moscas. Quando finalmente o entrevistador, desconcertado, esclarecia serem as perguntas sobre a bebida Campari, o pastor confessava sempre exagerar dela antes de subir ao púlpito, caso contrário não conseguiria pregar imbecilidades.

A *Hustler Magazine* cuidou de anunciar a publicação no índice da edição com o alerta de "ficção, anúncio e paródia de personalidade". Constava, ademais, no rodapé da página do anúncio, a advertência de paródia, não passível de apreciação com seriedade.

Jerry Falwell processou a *Hustler Magazine* e Larry Flynt por difamação (*libel*), invasão de privacidade *(invasion of privacy)* e provocação dolosa de sofrimento emocional *(intentional inflliction of emotional distress)*. A corte da West Virginia concedeu o pedido de julgamento sumário com relação à ação de invasão de privacidade, permanecendo em julgamento ("de rito ordinário") as acusações de difamação e provocação dolosa de sofrimento emocional.

A corte em comento julgou improcedente o pedido relativo à condenação/reparação por difamação, ao estabelecer que a paródia não poderia ser razoavelmente concebida como descrição real de fatos atribuídos a Falwell ou aos quais pudesse ser associado. Por outro lado, a mesma corte deu provimento ao pedido relativo à provocação dolosa de sofrimento emocional e condenou Larry Flynt e a revista a pagar cento e cinquenta mil dólares em danos.

O réu (Larry Flynt/Hustler Magazine Inc) apelou da sentença à Corte de Apelos para o Quarto Circuito (*Fourth Circuit*), oportunidade em que a sentença foi confirmada, por entender a corte *ad quem* que a lei da Virgínia previa como suficiente o elemento subjetivo do dolo na ação. A Corte de Apelos para o Quarto Circuito negou admissibilidade ao recurso de Larry Flynt para julgamento no pleno (*rehearing en banc*), ao que o réu se dirigiu à Suprema Corte de Justiça dos Estados Unidos para reverter o resultado do julgamento, havido essa concordado em ouvir seu recurso.

A parte central da tese defendida por Larry Flynt e a revista era a de que a liberdade (dentre elas, a de expressão) não seria um direito (ou uma garantia) gratuito. Existiria um preço contraposto à liberdade e esse preço seria a "tolerância": pessoas seriam submetidas a tolerar a liberdade de expressão de outras, ao passo que, em contrapartida, poderiam dispor do mesmo direito. Também salientava que a publicação, enquanto paródia, certamente não teria a pretensão de veicular uma verdade, e, por não se tratar de uma questão de saber da veracidade ou da falsidade do conteúdo, resumir-se-ia em uma questão de "gosto", apenas.

Em 24 de fevereiro de 1988, por unanimidade (oito votos a zero), a Suprema Corte dos Estados Unidos decidiu em favor dos réus, ao estabelecer que (i) a paródia contida na revista merecia o mesmo tratamento das caricaturas políticas e das vinhetas satíricas; (ii) que o apelado, James Falwell, era considerado uma "pessoa pública" para os propósitos da Primeira Emenda; (iii) que a condenação ao discurso político considerado como ultrajante não encontrava respaldo na jurisprudência pátria (americana), justamente porque implicaria admitir a condenação em danos pelo simples fato de que o exercício da expressão possa ter impacto emocionalmente negativo no público; (iv) que, portanto, o discurso não deixava de estar protegido somente porque poderia incomodar pessoas e as impor a agir, o que culminou na sintetização da seguinte tese (*holding*):[9] "Paródias de figuras públicas, as quais, razoavelmente, não podem ser levadas como verdadeiras, são protegidas pela Primeira Emenda da tipificação como difamação, mesmo que intencionadas a causar sofrimento emocional. Corte de Apelos para o Quarto Circuito revertido."[10]

Assim, concluiu a Suprema Corte dos Estados Unidos que o conteúdo encontrava-se protegido pela Primeira Emenda, uma vez que personalidades e ocupantes de cargos públicos não possuem direito a indenização por danos morais causados deliberadamente por publicações que não maliciosamente atentem contra a verdade, como foi o caso da paródia em referência. Por natureza, partiu-se da premissa de que o conteúdo veiculado não era verdadeiro, sem que o referido posicionamento importasse na aplicação às cegas do precedente (*standard*) New York Times Company vs. Sullivan (1967), mas na observância dos requisitos necessários à reparação do dano moral.

A JURISPRUDÊNCIA BRASILEIRA SOBRE OS LIMITES DA LIBERDADE DE EXPRESSÃO

A liberdade de expressão é princípio que serve de suporte à comunidade, visto que representa a base de um Estado democraticamente saudável.

Não é, entretanto, um direito sem qualquer restrição. Assim, quando colidente com outros que sejam igualmente tutelados, deve-se ponderar os valores em conflito.

Ante a inexistência de solução abstratamente formulada, necessária é a realização de análise casuística, preservando-se, no embate, o máximo de cada um, de forma a garantir a sua melhor utilização, sem importar em grave ofensa à fruição do princípio contraposto.

É essa a orientação que vem sendo aplicada pelos nossos tribunais. O Supremo Tribunal Federal analisou a questão quando do julgamento envolvendo a publicação de biografias não autorizadas,[11] tema extremamente controverso, com teses que ocupavam posições antagônicas. De um lado, havia aqueles que defendiam a necessidade de prévia autorização dos biografados e, de outro, os que sustentavam o direito à informação.

A corte entendeu haver um dilema entre a liberdade de expressão e o direito à informação. Contudo, a primeira teria certa preferência, levando-se em consideração que possui elevada carga valorativa. Além disso, as biografias seriam uma espécie de memória registrada, e o simples fato de se obrigar uma determinada pessoa a obter prévia autorização para lançar uma obra poderia acarretar na obstrução do estudo e da análise da história. Assim, partindo-se da premissa de que a liberdade de expressão representa direito fundamental em âmbito coletivo, deveria essa prevalecer quando da colisão com direitos individuais.

Cumpre destacar, entretanto, que restou consignado o fato de que a sua proeminência na configuração do estado democrático de direito não cria verdadeiro vácuo quanto à proteção dos direitos individuais, pois eventual reconhecimento de violação à privacidade acarretaria a responsabilização dos danos causados, inclusive na esfera criminal.

Outra questão interessante é a relação da liberdade de expressão com a liberdade de imprensa, também representando essa última pedra angular do próprio sistema democrático e servindo como um dos mais efetivos instrumentos de controle do próprio governo. Nesse sentido, o Supremo Tribunal Federal, apesar de ter declarado a incompatibilidade da Lei de Imprensa (Lei nº 5.259/67) com a Constituição Federal,[12] não afastou a liberdade dos veículos de informação, de modo a manter a livre manifestação do pensamento e rejeitar qualquer forma de censura prévia.

A conclusão alcançada pelo tribunal foi a de que, em um primeiro momento, deveriam ser assegurados os denominados *sobredireitos*, ou seja, aqueles que dão conteúdo e traduzem a manifestação do pensamento, da criação e da informação. Dessa forma, só posteriormente é que se poderia averiguar eventual abuso cometido pelos respectivos titulares dessas situações jurídicas.

Na mesma ocasião estabeleceu-se que, apesar de a Constituição ter silenciado quanto ao regime da internet — o que, inclusive, é justificado em virtude de a revolução digital ter ocorrido após a sua promulgação —, certo é que aquela representa território plenamente apto a veicular ideias e opiniões, de forma a atrair para si o mesmo regime jurídico dos demais meios de comunicação. Nesse contexto, surgiu o Marco Civil da Internet (Lei nº 12.965/14), servindo não apenas para dar maior proteção ao usuário, como também para regular a responsabilidade civil dos provedores de serviços.

Em outro caso,[13] o Supremo Tribunal Federal admitiu que o exercício concreto da liberdade de imprensa garante ao jornalista o direito de expender críticas a qualquer pessoa, ainda que em tom áspero, contundente ou irônico, ressalvando-se, entretanto, sua responsabilidade civil e criminal pelos abusos que porventura vier a cometer.

O mesmo Tribunal assentou também que

> no contexto de uma sociedade fundada em bases democráticas, mostra-se intolerável a repressão estatal ao pensamento, ainda mais quando a crítica — por mais dura que seja — revela-se inspirada pelo interesse coletivo e decorra da prática legítima de uma liberdade pública de extração eminentemente constitucional.[14]

Por outro lado, o Superior Tribunal de Justiça,[15] nas hipóteses de colisão com os direitos da personalidade, estabeleceu que a ponderação sobre a liberdade de expressão deverá observar, como vertentes, o compromisso ético com a informação verossímil, a preservação dos direitos à honra, à imagem, à privacidade e à intimidade e, por fim, a vedação de veiculação de crítica jornalística com intuito específico de difamar, injuriar ou caluniar.

Assim sendo, tem-se que a jurisprudência pátria conferiu certo temperamento à rigidez decorrente da total prevalência, quando configurado eventual conflito, de um direito sobre o outro. Logo, apesar de a Constituição proteger a liberdade de expressão ao assegurar a formulação de críticas e considerações, certo é que não se poderá utilização de tal liberdade de forma abusiva, caso em que a responsabilidade do locutor deverá ser apurada.

Bibliografia

ANTÔNIO, José. "Os Sete Minutos." In: *Livros e opinião*. Disponível em: <https://www.livroseopiniao.com.br/2011/11/os-sete-minutos.html>. Acesso em 16 de julho de 2019.

DWORKIN, Ronald. *Uma questão de princípio*. Tradução: Luís Carlos Borges. 1ª ed. 2ª tiragem. São Paulo. Martins Fontes, 2001.

FELIPE, Miguel Beltrán de; GARCÍA, Julio V. González. *Las Sentencias Básicas del Tribunal Supremo de los Estados Unidos de América*. 2ª ed. Madri: Boletín oficial del estado. Centro de estúdios políticos constitucionales, 2006.

JUSTIA US SUPREME COURT. Disponível em: <https://supreme.justia.com/cases/federal/us/485/46/>. Acesso em: 18 de julho de 2019.

LECTURALIA. *Biografía de Irving Wallace*. Disponível em: <http://www.lecturalia.com/autor/27/irving-wallace>. Acesso em: 12 de julho de 2019.

LINDER, Douglas O. "The Jerry Falwell v Larry Flynt Trial: An Account." In: *Famous Trials*. Disponível em: <https://www.famous-trials.com/falwell/1779-account>. Acesso em: 18 de julho de 2019.

MENAND, Louis. *It´s a wonderfull life*. Disponível em: <https://www.nybooks.com/articles/1997/02/06/it-

s-a-wonderful-life/?pagination=false>. Acesso em 18 de julho de 2019.

MENDES, Gilmar Ferreira. Curso de direito constitucional. Gilmar Ferreira Mendes, Paulo Gustavo Gonet Branco. 7. ed. rev. e atual. São Paulo: Saraiva, 2012.

RÚBIA, Priscilla. Resenha: "Os Sete Minutos" de Irving Wallace. In: *Leitor cabuloso*. Disponível em: <http://leitorcabuloso.com.br/2012/03/resenha-os-sete-minutos-de-irving-wallace/>. Acesso em 16 de julho de 2019.

SILVA, José Afonso da. Curso de direito constitucional positivo. 38 ed. São Paulo: Malheiros, 2015.

SOUZA, Carolina; HELIÂNGELO, Victor. *[Resenha] Os Sete Minutos – Irving Wallace*. Disponível em: <http://ourbravenewblog.weebly.com/home/os-7-minutos-por-irving-wallace>. Acesso em 17 de julho de 2019.

TAYLOR JR., Stuart. Court, 8-0, extends right to criticize those in public eye. *The New York Times*. Disponível em: <https://www.nytimes.com/1988/02/25/us/court-8-0-extends-right-to-criticize--those-in-public-eye.html?pagewanted=all>. Acesso em 18 de julho de 2019.

WARSHALL, Robert G. *Copyright Infringment: All lis fair as Falwell Hustlers Flynt* Disponível em: <https://digitalcommons.lmu.edu/cgi/viewcontent.cgi?referer=https://en.wikipedia.org/&httpsredir=1&article=1125&context=elr>. Acesso em 18 de julho de 2019.

WIKIPEDIA. *Irving Wallace*. Disponível em: <https://pt.wikipedia.org/wiki/Irving_Wallace>. Acesso em 12 de julho de 2019.

WIKIPEDIA. *The Seven Minutes*. Disponível em: <https://pt.wikipedia.org/wiki/The_Seven_Minutes>. Acesso em 17 de julho de 2019.

WOOK. *Irving Wallace*. Disponível em: <https://www.wook.pt/autor/irving-wallace/7857>. Acesso em: 12 de julho de 2019.

Notas

1   MENDES, Gilmar Ferreira; BRANCO, Paulo Gustavo Gonet. *Curso de direito constitucional*. 7 ed. rev. e atual. São Paulo: Saraiva, 2012.

2 SILVA, José Afonso da. *Curso de direito constitucional positivo.* 38 ed. São Paulo: Malheiros, 2015.
3 Arguição por Descumprimento de Preceito Fundamental n° 130.
4 BRASIL. Supremo Tribunal Federal. RMS 18.534, Min. Aliomar Baleeiro, j. em 1º/10/1968 – 2ª Turma.
5 Idem.
6 DWORKIN, Ronald. *Uma questão de princípio.* Tradução: Luís Carlos Borges. 1ª ed. 2ª tiragem. São Paulo: Martins Fontes, 2001. Relatório. p.55.
7 Idem.
8 Jerry Falwell foi um famoso reverendo televangelista, político e líder da chamada "Maioria Moralista"; personalidade de posições conservadoras e fundamentalistas; fundador da Igreja Batista de Thomas Road.
9 https://supreme.justia.com/cases/federal/us/485/46/
10 No original: *Parodies of public figures which could not reasonably be taken as true are protected against civil liability by the First Amendment, even if intended to cause emotional distress. Fourth Circuit Court of Appeals reversed.*
11 STF, ADI 4.815/DF, Relatora Ministra Cármen Lúcia, Tribunal Pleno, Data do Julgamento 10/06/2015, DJe 01/02/2016.
12 STF, ADPF 130/DF, Relator Ministro Carlos Britto, Tribunal Pleno, Data do Julgamento 30/04/2009, DJe 06/11/2009.
13 STF, ADI 4.451/DF, Relator Ministro Alexandre de Moraes, Tribunal Pleno, Data do Julgamento 21/06/2018, DJe 06/03/2019.
14 STF, Pet 3.486/DF, Relator Ministro Celso de Mello, Data do Julgamento 22/08/2005, DJe 29/08/2005.
15 STJ, REsp 801.109/DF, Relator Ministro Raul Araújo, Quarta Turma, Data do Julgamento 12/06/2012, DJe 12/03/2013.

Eles, os juízes, vistos por um advogado

Aluisio Gonçalves de Castro Mendes
Jorge Luis da Costa Silva

O mestre florentino

Não é exagero afirmar que Piero Calamandrei foi um dos maiores juristas italianos do século passado e — por que não dizer? — de toda a história daquele país. Juntamente com Francesco Carnelutti e Enrico Redenti, foi um dos principais inspiradores do Código de Processo Civil de 1940, no qual os ensinamentos fundamentais da escola de Giuseppe Chiovenda encontraram uma formulação legislativa.[1] Juntos, esses juristas formam os quatro *Patres* da moderna ciência processual civil italiana.[2]

Nascido em 21 de abril de 1889, filho de Rodolfo Calamandrei e de Laudomía Pimpinelli, o jovem florentino aprendeu suas primeiras lições no próprio seio familiar. Foi do seu pai, advogado, deputado de 1906 a 1908 e professor livre-docente de direito comercial na Universidade de Siena, que herdou os ideais republicanos e a inclinação para a atuação jurídica pautada pela fé na justiça.[3] De fato, as lições paternas foram alvo do olhar atento e do registro cauteloso do filho, como se vê no trecho transcrito a seguir:

De meu pai, advogado, ouvi, nos últimos dias da sua vida, estas palavras tranquilizadoras:

— As sentenças dos juízes são sempre justas. Em cinquenta e dois anos de exercício profissional, nem uma só vez tive por que me lamentar da justiça. Quando ganhei uma causa, foi porque meu cliente tinha razão; quando a perdi, foi porque tinha razão meu adversário. Ingenuidade? Talvez. Mas só com essa santa ingenuidade a advocacia, de astuto jogo instigador de rancores, pode elevar-se até ser fé ativa para a paz humana.[4]

O nome Calamandrei deriva do grego (*Kálamos*[5] e *andrós*[6]), a significar, em tradução literal, "homem-caneta".[7] A denominação parece ter previsto o destino do autor. Antes mesmo de esboçar seus primeiros textos jurídicos, Calamandrei lançou-se à literatura infantil, desvelando sua veia literária transposta nos versos e fábulas publicados entre 1910 e 1912 em algumas revistas, incluindo o famoso *Corriere dei Piccoli* e *Il Giornalino della Domenica*.[8] Todavia, foram as letras jurídicas que revelaram sua verdadeira vocação.

Após obter o grau de bacharel em Direito na Universidade de Pisa, em julho de 1912, apresentou, sob a orientação do professor Carlo Lessona, a monografia sobre a *Chiamata in garantia e giurisdizione*. Deu continuidade aos estudos em Direito Processual Civil na Universidade de Roma, sendo acompanhado pelo professor Giuseppe Chiovenda, cuja influência logo se fez sentir nas obras de Calamandrei. Em 1915, após participar de concurso universitário para a cátedra de Processo Civil da Universidade de Pádua e ficar em segundo lugar — atrás apenas de Francesco Carnelutti, dez anos mais velho e que já contava com vasta produção bibliográfica à época —, tornou-se professor catedrático de Direito Processual Civil na Universidade de Messina.[9]

Em sua vasta bibliografia sobre temas jurídicos, encontramos, dentre outras obras, *La genesi logica dela sentenza civile* (1914), *La Cassazione civile*, v. 1 (1920), *Sulla struttura del procedimento monitorio nel diritto italiano* (1923), *Introduzione allo studio sistemático dei provvedimenti cautelari* (1936), *Cassazione civile, Nuovo digesto italiano*, v. 2 (1937), *Intituzioni di diritto processuale civile secondo il nuovo códice. Parte prima: Premesse storiche e sistematiche* (1941), *Intituzioni di diritto processuale civile secondo il nuovo códice. Parte seconda: Disposizioni generali* (1943), *Processo e democrazia* (1954). Como se vê, a obra calamandreiana é extensa em amplitude, haja vista a diversidade dos temas tratados, e profunda em conteúdo, pois os trabalhos publicados pelo autor passaram a ser uma referência mundial para a sistematização do funcionamento de institutos jurídicos não apenas à sua época, na medida em que foram e continuam a ser objeto de ampla citação.

Cabe-nos, contudo, algumas observações sobre uma obra específica e marcante: *Eles, os juízes, vistos por um advogado*, livro que pode e deve ser incluído na relação das grandes e indispensáveis obras jurídicas que têm marcado a formação dos estudantes e profissionais do Direito.

Elogio dei giudici scritto da um avvocato[10]

Depois de mais de oito décadas desde a primeira publicação de *Eles, os juízes, vistos por um advogado*, a influência da obra na literatura jurídica mundial é inquestionável, tendo sido traduzida para mais de dez idiomas. A primeira edição saiu em 1935; a segunda, em 1938, ambas pela Casa Editrice Le Monnier. Na terceira, publicada em 1954, no pós-guerra, foram acrescentados, por afinidade de tema, novos parágrafos ao final dos antigos capítulos, ou mesmo capítulos inteiramente novos, praticamente dobrando a extensão da obra. Para que o leitor possa distinguir as partes acrescentadas, os novos parágrafos foram assinalados com uma estrelinha no início. Por fim, sobreveio a quarta e última edição (póstuma), em 1959.

Não se trata de uma obra de cunho acadêmico ou científico a respeito do direito processual civil. Muito embora o autor dê ênfase à relação entre juízes e advogados, o livro não se propõe a abordar a temática sob a perspectiva teórica e técnica. Trata-se, sim, de um escrito literário acerca da experiência profissional de Calamandrei como advogado, em que o autor retrata inúmeros episódios com senso crítico apurado, ora camuflado de sarcasmo, ora escondido pelo humor.

Antes de fazer um elogio, propriamente dito, Calamandrei faz um exercício de observação dos juízes. Assim, o autor aponta virtudes e defeitos relacionados aos juízes, mas entendendo que essas características são, na realidade, "a sombra deformada pelas distâncias das correspondentes virtudes e lacunas dos advogados".[11] Há, na visão do autor, uma relação de reciprocidade entre as condutas dos juízes e dos advogados, de modo que o agir destes influencia no sentir daqueles. É o que Calamandrei denomina de "respostas e reações dialéticas".[12]

Note-se, contudo, que a temática relacionada ao Poder Judiciário italiano na década de 1930 é especialmente sensível em razão da ditadura fascista de Mussolini que vigorava no país. Vale ressaltar que, em artigo da Enciclopédia Italiana de 1932 ("*La Dottrina del fascismo*"), escrito por Giovanni Gentile e Benito Mussolini, o fascismo é, além de explicitado nas suas principais linhas filosóficas, descrito como uma doutrina cujo "fundamento é a concepção do Estado, da sua essência, das suas competências, da sua finalidade. Para o fascismo o Estado é um absoluto, perante o qual indivíduos e grupos são o relativo. Indivíduos e grupos são 'pensáveis' enquanto estejam no Estado".[13]

Partindo dessa concepção de Estado totalitário, a figura do juiz era projetada, de modo autoritário, nas relações processuais. Todavia, Calamandrei oferece uma inteligente saída para evitar o endeusamento dos juízes: na concepção do autor, a advocacia, mesmo sendo exercida por profissionais liberais, responde a um interesse essencialmente público, tão importante quanto a que responde a magistratura. Assim, o mestre florentino conclui que "juízes e advogados são igualmente órgãos da justiça, são servidores igualmente fiéis do Estado, que a eles confia dois momentos inseparáveis da mesma função".[14]

Segredos nas entrelinhas?

Todo jurista é, em essência, inclinado à arte da interpretação. Realmente, interpretar faz parte do dia a dia de advogados (públicos e privados), defensores públicos, membros do Ministério Público e de magistrados. Essa atividade, apesar de constante, não é automática, eis que seu objeto é sempre variado. Dessa forma, ora interpreta-se o conteúdo de determinada norma constitucional, ora interpreta-se a extensão de uma cláusula contratual, ou até mesmo a atuação e a conduta das partes contratantes. Também são objeto de interpretação os fatos narrados pelas partes em seus pedidos, bem como o comportamento dos sujeitos litigantes. Assim, a interpretação está para o jurista como a agulha está para o tecelão: são instrumentos de construção de novos significados e que, ponto a ponto, constroem o Direito.

Talvez um dos segredos do sucesso universal de *Eles, os juízes, vistos por um advogado* resida exatamente no fato de permitir diversas interpretações. Em razão do contexto político turbulento da época, Calamandrei esforçava-se para corrigir os desvios interpretativos a cada nova edição, mas isso não foi suficiente para dissuadir as diversas correntes interpretativas que se formaram a partir da leitura da obra.

Alguns — especialmente os magistrados — acreditavam que o título escondia uma ironia, de modo que, em vez de elogio, o autor estivesse a tecer duras críticas à magistratura italiana. Outros — particularmente os advogados — suspeitavam deparar com o expediente profissional de um colega com segundas intenções, que estaria realmente interessado em angariar a simpatia dos juízes.

Mesmo depois de euforia inicial com a publicação das primeiras edições, a controvérsia permanece. Cipriani sustenta que o livro encerra uma dura e severa crítica à magistratura, bem como ao comportamento profissional do advogado chicaneiro, no que é rebatido por Paolo Barile e Alessandro Galante, dois ex-alunos de Calamandrei, para quem o livro traz apenas uma sátira bem-humorada da justiça italiana.[15]

José Rogério Cruz e Tucci, a seu turno, entende que a obra "encerra a experiência de uma fecunda vida profissional, que desnuda, com absoluta franqueza e de modo equânime, as virtudes e as mazelas não só dos juízes, mas, igualmente, dos advogados".[16]

A despeito das divergências suscitadas, fato é que todas essas manifestações e disputas interpretativas só tornam ainda mais viva a obra de Calamandrei.

A atualidade da obra de Calamandrei: lições para um sistema de precedentes

O que surpreende sobre o livro é que, tendo decorrido sessenta anos da publicação da sua última edição, não perdeu sua força; pelo contrário, continua ecoando,[17] já que o seu conteúdo, com as necessárias adaptações de tempo e lugar, constitui ensinamentos plenamente aplicáveis aos dias de hoje, porque, através das reflexões de Calamandrei, advogados podem conhecer a perspectiva dos juízes e vice-versa, sempre de uma visão de interpenetração inescapável e necessária entre ambas as figuras forenses.

Nesse contexto, exsurgem contribuições calamandreianas importantes para a ciência processual civil brasileira, notadamente no que diz respeito à consolidação do sistema de precedentes no direito brasileiro. Para fins ilustrativos, destacam-se dois aspectos importantes de *Eles, os juízes, vistos por um advogado*: (i) a função profilática do advogado na contenção da litigiosidade; e (ii) a fundamentação das decisões judiciais.

Primeira lição: a função profilática do advogado na contenção da litigiosidade

Calamandrei inaugura o oitavo capítulo, intitulado "Considerações sobre a chamada litigiosidade", com uma reflexão acerca da função do advogado na contenção de demandas infundadas. O autor faz uma importante ponderação, no sentido de que o primeiro filtro de admissibilidade da demanda é o próprio causídico, que deve dissuadir o demandista, que "gosta dos processos porque estes renovam-lhe, gradativamente, a ansiedade da expectativa".[18] É nesse sentido que o autor defende a função profilática do advogado na contenção da litigiosidade:

> Há um momento em que o advogado civilista deve encarar a verdade de frente, com o olhar desapaixonado do juiz. É o momento em que, chamado pelo cliente para aconselhá-lo sobre a oportunidade de intentar uma ação, tem o dever de examinar imparcialmente, levando em conta as razões do eventual adversário, se pode ser útil à justiça a obra de parcialidade que lhe é pedida. Assim, em matéria cível, o advogado deve ser o juiz instrutor dos seus clientes, e sua utilidade social será tanto maior quanto maior for o número de sentenças de improcedência pronunciadas em seu escritório.
>
> O trabalho mais precioso do advogado civilista é o que ele realiza antes do processo, matando os litígios logo no início com sábios conselhos de negociação, e fazendo o possível para que eles não atinjam aquele paroxismo doentio que torna indispensável a recuperação na clínica judiciária. Vale para os advogados o mesmo que para os médicos: embora haja quem duvide que o trabalho deles seja de fato capaz de modificar o curso da doença já declarada, ninguém ousa negar a grande utilidade social da sua obra profilática.
>
> O advogado probo deve ser, mais do que o clínico, o higienista da vida judiciária — e, precisamente por esse trabalho diário de desinfecção da litigiosidade, que não chega à publicidade dos tribunais, os juízes deveriam considerar os advogados como seus mais fiéis colaboradores.[19]

Interessante notar que tais ponderações permanecem sendo pertinentes atualmente. No contexto do direito brasileiro, em razão da tão propalada crise de litigiosidade, foram pensados diversos mecanismos de dissuasão das demandas infundadas, dentre os quais destaca-se o sistema de pronunciamentos qualificados, ou de jurisprudência e precedentes definidos legalmente.

Nesse viés, o art. 332 do Código de Processo Civil de 2015 autoriza que o juiz julgue liminarmente improcedente o pedido que contrariar (i) enunciado de súmula do Supremo Tribunal Federal ou do Superior Tribunal de Justiça; (ii) acórdão proferido pelo Supremo Tribunal Federal ou pelo Superior Tribunal de Justiça em julgamento de recursos repetitivos; (iii) entendimento firmado em incidente de resolução de demandas repetitivas ou de assunção de competência; ou (iv) enunciado de súmula de tribunal de justiça sobre direito local. Do mesmo modo, incumbe ao relator, nos termos do art. 932, inciso IV, negar provimento a recurso que for contrário a (i) súmula do Supremo Tribunal Federal, do Superior Tribunal de Justiça ou do próprio tribunal; (ii) acórdão proferido pelo Supremo Tribunal Federal ou pelo Superior Tribunal de Justiça em julgamento de recursos repetitivos; ou (iii) entendimento firmado em incidente de resolução de demandas repetitivas ou de assunção de competência.

Essas são apenas algumas medidas legislativas destinadas a dissuadir a litigiosidade infundada, caracterizada por contrariar entendimentos firmados em sede de precedentes com efeitos vinculativos. Ocorre que o funcionamento desse sistema de precedentes exige mais do que uma mudança legislativa, requer uma ruptura de paradigmas:

> O caráter vinculativo para determinados pronunciamentos judiciais, disposto no art. 927 do novo CPC, se afigura em conformidade com a ordem constitucional. Mas não deixa de representar uma ruptura com a cultura e os paradigmas estabelecidos na comunidade jurídica, de que se pode e se deve sempre ajuizar uma demanda, resistir a uma pretensão ou interpor um recurso, ainda que contra o entendimento dos tribunais, não se impondo limites à inconformidade.[20]

Como se vê, a função profilática do advogado na contenção da litigiosidade é assunto que continua sendo objeto de debates, sobretudo no contexto do direito brasileiro, uma vez que o tema ganha novo fôlego a partir do advento do sistema de precedentes em nosso país.

Segunda lição: a fundamentação das decisões judiciais

Ainda em sua mocidade, o jovem Calamandrei debruçou-se sobre *La genesi logica dela sentenza civile* (1914) para explicar que "o processo de subsunção, embora tenha um esquema formal, reveste-se de enorme complexidade, porque, em apertada síntese, qualquer processo se caracteriza por inúmeros pontos de direito e de fato que reclamam solução e que impõem, para o seu respectivo julgamento, uma operação lógica ao juiz".[21] Dessa maneira, o mestre florentino partia de uma premissa de que o juiz, ao percorrer caminhos mentais de subsunção do fato à norma, chegaria à conclusão final e, por conseguinte, ao resultado do julgamento.

Passadas duas décadas desde a publicação desse texto, Calamandrei volta ao tema no capítulo dez de *Eles, os juízes, vistos por um advogado*, intitulado "Do sentimento e da lógica nas sentenças", mas apresenta abordagem mais madura e crítica a respeito da gênese da sentença civil:

> A fundamentação das sentenças é certamente uma grande garantia da justiça, quando consegue reproduzir exatamente, como num esboço topográfico, o itinerário lógico que o juiz percorreu para chegar à sua conclusão. Nesse caso, se a conclusão estiver errada, poder-se-á descobrir facilmente, através da fundamentação, em que etapa do seu caminho o juiz perdeu o rumo.
> Mas quantas vezes a fundamentação é uma reprodução fiel do caminho que levou o juiz até aquele ponto de chegada? Quantas vezes o juiz está em condições de perceber com exatidão, ele mesmo, os motivos que o induziram a decidir assim?
> Representa-se escolarmente a sentença como o produto de um puro jogo lógico, friamente realizado com base em conceitos abstratos, ligados por uma inexorável concatenação de premissas e consequências; mas, na realidade, no tabuleiro do juiz, as peças são homens vivos, que irradiam invisíveis forças magnéticas que encontram ressonâncias e repulsões, ilógicas mas humanas,

nos sentimentos do judicante. Como se pode considerar fiel uma fundamentação que não reproduza os meandros subterrâneos dessas correntes sentimentais, a cuja influência mágica nenhum juiz, mesmo o mais severo, consegue escapar?[22]

Há um salto no tom crítico do autor de 1914 (data de publicação do primeiro texto) para 1935 (data de publicação da primeira edição de *Eles, os juízes, vistos por um advogado*): em seu texto mais maduro, o autor reconhece a influência de elementos subjetivos na formação da convicção do magistrado, levando-o a admitir que a gênese da sentença não é um caminho puramente lógico, mas sim marcada por vicissitudes ilógicas. Ainda assim, a fundamentação das decisões judiciais continua sendo retratada como "uma grande garantia da justiça".

O amadurecimento de Calamandrei fica ainda mais nítido quando observamos que, na terceira edição, o autor incluiu mais um episódio do seu dia a dia forense que ilustra a tese de que a formação da convicção nem sempre respeita padrões racionais lógicos:

> De que insuspeitadas e remotas vicissitudes pessoais ou familiares derivam com frequência as opiniões dos juízes e a sorte dos réus!
>
> Certa vez, no Tribunal de Cassação, eu defendia uma causa relativa a um pretenso vício redibitório de um cavalo mordedor. O comprador sustenta ter percebido que o cavalo por ele comprado tinha o vício de morder, e pedia, por isso, a resolução da venda; mas o Tribunal de Apelação não admitira o fato de que o cavalo fosse mordedor e, portanto, rejeitara a ação. O comprador derrotado recorrera em cassação. Eu defendia o vendedor, mas tinha tanta certeza de que o recurso seria rejeitado (precisamente porque em cassação não se pode rediscutir o fato), que, ao chegar minha vez de falar, renunciei à palavra.
>
> Levantou-se então o procurador-geral, o qual, contrariamente à minha expectativa, declarou que o recurso era fundadíssimo e devia ser acolhido.

Meu estupor foi tal que, terminando o julgamento, não pude me impedir de me aproximar de seu assento para lhe dizer:

— Excelência, como é difícil para os advogados fazer previsões sobre o resultado dos recursos! Nessa causa, eu teria jurado que mesmo o senhor teria concluído pela rejeição.

Ele me respondeu:

— Caro advogado, contra os cavalos mordedores nunca se é bastante severo. Muitos anos atrás, eu ia a pé pela cidade, com meu filho pela mão, e aconteceu-nos passar perto uma carroça, parada junto da calçada. O senhor não vai acreditar: aquele cavalão de ar inocente virou-se de repente e deu uma dentada no braço do meu menino. Fez-lhe uma ferida profunda assim, que para sarar foi preciso mais de um mês de tratamentos. Desde então, quando ouço falar de cavalos mordedores, sou inexorável![23]

A aplicação desse raciocínio aos precedentes gera, pelo menos, duas preocupações. A primeira é que, a despeito das convicções pessoais do julgador, a decisão judicial que fixa um precedente com efeito vinculativo requer alto grau de clareza e objetividade, eis que sua fundamentação servirá de parâmetro para os casos que o sucederem.

A segunda preocupação decorre da adequada aplicação dos precedentes, pois não basta que a decisão que tenha fixado o precedente seja clara e objetiva, sendo necessário que as demais decisões judiciais — que apliquem ou deixem de aplicar o precedente — façam a devida fundamentação a respeito da existência, ou não, de similitude fática e jurídica acerca do caso que está sendo julgado e daquele no qual se originou o entendimento vinculativo. Nesse sentido:

> Por certo, para que o precedente seja respeitado, impõe-se uma mudança cultural e, eventualmente, legislativa, no sentido de que os órgãos judiciais tenham que observar os precedentes e, somente com a devida fundamentação, a partir dos métodos de distinção ou de superação, ousar não aplicar o precedente.

Os precedentes precisam dispor de clareza, solidez e profundidade nos seus fundamentos, pois, do contrário, dificilmente serão respeitados e seguidos. Isso não significa que este cuidado tenha que estar presente em todas as decisões judiciais. Esclarecendo, as decisões judiciais, em geral, precisam estar fundamentadas. Mas, se não representam inovação, mas simples aplicação de precedentes, poderão, naturalmente, se valer dos fundamentos, e consequentemente da clareza, solidez e profundidade contidos no *leading case* seguido. Portanto, a preocupação reforçada com a fundamentação seria inerente aos precedentes e também às decisões que venham se distanciar do precedente, seja a partir do *distinguishing* ou do *overruling*.[24]

Levando em consideração o ônus argumentativo inerente aos precedentes, é possível afirmar que os estudos de Calamandrei acerca da estrutura de fundamentação das decisões judiciais permanece atual e relevante, na medida em que estimula a objetividade do ato decisório, sem ignorar as dificuldades relacionadas aos aspectos subjetivos do julgador.

Notas conclusivas

Depois de mais de oito décadas desde a primeira publicação de *Eles, os juízes, vistos por um advogado*, sua influência na literatura jurídica mundial é inquestionável. Mesmo assim, pelo menos uma questão permanece aberta.

No prefácio à segunda edição, foi registrada a inquietação do "mais alto magistrado da Itália", que, escrevendo sobre o livro, perguntou: "Quando virá o elogio aos advogados escrito por um juiz?" Àquela época, nos idos de 1938, Calamandrei assinalou a ausência de solução para a referida pergunta, mas deixou claro que "se acontecer que a resposta venha, os advogados, ao lerem sua louvação saída da pena de um juiz, perceberão que, para falar bem dos advogados, não se pode fazer outra coisa senão repetir quase literalmente o que se deve dizer para louvar os juízes".[25]

O *Elogio dei Giudici scritto da un avvocato*, na verdade, é uma obra universal sobre a Justiça, vista por aqueles que possuem a função essencial de levar as angústias e agruras da sociedade ao Poder Judiciário, na busca de uma solução. Contudo, a obra de Calamandrei indica e confirma a possibilidade e a realidade da falibilidade humana na realização das suas funções no contexto jurídico pelos profissionais da área, especialmente daqueles que possuem a função de decidir, embora possam, por vezes, não se ater à importância e aos valores relacionados com esta profícua atividade. As advertências formuladas, e são naturalmente muitos os pontos fracos, precisam ser, de fato, ouvidas e, mais, levadas a todos que pretendem exercer o múnus da busca da justiça. Por isso, o livro é recomendável, antes de mais nada, para os estudantes de Direito, pois o retrato exposto é um alerta contra o que não deve ser feito, o que deve ser evitado. Portanto, melhor a prevenção, a partir da denúncia contra as máculas. Por certo, aqueles que leram, entenderam e incorporaram as preocupações manifestadas pelo autor italiano estarão mais atentos e, quiçá, imunes às incomensuráveis tentações e desvios no caminho da justiça. Como mencionado no início deste texto, a falta de correspondência na tradução em língua portuguesa, em relação ao título, deixando de lado a menção ao elogio, retira um pouco a ideia mais exata da dificuldade inerente e histórica de se bem exercer, se isso for possível, a atividade de se julgar os semelhantes. Sendo assim, os aspectos negativos e positivos que normalmente permeiam a tarefa de julgar são ressaltados e ilustrados de modo peculiar na obra de Calamandrei, servindo como marco do que se deve evitar ou buscar no dia a dia forense.

A obra *Eles, os juízes, vistos por um advogado* é o "elogio da justiça e dos homens de boa vontade que, sob a toga do juiz ou a beca do advogado, dedicaram sua vida a servi-la".[26]

Notas

1 Nesse sentido: "Embora não tenha conseguido alcançar a sua meta — o Código de Processo Civil Italiano de 1940, elaborado por Carnelutti, Calamandrei e Rendini, Chiovenda embute fortemente as suas influências" (MENDRONI, Marcelo Batlouni. *Síntese da evolução histórico-científica do processo*. Disponível em: <http://www.amprs.org.br/arquivos/comunicao_noticia/mendroni1.pdf>. Acesso em: jul. de 2019).

2 CIPRIANI, Franco. *Scritti in onore dei patres*. Milano: Giuffrè Editore, 2006, p. 338.

3 RODOTÀ, Stefano. Piero Calamandrei. In: *Dizionario biografico degli italiani*. Roma, Istituto dell'Enciclopedia Italiana, v. 16, 1973. Disponível em: <http://www.treccani.it/enciclopedia/piero--calamandrei_%28Dizionario-Biografico%29/>. Acesso em: jul. de 2019.

4 CALAMANDREI, Piero. *Eles, os juízes, vistos por um advogado*. Trad. Eduardo Brandão. 2. ed. São Paulo: WMF Martins Fontes, 2015, p. 8-9.

5 Cálamo (do grego καλαμος, kálamos: haste, cana, junco) é um instrumento para a escrita, feito de um pedaço de cana ou junco, talhado obliquamente ou afinado na extremidade, utilizado antigamente para escrever em tábuas de argila, papiros e pergaminhos. Disponível em: <http://tipografos.net/glossario/calamo.html>. Acesso em: jul. de 2019.

6 Do grego antigo ἀνδρός (andrós), genitivo singular de ἀνήρ (anér): homem, varão; marido, esposo. Disponível em: < https://pt.wiktionary.org/wiki/andro->. Acesso em: jul. de 2019.

7 CALAMANDREI, Silvia. El joven Calamandrei, naturalista. In: *Revista Jueces para la Democracia*: Información y debate, nº 83, jul./2015, p. 149. Disponível em: <http://www.juecesdemocracia.es/wp-content/uploads/2017/01/revista-83-Julio-2015.pdf>. Acesso em: jul. de 2019.

8 ALPA, Guido. *Piero Calamandrei: la fede nel diritto, avvocatura e costituzione*. Disponível em: <http://www.biblioteca.montepulciano.si.it/system/files/Calam_Catalogo_Interno_1502_beige.pdf>. Acesso em: jul. de 2019.

9 CRUZ E TUCCI, José Rogério. *Piero Calamandrei – vida e obra*: Contribuição para o estudo do processo civil. Ribeirão Preto: Migalhas, 2012.

10 Cabe registrar — e compartilhar — a crítica formulada por José Rogério Cruz e Tucci a respeito da tradução do título da obra para a língua portuguesa: "Inexplicável e lamentavelmente, a versão portuguesa mutilou o que de mais emblemático a obra contém, que é exatamente o seu título. Na tradução de Ary dos Santos, o título *nonsense* que a obra recebeu foi o seguinte: *Eles, os juízes, vistos por um advogado*, Lisboa: Livr. Clássica Ed., 1960. Observe-se que é com esse título que o *Elogio* de Calamandrei é conhecido no Brasil!" (CRUZ E TUCCI, José Rogério. *Piero Calamandrei — vida e obra*: Contribuição para o estudo do processo civil. Ribeirão Preto: Migalhas, 2012, p. 40).

11 CALAMANDREI, Piero. *Eles, os juízes, vistos por um advogado*. Trad. Eduardo Brandão. 2. ed. São Paulo: Editora WMF Martins Fontes, 2015, p. XXXIII.

12 CALAMANDREI, Piero. *Eles, os juízes, vistos por um advogado*. Trad. Eduardo Brandão. 2. ed. São Paulo: Editora WMF Martins Fontes, 2015, p. XXXIII.

13 No original: "*Caposaldo della dottrina fascista è la concezione dello Stato, della sua essenza, dei suoi compiti, delle sue finalità. Per il fascismo lo Stato è un assoluto, davanti al quale individui e gruppi sono il relativo. Individui e gruppi sono 'pensabili' in quanto siano nello Stato*". Disponível em: <http://www.polyarchy.org/basta/documenti/fascismo.1932.html>. Acesso em: jul. de 2019.

14 CALAMANDREI, Piero. op. cit., p. XXXVI.

15 CRUZ E TUCCI, José Rogério. *Piero Calamandrei – vida e obra*: Contribuição para o estudo do processo civil. Ribeirão Preto: Migalhas, 2012, p. 47-48.

16 CRUZ E TUCCI, José Rogério. *Piero Calamandrei — vida e obra*: Contribuição para o estudo do processo civil. Ribeirão Preto: Migalhas, 2012, p. 44.

17 Para ilustrar a influência do livro na formação dos juristas, menciona-se a obra coletiva "*Ele, Shakespeare, visto por nós, os advogados*", organizada por José Luiz Alquéres e José Roberto de Castro Neves, e publicada pela Edições de Janeiro, em 2017, cujo título é uma paráfrase do livro de Calamandrei.

18 CALAMANDREI, Piero. op. cit., p. 96.

19 Ibidem, p. 95-96.
20 MENDES, Aluisio Gonçalves de Castro. *Incidente de resolução de demandas repetitivas*: Sistematização, análise e interpretação do novo instituto processual. Rio de Janeiro: Forense, 2017, p. 99.
21 CRUZ E TUCCI, José Rogério. op. cit., p. 84.
22 CALAMANDREI, Piero. op. cit., p. 115.
23 Ibidem, p. 13-14.
24 MENDES, op. cit., p. 87.
25 CALAMANDREI, Piero. *Eles, os juízes, vistos por um advogado*. Trad. Eduardo Brandão. 2. ed. São Paulo: Editora WMF Martins Fontes, 2015, p. XL.
26 CALAMANDREI, Piero. *Eles, os juízes, vistos por um advogado*. Trad. Eduardo Brandão. 2. ed. São Paulo: Editora WMF Martins Fontes, 2015, p. XL.

O AJUDANTE

Marcelo Barbosa

> *One night he felt very bad about all the wrong he was doing and vowed to set himself straight. If I could do one right thing, he thought, maybe that would start me off.*[1]

Culpa e arrependimento são os temas centrais em *O ajudante*,[2] segundo romance de Bernard Malamud. Na obra, estão presentes as características que identificam o estilo do autor norte-americano: o registro seco e preciso, o humor sombrio, o uso de gente simples nos papéis principais, e narrativas que funcionam como verdadeiros ensaios sobre questões fundamentais da vida.

Uma vez que, também no Direito, culpa e arrependimento são conceitos presentes de forma importante, em especial para orientar, servir de parâmetros para a interpretação de condutas, entendi que caberia incluir a obra em uma coletânea em que profissionais do mundo jurídico comentam os ensinamentos que grandes livros de sua preferência ensinam sobre justiça.

Não menos importante, me pareceu uma boa oportunidade para tentar atrair atenção para um extraordinário autor, infelizmente pouco conhecido no Brasil. E este *O ajudante* está entre as obras cuja leitura mais me agradou. Não apenas pela narrativa em si, mas pela extraordinária qualidade da escrita, que claramente revela um exercício rigoroso de concepção do texto. A leitura de Malamud é especialmente prazerosa para quem aprecia o resultado de uma escolha meticulosa de palavras, sem espaço para excessos, decorrente de uma segurança que somente os grandes autores têm. Não há voltas, não há rodeios, nada de que se possa prescindir.[3]

Embora *The Fixer* seja a obra de Bernard Malamud com maior reconhecimento por parte de público e crítica,[4] hesito em considerar *O ajudante* ou *The Natural* como pertencentes a um patamar menos elevado. O grande Philip Roth se referiu a *O ajudante* como a obra-prima de Malamud, ambientada no mais sombrio Brooklyn, e que seus contos estão entre os melhores que já leu ou que jamais lerá.[5] Saul Bellow, outro gigante da literatura, contemporâneo de Malamud, na elegia feita por ocasião do funeral de Malamud se referiu a ele como um autor original, de primeira linha. É em boa companhia, portanto, que considero que os romances de Malamud, somados às suas edições de contos,[6] formam uma obra que o coloca ombro a ombro com os maiores autores norte-americanos do século passado.[7]

A história se passa durante a Grande Depressão, em uma região do Brooklyn habitada por famílias de imigrantes de diversas proveniências. Morris Bober, proprietário de uma mercearia decadente, sua esposa Ida e sua filha Helen vivem um cotidiano desolador em uma vizinhança onde são obrigados a conviver com referências a possibilidades da vida que poderiam ter, e ao mesmo tempo lidar com marginais e com a concorrência de comerciantes em melhores condições para atrair a clientela.[8]

Manter a mercearia como um negócio capaz de lhes prover algum sustento vai se tornando um objetivo inalcançável, o que acaba fazendo com que Helen deixe de lado seus estudos universitários para trabalhar como secretária e assim complementar a renda da família. No trajeto diário para o trabalho, ela lê, e, na leitura, encontra algum distanciamento de uma vida sem maiores alegrias.

O convívio entre pai, mãe e filha segue um penoso roteiro em que cada um lida com seus fardos — em boa parte, autoinfligidos — à sua maneira. À questão financeira e à falta de perspectivas soma-se o vazio deixado pela morte de Ephraim, o filho de Morris a Ida, cuja lembrança não os abandona.

Ida, que com o passar do tempo foi mantendo o casamento com Morris mais por resignação que por qualquer outro motivo, contesta diariamente as escolhas do marido, que parecem prender a família àquela vida de dificuldades financeiras e sociais. O marido deveria administrar melhor a mercearia, manter melhores relacionamentos com os vizinhos, cuidar melhor da própria saúde. No fundo, o azedume mostra a inquietude de Ida com sua própria escolha por Morris e, de certa forma, confrontá-lo é uma forma de aliviar seu próprio desconforto.

Morris, por sua vez, vive penosamente entre a ruína de seu pequeno comércio, uma vida familiar cheia de arestas e a convivência com Julius Karp, o proprietário do imóvel em que fica a mercearia, e que decide alugar a loja ao lado para um concorrente que lá se instala com muito mais recursos, atraindo a clientela que tanta falta lhe faz. Karp, tal qual Bober, é imigrante, tem o iídiche como idioma original e instalou um pequeno comércio para dele tirar seu sustento. Mas as semelhanças não vão mais longe, já que Karp, pragmático, antevê o final do período da Lei Seca[9] e, mediante trocas de favores, obtém licença para vender bebidas alcoólicas e rapidamente aumentar seu faturamento e adquirir o prédio onde estão a mercearia de Morris e outros estabelecimentos. Logo no início da narrativa, apesar de haver prometido a Bober que não iria alugar a loja ao lado (recém-deixada por um alfaiate) para algum comércio concorrente, faz exatamente o oposto, abrindo espaço para o alemão Schmitz, que ali se instala e, com seu êxito, agrava ainda mais a situação da pequena mercearia.

Sendo um sujeito correto e de bom coração, por vezes Morris concede favores a clientes sem dinheiro. Não raro, chega a atender a apelos de pessoas conhecidas em situação de miséria, sempre com o cuidado de manipular o caderno de entradas e saídas, para evitar que Ida perceba e o recrimine.

Em algumas passagens, percebemos Bober espiando a evolução da vida de seus vizinhos e famílias, e refletindo sobre como ele mesmo poderia ter feito escolhas diferentes, que possivelmente teriam alçado sua família a um padrão de vida melhor. Se tivesse apoiado Helen diante de suas dúvidas sobre interesses românticos de filhos de vizinhos, quem sabe aquilo não teria permitido, ao menos a sua filha, antever algum alento para seu futuro.

E Helen, de fato, tinha suas próprias razões para viver desconsolada. Tendo abandonado os estudos universitários para ajudar a família com a renda de seu trabalho como secretária, ela se refugia nos livros e, ao mesmo tempo, se deixa angustiar com a presença de Louis Karp (filho de Julius) e Nat Pearl (de uma família de imigrantes próximos aos Bober), que no passado se mostraram interessados nela. Porém, eles não tinham interesse exatamente romântico, muito menos planos para o longo prazo, como ela aspirava.

É nesse contexto que surge Frank Alpine, jovem de ascendência italiana, que leva uma vida errante, entre biscates e flertes com a marginalidade. Alpine é inseguro, altamente suscetível a aceitar saídas fáceis para os problemas que a vida lhe apresenta. Apesar de, ao longo da narrativa, sempre se mostrar consciente de seus vícios de caráter, acaba sendo mais do que meramente complacente com desvios éticos. Porém, a cada falta que comete, Alpine prontamente se põe a buscar uma forma de expiação, como ocorre quando se oferece para trabalhar com Bober após ter participado de um assalto à mercearia com um comparsa, ambos encapuzados.

A narrativa que segue do encontro entre a família Bober, fragilizada pela combinação de seus poucos recursos e um cenário bastante adverso na vizinhança, e Alpine, que aceita condicionar sua sobrevivência ora a pequenos trabalhos, ora a transgressões variadas, é entremeada por reflexões dos personagens sobre suas esperanças e medos. Em diversas passagens, as decisões tomadas por Alpine não demoram a se provar equivocadas, e suas consequências lhe são pesadas. Em alguns casos, percebe-se claramente que, já de antemão, ele se vê na iminência de violar alguma regra legal ou moral — e mesmo assim não é capaz de se conter.

O tema do arrependimento está presente durante todo o percurso de Frank Alpine, o tal ajudante a que se refere o título. O leitor já o percebe após a primeira aparição do personagem, que entra no universo dos Bober quando participa de um assalto à mão armada à mercearia da família. Acompanhado de um comparsa, Alpine se mostra hesitante e, sem sucesso, tenta fazer com que o cúmplice não agrida Bober.

Como resultado, Morris Bober adoece e necessita de um período de repouso, durante o qual Ida se encarrega da mercearia. Dias depois, Alpine passa a aparecer casualmente nas cercanias, fazendo-se notar por Helen.

Aos poucos, Bober se recupera e Alpine se aproxima dele, inicialmente prestando pequenos favores, como carregar volumes cujo peso já se mostrava acima da capacidade de Morris, e começa a ter alguma convivência com a família, especialmente Morris e Ida, até que se oferece para trabalhar na mercearia por alguma semanas. Sua oferta, no entanto, é inicialmente rejeitada por Morris, sob a alegação de que não quer que outros vivam a mesma vida de sofrimento, e para tanto é melhor que sequer inicie por aquele caminho.

No entanto, as vidas de Alpine e da família Bober parecem fadadas a se cruzar, e o entrelace começa a se intensificar quando Alpine se instala no porão da mercearia sem ser notado, e se põe a subtrair itens da loja para se alimentar. Leite, pães, apenas o suficiente. Quando, após alguns dias, é descoberto por Morris, este, no lugar de expulsá-lo e denunciá-lo, permite que fique por ali e durma em um sofá — sob protestos de Ida, que desde o início não nutre qualquer simpatia pelo jovem.

Com o passar do tempo, começam a se desenvolver relações complexas entre Frank Alpine e cada integrante da família. Morris se vê forçado a contar, cada vez mais, com a ajuda de Alpine para serviços gerais, especialmente quando se exige maior esforço físico. A saúde de Morris há tempos vinha lhe exigindo maiores cuidados, e depois do assalto sofrido, sua condição apenas se agrava. Assim, por menor que fosse a confiança que a família tinha em Alpine, sua presença e disponibilidade acabavam impondo um crescente envolvimento do jovem na vida dos Bober.

Alpine via ali não apenas uma possibilidade de garantir sustento digno, mas também um caminho para fazer as pazes com sua consciência, ao menos com relação à participação no assalto à mercearia.

É interessante perceber que, mesmo em seu exercício de expiação, Frank Alpine não deixa de se servir do que está à sua volta na loja, ainda que em pequenas quantidades, e de dar módicos desfalques no caixa. Por outro lado, sua presença mais viva e simpática, e sua disposição para apresentar ofertas aos fregueses, acabam servindo para atrair freguesia, e com isso aumenta a receita do pequeno comércio dos Bober.

Porém, haveria mais. Frank Alpine tinha interesse em Helen Bober, e desde o início procura maneiras de encontrá-la casualmente, julgando que não será difícil. Entretanto, Ida, sempre cismada, guarda diligentemente os espaços e faz o que pode para evitar que os dois jovens convivam. A essa postura de Ida, Frank reagia de duas formas. Na aparência, procurava sempre parecer gentil e breve em suas interações. Ao mesmo tempo, sorrateiramente se esgueirava pela passagem de ar para observar Helen durante o banho, para depois deixar sua imaginação atormentá-lo com as lembranças do que via.

Apesar de os negócios apresentarem significativa melhora, e de Frank receber — e rejeitar — uma oferta de aumento por parte de Morris, Ida continua escabreada com o jovem, a quem trata quase como um intruso. Melhor dizendo: nos assuntos da loja, ela o vê como uma ajuda bem-vinda, desde que se mantenha distante de sua filha. E Ida se frustra com a pouca atenção que Morris parece lhe dar quando ela o alerta sobre Frank Alpine.

Aos poucos, Frank começa a se aproximar de Helen, e com isso conquista um pouco de sua confiança. Logo descobre que ela usa suas horas livres para ir à biblioteca local e ler clássicos, e passa a também fazê-lo, mas obviamente sem um sincero interesse literário. Com isso, consegue ter momentos de privacidade com ela durante caminhadas de volta da biblioteca, cafés, idas ao cinema, e por fim acaba despertando em Helen um interesse romântico.

O romance, no entanto, evolui a passos mais lentos do que Frank gostaria, e Helen não parece disposta a ceder aos seus impulsos tão cedo. E a reação dele nem sempre revela disposição para esperar por um suposto momento certo.

Aos poucos, Ida começa a desconfiar, e finalmente flagra um encontro dos dois. Vai ter com Helen, confrontando-a e deixando muito clara sua posição contra qualquer relacionamento entre a filha e aquele homem que, embora viva e trabalhe ali, a rigor é um desconhecido. Insiste em que Helen fale com sua amiga Betty Pearl no intento de averiguar se há esperança em retomar um contato com o irmão dela, Nat, este sim um jovem promissor e, por ser conhecido da família, confiável. E volta a se frustrar com Morris quando, após lhe avisar sobre o que presenciara, percebe no marido uma reação sem maiores sobressaltos.

O enredo se agrava ainda mais quando o comparsa de Alpine no assalto o procura novamente para lhe atrair para outra "missão", e, diante da negativa, ameaça delatá-lo para Morris Bober. Mesmo assim, Frank não se convence.

E, para piorar, Julius Karp decide procurar Morris para lhe avisar de sua própria desconfiança com relação a Alpine. O que move Karp, contudo, não é o interesse no bem de Bober. Aquilo se revela apenas uma tática para afastar Alpine e melhorar as condições para que seu filho possa tentar se relacionar com Helen. Primeiro, Karp diz a Bober que desconfia que Alpine lhe está subtraindo quantias do caixa da mercearia. Em seguida, lhe mostra que o que tem feito os negócios melhorarem não é um suposto talento de Alpine para o comércio, mas sim o fato de que a mercearia concorrente, do alemão Schmitz, vinha funcionando de forma precária. E lhe informa que em breve será assumida por dois irmãos noruegueses, estes sim capazes de representar uma autêntica ameaça a Bober, quem sabe até seu final definitivo como comerciante.

Frank Alpine andava aturdido com o aparente desmoronamento de uma vida melhor que, ao menos lhe parecia, começava a se desenhar. Sua proximidade com os Bober era tamanha que, de tanto ouvir Morris se lamentar e alertá-lo para evitar sobre caminhos equivocados da vida, em alguns momentos se pega raciocinando em frases construídas tal como se pensadas em iídiche.

Mais do que isso, Alpine se percebe questionando o mundo ao seu redor com base em parâmetros religiosos, e procura refletir sobre o que é justo e o que é bom sob a ótica dos preceitos judaicos, segundo o que havia aprendido com Morris. Aos que leem esta resenha e pensam, não sem razão, que a adoção dos preceitos judaicos por Frank Alpine apenas representa um pragmatismo insincero e amoral, advirto que o final dessa história traz um desfecho bastante contundente nesse aspecto.

Certa noite, Frank Alpine encontra Helen em um parque que lhes havia servido de ponto de encontro muitas vezes, e presencia Ward Minogue — seu comparsa no assalto e, por sinal, filho de um policial local — tentando violentá-la. Alpine, que se encontrava alcoolizado, enfrenta o agressor e consegue livrar Helen da ameaça. Porém, descontrolado, decide beijar Helen e, ante a recusa dela, acaba ele próprio a estuprando.

A partir deste ponto da trama, as desconfianças veladas se fazem expostas, até pela gravidade do que ocorre. As possibilidades de Frank Alpine adotar uma vida digna parecem se tornar menos que improváveis, não apenas à frente do balcão da mercearia, mas também — e muito menos — quanto a um possível relacionamento com Helen.

O leitor provavelmente chega a essa altura da narrativa intrigado com que tipo de comportamento Frank Alpine irá adotar de forma a tentar mostrar arrependimento suficiente para buscar sua manutenção no seio da família Bober. Ele, ao que parece, genuinamente busca deixar no passado seus malfeitos e se pautar pela decência e pela seriedade, ou ao menos assim ser percebido.

E aqui não há como deixar de se recorrer ao paralelo com a referência que o Direito Penal oferece: o arrependimento e seus possíveis efeitos sobre a responsabilização do agente. Não pretendo aqui, obviamente, tentar simular como seria um julgamento de Frank Alpine pelas regras do Direito brasileiro; se, por exemplo, demonstrando arrependimento e retornando aos Bober o que deles subtraiu, seria merecedor do perdão. De toda sorte, certamente não lhe seria permitido o favor previsto no Código Penal para casos de arrependimento posterior,[10] dada a configuração de conduta violenta contra Helen Bober.

A questão aqui é que, naquele momento, a família se encontrava em situação tão frágil que, mesmo após tudo o que Frank Alpine lhes havia feito, sua determinação em permanecer por perto e participar da gestão do pequeno comércio acaba se impondo sobre a rejeição que passa a sofrer dos Bober. O que se vê a partir da passagem do estupro é o afastamento de Helen — e aparentes esforços dela e de sua família junto aos Pearl e aos Karp, o enfraquecimento da saúde de Morris, e o maior engajamento de Ida nos esforços para evitar que tudo ao seu redor se desprenda e se esvaia de vez. Assim, ela convence Helen e abrir seus horizontes em matéria de relacionamentos pessoais, e Morris a intensificar seus esforços de venda da mercearia e de tentativa de busca de outro emprego.

Tudo isso, entretanto, em vão.[11]

Como se estivessem presos um ao outro, Alpine e a família Bober continuam convivendo, apesar do histórico de crimes do primeiro. Alpine parece realmente imbuído de uma missão de inspiração ético-religiosa, menos por verdadeira identificação e mais por ter vivido parte de sua infância em um lar religioso para órfãos e, mais recentemente, por presenciar a firmeza de Morris, alicerçada em preceitos religiosos,[12] resistir ante a todas as adversidades.

E assim, o ajudante a que alude o título segue resoluto, até o final, resistindo aos questionamentos de Ida e ao afastamento de Morris e de Helen. O comércio piora ainda mais, Helen parece se entender com Nat Pearl — mas apenas parece —, e Morris, após muitas idas e vindas, queda vencido pela pneumonia que o vinha acompanhando por boa parte de sua vida.

A morte de Morris acaba por imbuir Frank de maior firmeza em seu propósito de melhorar a vida da família Bober e, ao mesmo tempo, se tornar uma pessoa melhor. Ele consegue persuadir Helen a aceitar sua oferta de ajuda financeira para que ela possa, enfim, retomar os estudos, sem com isso insistir em qualquer reaproximação.

Ao final, após encontrar algum consolo em um cotidiano que, se não permitia prever dias melhores do ponto de vista financeiro, ao menos lhe colocava em posição de alguma confiança perante Ida e Helen Bober e a vizinhança, Frank Alpine decide se circuncisar e se converter ao judaísmo. "Após a Páscoa, ele se tornou um judeu."

É assim que Malamud conclui *O ajudante*: com uma mensagem curta, direta e que é capaz de sintetizar todo o percurso do protagonista.

Notas

1. Em tradução livre: "Certa noite, sentiu-se muito mal por tudo o que vinha fazendo de errado, e prometeu a si mesmo que tomaria jeito. Se eu puder fazer uma coisa certa, pensou, talvez isso me ponha no caminho."
2. A obra foi adaptada para o cinema, tendo sido lançado em 1997 filme homônimo, dirigido por Daniel Petrie. Em que pese ter Armin Mueller-Stahl e Joan Plowright, ambos em grande forma, interpretando o casal Bober, o filme não está à altura do livro. Antes que se cogite dizer que um filme tão bom quanto o livro que lhe inspira seria algo raro, convém lembrar de *O poderoso chefão*, *O jardim dos Finzi-Contini*, *Um estranho no ninho*, *O iluminado*, *O belo Antonio* e de tantos outros que deixo de fora da lista apenas para não permitir que uma nota de rodapé exceda a extensão do texto principal. Isso, sim, seria invulgar.
3. Afinal, a palavra, já advertia Graciliano Ramos, não foi feita para enfeitar, brilhar como ouro falso; a palavra foi feita para dizer.
4. O romance foi agraciado com o National Book Award e o prêmio Pulitzer em 1967. A edição brasileira recebeu o título de *O Faz-Tudo*. E aqui vale uma nota-dentro-da-nota: em 1957, ano de *The Assistant*, não foi entregue o Pulitzer de literatura, na categoria ficção, diferentemente de 1956 e 1958. Portanto, se a obra não recebeu tal reconhecimento, nenhuma outra recebeu naquele ano.
5. Philip Roth, "Pictures of Malamud", publicado na edição de 20/04/86 do *The New York Times*, por ocasião do falecimento do escritor.

6 Que inclui o excepcional *The Magic Barrel*.
7 Poderia, neste ponto, identificar mais autores para transmitir uma ideia sobre quem seriam os tais outros "maiores". Ou, para ser mais preciso, me referir a Malamud como um dos maiores romancistas ou contistas, para tratar em campos separados dramaturgos e poetas, por exemplo. Mas deixarei essas possibilidades no futuro do pretérito, porque não há nenhuma hesitação na escolha.
8 E aqui cabe uma observação: Malamud tem enorme familiaridade para construir os ambientes em que o enredo se desenvolve, tendo sido ele próprio filho de imigrantes judeus russos que mantinham uma mercearia.
9 Referência ao período entre 1920 e 1933, durante o qual, por força da Décima Oitava Emenda à Constituição dos Estados Unidos, foram banidos a produção, o transporte, a importação e a venda de bebidas alcoólicas em todo o território norteamericano. A chamada *Prohibition* visava ao combate de vários problemas, incluindo a violência doméstica, a pobreza e a corrupção — que, dizia-se à época, era em boa parte organizada nos *saloons*. Em 1933, com a promulgação da Vigésima Primeira Emenda, a Décima Oitava foi revogada, tornando-se o único caso, até hoje, de emenda à Constituição dos Estados Unidos revogada em sua íntegra.
10 Art. 16 - Nos crimes cometidos sem violência ou grave ameaça à pessoa, reparado o dano ou restituída a coisa, até o recebimento da denúncia ou da queixa, por ato voluntário do agente, a pena será reduzida de um a dois terços.
11 A severidade com que o destino trata os personagens, principais e secundários, não deixa dúvidas quanto ao grande acerto do título da crítica ao livro, publicada pelo *The New York Times* em 28/04/57: "A World of Bad Luck". Conciso e preciso.
12 Impressiona a destreza com que Malamud consegue transmitir algum ar de normalidade, dentro da trama, para um quadro que de resto parece inconciliável, ainda mais quando considerado com um pouco de distanciamento: um marginal, após assaltar uma mercearia familiar, consegue permanecer com a família proprietária, trabalha para eles, e ao mesmo tempo pratica pequenos roubos e chega a violentar sexualmente a filha do casal. Apesar disso, não há entre eles uma ruptura definitiva.

Oréstia

Simone Schreiber

> *Ações iníquas geram fatalmente*
> *iniquidades umas sobre as outras,*
> *idênticas em tudo à sua origem.*
>
> *Julgar é tão difícil! Enquanto o grande Zeus*
> *mandar no mundo terá valor um mandamento seu:*
> *"quem for culpado há de sofrer castigo."*
>
> Ésquilo, *Agamêmnon*

A história

Oréstia,[1] de Ésquilo, é uma trilogia composta pelas peças teatrais *Agamêmnon*, *Coéforas* e *Eumênides*. Seu fio condutor é o cometimento de atos injustos e a vingança que acarretam.

Comecemos pela história de Atreu e Tiestes, irmãos que disputavam o trono de Micenas. No curso dessa disputa, Atreu convida Tiestes para um banquete. Após a farta refeição, Atreu revela a Tiestes que lhe servira a carne de seus próprios filhos, exibindo suas cabeças em uma bandeja. Ao descobrir o ato terrível que acabara de cometer, Tiestes amaldiçoa Atreu e toda a sua estirpe. Posteriormente, Tiestes tem um filho com sua própria filha, Pelópia. Esse filho, Egisto, estaria predestinado a vingar o ato abjeto praticado por Atreu contra seu pai.[2]

Atreu tinha dois filhos, Agamêmnon e Menelau. Agamêmnon casou-se com Clitemnestra e Menelau, com a irmã dela, Helena. Agamêmnon era o rei de Argos e de Micenas.

Helena era lindíssima e havia sido disputada por muitos homens. Seu pai, Tíndaro, já antevendo as desgraças que poderiam advir da sua beleza, exigiu de todos os seus pretendentes que se comprometessem a defender o homem sobre o qual recaísse sua escolha. Em decorrência de tal juramento, quando Helena foi raptada por Páris e levada a Troia, deflagrou-se uma guerra para resgatá-la. Coube a Agamêmnon comandar os gregos na guerra de Troia.

A primeira peça de *Oréstia*, *Agamêmnon*, tem início com o retorno da armada comandada por Agamêmnon para Argos, após vencerem a guerra que se estendera por dez anos.

Um fato trágico ocorrera antes de Agamêmnon partir para Troia com sua esquadra. A deusa Ártemis, ofendida com um episódio em que duas águias atacaram uma lebre em Argos, decidira inviabilizar a saída das naus de Áulis,[3] retendo ventos favoráveis. A calmaria se estendeu por tempo excessivo, trazendo efeitos deletérios para a tropa. Consultado sobre como aplacar a ira de Ártemis, o profeta Calcas anuncia que Ifigênia, filha de Agamêmnon e Clitemnestra, deveria ser sacrificada.

Nesse ponto, Ésquilo acentua a gravidade do ato de Agamêmnon. Seria ele capaz de realizar tão injusta exigência? A necessidade de corresponder às expectativas de seus aliados, prontos para a guerra, fez com que cedesse.

> Depois de aceito o jugo da necessidade
> o rei fez sua escolha e admitiu
> o sacrifício, vilania inominável;
> a decisão foi obra de um instante;

iria consumar-se a máxima ousadia.
A decepção funesta arrasta os homens
a insólitos extremos de temeridade;
é conselheira péssima e é fonte
inesgotável de amargura e sofrimentos.
Pois Agamêmnon não se atreveria
ao holocausto de Ifigênia, sua filha,
a fim de que pudessem ir as naus
de mar afora resgatar Helena bela?
As súplicas da vítima, seus gritos
pungentes pelo pai, a idade virginal
em nada comoveram os guerreiros
ansiosos por saciar a sede de combates.
Depois da invocação aos deuses todos,
mandou o pai que subjugassem sua filha;
usando vestes para proteger-se,
tentava a virgem frágil resistir lutando
desesperadamente, mas em vão:
como se fosse um débil cordeiro indefeso,
puseram-na no altar do sacrifício;
brutal mordaça comprimia rudemente
seus lindos lábios trêmulos de medo
e sufocava imprecações; quando caíram
por terra as vestes de formosas cores,
a cada um de seus verdugos impassíveis
volveu os eloquentes olhos súplices
— tão expressivos como se pinturas fossem —
desesperada por falar mas muda,
ela, que tantas vezes nas festivas salas
do senhoril palácio de Agamêmnon
cantava com a voz doce de donzela tímida
os hinos em louvor ao pai amado!
(versos 259s, *Agamêmnon*)

Realizado o sacrifício, finalmente a esquadra parte para Troia. Como já dito, a guerra perdurou por dez anos. Durante esse período, Egisto e Clitemnestra se tornam amantes e planejam matar Agamêmnon quando este retornar. Ambos tinham fortes motivos para desejar sua morte. Egisto pretendia vingar os atos praticados por Atreu, pai de Agamêmnon, contra seu pai Tiestes. E Clitemnestra não se conformara com o sacrifício de Ifigênia.

Para realizarem seu intento, Clitemnestra havia idealizado uma forma de comunicação a fim de ser avisada com antecedência da conquista de Troia pelos gregos, em que sentinelas acenderiam sucessivamente tochas no alto de montes ao longo do trajeto que separava Troia de Argos. Quando a sentinela mais próxima de Argos acende sua tocha, ela sabe que a armada comandada por seu marido está retornando.

Quando Agamêmnon chega a Argos, Clitemnestra o recebe com fingido contentamento, prestando-lhe todas as homenagens, e o conduz à casa de banhos. Quando Agamêmnon está saindo da banheira, ela joga sobre ele uma rede para dificultar sua defesa. Depois o golpeia duas vezes, e quando já está caído, mais uma vez.[4] Agamêmnon havia trazido de Troia sua amante, Cassandra, que também é assassinada.

A segunda obra da trilogia é *Coéforas*, que relata a vingança de Orestes e Electra, filhos de Clitemnestra e Agamêmnon, pelo assassinato do pai. Após a morte de Agamêmnon, Egisto e Clitemnestra impõem sua autoridade e passam a governar Argos. Electra é tratada como escrava. Orestes havia sido enviado ao exílio.[5]

Orestes regressara do exílio acompanhado de seu amigo Pílades, sem saber que sua mãe, em conluio com Egisto, assassinara seu pai. Recebe a notícia de Electra, que espera dele que execute a vingança, matando ambos. Orestes consulta o oráculo e recebe ordens do deus Apolo para fazê-lo. Assim como Agamêmnon, que matara Ifigênia por exigência da deusa Ártemis, Orestes matará Egisto e a própria mãe em obediência a Apolo.[6] Veja-se que apenas Clitemnestra e Egisto agem por livre arbítrio.

Orestes premedita o crime e planeja cuidadosamente sua execução. Se apresenta no palácio como se fosse um estrangeiro, acompanhado de

Pílades. Recebido por Clitemnestra, que não o reconhece, anuncia que seu filho Orestes morreu. Ao receber a notícia, Clitemnestra expressa profundo sofrimento (que é, contudo, interpretado como dissimulação pela ama que criara Orestes) e manda chamar Egisto. Quando chega ao palácio, Egisto é assassinado. Dá-se então o embate entre Clitemnestra e Orestes.

Orestes ergue o punhal e avança contra Clitemnestra, que se lança aos joelhos dele, rasga o vestido e mostra-lhe os seios.
Clitemnestra
Para, meu filho! Para, menino, e respeita
os seios dos quais tantas vezes tua boca
até durante o sono tirou alimento!
(...)
Orestes
Tens que seguir-me! Vou matar-te junto a Egisto!
Enquanto ele vivia tu o preferiste
a meu querido pai; agora jazerás
ao lado dele, já que o amas e odiaste
o homem que devias ter amado em vida!
Clitemnestra
Eu te nutri e quero envelhecer contigo!
Orestes
Queres morar comigo, assassina de um pai?
Clitemnestra
Tudo foi obra do destino, filho meu!
Orestes
Então é o destino que te mata agora!
Clitemnestra
Não te apavora a maldição materna, filho?
Orestes
Deste-me à luz mas me lançaste em desgraça!
Clitemnestra
Tudo que fiz foi entregar-te a um amigo!

Orestes
Eu fui vilmente vendido, eu, filho de um pai livre!
Clitemnestra
E o dinheiro de tua venda, onde estará?
Orestes
Tenho vergonha de falar-te abertamente
desse dinheiro ignóbil; prefiro calar-me!
Clitemnestra
Fala-me, então, da má conduta de teu pai!
Orestes
Não podes acusar o herói que combatia
enquanto estavas ociosa em seu palácio!
Clitemnestra
Para nós, as mulheres, filho, é doloroso
estarmos tanto tempo longe dos maridos!
Orestes
Mas é a luta dos maridos que alimenta
a ociosidade de suas mulheres.
Clitemnestra
Insiste em matar a tua mãe, meu filho?
Orestes
Eu não! Tu mesma está causando a tua morte!
Clitemnestra
Cuidado com a maldição da tua mãe!
Orestes
E como evitarei a de meu próprio pai
se demonstrar hesitação neste momento?
Clitemnestra
Ainda viva, estou aqui (pobre de mim!)
fazendo súplicas inúteis a um túmulo!
Orestes
O trágico destino de meu pai querido
hoje te impõe a merecida punição!

Clitemnestra
Eu mesma dei à luz e criei esta víbora!
Orestes
A profecia de teus sonhos pavorosos
revela-se neste momento verdadeira.
Assassinaste quem não devias matar;
agora sofre o que não devias sofrer!
(verso 1145s, *Coéforas*)

Ao matar a mãe, Orestes se justifica, afirmando que nada mais fez do que realizar a "vingança justa". Quanto a Egisto, teve a pena prevista em lei para qualquer adúltero.[7] Clitemnestra por sua vez é comparada a uma víbora que destila veneno mesmo sem picar a vítima. Para Orestes, a mãe personificava "a máxima impureza, execração dos deuses".

Após o assassinato de Clitemnestra e Egisto, Orestes decide deixar o palácio e peregrinar como um vagabundo, exilado, apátrida, carregando eternamente o estigma pelo ato que cometera. Contudo, antes mesmo de sair de Argos, as Fúrias vingadoras começam a atormentá-lo.[8] É orientado então a ir ao oráculo de Apolo, em Delfos, para buscar auxílio.

Eumênides narra o périplo de Orestes após perpetrar o duplo homicídio. Essa peça é marcada por um embate entre deuses. De um lado, Apolo e Atenas, deuses jovens, simbolizando uma nova ordem e um novo conceito de justiça, defendem Orestes. De outro, as Fúrias, deusas antigas que exigem ser respeitadas no exercício de suas atribuições divinas. Na concepção das Fúrias, o matricídio é um crime gravíssimo, que exige sua intervenção. Apolo sustenta que ao casamento também é assegurada proteção divina, e o assassinato do marido pela esposa não merece qualquer complacência.

Orestes chega ao templo de Apolo em Delfos ainda com as mãos ensanguentadas, sempre perseguido pelas Fúrias. Apolo orienta Orestes a seguir para a cidade de Atenas, onde caberá à deusa Atena decidir seu destino, pesando devidamente os direitos das duas partes em litígio. Mas as Fúrias recusam inicialmente tal julgamento:

Consideramo-nos as portadoras
da justiça inflexível; se um mortal
nos mostra suas mãos imaculadas,
nunca o atingirá nosso rancor
e sua vida inteira passará
isenta de todos os sofrimentos.
Mas quando um celerado igual a este
oculta suas mãos ensanguentadas,
chegamos para proteger os mortos
testemunhando contra o criminoso,
e nos apresentamos implacáveis,
para cobrar-lhe a dívida de sangue!
(...)
O ofício que o destino inexorável
fixou e nos impôs eternamente
é perseguir todas as criaturas
lançadas por sua própria demência
na via tortuosa do homicídio
até descerem ao profundo inferno;
nem mesmo a morte as livrará da pena.
Quando nascemos foi-nos confiada
esta prerrogativa; os imortais
não podem estender as suas mãos
para usurpá-la, nem aparecer
como convivas em nossos banquetes,
mas, em compensação, nunca vestimos
roupas imaculadamente brancas;
nossa incumbência é destruir as casas
onde a Discórdia, sem ser convidada,
vem instalar-se perto da lareira
e causa a morte de um ente querido.
Por mais potente que seja o culpado
erguemo-nos imediatamente

> e iniciamos a perseguição
> até matá-lo na poça do sangue
> ainda fresco da mísera vítima.
> Aqui estamos e nosso propósito
> é evitar que divindades novas
> tenham de arcar com essa obrigação;
> também queremos afirmar agora
> que falta a qualquer deus autoridade
> para afastar-nos de nosso dever;
> então Orestes não pode sequer
> ser conduzido à presença de um deles
> em busca da divina decisão.
> (versos 422s, *Eumênides*)

Após vagar por muito tempo, passando por um processo de purificação, Orestes se considera digno e comparece ao templo da deusa Atena. A partir daí, Atena mostra toda sua ascendência e capacidade de persuasão. Convence as Fúrias a lhe confiarem a solução da causa. Atena simboliza a construção da solução justa após um procedimento dialético, no qual as partes apresentam seus argumentos. Ela não toma qualquer decisão sobre como proceder antes de ouvir ambas as partes.

Ponderando a gravidade do crime cometido, o rito de purificação pelo qual Orestes passara e as prerrogativas das Fúrias, decide constituir um tribunal integrado por cidadãos de Atenas para realizar o julgamento. Tal tribunal, dali em diante, passaria a atuar em todos os casos de crimes com derramamento de sangue.

> Já que a questão chegou a meu conhecimento
> indicarei juízes de crimes sangrentos
> todos comprometidos por um juramento,
> e o alto tribunal assim constituído
> terá perpetuamente essa atribuição.
> Apresentai, então, vós que estais em litígio,

> testemunhas e provas — indícios jurados
> bastante para reforçar vossas razões.
> Retornarei depois de escolher os melhores
> entre todos os cidadãos de minha Atenas,
> para que julguem esta causa retamente,
> fiéis ao juramento de não decidirem
> contrariamente aos mandamentos da justiça.
> (versos 637s, *Eumênides*)

Ao serem comunicadas por Atena da realização do júri, as Fúrias fazem um longo discurso alertando para a grave subversão das leis, e as consequências nefastas que advirão se Orestes não for punido. Tal resistência evidencia a dificuldade das divindades que até então personificam a justiça de aceitarem uma nova ordem. Elas não compreendem nem aceitam um conceito de justiça distinto do até então vigente.

> (...)
> pois a justiça neste dia vê
> que seu reduto está desmoronando!
> Às vezes o temor é bom e deve,
> como se fosse um guardião da mente,
> manter-se vigilante em seu lugar.
> É útil aprender sabedoria
> tendo por mestre o próprio sofrimento.
> Quem não refreia o coração com o medo
> — tanto as cidades como os habitantes —
> não é capaz de curvar-se à justiça.
> (...)
> Pensando em tudo isso repetimos;
> a lei suprema impõe que se venere o altar santificado da Justiça
> em vez de com pés ímpios ultrajá-lo
> cedendo à sedução de uma vantagem;
> o castigo virá e ao desenlace

> nenhuma criatura escapará.
> (versos 683s, *Eumênides*)

É realizado o julgamento. As Fúrias, acusadoras, falam em primeiro lugar. Instam Orestes a confessar o crime e ele o faz. Posteriormente, Apolo fala em sua defesa. Enaltece o grande comandante Agamêmnon e denuncia a forma indigna como foi morto. Afirma a superioridade do pai sobre a mãe.

> Aquele que se costuma chamar de filho
> não é gerado pela mãe — ela somente
> é a nutriz do germe nela semeado
> de fato, o criador é o homem que a fecunda;
> ela, como uma estranha, apenas salvaguarda
> o nascituro quando os deuses não o atingem.
> (versos 868s, *Eumênides*)

> *Após os debates, Atena conclama os juízes a proferirem o veredicto.*
> Proclamo instituído aqui um tribunal
> incorruptível, venerável, inflexível,
> para guardar, eternamente vigilante,
> esta cidade, dando-lhe um sono tranquilo.
> Eis a mensagem que vos quero transmitir,
> atenienses, pensando em vosso futuro.
> Levantai-vos agora de onde estais, juízes,
> e decidi com vossos votos esta causa.
> (versos 935s, *Eumênides*)

Enquanto os cidadãos votam, Atena anuncia que votará por último e será favorável a Orestes, dando suas razões:

> Nasci sem ter passado por ventre materno;[9]
> meu ânimo sempre foi a favor dos homens,

à exceção do casamento; apoio o pai.
Logo, não tenho preocupação maior
com uma esposa que matou o seu marido,
o guardião do lar; para que Orestes vença,
basta que os votos se dividam igualmente.
(verso 975s, *Eumênides*)

O resultado final é a absolvição de Orestes, graças ao voto de Atena (cujo nome romano, Minerva, deu origem à expressão hoje utilizada para designar o voto de desempate). As Fúrias, vencidas, não querem se sujeitar ao veredicto, ameaçando lançar uma praga mortal sobre Atenas. Sentem-se humilhadas e vilipendiadas. Atena, contudo, consegue convencê-las. Em primeiro lugar, pondera que a sentença fora ambígua, já que os jurados ficaram divididos, de onde se conclui que as acusadoras não foram humilhadas. Além disso, oferece que as Fúrias passem a viver em Atenas, prometendo que as mesmas serão reverenciadas como deusas pelo povo daquela cidade.

Após longo embate, as Fúrias são finalmente convertidas em divindades boas, e passam a ser chamadas de Eumênides. Sua transformação é o efeito virtuoso da justiça. Um veredicto justo e legítimo pode trazer entendimento, apaziguamento. E Atena obtém tal resultado através do seu poder de argumentação, elemento essencial na construção do Direito e da Justiça.

O que Oréstia ensina sobre justiça?

A leitura de *Oréstia* convida a diversas reflexões sobre a Justiça. A primeira e mais importante é a que ressalta a mudança de paradigma do conceito de justiça. Como dito no início deste texto, a trilogia narra uma sucessão de atos injustos e a vingança que acarretam. O assassinato dos filhos de Tiestes, o banquete abjeto, a maldição lançada contra a descendência de Atreu, o rapto de Helena, a guerra de Troia, o sacrifício de Ifigênia, o assassinato de Agamêmnon, o duplo homicídio praticado por Orestes. O fio condutor é a vingança, ações iníquas gerando outras igualmente iníquas, como afirma o Coro em *Agamêmnon* (verso 855).

Com a intervenção de Atena e a constituição do júri para julgar Orestes, a solução justa do caso é encontrada após a adoção de um procedimento dialético, em que as partes apresentam seus argumentos e provas. Os juízes mantêm uma postura imparcial, equidistante das partes, pois não têm qualquer interesse no caso, estando aptos a decidir de forma ponderada, exclusivamente com base nos elementos e debates produzidos no processo. No início do julgamento, são instados a decidir de forma reta, serena, incorruptível, seguindo unicamente os mandamentos da justiça.

A confissão do crime não implica em condenação automática. As razões para a prática do crime, as circunstâncias em que ocorreu, são levadas em consideração. Mesmo admitindo seus crimes, Orestes é absolvido.

A justiça da vingança é substituída pela benevolência. A retribuição do mal é sucedida por uma nova ordem. A antiga Lei de Talião, a punição familiar (do guénos),[10] defendida pelas Erínias, perde espaço. A nova lei vem de Apolo, deus das luzes, em prol da cidade e da civilização.[11]

A concepção do júri é também extremamente virtuosa, dado que se trata de uma instituição essencialmente democrática. Os cidadãos que representam a coletividade são os mais capacitados para aplicar a justiça no caso concreto. Nesse ponto é interessante destacar semelhanças entre os procedimentos adotados no júri de *Oréstia* e os que vigoram no Brasil.

O júri no Brasil é instituído como direito fundamental. O artigo 5.º, XXXVIII, d, da Constituição Federal, estabelece que o júri terá competência para julgar os crimes dolosos contra a vida (crimes em que há derramamento de sangue, como estabelecido por Atena). Antes do julgamento, os jurados são instados a decidir de acordo com sua consciência e os ditames da Justiça (artigo 472 do Código de Processo Penal), exatamente como faz Atena na condução do júri de Orestes. A deliberação é tomada por votos secretos lançados em uma urna, preservando-se o sigilo da posição adotada por cada jurado (art. 486 e seguintes do Código de Processo Penal).

É curioso que o tribunal de júri no Brasil seja o único órgão colegiado do poder judiciário em que a deliberação não é resultado de um debate entre os juízes que o compõem. Pelo contrário, os membros do júri são proibidos de dialogarem sobre a causa, sob pena de nulidade do julgamento (artigo 466 do Código de Processo Penal). A deliberação por votos individuais e secretos também é adotada no julgamento de Orestes.

Mas até que se chegue ao modelo de justiça defendido por Atena, muitas disputas são travadas sobre tal conceito em *Oréstia*. Ao longo das três peças, diversos personagens defendem suas ideias de justiça e protestam contra situações que consideram injustas.

A JUSTIÇA NA GUERRA

A justiça está associada à prudência e à moderação no diálogo travado entre Clitemnestra e o Coro sobre os horrores da Guerra de Troia. Os vencedores devem agir com ponderação, não devem tripudiar sobre os vencidos.

> *Clitemnestra*
> Dominem os conquistadores a soberba
> e não se deixem arrastar pela cobiça
> a temerárias, a sacrílegas pilhagens!
> A luta não termina com a vitória; falta
> a volta, que é metade de um longo caminho.
> Ainda que regressem todos de mãos limpas,
> sem máculas de excessos e de impiedades,
> o ultraje aos numerosos inimigos mortos
> se não causou ainda amargas decepções
> mais tarde pode provocar rancor divino.
> Ouviste simples pensamentos de mulher;
> que sejam um prenúncio de ventura e paz

e finalmente possa o bem prevalecer.
(versos 404s, *Agamêmnon*)

Coro
A ruína é punição inexorável
da pretensão sem termo e sem medida
e das extravagâncias da opulência.
O dom supremo é ter comedimento;
queiramos só os bens inofensivos,
suficientes quando há bom senso,
pois a prosperidade nunca serve
aos que se sobrepõem à justiça.
(versos 444s, *Agamêmnon*)

Há então justiça possível na guerra? O próprio motivo que levou à Guerra de Troia foi o orgulho de um marido abandonado, bem retratado por Ésquilo. Um motivo fútil, desproporcional, que leva à destruição de muitas vidas, ao desfazimento de muitos lares e ao abandono de muitas mulheres e filhos. Confira-se:

Coro
Assim agiu outrora o belo Páris;
bem-acolhido pelos Atridas,
ignobilmente desonrou um lar
raptando uma mulher presa por núpcias.
(...)
Ai do vazio leito do marido
marcado ainda pelo corpo amado!
Silencioso e só, entregue à dor,
ferido em seu orgulho um homem sofre
aniquilado, sem poder queixar-se.
Sente saudade atroz, angustiante,
da esposa que se foi de mar afora;

> a imagem dela inda povoa a casa;
> a própria graça dos adornos belos
> agora se afigura detestável;
> foi-se com ela o atrativo deles.
> (versos 464s, *Agamêmnon*)

Contrastando com a recomendação de comedimento que deve guiar a ação dos vencedores, tem-se a narrativa do mensageiro que vem trazer a notícia do fim da guerra, confirmando assim a informação vinda das fogueiras. O mesmo afirma que Troia havia sido destruída, sem qualquer contemplação, por obra de Agamêmnon, que, por tal feito, deveria receber todas as homenagens.

> *Arauto*
> Trazendo luz às trevas Agamêmnon volta
> por vossa graça e para o bem de todos nós.
> É justo recebê-lo com festas sem par,
> pois ele destruiu a terra dos troianos,
> onde não foi deixada pedra sobre pedra,
> com armas que lhe pôs nas mãos Zeus vingador;
> até os santuários foram arrasados
> e o solo revolvido; Troia outrora altiva
> suporta hoje o jugo degradante e duro
> imposto por nosso senhor recém-chegado,
> o filho mais idoso e mais feliz de Atreu,
> digno mais que ninguém de grandes homenagens.
> (versos 601s, *Agamêmnon*)

A justiça para Clitemnestra

Quando Clitemnestra mata Agamêmnon, ela confessa o crime ao Coro e defende a justiça de sua ação.

Pretendes me pôr à prova os sentimentos meus
como se eu fosse uma mulher desatinada;
estou falando claro, o coração impávido;
entenda-me quem for capaz; e quanto a ti,
se me censuras ou me louvas tanto faz.
Quem jaz aí é Agamêmnon, meu esposo,
morto por obra desta minha mão direita,
guiada só pela justiça. Tenho dito.

Sua ação é, contudo, imediatamente condenada:
Tu o traíste, tu o golpeaste!
Serás banida, viverás sem pátria,
alvo do ódio unânime do povo!

Clitemnestra explica suas razões, indignando-se pelo fato de Agamêmnon não ter sido confrontado e punido pela morte de Ifigênia.

Agora me condenam ao amargo exílio,
ao ódio da cidade, à maldição do povo,
mas contra este homem nada foi falado.
No entanto ele, sem escrúpulos, sem dó,
indiferentemente, como se lidasse
com algum irracional (e havia numerosos
em seus velozes, cuidadíssimos rebanhos),
sacrificou a sua própria filha — e minha —,
a mais querida que saiu deste meu ventre,
apenas para bajular os ventos trácios!
Não era esse pai cruel quem merecia
ter sido desterrado, expulso deste solo
em retribuição ao crime inominável?
(versos 1622s, *Agamêmnon*)

A justiça para Electra e Orestes

Quando Electra, no começo de *Coéforas*, vai ao túmulo de Agamêmnon para fazer-lhe as oferendas, consulta o Corifeu sobre como deve expressar-se. Em nome de quem deve fazer as oferendas? O conselho é o seguinte: faze-o em seu nome e nome de quem mais odeie Egisto. Pensa em Orestes, ainda que esteja ausente. E pensa nos culpados pelo crime, pedindo que algum deus ou mortal venha enfrentá-los. E ela pergunta: enfrentá-los como juiz ou vingador? O Corifeu responde: Fala bem claro: alguém que mate quem matou.

Dirigindo-se ao pai morto, Electra diz que é tratada como escrava em sua casa, e que Orestes fora despojado de seus bens. Pede que um feliz acaso traga Orestes de volta. Um homem para vingar sua morte, "em justa retaliação". Há sem dúvida uma identificação do conceito de justiça e de vingança. De fato, ódio se paga com ódio, e essa é uma exigência da justiça:

> *Corifeu*
> Fazei com que a cada palavra de ódio
> responda logo outra palavra igual,
> como a justiça quer ao exigir
> em altos brados a reparação!
> Contra cada golpe mortal desfira-se
> um novo golpe igualmente mortal!
> "Ao culpado o castigo", diz o adágio
> há muito tempo ouvido e repetido.
> (versos 410s, *Coéforas*)

> *Electra*
> Mas, quando, então, Zeus todo-poderoso
> fará descer a sua mão, fendendo
> os crânios dos culpados e trazendo
> de volta a confiança a esta terra?

> Quero justiça contra a injustiça!
> Ouvi-me, Terra e deuses infernais!
> (versos 515s, *Coéforas*)

Vê-se assim que, quando Electra e Orestes estão imbuídos do propósito de assassinar sua mãe e Egisto, defendem que a única justiça possível é a retaliação, fazer o mal a quem fez o mal. Matar quem matou. Essa é a justiça ditada pelo próprio Zeus. Contudo, após Orestes consumar o crime, a ideia de justiça ganha novos contornos. A ação de Orestes pode ter sido justificada pelas circunstâncias. Deve ser concedida a Orestes a chance de apresentar seu caso à deusa Atena e, quem sabe, obter uma absolvição.

A justiça para as Fúrias

Finalmente, cabe destacar a concepção de justiça das Fúrias. Elas se consideram "as portadoras da justiça inflexível". É uma justiça implacável, não sujeita à contestação ou clemência. "A lei suprema impõe que se venere o altar santificado da justiça", afirmam em *Eumênides*. Sua justiça é aplicada de forma isonômica, pois quando há em uma casa a morte de um ente querido, erguem-se imediatamente na perseguição, "por mais potente que seja o culpado".[12] Não compreendem como Apolo pode defender um matricida.

> Só por piedade proteges um indigno suplicante,
> homem sem deus, cruel com sua mãe!
> És deus, e nos rouba um matricida!
> Quem pode ver justiça em tudo isto?
> (versos 200s, *Eumênides*)

E finalmente, quando narram a Atena o motivo pelo qual perseguem Orestes, afirmam que "ele ousou matar a própria mãe". E Atena lhes pergunta: "Alguém o constrangeu a cometer o crime, ou ele tinha medo de alguma vingança?" Mas as Fúrias não compreendem tal ponderação e respondem: "Mas pode a compulsão levar ao matricídio?"

Até hoje a justiça penal se realiza através da aplicação de uma pena (punição) a quem tenha cometido um crime, embora modelos alternativos de redução de danos causados às vítimas venham sendo pensados no Direito Penal (reparação pecuniária de danos em casos de infrações leves, implantação do modelo de justiça penal restaurativa).

Em um Estado democrático, as penas estão previstas em lei, devem (supostamente) preservar a humanidade do criminoso e não podem ser aplicadas sem o devido processo legal. Em *Oréstia*, o novo paradigma de justiça anunciado por Atena se refere ao direito ao processo justo. Caso condenado o réu, a pena lhe será aplicada, e no caso de Orestes, a pena de morte, como se depreende de sua fala no momento em que os jurados deliberam:

> Ah! Febo Apolo! Qual será o veredicto!
> Degolam-me ou inda verei a luz do dia?
> (versos 985s, *Eumênides*)

O que se pode perceber assim é que as Fúrias se consideram, de acordo com as prerrogativas que lhes foram confiadas desde os tempos antigos, as únicas tradutoras da justiça. A elas cabe dizer a justiça, avaliar o caso e aplicar a pena, sem serem questionadas. O avanço civilizatório está em conceber a construção da solução justa como resultado do devido processo, e não como tradução da vontade unilateral daquelas que exercem ao mesmo tempo o papel de acusadoras, juízas e algozes.

Por outro lado, é interessante observar que a justiça democrática é mais sofisticada e lenta. O respeito às garantias dos acusados no curso do processo e a eventual absolvição de culpados em caso de dúvida (o princípio do *in dubio pro reo*) podem levar à redução da efetividade do Direito Penal. E tal embate (efetividade do Direito Penal *versus* proteção de garantias dos acusados ínsita ao *fair trial*) é extremamente atual no Brasil hoje.

Uma análise mais pessoal: em defesa de Clitemnestra

Agora devo me apresentar ao leitor. Me chamo Simone, sou juíza há quase trinta anos. Julgo casos criminais. Sou professora de Direito Processual Penal. Sou mãe de três filhos. Sou mulher. Esse é o meu ponto de observação. Um dos exercícios que faço quando exerço a jurisdição é me colocar no lugar do outro. No lugar daquele que se envolveu, por diversas circunstâncias da vida, em um evento criminoso. Ao ler o livro, refletindo sobre a questão proposta — o que *Oréstia* nos ensina sobre justiça? —, fui capturada pela personagem Clitemnestra.

Por que Clitemnestra não teve direito a um júri? Uma mulher notável, que ousou desafiar a sociedade patriarcal. Uma feminista, não se conforma com a condição destinada às mulheres, de simplesmente aceitar e se submeter aos desígnios dos homens ou mesmo dos deuses. Clitemnestra desafiou o status quo. Não se sujeitou com passividade aos desmandos de Agamêmnon.

Apesar de ter cometido um crime menos grave do que o de Orestes — não só pelo fato de Orestes ter matado a própria mãe, mas porque ele cometeu dois homicídios e ela apenas um[13] —, não tem direito a um julgamento. Por quê? Todo o ambiente em que se desenvolve a história é patriarcal. Os homens iniciam uma guerra por causa da humilhação e da dor do marido traído. As mulheres ficam sós. As mulheres de Troia são subjugadas pelos vencedores, o próprio Agamêmnon traz Cassandra consigo como troféu de guerra. As mulheres devem aceitar seu destino, não podem questionar as decisões dos homens. A Clitemnestra não é permitido questionar o sacrifício de Ifigênia. Quando mata Agamêmnon, sua ação não é justificável, é abjeta. Clitemnestra é qualificada por Orestes como uma víbora, uma mulher execrável aos olhos dos deuses.

As mulheres são culpadas de toda ação impensada ou injusta, por sua própria índole. Tanto Helena quanto Clitemnestra agiram movidas por sentimentos vis, luxuriosos, despudorados. Por isso o crime de Clitemnestra é indefensável? Por isso suas razões são desconsideradas, embora relevantes? Seja pelos deuses, seja pelos homens, ou por seus próprios filhos?[14]

Me parece evidente que, se Orestes teve seus motivos, considerados pelo júri, para matar a própria mãe, também os teve Clitemnestra para assassinar o marido. Ressalto que o modo de proceder (em Direito Penal, chamamos de *modus operandi*) foi o mesmo: premeditação, dissimulação e execução fria do crime. Como observa Robert Graves:

> Clitemnestra tinha poucas razões para amar Agamêmnon: ele havia matado seu primeiro marido, Tântalo, e o filho recém-nascido que estava amamentando; havia se casado com ela à força para depois ir embora travar uma guerra que parecia interminável; ele também havia autorizado o sacrifício de Ifigênia em Áulis e — o que ela considerava ainda mais intolerável — dizia-se que, quando voltasse, ele traria consigo a filha de Príamo, a profetisa Cassandra, como sua esposa em tudo exceto no nome. É verdade que Cassandra havia tido com Agamêmnon filhos gêmeos: Teledamo e Pélope, mas não parece que ele tivera a intenção de, com isso, ofender Clitemnestra.[15]

Não por acaso, o fantasma de Clitemnestra, ao aparecer no Oráculo de Delfos para defender a punição de Orestes, afirma indignado:

> Sou acusada nas profundezas do inferno
> de um crime bárbaro e como se não bastasse,
> após a minha morte nas mãos de meu filho
> (destino atroz) nenhum dos deuses se revolta
> e mostra sua cólera a favor da mãe!

Simpática a Clitemnestra, devo confessar que nutri também simpatia pelas Fúrias. Não porque desejasse a morte de Orestes. Tenho repugnância à pena de morte, acredito que o empate sempre deve ser resolvido a favor da defesa, pois remanescendo dúvida importante entre os jurados, o veredicto jamais pode ser condenatório. Tenho amor pelos procedimentos, acredito que a solução justa é construída em um processo justo. Minha simpatia pelas Fúrias decorre do fato de serem as únicas que falam de forma intransigente a favor de Clitemnestra.

Não há dúvidas de que a constituição do júri deve ser festejada como uma conquista civilizatória. Contudo, os motivos da absolvição de Orestes estão errados. Atena absolve Orestes porque não nasceu de ventre materno e é naturalmente a favor do pai. Não é uma boa razão. Os motivos de Atena também convidam a uma reflexão. Que razões devem guiar os juízes quando decidem? Cada veredicto é meramente subjetivo e voluntarista? Há parâmetros a serem seguidos? As decisões dos juízes são sindicáveis? O que se pode esperar dos juízes em uma democracia?

Afinal, que sorte teria Clitemnestra se lhe tivesse sido assegurado o julgamento pelo júri? Será que suas razões seriam finalmente consideradas? Será que o corpo de jurados condenaria uma mãe que matou o assassino de sua filha e, caso a condenasse, aplicaria a pena capital? Será que o fato de Agamêmnon ser um rei e comandante militar seria suficiente para condená-la? Ou sua principal falta foi tê-lo matado em circunstâncias indignas? Ou não lhe ter providenciado um funeral compatível com sua posição? Todas essas questões estão presentes na trilogia que compõe *Oréstia*. Todas elas propiciam um debate sobre nossas concepções de justiça.

Por tudo isso, a obra *Oréstia* de Ésquilo é fundamental para se pensar o funcionamento de um sistema de justiça, seja na Grécia clássica, seja no Brasil hoje.

Boa leitura!

Notas

1   Foi utilizada para este ensaio a edição de *Oréstia* da Zahar, traduzida e apresentada por Mário da Gama Cury. Publicada em 1991. O livro foi consultado em versão digital.
2   A história de Atreu e Tiestes é narrada em: GRAVES, Robert. *Os Mitos Gregos*. Volume II, 3ª edição, Rio de Janeiro: Nova Fronteira,

2018. Consulta em formato digital. O pérfido banquete planejado por Atreu é descrito também em *Agamêmnon*, nos versos 1840 e seguintes.

3 Localidade próxima a Argos, na qual a armada comandada por Agamêmnon se reunira para partir.

4 A descrição da morte de Agamêmnon em *Oréstia* é feita pela própria Clitemnestra. Egisto havia urdido a trama que levou à sua morte, mas não participou diretamente do assassinato. Contudo, há outras versões em que Egisto o golpeia. Clitemnestra teria usado um machado para cortar a cabeça de Agamêmnon quando ele já havia sido atingido pela espada de Egisto. Agamêmnon morreu "de uma maneira particular: com uma rede que lhe foi atirada sobre a cabeça, tendo um pé ainda na banheira mas o outro fora, e na casa de banhos anexa, ou seja, 'nem vestido nem nu, nem na água nem na terra seca, nem no palácio nem fora dele'". GRAVES, Robert. *Os Mitos Gregos*. Volume II, 3ª edição, Rio de Janeiro: Nova Fronteira, 2018, posição 11880. Consulta em formato digital.

5 Na versão de Ésquilo, Orestes havia sido enviado por Clitemnestra para Focis, sob os cuidados de Estrófio. Quando Agamêmnon retorna, Clitemnestra lhe diz que enviara Orestes para um lugar seguro, dada a possibilidade de derrota de Agamêmnon na guerra e o risco de Orestes sofrer represálias. Orestes, contudo, ao confrontar a mãe em *Coéforas*, afirma ter sido vendido pela mesma. De todo modo, é interessante registrar que Clitemnestra, mesmo tendo planejado o assassinato do marido, não ousou matar o filho, arcando assim com o risco de que o mesmo um dia pudesse retornar do exílio e vingar a morte do pai.

6 Apolo ameaça Orestes com as piores penas, caso não vingue a morte do seu pai. "Se eu não o obedecesse ... teria de pagar um dia a minha dívida com a própria vida entre terríveis sofrimentos. Assim o oráculo, mostrando aos homens todos a ira dos poderes infernais malignos, ameaçou-me com pragas nauseabundas; ulcerações leprosas que mordem as carnes com dentes cortantes de fogo, devorando a sua própria natureza, enquanto surgem os pelos alvos que proliferam nas chagas. Ele falou também de ataques horrorosos das Fúrias sempre desejosas de vingança ao verem o sangue derramado por um pai ..." (*Coéforas*, verso 365).

7 Veja-se aqui uma incoerência, pois Agamêmnon se juntara a Cassandra, e em tese cometera adultério, não merecendo por isso

qualquer pena. O conceito de adultério atingia aparentemente apenas as mulheres que traíam seus maridos e seus amantes, não se aplicando à infidelidade dos homens casados.

8   As Fúrias, também chamadas de Erínias, são deusas antigas que personificam o remorso, incumbidas de vingar os crimes de morte contra os consanguíneos. São figuras repulsivas. "O seu aspecto é tenebroso e repelente; enquanto falam não se suporta seu hálito e de seus olhos sai um corrimento pútrido; seus trajes são inteiramente inadequados ..." (*Coéforas*, verso 75) Em Eumênides, as Fúrias se apresentam a Atena: "... somos as tristes descendentes da negra Noite; nas profundezas da terra, onde moramos, chamam-nos de Maldições" (verso 543).

9   Como nasceu Atena? "Quando Zeus se uniu a Métis, o seu avô Urano, dotado do poder da premonição, advertiu que um filho desta união iria tomar o trono do deus do trovão. Por precaução, Zeus devorou a esposa. Como Métis já estava grávida, a gestação ocorreu dentro do cérebro de Zeus, o que lhe causou forte dor de cabeça, dor tão incômoda que ele pediu que Hefesto, deus das forjas, lhe rachasse o crânio com um machado; e assim aconteceu, de modo que Atena saiu da cabeça de Zeus num estranho parto, já vestida e armada com uma lança e um escudo. OLIVEIRA, Sadat. *Introdução à mitologia grega*. Volume II. Os deuses olímpicos. 2014. Consulta em formato digital, Posição 525.

10 Guénos é o grupo familiar.

11 CASTRO NEVES, José Roberto. *A invenção do Direito*: As lições de Ésquilo, Sófocles, Eurípedes e Aristófanes. Edições de Janeiro, 2015.

12 Tal frase traz a ideia da justiça aplicada para todos de forma isonômica, não importa a posição de poder que ocupe o autor do crime. Remete portanto a Agamêmnon, rei de Argos e chefe militar que em nenhum momento tem suas ações, inclusive o assassinato da própria filha, confrontados por ninguém, exceto por Clitemnestra.

13 Uma das justificativas que Orestes apresenta ao júri para ter matado Clitemnestra é o fato de ela ter "se maculado em dois assassinatos", já que, matando o marido, ela matou também seu pai. (verso 781s, *Eumênides*). A imagem é evidentemente simbólica, já que Clitemnestra matou apenas Agamêmnon. Na verdade quem cometeu o duplo homicídio foi Orestes, mas ele não é questionado em nenhum momento sobre a morte de Egisto.

14 Quando Electra encontra Orestes à beira do túmulo de Agamêmnon, ela afirma que por todas as razões "odeia a mãe", e que transferirá a Orestes o carinho devido à sua irmã Ifigênia, "sacrificada cruelmente". O curioso é que o lamento pela morte injusta de Ifigênia não macula o amor incondicional que nutre pelo pai.
15 GRAVES, Robert. *Os Mitos Gregos*. Volume II, 3ª edição, Rio de Janeiro: Nova Fronteira, 2018, posição 11820. Consulta em formato digital.

O PROCESSO

José Roberto de Castro Neves

Eles não estão preparados para receber perguntas

K.

"Alguém certamente havia caluniado Josef K., pois uma manhã ele foi detido sem ter feito mal algum." Eis o perturbador início de *O processo* (*Der Prozess*), livro clássico de Franz Kafka (1883-1924), escrito entre 1914-15, porém somente publicado em 1925, um ano após a morte do autor.

Josef K. se vê, sem jamais entender o motivo, enredado em um processo judicial. Não lhe apresentam qualquer explicação. Simplesmente, Josef K., protagonista do romance, é detido. Pergunta aos guardas os fundamentos das medidas contra ele, mas nunca consegue obter respostas. K. é forçado a comparecer a uma série infindável de audiências, das quais nada de concreto consegue depreender. Pior, é levado de sala em sala de repartições públicas, nas quais ninguém oferece informações precisas. Um cipoal. Um labirinto da burocracia.

— Mas eu não sou culpado. Foi um erro. Como uma pessoa pode ser culpada, afinal? Certamente, aqui, somos todos seres humanos, um igual ao outro.

— Correto, mas é isso o que os culpados dizem.

Josef K. se desespera. Ele reage:

(...) não há dúvida de que por trás de todas as manifestações deste tribunal, no meu caso por trás da desatenção e do inquérito de hoje, se encontra uma grande organização. Uma organização que mobiliza não só guardas corrompíveis, inspetores e juízes de instrução pueris, no melhor dos casos simplórios, mas que, além disso, de qualquer modo, sustenta uma magistratura de grau elevado e superior, com o seu séquito inumerável e inevitável de contínuos, escriturários, gendarmes e outros auxiliares, talvez até carrascos, não recuo diante dessa palavra. E que sentido tem essa grande organização, meus senhores? Consiste em prender pessoas inocentes e mover contra elas processos absurdos e na maioria das vezes infrutíferos, como no meu caso.[1]

De nada adianta. Um tio de K. lhe indica um advogado, que se revela inepto, negligente e incapaz de prestar auxílio. A relação com o advogado também segue dominada pelo mistério e pela incerteza.

K. recebe ordens desconexas e jamais consegue compreender qual a lei que o pune e como se coordena seu processo de julgamento. Ele não se encontra com qualquer juiz ou com um tribunal, mas apenas com funcionários subalternos e figuras curiosas, como o sacristão do presídio e um pintor, que lhe dão conselhos confusos e desconexos. K. vive um pesadelo, engolido por um processo judicial do qual não compreende os motivos e cujo caminho não consegue antecipar. De fato, "pesadelo" parece ser a melhor forma de definir a experiência de K. Ele não é capaz de identificar sua localização, perde-se entre corredores e pessoas cujas falas não possuem qualquer nexo. Sente-se um completo impotente para enfrentar a situação.

Kafka, nascido em uma família judaica de Praga, falava alemão — o que era compreensível, pois sua cidade era a capital do Reino da Boêmia, na época parte do Império Austro-Húngaro. Ele se forma em Direito e, com essa qualificação, foi, primeiro, trabalhar numa empresa de seguros. Depois, empregou-se em um semiestatal: Instituto de Seguros contra Acidentes de Trabalho. Na sua atividade profissional, que o ocupou por 14 longos anos, tinha que atender e entrevistar acidentados, que reclamavam o pagamento do seguro diante de um acidente sofrido.[2] Tornou-se um burocrata.

Nas horas vagas, Kafka escrevia. Numa carta endereçada a uma namorada, ele confessa: "Não tenho interesses literários, mas eu consisto em literatura; é a única coisa que sou e sempre serei."

Em 1917, aos 34 anos, Kafka recebe o diagnóstico de tuberculose. Ele, então, se muda para uma pequena vila, para morar com sua irmã Ottla, onde dispõe de mais tempo para escrever. A doença o amargura ainda mais: "Procuro incessantemente uma explicação para a doença, pois não fui eu que a procurei", Kafka registrou em seu diário.[3] Morre aos quarenta anos, em um sanatório perto de Viena.

A maior parte de seus trabalhos escritos, inclusive *O processo*, foi publicada apenas depois de sua morte, em 1924. Ele havia entregado os manuscritos originais de suas obras a seu amigo Max Brod, ordenando-o que, com a sua morte, os destruísse, sem que os trabalhos sequer fossem lidos. Felizmente, Brod — que fora seu companheiro no curso jurídico — não cumpriu o pedido de Kafka, tornando públicas as obras.[4]

A influência de Kafka para a literatura é extraordinária. Não sem razão, o crítico literário Harold Bloom o coloca como a figura central da literatura do século XX.[5] Seu estilo, no qual se misturam a realidade e o fantástico, influenciou gerações. George Orwell, Albert Camus, Gabriel García Márquez e José Saramago, para citar alguns, são assumidamente tributários de Kafka. Milan Kundera diz que "Kafka, antes de qualquer outra coisa, é uma imensa revolução estética."[6] Suas críticas, em forma de parábola, tornaram-se poderosos hinos, mas também críticas cinzentas de um mundo no qual a humanidade perde a sua importância[7] e a própria vida deixa de ter significado. Isso nos impõe uma "autopergunta": por que existimos?

Kafka deixou romances poderosos, como *O castelo*, obra inacabada na qual o protagonista luta para compreender as regras impostas à cidade onde chega, que vêm de um castelo e das misteriosas autoridades que nele habitam. Também há o icônico *A metamorfose*, que narra a transformação de uma pessoa em um inseto ("Quando certa manhã Gregor Samsa acordou de sonhos intranquilos, encontrou-se em sua cama metamorfoseado num inseto monstruoso",[8] começa o livro). Suas obras se tornaram paradigmas.

O processo é um livro sufocante. K. não consegue se desvencilhar de uma acusação e de um sistema injusto e incompreensível (seria "K." uma alusão ao próprio autor?). A verdade é que Kafka, ao menos internamente, jamais se inseriu no sistema, a começar com seu enorme conflito com o pai (ele chega a dizer que a totalidade de sua obra poderia ser intitulada *Tentações de fuga da esfera paterna*). K., numa metáfora para todos nós, quer explicações e não as encontra.

Assim como ocorre com o português, o título do livro, *O Processo* (*Der Prozess*, no original), carrega uma dupla acepção, pois significa tanto o ato judicial como uma sucessão de fatos supostamente ordenados.

O termo "kafkaniano" passou, universalmente, a designar um "nonsense", o evento surreal em que alguém se encontra enredado em uma circunstância sem compreender o porquê, nem saber como dela se desprender. Trata-se de uma situação distorcida, surreal e enigmática.

Há, nessa novela, uma desesperadora situação: a debilidade do homem diante do sistema. Veja-se que, citando outro seminal cânone literário, em *Crime e Castigo*, de Dostoiévski, o protagonista Raskolnikov não recebe uma punição do Estado, mas sabe que cometeu o crime — e, em função disso, a pena vem de sua consciência. O mesmo, aliás, acontece em *Macbeth*, de Shakespeare, na qual o herói e sua esposa, Lady Macbeth, conseguem ocultar seu assassinato de todos, menos deles próprios. Há, portanto, um drama interno. Em *O processo*, diferentemente, K. não sabe o motivo de sua punição, embora tenha a sua consciência pura, o que torna angustiante a circunstância. A tragédia se encontra na relação entre o homem e o mundo em que vive.

O processo funciona como poderosa parábola da burocratização, da massificação, da perda da humanidade. K., personagem principal do livro, passa a ser um número em um julgamento sem regras definidas. O Estado deixa de se preocupar com o indivíduo. Kafka antecipa a desgraça que acometerá os judeus, como ele, e com toda a civilização diante dos Estados autoritários, na época ainda em germinação. Ocorreu que toda a família de Kafka pereceu por conta do nazismo, que ele, de certa forma, antecipou.

Logo nas primeiras linhas de *O processo*, antecipa-se que K. nada fez de errado. Jamais se explica qual acusação pendia contra ele. Seria algo relacionado ao judaísmo? À homossexualidade? A alguma escolha política? Está a raça humana condenada a promover essas perseguições?

A plena compreensão dos seus direitos é uma garantia fundamental do cidadão. O tratamento digno pelo Estado, sempre que interagir com qualquer pessoa e em qualquer nível, consiste em um pressuposto básico da cidadania. Em um governo autoritário, pessoas são processadas sem transparência, portanto, sem condição de se defenderem minimamente. O devido processo legal representa uma das mais marcantes conquistas da civilização. *O processo*, portanto, é um grito, que nos alerta aos abusos de viver fora de um Estado de Direito.

Ao se rebelar contra o sistema burocrático, corrupto e injusto, K. acaba assassinado de forma fria e protocolar. Ele assiste impotente aos seus algozes o agarrarem e cravarem uma faca em seu peito. Segue sem compreender o que aconteceu. Suas últimas palavras são: "Como um cão."

Notas

1 KAFKA, Franz. *O processo*. São Paulo: Companhia das Letras, 1997, p. 61 (tradução Modesto Carone).
2 STACH, Reiner. *Is That Kafka*. Nova York: New Direction Books, 2016, p. 137.

3 KAFKA, Franz. *Aforismos*. Odivelas: Assírio & Alvim, 2008, p. 10.
4 Brod leva heroicamente os originais de Kafka para Israel. O destino desses manuscritos é tratado em: BALINT, Benjamin. *Kafka's Last Trial*. Nova York: Norton, 2018.
5 BLOOM, Harold. *O cânone ocidental*. Rio de Janeiro: Objetiva, 1995, p. 428.
6 KUNDERA, Milan. *A arte do romance*. São Paulo: Companhia das Letras, 2017, p. 87.
7 Ver: BATAILLE, Georges. *A literatura e o mal*. Belo Horizonte: Autêntica, 2015, p. 143 e seguintes.
8 KAFKA, Franz. *A metamorfose*. São Paulo: Companhia das Letras, 1997, p. 7 (tradução Modesto Carone).

O ALIENISTA[1]

Andréa Pachá

Para os que se dedicam ao prazer da leitura, memória e literatura costumam se embaralhar de tal forma que muitas vezes não se sabe o que de fato aconteceu, ou o que é apenas fruto da imaginação. Tanto é assim que não há viagem em que se passe pelas fronteiras de Itaguaí sem que referências geográficas e históricas nos remetam à vida de Simão Bacamarte e à experiência da Casa Verde.

 O médico e cientista, nascido das penas de Machado de Assis, foi profissional dedicado à pesquisa. Ainda que tenha enriquecido às custas de internar quase toda a população na casa dos loucos, jurava que não tinha qualquer interesse patrimonial no experimento. Seguro nos diagnósticos, e sempre pronto a classificar, julgar e trancafiar todos os que, para os padrões por ele estabelecidos, não pudessem conviver em sociedade, viu seu poder transformar-se em tirania.

 A generosidade da população, que a princípio se encantou com a possibilidade de ser salva e segura pela ação do insuspeito médico, paulatinamente se transformou em revolta. Impossível compactuar com uma política que, a pretexto de estabelecer a ordem e a paz, desequilibra, encarcera e silencia.

É memorável a passagem da sublevação dos Canjicas. Desequilibrados, determinados e passionais, exigem que o doutor seja impedido de sepultar cidadãos vivos, confinando em cubículos todos os que não se resignam e não se submetem às réguas da normalidade definida por Bacamarte:

> A irritação dos agitadores foi enorme. O barbeiro declarou que iam dali levantar a bandeira da rebelião, e destruir a Casa Verde; que Itaguaí não podia continuar a servir de cadáver aos estudos e experiências de um déspota; que muitas pessoas estimáveis, algumas distintas, outras humildes mas dignas de apreço, jaziam nos cubículos da Casa Verde; que o despotismo científico do alienista complicava-se do espírito de ganância, visto que os loucos, ou supostos tais, não eram tratados de graça: as famílias, e em falta delas a Câmara, pagavam o alienista (...).

O que poderia ser um texto denso e angustiado, sob a maestria do excepcional Machado, se transforma em rica narrativa ética e estética, nos confrontando com valores que frequentemente aparecem em processos judiciais.

Felizmente, fui apresentada a Machado de Assis e à Itaguaí do dr. Simão Bacamarte antes da magistratura. No exercício da profissão, têm sido frequentes as reflexões que a personagem e a obra suscitam.

Nunca foi fácil assinar uma sentença decretando a incapacidade de uma pessoa, decisão que muitas vezes soa como arbitrária. Em boa hora entrou em vigor a Lei 13.146/15, alterando profundamente os processos outrora denominados de interdição. A capacidade civil, um direito fundamental do ser humano, cassada por uma decisão judicial, parecia uma punição que, a pretexto de proteger, acabava por vulnerabilizar ainda mais aqueles que, temporária ou definitivamente, em razão de doenças mentais ou físicas, se viam impossibilitados de praticar alguns ou todos os atos da vida civil. Em nome do Estado se decretava a incapacidade de um ser humano, como se fosse possível dividir a humanidade em seres capazes e incapazes, normais ou anormais, doentes ou sãos. O binarismo que historicamente regeu esse instituto é incompatível com a rede de proteção dos direitos humanos que deve prevalecer.

A mesma resistência que levou os habitantes de Itaguaí à revolta vitoriosa certamente serviu para que a sociedade construísse uma rede potente de garantias constitucionais, com impactos diretos na construção do Estatuto das Pessoas com Deficiência. Atualmente, os processos de curatela devem atentar para o sujeito, a individualidade, e encontrar solução jurídica para garantir aos curatelados a afirmação dos direitos e das proteções a que fazem jus. Na justiça criminal, uma vez mais, a lembrança de *O alienista* é inevitável.

A tendência a resolver os conflitos humanos tipificando condutas e estabelecendo penas cada vez maiores tem sido a forma de buscar alternativas para a pacificação, desconsiderando a profunda desigualdade social na qual vivemos mergulhados. Em nome da preservação da segurança, se idealiza uma sociedade de encarcerados e se exclui do convívio os indesejados, os diferentes, os que, segundo as normas do poder dominante, não se adequam aos critérios arbitrariamente escolhidos. Deveríamos ter aprendido com a obra e com a história que a paz e a ordem não nascem da segregação e do silenciamento.

O maior aprendizado, contudo, veio da percepção do mal que se pode causar quando se exerce uma função com poder para interferir diretamente na vida das pessoas e quando, perdido o senso crítico no exercício da profissão, se é contaminado pela arrogância e pela intolerância. Não ter consciência da precariedade e da complexidade da nossa condição humana pode nos levar à tirania, especialmente quando temos poder e autorização para intervir nos relacionamentos pessoais e sociais.

Eu havia sido designada para passar um mês em uma comarca do interior do estado e, indignada, acabara de indeferir a oitiva das testemunhas arroladas pelo réu.

— Não vou ouvir ninguém. Estão dispensados.

Sob o olhar incrédulo do advogado, decidi que os seis amigos de Sebastião Arruda, intimados para a audiência, não seriam sequer convidados a entrar na sala.

Era uma tática conhecida até o início dos anos 1990. Para se defender nas ações de investigação de paternidade, alguns homens levavam amigos para depor e todos afirmavam que se relacionaram sexualmente com a mãe da criança. Na impossibilidade de se determinar quem era o pai, naquelas condições, o pedido era rejeitado.

Tudo era muito natural e aceito pela sociedade de então. Até o fato de um homem casado não poder reconhecer filhos fora do casamento. O país recém saíra da ditadura, e os novos valores constitucionais ainda estavam em fase de consolidação.

Foi, portanto, com surpresa que o advogado de Sebastião insistiu.

— Isso é cerceamento do direito de defesa, Excelência!

Ele gritava, na tentativa de me intimidar. O clima, na cidade, era de terror. Na semana anterior, um oficial de justiça havia sido morto quando tentava intimar um dos mais conhecidos moradores da região para um processo de execução.

Embora certa da decisão que tomara, eu precisava assumir com autoridade aquele espaço. Estava começando na carreira, em uma cidade interiorana. Sentia algumas inseguranças naturais do começo de qualquer trabalho novo. Naquele momento, no entanto, uma certeza era absoluta: jamais deixaria aquela mulher passar pela indignidade de ser humilhada. Não admitiria participar de uma simulação daquela natureza.

Respirei fundo. Falei com voz baixa e firme:

— Recorre, doutor. É seu direito. Alguma outra prova?

Sebastião, incrédulo, me encarava com a arrogância de quem acreditava ser o dono da cidade. Meu primeiro contato com ele havia sido poucas semanas antes, quando, solícito, fora ao fórum me dar boas-vindas. Confesso que havia me impressionado mal. Sua figura, embora de carne e osso, mais parecia com uma caricatura ou um personagem saído dos livros de Jorge Amado.

Sua reação denunciava a irritação de quem vive acostumado a ser servido pelo poder público e não se submete a qualquer comando que não prestigie o seu interesse próprio.

É difícil tentar compreender, nos dias de hoje, o significado de uma mulher solteira, humilde, numa cidade de interior, ainda dominada por coronéis, ter a ousadia de procurar a defensoria pública e enfrentar um dos maiores fazendeiros da região a fim de garantir o sustento de seu filho de três anos.

Maria das Graças permaneceu cabisbaixa o tempo todo. Parecia sentir medo.

Ela tinha certeza de que Sebastião era o pai. Só havia se relacionado com um único homem nos últimos cinco anos. No começo, ele ajudava. Um dia, Maria das Graças o repeliu porque estava muito bêbado. Ele quebrou a casa toda. Foi embora e nunca mais deu nada. Ela não tinha família, nem ajuda de ninguém. A vizinha disse que Maria devia ir à Justiça. Era direito do filho. Ela, a vizinha, testemunharia a seu favor.

Embora todos soubessem da gravidez e do relacionamento do casal, apenas dona Catita, uma senhorinha miúda, corajosa e firme, ousou prestar depoimento como testemunha. Seu marido e o filho haviam sido mortos numa emboscada. Não tinha nada a perder, como disse durante a audiência.

As provas eram precárias: a assinatura de Sebastião na ficha de entrada da maternidade, algumas contas da farmácia assinadas por Maria para que ele pagasse. Não havia exame de DNA possível na ocasião. O exame de sangue realizado apenas servia para não excluir a paternidade.

Mesmo sem provas conclusivas, minha decisão já estava tomada. Mandei entrar a criança. Por um desses mistérios inexplicáveis, Juliano era a cara do pai. Cuspido e escarrado.

— Olha para esse menino, seu Sebastião. Olha o nariz e o buraco no queixo. O senhor tem coragem de dizer que ele não é seu filho?

Era impossível que Sebastião negasse os fatos. Mas ele não se conformava com a obrigação.

— Era só o que faltava, doutora... A gente ter que reconhecer tudo que é filho que faz por aí... E se os outros vierem também?!
— Se eles vierem, seu Sebastião, o senhor vai ter que reconhecer todos eles. Os tempos são outros. A lei mudou.

Mas o homem não se dava por vencido. Tinha certeza de que iria me convencer. Prosseguiu:

— Quem teve o filho foi ela. O que é que a senhora queria que eu fizesse? Sou um homem de respeito. Sou casado. Tenho família.

A insistência foi me irritando de tal forma que resolvi abreviar a conversa. Julguei o processo ali mesmo, na presença de todos. Fiz questão de escolher cada palavra da sentença para que traduzisse toda a minha indignação pela falta de sensibilidade e de sensatez daquele homem arrogante, que representava o que de pior eu podia reconhecer em um ser humano.

"A concepção é um processo que depende de dois. Se o homem não quer correr o risco de um filho indesejado, que use preservativo ou se submeta a uma vasectomia. Ao delegar a responsabilidade para a mulher, assume o ônus de se ver obrigado a exercer a paternidade e pagar pensão alimentícia."

Assim fundamentei parte da sentença, ditando lentamente as palavras para que fossem assimiladas pelo revoltado pai. No final, determinei a inclusão do seu nome na certidão do menino e o condenei ao pagamento de alimentos.

Encerrei a audiência com a sensação de ter feito justiça para Maria das Graças e seu filho. Percebi a contrariedade na forma com que Sebastião Arruda e seu advogado deixaram a sala.

No caminho de volta para casa, atravessando os campos e pastagens da região, percebi o quanto havia sido imatura e autoritária na condução daquele processo.

Era compreensível a resistência de Sebastião. Vivera quase sessenta anos sob a lógica do arbítrio e não conhecia as possibilidades que se abriam no mundo. As montanhas que cercavam os pastos da região funcionavam como um anteparo aos novos ventos que se anunciavam. Sebastião nascera e fora criado aprendendo que a virilidade é uma qualidade e que os filhos são o reflexo do seu poder. Podia ter muitos filhos. Devia sustentar apenas os "legítimos".

Eu não precisava tê-lo humilhado, decidindo o processo em audiência e expondo, publicamente, o início do seu declínio como homem e como poderoso que acreditara ser até então. O resultado teria sido o mesmo.

Era uma sorte que eu estivesse começando. Era uma sorte ter tido a percepção de entender que as mudanças faziam parte de um destino inexorável e que eu não precisava me comportar como quem detém o monopólio da verdade.

Lembrei de Sebastião reclamando. Lembrei de sua exclamação: "Era só o que faltava!..."

Faltava ainda muito mais. Era só o começo de um novo tempo e de um novo modelo de família e de paternidade. Era só o começo de um novo tempo de ética e de responsabilidade. Para mim, aquela experiência era só o início da compreensão de que as bandeiras e palavras de ordem serviam menos do que as ações para transformar a vida.

Tive sorte de ler *O alienista* e de viver um período de lutas pela afirmação de direitos e de respeito à pluralidade e à igualdade. Não precisava ter sido tirana. O resultado teria sido o mesmo.

Aprendi e continuo aprendendo que, de perto, ninguém é normal e que o normal é ser normalmente imperfeito. Louco é quem não compreende as transformações do mundo, quem não aceita a condição precária da humanidade e quem tenta se estabelecer como padrão para todos os julgamentos e medidas. Itaguaí é aqui.

Notas

1 A história incidental é uma crônica de meu livro *A vida não é justa*.

Assim é (se lhe parece)

José Carlos de Magalhães

A literatura, como o teatro e o cinema, são artes que retratam a vida, ou pedaços de vida de pessoas, de grupos sociais ou, ainda, de cidades, de países, de momentos. Sobretudo de momentos. Por vezes exprimem os pensamentos e a imaginação do autor, sem apoio na realidade da época, porém resultam de projeções da vida social, por ela influenciados, refletindo ansiedades e perspectivas. A imaginação de George Orwell (Erik Blair) ao escrever *1984*, a tuberculose a lhe minar a saúde, em 1946, reflete o visionário de um mundo sob vigilância governamental em todas as partes. A arte a refletir ideias e antecipar acontecimentos. A ligação do Direito com aquelas artes é fruto da identidade de origem, por ser também expressão de valores a influir comportamentos e aspirações da comunidade em determinado momento.

A história mostra a constante mudança de costumes, de hábitos, de crenças, retratada nas artes em geral, sobretudo na pintura, literatura, escultura, teatro e cinema. O classicismo, romantismo, impressionismo, parnasianismo, modernismo e tantas outras variantes e tendências das artes ao longo da história refletem a mudança constante de percepção das sociedades em geral sobre a arte, e, mais do que isso, das sociedades e da vida dentro delas. O Direito também segue o mesmo ritmo, influenciado pelo pensamento de pessoas comuns ou relevantes, ou do comportamento geral nela observado.

Quando se lê as *Ordenações Afonsinas*, *Manuelinas* ou *Filipinas*, fica-se, atualmente, chocado com os preceitos jurídicos lá expostos, a refletir costumes arraigados nas comunidades por elas regidas. A pena de morte com crueldade, imposta a certos condenados, a indicar a tortura que a deve preceder, chama atenção ao ambiente social de então. Não bastava condenar à morte, precisaria ser precedia de crueldade, na expressão da lei. A religião e a superstição a pairar sobre o comportamento social. A escravidão é fato histórico e trivial, admitido desde os tempos bíblicos, seja como consequência de conquistas bélicas, seja por outros meios.

Esses e outros comportamentos desapareceram nos tempos atuais, como se nunca tivessem acontecido e nunca tivessem sido admitidos, como a escravidão rotineira e normal, amparada por normas jurídicas bem estabelecidas. A memória do povo é curta e logo apaga fatos negativos como aqueles. As gerações mais jovens vivem o momento em que foram criadas. Não o de seus antepassados.

É certo que, vez ou outra, tenta-se retornar ao passado tenebroso da tortura institucionalizada, em momentos de confrontos bélicos, ou de atos de terrorismo, em que vozes desarrazoadas de pessoas ou de autoridades públicas a pregam como instrumento de segurança. A prática no Brasil, na Argentina e no Chile, durante o regime militar que governou esses países, ilustra esse comportamento. Da mesma forma, a prisão de pessoas em Guantánamo, prisão utilizada por se situar fora dos Estados Unidos, espanta o mundo, como evidência de atitude incompatível com os novos tempos e com o próprio sistema constitucional do país, vigente apenas no território. A hipocrisia a informar atitudes sociais e jurídicas.

Se os fatos alteram costumes e princípios, o Direito também se adapta aos novos tempos, a refletir a média das aspirações e tendências sociais e individuais. No Brasil, não se admitia o divórcio até bem depois de meados do século XX, mantendo indissolúvel o vínculo matrimonial.

A religião a impor padrões de conduta à sociedade, ainda de maioria católica. Em consequência, inúmeros jovens ficavam à margem da vida social em virtude de não terem conseguido manter a união conjugal e se virem forçados à separação. Tornavam-se párias sociais, não aceitos por muitas famílias e discriminados ao longo da vida. A dinâmica social, afetada pelos costumes abrandados, alterou esse quadro, com a aceitação do divórcio como algo comum e normal, eliminando-se, por completo, o antigo preconceito contra casais separados.

O Poder Judiciário, com juízes mais próximos do povo em geral, contribuiu decisivamente para essa mudança ao acolher ações de dissolução de sociedades de fato entre concubinos, reconhecendo a necessidade de reparar injustiças, com a atribuição de metade do patrimônio amealhado na constância do concubinato para o companheiro ou companheira. Algo impensável no passado, influenciado por credos religiosos. Foi passo decisivo para a evolução dos costumes e princípios, rumo ao acolhimento do divórcio pelo Poder Legislativo. A Justiça, refletida em decisões judiciais, acolhia expectativas reprimidas e ignoradas pela lei.

O Direito adaptou-se, ou melhor, impôs a mudança da lei, diante da pressão da sociedade para aceitar a nova realidade e adotar padrões novos. A lei teve de ser alterada para acolher a norma de direito ansiada pela sociedade. A lei então em vigor não mais expressava norma de direito.

Essa adaptação aos novos tempos e costumes está, no entanto, vinculada a princípios e valores permanentes da sociedade, refletidos em normas de direito que perduram, não obstante as modificações próprias da vida social. O Código Civil brasileiro, editado em 1916, há mais de cem anos, portanto, continua com a maioria de suas disposições em vigor, apesar das grandes modificações por que passou a sociedade brasileira — e o mundo em geral — no século XX. O Código editado em 2002 fez adaptações próprias e adequadas às mudanças desejadas pela sociedade, como é o caso do tratamento à mulher e a exaltação explícita da boa-fé nos negócios, mas manteve os princípios e valores permanentes da comunidade.

O que se conclui é que o Direito reflete — ou deve refletir — as aspirações médias da sociedade, ainda que sua organização em Estados possa ser perturbada pela edição de leis que as desrespeitam e ignoram. As autoridades estatais, incumbidas de gerir e administrar o conjunto da sociedade, nem sempre são capazes de captar as expectativas e os valores e princípios por ela acolhidos. Daí a dicotomia entre Direito e lei, por vezes não coincidentes e, não raro, conflitantes. O exercício do poder político pode levar ao autoritarismo antijurídico, embora legal, refletido em todos os níveis da estrutura governamental e, por vezes, da própria sociedade ou de partes integrantes dela.[1]

O positivismo jurídico, inspirado nas ideias de Kelsen e de Augusto Comte, toma por base a identidade entre lei e Direito, ao considerar que a norma legal traduz o Direito posto pelo Estado, afastando-se do conceito de justiça, exterior à norma. Esse entendimento leva à conclusão de que a lei pode tudo, como é o caso da lei brasileira de arbitragem, que, ao alterar o Código de Processo Civil, qualificou o laudo arbitral como título executivo *judicial*, passando a denominá-lo "sentença arbitral", quando, na verdade, é extrajudicial, por não provir do Poder Judiciário. Essa distorção traduz o entendimento de que a lei pode modificar a realidade e revela o senso de autoritarismo que inspirou o legislador a impor sua vontade.

A lei é feita por pessoas a isso autorizadas pela Constituição por integrarem os poderes do Estado, ou por atos de força. Todavia, além das limitações por ela impostas, há as decorrentes do extrato social e das expectativas da comunidade a serem acolhidas pela norma. Não basta a lei observar a Constituição, há que expressar e refletir as aspirações e expectativas médias da sociedade. Pode ela ser constitucional, por observar procedimentos institucionais, mas nem sempre é uma norma de direito. No Brasil, o ato governamental de confisco de bens ou de cassação de direitos políticos, fundado no Ato Institucional n.º 5, de 1968, tinha base legal, mas não era uma norma de direito.

Para que a lei expresse uma norma de direito, será sempre necessário que a preceda a valoração do fato a ser regulado, com o exame das tendências, perspectivas e objetivos que o informam. Essa valoração, conforme aborda Miguel Reale,[2] requer a apreciação pelo legislador do conjunto de todos aqueles fatores, com cuidado maior, pois implica interpretar os seus efeitos, não apenas de acordo com sua convicção pessoal, mas o da comunidade como um todo, refletida em manifestações diversas da sociedade civil. A falta de percepção dessa realidade é responsável pelo comportamento de ministros do Supremo Tribunal Federal brasileiro, em sua composição no ano de 2018 — ressalve-se —, em decisões individuais em que se valeram de artifícios regimentais para decidirem pela não observância do entendimento majoritário da Corte de autorizar a prisão de pessoas cuja condenação por juízes de primeiro grau foi ratificada por tribunal sobre matéria de fato, insuscetível de modificação em instâncias superiores. Uma coisa é expressar opinião dissidente em voto vencido. Outra é, em decisão individual, desrespeitar o entendimento majoritário e fazer valer seu ponto de vista contrário, trazendo insegurança jurídica a toda a sociedade.

Esse comportamento ignora aspirações da sociedade sobre o tema; sociedade cansada da impunidade gerada por sistema processual anacrônico e cuja alteração é desejada para evitar anomalias a serem evitadas, mas resistida ou ignorada pelas autoridades governamentais. Essas aspirações são refletidas em manifestações da opinião pública, de grupos sociais, de empresas privadas, de entidades corporativas, sindicatos, imprensa, organizações não governamentais, enfim, de uma multiplicidade de atores no corpo social. Não se esgota, contudo, na esfera interna, mas abrange também a internacional, pois cada país participa da comunidade internacional como um todo.

De fato, no mundo globalizado da atualidade, importa considerar as preocupações da comunidade internacional sobre determinados temas, não se podendo considerar cada país uma autarquia fechada em si mesma. O que acontece no interior de cada um se reflete em todo o sistema internacional, com efeitos imediatos, graças aos meios de telecomunicação e à internet. A preocupação com a preservação do meio ambiente, atual foco de atenção da comunidade internacional, provém do interesse geral em preservar a Terra como um todo para abrigar a humanidade com superpopulação acelerada, e impõe cautelas e políticas nacionais compatíveis. As políticas que com isso conflitam, ainda que sustentadas por base de poder estatal forte, constituem atos dissociados do Direito, à semelhança dos regimes nazista e fascista abjurados pela comunidade internacional. A atuação das organizações não governamentais pode ser norte para a aferição de atos e políticas oficiais, por representarem anseios da sociedade civil como um todo.

As decisões judiciais, a verdade e o Direito

Se essas considerações se aplicam ao legislador, responsável pela elaboração da lei, também repercutem nos encarregados de tomar decisões judiciais, os juízes, a quem cabe examinar e decidir controvérsias privadas, sob os mais variados enfoques, e observar as tendências gerais sobre temas sobre os quais deve julgar. Não basta seguir a jurisprudência dos tribunais ou a doutrina. É necessário verificar sua aplicabilidade ao caso concreto, aos fatos em sua integridade e o contexto em que ocorreram, para compreender a controvérsia e dar-lhe solução.

A análise dos fatos pode levar a conclusões diversas de casos similares, mas em contextos diversos. Cabe ao julgador perceber as diferenças. A lei, ao expressar norma de direito, é de caráter geral e requer sua aplicação concreta com atenção à realidade de cada caso. Ao estabelecer que o homicídio é um delito a ser punido, o julgador deve atentar para todas as circunstâncias em que ocorreu. As atenuantes, as agravantes e as exceções, como é o caso da legítima defesa. Nem todo homicídio — ou qualquer outro delito — deve ser punido da mesma forma, ou mesmo punido. O contexto em que ocorreu deve ser examinado com cuidado por juízes equilibrados e racionais. A análise do contexto é essencial para a aplicação da norma, até porque a busca da verdade nem sempre é factível.[3]

Ilustra essa afirmativa as decisões judiciais contraditórias sobre as mesmas pessoas envolvidas nos mesmos acontecimentos. O juiz de primeiro grau, mais próximo dos fatos, examina os argumentos de cada lado e as provas, inquire as partes e as testemunhas, verifica os documentos e toma uma decisão. Em recurso para o tribunal, a decisão pode ser revertida, surgindo a primeira questão. Qual das duas é a correta e fez justiça: a do juiz ou a do tribunal? Ambas fundamentadas, com base nos mesmos fatos e nos mesmos argumentos expostos pelas partes.

Mas o problema não se esgota aí. É comum no próprio tribunal haver dissidência entre os julgadores, a revelar insegurança sobre a procedência ou não da decisão de primeiro grau. O voto vencido, em cotejo com os vencedores, também é fundamentado nos mesmos fatos, provas e argumentos expendidos pelas partes. Mais ainda: se houver alteração da composição da turma julgadora, com a saída de um dos membros e ingresso de outro, a decisão pode ser outra. Qual a correta? Qual a verdade? Qual delas fez justiça?

Uma decisão do Supremo Tribunal Federal tomada por seis a cinco votos dos ministros faz aflorar a questão sobre quem tem razão: a maioria apertada ou a minoria? Se alterar essa composição, a decisão pode levar a outro resultado. Como fica a interpretação do Direito e sua aplicação ao caso concreto?

Esse fato não se restringe ao Brasil, mas é comum no mundo todo, a revelar serem as decisões judiciais nem sempre corretas, nem aplicarem o Direito de forma adequada, como atestam os casos de erros judiciários vez ou outra apontados no noticiário pelos meios de comunicação.

A forma de aferir a justiça de uma decisão é constatar sua adequação às expectativas e anseios da comunidade e aos princípios e valores por ela observados. Isto não significa atender ao clamor púbico momentâneo, exacerbado por paixões despertadas por acontecimentos, por vezes estimuladas pelos meios de comunicação. Ao contrário, o clamor público pode impedir a apreciação cautelosa do fato e ignorar o sentido da justiça, que requer serenidade e afastamento de paixões. A condenação universal por linchamentos de autores de delitos surpreendidos no ato delituoso reflete o repúdio a atos dessa natureza, desprovida da necessária isenção de ânimo no julgamento, com a apreciação do contexto em que o delito foi praticado.

Daí que compete ao julgador utilizar seus conhecimentos e apreciar a inteireza dos fatos sob sua análise e as tendências a que se inclina a comunidade como um todo, no âmbito nacional e internacional. Mas essa apreciação não deixa de conter grande dose de subjetividade, de inclinação de cada julgador, de sua formação cultural, do ambiente em que vive, do entorno social ao qual está habituado, do modo que encara a vida e de seu credo religioso — ou da falta de um.

Pirandello e a busca da verdade

Essas longas considerações, informadas pelo exame de conceitos jurídicos e o comportamento de autoridades governamentais, dentre as quais as do Judiciário, são provocadas pela peça de Luigi Pirandello, *Assim é (se lhe parece)* — no original italiano, *Cosi è (se vi pare)* —, uma das melhores do grande dramaturgo siciliano. Não decorrem de meras ilações. Têm a ver com o enredo imaginado pelo autor, em que a intriga e a invasão da privacidade de uma família têm, como mote, a busca da verdade que, no entanto, interessa apenas aos seus participantes, aos familiares e não, propriamente, à comunidade.

A peça retrata incidente corriqueiro, que se transformou em crise social localizada, provocada pelo interesse de algumas pessoas em intervir em assuntos domésticos de um funcionário da prefeitura recém-chegado à cidade com a esposa e a sogra.

Os fatos, em resumo, referem-se a uma família que se mudou para uma pequena província do interior da Sicília, a isso compelida por terem sobrevivido a um terremoto que destruiu a cidade em que vivia, com muitas mortes e o desaparecimento de documentos oficiais. Desperta a curiosidade da vizinhança o fato de a família, composta do marido, sua esposa e a sogra, viver em casas separadas. O homem, sr. Ponza, é secretário da prefeitura e mora com a esposa em local distante, em andar alto de prédio, acessível apenas por longa escadaria. A sogra, a sra. Frola, idosa, mora no centro da cidade, sozinha. Vai diariamente ver a filha. Da calçada, acena-lhe à janela, dela recebendo bilhetes deixados em cesto de pão baixado ao andar térreo. Não sobe a escadaria, nem a filha desce para a abraçar e com ela conversar. O fato desperta a atenção dos habitantes. Tomam como ato de crueldade do genro, a impedir a esposa e a sogra de se encontrarem fisicamente.

Chamada por uma vizinha, inconformada com aquela situação, a sra. Frola explica que sua filha sofrera grave acidente, que a levou a ser internada por longo tempo. O genro, transtornado com o acidente, acreditava ter ela falecido, diante de sua ausência prolongada durante a internação. Após a mulher receber alta e voltar à vida normal, o genro acabou por se casar novamente com ela mesma, pensando tratar-se de outra pessoa. Considera-o boa pessoa e diz que a trata muito bem, dela cuidando como se fora sua mãe. Pede para não interferirem com o genro e com os hábitos que observam.

Ao saber dos relatos à vizinha, o genro irrita-se, indo a sua casa, encontrando-a acompanhada de familiares. Esclarece ser sua sogra louca e que se recusa a acreditar na morte da filha, efetivamente ocorrida. Diz que sua esposa não é filha dela, mas, para evitar sofrimento da sogra, a quem quer como se fora sua mãe, mantém a esposa afastada para não destruir a ilusão da sogra. Foi o meio que encontrou para lhe poupar o abalo com a realidade da morte da filha, por ela não aceita.

A versão distinta dos fatos perpassa a peça inteira. Ora as pessoas que frequentam a casa vizinha pensam que o genro tem razão, por ser pessoa equilibrada, séria e boa, ora que a sogra é que está certa, vítima do caráter violento do genro.

O prefeito, a quem o genro está subordinado, provocado pelos comentários, participa de reunião final em que a filha comparece para esclarecer sua verdadeira identidade, única forma de desvendar o imbróglio. Aparece vestida de preto, o rosto coberto por espesso véu. Ao ser indagada sobre quem realmente é (se filha da sra. Frola ou segunda esposa do genro) esclarece: "Para mim, sou aquela que se crê que eu seja." Sai em silêncio, assim terminando a peça.

Ao dizer "eu sou aquela que se crê que eu seja", atribui a verdade sobre sua identidade a um ato de crença, de fé. Agrada com o gesto ao marido e à sra. Frola. Ato de verdadeira ternura.

Personagem importante da peça, Laudisi, irmão da vizinha, é observador e crítico mordaz da ansiedade de todos em bisbilhotar a vida daquela família, e cético sobre a possibilidade de se descobrir a verdade. Em certo momento ilustra sua descrença sobre a descoberta da verdade procurada por todos:

> Sirelli: — Você poderia negar a evidência se amanhã fosse apresentada [a certidão de óbito da filha da sra. Frola].
> Laudisi: — Eu? Mas eu não estou negando coisa alguma. Olho a questão com bons olhos. Vocês, não eu, têm necessidade dos dados de fato, dos documentos, para afirmar ou negar. Eu não saberia o que fazer com isso porque, para mim, a realidade não consiste nisso, mas, sim, nas almas desses dois, nas quais eu não posso sequer pretender adentrar, senão até onde eles me disserem.

A verdade, vista por esse personagem (seria o próprio Pirandello?), não se situa nos fatos e na sua aparência, ou ainda nas provas pretendidas, mas na alma das pessoas, no íntimo de cada um, somente acessível se revelada. O exterior pode expor a pessoa, identificada por sua aparência, mas não sua integridade, o seu interior, o seu ser. A "pessoa", no teatro grego, não por acaso, expressa apenas uma exterioridade, por meio de palavras, gestos, por sons emitidos pelo ator escondido sob a máscara — *per sonam*, pelo som, daí personagem, pessoa —, pelas vestes que sequer delineiam sua aparência física, quanto mais seu íntimo, sua alma. A pessoa não representa o ser, mas apenas sua exterioridade.

Em outro trecho, em que se olha no espelho, o dedo a apontar para a imagem nele refletida, diz:

> Laudisi: — Ah. Você está aí. É, meu caro, quem de nós dois é o louco? É, eu sei, eu digo "você" e você com o dedo indica a mim. Que maravilha, que assim, face a face, nos conheçamos tão bem! O problema é que o modo como eu vejo você não é o mesmo como

veem os outros! E então, meu caro, o que você se torna? Digo para mim que aqui, diante de você, me vejo e me toco — você — como veem os outros! O que você se torna? Um fantasma! Ainda assim, vê esses loucos? Sem prestarem atenção ao fantasma que trazem consigo mesmos, vão correndo, cheios de curiosidade, atrás do fantasma alheio! E acreditam que seja uma coisa diversa.

O personagem se vê no espelho e diz ao seu reflexo conhecerem-se bem. São a mesma pessoa, assim compreendem-se, entendem suas intimidades. Mas os outros, como os veem, se conhecem apenas sua exterioridade?

A visão do exterior das pessoas é insuficiente para a compreensão de seus atos e atitudes, impedindo que se descubra a verdade de cada um. Depende sempre de quem aprecia o fato, de acordo com suas tendências e inclinações pessoais, das quais não pode se dissociar. Não há objetividade na apreciação do real, da realidade, pois quem o faz carrega todo o complexo de fatores que compõe o seu ser. Sua formação cultural, o meio em que vive, sua educação, família, afeição pelas pessoas envolvidas — ou falta de afeto —, enfim, todo um conjunto de fatores que influi na percepção da realidade fática.

Vem à lembrança a observação lúcida de Bertrand Russell: "Se Deus é amor e se me ama como minha mãe, jamais me mandaria para o inferno." A mãe conhece bem o filho e justifica ou explica seus atos por entender sua intimidade e motivos, até psicológicos, de seu comportamento.

A reposta da sra. Ponza (filha ou segunda esposa), ao final da peça, que lhe dá o nome, ilustra à perfeição o sentido da procura da verdade: "sou aquela que se crê que eu seja." Resposta caridosa que atende ao que o marido e sua sogra gostariam de ouvir, ser a pessoa que eles acreditam que ela seja, deixando a comunidade bisbilhoteira sem explicação alguma, em sua curiosidade inútil sobre a privacidade da família.

Nela ressalta o subjetivismo, a crença na descrição da verdade. Crença como ato de fé de convicção pessoal, sem qualquer objetividade na apreciação da realidade exterior.

Atribui-se a Kant a afirmação de que poderia comprovar a existência de Deus por tantos argumentos quantos outros para negá-la, tratando-se de ato de fé, de crença pessoal, de foro íntimo. Para quem crê, Deus existe, não havendo como e por que se comprovar ou negar essa existência. A verdade é de cada um. É ato de fé.

Repercussões da aparência como verdade

Julgamentos pela aparência dos fatos, sem aprofundamento maior, sem a análise do contexto em que ocorreram e amparados pela visão superficial dos acontecimentos, têm sido responsáveis por graves injustiças sociais irreparáveis. É o caso que se tornou emblemático na cidade de São Paulo, da escola infantil conhecida como Escola de Base: uma criança disse aos pais ter sido molestada por professora. O delegado encarregado do caso, ávido por publicidade, deu entrevista à imprensa, acusando a professora e a escola da grave ofensa. A matéria teve grande repercussão pública nos jornais e na televisão, com gravação da fachada da escola e considerações sobre o incidente. Posteriormente, apurou-se ter a criança inventado tudo, como os pais vieram a perceber. Todavia, o mal já estava feito. A reputação da escola ficou irremediavelmente arruinada pela publicidade alcançada, levando-a a fechar, prejudicando seriamente a reputação da professora e dos diretores. Outras educadoras, no entanto, esclareceram ser comum esse tipo de imaginação em crianças, o que as leva a recomendar cuidado aos pais para que averiguem primeiro, antes de imputações perigosas e ruinosas.

A aparência a esconder a verdade e a afetar vidas

Embora a peça de Pirandello focalize principalmente a busca da verdade, nela ressalta a invasão da privacidade pela comunidade, que pode ter consequências mais sérias do que simples entrevista com as pessoas envolvidas, ou a curiosidade satisfeita.

ASSIM É (SE LHE PARECE)

    Vêm à tona os impressionantes relatos da escritora russa Svetlana Aleksiévitch, em seu livro *O fim do homem soviético*. As entrevistas com habitantes atuais da Rússia que compõem a obra mostram a intriga e a invasão da privacidade como apanágio de uma sociedade decadente. Experimentaram aquelas pessoas os reflexos do culto à personalidade de Stalin, líder partidário inconteste e considerado o grande herói do povo soviético, verdadeiro vencedor da II Guerra Mundial, na luta contra a invasão nazista. Deixar de tê-lo como verdadeiro herói, para uma geração assim ensinada durante toda a vida, constitui mudança radical de pensamento não facilmente assimilável.

    As entrevistas da autora se sucedem, indicando choros e emoções a interrompê-las, suspiros, pausas. É leitura pesada de relatos cheios de rancor e ressentimentos dos entrevistados, alguns dos quais veteranos de guerra, heróis entusiasmados com o regime e com o Estado soviético e frustrados com os novos tempos. Viva a pátria! É expressão de alguns, que distinguem o país dos que o governam. Envelhecidos, condecorados, veem-se desprezados pelas novas gerações e chocados com os costumes novos provocados pela mudança do regime. Endeusam Stalin, que ignoraria os fatos, e amaldiçoam os burocratas do Partido que lhes submetem a humilhações e tratamento indigno, sem contar as prisões, sob acusação de traição.

    É surpreendente o relato da cordialidade dos invasores alemães, alegres, joviais, simpáticos, bonitos, com roupas boas, a tratarem bem os habitantes das cidades invadidas, levando-lhes comidas e guloseimas. Muitos torciam para que permanecessem, para postergar e mesmo impedir a reinstalação dos governantes soviéticos. Curiosos esses relatos, que contrastam com a imagem projetada nos filmes americanos. Os soviéticos que foram a Berlim percebem a diferença de costumes e o ar de liberdade, inexistente na Rússia agora reinstalada, em continuação às práticas da extinta URSS. Há também o relato de senhoras, já avós, sobre suas infâncias, em que foram separadas dos pais, enviados à Sibéria e aos campos de concentração, os conhecidos *gulags*. Os filhos de mães degradadas iam para orfanatos. Em um deles, a senhora lembra da governanta, chamada de comandante, que falava mal da mãe dela, dizendo ser mulher feia e má, para seu desespero de menina de cinco ou seis anos, privada da mãe, enviada ao degredo. Conta sua aventura e da irmã, bonita e atraente, levadas a Moscou, em que dormiam na estação de trens por não terem para onde ir.

Todos esses relatos mostram o ambiente de pobreza e de rudeza de vida da população soviética. Em alguns casos, o conflito entre os abecásios e georgianos provocava limpeza étnica, com agressões a famílias inteiras.

O livro mostra o grande contraste de civilizações e de estágio de desenvolvimento humano. Embora no Ocidente haja pobreza e miséria, e haja discriminação e má distribuição de renda em países como o Brasil, há grande distância do ambiente retratado nas entrevistas da autora.

Outro episódio é o tratamento dado aos veteranos de guerra, similar ao dos americanos, frustrados ao serem recebidos com indiferença pela população local e não como heróis, em ambiente a que se desacostumaram. Se isso é de se esperar, por ser comum, como ocorre nos Estados Unidos, choca a prática das denúncias, mesmo contra heróis veteranos de guerra. Ao voltarem, podem ser enviados à Sibéria, acusados de alguma observação desrespeitosa às autoridades, ao partido ou ao governo, por denúncias de colegas.

O que se verifica, do conjunto das entrevistas, é o ambiente de intolerância, rigidez e de controle pelas autoridades estatais sobre a população em geral. Havia certo clima de medo generalizado. Mesmo atualmente, em 2017, lê-se nos jornais a prisão de líder de oposição ao governo Putin que, ao sair de casa, é levado preso, sob a acusação de incitar movimentos populares. Leva-se a crer que a Rússia dos tzares é a que ainda prevalece nos dias de hoje, com governos fortes a submeter a população ao controle estatal e às autoridades burocráticas inferiores, poderosas e arbitrárias.

O denuncismo da época — não muito distante —, muitas vezes interesseiro, levava pessoas a serem internadas no *gulag*, enviadas à Sibéria, apartadas da família, por comentários contra o Partido ou contra autoridades. Mais do que mera intriga, a prática estimulava filhos a denunciarem pais e irmãos, para ficarem com boa imagem no Partido ou com autoridades locais. Um de tantos outros relatos que chocam é o da mulher que, em consequência de denúncia, é presa, ficando apartada de sua filha, deixada à guarda da vizinha. Mais tarde, ao ser solta e verificar a origem da denúncia, constata ter sido a vizinha que ficara com a filha durante seu cativeiro.

A obra revela a desconstrução psicológica por que passou o homem do povo, o cidadão comum soviético por criação e formação, tendo o Partido como grande foco de aspiração social de ascensão política e profissional. Suas convicções foram simplesmente postas abaixo, destruídas inicialmente pela desmitificação e demolição do culto à personalidade de Stalin, no governo de Kruschov, depois a *glasnot* e a *perestroika* de Gorbatchov e, finalmente, com os regimes posteriores a afastar o monopólio da economia pelo Estado, substituído por empresas privadas e por empresários enriquecidos pelos novos tempos. Tudo isso em curto espaço de tempo, de uma ou duas gerações.

Essa reviravolta, como é compreensível, destruiu conceitos e verdades que nortearam a vida das pessoas por cerca de setenta anos e inspiraram autores celebrados desde os bancos escolares a influir no comportamento e no ideário da sociedade. O que era abjurado em passado recente passa a ser acolhido como modo de vida, o mercado a ditar comportamentos e a influência americana a rondar a todos.

Embora pareça prática distante, de outros povos e em outras épocas, no Brasil assistiu-se, recentemente, a episódios similares, com gravações clandestinas em casas visitadas sem convite, para fins políticos e policiais. Não obstante a Constituição proíba a produção de prova obtida por meios ilícitos, tais atos têm sido considerados e mesmo admitidos, diante da proeminência das pessoas envolvidas e da gravidade dos fatos relatados. Desconsidera-se que o precedente pode vir a justificar abusos, sem contar com o desrespeito à norma constitucional e, mais do que isso, às tradições observadas pela comunidade brasileira desde há muito.

Os fatos descritos nesse livro de Svetlana têm a ver com a intriga e a invasão de privacidade tratadas na obra de Pirandello e revelam quão drásticas podem ser as consequências desse comportamento.

A verdade na diversidade de culturas e de civilizações

A peça de Pirandello leva a refletir também sobre a diversidade de culturas e de civilizações, ora aproximadas pelos meios de comunicação, pelo uso das redes sociais e pela internet. Cada comunidade observa padrões de comportamento próprio, incompreensível para outras.

A mulher muçulmana está satisfeita com a perfeita divisão de tarefas da sociedade em que vive: o marido provê o seu sustento e a protege; ela cuida da casa, educa as crianças, não vai desacompanhada à rua, sem a proteção masculina, marido ou irmão. Sente-se protegida com sua vestimenta, a burca ou o chador, que lhe cobre todo o corpo, a evitar a cupidez do olhar masculino a invadir sua privacidade corporal. Foi assim educada, como foram sua mãe e seus antepassados. É dessa forma que entende a sociedade em que vive. Vê a mulher ocidental, com sua semi-nudez, a calça comprida a imitar a veste masculina, a minissaia, o decote ousado, como pessoa sacrificada e explorada pelo homem, seu algoz. Tem de trabalhar durante o dia e à noite enfrenta o encargo da casa, da preparação dos alimentos e educação das crianças.

A mulher ocidental, por seu turno, sente-se feliz com a vestimenta a lhe desnudar parte do corpo, com sua liberdade de ação, sua independência, a desnecessidade da proteção masculina, de que deseja se libertar, sua possibilidade de competição com o homem no trabalho e na divisão de tarefas domésticas. Vê na muçulmana uma criatura infeliz, oprimida, que precisa ser libertada de costumes que considera opressivos e ultrapassados. Também ela vive a realidade do mundo em que foi criada, com princípios e valores ocidentais da sociedade de que faz parte.

Cada cultura com sua verdade e suas convicções a nortear a vida da sociedade. O direito a reger cada uma delas de modo diverso.

A verdade e a ilusão

Ao apreciar a peça de Pirandello, é inevitável a lembrança de outra, *Henrique IV*, em que o mesmo tema é explorado sob outro enfoque. O personagem principal sofre queda de cavalo em uma festa de carnaval, com todos fantasiados, ele como o imperador do Sacro Império Romano-Germânico, Henrique IV. O acidente deixa-o alienado e mentalmente perturbado. Passa a acreditar ser o próprio imperador. Sua convicção, na loucura que o abateu, leva-o a ser cercado por pessoas que o tratam como tal, com vestimentas da época e ambiente típico de corte imperial. Comporta-se dessa forma, assim como todos os que com ele convivem, com o propósito de evitar-lhe perturbações maiores às da loucura que o acomete. Vivem todos uma pantomina, como se estivessem na corte do imperador.

Todavia, ao longo do tempo, o personagem recobra a lucidez. Percebe a falsidade do tratamento e do comportamento de todos, mas se cala, ficando a apreciar a farsa em que todos se meteram. A tragédia, todavia, se abate sobre o grupo e quando, ao participar ele de reunião em que comparece seu antigo rival e desafeto do passado, acaba por assassiná-lo, como se fora um ato de louco, prisioneiro ele próprio da loucura não mais existente.

É a aparência e a realidade presentes nas duas peças de Pirandello, a refletir o mundo, a sociedade e as relações humanas como um todo. Em *Assim é (se lhe parece)*, a mulher porta-se como a segunda ou a primeira esposa do sr. Ponza, de acordo com o interlocutor, preservando para si a verdadeira identidade, desconhecida da comunidade e de seus familiares. O ex-louco Henrique IV sabe não estar mais alienado, mas vê-se obrigado a manter e a viver sua mistificação, em virtude do assassinato do rival. Ele sabe não ser mais louco, mas mantém a aparência conveniente.

Aparência e realidade a conviverem em harmonia.

Bibliografia

REALE, Miguel. *Filosofia do Direito*. 9. ed. São Paulo: Editora Saraiva, 1982.
RAWLS, John. *A Theory of Justice*. Nova York: Oxford University Press, 1973.

Notas

1 O Ato Institucional n.º 5, editado em 1968, fornece exemplo típico. Excluiu da apreciação do Poder Judiciário os atos com base nele praticados. Vigorou por dez anos, durante os quais bens de pessoas foram confiscados, direitos políticos cassados e aposentadorias compulsórias decretadas, sem que as pessoas afetadas tivessem direito de defesa. Atos com base na lei, mas antijurídicos, contrários ao Direito.
2 Segundo Miguel Reale, no "trabalho de perquirição do essencial ou de busca dos pressupostos de algo, a valoração é de certo modo, constitutiva da experiência (...) Valorar não é avaliar. Valorar é ver as coisas sob o prisma de valor." (REALE, p. 67)
3 Aplicável a observação de John Rawls: "Um sistema legal é uma ordem coercitiva endereçada à pessoas racionais para regular suas condutas e fornecer estrutura para cooperação social. Quando estas normas são justas, estabelecem base para expectativas legitimas." (RAWLS, p. 235)

A ideia de justiça

Calixto Salomão Filho

Introdução: o acadêmico e o instinto da crítica

Normalmente, as trajetórias de grandes acadêmicos apresentam certa regularidade. Temas que os marcaram no início de suas carreiras costumam retornar mais adiante, às vezes com grande frequência. E é esse retorno aos mesmos temas que tornam suas obras ainda mais relevantes. Ao serem revistos e revisitados, ganham novos enfoques e mais robustez.

É exatamente esse o caso de *A ideia de justiça*, de Amartya Sen. Nele, o autor trata de um tema que de certa forma foi uma constante em sua trajetória profissional. A ideia de justiça — e de injustiça — é na verdade um fio condutor de sua produção acadêmica.

Seus famosos estudos econômicos, que lhe valeram o prêmio Nobel, sobre a pobreza e a teoria da escolha social, são na verdade ensaios, respectivamente, sobre grandes injustiças e sobre teorias para entendê-las e compará-las. No outono de sua vida acadêmica, em *A ideia de justiça*, o autor retorna ao tema da injustiça exatamente para contestar um dos autores que o inspiraram no início de sua vida universitária.

John Rawls e seu livro *Uma teoria da justiça* (*A Theory of Justice*) estavam em pleno apogeu quando o jovem professor Sen chegou a Harvard. A discordância com o famoso Rawls, só exposta com clareza em *A ideia de justiça*, talvez tenha sido o fio condutor de boa parte de sua produção científica; ou seja, é possível que Sen tenha construído muitas de suas teorias em oposição ou em crítica a alguém que era uma grande figura quando do início de sua vida acadêmica. A própria concentração de seu trabalho em Teoria Econômica no tema da pobreza, além de obviamente relacionada a questões que lhe foram impactantes na juventude (como a miséria na Índia), é construída (como se verá) também de certo modo como resposta às teses de Rawls sobre justiça, que Sen intimamente rejeitava. O instinto de crítica e debate acadêmico é, portanto, importante mote de sua trajetória.

SEN VS. RAWLS OU TEORIAS COMPARATIVAS DE JUSTIÇA VS. TEORIAS TRANSCENDENTAIS DA JUSTIÇA

É bastante interessante notar que as conclusões mais relevantes sobre sua ideia de justiça parecem advir exatamente do processo dialético de tese e antítese levantado por Sen. Para Rawls, "justiça" é um conceito que pode ser definido de maneira transcendental, ou seja, absoluta, independentemente das peculiaridades sociais e econômicas de cada região. Para tanto, seria necessário a existência de um contrato social que assegurasse procedimentos democráticos, instituições garantidoras de democracia e respeito aos direitos humanos, para que a justiça, como conceito transcendental, pudesse ser realizada (enquanto resultado natural do processo). Esta visão se encaixa perfeitamente, portanto, na tradição jusrealista da academia jurídica norte-americana.

Sen discorda dessa conclusão. Entende que não é possível chegar a um conceito transcendental de justiça. Justiça seria um conceito eminentemente comparativo. Na verdade, sua crítica se liga a dois outros conceitos discutidos ao longo de sua trajetória acadêmica. O primeiro, de *entitlements*, ou capacidades — um conceito eminentemente comparativo e amplo, que envolve possibilidades físicas, jurídicas e econômicas. O segundo, e mais interessante, é a teoria da escolha social. Sen revisita os teoremas da impossibilidade de Condorcet e Arrow. Ambos demonstram a dificuldade (ou virtual impossibilidade) de comparações interpessoais de utilidade. Isso porque, na ausência de parâmetros, é impossível a comparação e a classificação de múltiplas escolhas, com diferentes graus de preferência para os indivíduos.

A solução para o impasse parece ser exatamente a fixação de certos valores que permitam comparar as escolhas de sociedade. Esses valores, se não permitem uma perfeita classificação das escolhas, permitiriam, segundo ele, pelo menos a identificação de grandes injustiças.

A teoria da justiça se transformaria, de uma solução absoluta e transcendental, em algo relativo e referenciado. Deveria ser ordenada a permitir a identificação de grandes injustiças.

Não escapa a ele que o relativismo de sua tese deve ser contornado, ou ao menos minimizado. Assim, ainda que não as desenvolva, ele menciona a existência e a utilidade da existência de *conglomerate theories*, que unam o aspecto institucional e transcendental de Rawls à sua preocupação comparativa e comportamental. Ou seja, uma *conglomerate theory* deveria incluir resultados relativos (Sen) e processos de natureza mais abstrata e absoluta (Rawls).

O problema é, então, como escolher temas ou preocupações que permitam a persecução de ambos os objetivos, nem sempre compatíveis. Como garantir resultados justos (que assegurem a não produção de grandes injustiças) com absoluto respeito aos processos institucionais.

Dito de outra forma: democracias não têm se mostrado um sistema sempre bem-sucedido de eliminação de grandes injustiças sociais. Muitas vezes produzem o contrário, movimentos sectários e excludentes das maiorias em relação a minorias, ou então até de minorias mais influentes sobre maiorias desorganizadas (resultado que, para Rawls, representaria um mau funcionamento do sistema). De outro lado, o combate a grandes injustiças, como a pobreza, não justifica restrição à democracia ou aos direitos fundamentais.

Justiça e estruturas econômicas

O elemento novo trazido pelo debate entre Rawls e Sen está exatamente em reavivar e ampliar as discussões sobre teoria da justiça. Não parece possível tratar de um tema tão difícil e importante como a justiça sem abarcar suas diversas dimensões. Tampouco é possível resolvê-lo todo, com um único conjunto absoluto de medidas ou teorias. Daí a preocupação de Sen com as grandes injustiças.

É preciso, portanto, escolher certos pontos centrais e temas que possam ser influentes em ambas as dimensões. O autor destas linhas é da firme convicção de que, entre esses pontos, talvez o (ou um dos) de maior relevância seja a intervenção sobre as estruturas econômicas, por uma razão simples: essas estruturas são potencialmente desestabilizadoras de ambas as formas de justiça — tanto a procedimental (democrática) quanto a comparativa (de resultados econômicos comparados).

Quanto à primeira perspectiva, as estruturas são capazes de uma tal captura das instituições que permitem reorientar para seus propósitos a própria definição de democracia. As recentes experiências na esfera global de eleições dominadas pela força da internet e influenciadas direta ou indiretamente por grandes conglomerados digitais são exemplos claros desse risco, bem como a tendência à manifestação de escolhas de cunho claramente político por órgãos encarregados de avaliar juridicamente o processo eleitoral e o desenrolar de governos.

A segunda perspectiva da justiça, comparativa, também é diretamente influenciada pelas estruturas econômicas. Como está mais do que demonstrado, a concentração de estruturas econômicas e a pobreza extrema estão diretamente relacionadas.

Conclusão

As ideias de justiça de Sen, seus desdobramentos e a própria visão estruturalista da justiça aqui reproposta parecem relevantes para o atual momento histórico do Brasil. Demonstram que o direito tem um papel bem diferente do imaginado por certos aplicadores, imbuídos de voluntarismo proporcional a seu poder (e vaidade) e convictos de suas concepções particulares e muitas vezes subjetivas de justiça.

Na concepção institucionalista de Rawls, a justiça exige uma aplicação da legalidade estrita a um devido processo legal, particularmente em relação a direitos fundamentais. Complementa-a a visão "comparatista" de Sen, que, ao criticar o caráter essencialista da primeira, sugere ao agente jurídico, econômico ou político preocupado com a justiça aguçar a sensibilidade também para as injustiças sociais. A síntese dessa dialética da justiça estabelecida entre dois pensadores do porte de Rawls e Sen pode apontar para a necessidade de mudanças estruturais,[1] exatamente pela instrumentalidade dessas mudanças para a proteção de ambas as concepções de justiça.

Em suma, o trabalho desses grandes acadêmicos sugere poderosamente que justiça é um conceito importante o suficiente para merecer mais aprofundamento e estudo, e menos voluntarismo e vaidade por parte de estudiosos e aplicadores.

Notas

1 Para o leitor interessado em discussões teóricas mais aprofundadas e demonstração de algumas das relações causais aqui mencionadas, recomendo o livro *Monopolies and underdevelopment — from colonial past to global reality*, E. Elgar, Chelteham, Northhampton, 2015. Para o conceito de estruturalismo jurídico, recomendo *Legal theory of economic power — implications for social and economic development*", Cheltenham, Northhampton, Edward Elgar, 2011.

A balada de Adam Henry

Otavio Yazbek

Não corro muito risco de errar ao dizer que Ian McEwan é um dos maiores autores da língua inglesa dos últimos cinquenta anos. Claro, há muitos outros, e há, também, dentre o que hoje se produz naquele idioma, outras tradições muito ricas, caminhos bem distintos. De qualquer maneira, o fato é que McEwan, nascido na Inglaterra em 1948, vem ocupando um espaço muito especial na literatura contemporânea.

Esse espaço não decorre de exercícios de experimentalismo formal, daqueles famosos desafios às formas estabelecidas, tão comuns em vários autores recentes: suas obras não são particularmente inovadoras sob esse aspecto. Claro, em algumas delas (que não referirei para não estragar qualquer surpresa para futuros leitores) existem truques, narrativas dentro de narrativas, pontos de vista inusitados e finais inesperados. Mas esse não é o ponto que me parece mais importante.

O que sempre me surpreendeu em McEwan é sua capacidade de descrever, com profundo realismo, a vida cotidiana e o fluxo de consciência dos personagens para, em um determinado momento, e sem abandonar a sobriedade, introduzir na narrativa situações extremas — mas perfeitamente passíveis de ocorrer — e os dilemas que decorrem delas. E esses dilemas e situações são descritos com o mesmo cuidado com que se descrevia a vida antes deles, sem nenhum grande rompimento, o que, para o leitor, evidencia os processos (inclusive os processos internos) pelos quais reagem aqueles que são por eles afetados.

É justamente a capacidade do autor de construir meticulosamente tal padrão de normalidade que, em algum momento — seja por razões íntimas dos envolvidos, seja em razão de eventos externos —, apresenta os dilemas que trazem à superfície as fragilidades das estruturas normais de comportamento. Embora isso possa soar exagerado, em alguns livros esse efeito corresponde a uma experiência verdadeiramente transformadora.

E tudo isso muito embora McEwan esteja longe de ser um crítico ferrenho da nossa sociedade — nesse sentido, sua obra é muito mais de revelação das limitações e dos paradoxos com os quais lidamos e muito menos de denúncia, crítica ou engajamento. Seus livros trazem retratos da situação humana, sem pretensões de universalismo (ou seja, sem pretender ir além dos contextos em que se encontram os personagens, que são muito bem construídos) e sem lições morais.

Lógico, essa é uma leitura muito simplificadora de uma obra ampla e que engloba diferentes estilos (romances mais tradicionais, novelas, um ótimo livro de espionagem à moda de John Le Carré, sátiras etc.). Fora isso, provavelmente existem razões muito pessoais e muito diferentes para cada livro (o que fica claro nas entrevistas do autor). Mas, se fosse para puxar um único fio para poder com ele tecer este artigo, eu puxaria esse.

Nas obras mais antigas, muitos dos dilemas a que referi decorriam de situações bizarras ou extremas, que rompiam com um dia a dia que parecia bastante organizado. Talvez os melhores exemplos sejam *The Child in Time*, de 1987, e *Enduring Love*, de 1997, publicados no Brasil, respectivamente, como *A criança no tempo* e *Amor sem fim*.

Em algumas das últimas obras aparecem elementos bem menos realistas, como o feto, baseado em Hamlet, que em *Nutshell* — lançado em 2016 e que aqui saiu como *Enclausurado* —, acompanha, de dentro do útero materno, a combinação entre a própria mãe e seu amante para assassinar seu pai. Um certo grau de humor também vem sendo adotado.

Ainda nas obras recentes, as perplexidades e dilemas têm surgido de algumas das características que marcam as sociedades modernas, complexas e em processo de transformação. É o caso também do recentíssimo *Machines Like Me*, de 2019 (*Máquinas como eu*, no Brasil), em que, em meio a um exercício de história alternativa (uma Inglaterra, nos anos 1980, que perdeu a Guerra das Malvinas), são discutidas questões relacionadas à evolução tecnológica, ao surgimento da inteligência artificial, à consciência e às percepções humanas e, novamente, a muitos dos dilemas com que começamos a nos deparar mais recentemente, em razão de tantos desafios (aí incluídas questões sobre a percepção de justiça).

Nesse sentido, talvez uma das obras mais desafiadoras de McEwan seja *A balada de Adam Henry*, cujo título em inglês é *The Children Act*, lançado em 2014. Definitivamente, esta não é, para mim, a melhor obra do autor. Sem pensar duas vezes, coloco na frente *Saturday* (2005, publicado no Brasil como *Sábado*), *On Chesil Beach* (2007, no Brasil, *Na praia*), *Atonement* (2001, no Brasil, *Reparação*), *SweetTooth* (2012, aquele que se baseia nos livros de espionagem da Guerra Fria, que saiu no Brasil como *Serena*) e, em uma escolha muito pessoal, *Black Dogs* (1992, aqui, *Cães negros*). Isso para não falar do recente *Machines Like Me*, que enfrenta de maneira mais direta diversas questões contemporâneas e, na minha opinião, tem tudo para ser reconhecido como uma das obras mais bem construídas e desafiadoras do autor.

Mas, para a discussão que aqui procuramos fazer, *A balada de Adam Henry* tem, por mais de um motivo, um lugar especial dentre as obras de McEwan. É nela que o autor, declaradamente ateu, reconhece um espaço legítimo para outras visões de mundo. Indo além, ele acaba por colocar em xeque, em um movimento comum em algumas vertentes da teoria do direito, a efetividade da racionalidade laica dos sistemas jurídicos contemporâneos, mostrando que, a despeito de todos os seus méritos, o racionalismo pode apresentar algumas graves limitações.

Antecipando aquilo que ainda explicarei melhor, talvez não haja outra solução senão um sistema jurídico lógico, racional, "blindado" em alguma medida. Mas essa solução não necessariamente fará justiça para todas as pessoas. E certamente não trará respostas para todos os problemas. Esse, aliás, é um ponto presente em todo o livro, quando se narram casos — baseados em outros que verdadeiramente ocorreram — em que, seja por falhas dos intérpretes, seja por problemas da lei, seja, ainda, porque o sistema jurídico talvez não seja tão sistemático assim, se cometeram injustiças.

Em *A balada de Adam Henry*, a principal personagem é uma juíza chamada Fiona Maye, acostumada a lidar com casos difíceis na área de família e muito respeitada pela sobriedade de suas decisões e pelo estilo. Fiona é, em tudo, um modelo de uma "contenção ideal". Em sua postura se combinam um sentido de adequação social muito típico da estrutura de classes inglesa (que ainda existe) e uma compaixão ou gentileza necessária para decidir de forma humana os dramáticos casos com os quais se depara.

No início do livro, após mais de trinta anos de casamento, sem filhos, Jack, o marido de Fiona, declara sua "necessidade" de embarcar em uma nova aventura romântica. Ele ainda a ama, mas quer ter um caso com uma mulher mais nova. E sente que, aos 59 anos, esta pode ser a sua última chance. Essa é aquela que podemos chamar de uma primeira camada do livro: aquela em que um casamento entre pessoas cultas, civilizadas, é assombrado pelo fantasma do envelhecimento, da perda de oportunidades.

O fato, porém, é que ao mesmo tempo em que se sente daquela maneira, esse cônjuge não deseja colocar a perder a vida que tem — e em boa parte do livro, o marido aventureiro tenta reconquistar seu lugar ao lado de Fiona. De qualquer forma, o envelhecimento é, definitivamente, o pano de fundo de muitas das reflexões do livro e um mote que se repete em diversos momentos.

Ainda no começo do livro, perplexa ante essa situação, a juíza se depara com mais um desafio profissional. Um garoto de 17 anos (ou seja, ainda incapaz de decidir), vítima de leucemia, recusa-se a receber uma transfusão de sangue essencial para a sua recuperação por ser Testemunha de Jeová.

Como se sabe, os Testemunhas de Jeová, baseados em uma leitura muito própria e literal da Bíblia, negam-se a receber transfusões de sangue. E não são raros os casos, extremamente dramáticos, em que, ante a negativa de pais, juízes autorizam a transfusão para crianças. Afinal, entre o respeito à crença dos pais (muitas vezes já compartilhada pela criança) e a proteção à vida, acaba por se impor a proteção à vida.

De qualquer forma, antes mesmo de decidir — e para tomar uma decisão mais adequada, ante tudo o que ouviu até o momento —, Fiona resolve visitar o adolescente e descobre que se trata de um jovem particularmente inteligente, surpreendentemente articulado. Pior, ele mesmo está bastante convencido de que não deve receber a transfusão. Por fim, baseada no Children Act de 1989, a lei que dá nome ao livro, Fiona autoriza a transfusão, privilegiando o bem-estar do jovem e destacando que, àquela altura, e tendo em vista a idade do paciente, sua vida seria mais preciosa que a sua dignidade. Novamente, uma decisão técnica, rigorosa.

Fiona volta, então, a lidar com a insistência de seu marido pela reconstrução do casamento. Seus pensamentos sobre suas atividades profissionais e sobre os graves dilemas com os quais ela se depara no dia a dia se combinam com a sua forma de encarar esse processo pessoal. Não raro, os sentimentos são soterrados em prol da decisão correta. E ela começa, progressivamente, a aceitar de volta o marido.

Até que Fiona recebe uma carta de Adam Henry em que ele revela que, ao ver seus pais comemorando sua recuperação sem, ao mesmo tempo, terem sido responsáveis pela decisão de transfundir o sangue, ele começou a perder sua fé. Fiona se torna, para Adam, um novo modelo de vida, e é com ela que ele passa a sonhar. Como ela não responde àquela primeira carta, vem uma segunda, e Fiona, ainda sem responder, pede para um assistente social verificar se está tudo em ordem com o rapaz. E tudo parece bem.

Algum tempo depois, Fiona participa de um juizado itinerante, sendo designada para decidir, por um determinado período, casos em lugares mais remotos. No primeiro daqueles lugares, Adam aparece, em uma noite chuvosa, interrompendo um jantar. Ele pede para viver com ela, na mesma casa. Fiona não apenas esclarece sobre a impossibilidade (porque ela e o marido nem teriam lugar para isso), como, discretamente, consegue que se providencie um táxi para levar o garoto novamente para Londres. Tudo da forma mais gentil possível, demonstrando humanidade, dentro de um padrão profissional cuidadosamente desenvolvido ao lidar com aqueles casos extremos.

No entanto, ao se despedir de Adam, Fiona o beija na boca. O ato a aterroriza por algum tempo. Seja pela evidente inadequação, seja porque alguém pode ter visto, seja, ainda, pelo que ele revela. E, de fato, o beijo representa um ponto central da narrativa. Tudo o que até aquele momento havia sido construído — a representação do que é socialmente apropriado, profissionalmente moldado e, no final das contas, simplesmente correto — é deixado para trás, ainda que por um instante.

Desde o começo, fica claro, Fiona havia se deixado tocar pela figura de Adam (com a mesma compaixão que, eventualmente, dedicava a outros). Se, porém, em um primeiro momento, esse sentimento ficou nos limites do que se exigia para uma conduta correta e esperada de um magistrado que lidava com casos tão delicados, a insistência, cumulada com a situação frágil da vida pessoal da juíza, levou a um extremo bastante inesperado, fazendo desmoronar o padrão de atuação tão cuidadosamente construído por ela.

Transcorrido mais um tempo, Fiona recebe uma nova carta, com um poema de autoria de Adam, de temática bastante religiosa e que, de alguma forma, parece associar Fiona a Judas. Novamente ela decide não responder, considerando que seu silêncio seria, naquele contexto, a conduta mais correta e mais humana. Sem respostas, Adam provavelmente daria outro rumo à sua vida.

E a vida, para Fiona, prossegue. Ela se depara com novas limitações do sistema jurídico, com as frustrações profissionais de alguns de seus colegas, e, em uma bela passagem, em um concerto de Natal, questiona sua devoção ao sistema jurídico, em cuja dinâmica foi treinada e da qual é operadora, em que vigora uma gentileza (para usar o termo tantas vezes repetido no livro) ou uma humanidade genérica e abstrata, reconhecendo as limitações desse sistema para produzir efeitos reais.

Adam Henry, por sua vez, ao se deparar com a necessidade de uma nova transfusão após completar 18 anos, não a aceita e, consequentemente, morre. Essa é, em linhas gerais, a trama do livro. Esta minha breve descrição, como não poderia deixar de ser, deixa de lado a rica descrição dos personagens e de seu mundo, das suas reflexões e angústias, que, no caso de Fiona, são vivamente ilustradas também por referências a casos judiciais e ao reconhecimento das limitações do instrumental de que dispomos para lidar com certos desafios. E esse é o ponto que explorarei na sequência.

Como já destaquei, *A balada de Adam Henry* apresenta diferentes camadas. Há a história e os dilemas pessoais de Fiona, que foi treinada dentro de um determinado sistema e nele atingiu sua realização profissional e mesmo pessoal, mas que se depara com as limitações desse sistema, do padrão que estabeleceu para a sua vida. Há, também, a história de Adam, que, salvo em razão da intervenção judicial e frustrado com aquilo que lhe pareceram ser as contradições da fé de seus pais, busca um novo norte na juíza (que para ele representa um outro ideal de vida), mas que, frustrado, volta ao que era originariamente: à identidade que moldou sua forma de pensar e de ver o mundo.

Mas há também outra dimensão de questionamentos possíveis. Se, como destaquei, o sistema jurídico laico, herdeiro de nossas pretensões iluministas, parece ser o único possível, situações extremas (que são mais comuns do que parecem) não raro demonstram que ele talvez não seja tão sistemático assim. Mais do que isso, a complexidade das situações com que nos defrontamos nas sociedades contemporâneas nos mostra também que nem todos os destinatários das normas têm as mesmas concepções de justiça.

A sociedade laica, o racionalismo e o sistema jurídico que nasce desse arcabouço oferecem um caminho a seguir, mas não necessariamente dão respostas ou conforto. Eles não domesticam as pulsões humanas e não fornecem aquilo que outros conjuntos organizados de crenças (como as religiões) talvez possam dar.

No fundo, em *A balada de Adam Henry*, McEwan, que já foi mais cético, mais duro e mais irônico em outras obras, reconhece — agora já mais velho e após haver se deparado com as mortes de pessoas próximas, que o afetaram (como ele mesmo destacou em uma matéria da *New Republic*) — que, como as paixões humanas, essa outra dimensão, a da fé, não só existe, como determina e qualifica, de forma legítima, as concepções e as expectativas de muitas pessoas.

Nada disso nos autoriza a relativizar a importância de um sistema jurídico racionalista, baseado em determinadas garantias formais e materiais e em valores "iluministas", que tenha a pretensão de ser um verdadeiro sistema (ou seja, uma estrutura ordenada e coerente) — não tenho a menor dúvida de que, se estivesse na posição da juíza, decidiria da mesma forma e com base nos mesmos fundamentos. Por outro lado, também não há mais como negar que, nas sociedades complexas e multiculturais em que vivemos, a vida é, e cada vez mais se tornará, bem mais complexa que qualquer sistema normativo.

No fundo, o que quero dizer é que, ante esse mundo novo e desafiador, em que não apenas as gerações, em um mesmo grupo social, se diferenciam tão marcadamente umas das outras, mas em que diferentes grupos, com expectativas muito distintas, convivem lado a lado (e não precisamos nem pensar, aqui, nas grandes migrações que marcam o nosso tempo), temos que desenvolver novos instrumentos para, protegendo aquele conjunto de soluções que em larga medida permitiu que essa diversidade se estabelecesse e se manifestasse, reconhecer também algum tipo de espaço a outras perspectivas.

Esse talvez seja o grande dilema do nosso tempo: como manter as conquistas do modelo de democracia que conhecemos e de um determinado modelo de sistema jurídico (não religioso, apoiado em garantias formais e materiais), que são fruto de um determinado processo civilizatório, sem, ao mesmo tempo, oprimir aqueles que pensam ou que vivem de outras maneiras?

E como, não raro, algumas dessas outras concepções podem afrontar matérias que enxergamos como conquistas, como identificar o que, nesse novo contexto, seria legítimo e passível de aceitação? Em outras palavras, como abrir espaço para essas diferentes concepções, muitas vezes de base religiosa, sem colocar em risco "avanços" tão importantes, que são a base da modernidade e que fazem parte de um conjunto de criações institucionais que garantem as nossas liberdades?

Muitas dessas reflexões são minhas, mas acho que, no final das contas, vou parar em um lugar muito parecido com o de McEwan, ou com o que me parece decorrer da leitura combinada de suas obras: não existe, e provavelmente nunca virá a existir, uma sociedade ideal e uniformemente justa, em todos os momentos. E isso seja em razão de perspectivas individuais (tema que é explorado de maneira mais direta, recentemente, em *Machines Like Me*), seja em razão da própria complexidade das sociedades atuais. Mas é importante ter consciência das limitações do universo em que vivemos e da imensa fragilidade das posições em que nos encontramos. Só assim poderemos, se não verdadeiramente responder a tais perguntas, ao menos enfrentar com honestidade os desafios que elas nos trazem.

História da grandeza e da decadência de César Birotteau[1]

Carlos Roberto Barbosa Moreira

> *Até então tudo havia sido simples na sua vida: ele fabricava e vendia, ou comprava para revender.*

Publicado em fins de 1837, *César Birotteau* narra a trajetória do personagem-título, perfumista célebre (e fictício) na Paris do fim do século XVIII e início do XIX, sucessor de *monsieur et madame* Ragon no requintado estabelecimento próximo à Place Vendôme, La Reine des Roses. Influenciado por seu patrão e mestre Ragon, que, no Ancien Régime, serviu a ninguém menos que Maria Antonieta, César se torna simpatizante da realeza — ou melhor, se fanatiza por ela, a ponto de, numa "centelha de coragem militar", participar da conspiração do 13 *Vendémiaire* do ano 4. Ferido no início da insurreição, César dedica sua convalescença a refletir sobre a "aliança ridícula da política e da perfumaria" e conclui que, a permanecer monarquista, é preferível ser "pura e simplesmente um perfumista monarquista, sem nunca mais se comprometer". Ele rapidamente compreende que "as tempestades políticas [são] sempre inimigas dos negócios".

O romance se inicia quando, após a Restauração Bourbon, César recebe a notícia de que o rei lhe conferiu o título de Cavaleiro da Legião de Honra. O perfumista comunica o fato à mulher, Constance, e, provocado por ela, enumera os motivos que justificariam tão elevada distinção: a defesa da monarquia ("amar o Rei é amar a França!"), a participação no malsucedido levante de 1795 e, mais tarde, o exercício de funções públicas na prefeitura parisiense e no Tribunal do Comércio, onde, sob aprovação geral, se torna "um dos mais estimados juízes". Inebriado pela comenda e por seu aparente sucesso comercial, César decide promover um grande baile — uma extravagância que marcará o fim de seu apogeu e o início de sua queda. *Il faut toujours faire ce qu'on doit relativement à la position où l'on se trove*", diz ele à mulher.

A avaliação de César sobre seus próprios méritos contrasta com as informações e os juízos do narrador onisciente acerca do personagem. Embora a ferida no episódio do 13 *Vendémiaire* lhe tenha granjeado a reputação de homem corajoso, César, em verdade, não tem "qualquer coragem militar no coração e nenhuma ideia política no cérebro". Como integrante do Tribunal do Comércio, destaca-se, durante o tempo em que ali permanece, menos por suas luzes que por sua probidade e seu espírito conciliador — por um "sentimento do justo". E para compensar sua inferioridade em relação aos colegas, César se levanta às cinco horas da manhã e se empenha na leitura de repertórios de jurisprudência e de livros sobre litígios comerciais. No exercício de suas funções judicantes, recorre a "uma linguagem repleta de lugares comuns" e "semeada de axiomas", que soam como manifestações de eloquência "aos ouvidos de pessoas superficiais". Mesmo o êxito de La Reine des Roses parece, por vezes, mais ligado ao "*vieux* Ragon" e às suas fórmulas que ao tino comercial de César — este, apenas um ser dotado de "mais probidade que ambição" e de "mais bom senso que capacidade". Em essência, "um homem prático", "sem instrução, sem ideias, sem conhecimentos, sem caráter".

Desatento à notória advertência de Apeles ao sapateiro, César decide ir além dos cosméticos. De pouco lhe valem as reprimendas de *madame*

Birotteau, que o aconselha a renunciar a qualquer outra ambição ("*Tu es parfumeur, sois parfumeur*"). Nem sequer o comove a invocação, pela mulher, daquele sexto sentido tão feminino ("*Nous avons un instinct qui ne nous trompe pas, nous autres femmes!*"). O perfumista, em lance arriscado, se envolve em transações sobre terrenos próximos à igreja da Madeleine, no centro de Paris, na expectativa de lucros formidáveis em tempo curto. Deseja "elevar-se às regiões da alta burguesia de Paris". Procura aliar-se, na empreitada, ao grande capital. Descobrirá rapidamente que "nos banqueiros o coração é somente uma víscera" e que "os negócios não se baseiam em sentimentos". Ouvirá que "o comerciante que não pensa na falência é como um general que imaginasse nunca ser derrotado". Ex-juiz de "opiniões inflexíveis" sobre falidos, sofrerá na pele os rigores da mesma lei falimentar que antes aplicava aos casos submetidos à jurisdição do Tribunal do Comércio.

Naturalmente, não me cabe aqui detalhar todas as adversidades enfrentadas por César, nem indicar o desfecho do processo de sua falência ou insinuar o fim da trama. Limito-me a enumerar as razões pelas quais, como advogado, o livro de Balzac tanto me fascina. Desnecessário dizer que, como cada homem vê as coisas com os olhos de seu ofício,[2] leitores de profissões diferentes inevitavelmente seriam atraídos por outros aspectos da obra. Um historiador teria muito a observar em relação aos fatos históricos e aos personagens da vida real que cruzam o caminho do protagonista. Um arquiteto provavelmente se concentraria na reforma do lar dos Birotteau para abrigar o grande baile. Um economista, em especial, teria muito com que se divertir — e certamente não hesitaria em endossar a seguinte frase, dita quando o perfumista nota indícios da própria insolvência: "o pânico não conhece limites".

O primeiro aspecto interessante ao olhar de um advogado reside nas informações que o texto balzaquiano oferece acerca da figura do consumidor na sociedade parisiense de então. Há quem talvez imagine que a defesa do consumidor seja tema que apenas em data recente teria despertado a curiosidade de juristas e legisladores[3] — impressão reforçada, no Brasil, pela circunstância de nossa principal lei sobre o assunto datar de 1990. A leitura atenta do romance, todavia, permite ao leitor descobrir que algumas das questões de que hoje nos ocupamos, em pleno século XXI, já chamavam a atenção dos contemporâneos de Balzac.

Para participar do projetado investimento em terrenos vizinhos à Madeleine, César assume uma dívida de vulto. Quando a mulher lhe pergunta como arranjará o dinheiro, o perfumista revela seu grande segredo: ele acredita ter descoberto uma fórmula, à base de óleo de nozes, capaz de estimular o crescimento de cabelo e de preservar sua cor original, e confia no sucesso do produto e nos lucros que este lhe proporcionará para se liberar de todas as obrigações — afinal, um composto com semelhante eficácia se vende "como pão". Porém, para vendê-lo em larga escala, é preciso anunciá-lo; e aí o leitor se dá conta da importância da publicidade comercial, já na Paris dos Birotteau. César não apenas sonha com a mensagem a ser transmitida aos potenciais consumidores — "cujo efeito será prodigioso" —, mas também em obter de um químico renomado e membro da Académie Royale des Sciences, Louis-Nicolas Vauquelin (personagem importado por Balzac da vida real), o reconhecimento das propriedades "científicas" do produto: "*Éclairés par lui, nous ne tromperons pas le public*", diz César a seu discípulo Popinot, antes de se aconselhar com Vauquelin.

O mundo de César (e de Balzac) é o do capitalismo incipiente; algumas de suas práticas, no entanto, perduram até hoje. A produção em série deve ser acompanhada por um consumo massificado; e é preciso cativar o consumidor, estimulá-lo a adquirir o produto. Por isso, César se torna, entre os perfumistas de sua época, o precursor no emprego de cartazes coloridos, de anúncios e de outros meios de publicidade ("*que l'on nomme peut-être injustement charlatanisme*", acrescenta, ironicamente, o narrador). O proprietário de La Reine des Roses não hesita em inserir, na propaganda de suas fórmulas, palavras que geram um "efeito mágico", pela sugestão de uma chancela oficial: "*Approuvées par l'Institut!*"[4] Ele vai ao ponto de redigir um prospecto em que exalta os supostos efeitos terapêuticos de um de seus carros-chefe, a Double Pâte des Sultanes, capaz de fazer desaparecer "as mais rebeldes manchas vermelhas", clarear "as mais recalcitrantes epidermes" e, ainda, "dissipar os suores da mão de que se queixam as mulheres não menos que os homens". Mais adiante, outro personagem afirma que, na publicidade, "é necessário um ar doutoral, um tom de autoridade para se impor ao público". Afinal, como proclama o próprio César, "o consumidor aprecia tudo aquilo que o intriga".

Nessas e noutras passagens da obra, Balzac antecipa um problema que permanece atualíssimo: o do controle da informação prestada ao consumidor, em especial daquela veiculada sob a forma de publicidade. Nosso Código de Defesa do Consumidor firma, na matéria, duas regras fundamentais: em primeiro lugar, "a publicidade deve ser veiculada de tal forma que o consumidor, fácil e imediatamente, a identifique como tal" (art. 36); em segundo lugar, é proibida a publicidade enganosa, ou seja, aquela que se mostre "inteira ou parcialmente falsa, ou, por qualquer outro modo, mesmo por omissão, capaz de induzir em erro o consumidor a respeito da natureza, características, qualidade, quantidade, propriedades, origem, preço e quaisquer outros dados sobre produtos e serviços" (art. 37 e § 1.º). Em outras palavras, a publicidade não pode se camuflar sob as vestes de mensagem pretensamente "científica", nem conter informações ambíguas ou inexatas. Balzac dificilmente poderia imaginar que, dois séculos depois, a Justiça brasileira ainda se veria às voltas com problemas como aquele que afligia *monsieur* Birotteau, ao buscar o conselho de Vauquelin: veja-se, por exemplo, o ainda recente julgado do Tribunal de Justiça do Rio de Janeiro, no qual se considerou enganosa a publicidade que solenemente declarava "à prova d'água" um telefone celular que, uma vez molhado, emudecera.[5] Convém repetir César: "*nous ne tromperons pas le public.*"

Outro aspecto fascinante do livro está na dissecção, que nele se faz, de um processo judicial — no caso, do processo de falência do protagonista. Na edição que tenho, recheada de notas explicativas, revela-se que o autor se manteve fiel à realidade, ao descrever e comentar a lei falimentar francesa, então em vigor (em realidade, um capítulo do Código Comercial de 1807 dedicado à matéria). Balzac sentiu a necessidade de descer a minúcias do rito, para explicar aos leitores — "*aux gens qui n'ont pas le bonheur d'être négociants"* — por que motivos a falência então constituía *"une des plus monstrueuses plaisanteries légales"*. Além do acurado registro das diversas etapas do procedimento (e das irônicas anotações acerca dos respectivos personagens), o que mais me impressiona é a clara percepção de que o processo se desenrola, em verdade, em duas esferas distintas: uma é visível; a outra... O romance aborda, especificamente, um processo de falência, mas o leitor de hoje, que esteja minimamente familiarizado com o ambiente judiciário, não encontrará dificuldade em generalizar suas observações. O processo, "como todas as peças de teatro, (...) oferece um duplo espetáculo: (...) há a representação vista da plateia e a representação vista dos bastidores" — e é nos bastidores que atuam o falido e seu defensor, o advogado dos credores e todos os que, nomeados pelo Tribunal do Comércio, desempenham diferentes papéis no "belo drama comercial" marcado por episódios de fraude e de abuso. O narrador chega a cogitar a existência de duas espécies de falência: a do comerciante "que deseja retomar seus negócios" e a do comerciante que "se contenta em ir ao fundo do poço".[6] Mas, nas palavras de um personagem, "é tão difícil sair puro da primeira quanto sair rico da segunda".

Mais de um século após a publicação de *César Birotteau*, um grande jurista e advogado italiano, Piero Calamandrei, retoma o filão, ao comparar o processo judicial a um jogo.[7] Adverte Calamandrei que, como em qualquer outro jogo, não basta ao jogador conhecer-lhe bem as regras, em teoria: ele deve ser também capaz de adquirir e desenvolver a "habilidade do jogo". Por isso, "pode acontecer que o processo, de instrumento de justiça feito para dar razão ao mais justo, se torne um instrumento de habilidade técnica, feito para dar a vitória ao mais astuto". E mais provável será esse resultado (frequentemente, injusto) se entrarem em campo aqueles a quem Calamandrei denomina "feiticeiros das magias de corredor", possuidores da "receita infalível para escolher antecipadamente a turma e o relator, para predispor a composição do colegiado e para conhecer as vias secretas de acesso ao coração de cada componente". Terá o mestre de Florença lido Balzac? Ou devemos concluir que certas práticas são atemporais e onipresentes?

Não posso omitir, por último, uma reflexão sobre o processo de falência, tal como descrito no romance, e compará-lo aos modernos instrumentos legais de recuperação das empresas em crise, concebidos e aplicados aqui e alhures. Além do objetivo de promover a satisfação dos credores, mediante a alienação forçada do patrimônio do falido, o processo falimentar da época de Birotteau impunha uma dose de penitência ao "*homme honorable tombé dans la malheur*". Balzac enfatiza o caráter expiatório da falência ao destacar uma das fases de seu rito: a da assembleia de credores, à qual o falido devia comparecer pessoalmente, sujeitando-se até mesmo à prisão, em caso de ausência. O comparecimento obrigatório de um comerciante perante seus credores é retratado, na obra, como uma "cena terrível", um "suplício que apenas guarda analogia com o último dia de um condenado à morte". Por isso, ao ver aproximar-se o dia de seu comparecimento à assembleia, César exalta-se: "*Jamais! Jamais! Je serai mort avant.*" O quadro de verdadeira "morte civil" do falido completava-se pela proibição legal (a que o livro dá relevo) de frequentar a Bolsa de Valores enquanto não sobreviesse sentença de sua reabilitação[8] — decisão, aliás, raríssima, segundo estimativa do narrador (somente uma a cada dez anos).

O universo de uma falência com semelhantes características contrasta fortemente com as atuais concepções dominantes acerca da matéria. Após pôr em relevo o "caráter punitivo" do direito falimentar tradicional e assinalar que "a crise da empresa pode não ser o resultado apenas da má organização, da incompetência, da desonestidade, do espírito aventureiro e afoito dos administradores, da ignorância dos sócios ou acionistas, mas de uma série de causas em cadeia, algumas imprevisíveis, portanto inevitáveis, de natureza microeconômica e/ou macroeconômica e/ou supranacional", um jurista brasileiro identifica uma "nova filosofia" do direito da insolvência,[9] centrada, essencialmente, nas ideias de reerguimento e de preservação da empresa e de conciliação dos diferentes interesses em jogo (de um lado, os credores; de outro, a empresa em crise financeira, seus empregados e o Estado, interessado na expansão da atividade econômica e na arrecadação dos tributos dela oriundos).

Assim é que, na pátria de Balzac, o ordenamento jurídico hoje em vigor prevê institutos como a *sauvegarde* e o *redressement judiciaire*, por meio dos quais se busca "permitir o prosseguimento da atividade econômica, a manutenção do emprego e a apuração do passivo".[10] A própria terminologia legal foi alterada: o processo a que outrora correspondia, em linhas gerais, a "falência" (*faillite*) passou a ser identificado por outro nome, "liquidação judicial" (*liquidation judiciaire*) — modificação talvez inspirada pelo propósito de expurgá-lo da carga de censura moral que, em sua etimologia, a denominação tradicional encerra.[11] Porém, se os remédios jurídicos agora disponíveis ao empresário em dificuldade podem assegurar-lhe soluções mais justas e menos traumáticas que as impostas a César Birotteau, resta-nos especular se teria sido possível a Balzac escrever obra tão genial sem a dramaticidade que a palavra "falência" intuitivamente sugere a qualquer leitor, iniciado ou não nos mistérios da justiça humana.

Notas

1. Para a elaboração deste texto, a versão consultada é: BALZAC, Honoré de. *César Birotteau*. Paris: Gallimard, 1975. Os trechos entre aspas correspondem a passagens da obra: a tradução é minha. Em alguns pontos, em benefício da expressividade, transcrevi excertos na língua original.
2. Cuida-se de variação de uma frase de Machado de Assis: "Cada homem vê as cousas com os olhos da sua idade" (*A mão e a luva*, capítulo II).
3. Como bem observa um jurista britânico, há uma crença muito difundida de que, até um ponto avançado do século XX, *"consumers were left to take care of themselves"*. Ele demonstra, todavia, que, ao menos nas Ilhas Britânicas, a proteção ao consumidor foi a fonte inspiradora de uma série de leis publicadas ao longo de todo o século XIX: ATYAH, Patrick Selim. *The rise and fall of freedom of contract*. Oxford: Oxford University Press, 1979, p. 544 e segs. (a partir da p. 573, o autor se ocupa da expansão da propaganda comercial, nas últimas décadas daquele século, formulando curiosa

observação acerca de matérias publicitárias estampadas na imprensa: *"These advertisements were being widely disseminated in the new popular press whose respect for the truth was little greater than that of its advertisers"*).

4   Mais tarde, a associação entre ciência e publicidade reaparecerá nos anúncios dirigidos pela *maison* A. Popinot e Cia. (conduzida pelo discípulo de César) a seus potenciais consumidores.

5   TJRJ, apelação cível nº 0015058-11.2014.8.19.0208, julgado em 28.06.2017.

6   No original, *"au fond de la rivière"*.

7   *"Il processo come giuoco"*. In: CALAMANDREI, Piero. *Opere giuridiche*. Nápoles: Morano, 1965, v. I, p. 537 e segs. Permito-me chamar a atenção do leitor — em especial, daquele atuante no universo jurídico — para outra observação do grande mestre de Florença, lançada no mesmo trabalho (p. 538 da citada edição). Após afirmar que "o legislador deve conhecer bem o nível moral e social do povo para o qual as leis são feitas", Calamandrei ensina que o bom legislador nem deve ser excessivamente pessimista — o que o levaria a supor "desonestos e rebeldes", em média, os cidadãos a que a lei se dirige —, nem tampouco excessivamente otimista — como se os destinatários da norma fossem apenas pessoas desejosas de "prestar seu zeloso obséquio à legalidade". E formula, a seguir, um comentário ao qual também os juristas brasileiros, de todas as áreas, deveriam dar atenção especial: "talvez tenha sido este o mais grave erro do vigente Código de Processo Civil: ter imaginado os juízes e os advogados melhores do que são".

8   Art. 614 do Código Comercial francês de 1807: *"Nul commerçant failli ne pourra se présenter à la bourse à moins qu'il n'ait obtenu sa réhabilitation"*.

9   LOBO, Jorge. Comentário ao art. 50. In: TOLEDO, Paulo F. C. Salles de; ABRÃO, Carlos Henrique. *Comentários à Lei de Recuperação de Empresas e Falência*. São Paulo: Saraiva, 2005, p. 120-122.

10 Código Comercial francês, arts. L620-1 e L631-1, respectivamente. No direito brasileiro, analogamente, a recuperação judicial "tem por objetivo viabilizar a superação de crise econômico-financeira do devedor, a fim de permitir a manutenção da fonte produtora, do emprego, dos trabalhadores e dos interesses dos credores, promovendo, assim, a preservação da empresa, sua função social e o

estímulo à atividade econômica" (Lei nº 11.101, de 9 de fevereiro de 2005, art. 47).

11 Em português e em francês, "falir" (*faillir*) e cognatos têm sua origem no latim *fallere*, "errar, cometer uma falta", "enganar": CUNHA, Antônio Geraldo da. *Dicionário Etimológico da Língua Portuguesa*. 4ª ed. Rio de Janeiro: Lexikon, 2010, p. 284; PICOCHE, Jacqueline. *Dictionnaire d'étymologie du français*. Paris: Lerobert, 2009, p. 221.

O ÓDIO QUE VOCÊ SEMEIA

Patricia Ribeiro Serra Vieira

> *Quando os brancos chegaram em terra, as pessoas que estavam por perto se ajoelharam e começaram a bater com a testa no chão, dando a entender que eles eram muito importantes.*
>
> Ana Maria Gonçalves, *Um defeito de cor*

Tudo o que inspira acaba por atrair o que conspira. Foi assim comigo, uma visita despretensiosa a uma livraria e um posterior convite — sempre motivadores e instigantes — do professor e advogado José Roberto Castro Neves. Vejam só. Em uma das minhas visitas à livraria que fica quase ao lado da universidade na qual leciono, no bairro de Botafogo, Rio de Janeiro, li a sinopse do livro *O ódio que você semeia* e me encantei. Por tudo. A autora é Angie Thomas, bacharel em escrita criativa e primeiro lugar na lista de mais vendidos do *New York Times* à ocasião do seu lançamento, no início de 2017.

Ao trocar impressões sobre a sinopse e a capa do livro, que traz um cartaz com o título transmitindo a ideia de protesto, o vendedor que sempre me auxilia na compra de livros alertou que eu estava a me interessar por uma obra de ficção juvenil americana. Expliquei, então, que um aluno havia me sugerido a leitura e dito que o texto era agradável, e voltado, principalmente, para o público jovem, pelo singular dinamismo, objetividade e simplicidade da autora. O romance mostrava a força dos fenômenos da dignificação da pessoa humana e do solidarismo sociojurídico, na necessária releitura da equidade. Gostei!

No livro, Angie Thomas traz à tona um caso de responsabilidade policial ou estatal, envolvendo uma adolescente negra, Starr, sempre em dúvida quanto ao seu lugar no mundo.

Como adolescente negra, ela convive diariamente com realidades divergentes, que entram em atrito devido a sua história de vida e a seus laços familiares e afetivos. De fato, as demandas de mobilidade associadas ao mercado de trabalho revelam-se também como solvente familiar. Levada às últimas consequências, essa cunha penetra na família: ou bem correspondem ambos ao que exige o mercado de trabalho (quer dizer, mobilidade absoluta), correndo-se o risco de ver a família convertida numa "família esparramada".

A igualdade, na sociedade de risco, passa a ser resultado do acaso.

Essa vive diariamente um imenso conflito de realidades, que culmina no assassinato do seu melhor amigo de infância, Khalil, também negro.

Apesar do enredo prévio e da contextualização, que faz nos sentirmos parte da história, tudo se relaciona ao fato de aqueles dois amigos, após retornarem de uma festa, serem parados por uma viatura policial. Um deles, a jovem Starr, foi educado pelos pais para que, frente a investidas desse tipo, permanecesse inerte, com as mãos à mostra, e falasse somente se questionado. Obediente em seu silêncio, Starr espera que Khalil também se comporte da mesma maneira, afinal, qualquer movimento fora do *script* ("'Starr, Starr, faça o que mandarem você fazer', disse ele. 'Mantenha as mãos à vista. Não faça movimentos repentinos. Só fale quando falarem com você.'") poderia levar os policiais a atirarem; os agentes sempre esperavam o pior deles. E o que prevemos, de fato, atraímos: ela vê o amigo cair morto, assassinado, sem motivação alguma; de forma flagrantemente excessiva ou injusta.

Depois do triste e doloroso episódio, Starr passa a sentir um forte sentimento de culpa e o medo de figurar como única testemunha — ocular — do brutal assassinato de seu melhor amigo. Sem falar na pressão da opinião pública sobre o caso e as ameaças feitas contra sua família (e quase todos que ama).

Ser a única testemunha de um crime covarde, sobretudo de um jovem, sensibiliza a todos. De um lado, traz certa notoriedade e *poder*, de outro, um pavor imensurável — e até paralisante — pelo fato de a pessoa ter quase certeza de que o Tribunal fará um julgamento despido de equidade, segundo a autora. E reforçará a prática desumana, por conta de uma avaliação mais centrada na vida e nos costumes da vítima do que no fato repugnante, mostrado de um assassinato desmedido: "(…) eles tentam descobrir mais sobre a pessoa que morreu do que sobre a pessoa que matou. Faz com que pareça uma coisa boa a pessoa ter sido morta. Já estão dizendo que Khalil vendia drogas. Isso pode significar problemas para qualquer um metido nas atividades dele. Então, as pessoas têm que ter cuidado na hora de falar com a promotoria. Ninguém quer ficar em perigo porque falou demais."

Mais um grito à liberdade ou mais ódio semeado?

Starr sempre tem dúvida quanto a estar no lugar certo ou não. O romance se inicia com a sua ida a uma festa de recesso da primavera, com a irmã do seu irmão mais velho (Seven), também comum a ela (Kenya) e com quem anda em Garden Heights:

> (…) é difícil fazer amizade quando você estuda em uma escola que fica a 45 minutos de distância, tem pais que não deixam você fazer nada e só é vista no mercado que pertence à família. É fácil andar com Kenya por causa da nossa ligação com Seven. Mas ela é muito complicada às vezes. Sempre arruma briga e vai logo dizendo que o pai vai dar uma surra em alguém [o pai dela, King, é líder de

uma facção criminosa chamada King Lords]. É verdade, mas eu queria que ela parasse de arrumar encrenca para poder usar seu trunfo. Eu também poderia usar o meu. Todo mundo sabe que ninguém se mete com meu pai, Big Mav, nem com os filhos dele.

Quando Starr tinha só 12 anos de idade, seu pai lhe ensinou o que fazer se um policial a parasse — mesmo diante das ponderações de Lisa, a mãe, segundo a qual a filha ainda era jovem demais para conversas desse tipo. Mas será que alguém teve a mesma conversa com Khalil?

Ele [Khalil] fala um palavrão bem baixinho, diminui o volume de Tupac e manobra o Impala para o acostamento. Estamos na Carnation, onde a maioria das casas é abandonada e metade dos postes de luz está quebrada. Não tem ninguém por perto além de *nós e* do policial. Khalil desliga o motor. (...) Meu coração bate alto, mas as instruções de papai ecoam na minha cabeça: *Dê uma olhada no rosto do policial. Se conseguir lembrar o número do distintivo dele, melhor ainda.* (...) Khalil entrega os documentos para o policial. Um-Quinze [número do distintivo dele] olha tudo.
— De onde vocês dois estão vindo hoje?
— *Não é da sua conta* — diz Khalil — Por que você me parou?
— Seu farol traseiro está quebrado.
— Então você vai me multar ou o quê? — pergunta Khalil.
— Quer saber? Sai do carro, espertinho.
— Cara, só me dá a multa...
— Sai do carro! Mãos para cima, onde eu consiga enxergar.
Khalil sai com as mãos levantadas. Um-Quinze o puxa pelo braço e o empurra contra a porta de trás. Eu luto para encontrar a minha voz.
— Ele não pretendia...
— *Mãos no painel!* — grita o policial para mim. — *Não se mexa!*
Eu faço o que ele manda, mas minhas mãos estão tremendo demais para ficarem paradas.

Ele revista Khalil.

— Tudo bem, espertinho, vamos ver o que podemos encontrar com você hoje.

— Você não vai encontrar nada — diz Khalil.

Apesar do alerta sobre como agir numa investida policial, Starr sempre teve consciência de que seus pais não a criaram para ter medo ou ódio da polícia ou de qualquer outra autoridade pública. Pelo contrário, eles sempre disseram que "não é *inteligente* se mexer quando um policial está de costas para você".

Khalil se mexe. Ele vem até a porta.

Não é inteligente fazer um movimento repentino. Khalil faz. Ele abre a porta do motorista.

— Você está bem, Starr...?

Pow. Um. O corpo de Khalil treme. O sangue jorra das costas dele. Ele se segura na porta para conseguir ficar de pé.

Pow! Dois. Khalil ofega.

Pow! Três. Khalil olha para mim, perplexo. Ele cai no chão.

Aos dez anos, Starr viu uma amiga morrer de forma abrupta. Então, seus instintos a mandam *não* se mexer, mas ela, ainda assim, olha para Khalil.

Pulo para fora do Impala e corro até o outro lado do carro. Khalil olha para o céu como se tivesse esperança de ver Deus. A boca está aberta, como se quisesse gritar. Dou um grito alto o bastante para nós dois.

— Não, não, não. — Só consigo dizer isso, como se tivesse um ano e essa fosse a única palavra que eu sei.

Não sei como vou parar no chão ao lado dele. Minha *mãe* disse uma vez que, se alguém levar um tiro, era para tentar estancar o sangramento, mas tem tanto sangue. Tanto sangue.

— Não, não, não.

Khalil não se mexe. Não diz uma palavra. Nem olha para mim. O corpo enrijece e ele se vai. Espero que veja Deus.

Outra pessoa grita. Pisco em meio *às lágrimas. O policial Um-Quinze grita comigo e aponta a mesma arma com a qual matou o meu amigo. Eu* levanto as mãos.

Em seguida, Starr é procurada por April Ofrah, do *Just Us for Justice*, uma pequena organização do bairro onde mora (Garden Heights, lembra-se) que advoga em casos de responsabilidade policial, na palavra da própria profissional. "'Nós não vamos desistir enquanto Khalil não tiver justiça', proclama a Sra. Ofrah acima da falação. 'Peço que vocês se juntem a nós e à família de Khalil depois do velório para uma marcha pacífica até o cemitério. Nosso caminho passa pela delegacia de polícia. Khalil foi silenciado, mas vamos nos juntar e fazer com que nossas vozes sejam ouvidas em seu nome.'"

Starr vive vários conflitos, entre eles, seu pai ter estado preso; ela ter sido criada pelo irmão da sua mãe, tio Carlos, enquanto seu pai estava atrás das grades; sua família viver em um bairro pobre e de negros, mas ela estudar em uma escola particular de classe média branca; ter nascido em uma família em que o padrasto do seu meio-irmão é o chefão dos *King Lords* (um dos comandos do tráfico de drogas local); e as discussões diárias de seus pais quanto a se mudarem do bairro onde nascera e fora criada (desejo de sua mãe) para um bairro de classe média (o que implicaria uma jornada de trabalho tripla para sua mãe, enfermeira), perto de onde mora o seu namorado branco e outros parentes mais abastados; até então, seu pai não suportava ouvir essa proposta.

A mobilidade social inegavelmente é um fenômeno que confunde os caminhos e as posições na vida das pessoas. Isso porque os caminhos são percorridos por todos, ou a partir de onde surgiram ou, de outro viés, sob vínculos estreitados no lugar onde acabaram de ingressar, como marco de seu destino pessoal, tal como explicita Ulrich Beck, no trato da sociedade de risco: "sob as condições da atribuição tradicional de papéis, poder-se-ia partir do fato de que, para o homem, mobilidade profissional e familiar coincidem".[1]

Discurso do ódio: o tempero da iniquidade

O romance, tal como relatado, traz em si a força do dito *discurso do ódio* como um conjunto de manifestações de ideias recorrentes e arraigadas que incitam práticas discriminatórias — e/ou hostis — das mais variadas espécies. Tal discurso é composto basicamente por dois elementos, *discriminação* e *externalidade*, com inegável força de instigar a violência e a intolerância.[2]

Nesse sentido, Rosenfeld indica a distinção entre o fenômeno do *hate speech in form* e *hate speech in substance*. O primeiro se revela nas manifestações explicitamente odiosas. Já o segundo, naquelas em que o discurso do ódio é velado.[3] E, considerando o ódio velado, muitos se comportam de maneira a se sentirem aceitos, porque adaptáveis aos padrões dos grupos, sem confrontos. Assim procede Starr na escola, que fica em outro bairro, considerado melhor e seguro pelos seus pais, a despeito de demorar, em dias bons, 45 minutos para lá chegar e, em dias com trânsito, uma hora:

> A Starr da Williamson não usa gírias; se é algo que um rapper diria, ela não diz, mesmo que os amigos brancos digam. As gírias os tornam descolados. As gírias a tornam "daquele bairro". A Starr da Williamson é acessível. Não faz cara feia, não olha de canto de olho, nada disso. A Starr de Williamson não dá motivo para que alguém a chame de garota do gueto. Diz ela: Não consigo me suportar por fazer isso, mas faço mesmo assim. Coloco a mochila no ombro. Como sempre, combina com meus tênis, os Eleven azuis e pretos como os que Jordan usou em Space Jam. Will sempre usava o paletó do uniforme da escola do lado do avesso para ser diferente. Não posso usar do avesso, mas posso garantir que meus tênis sejam sempre irados e minha mochila sempre combine.

O discurso do ódio trava um combate inclusive com a liberdade de expressão, porque integra um processo contínuo de subjetivação em que alguns são mais afetados que outros, apesar de o processo estar integrado por todas as categorias sociais. A problemática está na concepção filosófica de que não há como fazer figurar um único falante, pois se perpetua pela história e instituições. Daí se legitima por estereótipos, pela discriminação negativa e pela violência.[4] O dano é sobretudo anônimo. A dignidade humana, solidariedade social e/ou sistema de direitos fundamentais reputam-se valores centrais na aplicação do direito, na necessária confluência dos espaços público e privado, e na desmistificação de tratarem-se de zonas estanques. Uma democracia pluralista só se legitima pela liberdade e igualdade no trato das pessoas, de forma civilizada e em respeito às diversidades. Deus. Ser duas pessoas diferentes é tão exaustivo. Eu me trenei para falar com duas vozes diferentes e só dizer certas coisas perto de algumas pessoas. E dominei esta arte.[5]

O JULGAMENTO FINAL: PELO NÃO INDICIAMENTO

O júri, afinal, decide por absolver o policial Brian Cruise Jr. (o Um-Quinze) pela morte de Khalil Harris.

> Eu falei a verdade. Fiz tudo que *devia fazer*, mas não foi o *suficiente*. A morte de Khalil não foi horrível o *bastante* para ser considerada crime. (...) Ele *já foi* um ser humano *que anda* e *fala*. Tinha família. Tinha amigos. Tinha sonhos. Nada disso *importou*. (...) *As pessoas dizem* que a infelicidade adora ter companhia, mas acho que a raiva também *é assim*. (...) Era uma vez um garoto de olhos castanhos e covinhas. Eu o chamava de Khalil. O mundo o chamava de *bandido*. Ele viveu, mas não *por tempo* suficiente, e, pelo resto da minha vida, vou me lembrar de *como ele morreu*. Conto de fadas? Não. Mas não vou desistir de um final melhor.

Não se pode negar que o julgamento judiciário é sempre a avaliação de uma situação humana e/ou social, e o Direito aparece como intermediário do contato do juiz com a realidade posta. A Justiça deve *dar* uma decisão, mesmo correndo o risco de se expor à condenação de uma comunidade científica ou da opinião pública. Isso é

> o que lhe dá força e ao mesmo tempo fragilidade. "Julgar uma situação verdadeiramente humana é participar da tragédia potencial nas circunstâncias em que a responsabilidade exercida pelo homem é levada aos seus *limites*." Julgar, contra todos os obstáculos, é, no final das contas, uma reivindicação da dignidade do homem.[6]

Apesar do desfecho terminal e do traço comum — estigmatizante — de todos os tipos de discurso de ódio, há um documento posto em voga que assume a condição de *standard*. Esse, diga-se de passagem, poderá até mesmo estimular o processo de responsabilização do Estado por práticas abusivas, inclusive no âmbito internacional, contra toda e qualquer forma de segregação e/ou incomplacência. Ele se traduz na *Convenção Interamericana contra Toda Forma de Discriminação e Intolerância*.

A Convenção Interamericana é defendida por ser um modelo jurídico inibidor da prática do discurso do ódio por meio de:

> (i) a indicação de conceitos jurídicos determinados que descrevem os efeitos provocados pelo discurso do ódio; e (ii) a proteção aos grupos vulneráveis, uma vez que define os critérios proibidos de discriminação, em consonância com o Direito de Autodiscriminação. A Convenção, em seu arcabouço de proteção de direitos, destaca ainda a igualdade, interpretada por este instrumento em sua perspectiva material, a dignidade humana e o princípio da não discriminação.[7]

Toda pessoa tem uma identidade à qual se deve proteção constitucional, por uma releitura ou revisitação da história e/ou do contexto sociojurídico, especialmente naquele que vive. Assim será possível fortalecer as identidades e os vínculos culturais e afetivos sob um eficaz arcabouço institucional e ater-se aos fenômenos da *publicização do privado* e da *privatização do público*, típicos de uma sociedade contemporânea plural, aberta e complexa, no que diz respeito ao uso excessivo — ou não — do discurso do ódio:

> A maioria das pessoas adentrou, entre sofrimentos e temores, uma *fase prescrita historicamente de experimentação das formas de convívio*, cujo fim e resultado não podem ser previstos. Mas nem mesmo os "erros" cometidos podem impedir uma nova "tentativa".[8]

Starr, dita, por fim: "*A gente vai reconstruir. (...) Khalil, eu nunca vou esquecer.* Nunca vou desistir. Nunca vou ficar calada. Prometo."

NOTAS

1 BECK, Ulrich. *Sociedade de risco*. p.118. Editora 34: São Paulo, SP (2011).
"A noção do risco representa a última fórmula do *todo um cada um*, a maneira moderna de pensar as relações do todo e suas partes. O problema da lei, assim como do dever, é que eles devem ser os mesmos para todos: havia-se articulado essa desejável igualdade sobre uma identidade, uma propriedade que teríamos todos e que, pela sua repetição, seria comum. O um era o todo, e era ao mesmo tempo o que havia para defender. A noção de risco permite pensar o *todo um cada um* fora da ideia de identidade: nós somos todos diferentes, mas a solidariedade dessas diferenças contém o princípio de sua totalidade (...) O direito será social, a legislação será social, a política será social, a sociedade tornando-se por si mesma princípio e fim, causa e consequência, e o homem só encontrará sua saúde e sua identidade reconhecidas como ser social, ou seja, ao mesmo tempo feito, desfeito, alienado, oprimido, reprimido ou salvo pela sociedade". Ver: CANTO-SPERBER, Monique (org.). *Dicionário de ética e filosofia moral*. Vol.2. p. 629. Unisinos: São Leopoldo, RS (2003).

2 É uma manifestação segregacionista, baseada na dicotomia superior (emissor) e inferior (atingido), e, como manifestação, passa a existir quando é dada a conhecer por outrem que não o próprio autor. A fim de formar um conceito satisfatório, devem ser aprofundados esses dois aspectos, começando pela externalidade. A existência do discurso de ódio, assim como toda expressão discursiva, exige a transposição de ideias do plano mental (abstrato) para o plano fático (concreto). Discurso não externado é pensamento, emoção, o ódio sem discurso; e não causa dano algum a quem porventura possa ser seu alvo, já que a ideia permanece na mente de seu autor. Para esse caso, é inconcebível a intervenção jurídica, pois a todos pensar é livre. Ver: SILVA, Rosane Leal et al. "Discurso do ódio em redes sociais: jurisprudência brasileira". *Revista Direito GV*. n. 30, p.110 -27. FGV Direito SP: São Paulo, SP (1996).
3 ROSENFELD, Michel. "Hate speech in constitutional jurisprudence: a comparative analisys". *Public Law Research Paper*, n. 41, Cardozo Law Scholl, abr 2001. Disponível em: http://papers.ssrn.com/sol3/papers.cfm?abstract_id=265939.
Citado por SCHÄFER, Gilberto; LEIVAS, Paulo Gilberto Cogo; SANTOS, Rodrigo Hamilton. "Discurso de ódio. Da abordagem conceitual ao discurso parlamentar". *Revista de Informação Legislativa*. Ano 52, n. 52. jul-set 2015, p.147. Senado Federal: Brasília, DF (2015).
4 CASTILHO, Ela Wiecko V. de. "Redes Sociais: preconceito e intolerância na internet". *Revista Jurídica Consulex*. Ano XVI, n. 367, mai 2012, p. 37. Editora Consulex: Brasília, DF (2012).
5 "Deve-se propiciar que as minorias étnicas, sociais, religiosas e culturais possam se manifestar, se fazerem ouvir na sociedade e combaterem em isonomia de condições as ofensas e inverdades que compõem o discurso do ódio. Somente por meio do discurso aberto, da contra-argumentação é que se faz possível combater e exterminar por si só tão abominável manifestação. O discurso do ódio deve ser submetido à crítica contundente, ao humor, ao descrédito, pois as palavras têm de estar associadas à vida cotidiana, ao estilo de vida dos cidadãos, do contrário serão vazias de qualquer conteúdo." MEYER-PFLUG, Samantha Ribeiro. "Liberdade de expressão e discurso do ódio". *Revista dos tribunais*. Editora RT: São Paulo, SP (2009).

De outro viés, Alex Potiguar, em combate ao *hate speech*, o explicita como ímpio àqueles princípios da liberdade e da igualdade, pelo seu caráter essencialmente "discriminatório que fere o âmago da constituição de um indivíduo, sua própria autocompreensão". Defende que a "experiência do rebaixamento, humilhação e degradação constitui recusa ao reconhecimento recíproco, causando um mar de angústias. Assim, não há como negar que o discurso do ódio deve ser entendido como violador da autoconfiança, do autorrespeito e de autoestima". POTIGUAR, Alex. *Liberdade de expressão e o Discurso do ódio*. Editora Consulex: Brasília, DF (2012).

6 GARAPON, Antoine. *O juiz e a democracia*. 2 ed., p.162. Revan: Rio de Janeiro, RJ (2001).
7 SCHÄFER, Gilberto et al. Op. cit., p.149.
8 BECK, Ulrich. Op. cit., p.174.

A MARCA HUMANA

Nelson Eizirik

Lá estava eu em Nova York para uma curta temporada. À noite, fui ao Avery Fisher Hall, programa imperdível: Quartetos de Corda de Chostakóvitch, com o Emerson String Quartet. No intervalo, do lado de fora da sala de concertos, cercado por jovens, estava Philip Roth. Ele conversava animadamente, por certo comentando o concerto; em muitos de seus romances aparecem referências à música. Fiquei andando por perto, falo ou não falo com ele? Venceu-me a timidez, provavelmente seria inoportuno, afinal diria o quê? Apresentar-me como um leitor brasileiro? Melhor não.

Claudia Pierpont, na biografia que escreveu sobre Roth, narra uma bela cena. O escritor, uma figura popular em New York, era reconhecido e saudado por várias pessoas enquanto saía de um concerto no Carnegie Hall. Roth parou com o braço erguido para chamar um táxi, até que um homem, ao passar por ele, segurou sua mão erguida e exclamou: "Bravo Maestro!"[1]

À época em que vi Roth, estava terminando de ler *O teatro de Sabbath*, para mim o seu melhor livro. Ali ele rompe todas as barreiras que um escritor pode enfrentar para descrever um personagem — Sabbath, um velho e devasso titereiro, frente ao medo da morte e da perda de sua inesgotável amante, e desafiando até o fim todos os padrões morais de uma sociedade puritana.

A marca humana deveria ter sido traduzido como "A mancha humana", como se vê em várias passagens do romance. É aquilo que, do homem, impregna nas coisas, nos animais e nos outros humanos, e não sai. Talvez seja o romance mais cáustico de Roth. Não tão polêmico e provocador de reações iradas da comunidade judaica como *O complexo de Portnoy*; não tão desafiador como *O teatro de Sabbath*; não tão triste como *Homem comum*, declaradamente inspirado em *Memórias póstumas de Brás Cubas*. Mas talvez seja o único em que o tema do racismo não diz respeito aos judeus, mas aos negros. Racismo, contrarracismo, crítica certeira ao politicamente correto. E que trata da justiça, não de suas instituições, mas do senso ético, a contrastar com a dominante hipocrisia dos Estados Unidos à época.

Roth talvez seja o mais importante escritor norte-americano dos últimos quarenta anos, embora nunca tenha recebido o Nobel de literatura. Rivaliza com John Updike (eram amigos até o divórcio de Roth e Claire — que ela fez questão de tornar público —, quando Updike tomou o partido dela) e com Saul Bellow, de quem foi amigo até o fim. Isaac Singer, também genial escritor, não entra no páreo, pois, embora tenha vivido muito tempo nos Estados Unidos, escrevia em iídiche.

A marca humana é a última obra de sua trilogia americana, sendo os outros dois, *Pastoral americana* e *Casei com um comunista*, todos narrados por Nathan Zuckerman, um escritor, *alter ego* de Roth.

Publicado em 2000, aqui temos Roth em sua melhor forma. Seus romances posteriores, embora sejam obras muito boas a respeito da doença, da velhice e da morte — como exceção a esses temas está *Complô contra a América*, em que o autor volta ao passado para imaginar como seria o país se Charles Lindbergh, o aviador, simpatizante do nazismo, tivesse sido eleito presidente —, não têm a mesma potência.

A história de *A marca humana*, narrada por Zuckerman, trata do "estado de ânimo moral" dos Estados Unidos no verão de 1998, quando explodiu o escândalo da relação de Clinton com uma jovem estagiária. Se você não viveu em 1998, relata Zuckerman, não sabe o que é santimônia. Foi o verão em que todo o falso moralismo veio à tona, em que os críticos conservadores apedrejavam Clinton por sua incontinência sexual, em que a náusea voltou, em que as piadas não cessavam. O narrador sonhava com uma faixa gigantesca envolvendo a Casa Branca com a legenda "Aqui mora um ser humano". Foi o verão em que o pênis de um presidente jovem e popular estava na cabeça de todos, e a vida, com toda a sua impureza, uma vez mais confundiu o país.

Foi naquele verão que o viúvo Coleman Silk, o vizinho septuagenário de Zuckerman, lhe contou que estava tendo um caso com uma mulher de 34 anos, gozando de grande frenesi sexual.

Coleman é um grande personagem, inesquecível, em sua vida cheia de reviravoltas, que aparecem aos poucos, à medida que a narrativa de Zuckerman evolui.

O que há de tão fascinante em Coleman? Ele é um professor de literatura judeu numa universidade pequena e provinciana, a qual se tornou um verdadeiro exemplo quando ele assumiu a posição de decano. Deixando o decanato, volta a dar aulas. Na sua turma havia 14 alunos, e Coleman fazia a chamada para aprender seus nomes. Como dois nomes jamais respondiam, na sexta semana de aulas indaga: "Alguém conhece essas pessoas? Elas existem mesmo ou são *spooks*?" Naquele mesmo dia, é chamado pelo novo decano e fica sabendo que teria de responder a uma acusação de racismo levantada pelos dois alunos ausentes, ambos negros. Indignado, Coleman reage dizendo que estava utilizando a palavra em seu sentido literal, de espectro, fantasma: "eles existem ou são *spooks*". Jamais teria utilizado a palavra — que também é termo pejorativo para se referir a negros — se soubesse da cor de seus alunos. Como poderia saber se eles nunca apareciam?

E aqui começa a primeira grande cruzada hipócrita do politicamente correto contra Coleman. Aberto um inquérito administrativo com a acusação de racismo, antigos rancores de professores vieram à tona, e todos os alunos ficaram contra ele (tratava-se de um professor rigoroso). Teimoso,

Coleman não pede desculpas, contrariando a todos, que queriam acabar com o caso. Sua mulher, com quem mantinha relações conjugais frias, fica lealmente ao seu lado, suportando a ira da comunidade acadêmica. Porém, chega a seu limite: um dia ela acorda com uma dor de cabeça atroz, sem sentir um dos braços, e morre no dia seguinte. "Eles queriam me matar, mas quem acabou morrendo foi ela", ruge Coleman.

Na medida em que a narrativa se desenvolve, a primeira grande surpresa: Coleman, o judeu, na realidade é negro. Embora de pele clara, herança de antepassados negros, índios e europeus, sua família, uns mais claros e outros mais escuros, é, para os padrões norte-americanos, negra.

Sabe-se então que Coleman, um desconhecido na Nova York do período anterior à Segunda Guerra, se declara branco e judeu ao se alistar na Marinha. Queria então escapar da história de sua família, das humilhações sofridas por seu pai, fugir do passado e recriar-se como branco e judeu. Ser judeu explicaria a ausência de passado, afinal, inúmeras famílias de judeus haviam desaparecido na Europa. Como narra Zuckerman, ele seria um desses judeus de nariz pequeno, cabelo encaracolado, tez amarelada. Casa-se com uma judia de cabelos tão crespos que seriam uma pronta explicação para quaisquer sinais raciais reveladores que seus filhos poderiam herdar — e não herdam, para alívio de Coleman.

Por que Coleman se esconde assumindo ser branco e judeu? Para fugir ao racismo dos brancos e ao tirânico "nós" de sua família. Quer ser livre e reinventar-se, no que é bem-sucedido durante quase toda a sua vida.

E aos 71 anos, na sala de aulas é visto como um racista por seus alunos negros e por toda a comunidade acadêmica. Como Clinton, naquele verão, é perseguido e humilhado por não pedir desculpas, não se curvar diante de uma injustiça.

Mas Coleman também é duro na queda. Sobrevive e começa seu romance com Faunia, zeladora da faculdade. Mulher sofrida, que se faz de analfabeta, havia sido abusada sexualmente pelo padrasto quando criança, abandona a casa aos 14 e, aos 20, casa-se com um ex-combatente do Vietnã, que a espancava sempre. Não bastasse, perde seus dois filhos num incêndio. Aos trinta e quatro conhece Coleman. Eles se amam como duas pessoas que perderam praticamente tudo, o que têm é um ao outro.

Mas a cruzada ainda não findara. Coleman recebe uma carta anônima (escrita obviamente por uma jovem colega sua que se sentira preterida por Faunia): "Todo mundo sabe que você está explorando sexualmente uma mulher maltratada e analfabeta com metade da sua idade." Agora, Coleman não só é racista, mas também misógino. Todos na comunidade acreditam, seu veredito está lançado. Afinal, basta a acusação, para que provas? Racista e misógino, o puritanismo e o politicamente correto de mãos dadas, como não lembrar de Woody Allen?

Falta apenas quem execute a sentença. Quem senão o ex-marido de Faunia, traumatizado pela guerra, que a surrava e que continuava a persegui-la, inconformado com o seu romance com aquele velho professorzinho judeu? Uma batida de seu caminhão no carro em que estavam Coleman e Faunia é a arma de execução da sentença. Ninguém quer investigar; para todos teria sido um acidente, fantasias de que teriam saído da estrada enquanto mantinham relações "impróprias" (afinal, era o verão de 1998).

A cena final é tétrica em sua placidez. Zuckerman narra seu encontro com o assassino, que pescava tranquilamente num lago congelado. Zuckerman sabe que ele é o assassino, que por sua vez sabe que Zuckerman sabe. Conversam sobre coisas banais, pescarias, a beleza do lago, até que o assassino mostra uma broca afiada, usada para furar o gelo. A ameaça é evidente. Zuckerman vai se afastando a passos lentos e só olha para trás quando se sente seguro e vê:

> (...) o branco gelado da lagoa circundando uma manchinha minúscula que era um homem, o único sinal humano em toda a natureza, como o X de um analfabeto numa folha de papel. Ali estava, se não a história completa, a imagem completa.

Como diz Claudia Pierpont sobre a trilogia americana, que culmina com *A marca humana*, as histórias reunidas por seu narrador, Zuckerman, trata da "fantasia da pureza". Fantasia da extrema esquerda antibelicista, da extrema direita anticomunista, da puritana hipocrisia de todos. Medo e perigo, sem nenhum sinal de justiça, é como termina o romance.

Roth morreu em 22 de maio de 2018, aos 85 anos. Lembro do luto, das longas conversas com meus irmãos Cláudio e Décio; sempre comentávamos seus romances. Como bem escreveu Cláudio quando de sua morte:

> Roth nos convida a rir, chorar, sentir, pensar, imaginar, ampliar nossa mente e nossa consciência crítica. Por isso, compartilhar suas páginas ou os sete filmes feitos a partir delas é uma festa e um consolo para o espírito.[2]

Neste período de nosso país, em que vivemos uma caça às bruxas digital, caça a tudo que é diferente, liderada por fanáticos de extrema direita, Roth nos lembra sempre que a hipocrisia deve ser combatida — com humor, de preferência —, pois não há nada pior que a "fantasia da pureza", que anda em geral de mãos dadas com a intolerância e a injustiça.

Notas

1. PIERPONT, Claudia Roth. *Roth Libertado: o escritor e seus livros*. Companhia das Letras: São Paulo, SP (2015).
2. EIZIRIK, Cláudio Laks. "Philip Roth: Bravo Maestro!". *Jornal da SPPA*, ano 17, n.º 33. Sociedade Psicanalítica de Porto Alegre: Porto Alegre, 2018. Disponível em: <https://sppa.org.br/uploads/journals/17/33/1733.pdf>. Acesso em: 10 jul. 2019.

Carta aos Romanos

Sergio Cavalieri Filho

Influência bíblica na justiça e no direito no mundo antigo

Ao longo dos séculos e milênios, muitos livros exerceram grande influência na justiça e no direito; nenhum, entretanto, superou a Bíblia, pois a influência dos seus personagens vem desde o mundo antigo. No Império Neobabilônico (625-539 a.C.), o profeta Daniel e seus três amigos — Hananias, Misael e Azarias — ocuparam altos cargos na corte de Nabucodonosor. Depois de ser governador da província da Babilônia, Daniel se tornou um dos três presidentes ou governantes de todo o reino. Ester, esposa favorita do Rei Xerxes I (Assuero da Bíblia), foi rainha no império persa (478-465 a.C.), salvando o seu povo da destruição tramada por Hamã (Ester, 3 a 8), e Mardoqueu, primo e pai adotivo de Ester, foi primeiro ministro. Esdras, sacerdote da colônia de judeus em Babilônia, supervisionou a reconstrução de Jerusalém por ordem do rei Artaxerxes Longímano (longa mão), e Neemias, depois de ser o copeiro desse rei — cargo da maior confiança —, foi por ele nomeado governador de Judá (445-433 a.C.).

A septuaginta, designação por que é conhecida a mais antiga tradução do Antigo Testamento do hebraico para o grego, é outro fato histórico que bem evidencia a importância da Bíblia no mundo antigo. Ptolomeu II, rei faraó do Egito (281-246 a.C.) conhecido como Filadelfo, muito se orgulhava da grande biblioteca de Alexandria, cidade fundada por Alexandre, o Grande, na época da conquista do Egito. Tomando conhecimento da Escritura Sagrada, Ptolomeu patrocinou a vinda de sábios judeus ao Egito a fim de traduzirem para o grego essas escrituras sagradas, a Torá, para integrar a famosa Biblioteca de Alexandria. Setenta e dois sábios escribas se reuniram na Ilha de Faros, cujo farol era uma das Sete Maravilhas do Mundo Antigo, e em 72 dias traduziram para o grego toda a lei. Assim, a septuaginta passou a ser a versão mais utilizada para a divulgação da Bíblia em todos os povos.

César tentou esmagar o cristianismo, mas o cristianismo venceu César

Na Bíblia, entretanto, principalmente no Novo Testamento, a "Carta aos Romanos" é o livro que exerceu a maior influência na justiça e no direito. Destinada a expor aos cristãos de Roma uma síntese da doutrina cristã, essa epístola se tornou o texto básico das grandes linhas teológicas e jurídicas do cristianismo, e foi o seu principal disseminador durante os primeiros séculos de sua história, conquistando corações e mentes de povos, governos, reinos e nações.

Com efeito, no primeiro século do cristianismo os cristãos foram duramente perseguidos na regência dos imperadores romanos Calígula (37-41 d.C.), Cláudio (41-54 d.C.) e Nero (54-68 d.C.). Embora sob a égide de Vespasiano (69-79 d.C.) e de seu filho Tito (79-81 d.C.) a perseguição tenha sido pouca ou mesmo nenhuma, voltou a ser intensificada no reinado de Domiciano (81-96 d.C.) porque os cristãos se recusaram a adorar o imperador.

Tito, durante os seus dois anos de reinado, expediu um decreto atribuindo divindade a si mesmo, a seus antepassados, família e descendentes, ordenando sua adoração como deuses. Domiciano elevou este tema da adoração do imperador a alturas consideráveis. Erigiu um templo aos imperadores-deuses e estabeleceu um colégio sacerdotal para fomentar tal culto. Chegou até mesmo a exigir que se dirigissem a ele como "Nosso Senhor e Deus". Tal adoração, por ser contrária aos princípios judeus e cristãos, foi recusada pelos membros de ambas as seitas, pelo que sofreram a fúria de Domiciano. Os cristãos, entretanto, foram os que sofreram a maior perseguição, principalmente em Roma. O imperador chegou a manifestar o propósito de esmagar o cristianismo. O exílio do apóstolo João na ilha de Patmos (Apocalipse 1:9) teve lugar nesse tempo, e até mesmo os parentes de Domiciano com tendência cristã foram banidos ou executados, entre os quais Flávio Clemente, primo-irmão do imperador, e a esposa dele, Domitila, que foram exilados.

A aberta resistência à adoração dos deuses pagãos e do imperador manteve a perseguição aos cristãos no reinado dos imperadores Trajano (98-117 d.C.) e Adriano (117-138 d.C.). Antes confundida com os judeus, a nova seita passou a ser reconhecida separadamente e expressamente condenada. Os cristãos eram compelidos a renunciar a Cristo e a sacrificar aos deuses pagãos. Os que se recusavam eram torturados, jogados em masmorras ou mortos. Por fim, a situação chegou a tal extremo que até os procônsules protestaram, e Adriano foi forçado a expedir um decreto proibindo novos ataques aos adeptos de Jesus.

Apesar da perseguição, o cristianismo continuou a se espalhar e não tardou a se encontrar firmemente no império. Contribuiu para isso a filosofia cristã de valorização da personalidade, criando nova atitude com relação à pessoa humana e realçando o valor do livre-arbítrio, filosofia esta que se harmonizava plenamente com a filosofia defendida por filósofos e teólogos há vários séculos.

Constantino, o Grande, que imperou de 306 d.C. a 337 d.C., constatou que uma grande porção das diferentes nacionalidades da vasta população do império já era cristã e, compreendendo que o império precisava de uma força unificadora, concluiu que a Igreja Cristã poderia proporcionar essa força. Pelo ano de 312 adotou a cruz cristã como emblema e expediu um decreto prometendo tolerância e clemência para os cristãos, desde que nada fizessem "contrário à disciplina". No ano seguinte (313 d.C.), editou outro decreto dando ao cristianismo uma condição igual a toda e qualquer outra religião dentro do império. Em 321 d.C., Constantino editou uma lei proibindo todo trabalho no domingo cristão, e em 325 d.C. convocou um concílio geral da Igreja na cidadezinha de Niceia, cujas deliberações resultaram no célebre Credo Niceno. Finalmente, Constantino foi batizado no seu leito de morte, no ano 337 d.C. Assim, o cristianismo aos poucos se tornou a religião do Estado, o que permite dizer: "César perseguiu o cristianismo, mas, no devido tempo, o cristianismo conquistou César."

A partir do século IV, a influência cristã sobre o direito e a justiça tornou-se ainda maior com a atuação dos sábios, doutores e filósofos da Igreja, entre os quais Santo Agostinho e Tomás de Aquino.

Carta aos Romanos: síntese mais elaborada da filosofia cristã.

A "Carta aos Romanos" continuou a desempenhar um papel expressivo porque nela estão expostas as grandes linhas do cristianismo. A Escola Patrística[1] baseou-se nos escritos de Paulo e na filosofia de Platão, e teve Santo Agostinho (354-430 d.C.) como seu grande nome, cuja conversão recebeu o último impulso da leitura da "Carta aos Romanos" (*Confissões* VIII, 12, 23).

O mesmo ocorreu com Tomás de Aquino (1225-1274 d.C) e sua Escolástica.[2] Uma síntese da doutrina cristã exposta na "Carta aos Romanos" e na filosofia aristotélica formou a base filosófica e teológica da Igreja nos séculos seguintes.

A "Carta aos Romanos" foi também o ponto de partida da Reforma Protestante. Lutero escreveu seu "Comentário aos Romanos" em 1515, e aí já se encontram suas ideias sobre a justificação. Calvino, no seu livro *Christianae religionis institutio* (1536), fundamenta sua doutrina da predestinação na "Carta aos Romanos".

DE PERSEGUIDOR A PERSEGUIDO

Paulo, autor da "Carta aos Romanos", é a versão romana de Saulo de Tarso, que assim era chamado por ter nascido na cidade de Tarso, capital da província romana da Cilícia e centro universitário muito dado à filosofia estoica.[3] A cidade estava localizada numa região montanhosa no sul do atual território da Turquia, banhada pelo mar Mediterrâneo.

Integrante de uma piedosa família judia, Saulo, ainda bem jovem, foi por ela enviado a Jerusalém para estudar na famosa escola dirigida pelo célebre rabino Gamaliel. Enquanto estudava em Jerusalém, inflamou-se contra os primeiros adeptos de Cristo e passou a persegui-los.

O primeiro registro da atuação de Saulo de Tarso aparece no relato do apedrejamento de Estêvão, o primeiro mártir cristão, poucos anos depois da morte pública de Jesus: "As testemunhas deixaram seus mantos aos pés de um jovem chamado Saulo" (Atos, 7:58). Saulo apoiou e participou da morte de Estêvão acreditando, sinceramente, que esse homem era um inimigo de Deus e do povo do Senhor. Prosseguiu na perseguição dos adeptos de Cristo:

> Indo de casa em casa, arrastava homens e mulheres e os lançava na prisão. (Atos, 8:3)

> Dirigindo-se ao sumo sacerdote, pediu-lhe cartas para as sinagogas de Damasco, de maneira que, caso encontrasse ali homens ou mulheres que pertencessem ao Caminho, pudesse levá-los presos para Jerusalém. (Atos, 9:1-2)

Entretanto, na entrada de Damasco Saulo foi subitamente envolvido por uma luz brilhante, caiu por terra e ouviu a voz daquele Cristo a quem perseguia (Atos, 9:3-6). Ocorreu a sua conversão e, a partir daí, de perseguidor passou a ser perseguido.

Tão completa foi a conversão de Saulo, agora Paulo, que imediatamente passou a pregar em Damasco a sua nova fé, com tal convicção e entusiasmo que os judeus deliberaram em conselho matá-lo, obrigando-o a fugir, com a ajuda de seus novos amigos cristãos. Num cesto o desceram à noite por cima do muro da cidade (Atos, 9:23-25).

Pelo restante de sua vida Paulo se dedicou a levar o cristianismo aos gentios, realizando uma atividade missionária jamais registrada anteriormente. Viajou pelo mundo mediterrâneo da época (três viagens pelo mar Mediterrâneo e mar Egeu), pregando e fundando igrejas na Ásia Menor, Macedônia e Grécia, dentre as quais merecem destaque as igrejas de Corinto, Éfeso, Filipos, Tessalônica e Antioquia, destinatárias de algumas de suas epístolas.[4]

Paulo escreveu 13 dos 27 livros que compõem o Novo Testamento, a parte da Bíblia que orienta os cristãos no seu serviço ao Senhor. A maioria dos estudiosos do Novo Testamento data a "Carta aos Romanos" nos anos 57-58 d.C. Alguns apontam como o começo de 58, quando Paulo permaneceu por três meses seguidos na cidade de Corinto. Estava concluindo sua terceira viagem missionária, que havia iniciado no ano de 54. De Éfeso foi para Macedônia, depois Acaia e Corinto, onde Paulo se hospedou na casa de Gaio (Romanos, 16:23). Decidiu escrever para os cristãos de Roma uma carta que foi levada pela diaconisa Febe (Romanos, 16:1).

A Igreja de Roma

A "Carta aos Romanos" é a primeira epístola de Paulo para uma Igreja que não fundou. Não se sabe com certeza quem foram os primeiros missionários a levar o cristianismo à capital do Império Romano, onde já havia uma grande colônia judaica. Provavelmente foram os peregrinos judeus, prosélitos que presenciaram o acontecimento de Pentecostes em Jerusalém no ano 30 d.C. e se converteram com o sermão de Pedro (Atos, 2: 14-36). Não há dúvida, porém, de que o fortalecimento da Igreja de Roma foi obra de Pedro e Paulo. Tanto assim que os dois Apóstolos receberam o título de "fundadores da Igreja de Roma". Esse título se deve também ao fato de ambos terem sido martirizados em Roma: Pedro no ano 64 d.C.; Paulo no ano 68 d.C. A igreja de Roma foi a comunidade cristã que mais sofreu com a perseguição, principalmente com a de Nero. Foi considerada a comunidade "Mãe de todas" por causa da morte de Pedro e de Paulo.

Trechos da "Carta aos Romanos" que tiveram grande relevância na formação da Justiça e do Direito moderno

Como já ressaltado, a "Carta aos Romanos" é a síntese mais elaborada da filosofia cristã, o que proporcionou que muitos textos dessa epístola exercessem grande influência na formação da Justiça e do Direito.

1) Igualdade, dignidade e direitos humanos

Pois em Deus não há parcialidade (Romanos, 2:11)
Deus é Deus apenas dos judeus? Ele não é também o Deus dos gentios? Sim, dos gentios também (Romanos, 3:29)
Não há diferença entre judeus e gentios, pois o mesmo Senhor é Senhor de todos e abençoa ricamente todos os que o invocam (Romanos, 10:12)

Esses ideais do cristianismo sobre a igualdade resultaram nos modernos princípios da igualdade e da dignidade. José Afonso da Silva declara: "O cristianismo é uma das fontes principais para a elaboração do que hoje se conhece como direitos humanos."[5] Essa foi a maior contribuição do cristianismo para a justiça e o direito.

Com efeito, a universalização dos direitos humanos tem como ideia central a igualdade entre todos os seres humanos, independentemente de classe social, raça, cor e sexo. A partir do reconhecimento de que todos os seres pensantes são filhos de Deus, não faz sentido qualquer discriminação ou preconceito. O fato de se nascer como integrante da espécie humana confere um selo de dignidade a cada criatura, o que afasta qualquer traço de desigualdade entre pessoas.

2) Direito Natural

> De fato, quando os gentios, que não têm a Lei, praticam naturalmente o que ela ordena, tornam-se lei para si mesmos, embora não possuam a Lei; pois mostram que as exigências da Lei estão gravadas em seu coração. Disso dão testemunho também a sua consciência e os pensamentos deles, ora acusando-os, ora defendendo-os (Romanos, 2:14-15)

Historiadores apontam como referência ao direito natural esse trecho da "Carta aos Romanos". Todos os seres humanos têm direitos inatos inalienáveis. Paulo acreditava na existência de uma lei natural, de origem divina, lei moral que supria a falta de conhecimento de leis escritas. E essa lei natural outra coisa não seria senão a luz da inteligência posta no homem pelo Criador. Por ela sabemos o que se deve fazer e o que se deve evitar. Esta lei deu-a Deus à criação.

A concepção de um direito natural de origem divina persistiu por muitos séculos embora com matizes diferentes. Hugo Grotius (1583-1645) é apresentado como eliminador da origem divina do direito natural, libertando o direito da teologia. Para Grotius, o direito natural é baseado na razão. Presente no coração de cada homem e estabelecida pela razão, a lei natural é universal em seus preceitos, e sua autoridade se estende a todos os homens. Ela exprime a dignidade da pessoa e determina a base de seus direitos e de seus deveres fundamentais.

3) *Nemo potest venire contra factum proprium*

> Portanto, você, que julga os outros, é indesculpável; pois está condenando a si mesmo naquilo em que julga, visto que você, que julga, pratica as mesmas coisas (Romanos, 2:1)

> Você, que ensina os outros, não ensina a si mesmo? (Romanos, 2:21)

O comportamento contraditório, desleal, contrário à conduta esperada, que aparenta uma coisa e faz outra, é aqui duramente repelida pela teologia paulina, na mesma linha da doutrina de Cristo que comparou os fariseus a "sepulcros caiados: bonitos por fora, mas por dentro estão cheios de ossos e de todo tipo de imundície" (Mateus, 23:27). Temos aí a semente do princípio da boa-fé que, depois de muitos séculos, veio a germinar na ciência do Direito contemporâneo.

Embora a *fides romana* tenha sido a base conceitual da boa-fé, uma espécie de garantia à palavra dada (*fides*, no sentido de "promessa"), que indicava a existência de pessoas adstritas a certos deveres de lealdade, ainda em Roma o termo perdeu força ética significativamente, restringindo-se ao sentido subjetivo — estado de ignorância ou mera boa intensão.

No direito canônico, a ideia de boa-fé esteve atrelada à ideia de pecado, pois a mentira, a malícia e o engano eram considerados pecado pela teologia paulina. A palavra dada tinha valor moral porque a boa-fé, como ausência de pecado, era vista como comportamento ético e moral pelo direito canônico, do qual não era permitido desviar-se, ganhando, assim, uma dimensão axiológica.

Esquecida por longo tempo em razão das ideias liberais da autonomia da vontade e do positivismo jurídico dogmático, a boa-fé ressurge como princípio cardeal do direito contemporâneo.

O direito atual exige de todos postura séria, leal, sincera, transparente, enfim, afinada com o princípio da boa-fé objetiva. O comportamento contraditório, contrário à conduta esperada, é ilícito porque quebra a confiança, quebra que decorre do descumprimento dos deveres de lealdade, de transparência, de informação, de cooperação, que regem todos os atos jurídicos, mesmo os derivados de contrato social. Funda-se na tutela da confiança e mais diretamente no *nemo potest venire contra factum proprium*, o "novo mandamento" do direito moderno.

4) Origem divina do poder soberano e da autoridade

Todos devem sujeitar-se às autoridades governamentais, pois não há autoridade que não venha de Deus; as autoridades que existem foram por ele estabelecidas (Romanos, 13:1)
Portanto, é necessário que sejamos submissos às autoridades, não apenas por causa da possibilidade de uma punição, mas também por questão de consciência (Romanos, 13:5)

A Escola Patrística assim interpretou o ensinamento paulino:

Ainda que os humanos sejam incapazes e seus atos sempre imperfeitos, Deus escolheria alguns para governar. O objetivo dessa escolha é garantir um mínimo de segurança para os escolhidos poderem viver com fé. Desse modo, caberia a todos respeitarem integralmente essa autoridade.[6]

No mesmo sentido a Escolástica de Tomás de Aquino:

Aqueles escolhidos por Deus para exercerem o poder político deveriam elaborar leis inspirados naquelas existentes na Cidade de Deus. O modelo de legislação e também de justiça torna-se transcendente, devendo ser encontrado pela fé. Mas, dada a falibilidade humana, essas leis sempre seriam imperfeitas, por maior que fosse o esforço dessas autoridades. Mesmo nesse caso, em nome da segurança, as pessoas deveriam curvar-se, pois não podem compreender e julgar a escolha inicial, de Deus. Somente uma ampla obediência à autoridade traria o grau de segurança necessário para uma vida repleta de fé na Cidade dos Homens.[7]

A teologia paulina concernente à origem divina do poder e da autoridade serviu de fundamento para a união entre o estado e a igreja durante séculos, a partir de Constantino, o Grande.

5) Pecado e crime: princípio da legalidade penal

pois é mediante a Lei que nos tornamos plenamente conscientes do pecado (Romanos, 3:20)

> E onde não há lei, não há transgressão (Romanos, 4:15)
> pois antes de ser dada a Lei, o pecado já estava no mundo. Mas o pecado não é levado em conta quando não existe lei (Romanos, 5:13)
> Que diremos então? A Lei é pecado? De maneira nenhuma! De fato, eu não saberia o que é pecado, a não ser por meio da Lei. Pois, na realidade, eu não saberia o que é cobiça, se a Lei não dissesse: "Não cobiçarás" (Romanos, 7:7)

Embora a Carta Magna do Rei João Sem Terra, de 1215, seja apontada como origem do princípio da legalidade penal, temos como certo que mais de um milênio antes o princípio do *nullum crimen sine lege* estava delineado na "Carta aos Romanos". Basta substituir a palavra pecado (mal, ilícito) por crime nos trechos transcritos acima e teremos clara evidência disso: "pois é mediante a Lei que nos tornamos plenamente conscientes do *crime* (pecado); onde não há lei, não há *crime* (transgressão); o *crime* (pecado) não é levado em conta quando não existe lei; eu não saberia o que é *crime* (pecado), a não ser por meio da Lei.

Apenas no início do século XIX, Feuerbach consagrou o princípio da legalidade penal na fórmula *nullum crimen, nulla poena sine lege*. O princípio é um imperativo que não admite desvios nem exceções, pois representa uma conquista da consciência jurídica obedecendo a exigências da justiça que somente os regimes totalitários o têm negado.

Em termos esquemáticos, é possível dizer que a elaboração de normas incriminadoras é função exclusiva da Lei, ou seja, nenhum fato pode ser considerado crime e nenhuma pena criminal pode ser aplicada sem que antes da ocorrência desse fato exista uma lei definindo-o como crime e cominando a sanção correspondente. A Constituição Federal de 1988, ao proteger direitos e garantias fundamentais, consagrou o princípio no seu art. 5.º, inc. XXXIX: "não há crime sem lei anterior que o defina, nem pena sem prévia cominação legal".

Conclusão

Com o cristianismo, a justiça e o direito adquiriram novos parâmetros jurídicos. Os princípios e ideais apregoados pelo cristianismo, sintetizados e divulgados pelos escritos de Paulo, principalmente na "Carta aos Romanos", influenciaram a sociedade romana e propagaram-se nos institutos jurídicos do direito moderno, tanto no campo do direito privado como no campo do direito público, bem como nas Constituições dos Estados.

Há até quem diga que, se não fosse Paulo, o cristianismo não teria se tornado a religião oficial de Roma ou que, provavelmente, teria desaparecido como ocorreu com centenas de outras seitas religiosas da época do Império Romano.

Nalini observa que a chamada civilização ocidental ainda é conhecida como civilização cristã. Os valores sobre os quais ela se erigiu são aqueles fornecidos pelo cristianismo, nutrido em sólida tradição judaica. Concorde-se ou não com o asserto, a civilização de que o Brasil se abebera é de inspiração nitidamente cristã. Autores cristãos, em todos os tempos, produziram consistente material no pensamento filosófico. Eles formularam uma verdadeira filosofia cristã, da qual se extrai a moral cristã, na concepção de que a moral é parte integrante da filosofia.[8]

Notas

1 Patrística é o nome dado à filosofia cristã nos três primeiros séculos, elaborada pelos Pais da Igreja, os primeiros teóricos, a partir da doutrina de Paulo e da filosofia platônica.
2 Escolástica é o nome da corrente filosófica cristã nascida na Europa da Idade Média, que dominou o pensamento cristão entre os séculos XI e XIV e teve como principal nome o teólogo italiano São Tomás de Aquino.

3 Tarso foi fundada por Senaqueribe, rei da Assíria entre 704 a.C. a 681 a.C.), quando lutou contra os gregos. Foi também o palco do primeiro encontro entre Marco Antônio e Cleópatra em 41 a. C.
4 A epístolas aos Gálatas foi destinada às igrejas da Galácia, uma região que na época era habitada por um grupo étnico de origem celta, localizada na atual Anatólia, Ásia Menor, Turquia.
5 SILVA, José Afonso. *Curso de direito constitucional positivo*. 19ª ed., p. 177-178. São Paulo: Malheiros, 2001.
6 FERREIRA, Adriano, "20. Filosofia patrística e Santo Agostinho", disponível em: <https://direito.legal/filosofia-do-direito/20-filosofia-patristica-e-santo-agostinho/>.
7 FERREIRA, Adriano, "20. Filosofia patrística e Santo Agostinho", disponível em: <https://direito.legal/filosofia-do-direito/20-filosofia-patristica-e-santo-agostinho/>.
8 NALINI, José Renato. *Ética geral e profissional*. 12. ed, p. 131-132. São Paulo: Editora Revista dos Tribunais, 2015.

O PALÁCIO DA JUSTIÇA

Humberto Theodoro Jr.

INTRODUÇÃO

Não há quem passe pela Ile de la Cité, em Paris, e não se sinta atraído pela austeridade e imponência do complexo de edificações seculares que formam o Palais de Justice, enriquecido, em seu interior, pela joia renascentista que vem a ser a Sainte Chapelle.

Henri-Robert, famoso advogado das cortes de justiça da França e escritor consagrado, membro da Academie Française, escreveu um livro, nos idos de 1927, que, a par do seu aspecto histórico cultural, se apresenta como um verdadeiro documentário dos momentos, por ele considerados, de sofrimento, angústia e desespero vividos no Palais de Justice ao longo dos séculos, sem se descurar também dos eventos festivos que ali costumavam ocorrer.

A obra, que faz parte da série *Visages de Paris*, se abre com um convite ao estrangeiro ou provinciano (*passant inconnu*) que pela vez primeira visitava a capital francesa a conhecer as entranhas da velha edificação que abriga toda a "máquina da vida judiciária" daquela metrópole.

O autor pede licença para tomar pela mão o visitante e guiá-lo pelo interior do vetusto palácio. Adverte, porém, que se se tratar de pessoa de alma sensível e de coração frágil, é melhor desistir da visita, porque dolorosos espetáculos terão de ser contemplados ou rememorados. É preciso, portanto, que o visitante seja daqueles que não se espantam diante de tais perspectivas.

Em resumo, vem o alerta: "*Le Palais de Justice est le Palais de la Souffrance.*" Sofrimentos que assumem todas as formas, sofrimentos presentes em todos os pavimentos, desde os gabinetes mais altos dos juízes de instrução até as celas úmidas da Conciergerie ou até as "ratoeiras" escuras do Dépôt, passando pelas salas de audiências, civis, correcionais ou da Cour d'Assises.

Sem dúvida, Henri-Robert considera que todos os clientes do Palais de Justice, todas suas vítimas a diversos títulos, devem considerar esse lugar temível como um dos mais cruéis do Inferno de Dante! É por essa moderna galeria de suplícios que ele convida o transeunte a passear em sua companhia.

Se é inevitável reconhecer que o Palais de Justice foi e continua sendo palco de sofrimentos atrozes de sua clientela, o importante, porém, é que em seus interiores se acham retratados, por meio de lembranças, registros e de peças de arte, os mais decisivos momentos da história da França e, por conseguinte, da história da civilização ocidental.

Visão externa da monumental edificação

Sigamos, pois, o precioso guia e principiemos pela contemplação do Palácio Velho, a partir da margem direita do Sena, posicionando-nos entre a Place du Châtelet e a extremidade da Pont-Neuf, pois é nesse enfoque que o Palais se apresenta mais pitoresco. É por aí que se divisa sua fachada realmente velha, podendo ver quatro torres esguias a evocar a imagem mais curiosa e poética da velha Paris da Idade Média.

As pedras enegrecidas da fachada refletida nas águas do rio nos transportam — na visão de Henri-Robert — através dos tempos, dando emocionante testemunho de dez séculos de história.

Com efeito, do palácio dos primeiros reis de França, do barco de *La Cité*, amarrado no meio do Sena por suas pontes, protegido pelos dois braços do rio que o envolvem na luz refletida de um céu gris de pastel, "Paris, pouco a pouco, empreendeu seu desenvolvimento, para tornar, então, a capital da França, e depois nos séculos XVII e XVIII, a capital intelectual do mundo civilizado, e enfim a atual Paris moderna, capital da graça e do espírito".

Visão interna e histórica do "Velho Palácio Real"

A vista interior principia pela *Grand'Salle*, lembrando que outrora Le Palais não era, nas origens, reservado, como hoje, apenas às instituições judiciárias. Durante muito tempo ele foi o Palais du Roi, mas de um certo modo era um pouco *la maison commune*, no tempo em que a monarquia francesa vivia em contato direto e permanente com seu povo e tinha como honra ser acessível aos mais humildes que vinham apresentar postulações.

Enfim, durante muito tempo eram os próprios reis de França que prestavam pessoalmente a justiça, em contato direto com o povo. Consideravam eles que essa era uma de suas funções essenciais e não menos bela que a de fazer reinar a paz entre os súditos e respeitar a equidade no seu reino.

Por isso a denominação de Palais de Justice que surgiu mais modernamente não era de todo inadequada aos tempos medievais, uma vez que sempre foi no Palais du Roi que o monarca antigo prestou justiça aos súditos. Prevalecia, então, o velho adágio: "*Toute justice émane du Roi.*"

Foi com o passar do tempo que o rei se viu assoberbado por funções cada vez mais pesadas, na medida em que a França crescia, e teve de delegar aos seus conselheiros o poder de julgar. Com isso, a realeza e a magistratura que a representava "passaram longos anos sob o mesmo teto, colaborando, em estreita união, a bem do reino e comunicando, entre si, se se pode dizer, sua força mútua". O Palais, então, era como o "coração do país", submetido à autoridade real e à jurisdição do parlamento de Paris. Desempenhava, assim, um papel muito importante, servindo de palco para a maior parte das manifestações da vida pública.

La Grand'Salle

O centro mesmo do Palais era a Grand'Salle, que ocupava então o local em que hoje se acha instalada la Salle des Pas-Perdus. Esse nome, pode se pensar, decorre do uso feito da Grand'Salle para um grande e escandaloso desafio lançado pelo rei Henrique II a vários *gentilshommes* da corte, numa terça-feira gorda, para irem mascarados à cidade e ver quem faria "mais folias". Eles foram todos ao palácio e ali promoveram um espetáculo burlesco e escandaloso. M. de Nemours, sobre seu cavalo Real, teria subido pela grande escadaria do Palácio e entrado na Galerie e na Grand'Salle, percorrendo-as, em "courses et folies", para, enfim, descer pela escadaria da Sainte-Chapelle, sem que o cavalo, em momento algum, tivesse sequer vacilado. Daí, talvez, o nome de la Salle des Pas-Perdus, mais tarde atribuído à antiga Grand'Salle.

Era ela o saguão do palácio, um imenso salão gótico dividido longitudinalmente em duas naves paralelas "de uma altura extraordinária", cuja grandeza parecia ampliada, durante o dia, pela luz solar que transpassava os vitrais. O piso era recoberto por grandes caminhos de mármore branco e preto. Cada coluna da nave dupla servia de apoio, à meia-altura, para as estátuas dos falecidos reis de França, pintados de azul e ouro. Parecia que eles, lá de cima, presidiam todas as cerimônias, para as quais a Grand'Salle "era o teatro".

Três lareiras monumentais se prestavam a amainar um pouco, no inverno, o frio glacial que caía dos "altos tetos de igreja". Na extremidade do salão se achava uma imensa mesa de mármore negro polido como um espelho, cuja largura cobria as duas naves. Uma "rara maravilha" formada por uma única peça e que "desempenhava um importante papel na vida do Palácio!". Chegava-se a ela por meio de três degraus, e a grande mesa servia de tribuna para o arauto. De cima dela, para melhor dominar a multidão presente na Grand'Salle e fazer chegar sua voz até a extremidade dela, o arauto anunciava ao povo "os acontecimentos notáveis, as vitórias ou os tratados de paz e cientificavam os Parisienses dos novos impostos a que estariam sujeitos".

Era ainda sobre tal grande mesa, que "os clérigos da Basoche representavam suas farsas, alegorias, sátiras e comédias". Era, no dizer de Henri-Robert, "*le Club du Palais*". Utilizava-se, enfim, a gigantesca peça para os banquetes por ocasião de casamentos reais e de recepções de soberanos estrangeiros.

Lá, por exemplo, se festejaram as bodas de Margarida de França e Emanuel Felisberto de Saboia, e foi realizado o "luxuoso festim, em cuja abertura o rei Carlos, O Sábio, ofereceu a seus convidados soberanos, o imperador romano-germânico, Carlos IV, e Venceslau, rei dos boêmios, uma peça nada banal, um grande espetáculo, com a participação de oitocentos cavaleiros, na qual se reconstituía a tomada de Jerusalém pelas cruzadas de Godofredo de Bulhão.

Les Galeries du Palais

Outro pitoresco sítio do velho palácio eram as chamadas les Galeries du Palais, que correspondem, ainda hoje, aos corredores do Palais de Justice. Ali, no passado, reinava uma grande animação, muito diferente de hoje, em que a presença austera restrita aos usuários e servidores da Justiça é a tônica.

Lembra Corneille que nas Galerias do Palácio, antes do grande incêndio de 1776, ocorria o agradável espetáculo que costumam oferecer as pequenas *boutiques*, as livrarias, graças aos comerciantes que ali haviam se instalado. Teria sido dessas boutiques aglomeradas que teria surgido a atual denominação de la Galerie Marchande. Após ter sofrido o golpe do grande incêndio, a Revolução pôs fim definitivo ao comércio nas Galerias do Palácio.

Uma gravura do tempo de Corneille que ainda se conserva no Palais de Justice, no museu da Ordem dos Advogados, representa o aspecto das pequenas *boutiques* de l'Ancien Palais que foram cantadas pelo poeta Berthold, em versos de 1652.

La Chambre Dorée

Após a Salle des Pas-Perdu encontra-se a Grand'Chambre du Parlement, denominada também Chambre Dorée de Luís XII. Esse nome se deve ao maravilhoso teto de carvalho, revestido de dourados faiscantes e ornado pelos raios de luz que na metade do dia penetravam pelos vitrais, dando "uma nota brilhante sobre as tapeçarias azuis reais, semeadas de flores-de-lis". Essa Chambre Dorée corresponde, hoje, ao local onde se encontram a Primeira Câmara do Tribunal e sua Câmara de Conselho.

Era nessa Chambre, no passado, que se desenrolavam todos os grandes casos submetidos ao tratamento judiciário. Anota Henri-Robert que, entre os grandes eventos históricos ocorridos no antigo Palais, destacam-se os États Géneraux de 1357; a Jacquerie parisienne conduzida por Étienne Marcel, em 1358; a invasão do Palais, em 1589, por Bussy-Leclerc, governador da Bastilha, para ameaçar os membros do parlamento que se achava em reunião. Foi, ainda, na Grand'Chambre que Luís XIV, aos 17 anos, desafiou o presidente do parlamento, proibindo-o de convocar qualquer assembleia para "deliberar sobre os éditos reais". Sessenta anos depois, o parlamento fez sua revanche, ao cassar o testamento de Luís XIV no dia seguinte a sua morte.

Na Grand'Chambre foram julgados os processos que apaixonaram os ancestrais franceses. A Revolução, porém, suprimiu os tribunais, arrancou as tapeçarias com a flor-de-lis, recobriu os ouros do teto e, sobre a parede do fundo da sala, afixou o busto de Sócrates. Diante desse quadro de austeridade glacial, a Revolução fez tomar assento, no mesmo lugar do parlamento, o *tribunal revolucionário*, um impiedoso júri muito dócil às requisições do terrível Fouquier-Tinville.

Foi lá, assim, que tiveram lugar os processos dos Girondinos, assim como os de Demoulins e de Danton. Foi lá, também, que foram condenadas à pena capital Manon Roland, Charlotte Corday e a rainha Maria Antonieta.

Fora da Grand'Chambre, o velho Palais compreendia, ainda, a Chambre de la Tournelle reservada aos casos criminais, a grande e a pequena Chambre des Enquêtes, a Chambre du Domaine, reservada ao Rei, a *maîtrise des eaux et forêts* e a Chambre des Comptes, esta em um edifício separado do corpo do Palais, atrás da Sainte-Chapelle (obra-prima do arquiteto italiano Fra Giocondo).

Epílogo da visita histórica ao velho Palais

Exata, como se vê, a conclusão de Henri-Robert de que é realmente toda a história da velha França que se desenrolou entre as paredes do velho Palais. Por isso, o que o visita e o que vive habitualmente o drama cotidiano dos pleitos judiciários não pode pensar diferente do grande advogado e notável escritor:

> E ao anoitecer, quando toda animação se retirou do Palais, e desde que suas longas galerias e sua imensa Salle des Pas-Perdus, invadida pela sombra, e tornadas de repente desertas e silenciosas, após a confusão do dia, parecem se recolher na solidão de suas lembranças seculares — assim como se crê ouvir no oco de uma concha o murmúrio infinito do mar — não se pode impedir de parar um instante, o coração batendo, como para escutar os ecos frágeis do passado que parecem vagar ainda debaixo destas abóbadas. Talvez, tão forte seja o assombro que não será surpresa ver passar e esvanecer, na noite, algum fantasma dos tempos desaparecidos,

retomando por um instante uma existência irreal, neste cemitério da nossa história.

O Palácio atual

Concluído o passeio pelo passado do Palais de Justice, Henri-Robert passa a descrevê-lo no seu tempo, isto é, na década de 1920, logo após a Primeira Guerra Mundial. Descreve-o como o centro de todos os serviços judiciários da capital, classificando-o como a sede principal da justiça na França.

Ali se encontram os domínios dos três graus de jurisdição: o Tribunal do Sena, a Corte de Apelação do distrito de Paris e a Corte de Cassação (corte suprema do país).

A Salle des Pas-Perdus continua sendo não só o *foyer* (o saguão do Palais), mas também o Salão das Festas. Nela se encontram monumentos que homenageiam grandes eventos da história recente, como o Monumento da Família Judiciária aos Mortos da Guerra (duzentos e cinquenta advogados morreram no Champ d'Honneur, em defesa da pátria). Veem-se, ainda, no mesmo sítio, os Monumentos a Malesherbes (Magistrado e ministro de Luís XVI) e a Berryer (príncipe da eloquência e figura proeminente da advocacia francesa).

Deixando a Salle des Pas-Perdus, a visita prossegue pelas Câmaras Civis e Câmaras Correcionais do Tribunal (primeiro grau de jurisdição), registrando a angústia e a curiosidade da multidão que frequenta suas sessões. Em seguida passa pela Cour d'Appel (segundo grau de jurisdição, sobreposto ao tribunal correcional e ao tribunal civil e comercial), chegando, enfim, à Cour de Cassation, que tem sua entrada particular no Quai de l'Horloge. Sua pesada porta de acesso se acha velada por duas estátuas, onde se lê: *La loi protégeant l'innocent* e *La loi châtiant le conpable*, tudo sobreposto a "Miroir de la Vérité".

As funções da Cour de Cassation correspondem às de uma Suprema Corte, que, todavia, não deve apreciar senão o "Direito puro", sem se preocupar com a culpabilidade ou a inocência dos condenados, nem com o valor das provas admitidas. Compete-lhe "apenas velar pela exata observância da lei no julgado que lhe é submetido".

Nesse verdadeiro e silencioso "santuário do Direito", velam, do alto de seus pedestais, os bustos dos grandes jurisconsultos Domat e Pothier, Ulpiano, e até mesmo, não se sabe por quê, do tribuno grego Demóstenes.

Epílogo da visita ao atual Palais de Justice

Depois de percorrer as laterais do Palais, e descrever a Salle des Expropriations, onde se procede às alienações judiciais, a visita se volta para a Conciergerie, "um dos recantos mais pitorescos e mais evocadores da velha Paris". A edificação medieval transformou-se em prisão, e é para lá que os acusados são transferidos para aguardar a audiência criminal da Cour d'Assises ou da Chambre des Appels Correctionels.

Como prisão moderna, a Conciergerie desperta pouca curiosidade. Mas, do ponto de vista histórico, o interesse é muito significativo. Lá, por exemplo, estiveram aprisionados o duque Filipe de Orléans, o príncipe Pierre Bonaparte, o príncipe Jérôme Napoleão. Mas o mais trágico ali vivido foi a passagem das vítimas do tribunal revolucionário; inclusive a rainha Maria Antonieta, antes de ser levada à guilhotina.

Outro sítio terrível dos anexos do Palais de Justice é o chamado Le Dépôt, que não é uma verdadeira prisão, mas — segundo Henri-Robert — "uma espécie de sala de espera e estação de triagem, ou melhor, uma hospedaria de passagem colocada à disposição da Polícia e sobre a qual a Justiça tem apenas o direito de supervisionar". Ali o arrestado não deve permanecer mais de três dias; findo o prazo, o destino do hóspede é decidido: a liberdade ou a prisão regular até o fim da instrução criminal. Diariamente se recolhem a esta "hotelaria" em média cem a cento e cinquenta pessoas. São todos integrantes da marginalidade: miseráveis, mendigos, vagabundos, bêbados, meretrizes, camelôs, receptadores, rufiões, ladrões das grandes lojas, "*toutes les misères et touts les déchéances*".

Esses rebotalhos da humanidade são jogados desordenadamente (*pêle-mêle*), com seus farrapos (*loques*), suas taras, seus vícios, sua sujeira, suas doenças e seu rancor odioso contra a sociedade, da qual são párias, nesse quarto comum (isto é, Le Dépôt).

Outro serviço temível dos anexos do Palais de Justice é aquele destinado à identificação e classificação biométrica dos delinquentes. Trata-se do serviço antropométrico, que Henri-Robert qualifica como "uma das armas defensivas mais engenhosas e mais eficazes que a sociedade possui contra seus inimigos". A invenção francesa da identificação biométrica dos criminosos é hoje adotada mundialmente por todas as polícias, que cada vez mais se internacionalizam no combate à criminalidade.

La Cour d'Assises é o último órgão judicante visitado sob a guia de Henri-Robert. É o órgão encarregado do julgamento criminal pelo clássico tribunal popular do júri. Registra o autor que "uma sessão da Cour d'Assises é certamente o espetáculo mais dramático e mais apaixonante que acontece no Palais".

O que, porém, é posto pelo autor como o fecho de sua obra é uma pequena história vivida entre ele e um frequentador do Palais de Justice. Alceste, como grande número de pessoas, era um severo crítico dos serviços da Justiça. Sua opinião era no sentido de que o pessoal da Justiça não teria a necessária pressa para cumprir seu importante papel, que suas vestes seriam ridículas e desatualizadas, que o procedimento seria de um formalismo estreito, insuportável e desatualizado. Os advogados pronunciariam alegações intermináveis e os magistrados seriam preguiçosos.

Para questionar esse juízo depreciativo, Henri-Robert conta que, um ano antes, ao passar pela Sala dos Passos Perdidos, fora abordado por Alceste, que, no seu costumeiro mau humor, mais uma vez exercitou sua misantropia contra o mundo do Palais: "Olhe", dizia ele, "esses gestos e todas essas vestes! É hoje o carnaval? Você acredita que não é ridículo, grotesco, vestir-se ainda, no século XX, com os hábitos dos *médecins* do tempo de Molière? Todo o resto está adiante desta velha casa que parece ter ficado para trás, refratária à evolução dos nossos costumes." E prosseguiu: "Não é escandaloso que, no século da velocidade, um processo possa durar meses ou anos e que o Código em vigor calcule ainda os prazos de assinação em *myriamètres*! Os processos são todos complicados, caros! Estamos nós ainda nos tempos do Grande Rei? Ah! Nós não conseguimos mesmo mudar."

Poucas semanas depois, Alceste apareceu no escritório de Henri-Robert, totalmente mudado, contando a desventura em que se achava envolvido na vida matrimonial. A ruptura era inevitável. A esposa já havia feito uma demanda de divórcio. Como homem prático, procurou, de início, conselho junto a um agente de negócios, para tentar um divórcio negociado e discreto, sem obter êxito. Saiu contrariado do escritório de negócios e decidiu procurar um advogado. Perante o causídico, Alceste se revelou o mais tenaz e exigente dos demandistas, exibindo pleno conhecimento dos segredos da técnica processual.

No dia da audiência, estava ele pálido e trêmulo quando, após duas horas de exposição minuciosa e completa, o juiz deu por encerrada a fase de postulação e suspendeu a sessão. Alceste foi ao encontro do advogado não para agradecer, mas para lamentar ter sido a audiência tão curta, pois tinha ele ainda nota complementar a fazer.

Estavam Alceste e Henri-Robert no mesmo lugar em que, havia tempos, aquele lhe havia afirmado que não existia demanda alguma, por complicada que fosse, que não pudesse ser produzida num quarto de hora. O advogado lhe relembrou o equívoco, e Alceste, após uma certa confusão, conveio em que o formalismo da justiça era estabelecido em defesa do litigante, e que as vestes do advogado eram uma garantia de consciência.

Passou, ele mesmo, a relembrar as indelicadezas, as manifestações odiosas contra os defensores oficiais ao tempo da Revolução, que chegara a suprimir a Ordem dos Advogados. Aplaudiu a atitude de Napoleão, que a restabeleceu, compreendendo que os advogados atendiam a uma "necessidade social".

Henri-Robert, advogado de Alceste, fez-lhe ver como a experiência judiciária pôde lhe dar alguma sabedoria e mais ponderação nos seus juízos sobre a Justiça: "Sua conversão", aduziu o causídico, "me deu prazer.

Acredite em mim, o mundo do Palais tem muito de bom. A Justiça coxa caminha ainda melhor do que se diz a seu respeito. A magistratura francesa merece respeito. Os advogados têm talento, praticam o culto da honra e do desprendimento. (...) Os servidores são dignos auxiliares da justiça."

Henri-Robert, então, pôde encerrar seu livro sobre o Palais de Justice, com o seguinte registro:

"Alceste dignou-se de aprovar-me. O transeunte desconhecido, que havia visitado todo o Palais, interveio, por fim, dizendo: — *Vous avez raison! Je quitte le Palais avec regret. Je conserverai un très vif sentiment d'admiration et de respect par ceux qui rendent la justice et pour tous leurs précieux auxiliaires. Au revoir et merci!.*"

O estrangeiro

Claudio Lampert

> *Hoje, mamãe morreu. Ou talvez ontem, não sei bem. Recebi um telegrama do asilo: "Sua mãe falecida. Enterro amanhã. Sentidos pêsames." Isto não esclarece nada. Talvez tenha sido ontem.*[1]

O estrangeiro é uma das obras mais densas da literatura do século XX. A afirmação é hiperbólica — e de certa forma perigosa —, e não falta dialética sobre o que seria uma métrica de densidade literária. Cada obra é uma obra, cada estilo um estilo, e, dentro de inúmeros ângulos de visão e abordagem, cada enredo traz sua complexidade própria, suas entrelinhas e seu nível singular de densidade.

Insiro então minha visão no meu contexto pessoal: *O estrangeiro* é para mim objeto de anos de reflexão e leitura, de releituras, de imaginação e, de alguma forma (ainda que pouco metódica e ordenada), de estudo. A cada chance que tive desde que li a obra pela primeira vez, não só retornei ao livro em si, mas também a muito do que foi escrito sobre ele desde sua edição. Ao lado de *Memórias póstumas de Brás Cubas* e de *São Bernardo*, *O estrangeiro* é o livro que mais me trouxe a vontade de "ler de novo". A cada passagem pela obra, sempre encontrei novas interpretações, detalhes e perspectivas de compreensão.

Não é por outro motivo que as obras de Albert Camus se tornaram objetos de estudo acadêmico e material da produção de ensaios analíticos e interpretativos pelo mundo afora — sobretudo na França, nos Estados Unidos e em países da Europa Ocidental. Traduzido para algumas centenas de idiomas, *O estrangeiro* inspirou gerações desde o pós-guerra, passando pelas angústias existenciais das décadas de 1950 e 1960, enveredando pelo caos geopolítico da Guerra Fria (inclusive a libertação da Argélia — país onde nasceu Camus —, em meio a uma revolução sangrenta), e chegando até a desesperança juvenil dos anos 1980 e a contracultura musical britânica, quando a Cena da Praia[2] (que veremos no detalhe ao longo do texto) se tornou o ambiente lírico de uma letra do punk rock inglês.[3]

Naquele momento do tempo, e já passados na época quarenta anos da publicação de *O estrangeiro*, jovens do mundo inteiro surfavam nos acordes e nos *lyrics* de uma música punk sob o impacto daquela tarde quente nas praias da Argélia — e, novamente, ali na música tal e qual no romance, a figura do árabe assassinado surgia sem nome, sem identidade, fungível, impessoal. E a impessoalidade e a indiferença acabariam como aspectos marcantes do Absurdo[4] na obra de Camus.

O começo dos anos 1980 e a metamorfose pela qual transitava o mundo eram ambiente ideal para o ressurgimento do personagem central do livro, e dos sentimentos de impessoalidade de Meursault, com marcas da indiferença emocional, de construções morais próprias e de vínculos às suas crenças pessoais (que o levaram à guilhotina), e de seu apego estético ao mundo físico e aos fatos da natureza — o ambiente adequado para crer no Absurdo e na inutilidade das repetições que a vida nos impõe diante de um universo sobre o qual não detemos controle algum.

Era, sobretudo, momento de ressignificar o senso de justiça e o que o julgamento e a condenação de Meursault nos traziam de mais agudo: um mundo no qual julgamentos morais, tradições, padrões de comportamento (normalmente conservadores e protecionistas) e seus sistemas jurídicos poderiam inverter a ordem das coisas, a sequência dos fatos, e, num amalgamado de interpretações subliminares de conduta, jogar um réu no mundo Absurdo da condenação à pena de morte. Esse era o mundo de Camus, onde a instrumentalidade do processo não servia para a aplicação da lei em si, mas tão somente para promover a vontade retórica e a moral dos personagens da justiça.

Ainda que rechacemos hipérboles e imperativos categóricos, não podemos olhar para o enredo sem concluir que poucas obras literárias abordam os temas de moral, justiça, comportamento humano, Absurdo e pena de morte de forma tão contundente. A linguagem e o estilo conciso e sintético, o vocabulário simples, as frases curtas e as conclusões objetivas transferem *O estrangeiro* do universo da literatura pura e simples para o mundo filosófico.[5]

Li a obra pela primeira vez no inverno de 1980, aos 14 anos. Por influência da minha mãe, Maria, professora de história da educação, ganhei de presente de aniversário um pacote com três livros: *O estrangeiro*, *A náusea* e *A espuma dos dias*. Segundo minha mãe, essa trilogia me levaria a começar a entender o que seria o significado do existencialismo como linha filosófica, em embalagem literária que não assustaria um garoto que estava mais preocupado com os desdobramentos do Campeonato Carioca. Ela acreditava que as formas mais lineares do romance existencial, a concisão de linguagem e a objetividade das expressões de emoção não afastariam da leitura um adolescente que sofria tentando digerir Lima Barreto.

Ela teve razão parcial. Demorei bons anos para voltar à *A náusea*. Não consegui mergulhar de cara na beleza e nas metáforas de *A espuma dos dias* (cujo realismo fantástico só veio me tocar a alma bem mais velho). Mas desde a primeira leitura me encantei e me identifiquei com *O estrangeiro*. Tracei paralelos entre o mundo em que eu habitava e o *nonsense* daquele tribunal argelino e suas figuras cartoriais, melodramáticas, punitivas e pela esquizofrenia do desfecho do livro. Me apaixonei ali pelo personagem central, sua percepção do entorno e por sua ideia de mundo.

Desde 1980, *O estrangeiro* muda a minha forma de ver o mundo a cada nova leitura. Quando José Roberto Castro Neves me convidou para participar desse projeto, tive dificuldade de crer em coincidência. Por que raios eu recebo um convite para resenhar sobre um livro que me seguiu por grande parte da minha vida?

Não havia resposta: apenas aceitei, honrado, o convite.

Nos últimos meses reli o original e as traduções para o inglês[6] e o português[7] no intuito de me recolocar em contexto e poder anotar meu punhado de pensamentos avulsos dos últimos quarenta anos.[8] A cada passada e em cada um dos três idiomas, continuo a cruzar com pequenos tesouros escondidos e novas verdades reveladas. Ler Camus é estar em contato direto com a descoberta de que seu Absurdo literário é, no frigir dos ovos, a nossa rotina diária de vida, nosso contato com o caos, nossa interação regular com psicopatas e julgadores (no sentido geral e no sentido togado) de todas as ordens e caráter. É olhar o mundo pela lente das metáforas do jovem *pied noir* e perceber que em 1940, quando ele migrava do calor das praias de Argel para uma Paris fria e em pé de guerra, sua visão de mundo já montava uma bula precisa dos erros e das injustiças dos sistemas e das leis.

Habitamos um mundo onde é estranho ser estranho (ou estrangeiro). E onde somos julgados dentro e fora de tribunais por nossas excentricidades e comportamentos que não conformam com a moral estreita do senso comum e dos dogmas sociais e religiosos.

Ser diferente e estrangeiro enseja rótulo, crítica, condenação.

Meursault, estrangeiro e inadequado, nos traz um ensinamento macroscópico de justiça nas suas páginas de ficção literária.

A construção da obra: de Argel a Paris

Compreender *O estrangeiro* para além das suas cento e poucas páginas implica, necessariamente, mergulhar nos primeiros vinte anos de Albert Camus e observar sua criação na colônia, seus primeiros passos acadêmicos e jornalísticos. Camus nasceu em 1913 na Argélia, filho de colonizadores franceses. Era *pied noir* típico, a primeira geração de filhos de franceses já nascida e criada na colônia. Naquele começo de século XX, Camus se deparou logo cedo com as distinções raciais, sociais e políticas: era um francês misturado no mundo de árabes, berberes e cabilas, espanhóis e judeus argelinos. O choque de raças e a posição do colonizador francês na Argélia trouxeram a ele, desde muito cedo, uma postura anticolonialista[9] e a percepção crítica das dificuldades de integração entre franceses, espanhóis e judeus,[10] de um lado, e árabes argelinos e berberes, de outro.

Esse país partido entre franceses e árabes é inscrito na literatura de Camus desde muito cedo, assumindo papel central não só em *O estrangeiro* como também no conto "O hóspede"[11] — em ambos, encontramos a questão central da justiça e da injustiça e seus desdobramentos de escolhas *versus* consequências; ambos desenvolvem sua temática ao redor de um assassinato, da opressão da população local árabe, de personagens crescidos no exílio e do valor das escolhas e da vida.

Camus cresceu numa família pobre, num núcleo de classe trabalhadora no bairro de Belcourt, em Argel. Passou os primeiros anos de sua vida morando com sua mãe e seu tio, ambos surdos e quase mudos, num apartamento simples e com pouco conforto material. Essa limitação de comunicação o forçou desde cedo à síntese e à utilização de poucas palavras para impulsionar a comunicação dentro do contexto familiar — outros fatores também contribuiriam para a formação do estilo conciso e seco, mas se pode atribuir ao núcleo familiar o nascimento da escrita sintética e do tom objetivo.

O vocabulário útil reduzido da mãe e do tio influenciava Camus ao exercício da objetividade e da concisão de linguagem — de um modo geral, mas mais especificamente dentro de *O estrangeiro*, Camus inaugura uma nova linguagem no romance francês; mesmo alvo de severas críticas de segmentos mais conservadores da literatura, Camus logo de início é abraçado por André Malraux (ainda na sua fase argelina, antes mesmo de publicar *O estrangeiro*) e por Jean-Paul Sartre, que publica o ensaio

"Explicação de *O estrangeiro*"[12] em 1943 (o primeiro a sair em defesa do ritmo conciso e do estilo curto da obra).[13]

Posteriormente, Roland Barthes atribui a Camus a fundação de uma nova forma transparente de discurso literário e a construção de um novo romance clássico,[14] com estética dissociada do modelo tradicional de narrativa onisciente e das formas e construções léxicas e semânticas da estrutura do romance de até então.

Ao se deparar com a narrativa de *O estrangeiro*, a crítica literária passaria a oscilar entre o susto absoluto, a ira pela quebra do paradigma de narrativa e o total encanto — e, no encanto, Camus atrai percepções positivas de críticos como André Malraux, Jean-Paul Sartre, Roland Barthes e também de Gaston Gallimard, que seria o primeiro editor de *O estrangeiro*.

É nesse contexto de simplicidade e poucas palavras que Camus desponta acadêmica e profissionalmente. Aluno exemplar, desde cedo se debruça sobre a escrita, sobre o teatro e sobre o esporte. A criança hiperativa se transforma em adolescente carismático e envolvente, brilhando nas letras, nos campos de futebol e nas praias argelinas.

Aos 17 anos, Camus sofre o baque que marcaria sua vida para sempre: o diagnóstico de tuberculose abala sua exuberância, forçando-o à reclusão para tratamento na casa de um tio.[15] Além de porções substanciais de carne vermelha e ar puro e das medicações para restaurar seus pulmões, Camus, convalescendo, mergulha na imensa biblioteca do anfitrião. As horas de lazer externo são convertidas em devoção integral ao estudo e à paixão literária.

Nesse divisor de águas, Camus recebe seu primeiro impulso literário. Guiado por um professor do liceu e da universidade, Jean Grenier, Camus direciona seus estudos e investe na escrita e nos ensaios. Em 1930, com apenas 17 anos, já escrevia crítica literária e musical para uma revista estudantil (*Sud*). Nessa época Camus rabisca as primeiras linhas do que seria sua obra de estreia: *O avesso e o direito*, um apanhado de ensaios pessoais com reflexões roubadas de uma infância silenciosa, que seria publicado na Argélia em maio de 1937,[16] quando tinha apenas 23 anos.

Fixado na cena cultural de Argel, Camus se divide entre a necessidade de trabalho e a vontade de se dedicar à filosofia e ao teatro. Nessa encruzilhada de escolhas, Camus conhece Pascal Pia, recém-chegado à Argélia para estruturar um jornal progressista e antifascista sob a incumbência de um investidor — apenas um jornal de Oran tinha uma pauta jornalística nessa linha; todos os outros veículos de mídia estavam tomados pela visão colonialista francesa. A empatia entre Pia e Camus nasce no primeiro encontro, e Camus se torna referência jornalística escrevendo no *Alger républican*, onde ele efetivamente aprende o ofício de jornalista,[17] ocupando diversas posições dentro da estrutura.

Como repórter, e cobrindo a pauta criminal, Camus ingressa física e mentalmente no mundo das leis e dos julgamentos. Vivendo dentro da tensão racial da colônia da terceira década do século, presencia como jornalista julgamentos de crimes derivados desse choque. O viés político e o engajamento de Camus nesses anos de *Alger républicain* lhe rendem a fama de agitador dentro do governo colonialista. É esse momento da vida de Camus que lhe marca para sempre como um progressista, libertário, combatente do fascismo e das tiranias — enfim, um homem de pensamento esquerdista, sempre marcado pela energia da militância e pela proteção da igualdade.

Camus passava horas dentro das salas da justiça assistindo julgamentos e audiências. Aos poucos se familiarizou e descobriu o funcionamento da máquina judicial, os instrumentos processuais e uma fauna extravagante de personagens cartoriais, magistrados, advogados, réus e testemunhas de acusação e defesa. Camus começa a desenhar dentro de seu imaginário a linha tênue entre justiça e injustiça — e percebe que as leis e sua aplicação, por meio do processo, eram suscetíveis a falhas grosseiras e à moral dos homens que lhe confeririam aplicabilidade.

Mesmo sem saber, no curso dos anos de 1937 e 1938, o enredo de *O estrangeiro* assumia forma no subconsciente de seu autor: a tensão étnica crescente na sociedade argelina e julgamentos imperfeitos, cujos erros e equívocos acabavam por zombar do sistema judiciário, davam forma a um romance.

Dois casos concretos marcaram os primeiros anos de jornalismo de Camus — acompanhados e reportados regularmente por ele. O caso *Hodent* e o caso *El Okbi*. Em ambos, uma miríade de argumentos equivocados, interpretações morais, tensão étnica — e sempre a fauna abundante de personagens cartoriais. Há pouca dúvida acadêmica acerca de como nasceu o *plot* central da história de *O estrangeiro*: os primeiros anos da carreira jornalística, o contato com a instrumentalidade do processo para a aplicação da lei, o testemunho da hipocrisia das partes, de seus patronos, dos serventuários da justiça — tudo a se misturar com elementos da vida real de Camus, que terminaram por servir de moldura ao enredo do livro.

O caminho para a construção da obra começa a ser percorrido. Nesse hiato de tempo, entre 1937 e 1940, uma lista de situações da sua vida real influencia a história:

A carreira de jornalista e a cobertura de julgamentos políticos e criminais;

Os casos *Hodent* e *El Okbi*;

O comportamento do magistrado francês Louis Vaillant, no julgamento de *El Okbi*, ao abanar um crucifixo para uma testemunha em depoimento e invocar a figura de Cristo e a existência de Deus (fato emulado em linhas muito parelhas no julgamento de Meursault);

A ida ao velório e funeral da mãe de um parente em Marengo;

Uma história contada pela avó paterna sobre seu pai, Lucien (falecido na Primeira Guerra Mundial na França quando Camus tinha um ano), que presenciara a execução na guilhotina de um trabalhador rural que havia assassinado a família inteira. Lucien teria chegado em casa e se recolhido em choque, vomitando — não pelo crime hediondo, mas pela cena absurda de um corpo tremendo prestes à decapitação;

A execução de Eugene Weidemann, cidadão alemão condenado à morte pelo assassinato de seis pessoas na França em 17 de junho de 1939 (execução essa que seria coberta por Camus para o

Alger républicain). A execução de Weidmann se tornou um show intenso de mídia e marcou, pelos excessos e produção, o fim das execuções públicas em Versailles. A partir de Weidmann, todas as execuções por guilhotina passam a ser feitas dentro dos complexos penitenciários;

A limitação comunicativa da mãe e do tio, marca da personalidade lacônica de Meursault;

O seu amor pela praia, pelo sol, pela colônia e por cães (um cachorro simboliza de forma contundente a primeira parte de *O estrangeiro*);

A sua rotina profissional de jornalista, iniciada em Argel e continuada na França. Camus nunca se afastou da redação de um jornal até a sua morte. O livro traz em sua Parte II a presença de jornalistas nas salas de julgamento;

A existência da igreja de Santo Agostinho atrás do palácio da justiça de Argel, cujo badalo dos sinos ecoava nas salas de audiência e sessões de julgamento. A marca dos sons externos de um caminhão de sorvete no momento na leitura do veredito de Meursault simboliza a invasão de fatores externos na prestação jurisdicional; e

A existência de uma briga entre amigos de Camus na fase de Oran e um grupo de jovens árabes, ocorrida numa praia reservada somente para europeus (o fato será abordado mais adiante no texto).

Em paralelo ao jornalismo, Camus prossegue em estudos avançados de filosofia na Universidade de Argel, onde escreve uma tese sobre Plotinus e Santo Agostinho. As afinidades com a tuberculose de Plotinus e a disciplina sensorial de Santo Agostinho criam a pedra fundamental da abertura de *O estrangeiro*, alojando no subconsciente de Camus o elemento-chave do Absurdo: a fuga sensorial de Santo Agostinho perante a morte de sua mãe e sua recusa de chorar em seu funeral.[18]

Nascia o ângulo central das emoções e da filosofia de *O estrangeiro*: a recusa sensorial, o elemento absoluto de reação orgânica de um ser humano perante a morte de sua mãe; a recusa de expressar o sofrimento em lágrimas e de externar, em padrão socialmente aceito, a dor da perda.

Nos anos que se seguiram, Camus prossegue com a sua busca filosófica — em termos temporais, já na antessala da Segunda Grande Guerra, o que suscitava nele um leque de sentimentos: o combate ao fascismo, a militância pelas liberdades individuais, a luta pela libertação da França, o foco na resistência, o vai e vem entre a área ocupada e a França livre, fazendo jornalismo no *underground parisien*, buscando o papel escasso para imprimir periódicos, ajudando amigos judeus a se esconderem das perversões do III Reich e das tropas ocupantes.

Orientado academicamente por Jean Garnier, Camus mergulha profundamente nas criações estéticas de Nietzsche, Schopenhauer, Bergson e Kierkegaard. O direcionamento acadêmico traça em Camus a certeza de um mundo sem Deus, pautado e guiado por formas e percepções. Fixa-se nesse denominador mais um matiz fundamental de *O estrangeiro*: o apego às formas naturais, ao sol, ao calor escorchante da colônia, aos detalhes físicos, às praias e à natureza. Camus passa a separar alma e formas, e também a atribuir independência aos atos sensoriais e à natureza física.[19]

Camus estabelece então o seu elo nietzschiano: o amor ao paradoxo, sua atração pelas imagens e intuições sempre em sobreposição aos argumentos estruturados e ao método. Ao fim e ao cabo, sua obra consagraria a percepção sensorial e a individualidade moral se sobrepondo e ofuscando o sistema e o julgamento-padrão de uma massa ignara: a possibilidade de se viver o Absurdo e ser livre, de sentir o calor, o sol e o sal do mar sem se contorcer ante verdades alheias e traduções morais que não lhe pertenciam. Dentro dessa fase, Camus vociferou: "Se você quer ser um filósofo, escreva romances."[20]

No final de 1939 acontece a guinada fundamental na vida de Camus. Festejado como jornalista, ativista político, escritor, como elemento fundamental na cena teatral de Argel, Camus enfrenta a crise pessoal: passa a se sentir o *pau para toda obra*, um *jack of all trades, and master of none*.

Decepcionado consigo mesmo por sua falta de foco e com o mundo e suas perspectivas, regressando de um casamento breve e rompido, mergulhado em uma nova paixão,[21] Camus decide atear fogo em toda a sua correspondência e seus manuscritos, num ritual de revolta antifascista e num impulso de desesperança: às vésperas de completar 26 anos, ele parecia sucumbir ao bafo fascista que soprava da Europa Ocidental para dentro de seu núcleo de segurança na colônia. Percebia que faltava bem pouco para que o colapso democrático acontecesse e seu mundo ideal de igualdade e liberdade sucumbisse à força bruta, à censura e à opressão.

O que sobrou da fogueira de outubro de 1939 foi muito pouco. Toda a produção de anos fora queimada. Sobrara apenas um caderno com manuscritos de suas ideias e projetos e um rascunho de seu experimento literário *A morte feliz*, que se tornaria a raiz de *O estrangeiro*.[22]

No caderno de ideias e projetos estava esboçado o primeiro capítulo e desenhada a estrutura da obra — que tinha como título original *O indiferente* (*L'indifférant*). Junto com *Calígula* e *O mito de Sísifo*, Camus preservara a trilogia do Absurdo, sua busca incessante pelas liberdades individuais e a crítica fecunda ao abismo de existir — e dentro desse tripé estava embutido o croqui de sua maior obra.

Alguns meses depois, no início do ano de 1940, Camus partiria para Paris com o primeiro capítulo de *O estrangeiro* finalizado e a Europa tomada por guerra, fascismo e medo.

Nessa mudança geográfica, foi plantada a semente do romance que mudaria o rumo da narrativa do século XX e um dos personagens mais bem construídos das artes.[23]

Paris 1940: nasce *O estrangeiro*

O agravamento das tensões sociais na Argélia, a crise colonial e a perseguição implacável ao pensamento libertário levam ao fechamento do *Alger républicain*, em 1939. Camus então se muda de Argel para Oran, cidade portuária onde vivia sua noiva Francine. Em Oran, Camus trabalha por alguns meses em atividades temporárias e se dedica à conclusão do primeiro capítulo de *O estrangeiro* (cuja estrutura veremos adiante).

Mas a vida em Oran não lhe pertencia, e o sentimento de estar fora de seu lugar cresce rapidamente em Camus.

Camus parte para Paris, deixando para trás a Argélia e a noiva — com quem ainda não se casara por conta de pendências do divórcio de seu primeiro casamento. Pascal Pia lhe arranja um emprego num jornal secundário e de pauta sensacionalista,[24] cuja remuneração lhe permite viver num hotel em Montmartre. Esse momento é marcado, na opinião de vários intérpretes da obra de Camus, pelo confinamento, pela solidão e pelo encontro com o frio e a chuva parisiense.

Sem amigos, sem a praia, o sol e o sal da Argélia, Camus passa a ser um estrangeiro em solo francês. Com apenas 26 anos, longe de tudo que lhe pertencia, Camus acorda para o descaso de um mundo que não lhe aquecia a alma e que lhe olhava com indiferença — e nasce ali, na distância e na sensação de vazio existencial, o impulso e a energia para que o romance prosseguisse e chegasse ao seu fim.

Num dos cadernos de onde nasceu *O estrangeiro*, Camus anota, em ritmo de diário:

> O que significa esse despertar repentino, aos sons de uma cidade que de uma hora para outra se tornou estranha? E tudo é estranho para mim, tudo, sem uma pessoa sequer que me pertença, sem um lugar para curar essa ferida. O que eu estou fazendo aqui, qual a razão desses gestos e sorrisos? Eu não sou daqui — e não sou de qualquer outro lugar também. E o mundo se tornou apenas uma paisagem desconhecida na qual meu coração não pode se debruçar em nada. Um Estranho, que sabe o que essa palavra significa.

Crescia nesse exílio o impacto existencial do personagem, o mote da obra, a literatura roubada da própria vida.

Nos meses que se seguiram, Camus encontraria o embalo e o momento da escrita. Os capítulos se empilhariam uns sobre os outros rapidamente. Os personagens e os signos naturais brotariam de um modo óbvio, e a história assumiria seu formato.

O ESTRANGEIRO

Numa madrugada do primeiro dia de maio de 1940, confinado em seu quarto minúsculo em Montmartre,[25] Camus colocaria o ponto final no manuscrito de um livro que se tornaria um dos grandes clássicos da literatura mundial. Mesmo depois da edição e revisão, pouco mudaria no manuscrito.

Nascia *O estrangeiro*.

O ESTRANGEIRO: ESTRUTURA E PERSONAGENS

O livro se divide em duas partes (Parte I e Parte II). A Parte I se subdivide em 6 capítulos sem nome, por meio dos quais Camus espalha a narrativa da vida e da rotina de Meursault. Culmina, em seus últimos parágrafos, com o assassinato de um árabe a tiros numa praia ensolarada — a Cena da Praia, uma das mais relevantes do livro.

Nesse primeiro bloco, Meursault inicia sua história com a transcrição da epígrafe desse texto, repetindo as palavras do telegrama recebido do asilo em Marengo e dando conta da passagem de sua mãe.

A Parte II é a vida de Camus pós-crime. Inicia-se já dentro dos procedimentos administrativos policiais, interrogatórios, a relação com seu defensor, as sessões perante o juiz que conduziria seu julgamento — e que o sentenciaria à execução pública na guilhotina —, os encontros com o capelão, seus momentos de confinamento na cela.

A Parte I é permeada por experiências sensoriais e pelos indícios de indiferença do protagonista ao mundo dos homens e dos sentimentos. É aí dentro que o personagem — sempre em narrativa de primeira pessoa — se revela ao leitor: a descrição de uma vida sintética, de relações lacônicas, de sentimentos ornados pela indiferença. A narrativa em primeira pessoa, sugerindo um ritmo de diário, confunde o leitor em relação ao tempo dentro do qual foi narrado e de onde veio a narrativa: fica-se perdido no "porquê" e no "quando" a história é narrada. E de onde veio a narrativa, se, ao fim do livro, em suas últimas reflexões, Meursault caminha em direção à sua execução, cuja consumação fica pendente? Esse tom empresta à narrativa uma construção póstuma. O narrador, Meursault, estaria falando de sua história pós-execução.

O uso abundante do presente simples e do *passé composé* atribuem ao texto o enfoque de diário e de memória, de descrição de uma vida pelo próprio agente. Meursault entrega ao leitor sua experiência sensorial, seu modo de responder ao mundo, sua descrição das coisas — num ritmo, se formos buscar paralelo na literatura, das *Memórias do subsolo* de Fiódor Dostoiévski.

Os personagens da Parte I são aqueles da vida ordinária de Meursault. Dentro desse bloco, conhecemos os fatos e as pessoas do asilo — desde os administradores e empregados, até os amigos que a mãe fizera no seu ocaso, incluindo Thomas Perez, o namorado-companheiro do epílogo da vida.

A riqueza de detalhes sensoriais e físicos do velório e do cortejo fúnebre (incluindo a viagem de ônibus a Marengo) marca o primeiro capítulo do livro, mas não cria barreira para a introdução do Absurdo e dos movimentos inúteis da existência (movimentos esses, na visão de Camus, repetidos, em forma de mito, nas tentativas de Sísifo rolar sua pedra ao topo da montanha repetidas vezes, numa missão de vida inútil e sem propósito, apenas à espera de que a felicidade lhe colhesse — traço marcante na trilogia do Absurdo de Camus: as repetições vazias que nos pautam a vida, para as quais só a morte seria solução como ato libertador).

Na Parte I conhecemos Marie Cardona, figura central para se compreenderem as emoções de Meursault. Logo após o enterro da mãe — e depois de dois dias de folga remunerada, pelas quais Meursault fez questão de pontuar ao patrão que não tivera culpa por sua mãe ter morrido —, ele retorna para casa, chegando de volta num sábado, ciente de que teria ainda dois dias de folga.

A encruzilhada moral de Meursault — cujo preâmbulo fora a aparente indiferença com a qual reagira à morte da mãe e seu comportamento frio e não engajado no velório e no funeral — tinha agora seu primeiro arremate: ao retornar para casa, Meursault vai à praia e se reencontra com Marie, ex-colega de trabalho por quem tinha mostrado interesse e desejo no passado — desejo esse que ele percebia recíproco.

Marie e Meursault se deleitam pelo sábado sob o sol, o sal da água, a luz e o calor — e se beijam; terminam o dia vendo uma comédia de Fernandel (mais outro elemento que seria fortemente explorado no seu julgamento) e dormem juntos na casa de Meursault — lugar onde ele vivera com a mãe, e cuja descrição de frugalidade contribui para a solidez de uma alma estrangeira.

Das janelas de sua casa, Meursault narra o movimento do domingo, o estado físico do entorno, o vai e vem das pessoas, o ritmo estagnado de uma vida sem propósito. Na virada do primeiro para o segundo capítulo da Parte I, a narrativa sensorial e a descrição natural migram de um mundo de fim e agonia (a vida no asilo, a função penosa da viagem, o velório e o cortejo fúnebre sob um sol escaldante) para a beleza estética das rotinas dominicais, do ar parado, do cheiro de repetição que cada vida carrega. O céu avermelhado e o calor. E a conclusão fundamental: "Pensei que passara mais um domingo, que mamãe agora já estava enterrada, que ia retomar o trabalho e, afinal, nada mudara."[26]

Era realmente domingo. Nada mudara. A pedra tinha sido novamente rolada ao alto da montanha.

Os capítulos seguintes introduzem os personagens da Parte I e consolidam a relação de Meursault e Marie. Aparecem os vizinhos Salamano, com seu cachorro — numa relação dicotômica de amor e ódio que realça o Absurdo e as sensações de vazio e perda, quando Salamano vara uma madrugada em choro pelo sumiço do cão que ele tanto punia —, e Raymond Santé, o cafetão cuja amante árabe (e também sem nome, no realce da fungibilidade racial e do ser-descartável da colônia, desprezado pela indiferença do colonizador) se torna o centro do crime que aconteceria no fechamento da Parte I.

Em resumo, Meursault ajuda Raymond Santé a redigir uma carta para a sua amante. Do reencontro gerado pela carta, o cafetão e vizinho a agride e, dessa agressão, surge, além de um procedimento administrativo policial, a vendeta dos irmãos e amigos da vítima. Camus segue a todo tempo com seu propósito de não identificar o personagem árabe, num intento claro de dar o contorno de submissão racial ao quadro.

O Capítulo 6 encerra a Parte II e materializa o crime (na parte conhecida como a Cena da Praia), construção essa que hoje se tem certeza ter sido trazida de fatos da vida real de Camus.[27]

A Cena da Praia atrai o maior volume de descrições e traços sensoriais do livro. Tem beleza impactante pela tensão da narrativa. Em linhas gerais, descreve um domingo na praia. Os amigos Meursault e Raymond, juntos com Marie, pegam um ônibus e vão passar o domingo na casa do casal Masson, amigos de Raymond. Logo na partida, avistam um grupo de árabes, dentre os quais os irmãos da amante de Raymond. Chegando à praia, congraçam com os Masson e seguem para um passeio na areia e banhos de mar. Aí a cena se divide. Uma primeira briga, onde um dos árabes fere Raymond com uma faca. A volta à casa dos Masson para curativos (ambas as mulheres, Marie e Masson, em choque). E o retorno de Meursault, após a calmaria, para uma caminhada solitária sob o sol ardente.

Na briga em que Raymond é ferido, ele entrega uma arma para Meursault — que simplesmente guarda no bolso e não a usa. No retorno de Meursault à praia, agora só, a arma continua em seu bolso. Meursault encontra dois dos árabes deitados, um deles tocando uma flauta, e o outro apenas olhando o passar do dia. O que se segue é a tônica do Absurdo, da confusão sensorial, da irracionalidade que habita o desespero: um dos árabes puxa uma navalha, o sol reluz na lâmina e ofusca Meursault, que saca a arma e, atônito, confuso e perdido, dispara o primeiro tiro. Na sequência, mais quatro disparos. A passagem é de transcrição obrigatória:

> Foi então que tudo vacilou. O mar trouxe um sopro espesso e ardente. Pareceu-me que o céu se abria em toda a sua extensão, deixando chover fogo. Todo o meu ser se retesou e crispei a mão sobre o revólver. O gatilho cedeu, toquei o ventre polido da coronha e foi aí, no barulho ao mesmo tempo seco e ensurdecedor, que tudo começou. Sacudi o suor e o sol.

E então, depois de descrever a agressão sensorial que sofrera do mundo natural e de consubstanciar o Absurdo e a falta completa de sentido, Meursault prosseguiu e concluiu que ali as cores e os tons naturais da Parte I chegariam ao fim e cederiam espaço para o tom cinza e para o cheiro ocre da Parte II:

> Compreendi que destruíra o equilíbrio do dia, o silêncio excepcional de uma praia onde havia sido feliz. Então atirei quatro vezes num corpo inerte em que as balas se enterravam sem que se desse por isso. E era como se desse quatro batidas secas na porta da desgraça.[28]

O fim da Cena da Praia marca a transição do ritmo de diário para a sala da justiça. Estabelece o começo da interpretação de Meursault sobre prestação jurisdicional, a análise moral, o olhar solitário para a precisão da morte e para sua libertação definitiva do mundo do Absurdo.

A Parte II consubstancia o Absurdo e o jogo da moral e do direito positivo engendrado por Camus. Em termos de narrativa, a primeira pessoa continua comandando o enredo, mas a sensação de tempo presente ganha proporção ainda maior. Se na Parte I Meursault parece fazer um diário de sua vida nos primeiros capítulos, contando o que acontecera desde o enterro de sua mãe até o retorno para casa (com exceção do Capítulo 6, no qual a narrativa assume o tempo real na cena da praia e no assassinato do árabe), agora os desdobramentos do inquérito, da vida no cárcere, das visitas de Marie e do passar do tempo em sua cela ganham um ritmo diferente.

Camus emprega então um novo corte, uma nova divisão: na Parte I as descrições sensoriais, a natureza, a cena externa e o passo de sua vida orientam o leitor; na Parte II ele se depara com o mundo dos outros, com a existência da lei, com a estrutura cartorial, com expressões de linguagem técnica jurídica muito distantes do calor, da praia, da água salgada e das tardes de ócio com Marie.

Aos poucos o Absurdo do contexto penitenciário vai abrindo as portas para outro elemento essencial do romance: o julgamento e suas consequências passam a revelar a morte como elemento central da condição humana. Nessa linha de descobertas, e enjaulado por quatro paredes com uma nesga de acesso à natureza (pela qual ele se dependurava para ver o pôr do sol e as estrelas, numa demonstração de que seu apego aos elementos naturais não fenecera nem mesmo no cárcere), surge a conclusão de que nesse mundo sem significado somente a morte lhe aproximaria da percepção de liberdade.

Ele se sente humano e livre pela primeira vez e passa a olhar para sua vida pregressa com apego e surpresa. Meursault acha o verdadeiro sentido de sua vida no que ele descreve como a "indiferença benigna do universo". Condenado injustamente à execução, julgado com base em elementos de expressão emocional — totalmente dissociados e irrelevantes ao crime que cometera —, Meursault, já na sombra da morte, encontra o ardor e a vontade de viver — ainda que, naquela cela, viver significasse tão somente repassar as memórias da vida que ele havia vivido até ser preso.

É no Capítulo 5 da Parte II que Absurdo, liberdade e a falta de sentido da vida se encontram, numa das passagens mais ricas do livro, especialmente o diálogo com o Capelão. Foi nesse encontro (recusado por Meursault, mas praticamente forçado pelo Capelão) que o condenado se depara com a realidade de um fim próximo e refuta o conforto da justiça de Deus, que lhe era trazido pela unção religiosa.

Na cena, que se arrasta por algumas páginas, Meursault produz um trecho que enlaça o leitor ao impacto existencial da obra: diante da afirmação do Capelão de que ele tinha certeza de que já ocorrera a ele, Meursault, desejar uma outra vida (o que parece natural a qualquer condenado à morte), Meursault simplesmente responde:

> Respondi-lhe que naturalmente, mas que isso era tão importante quanto desejar ser rico, nadar muito depressa ou ter uma boca bem-feita. Era da mesma ordem. Mas ele me deteve e quis saber como eu imaginava essa outra vida. Então, gritei: uma vida na qual eu pudesse lembrar desta vida.

A Parte II se encerra na antessala da execução de Meursault. A análise do capítulo final ficará reservada para o fechamento, dentro do paralelo de romance e justiça. Julgamento e execução serão olhados a seguir.

Julgamento e execução: o que O Estrangeiro nos ensina sobre a justiça

A "verdadeira moral zomba da moral".[29] A partir do pensamento de Pascal é possível se destrinchar o julgamento de Meursault. Como apontei no início, é impossível se estabelecer uma métrica entre os clássicos da literatura e, com uma régua, medir qual deles nos ensina mais, ou menos, sobre justiça.

Mas um fato me parece pouco controverso depois de tantas leituras da Parte II e do desenrolar da fase do cárcere, da vida penitenciária, e do curso de seu processo nos canais da justiça argelina: *O estrangeiro* estabelece um feixe de críticas à instrumentalidade do processo e à aplicação da lei, com todo o recheio de procedimentos que desaguam na pena capital, que poucas obras, em prosa ou poesia, ou até mesmo o teatro e o cinema, conseguem traduzir de modo tão agudo.

Meursault não chorou no enterro de sua mãe. Não se prostrou contrito diante de seu caixão. Não quis ver seu semblante embalsamado e prestar uma reverência física. Passou ali, ao longo do velório, observando seu entorno, os amigos velhos, o calor e a luz. Pediu para fumar, tomou café. Comportou-se como um participante distante diante da celebração do fim de uma vida que lhe fora próxima — a mais próxima possível que a moral dos homens pode conceber: o ato final de despedida da própria mãe, que, ordinariamente, para qualquer homem médio, seria momento de proximidade, de expressão de sentimento, de se conectar com a saudade e com o vazio da perda por meio de lágrimas, do desespero da partida e da realização do fim pelos atos do velório e do funeral.

Nada disso pareceu tocar Meursault. Seguiu a procissão, tomou o ônibus de volta para casa, viajou longas horas, dormiu outras longas horas ao chegar. Acordou e voltou à sua vida: foi para o mar, namorou, foi ao cinema, jantou, beijou, dormiu. Reapareceu no trabalho numa segunda-feira, retomou sua rotina e viveu a sua vida.

No desenrolar de seus dias, Meursault se vê colhido pelo destino. Chega-se à Cena da Praia, onde o desenrolar de atos aleatórios, aos quais ele não deu causa e pouco contribuiu, lhe coloca de frente para uma reação de defesa: ofuscado pelo reflexo da navalha do árabe, confuso pela sequência de fatos, pelo calor e por uma briga que não lhe pertencia, e de posse de uma arma que lhe caíra no bolso por acaso, Meursault atira e mata o árabe antes que ele lhe atingisse com a lâmina. Os fatos descritos no livro não trazem dúvida: a briga não era dele, não havia intuito de vingança, o árabe sacou a lâmina, a reação foi de defesa e não de um ataque premeditado — aliás, o reencontro ocorre de modo involuntário, quando Meursault, depois das ocorrências e confusões do dia, decide ir a um passeio sozinho. O emaranhado de eventos ocasionais monta o quadro do Absurdo e prepara o caminho para o julgamento moral.

Meursault foi julgado pela moral dos homens. Dentro de um ritmo processual normal e ordinário, o tribunal teria se vinculado às provas e aos depoimentos das testemunhas em relação aos fatos e elementos da Cena da Praia: a medida de legítima defesa, a constatação de que a disputa era de Raymond e não de Meursault e de que não houvera vingança.

Ao contrário, a acusação de Meursault ingressa na vala rasa da justiça seletiva e pinça dos depoimentos, de forma utilitarista, traços de sua personalidade e de seu comportamento. Meursault, réu, passa então a ser descrito para sua plateia como um ser estranho e indiferente, um vazio humano sem emoções, um corpo oco, não reativo, impassível. Uma criatura fria que não se debulhou em lágrimas sobre o corpo de uma mãe morta, que a mandou para um asilo nos seus últimos anos de vida (apesar de haver prova de que essa fora a melhor opção de vida: Meursault não podia lhe dar sustento ou companhia, e era justo que ela desfrutasse do convívio de pessoas da sua idade — tão justo que se tornou amada no asilo de Marengo, onde até mesmo arrumou um namorado no ocaso de seus dias).

Como Meursault pontua, em seu modo peculiar, na abertura do Capítulo 4 da Parte II, durante as falas da promotoria e da defesa falava-se mais dele e de sua personalidade do que de seu próprio crime. Seus sentimentos e suas reações ao mundo iam, passo a passo dentro do processo, preponderando sobre as ações específicas (o crime em si) que o haviam levado a julgamento.

Ingressou-se então na alma de Meursault — algo intangível para servir de prova. Daí em diante fez-se a distorção da aplicação da lei e se desviou dos fatos que levaram Meursault, de modo tangível e objetivo, a praticar o crime.

Nesse momento, a moral do homem (o aparato humano da justiça) preponderou sobre a justiça em si e a boa aplicação da lei.

Meursault foi condenado por sua natureza, por seu comportamento, por sua indiferença. Foi condenado por não chorar. A promotoria jogou-o às garras do julgamento público e da interpretação moral da alma do réu, afirmando:

> (...) que tinha se debruçado sobre ela e que nada tinha encontrado, senhores jurados. Dizia que na verdade eu não tinha alma e que nada de humano, nem um único dos princípios morais que protegem o coração dos homens, me era acessível.[30]

E a promotoria prosseguiu dizendo que um homem que matava moralmente a mãe deveria ser afastado da sociedade, fazendo um paralelo histriônico com um julgamento que ocorreria no dia seguinte, naquele mesmo tribunal, de um homem que havia de fato assassinado o próprio pai. Concluiu pedindo a cabeça de Meursault, com base em um mandamento sagrado e imperativo (chorar pela morte da mãe) e pelo horror que sentia, ele, o promotor, de um rosto humano onde nada se lia que não fosse monstruoso.

Após os recessos do júri, foi lida a decisão. Meursault teria sua cabeça cortada em praça pública em nome do povo francês.

*

A moral de uma sociedade emana de seu próprio contexto, assim como a moral de um indivíduo deriva de seus anseios pessoais e visão de mundo. Cada ser humano pode fazer sua estrutura moral para se servir dela do modo que melhor lhe couber ou for útil.

Meursault fez isto até o final, nos deixando a certeza de que foi condenado pela moral dos homens que o julgaram e não pela aplicação concreta da lei ao seu caso. Por certo foi isso. Esteve atado à sua própria moral até o fim, sem capitular, e levou seu julgamento até a sentença de morte, crendo sempre que estava prestes a ser condenado por ser inadequado ao mundo que lhe julgava. Frise-se: ao mundo, não às leis fabricadas pelos homens que habitam esse mundo; não às morais coletivas e individuais desses mesmos homens. Simplesmente Estrangeiro nesse mundo, e só.

Em seu *Ensaio acerca do entendimento humano*, Locke dizia que a moral pode vir de qualquer canto, de qualquer mente, de qualquer ser que pensa. Pode surgir de pensamentos banais que se materializam pela habitualidade, e que por ali vão se tornando uma verdade e um guia de uma sociedade. Nos fragmentos, pontua que:

> (...) doutrinas que têm sido derivadas de origens não melhores do que a superstição de uma enfermeira, ou da autoridade de uma mulher velha, podem pela duração do tempo e consentimento dos confrades atingir a dignidade de princípios em religião e moral.[31]

É justamente isso que se discute na obra: uma dissociação entre os elementos morais internos e as prescrições legais externas e positivadas. A confirmação de que a maior perfeição moral possível do homem é a de cumprir o seu dever por respeito à sua moral própria, e não por necessidade de respeito a um ordenamento legal positivo. De onde se conclui que, desta moral, reinará um dever universal e independente de ciclos materiais, que será apenas reduzido às orientações da boa vontade, do senso comum e da sua utilidade dentro de determinado contexto.

Não quero firmar imperativos e criar categorias para interpretar *O estrangeiro*, que é referência literária fértil para ilustrar qualquer discussão sobre direito, moral, ética ou justiça. Outras obras de Camus também servem de base para estudos e observações desta mesma natureza. Não busco também conclusão definitiva sobre a obra — até porque a narrativa, como vimos, deixa espaços ambíguos e portas abertas para um processo interpretativo contínuo. Fica do julgamento a ideia da existência de uma moral utilitarista independente e paralela ao direito (seja este natural ou positivo), ainda que esta moral só possa ser expressa pela estética literária.

O mundo de *O estrangeiro* contém componentes kafkianos fortíssimos. Impossível não traçar associações entre a obra e a parábola "Diante da lei", um recorte de Kafka dentro do mundo Absurdo de Joseph K em *O processo*. Nesse mundo de Camus, o julgamento materializa o Absurdo e a indiferença propostos de forma nua ao longo do livro. A lei vai derivar da construção moral de cada um, de onde surgirá também a sanção. Foi assim na parábola, na qual um camponês permaneceu sua vida inteira na porta de um castelo em que habitava a lei para, a alguns segundos de sua morte, descobrir, por meio do policial tirano que sempre impediu sua entrada e que nunca envelheceu, que aquela porta tinha sido feita exclusivamente para ele, camponês, e que seria fechada após a sua morte.[32]

Foi assim para Meursault. Sua última reação ao mundo que lhe abrigou, já no ocaso de sua vida, mostrou sua inadequação à moral dos homens que julgaram seus atos e a sensação de que naquele julgamento houvera a construção de uma lei específica para ele:

> Senti-me agora outra vez calmo. Estava estafado e deixei-me cair sobre a cama. Julgo que dormi, pois acordei com estrelas sobre o rosto. Subiam até mim ruídos campesinos. Aromas de noite, de terra e de sol refrescavam-me as têmporas. A paz maravilhosa deste verão adormecido entrava em mim como uma maré. Neste momento, e no limite da noite, soaram apitos. Anunciavam

possivelmente partidas para um mundo que me era para sempre indiferente. Pela primeira vez, havia muito tempo, pensei na minha mãe. Julguei ter compreendido por que é que, no fim de uma vida, arranjara um "noivo", por que é que fingira recomeçar. Também lá, ao redor desse asilo onde as vidas se apagavam, a noite era como uma treva melancólica. Tão perto da morte, a minha mãe deve ter-se sentido libertada e pronta a tudo reviver. Ninguém, ninguém tinha o direito de chorar por ela. Também eu me sinto pronto a tudo reviver. Como se esta grande cólera me tivesse limpado do mal, esvaziado da esperança, diante desta noite carregada de sinais e de estrelas, eu abria-me pela primeira vez à terna indiferença do mundo. Por senti-lo tão parecido comigo, tão fraternal, senti que fora feliz e que ainda o era. Para que tudo ficasse consumado, para que me sentisse menos só, faltava-me desejar que houvesse muito público no dia da minha execução e que os espectadores me recebessem com gritos de ódio.[33]

Esta era a moral de Meursault e estes eram seus paralelos com a indiferença de um mundo que provavelmente o fez não menos indiferente.

Meursault foi julgado pela moral individual dos homens, quando podia ter sido absolvido pela lei construída pela moral coletiva desses mesmos homens. Talvez seja esse o ponto fundamental da obra: moral e direito não convivem em paz.

BIBLIOGRAFIA

    BARTHES, Roland. "Reflexão sobre o estilo de *O estrangeiro*". "*O estrangeiro*: romance solar". *Inéditos*: Vol.2 — Crítica. Martins Fontes: São Paulo, SP (2004).
    BLOOM, Harold. *Albert Camus's The Stranger*. Coleção "Bloom's Guides". Chelsea House Publisher: Nova York, EUA (2008).
    CAMUS, Albert. *Notebooks*: 1935-1942. Modern Library: Nova York, EUA (1965).

_____. *L'Étranger*. Édition Gallimard: Paris, França (1942).
_____. *The stranger*. Randon House: Nova York, EUA (1989).
_____. *O estrangeiro*. ed. 42. Editora Record: Rio de Janeiro, RJ (2017).
_____. *A inteligência e o cadafalso*. ed. 9. Editora Record: Rio de Janeiro, RJ (2018).
_____. *O avesso e o direito*. ed. 9. Editora Record: Rio de Janeiro, RJ (2018).
_____. *O exílio e o reino*. ed. 9. Editora Record: Rio de Janeiro, RJ (2018).
_____. *A morte feliz*. ed. 3. Editora Record: Rio de Janeiro, RJ (2018).
_____. *O mito de Sísifo*. Editora Guanabara: Rio de Janeiro, RJ (1989).
COSTA PINTO, Manuel. "Sem álibi". *Folha de S. Paulo*. São Paulo, 11 de março de 2006. Rodapé. Disponível em <https://www1.folha.uol.com.br/fsp/ilustrad/fq1103200610.htm>. Acesso em: 12 ago. 2019.
DE SOUZA COSTA, Gabriela. "O personagem Meursault em *L'étranger* e suas traduções fílmicas". *Cultura e Tradução*. vol. 5, nº 1. Editora UFPB: João Pessoa, PB (2017). Disponível em <http://periodicos.ufpb.br/ojs2/index.php/ct/article/view/38520/19460 >. Acesso em: 12 ago. 2019.
LOCKE, John. *Ensaio acerca do entendimento humano*. Coleção "Os pensadores". Editora Nova Cultural: São Paulo, SP (1999).
LOTMANN, Herbert. *Albert Camus*: a biography. Ginko Press: Berkeley, EUA (1997).
NORMAN, J.M. *Choices and consequences, justice and injustice*: duality in Albert Camus' *The stranger* and *The guest*. [sl.; sn.]: (2016).
KAPLAN, Alice. *Looking for the Stranger*: Albert Camus and the life of a literary classic. University of Chicago Press: Illinois, EUA (2016).
SARTRE, Jean-Paul. "Explication de L'étranger". *Situations*. vol. 1. Gallimard: Paris, França (1947).
_____. "An explication of *The stranger*". *Camus*: a collection of critical essays. org. Germaine Brée. Prentice Hall: New Jersey, EUA (1962).
TODD, Olivier. *Albert Camus*: une vie. Édition Gallimard: Paris, França (1999).

Notas

1 *"Aujourd'hui, maman est morte. Ou peut-être hier, je ne sais pas. J'ai reçu un télégramme de l'asile: 'Mère décédée. Enterrement demain. Sentiments distingués.' Cela ne veut rien dire. C'etait peut-être hier"* (CAMUS, 1942).
Na tradução de Matthew Ward para o inglês: *"Maman die today. Or yesterday maybe, I don't know. I got a telegram from the home: 'Mother deceased. Funeral tomorrow. Faithfully yours'. That doesn't mean anything. Maybe it was yesterday."*
2 A Cena da Praia, que uso como termo definido, é o momento do livro em que Meursault mata um árabe em uma praia na Argélia. A passagem está no Capítulo 6 da Parte I do livro.
3 *"Starring at the Sky, starring at the Sand / Starring down the barrel at the Arab on the Ground / I can see his open mouth but hear no sound / I'm alive / I'm dead / I'm the stranger / Killing an Arab."*
Em 1979, Robert Smith, letrista e líder da banda inglesa punk The Cure, sumarizou o espírito de *O estrangeiro* na letra de "Killing an Arab". Nos anos que se seguiram ao sucesso e à controvérsia que a música causou, Robert Smith e o The Cure alteraram sucessivamente o nome da música para "Kissing an Arab", "Killing Another", "Killing an Ahab" — numa referência a *Moby Dick*, cujo autor, Herman Melville, foi inclusive objeto da crítica literária de Camus em ensaio publicado na coletânea de ensaios *A inteligência e o cadafalso*.
4 Usarei ao longo do ensaio Absurdo como termo definido, em razão da relevância do conceito em toda a obra de Camus e em seu pensamento. O Absurdo estabelece o enredo de *O estrangeiro* e é o pivô da pauta filosófica de *O mito de Sísifo* e de *Calígula*, marcando também a linha de Camus em vários outros ensaios e contos.
5 Veremos mais adiante a influência do estilo literário norte-americano na obra de Camus, admitida por ele próprio, sobretudo o modelo *noir* de *O destino bate à sua porta* de James M. Cain, que influenciou Camus pela concisão da linguagem e pela narrativa em primeira pessoa — especialmente na fase confessional que antecede a execução de Frank Chambers —, formato esse que abre a dúvida no leitor se se trata de um relato *post mortem* em memória póstuma ou de um breviário em tempo real. Nessa mesma linha, a

nova linguagem de Ernest Hemingway, John Steinbeck e Dashiell Hammet veio a influenciar o romance existencial. Jean-Paul Sartre também admitiu abertamente a influência de Hammet na construção do enredo e do ritmo de *A náusea*.

6 CAMUS, 1989.

7 CAMUS, 2017.

8 A análise nas três línguas é relevante. O francês pelo simples fato de ser o original; a versão em português por ser a língua de expressão desse trabalho, nosso idioma e o texto do meu primeiro contato com o livro; o inglês pelo encaixe da tradução e pela abrangência imediata que o livro atingiu tanto no Reino Unido como nos Estados Unidos. Ainda na década de 1940, e poucos anos após sua primeira edição, *O estrangeiro* já tinha sua primeira tradução em inglês, chegando aos meios acadêmicos britânicos e norte-americanos e influenciando jovens, críticos literários, professores e curiosos. Ao longo desse trabalho disponibilizarei nas notas passagens da versão original e do inglês para que o leitor possa fazer o cotejo comparativo das estruturas e perceber, sobretudo dentro do texto em francês, a migração da estética do romance fim de século XIX para um formato *noir* de batida seca e concisa.

9 Camus se tornaria mais tarde um combatente do fascismo e do colonialismo francês no norte da África (posição que se tornaria praticamente uma militância radical até sua morte, em 1960, poucos anos antes do final da guerra de libertação da Argélia) e assumiria papel relevante no combate ao nazismo e na resistência à ocupação da França.

10 Os judeus argelinos conquistaram por lei a cidadania francesa no final do século XIX, para depois perdê-la em meio à Segunda Guerra Mundial, num ato político de agrado do governo de Vichy ao III Reich.

11 Parte da coletânea de seis contos *O exílio e o reino*, no qual a temática central de cada história se mistura com as questões essenciais da obra de Camus: o isolamento dos personagens nos planos existenciais, políticos e geográficos, a questão moral, o ambiente sensorial ligado à natureza e sua influência no personagem, a morte e o confinamento do condenado. Ao contrário de *O estrangeiro*, composto na juventude, *O hóspede* foi escrito poucos anos antes da morte de Camus, no final da década de 1950.

12 SARTRE, 1947.

13 Sartre chegaria ao ponto de descrever a narrativa como um "encadeamento de palavras milagrosas que constroem um senso de silêncio" (*"miraculous words building a sense of silence"*, na tradução de Annette Michelson para SARTRE, Jean-Paul. "An explication of *The stranger*". *Literary and philosophical essays*. Criterion Books: [s.l.], 1955). Sartre iria além ao traçar um paralelo impactante, descrevendo *O estrangeiro* como "Kafka escrito por Hemingway". Sobre a influência do romance *noir* norte-americano, o próprio Camus revela sem rodeios que o estilo lhe contaminara diretamente.

14 Roland Barthes reflete não só sobre os aspectos do estilo conciso e da nova forma de narrativa, como o fez em *O grau zero da escrita*, mas também sobre o sol e a luz mediterrânea (que veremos dentro desse escrito) na formação de *O estrangeiro*. Nesses dois sentidos (nova forma de narrativa e o romance solar, como o apelidou Barthes), dois textos de Barthes são fundamentais para a compreensão dessa obra de Camus: "Reflexão sobre o estilo de *O estrangeiro*" e "*O estrangeiro*, romance solar". Ambos estão disponíveis em tradução em *Inéditos*: Vol. 2 — Crítica (BARTHES, 2004).

15 A doença impediria Camus de se alistar e ir ao front no combate ao nazismo e à ocupação da França.

16 *L'envers et l'endroit,* publicado em Argel em maio de 1937 por Edmund Charlot na coleção Méditerranéennes, é considerado hoje obra fundamental para a compreensão do pensamento de Camus.

17 *Pascal Pia doit fonder un nouveau journal "Pas comme les autres", concurrent de l'Echo d'Alger : il s'appellera Alger Républicain. Pia a des idées révolutionnaires sur l'Algérie, qui séduisent le jeune Camus. Il considérait qu'on ne maintenait pas éternellement un peuple en tutelle sur sa propre terre, qu'à travail égal, le salaire d'un Arabe devait être le même que celui d'un Européen, que l'enfant arabe avait droit à l'école et ses parents aux lois sociales. La structure du journal étant réduite, les employés occupaient tous les postes. Ainsi, Camus va des faits divers aux éditoriaux en passant par les critiques littéraires et les grands reportages. On peut dire qu'Alger Républicain a été son école pour le journalisme. Le métier de reporter lui a inculqué le sens du concret et le dégoût de la formule hermétique. Camus Jornalist* Disponível em: <http://webcamus.free.fr/biographie/journaliste.html>. Acesso em: 13 ago. 2019.

18 Não seria a primeira nem a última vez que Camus traria elementos de suas experiências da vida real para o enredo de sua obra.

19 Há na narrativa de *O estrangeiro* inúmeras passagens nas quais a natureza, o sol e o calor da colônia ditam o ritmo dos dias e de suas ações. Uma das mais contundentes é o desenrolar do assassinato do Árabe, descrito no último parágrafo do Capítulo 6 da Parte 1 da obra. Outra passagem relevante se dá no momento de sua sentença, quando, além do calor escorchante da sala de audiência, uma mosca lhe distrai e lhe desvia a atenção de um momento que estaria a decidir o destino entre viver ou morrer.

20 Em debates com Jean Paul Sartre — que se alongaram do final da década de 1930 até o rompimento nos anos 1950 —, Camus chegou a afirmar que, como novelista, Sartre era um filósofo magnífico. Ao que Sartre rebateu, afirmando que, como filósofo, Camus era um novelista excepcional.

21 Francine Faure, com quem se casaria e viveria até sua morte, em 1960.

22 Em *A morte feliz*, o protagonista Patrice Mersault é um homem-médio, de vida pacata, que se arrasta em uma notável fadiga existencial, mas sem abrir mão da busca da Felicidade. Dominado pelo tédio e pela rotina, Mersault verifica suas vontades guiadas pelo Absurdo. Há paralelo claro entre a rotina do protagonista e as conclusões de *O mito de Sísifo* (peça da trilogia do Absurdo junto com *O estrangeiro* e *Calígula*), em que Camus arremata que "o absurdo e a felicidade são filhos da mesma terra".

23 Trazendo a estética do romance existencial para os dias de *streamers* e de Netflix, consigo enxergar paralelos sólidos entre o comportamento e a linguagem de Meursault, sua independência moral e sua busca absoluta de liberdade com o personagem de Donald Draper (Jon Hahm) em Mad Man (Matthew Weiner, 2007). Há outros exemplos tanto nas artes cênicas como no romance que na minha opinião partem de um mundo como o de *O estrangeiro*. Em Rumble Fish (*O selvagem da motocicleta*, Francis Ford Coppola, 1983), o personagem de Rusty James (Matt Dillon) envereda pela mesma trilha do não pertencer, da família partida e monossilábica, e dos efeitos externos e naturais influenciando o enredo rodado em preto e branco, no qual a única presença em cor é a do peixe confinado em seu aquário.

24 Paris Soir.

25 L'Hôtel du Poirier, Rue de Ravignan.

26 No original: *J'ai pensé que c'était toujours une dimanche de tiré, que mamam était maintenant enterrée, que j'allais repeindre mon travail et que, somme toute, il n'y avait rien de changé.*

27 La Plage de L'Étranger, como descrita nas biografias de Camus de Herbert Lottman e de Oliver Todd, tem paralelo com a vida real. No verão de 1939, pouco antes do início da Segunda Guerra Mundial, três amigos de Camus na fase de Oran (antes da partida para Paris em 1940), os irmãos judeus Edgar e Raoul Bensoussan, e Pierre Galindo, se envolvem, de fato, numa briga com jovens árabes numa praia de Oran reservada apenas para europeus. Um dos árabes teria olhado para a namorada de Raoul. Uma briga ocorre entre eles e Raoul é ferido por uma facada de um dos árabes. Ele é medicado em uma barraca de praia e volta, armado, para um desfecho com o jovem árabe — mas Raoul nunca dispara sua arma. O árabe foi preso, mas Raoul nunca abriu qualquer tipo de queixa criminal contra o agressor. O evento foi noticiado pelos jornais locais. Anos depois, na preparação biográfica e em estudos sobre a vida de Camus, os jornais foram cotejados e os envolvidos entrevistados.

28 No original: "*J'ai compris que j'avais détruit l'équilibre du jour, le silence exceptionnel d'une plage où j'avais été heureux. Alors, j'ai tiré quatre fois sur un corps inerte où les balles s'enfonçaient sans qu'il y parût. Et c'etait comme quatre coups brefs que je frappais sur la porte du melheur*"

29 "*La vrais morale se moque de morale*", Blaise Pascal.

30 Meursault, dentro de sua própria narrativa em primeira pessoa, relatando a fala da promotoria.

31 "Como os Homens Aprendem Normalmente seus Princípios. Isto, por mais estranho que pareça, é o que a experiência diária confirma; não parecerá, talvez, tão maravilhoso, se considerarmos os meios e passos pelos quais é ocasionado, e como realmente pode acontecer, pois doutrinas que têm sido derivadas de origens não melhores do que a superstição de uma enfermeira, ou da autoridade de uma mulher velha, podem pela duração do tempo e consentimento dos confrades atingir a dignidade de princípios em religião e moral."

32 A parábola se ajusta em torno de três personagens: o homem do campo, humilde e perdido, um porteiro, cruel e duro, e a lei, essa última em uma abstração em todos os sentidos possíveis. Em

linhas gerais, o homem do campo quer entrar na lei, mas é impedido pelo porteiro — que de modo seco nunca lhe revela quando será franqueada sua entrada. Diante disso, o homem do campo tenta olhar para dentro de onde estava a lei e é repreendido ironicamente pelo porteiro, que lhe adverte e indica ser inútil a tentativa: segundo ele, a cada etapa ela iria encontrar novas portas, e a cada nova porta novos porteiros, maiores e mais poderosos que ele. Resignado, o homem do campo se senta por horas, dias e anos à espera de seu ingresso na lei. No seu leito de morte, o homem do campo indaga ao porteiro como podia, nesses anos todos, ninguém a não ser ele ter tentado entrar na lei. E o porteiro lhe revela que mais ninguém podia entrar na lei, apenas ele, homem do campo, e que com a sua morte ele poderia simplesmente trancar a porta da lei e partir.

33 No original: *Lui parti, j'ai retrouvé le calme. J'étais épuisé et je me suis jeté sur ma couchette. Je crois que j'ai dormi parce que je me suis réveillé avec des étoiles sur le visage. Des bruits de campagne montaient jusqu'à moi. Des odeurs de nuit, de terre et de sel rafraîchissaient mes tempes. La merveilleuse paix de cet été endormi entrait en moi comme une marée. À ce moment, et à la limite de la nuit, des sirènes ont hurlé. Elles annonçaient des départs pour un monde qui maintenant m'était à jamais indifférent. Pour la première fois depuis bien longtemps, j'ai pensé à maman. Il m'a semblé que je comprenais pourquoi à la fin d'une vie elle avait pris un « fiancé », pourquoi elle avait joué à recommencer. Là-bas, là-bas aussi, autour de cet asile où des vies s'éteignaient, le soir était comme une trêve mélancolique. Si près de la mort, maman devait s'y sentir libérée et prête à tout revivre. Personne, personne n'avait le droit de pleurer sur elle. Et moi aussi, je me suis senti prêt à tout revivre. Comme si cette grande colère m'avait purgé du mal, vidé d'espoir, devant cette nuit chargée de signes et d'étoiles, je m'ouvrais pour la première fois à la tendre indifférence du monde. De l'éprouver si pareil à moi, si fraternel enfin, j'ai senti que j'avais été heureux, et que je l'étais encore. Pour que tout soit consommé, pour que je me sente moins seul, il me restait à souhaiter qu'il y ait beaucoup de spectateurs le jour de mon exécution et qu'ils m'accueillent avec des cris de haine.*

SOUVENIRS DE LA COUR D'ASSISES[1]

Miguel Reale Jr.

SENSIBILIDADE E JUSTIÇA

André Gide vivenciou em 1912 a concreta aplicação da justiça ao compor, por doze dias, o corpo de jurados de Rouen. Casos diversos, com réus bem diferentes, passaram perante o júri, mas do relato do vivido naqueles dias pode-se colher um fio condutor indicativo das deficiências e das grandezas da tarefa de julgar, com as consequências da condenação a anos de prisão ou da absolvição.

Claramente se percebe a angústia de fazer justiça, com as dificuldades de alcançar uma boa compreensão dos fatos e das motivações da ação delituosa a partir das circunstâncias concretas de vida do réu e do contorno no qual vive. A convicção de cada jurado também deriva em muito das condições de sua trajetória de vida até tal momento.

Assim, logo de início Gide põe em dúvida a certeza de julgamento justo, ao ponderar: *"mais à quel point la justice humaine est chose doutese et précaire, c'est ce que, durant douze jours, j'ai pu sentir jusqu'à l'angoisse."*

A busca pelo justo, constata Gide, gera a apreensão nos jurados diante dos quesitos a serem respondidos, a ponto de virem a contrariar os fatos e votar contra a verdade, seguindo sua sensibilidade, *"pour obtenir ce qu'ils estiment devoir* être *la justice"*.

Mas essa distância da verdade dos fatos, para decidir de acordo com o sentimento do justo, não coube apenas para absolver o réu. Em caso de furto de peles praticado por Alphonse e Arthur, a prova era fraca, não havendo mesmo certeza de que ambos, pessoas nada simpáticas, tivessem praticado o crime, com base no que se supôs e induziu, mas ambos foram condenados, pois *"ils on dû en commettre d'autres; ou ils commettront; que, donc, ils sont bons à coffrer"*.

Puniu-se, sem provas convincentes, com base em "periculosidade retrospectiva" — por aquilo que, possivelmente, pelo seu modo de ser, tenham feito em outras circunstâncias no passado — e com arrimo na periculosidade voltada ao futuro, em prognose de atitudes delituosas futuras — pelo que, eventualmente, podem vir a cometer à frente. Solução: encarceramento.

Tal angústia na procura do justo veio a sentir-se no julgamento de mocinha da roça, que trabalhava e morava em pequena propriedade rural, afastada da cidade, e veio a engravidar. A gestante conseguira esconder a gravidez e, no celeiro, tão logo nasceu o bebê, acabou por sufocá-lo, ao tentar silenciar seu choro denunciante do ocorrido. Mais tarde, veio a enterrar o corpinho. Denúncia anônima levou o fato ao conhecimento da polícia.

No julgamento, ficou claramente intuído que o sedutor teria sido o filho dos patrões, que ia à roça com esporadicidade, sendo inverossímil a versão da patroa de que não percebera a gravidez da empregada e o nascimento do bebê. A trama entre mãe e filho contra a infeliz parturiente veio à tona. A solução do júri na concretização da justiça foi exemplar: *"La fille Rachel, reconnue coupable mais comme agit sans discernement, est acquittée e rendue à ses parentes."*

Em outra sessão do júri, foi apreciado caso de atentado ao pudor, praticado por pai sobre sua filha. As provas eram duvidosas, havendo uma única testemunha presencial, a vizinha, mas que declarara em juízo nada ter visto, pois entrara na casa ou muito cedo, ou muito tarde. Outros testemunhos sobre a pessoa do réu lhe foram desfavoráveis: *"il pense à lui plutôt qu'à sa famille; Il était souvent ivre, en grande pertie tous les jours."*

Confessa Gide a perplexidade para decidir, pois a condenação decorrerá de presunções (*"comme bien souvent"*), e não em face do ato reprovado, duvidoso, mas em vista de sua conduta em geral, e também para livrar sua família.

No caso a seguir, Valentin foi acusado de agredir um jornaleiro para subtrair dinheiro. O réu negou peremptoriamente ter cometido o crime. A única testemunha, madame Ridel, o reconheceu, garantindo tê-lo visto, pois a agressão se dera debaixo de um bico de gás. O gendarme e outras testemunhas se contradisseram: o bico de gás estava a cinco metros, a vinte ou não havia bico de gás.

Na dúvida, pergunta Gide: *"que fera le juré? Il votera la culpabilité – et du même coup les circonstances atténuantes, pour attenuer la responsabilité du jury."*

O que se visa a atenuar não é a pena do réu, mas a responsabilidade do júri. E Gide observa, lembrando o caso Dreyfus que *"ces circonstances atténuantes n'indiquent-elles que l'immense perplexité du jury!"*.

Assim, se o crime é grave, condena-se, mesmo sem certeza de o réu o haver cometido, pois é necessário, pela gravidade do delito, um castigo a recair sobre aquele que se apresenta como réu: *"mais, dans la doute, ne le châtions tout de même pas trop."* As atenuantes amenizam a consciência culpada de quem condena alguém sem culpa provada, buscando-se punir antes o crime, que é grave, que o réu.

No julgamento de homicídio, o Ministério Público requereu o reconhecimento de circunstâncias atenuantes, não aceitas pelo júri, destacando Gide a influência da imprensa, pois vira passar de mão em mão dos jurados violenta diatribe de importante jornal parisiense contra a indulgência dos veredictos, acusando os jurados de fraqueza. Comenta, então, Gide: *"qui dirá la puissance de persuasion – ou d'intimidation – d'une feuille imprimée sur les cervaux pas bien armés pour la critique."*[2]

Em outro caso, Cordier foi acusado de haver participado de agressão e furto de um marinheiro, sendo a defesa prejudicada pela interferência preconceituada do juiz presidente, que constrangeu testemunhas presenciais favoráveis ao réu.

Angustiado com a condenação grave imposta a Cordier, Gide veio a requerer a redução da pena com base nos testemunhos, sendo acompanhado nesse pedido por vários jurados, mas encontrando resistência junto a um grande fazendeiro, "*plein de santé, de joie et d'ignorance*", para o qual, se o réu é prejudicado, tanto melhor para a sociedade. Tempos depois, Gide obteve bom resultado ao pleitear, com apoio da maioria dos jurados, a diminuição da pena de Cordier em três anos de prisão.

Uma constante observada pelo jurado André Gide consiste na prévia posição do magistrado que preside o julgamento, cuja opinião já está formada e que parece bem decidido a nada escutar de novo, pois sempre impedia a escorreita produção da prova ou fazia comentários precipitados sobre a culpabilidade do réu. Gide revela o desconforto em face do fato de o presidente prejudicar ou facilitar um depoimento e reclama da dificuldade vivida pelo jurado "*de se faire une opinión propre, de ne pas épouser celle du président*".

Ao final do livro, Gide reproduz o artigo que publicara no jornal *L'Ópinion*, de outubro de 1913, como resposta a uma enquete intitulada "*Les jurés jugés par eux-mêmes*".

Nesse artigo, Gide ressalta, tal como pudera observar como jurado, que o juiz presidente do júri chega com uma opinião formada sobre o fato que os jurados ainda desconhecem, sendo a condução da produção da prova realizada de modo preconceituado para favorecer ou prejudicar o réu. Assim, para Gide: "*est difficile aux jurés de ne pas tenir compte de l'opinion du président*", sendo "*qu'un juge hable peut faire du jury ce qu'il veut*".

Mas, de outra parte, Gide revela, em apêndice ao final do relato, que a opinião do jurado se forma e se cristaliza de forma rápida: "*Il est, au bout de deux ou trois quarts d'heure, sursaturé – ou de doute, ou de conviction.*"

Seria possível dispensar na aplicação do direito o recurso a valores fundamentais que informam a busca pelo justo, como a sensatez, a compaixão, a humanidade, a prudência, o bem comum?[3]

A questão de fato submetida a julgamento resolve-se, como indica Ferrajoli, por via indutiva,[4] pela qual se aproxima da verdade, uma verdade histórica, já que o julgador é um historiador que — com base em relato presente dos acontecimentos, ouvindo os partícipes da ocorrência e analisando documentos e perícias — constata a verdade provável ou razoavelmente plausível, na expressão de Ferrajoli.[5]

Ocorre, como tão acentuadamente denuncia Gide, que o juiz não apenas preside a produção da prova, mas a valora, e o faz muitas vezes no próprio instante em que conduz a sua realização, seja dirigindo o interrogatório ou colhendo o testemunho por meio de perguntas direcionadas em determinado sentido, no que se afasta da imparcialidade científica do historiador.

Se há o contraditório, com a participação das partes e o entrechoque de opiniões — a ponto de Ferrajoli considerar que a avaliação cruzada da prova torna o julgamento um psicodrama —, na verdade, deve haver — e muitas vezes não há — o momento da decisão como um instante de silêncio, de diálogo do julgador consigo mesmo, como em bela página destacou Carnelutti.

Conforme MacCormick, a argumentação acerca do fato deve demonstrar "fazer sentido" a hipótese provável considerada mais plausível, o que se realiza mediante justificação de todas as circunstâncias que integram determinado dado da realidade, mesmo porque a reprodução narrativa só é possível por se admitir que a realidade na qual se vive é dotada de racionalidade, de causalidade e intencionalidades explicáveis.[6]

Mas, na escolha de uma versão dos fatos, desde a direção da produção da prova até a valoração dessa prova, na seleção do que é relevante e, em especial, do que no evento é juridicamente relevante, o juiz decide de acordo com sua impressão e sua subjetividade, formada por suas circunstâncias de vida conformadoras de sua maneira de apreender e de avaliar os fatos.[7]

Assim, tem razão Atienza ao considerar, na linha de MacCormick, que, "para sermos agentes racionais, precisamos de outras virtudes além da racionalidade",[8] como, por exemplo, a sensatez, o senso de justiça, a humanidade, a compaixão, adotando uma decisão por critérios de justiça nem sempre a serem inferidos da lei ou da dogmática.

Nem se pode acreditar que se possam eliminar, com base em precedentes, em modelos dogmáticos e em princípios, dados valorativos e subjetivos, pois a racionalidade não é senão "um entre os valores e princípios de um sistema de pensamento e de ação",[9] um requisito formal, a ser acompanhado por aspectos materiais como cautela, sabedoria, justiça, humanidade.

Bastariam as considerações acima para se constatar o quanto é difícil assegurar a racionalidade e a universalidade da decisão judicial e muito especialmente o veredicto dos jurados, como tão bem relata Gide.

No processo penal, a questão de fato assume o primeiro relevo, pois o julgador toma contato inicialmente com a descrição do fato feita pelo órgão acusador que apresenta sua versão e que se transforma no ponto de partida de qualquer ponderação, a ser confirmado, ou contraposto e negado, pela prova a ser produzida, mas sempre segundo as linhas demarcatórias da realidade fixadas na denúncia, na peça inicial do processo.

A descrição do fato, segundo a visão parcial da acusação, condiciona a apreensão da verdade pelo julgador, que forma uma convicção, mesmo que não o queira, acerca da questão submetida à sua apreciação, favorável ou contrária à versão inicial. No caso do magistrado presidente, condicionará a forma como será conduzida a produção da prova e, em especial, o próprio interrogatório do acusado.

Destarte, os limites de controle da racionalidade, como a lei e seus métodos de interpretação, os precedentes e os conceitos da dogmática cedem terreno frente à primeira impressão que o fato causa no espírito do julgador, sendo de relevo o observado por Gide no sentido de que a convicção do jurado se forma rapidamente: "*Il est, au bout de deux ou trois quarts d'heure, sursaturé – ou de doute, ou de conviction.*"

Se a racionalidade é apenas um dos requisitos da decisão aos quais se soma a busca da justiça, com base nas virtudes da prudência, da compaixão e da humanidade, visualizando-se as consequências pessoais e sociais da decisão, o controle e a garantia da racionalidade tornam-se ainda mais complexos e difíceis com a constatação do cunho emocional da convicção do julgador, profissional ou leigo, como tanto revela Gide sobre sua experiência de doze dias no corpo de jurados de Rouen.

Por essas razões, a sociologia jurídica dedica-se à explicação do processo de decisão do julgador, reconhecendo o quanto se encontram os magistrados condicionados não só pelo ambiente cultural em que vivem e do qual promanam, mas também por outras circunstâncias externas.

As circunstâncias externas acham-se impulsionadas, muitas vezes, de forma inelutável e não aparente, por concepções morais, políticas e ideológicas, e por outras de caráter momentâneo, próprias do embate de ideias e sentimentos presentes no país ou no local quando da prolação da sentença.

Segundo Jorge de Figueiredo Dias, a reconstituição dos fatos é uma atividade criadora e com a intervenção de fatores extrajurídicos, mais ou menos inconscientes, mas sempre decisivos, sendo estes fatores "teorias, estereótipos, crenças, convicções, símbolos, atitudes etc., que condicionam a 'percepção' do juiz e as respectivas 'hierarquias de credibilidade'".[10]

O mesmo é observado por Luhmann, no sentido da influência dos preconceitos ideológicos e das vinculações sociais dos juízes, e do clima social do momento enquanto fatores determinantes das decisões, pois não raras vezes os juízes, imbuídos da transformação que se opera no plano dos valores, pretendem, preconceituadamente, impor um novo quadro axiológico, sendo levados de modo imperceptível ao arbítrio pela ausência de objetividade na análise dos fatos.[11]

Por outro lado, a conclusão a que chega o julgador deriva muitas vezes da sua sensação do certo e do errado, um sexto sentido ou intuição condiciona a valoração do fato, uma capacidade de intelecção *a priori*. Mas, ao contrário do que pondera Alexy no sentido de que deixa de haver lugar para a argumentação,[12] na verdade, há uma argumentação, mas que tem como ponto de partida a conclusão que se busca, *a posteriori*, fundamentar, em uma análise retrospectiva.

Atienza reconhece que é possível que as decisões sejam tomadas, ao menos em parte, de forma irracional, para depois as submeter a uma forma racional, indo então da conclusão às premissas. As decisões decorrem, portanto, não de um processo racional de formação da convicção, mas defluem de posições subjetivas, fruto da experiência individual do julgador e de seus preconceitos de ordem política, econômica, social.[13] Assim as decisões derivariam dos impulsos do juiz, sendo as sentenças fundamentadas de forma retrospectiva, a partir das intuições fruto do subjetivismo do julgador.

Por essas razões, a justificação não é reconhecida como o "*iter formativo da decisão*", mas como um discurso fundamentador que o julgador realiza *ex post*,[14] para demonstrar as razões de sua convicção, construindo, e não reconstruindo, o caminho racional que o levou a reconhecer que um determinado fato ocorreu de fato, e que se adequa a uma figura normativa, interpretada de uma determinada forma.

Há situações, portanto, psicológicas e sociológicas que condicionam a compreensão do fato e da norma, levando a valorações antecipadas, como decorrência da educação familiar, do círculo cultural a que se pertence, da posição social que se ocupa, da história de vida. Esse realismo psicológico, na expressão de Zaccaria, conduz, sem dúvida, a uma visão subjetiva e emocional da pré-compreensão, que se antepõe à busca de uma decisão não arbitrária, racionalmente fundada.

Como assinala Zaccaria,[15] exigir-se-ia do juiz, para escapar desse subjetivismo, que realizasse um processo de desfazimento ou desligamento dos preconceitos e de posturas pessoais, em uma reflexão autocrítica sobre-humana, que impõe um esforço infindável de abstração de seus próprios modos de ver e sentir a vida e que com certeza levaria a decisões iníquas, mas dotadas de argumentação lógica.

A decisão, muitas vezes, deriva de um ponto de vista subjetivo, ideologicamente comprometido, fruto da visão pessoal do magistrado, segundo sua formação, seus preconceitos, sua história de vida, em uma decisão de cunho emocional.

Não raro, veredictos ditados pela intuição podem encontrar fundamento na dogmática e atender aos valores do bom senso, da prudência, do sentido de justiça, da compaixão, sem deixar de olhar, também, para as consequências pessoais e sociais da condenação.

Se a emoção dita o resultado da sentença, nem por isso deixa de encontrar legitimação em argumentos lastreados na dogmática. Assim, nasce a incerteza do direito, que constitui uma decorrência inafastável de sua aplicação. Com razão, portanto, a sabedoria popular, não menos sábia por ser popular, afirma: "Em cada cabeça, uma sentença."

Essa incerteza do direito não constitui uma fragilidade, mas antes a grandeza do direito, que não se limita ao jurídico, por si só já incerto, mas busca o justo concreto, fruto não apenas da racionalidade, mas também de outras virtudes. Não há a verdade como representação única do real ou do significado da norma, isenta de dúvidas; há apenas a verdade plausível e o direito construído que se realiza frente ao caso concreto. O direito é o que a interpretação for, como assevera Castanheira Neves.

Parafraseando Stammler, pode-se dizer que o justo concretizado na sentença deve ser sempre uma tentativa de realizar a justiça, o que importa em incerteza e grandeza do direito. Mas estas considerações não conduzem a se admitir como inexorável a arbitrariedade judicial.

Pelo contrário, estas constatações devem levar à consciência da importância de limites que hão de ser encontrados nos valores constitucionais e nos princípios e conceitos da dogmática, bem como na plausibilidade do fato, segundo demonstração razoável e prudente de sua verificação, consoante o conjunto probatório. De outra parte, em qualquer hipótese de dúvida há de prevalecer o *favor rei*.

O considerável número de modificações de sentenças de primeiro grau em segunda instância revela que não há uma única decisão correta, mas pode haver decisão errada, ou seja, aquela que não se justifica em demonstração plausível da verdade alcançada na análise do contexto probatório nem se justifica com base em princípios constitucionais e dogmáticos para estabelecer ser congruente o veredicto com a prova existente — mostrando-se uma aproximação da verdade a inferência do fato e adequada tecnicamente a solução normativa encontrada.

Diferentes podem ser as decisões corretas; erradas, no entanto, inadmissíveis são as não fundamentadas razoavelmente,[16] em boas justificativas de fato e de direito.

A grandeza do direito não está na sua certeza, como universalidade e previsibilidade inalcançáveis, mas na busca incessante pelo justo, em uma tarefa sujeita a todas as contingências, às condicionantes do conhecimento e dos juízos de valor, de ordem pessoal, cultural, social, pois, por mais solene que o Judiciário seja ao se revestir de pompas e liturgias, sempre carrega a marca das fragilidades e das virtudes humanas.

A certeza do direito pode significar, como acentua Diciotti, a previsibilidade das decisões judiciais ou o controle da correção dessas decisões. A meu ver, a racionalidade da sentença não importa em previsibilidade, pois a racionalidade está em diversos caminhos. O controle da correção, contudo, pode realizar-se tendo em vista os precedentes, a teoria dogmática jurídica e a adequação da sentença aos valores constitucionais e aos valores reputados relevantes na sociedade.[17]

Mas, por mais que o magistrado se escude nos precedentes ou na dogmática, sentenciar é sempre árduo, por importar em assumir responsabilidades, em decidir com consciência de se estar sujeito, eventualmente, a preconceitos e posições emocionais muitas vezes imperceptíveis, ao lado da busca de imparcialidade alicerçada na racionalidade, em, ao menos, um mínimo de racionalidade, como diz Ross.[18] Julgar, no entanto, deve sempre gerar receio, e, quando tal não ocorrer, o risco do arbítrio é grande.

Todavia, o melhor e talvez o único seguro limite contra o arbítrio está na circunstância de que se não se sabe o que é a justiça, todavia, de forma imediata se detecta a injustiça, que fere de plano a sensibilidade e gera a indignação. Sem receio e sem indignação, se terá o perigo da injustiça.

Bibliografia

ALEXY, Robert. "Teoria de la argumentación". *Teoria de la argumentación jurídica*. Centro de Estudios Constitucionales: Madri, Espanha, 1989.

ATIENZA, Manuel. *As razões do direito: teorias da argumentação jurídica*. Landy: São Paulo, 2002.

DICIOTTI, Enrico. *Verità e certezza nell'interpretazione della legge*. Giappichelli: Turim, Itália 1999.

FERRAJOLI, Luigi. *Direito e razão: teoria do garantismo penal*. Editora Revista dos Tribunais: São Paulo, 2002.

FIGUEIREDO DIAS, Jorge; COSTA ANDRADE, Manuel. *Criminologia*. Coimbra Editora: Coimbra, Portugal, 1984.

GIDE, André. *Souvenirs de la cour d'assises*. Gallimard: Paris, 1914.

LUHMANN, Niklas. *Sociologia do direito*. v. 2. Coleção Biblioteca Tempo Universitário. Tempo Brasileiro: Rio de Janeiro, 1985.

REALE JÚNIOR, Miguel. "Mundo circundante, mídia e construção do direito". *Revista Brasileira de Filosofia*. v. 235. Marcial Pons: São Paulo, 2010.

_____. "Razão e subjetividade no direito penal". *Revista Ciências Penais*. v. 1, n. 0. Editora Revista dos Tribunais: São Paulo, 2004.

RENTERÍA DIAZ, Adrián. *Il labirinto della giustizia, giudice, discrezionalità, responsabilità*. Franco Angeli: Milão, Itália, 2000.

ROSS, Alf. *Sobre el derecho y la justicia*. trad. Genaro Carrió. Editorial Eudeba: Buenos Aires, Argentia, 1970.

ZACCARIA, Giuseppe. *Ermeneutica e giurisprudenza: saggio sulla metodologia di Josef Esser*. Giuffrè: Milão, Itália 1984.

Notas

1 "Recordações do Tribunal do Júri", em tradução livre.
2 Em análise da influência da mídia na realização da justiça, ver REALE JÚNIOR, 2010, p. 39-52.
3 REALE JÚNIOR, 2004, p. 226-249 — artigo em parte reproduzido neste texto.
4 FERRAJOLI, p. 40.

5 Ibidem, p. 44.
6 RENTERÍA DIAZ, p. 106.
7 ZACCARIA, p. 166. Destaca a experiência social do julgador; os conhecimentos adquiridos e a experiência profissional e extraprofissional constituem uma pré-compreensão na interpretação de uma situação de fato.
8 ATIENZA, p. 202.
9 RENTERÍA DIAZ, p. 121, que reproduz o pensamento de MacCormick.
10 FIGUEIREDO DIAS; COSTA ANDRADE, p. 508.
11 LUHMANN, p. 78.
12 ALEXY, p. 56. Aduz como crítica ao intuicionismo, que, por esse critério, não se pode apresentar qual seja a posição correta ou errada, pois cada pessoa tem evidências diferentes. Mas o que importa destacar não é a impossibilidade de um saber objetivo, que creio se possa almejar, e sim que o processo decisório concretizado nas decisões não está preocupado na fundamentação racional segundo uma argumentação com base em elementos racionais justificadores, e sim na justificação da decisão correta segundo o que a intuição diz ao julgador.
13 ATIENZA, p. 25 e seguinte.
14 RENTERÍA DIAZ, cit., p. 70. Lembra em nota de rodapé a observação de Calamandrei, no sentido de ser a motivação um exame de consciência sucessivo, realizado pelo juiz para se persuadir de haver decidido bem.
15 ZACCARIA, p. 162 e seguinte.
16 DICIOTTI, p. 8.
17 Ibidem, p. 9.
18 ROSS, p.273. Pondera ser necessário um mínimo de racionalidade para se falar em ordem jurídica, racionalidade que significa critérios objetivos e, dentro de limites, a previsibilidade dos veredictos.

Desenha-me uma ilha de justiça

François Ost
Tradução de Caio Liudvik

Onze e quarenta e cinco. O Airbus da Air France, que partira de Paris duas horas antes com destino ao Rio, se prepara para a noite. As comissárias recolhem os copos dos últimos carrinhos de café e conferem as vedações das janelas. Bem acomodado em minha poltrona, com as sonatas de Mozart para piano em meus ouvidos, me preparo para o sono.

Mesmo assim, que aventura! Ainda ontem eu me preparava para passar um fim de semana tranquilo em casa, quando meu orientador invadiu meu escritório, bastante exaltado: "Uma oportunidade formidável para você: o Congresso Anual da Associação Brasileira de Direito e Literatura — consegui que você fosse convidado, já que eu mesmo precisei desistir. Passo por uma cirurgia amanhã e ficarei fora de combate durante oito dias. Eis os seus bilhetes e documento do colóquio, prepare sua mochila!"

"Mas não tenho nada preparado", argumentei.

"Você vai ler minha comunicação", disse ele em um tom que não admitia réplica, "e além disso, para você, que escreve uma tese sobre a doutrina dos dois corpos do rei em Shakespeare, será uma sorte. O colóquio vai acontecer na casa suntuosa do professor Castro Neves, nos altos do Jardim Botânico do Rio. Ele possui a mais bela biblioteca shakespeariana do continente americano", acrescenta, com olhar voluptuoso. "Me recordo de ter visto uma edição original de *Romeu e Julieta* em formato *in quarto*, editado em 1599 por Cuthbert Burby, com notas do seu tradutor francês, François-Victor Hugo. Tem também a sinopse do filme *Hamlet*, escrita à mão por Laurence Olivier, seu diretor, e muitos outros tesouros; a casa é cheia de estantes, até nos patamares. Você vai se deliciar!"

E então, é por isso que me encontro esta noite a trinta mil pés acima do Atlântico.

Última passagem do comissário de bordo e o apagar das luzes. Coloquei nos olhos a máscara noturna e Mozart em surdina. Vencido pelo sono, oscilo entre o júbilo e uma vaga angústia: como vou me sair no meio de todos aqueles especialistas vindos dos quatro cantos do planeta? Mal consegui gravar o tema do colóquio, qualquer coisa como "a obra literária que todo jurista deveria ter lido", ou ainda "que grande livro relativo à justiça você levaria para uma ilha deserta?". Minhas ideias começam a se misturar, e sinto um vago mal-estar: será que meu orientador juntou sua comunicação aos documentos que me enfiou nas mãos? Uma ilha deserta? A ressaca do mar, a gritaria das gaivotas, a areia quente sob meus pés — eu vejo um homem vestido com uma pele da cabra, coberto por um chapéu de palha e carregando um papagaio sobre o braço: Robinson, evidentemente. *Robinson Crusoé*: um grande livro de direito, o livro de direito moderno por excelência: a fundação do direito de propriedade sobre o qual o Ocidente moderno repousa. O único livro que Rousseau colocou nas mãos de seu Emílio, consciente de que lhe reservava uma educação realmente natural. Quantas horas não sonhei diante das gravuras que ilustravam meu exemplar infantil: Robinson construindo sua cabana, Robinson observando o oceano, Robinson armando seus mosquetes...

Mais tarde, o encantamento se dissipou e eu entendi a cilada de que o livro levava a Rousseau e todos seus jovens leitores: a ilha não era desejável e edificante, pois Defoe havia previamente preparado tudo o que era necessário para construir o modelo perfeito de colônia. Os objetos retirados do barco, resumo da civilização, como a própria educação de

Robinson, que naufragara na ilha trinta anos antes, desmentem o caráter natural e originário da experiência; não é o direito natural que se inventa na ilha, é a supremacia individualista, industrial e mercantilista que se ilustra. E a propriedade que se funda em termos flamejantes — "Eu me tornei mestre e senhor de todo domínio!" — de agora em diante será a pedra angular sobre a qual se fundarão as ordens jurídicas modernas. A propriedade, como também o contrato, pois — lembram-se? — Robinson terminou sendo recebido por uma multidão de pessoas. Sexta-feira, seu pai, o espanhol, os rebeldes. Mas cada um, quem aportar na ilha, deverá cair nas suas graças: é Robinson quem dita as condições da sociedade, *é* ele quem regulamenta, nos menores detalhes, a natureza das relações que consente que aconteçam com o outro.

Na sequência, numerosos serão os náufragos literários que, desiludidos, desarmarão o artifício: assim a deliciosa Suzanne de Giraudoux, encalhada nas margens de seu ilustre antecessor, e cuja graça e intuição femininas terão feito tudo para reencontrar o natural da ilha sob os vestígios das pesadas construções que ele havia deixado, ou o Robinson de Tournier, que foi para a escola do Sexta-feira e que não embarcará para a Inglaterra no final da história, ou ainda a colônia de adolescentes de *O senhor das moscas*, que, longe dos *happy ends* hollywoodianos, vai refazer a história do mundo na direção contrária, remontando à horda primitiva e ao homicídio fundador, relembrando, no coração do atômico século XX, o quão frágil é a civilização. Como se, ao espelho da ilha tropical, o Ocidente não visse mais que a máscara de suas dúvidas e de sua consciência pesada. Robinson, onde está a tua justiça?

Uma outra imagem me submerge, meu devaneio fica mais alegre: vejo Robinson chegando à praia em meio a uma multidão de pessoas. E, de fato, por que não? Lembremos que o navio fretado por Robinson no Brasil era destinado a buscar escravos negros da África para o maior rendimento de suas plantações de açúcar e tabaco, e isso, violando os privilégios reais que reservavam o comércio de escravos aos monarcas portugueses e espanhóis. Ora, o naufrágio aconteceu durante o trajeto de ida — vazio, então. Mas o que teria acontecido, eu pergunto, se fosse durante a viagem de volta, o navio carregado de vigorosa mão de obra negra — centenas de homens e mulheres? Belo tema para escritura, bela experiência de direito alternativo! A imagem de Robinson sendo cozido numa panela borbulhante me atravessa o espírito, rapidamente substituída por outras mais complexas. Vejo conversas em círculo em torno de uma grande árvore, todo um pequeno mundo que se negocia, uma aldeia que se cria, ritos e risos, festas e cantorias. Uma outra ilha, em suma, baseada na partilha e não na apropriação, uma ilha onde os ancestrais, os espíritos, até os animais têm direito à cidadania... e Robinson rebatizado Domingo, ou Segunda-Feira... com justiça. Ou ainda "Black Friday", por antífrase e escárnio — a colônia à venda, de certa forma.

Mas exatamente onde se situa esta ilha sobre o mapa? Estará em algum lugar? Será somente uma visão do espírito, uma utopia? E por que a ideologia do outro é sempre exilada para ilhas que não têm um lugar, sem ligações, como aquela Atlântida submersa que posso estar sobrevoando neste momento? Por instantes entrevejo a figura austera de Thomas Moore, animado numa louca dança africana sob palmeiras tropicais.

Então, uma lembrança lancinante me perturba: esta história já não foi escrita antes? Vejo-me fuçando a biblioteca do professor Castro Neves, e eis que coloco a mão no livro procurado: *A ilha dos escravos*, de Marivaux. O comandante, Ifícrato, naufragou, juntamente com seu escravo Arlequim (a cena se passa na Antiguidade, em algum lugar do mar Egeu), e eles aportam a... uma ilha habitada por antigos escravos revoltados e libertados. As coisas se voltam em favor de Arlequim: eu o ouço dizer: "Bem, Ifícrato, você vai encontrar gente mais forte que você; vão fazê-lo escravo agora; e vão te dizer também que isso é justo, e nós veremos o que você pensa dessa justiça." Mas a hora da vingança passou: se, nos primeiros tempos de *A ilha dos escravos*, a regra tinha sido a de matar os antigos senhores, depois se impôs o hábito de corrigir pelo exemplo e a persuasão. Trivelin, o chefe desta república livre, dirá a palavra final: "Você foi senhor deles, e agiu mal; eles se transformaram no seu, e vão perdoá-lo; reflita sobre isso." A peça data de 1725, seis anos após *Robin-*

son Crusoé e dez anos após a morte de Luís XIV; o século é, de fato, de "reflexões". Elas se consumarão meio século mais tarde.

    A escravidão não estava abolida, não ainda, mesmo na nação que se apresentava como "pátria dos direitos humanos". Ao guardar o livro, me deparei com um outro, da mesma veia (os livros são guardados por temas, como nas boas bibliotecas): *L'affaire de l'esclave Furcy*, de Mohammed Aïssaoui. Surpreendente história de um indiano, Furcy, que durante vinte e sete anos realiza uma luta judicial perante os tribunais franceses (na ilha de Reunião, no oceano Índico, depois em Paris) para que fosse reconhecida sua alforria, ainda que seu amo pretendesse mantê-lo em estado de servidão. Mas como provar seus direitos, sendo que seu título fora confiscado e que não existiam quaisquer arquivos sobre a escravatura? Mas Furcy insistiu e, com a ajuda de um "pequeno procurador" sensível a sua causa (magistrado que seria imediatamente punido com o reenvio à metrópole), ele finalmente chega ao Tribunal de Cassação. Em 1843, ou seja, cinco anos antes da abolição geral da escravidão na França, o Tribunal de Cassação consagrará seu direito. É uma grande lição: a justiça acontece também por simples documentos, e o "direito a ter direitos" de que fala Hannah Arendt, começa pelos direitos aos "papéis". E também: não existe direito sem "luta pelo direito"; sem litigantes implacáveis, sem magistrados corajosos, a justiça dorme nos textos.

    Turbulências, aviso nasalado ao microfone, sonolência.

    Ouço uma voz, não aquela do piloto, uma voz sonora, e magistral. Penso reconhecer a voz do meu orientador me intimando a proferir a sua comunicação; não, não é ela. Direciono meu ouvido ao ambiente caótico abafado do avião. É Hugo; não François Victor, o filho tradutor, mas Victor, o pai. Uma estátua imensa domina as ondas; estamos em Guernsey.

    Do alto de seu exílio, Hugo mede a França, aquela de Napoleão III que ele chama de "a pequena". Sua voz faz estremecer todo o universo e é como se sua mão erguida chamasse o fogo do céu para que se abatesse sobre a nação. Ele escreveu *Os miseráveis*, que são como a epopeia da *canaille* [ralé], e o grande grito que ressoa em todo o século XIX. As ondas roncam ao redor dele, a espuma o recobre; mas eu o escuto: "O direito se move no justo, a lei se move no possível; o direito é divino, a lei é terrena." O direito é insubmersível. Para que todos se salvem, é suficiente que o direito flutue em uma consciência. Não se pode engolir Deus.

As ondas se acalmam, o profeta estende a mão: "Sim, vamos nos dar as mãos. Que os grandes tenham piedade dos pequenos, e que os pequenos rendam graças aos grandes. Quando vamos compreender que estamos todos no mesmo barco, e que o naufrágio é indivisível? Esse mar que nos ameaça é grande o bastante para todos nós, existe um abismo para vocês como também para mim." E ainda um quase inaudível: "Haverá um tempo em que a justiça dos homens terá se juntado à justiça."

O tempo, de fato. O tempo suspenso da noite, sono das consciências e das instituições. E as ilhas novamente, as ilhas pouco hospitaleiras, batidas pela força das ondas, as bordas escarpadas. Presídios, penitenciárias de onde não se pode escapar. As ilhas onde os homens são intimados a residir, enterrados vivos. Há pouco a ilha u-tópica, terra de importantes projetos, trampolim de grandes mudanças, e agora a ilha a-tópica, túmulo que se fecha sobre destinos rompidos. Então quem é você ali, pequeno homem cinzento e de óculos, quem quebra a espinha sobre uma pedra? Dreyfus, sem dúvida — seria preciso a pena inflamada de Zola para te livrar desse inferno. "*Eu acuso!*", sim, a justiça passa para a acusação mais que para a defesa quando a ordem do mundo é injusta.

Eu não me afasto dessas margens tristes, as imagens se sucedem: o castelo de If do Conde de Monte-Cristo, Alcatraz, *A colônia penal*, de Kafka. Estranha justiça, a desta colônia penal: o comandante desapareceu, os suspeitos sistematicamente condenados, a sentença ilegível, a máquina de torturas, o êxtase da sexta hora.

No meu sonho, compreendo agora que o oficial nostálgico da lei antiga é o próprio Kafka. É ele, certamente, quem tenta inutilmente reconstituir as instruções do antigo comandante, ele que se escondeu na máquina de tortura com a expectativa da sexta hora, aquela hora em que a sentença, enfim escrita no próprio corpo do condenado, poderia lhe permitir substituir a sentença pela lei. Mas eis que a máquina se desregula, agitando loucamente seus ponteiros e, como ele, como o viajante, testemunha muda da cena, permaneceremos nós na ignorância da lei.

Como Joseph K., que não saberá jamais do que é acusado, como K., o agrimensor que não receberá nunca o salvo-conduto para entrar no Castelo ao qual, todavia, foi convocado, como "o camponês" que definha perante as "portas da lei" que, entretanto, estavam abertas, mas não para ele.

Em meu sono agitado me parece ocorre agora que existe alguma coisa ainda mais dolorosa que uma lei dura e cruel: é a ausência de lei, ou uma lei tornada ininteligível por impostores que se pretendem representantes. Essa colônia penal não permite que nada seja expiado, purificado, pois o processo foi uma comédia absurda em que a própria lei evaporou.

Meus fones de ouvido me incomodam em meu sono; entreabro meus olhos e distingo, sobre a tela de um de meus vizinhos, nosso plano de voo, com nosso pequeno avião perdido em alguma parte no meio do Atlântico. Novo adormecimento, ideias confusas. Penso distinguir um bote sobre a água, uma frágil embarcação em má situação; é a *balsa da medusa*.[1] Os náufragos estão esgotados, têm força apenas para agitar os braços.

No meio da água surge a figura severa de meu professor de moral na faculdade; assunto do dia: "É permitido, para assegurar a própria sobrevivência, devorar um companheiro de infortúnio desde que esteja garantido que suas chances de sobreviver serão nulas, ou — como variante — desde que ele já esteja morto?" Inicio arduamente minha dissertação: tese, antítese, síntese.

Disputatio pró e contra. No caso "A medusa", os sobreviventes não estão apelando pela justiça, por pouco os teríamos cumprimentado; mas algumas décadas mais tarde, no caso do iate *La mignonette*[2] passando ao largo do cabo da Boa Esperança, o capitão e um marinheiro que mataram um aprendiz de bordo agonizante para beber seu sangue, e foram acusados de assassinato após desembarcar na Inglaterra. Eles foram condenados à morte com, entretanto, "recomendação de misericórdia". De fato, a rainha Vitória lhes concede essa graça, e a condenação foi comutada em seis meses de prisão.

Comer ou ser comido, eis a questão. Mauriac, jurista pascaliano, fortemente pessimista, falou da "lei do devoramento recíproco", a propósito da condição humana; ele escreveu que "nada é mais horrível do que a justiça humana quando separada da caridade". Hoje, as técnicas se modernizaram, mas os dilemas morais persistem. No site *Moral Machine* estão expostos dilemas de consciência à altura dos especialistas em direito canônico da Idade Média: por exemplo, que comportamento deve adotar um veículo sem condutor no caso de não poder salvaguardar a vida de seus passageiros, a não ser ao preço da morte de pedestres? Cenário número 1: um veículo autônomo, com falência súbita dos freios, deve ser lançado sobre um grupo de pedestres (que, precisamente, são cinco: um bebê, um criminoso, um sem-teto, uma jovem e um rapaz, estando entendido que eles estão atravessando a rua no farol vermelho, violando então a lei) ou talvez evitar este fato e atingir um obstáculo, causando a morte dos seus três ocupantes (que se sabe estão com "sobrepeso")? O público é convidado a julgar, e, ainda, a sugerir novos cenários. O progresso não para, viva a justiça eletrônica, já não há necessidade de uma ilha deserta para refletir sobre a justiça em situação! Isso não me impede, esses cenários catastróficos me fazem ficar semidesperto. Entreabrindo os olhos, não posso evitar de avaliar secretamente o estado de saúde e o peso de meus vizinhos... um acidente está próximo de acontecer!

Eis que meus pensamentos (ou coisa equivalente) ficam mais abstratos e mais obsessivos: o tema da justiça era o motivo central do colóquio, me parece ("algum livro referente à justiça?"), eu faço grande esforço tentando agrupar alguns fragmentos de teoria. Perelman: "A regra da justiça consiste em tratar igualmente aqueles que estão na mesma situação, e de modo diferente aqueles que estejam em uma situação diferente" — muito bonito, mas o que quer dizer "estar na mesma situação"? Ulpien: "*suu, cuique tribuere*", "a cada um o que lhe é devido" — muito bem, mas o que lhe é devido, ao certo?

Aristóteles: a diferença entre justiça comutativa e justiça distributiva: ou partes equivalentes, independentemente da diferença das pessoas, ou partes diferenciadas em função dos méritos: justiça privada de permutas particulares em um caso, justiça social de distribuições públicas no outro. Igualdade aritmética contra igualdade geométrica; a primeira, cega e redutora, a segunda, os olhos abertos sem dúvida, mas ainda em risco de ser míope ou ofuscada. E então Rawls: 600 páginas para descrever um truque de magia ético: "a posição original sob um véu de ignorância" que, infalivelmente, segundo uma "justiça procedimental pura", produzirá os princípios de justiça válidos sob todas as latitudes e em todas as épocas. A posição original? Uma nova ilha, em resumo: os negociadores sob uma redoma, desligados do mundo, negociam *tabula rasa*, ignorando a posição que eles ocupam no mundo real, entram em acordos sobre os princípios imparciais que só poderiam aceitar racionalmente, uma vez "que voltem à terra", mesmo que se revele que definitivamente eles herdaram as cartas mais desfavoráveis.

Ah, que bela fábula! Como é cômoda a cláusula "todas as coisas iguais por todos os lados"! A ilha de justiça em tecnicolor e efeitos especiais hollywoodianos. Acredito de coração que vamos voltar à terra corretamente. Pegamos uma ilha ao acaso: aquela Laputa (ora, ora...), por exemplo, que Gulliver visitou durante suas viagens. Laputa, a ilha voadora, domínio privado do rei, que plaina acima do território de Balnibarbi, habitada por pobres diabos em farrapos: a fábula política é transparente; o que é, com efeito, essa Laputa (cujo sentido é bem claro a um ouvido latino), se não a Inglaterra dominadora, entronada acima do território dos desafortunados irlandeses que Swift, compatriota deles, tratava com prazer de *barbarians* (*Balnibarbi*)? De um lado, uma pequena casta de dominadores, sábios loucos tanto ridículos quanto intratáveis, e de outro, um povo explorado e miserável. Sobre uma ideia emprestada de Homero (a ilha Eólia, do canto X de a *Odisseia*), Swift oferece aqui sua sátira política mais feroz. Dirigida por sua aristocracia inflexível, a ilha submete os territórios que sobrevoa ao mais draconiano dos regimes: o mundo abaixo é obrigado a trabalhar para eles sob ameaça, a optar por um bombardeio, um esmagamento total, ou, na melhor hipótese, pela privação da luz do sol e de chuva.

Pela magnanimidade deles, os laputianos consentem em deixar cordas penduradas nas partes baixas da ilha, nas quais os povos explorados podem pendurar suas petições — que ninguém lê, bem entendido.

Onde se encontra, então, a "posição original sob o véu da ignorância?". No alto, na Laputa? Embaixo, no território de Balnibarbi? Entre os dois? Onde encontrar os princípios de uma "justiça processual pura?" O que resta da igualdade proporcional e da justiça distributiva, sendo que os laputianos não distribuem mais que restrições e pobreza? "Vamos", me digo, "isso tudo é apenas ficção e história antiga, e são as más línguas que afirmam que hoje a desigualdade da riqueza entre as regiões do mundo vai de 1 a 70".

Vamos escolher uma outra ilha ao acaso, para verificar se, no plano da justiça comutativa, ao menos, as coisas são mais animadoras e os balanços mais equilibrados. Vejo a lagoa de Veneza e seu arquipélago à *la* Renascimento; Veneza, pérola do Mediterrâneo onde tudo se troca e tudo se arrisca. Aqui se cruzam, num fascinante *tohu-bohu*, as populações mais diversas, do Levante ao Ocidente. Aqui, marinheiros, embaixadores, banqueiros, corretores se entregam ao tráfico mais diverso; fortunas aparecem e desaparecem ao sabor de jogo de dados, da especulação e do acaso do mar. Tudo isso sobre um fundo de festa endiabrada e de carnaval permanente: se travestem como respiram, não avançam se não for mascarado. Mas quem é esse personagem, vestido suntuosamente, com ar abatido (*sad*, disse Shakespeare)?

É Antonio, o *Mercador de Veneza*, e por que então ele aborda Shylock, o judeu agiota, seu inimigo jurado, que lança regras do *gueto* (termo forjado em Veneza) com seu tecido amarelo como capa sobre a vestimenta? É que ele precisa com urgência de três mil ducados, ele que arriscou insensatamente toda sua fortuna numa aventura marítima improvável. Shylock sente que, pela primeira vez, o homem está ao seu alcance, sem dúvida em seu poder, e ele arrisca, assim, um tudo ou nada: concorda com os três mil ducados, mas, à guisa de cláusula penal para o caso em que a dívida não seja honrada na data combinada, será cobrada uma libra de carne do corpo do mercador. Piada (*merry sport*, diz Shakespeare)? Não propriamente — Shylock pressente que poderá enfim se vingar legalmente do inimigo atávico, e Antonio consentiu sem discutir, usufruindo desse novo arrepio do tudo ou nada (e sem dúvida assegura que, em todo caso, um armador veneziano é grande demais para quebrar — *to big to fail*). É: paixão vingativa contra paixão perversa, com um fundamento legal, a famosa nota promissória, pelo instrumento e desafio — a convenção, juridicamente discutível, é psicologicamente inabalável.

As imagens ficam confusas: vejo agora Antonio com a camisa desabotoada no peito, de joelhos, e Shylock amolando seu grande facão — "*I crave the law*", ou seja, "Eu exijo meu direito", ele lança com uma voz surda. E eis que Portia, disfarçada de um sábio jurista (a máscara novamente), vem implorar clemência (*mercy*) com ênfase dolorosa. Toda Veneza se envolve, o próprio Doge, os amigos de Antonio, mas nada pôde ser feito. Então o clã dos venezianos se vinga: se ele quer a libra de carne, muito bem, mas garantem: se fizer correr uma gota de sangue, lhe é garantida a condenação à morte. Shylock desmorona: estava escrito que um judeu jamais agiria contra um especulador veneziano — não se pode fazer fechar o cassino.

À vista da perda de seus bens, foi condenado a se converter à religião cristã. Desapareceu da cena, enquanto que Antonio e seus amigos continuarão a festa em uma ilha vizinha. E o que ficará para a doutrina jurídica? A bela defesa de Portia, o hino à clemência, a necessidade de moderar os rigores da lei, pela equidade — salvo que às vezes, como aqui, a letra da lei protege o mais fraco e que as belas palavras em favor da igualdade não são mais que o véu que encobre as torpezas dos mais fortes.

Aqui o "véu da ignorância" de Rawls serviu para a indiferença do clã dos venezianos a respeito dos judeus credores que financiam suas aventuras, e sua "posição original" se traduziu no confinamento dos marginalizados nos guetos, garantindo um rigoroso *apartheid*.

Não é aqui, então, que encontrarei uma ilha de justiça. Mas meu devaneio sobre o *Mercador de Veneza* desperta meus conhecimentos de especialista em Shakespeare. Haverá outras ilhas no *corpus*? Mas sim, evidentemente *A Tempestade*, o naufrágio, e a ilha "cheia de ruídos, de sons e brisas melódicas que encantam". Aqui, talvez, a justiça? No entanto, tudo começa por uma conspiração: Próspero, habitante da ilha, põe em prática seus poderes de feiticeiro para atrair, em apoio a uma tempestade e naufrágio, seu irmão e seus aliados que lhe haviam roubado o ducado de Milão. Vai encantá-los, submetê-los a uma cruel vingança? Não: "a parte mais nobre de minha razão deve vencer minha cólera", ele declara, e também "é muito maior ser virtuoso do que obter vingança". Também renuncia a seus feitiços; ele quebra sua varinha de mágico e concede seu perdão a todos, entretanto não sem antes ter recuperado seu ducado e casado sua filha Miranda com o filho do rei. Mas entre vinganças mágicas e perdão generalizado, não há ainda a justiça produzida por Próspero, e mesmo o perdão que ele concedeu procede mais de uma vontade pessoal de matriz racional das pulsões do que de uma verdadeira preocupação com o outro — eu me lembro de ter citado Yves Bonnefoy, seu tradutor, sobre esse assunto. Meio adormecido ainda, olhos entreabertos, a tela do meu vizinho me mostra que nós sobrevoamos Trinidad, a ilha da Trindade, a pouca distância da Venezuela. Eu me recurvo em minha poltrona, esperando dormir ainda uma hora ou duas. Trindade, por que então? Eu sonho agora que o tema do colóquio é o Juízo Final. Boa questão no fundo: qual justiça, qual procedimento no Juízo Final? — seria hora de se solicitar. Eu vejo dois velhos cavalheiros jogando xadrez e conversando bastante; o primeiro, bem idoso, de belo porte, agraciado por uma longa barba branca, o outro mais baixo, é cego e fala com um forte sotaque argentino, entendo que ele é bibliotecário e que escreveu uma *História da eternidade*. Condenado à morte, aprendi que ele obteve de seu parceiro (sinto que ele considera Deus seu pai) o privilégio de terminar a redação de seu texto, a obra de sua vida. Assim, não se furtou em fazer durar o prazer. Num primeiro momento, ele exigiu poder organizar todos os livros que foram escritos, o que lhe foi concedido; depois ele imaginou os planos da biblioteca infinita capaz de conter a todos, e em seguida trabalhou com o princípio lógico de classificação. Sua obra, ele explica ao ancião, será como o livro original capaz de conter a todos. Mas antes ele deve ainda tratar de algumas questões espinhosas; como hoje, o problema de critérios do Juízo Final. "Pois, afinal, se é verdade que vosso filho", explica ele, "perdoou a prostituta e o publicano, o que poderá ele nos censurar em nós, pessoas comuns? E se o operário da última hora é pago com o mesmo salário que aquele que se esforça desde a manhã, com qual balança pesar os méritos?"

O idoso parece constrangido: "O mundo é tão mau", lamenta ele, "eu passei por tudo: começando com o dilúvio, depois o sacrifício de meus filhos... eles não querem ouvir nada". "Mas se encontrarmos unicamente uma centena de justos", objeta o escritor, "não será injusto condenar a humanidade toda?" O idoso concorda. "E se não restarem mais que dez, seus filhos não terão aprendido que há mais alegria no céu por uma ovelha desgarrada que regresse à casa do que pela centena de outros que já estão lá?", concorda, aqui ainda.

Encorajando-se, o bibliotecário cego se corrige e diz agora: "E se não restar mais que um modesto escritor ligado a uma história interminável da eternidade?", e sobre isso o ancião dá uma grande gargalhada, um riso que fez estremecer o universo. Tudo se desorganiza, tudo se confunde, vejo agora o escritor cego percorrer a biblioteca do professor Castro Neves, como um labirinto com uma infinidade de espelhos e de passagens que se bifurcam; suspenso no topo de uma escada, ele me lança um ar zombador: "Procure bem, o segredo da justiça está em algum lugar, escondido em um desses livros."

Subitamente um impacto, acordo em sobressalto, meus ouvidos zumbindo — e as pessoas aplaudindo à minha volta. Despertar brusco sobre a pista do Rio: felizmente, o sol vem ao encontro, e a vista é deslumbrante. Depois são as formalidades habituais: controle dos passaportes, recebimento das bagagens, última passagem pela segurança.

No ônibus que me leva aos arredores do hotel, fecho minha bolsa sobre os joelhos, e de repente uma ansiedade: tenho realmente a mensagem do meu orientador? Uma busca rápida confirma a evidência: além da carta oficial do convite e do programa do colóquio, nada. Ao lado do nome de meu patrocinador, leio *"proposta livre*, tbc", *to be confirmed* [a ser confirmada], e o homem que está incomunicável durante oito dias — eis que estou bem arranjado! O que poderei dizer?

Notas

1 Alusão à pintura a óleo de 1818, com esse título, de Théodore Géricault; retrata os sobreviventes recolhidos numa balsa, degradação humana na jangada cheia de famintos após naufrágio de fragata francesa chamada Medusa. (N.T.)
2 *La mignonette*: embarcação inglesa que, em viagem para a Austrália, naufragou no dia 5 de julho de 1884 e então deu ensejo a atos de canibalismo entre tripulantes. (N.T.)

Literatura do terror (Koestler, Böll e Frisch)

José Alexandre Tavares Guerreiro

A intenção inicial deste estudo limitava-se a uma visão da obra de Arthur Koestler, em que se oferece uma perspectiva impressionante do terror de Estado, exercido pelo interrogatório de um comissário russo pela oficialidade da Nomenklatura stalinista. Rubachov é questionado pelo Estado totalitário não em razão da substância de suas ideias, mas simplesmente pela circunstância de elas se distanciarem da canônica obrigatória do regime, expressa pelo Partido. Esse é o terror que encontra magistral dramatização nas páginas de *O zero e infinito*,[1] aparecida com esse título em 1940, e, portanto, ainda em plena vigência do império de Stalin à frente da União Soviética.

Dei-me conta, porém, de que, talvez, numa coletânea de textos escritos por advogados sobre seus livros preferidos sobre justiça, o relato de Koestler pudesse ser cotejado com algumas outras narrativas, nas quais o terror aparecesse sob outros ângulos.

Deixei de lado, naturalmente, aqueles veios literários do terror que dizem respeito a situações inusitadas, que tangenciam o sobrenatural, como as histórias de fantasmas ou os relatos de fenômenos inexplicáveis (como as *ghost stories,* ou as novelas de Wilkie Collins, de H.P. Lovecraft, as obras-primas de Edgar Allan Poe ou Henry James). Desconsiderei, naturalmente, a muito extensa literatura do medo, tão antiga quanto a própria literatura geral ela mesma, dado que o medo é um dado fundamental da antropologia. Vim, mais particularmente, procurar expressões desse mesmo fenômeno quando ele assume a forma de terror na sua expressão social e política.

Pensei em exemplos para aproximá-los do livro de Arthur Koestler. E concluí que duas outras obras podem sugerir ao leitor úteis elementos de comparação: uma, de Heinrich Böll, Prêmio Nobel de 1972,[2] em que o terror é visto no interior de uma sociedade democrática contra um indivíduo acusado de exercer o próprio terrorismo, no contexto da associação Baader-Meinhof, que atuava nos anos 1970 na Alemanha e em toda a Europa; e outra, de Max Frisch,[3] em que, nos anos 1950, o terror se insinua para dentro de uma sociedade também democrática visando, então, explodir inesperadamente, levando pânico a cidadãos pacíficos.

O terrorismo de Estado, a partir sobretudo da execução do monarca Luís XVI, em 1793, no auge da Revolução Francesa, veio a constituir rico filão historiográfico na França. Será esse terrorismo de Estado o pano de fundo, ou, melhor, o próprio motivo do livro de Koestler, se o considerarmos como denúncia. É preciso distinguir, entretanto, entre o terror enquanto atividade política do Estado (como em Koestler) e o terror enquanto atividade política de grupos ou cidadãos (como nas obras de Böll e Frisch). Não obstante a distinção teórica, nessas manifestações existe sempre, como elemento comum, a intenção de infundir medo a parcelas consideráveis das populações, seja para chegar ao poder, seja para mantê-lo. E tal atividade se dá dentro do território do próprio Estado, ou fora dele, como se viu no início do século XXI. Reina sobre o terrorismo flagrante imprecisão conceitual.[4] E isso sem falar nas modalidades contemporâneas do terrorismo virtual ou cibernético.

Em todos os casos, porém, não é apenas o medo que se põe em questão, mas a provocação do medo, mesmo em potência, para atingir certo grupo ou toda uma coletividade, mediante ameaça material ou simbólica. E o objetivo é alcançar pessoas, determinadas ou indeterminadas, inocentes ou não participantes de governos ou facções, hostilizadas pelos agentes terroristas. Por vezes, o medo é concomitante à ameaça ou se lhe segue imediatamente. em outras, ocorre como consequência indireta dos atos de terror, que surpreendem as pessoas visadas ou as comunidades-alvo. O leitor facilmente poderá verificar, nas três obras aqui debatidas, a ocorrência desses fatores.

Nem sempre o terror serve literalmente a propósitos antigovernamentais. Ao contrário: existe o terrorismo de Estado. O chamado *régime de la Terreur*, como etapa de consolidação da Revolução Francesa, arrogava-se a titularidade de autêntica legitimação, destinada a proteger o novo regime, inaugurado em 1789, das reações antirrevolucionárias, havidas como subversivas e contrárias à nova ordem estabelecida.[5] Isso fica evidente no relato de Koestler, em que a ordem vem a ser a do Estado, que a impõe por meio do terror. Quem dela pretenda dissentir será considerado desviante ou subversivo. Observe-se como esses papéis se complicam na inusitada situação descrita por Böll, e, mais ainda, na insólita farsa de Frisch.

A seguir, passo a indicar alguns dados sugestivos da leitura de cada uma das três obras, que poderão servir de confronto, para os fins expostos. E, ao fim, forneço outras tantas indicações, que servem aos mesmos fins, que espero sejam úteis ao leitor.

Anoto, em primeiro lugar, que *O zero e o infinito* é dos anos 40 do século passado, em plena Segunda Guerra. Sua ação é ambientada na década precedente ao conflito, quando ocorreram os julgamentos e expurgos de Moscou, e seus dois personagens-polo se acham dentro das estruturas totalitárias da hoje extinta União Soviética. Já o romance de Böll se passa na Alemanha Ocidental, nos anos 1970, quando se desenrolava a repressão anticomunista ao grupo terrorista Baader-Meinhof. E Max Frisch publica sua peça em 1953, na Suíça, país neutro, alheio aos problemas do terror europeu.

Três momentos, três autores de índole diversa, três ambientações distintas. Mas três obras que convergem para o mesmo tema, ou que dele procedem, ou que refletem três visões desse mesmo tema.

Arthur Koestler: *O zero e o infinito*

A obra de Arthur Koestler foi escrita em alemão, em Paris, mas publicada em Londres em 1940, onde o escritor húngaro se estabelecera, fugindo do nazismo. Em 1945, apareceu a tradução francesa sob o título *Le Zero et L'Infini* (do qual deriva a tradução para o português). A princípio, foi a obra recebida com certa frieza pela crítica, ou até com hostilidade, uma vez que a União Soviética se contrapunha ao Terceiro Reich. Mas *O zero e o infinito* acabou sendo reconhecida como séria denúncia do socialismo soviético, na medida em que se observavam fraturas no stalinismo, ao mesmo tempo em que se difundiam notícias sobre as atrocidades cometidas pelo regime de Stalin, em suas épocas mais duras, acobertadas pelo silêncio. Aquilo que parecia ser uma fraqueza de Koestler revela-se, assim, talvez, seu pioneirismo na denúncia do terror soviético.

Koestler vagara pela Europa, aterrorizado pelo Nacional Socialismo, tendo mais tarde confessado que não via outra saída a um jovem judeu do Leste, salvo o comunismo, como meio de enfrentar a barbárie crescente. Deu-se conta, entretanto, de que a realidade da União Soviética de Stalin acabava sendo tão acabrunhante quanto a de qualquer regime totalitário. A seu lado haveriam de se perfilar muitos outros comunistas do tempo, igualmente desiludidos com o comunismo soviético, já agora cientes das práticas cometidas pelo ditador na década de 1930, nos agora conhecidos processos políticos de Moscou.

O terror de Estado na União Soviética provocaria uma grande cisão, dando origem a perseguições dos dissidentes — justamente o cenário de extraordinária tensão dramática em que se movimenta o personagem Rubachov, submetido a sucessivas inquirições. É significativa a contemporaneidade da obra de Koestler em relação ao assassinato de Trotsky, no México, também em 1940.

O relato prende a atenção pelo vigor, não cabendo propriamente classificá-lo em categoria ficcional convencional, tampouco como reportagem. E também não é obra política em sentido estrito. Nisso está uma de suas qualidades mais evidentes. Nem a União Soviética, nem Josef Stalin são ali mencionados, mas as referências são óbvias.

Nas várias audiências a que Rubachov se submete, confrontam-se diretamente indivíduo e Estado e, nesse conflito, o valor da oposição política traduz a consciência individual em face do poder. Põe-se em realce, precisamente, o terror como elemento de opressão a agredir essa independência. O diálogo é de flagrante desigualdade: o argumento do indivíduo bate de frente com a *potestas* incontrastável. E é exatamente nessa desigualdade que reside o ponto central da literatura europeia, na medida em que esta preserva acima de tudo o valor da pessoa.

Após as várias sessões de ameaças e sofrimentos impostos a Rubachov, o que interessa aos inquisidores (os magistrados Ivanov e Gletkin) evidentemente não é a verdade, nem o silêncio do réu, mas a admissão pública de sua culpa, dessa culpa inexistente, na verdade, mas que deveria ser alardeada por toda parte, como se verdadeiros fossem os fatos a que ela se referia. Tal como no romance de Böll, o que o terror almeja, na narrativa de Koestler, é algo especial, mais que a própria eliminação física do réu. O que se pretende desse esgotado réu é que, de viva voz, declare a culpa pelo crime que não cometeu. A condição que a ele se irroga é a de inimigo do regime — e do Partido.

Chega-se, assim, ao centro da propaganda terrorista: converter o inocente em culpado, usando de suas próprias palavras, de sua confissão. Assim será com Katharina Blum. Assim é com Rubachov.

E esse Rubachov capitula, premido pela tortura, para ser executado. E, com esse desfecho, termina a angustiante narrativa. No momento em que a verdade perece coberta pela farsa está o cerne dessa política, que haveria de ser denunciada como o núcleo das tiranias totalitárias europeias dos anos 1930, e que Koestler captou, numa denúncia vigorosa, que seria retomada anos depois pelas extraordinárias obras de George Orwell. Deve ser notado que os fatos denunciados eram recentes e ainda se escondiam debaixo do silêncio, que só se desfaria mais tarde, quando a verdade começou a ser feita sobre os processos de Moscou e sobre a ignomínia histórica do Partido único, eixo dos totalitarismos.

Koestler escreve uma obra de seu tempo com surpreendente clareza, para quem estava diante de uma realidade que tão zelosamente se ocultava. Ele desvenda uma modalidade fundamental do terror de Estado, em um momento historicamente determinado na sequência de fatos ocorridos sob a férrea direção de Josef Stalin. Caem antigas lideranças bolcheviques, no momento em que a estrutura política do poder central se unifica, com a execução de velhos quadros do Partido. Alega-se a necessidade de preservar o socialismo contra possíveis e temidos inimigos. À frente, crescera uma Alemanha que já se adivinhava poderosa e certamente capaz de afrontar o vasto império de Moscou. O terror se torna uma técnica de governo.[6]

MAX FRISCH: *BIEDERMANN E OS INCENDIÁRIOS*

Na peça de Max Frisch, de 1953, enxerga-se, de início, tão somente um grupo de pessoas que pouco a pouco ganham a confiança do sr. Biedermann, de quem alugam o sótão da residência. Dia a dia, transportam para lá algumas quantidades de combustível, até que, enfim, lhe pedem fósforos e ateiam fogo à casa e a toda a pequena cidade — um desastre terrível, inesperado, destruidor.

Logo se percebe que, nessa armação toda e no desastre subsequente, está presente uma modalidade de terror bastante especial, mas reveladora de um elemento comum em diversas manifestações do terror em geral: trata-se da explosão do medo coletivo por obra de um inimigo desconhecido, o qual, no entanto, já se encontrava dentro das próprias fronteiras do local ou do país a ser atingido. É o "inimigo que atua de dentro" (*the enemy within*).

Décadas correram entre a peça de Frisch e a ação terrorista de 11 de setembro de 2001, em Nova York, ocasião em que o mesmo fenômeno se descobriu, para espanto geral. Irrompe um inimigo que já se encontrava dentro, preparando o atentado. O enredo dramático do teatrólogo suíço realça a capacidade da ameaça, enquanto elemento latente, de provocar tensão permanente, ou seja: o estado permanente de medo ao desconhecido, que não bate às portas, como nas guerras convencionais, mas que explode de qualquer lugar insuspeito. O medo deixa de ser uma atividade localizada no tempo e no espaço para ser uma hipótese constante, um incômodo constante no espírito e no cotidiano da pessoa comum. É a quintessência do terror.

Houve quem lesse a peça de Frisch para enxergar nela suficiente carga irônica a desafiar os meios de defesa do Ocidente contra a sutileza das táticas terroristas. Indicariam eles uma guerra sem declaração, sem forma nem figura, sem identificação precisa e nominada de inimigos. Aventuro-me a dizer, contudo, que tal não terá sido a intenção de Max Frisch, ainda na década de 1950. Ou, mesmo que se lhe tenha passado pela cabeça essa possibilidade, certamente não terá sido essa a razão que o levou a imaginar a trama e o estranhíssimo desenlace de seu drama.

Frisch foi por vezes intitulado como um dos representantes do Teatro do Absurdo e considerado um de seus expoentes, ao lado de Berthold Brecht, embora com menor brilho e certamente sem a mesma reputação universal. São inúmeras as coincidências entre Brecht e Frisch, embora o autor suíço não partilhasse do mesmo ideário político do dramaturgo alemão.[7] Inegavelmente, Frisch compõe, com Friedrich Dürrenmatt, a dupla de maior prestígio da moderna literatura da Suíça.

O fato, porém, é que a peça suscita outra leitura, ou leitura em chave mais profunda. Para mim, o que há nesse contexto não é apenas o medo, mas principalmente o medo de demonstrar o medo, ou seja, a vulnerabilidade da democracia liberal ante qualquer ameaça radical. Trata-se de mais um caso de *mauvaise conscience*, vale dizer, de uma posição essencial e deliberadamente crítica, evidenciada pelo extraordinário final, em que se vislumbra, na verdade, um cenário explicitamente infernal, numa sugestão clara de castigo, com as figuras dos incendiários transformadas em demônios. Ou bem se trata de medo ao medo, ou de recusa em identificar motivos reais para se ter medo.

O terror resultaria, assim, da debilidade da democracia formal e acrítica, incapaz de vencer suas contradições — o que parece relevante, em se tratando, como Frisch, de um escritor sem nada de esquerdista. Mas sua criação pontua, precisamente, a antinomia entre a democracia liberal e as ameaças de uma possível violência terrorista, que se põe como algo universal e não especificamente suíço.

Na verdade, tendo em vista as experiências relativamente recentes da ascensão de Hitler no Terceiro Reich, bem como do golpe de Estado da Checoslováquia de 1948, generalizava-se a impressão de certa insensibilidade das populações europeias ante a gradativa marcha dos regimes autoritários em direção ao poder. E isso à luz vigente de democracias aparentemente vigorosas, ou seja, sem que as reações ante o mal se tivessem feito sentir de modo eficiente para impedir a concretização dos impérios autoritários. Esse era, nos anos 1950 e depois, um tema europeu dos mais debatidos, alinhado com a banalização do mal, denunciada pouco mais tarde por Hannah Arendt.

Essa crítica de Max Frisch reclama, portanto, nova atitude de seus concidadãos suíços, e bem assim de todos os europeus, se se quiser considerar a universalidade da denúncia que a peça contém e que abrange, ou pode abranger, toda a Europa saída do pesadelo hitleriano e já agora começando a enfrentar o novo desafio do expansionismo soviético.

O próprio nome do personagem que abriga os incendiários em sua casa (*Biedermann*, algo como "homem correto, honrado, do bem") revela que se trata de uma pessoa comum, convencional, incapaz de reconhecer o perigo que está à porta (ou, no caso, já dentro de sua residência). Parece uma alusão clara aos europeus que presenciaram a ascensão de Hitler e da direita nazista sem se darem conta do que estava acontecendo e sem forças para conter o avanço daquele inimigo que se tornaria em breve o flagelo europeu. O incêndio infernal, ao fim da peça, seria o coroamento dessa progressão, sob os olhos complacentes de democratas sem energia para resistir aos incendiários (*die Brandstifter*).

A atualidade dessa peça é, pois, de primeira evidência. Forças se insinuam de novo para dentro das sociedades democráticas, prevalecendo-se das liberdades generosamente outorgadas (à semelhança da hospitalidade de *Biedermann*), mas representando ameaça similar à dos incendiários, sutilmente, disfarçadamente, dissimulando-se sem que as pessoas saiam da inércia e se ponham de pé para combatê-las. O terror não está no medo, mas na falta de consciência do medo ou na incapacidade de reconhecer que o inimigo está à porta, ou já dentro de casa.

É por essa razão que a peça de Max Frisch, portadora de tão relevante e oportuna advertência, merece leitura e consideração, antes que o terror do incêndio volte a trazer o pânico às sociedades que deixaram entrar os incendiários. Já representada no Brasil, está a merecer nova encenação.

Heinrich Böll: *A Honra Perdida de Katharina Blum*

Outra dimensão do terror na vida nas democracias foi exemplarmente explorada pelo romance de Heinrich Böll de 1974. Na verdade, trata-se das consequências extremas do pânico gerado pela atuação de um grupo terrorista que atuou na então República Federal da Alemanha, sob a designação de Exército Vermelho (*Baader-Meinhoff*). A perseguição aos membros do grupo guerrilheiro desencadeou intensa caçada na Europa, da qual resultou, paralelamente, verdadeira indústria de sensacionalismo, mais interessada em vender notícias e propagar falsidades que procurar a verdade e informar corretamente o público.

Katharina Blum era pessoa sem atividades ou conexões políticas, que se encontrava casualmente com um certo Ludwig Götten, com quem passa uma noite e que, na realidade, estava comprometido em atividades criminais, sob investigações da polícia. Desse encontro de uma única noite não poderia advir qualquer consequência danosa a Katharina, salvo pelo fato de ter ela colaborado na fuga de Götten de seu apartamento, na manhã seguinte. Nada mais. Desse momento em diante, entretanto, recai sobre a vida de Katharina um sem-fim de comprometimentos artificiais, criados de modo ardiloso para enredá-la de alguma forma com a subversão do Baader-Meinhoff, por meio de interrogatórios, revistas em seu apartamento, enfim, formas de fazê-la se contradizer nas minúcias mais irrelevantes e de acabar confessando relações que de fato não mantinha. Teceu-se contra Katharina uma rede da qual, a partir de certo momento, não seria possível escapar.

Em pouco tempo a situação se torna insustentável, em face da obstinação do jornal sensacionalista que pretende convertê-la, a todo custo, em uma agitadora comunista, culpada de atos de terrorismo. O escândalo criado passa à curiosidade da grande imprensa. Gravações telefônicas privadas comprometem Katharina, acusações de seu ex-marido recaem como suspeitas, tudo parece convergir para fazer de sua vida um inferno. Já está em questão sua honra, como indica o título — e uma honra que Katharina perde, definitivamente, perante amigos e família, especialmente sua mãe.

Nesse momento, premida pela situação já insustentável, Katharina pede uma reunião com o jornalista Tötges, do diário *Die Zeitung*, que, a essa altura, já havia levantado todos os dados de sua vida em pormenores. Na entrevista, de pronto, Tötges propõe sexo a essa Katharina fragilizada. E, nesse momento, ela perde o controle, mata o jornalista e, desesperada, se põe a vagar pela cidade. Acaba por se entregar à polícia, após algumas horas de fuga.

Essa história de Katharina Blum constitui episódio marcante, do ponto de vista literário, da criação de verdades artificiais (que destroem literalmente a vida de uma pessoa inocente) para se construir uma mentira conveniente seja do ponto de vista policial, seja do ponto de vista político. Katharina jamais pertenceu ao Baader-Meinhoff e jamais colaborou com o grupo terrorista. Transforma-se, ela própria, no entanto, em troféu da luta contra o terror, como se seus perseguidores conseguissem contra ela vitória efetiva e autêntica que pudessem exibir à opinião pública.

Há, nesse momento, na Alemanha, a necessidade de mostrar que está triunfando a guerra contra o Baader-Meinhoff, contra o terror. Trata-se de questão política, em um país dividido e constantemente às voltas com a divisão, tanto quanto com as revoltas que vinham, ainda, desde 1968, e que tanto haviam abalado a sociedade europeia.

Na narrativa de Böll, o assassinato de Tötges deixa de ter qualquer significado, como deixam de ter qualquer importância suas motivações. O que passa a interessar exclusivamente é o crime de ser terrorista atribuído a Katharina Blum. É isso que acarreta o fim, imposto supostamente a uma perigosa agente comunista, de uma criminosa que alegadamente havia abalado a segurança da nação.

Surge, assim, nova configuração do terror, já com a invenção de outra realidade, vale dizer, da realidade virtual, que convém a finalidades diversas daquelas que estão na base do jornalismo em um regime democrático. Inventou-se nova extensão do terror, com a criação proposital de uma terrorista sob medida, capaz de servir à propaganda. Não importa o direito da pessoa, o direito à honra, pois esta, para Katharina Blum, já está agora irremediavelmente perdida.

O episódio criado por Böll se situa no nascimento remoto daquelas que presentemente se chamam *fake news*. Dentro do terreno da ficção, a obra de Böll reproduz, entretanto, a atmosfera da repressão de seu tempo, com todos os temores e incertezas que o comunismo criava na então Alemanha Ocidental, oficialmente República Federal da Alemanha, profundamente marcada pela divisão com a Oriental. Deveria, portanto, ser isolada a todo custo da "irmã" dominada pelo comunismo em plena Guerra Fria. E o relato de Böll, além disso, traz em narrativa tensa e brilhante a invasão da privacidade de uma cidadã inocente pelos superiores interesses dessa mesma repressão, a ponto de lhe retirar a personalidade, transformando-a em um ser submetido a injunções desumanas e autoritárias, flagrantemente antidemocráticas.

Pode-se, pois, vislumbrar, de um lado, o terror como pretexto: a organização terrorista Baader-Meinhoff, efetivamente engajada no terror, passa a ser motivo para qualquer reação, por mais absurda que seja, à custa da verdade e do direito de pessoas inocentes como Katharina Blum. De outro lado, o que se tem em linha de conta é a força da própria imprensa, que cria a realidade alternativa e, desse ponto de vista, funciona para verdadeiramente aterrorizar a cidadã inocente Katharina Blum, que acaba sucumbindo à pressão irresistível dessa modalidade *sui generis* de terror.

O brilho da prosa de Böll permite que se acompanhe, passo a passo, o contínuo envolvimento de Katharina Blum na trama artificiosa montada para destruir sua honra (e sua própria individualidade). Trata-se de movimento irreversível. É como um afundamento incessante na areia movediça, da qual não mais se consegue sair.

Sugestões para um confronto

Com essas anteriores anotações, e tomando como ponto de partida *O zero e o infinito,* de Arthur Koestler, não resisto à tentação de sugerir algumas ideias finais capazes de estimular a leitura das três obras aqui analisadas de modo comparativo, tendo como elemento comum o medo e, mais especificamente, o terror.

Em primeiro lugar, deparamo-nos com aquilo que poderíamos chamar de terror primitivo, ou seja, o terror ligado à ideia da força sem controle, ameaça física da integridade das pessoas, sem autor visível ou causa desde logo percebida. Nesse caso, não há representação deformada ou falsa da verdade, mas simplesmente o fato bruto, cuja violência inesperada arranca as pessoas do curso normal de sua existência, como o incêndio súbito e inexplicável de uma pequena cidade suíça que constitui o final arrebatador e cruel da peça de Frisch. A causa do terror primitivo é sempre humana ou, se se preferir, social. Em outras palavras, não se trata de evento da natureza. Assim, por trás da violência deve ser admitido um certo grau de aviso, uma mensagem, ainda que nem sempre explícita, perceptível, ou identificável, como no preciso caso da obra de Max Frisch. Mas, em certas instâncias, será ela agudamente clara, como nos atentados de 11 de Setembro.

Em segundo lugar, a literatura moderna oferece magníficos exemplos de deformação intencional da verdade, de que as denúncias contidas nas obras de Koestler e Böll estampam traços muito evidentes e valiosos: em *O zero e o infinito,* o Estado extrai forçadamente da boca do indivíduo Rubachov uma confissão inverídica, que utiliza para a propaganda política; em *Katharina Blum,* é para combater o próprio terrorismo, que ameaça a sociedade e o Estado, que se articula uma ficção fraudulenta contra uma pessoa inocente, com finalidade semelhante, que acaba, da mesma forma, convertida em vítima forçada da inverdade.

Em terceiro lugar, a leitura comparada das três obras estudadas, a partir de *O zero e o infinito,* permite notar que a propagação do medo ou a anunciação do terror pode ocorrer de diversas perspectivas, oferecendo visões distintas ou até mesmo contraditórias. Assim, para combater o terror não é incomum usar-se o próprio terror, como é o caso brilhantemente explorado no romance de Böll. Em outros momentos, o que está em discussão é saber qual o preciso sentido da mensagem carregada pelos sinais do terror. Ou, em alguns casos, se determinados fenômenos sociais podem efetivamente ser considerados manifestações terroristas, quando disfarçados sob metáforas poderosas ou símbolos eficientes (como podem sugerir os *Incendiários* de Frisch).

Tipicamente, nesse último caso, o atentado colossal dos incendiários atinge um nível extraordinário de surpresa, colhendo uma coletividade por completo alheia ao embate de qualquer posição política combatida pelo ato terrorista praticado, que a torna vítima do incêndio de proporções destruidoras e impressionantes.

É de indagar quantas vezes essas surpresas acontecem nas sociedades contemporâneas, expostas ao inesperado. Ou, para dizer melhor, expostas àquilo que até então se julgava inesperado, mas cujos rastros poderiam ser encontrados ao longo do tempo precedente. Para muita gente na Europa culta, Hitler não era considerado o monstro que acabou se mostrando, apesar dos inequívocos sinais em sua trajetória ao poder máximo da Alemanha e à sua declaração de guerra às nações livres. Da mesma forma, logo após o fim da Segunda Guerra, houve quem recusasse a existência tanto do genocídio nazista quanto dos expurgos de Moscou, esses últimos já denunciados no mínimo desde 1940 por Arthur Koestler.

Já no trágico fim de Katharina Blum, o que se vê é seu envolvimento puramente artificial com o terrorismo; por si, protagoniza uma falsa relação com o terror, já que lhe faltou qualquer motivação política, o que, entretanto, sobejou a quem a perseguiu. Foi ela o exemplo literalmente mais acabado da assim chamada "inocência útil", politicamente falando, instrumento utilizado por interesses ocultos, paradoxalmente, no próprio combate ao terrorismo. Entra nesse caso a categoria das *fake news,* poderosas e irreversíveis.

Ficam assim sugeridas essas linhas como referência a uma leitura comparada de três obras, a começar pelo relato de Arthur Koestler, para o fim de destacar como podem variar as aproximações a um tema geral, como o terror, que as domina de modo visível, mas com muitas e interessantíssimas diferenças.

NOTAS

1   1ª edição em inglês, 1940, tradução francesa em 1945, sob o título *Le Zéro et l'Infini* e tradução brasileira a partir de 1947, sob o título *O zero e o infinito.*
2   *Die verloreneEhre der KatharinaBlum,* publicada em 1794, edição consultada da dtvverlag em 1976. Há tradução para o inglês, sob o título *The losthonourofKatharinaBlum,* editada pela Penguin e para o português, tradução de Sibele Paulino, sob o título *A honra perdida de KatharinaBlum.*
3   *Biedermannund die Brandstifter,* inicialmente publicada em 1953 e hoje integrada ao vol. 2 das *Stücke,* Frankfurt, Suhrkamp Verlag, 1962, com traduções para o inglês, o francês e o português, *Biedermann e os Incendiários,* Lisboa, Portugália Editora, 1965, tradução de Irene Issel e Jorge de Macedo
4   Cf. Walter Laqueur, *No End to War – Terrorism in the Twenty-First Century,* New York-London, Continuum, 2004, p. 232 e seguintes.
5   Cf. Bruce Hoffman, *Inside Terrorism,* New York, Columbia University Press, 1954, p. 15 e seguintes.
6   Sobre o terror como técnica de governo, "Terror as Statecraft", cf. especialmente o 2º vol. da recente obra de Stephen Kotkin, *Stalin- -Waiting for Hitler 1929-1941,*Penguin, New York, 2017, p. 301 e seguintes.
7   Cf. Martin Esslin, *The Theatre of the Absurd,* Vintage, 3ª.ed, p. 292 e seguintes.

Moby Dick

Camila Mendes Vianna Cardoso

> *Não existe insensatez de animal algum na Terra que não seja infinitamente superada pela loucura dos homens.*
>
> *Assim sendo, parece haver razão para tudo, até mesmo para lei.*

Herman Melville e Moby Dick

A baleia Moby Dick é um personagem que faz parte do imaginário coletivo, transcendendo ao livro de Herman Melville. Mesmo quem não teve contato direto com o romance conhece a simbólica figura dessa baleia-branca.[1] Foram inúmeras as adaptações que a obra recebeu, como versões abreviadas, infantis, filmes e, até mesmo, história em quadrinhos.

A elevação desse romance americano do século XIX a um clássico,[2] que vai além do seu tempo, resultou das diversas leituras interpretativas que a obra proporciona,[3] o que é possível em razão da profundidade da narrativa do autor. Com a escolha precisa de cada palavra, Melville consegue transmitir densidade e beleza em seus capítulos que contam os preparativos que antecedem à partida do navio Pequod e prossegue com as aventuras ao mar na caçada à baleia Moby Dick.

A leitura de *Moby Dick* é uma empreitada grandiosa: sua escrita é original e demanda reflexão do leitor. É uma história muito mais sofisticada e complexa do que uma aventura de caça a uma baleia.

O livro é distribuído em 135 breves capítulos que proporcionam desiguais ritmos de leitura e conduzem o leitor a diversas sensações, desde um sentimento de perplexidade ante uma enxurrada de informações técnicas e dados históricos até o fascínio decorrente das alegorias e das poéticas imagens que o narrador passa durante a narrativa da enigmática aventura ao mar.

Sob a perspectiva do narrador Ismael, o livro conta a excitante aventura da tripulação de um navio baleeiro à caça da Moby Dick, baleia cachalote branca, cuja brutalidade, sagacidade e destreza jamais foram vistas. A narrativa é permeada por profundas percepções da condição humana e da vida em sociedade, com diversas alusões a figuras bíblicas, mitos cristãos e hindus e ao trabalho de Shakespeare.

Publicado originalmente sob o nome de "*The Whale*" e em três volumes, o livro é filosófico e impregnado de sentimento liberal, trazendo à reflexão os temas mais diversificados, como imigração, diversidade, democracia, autoritarismo e colonialismo.

Moby Dick é considerada a obra-prima de Herman Melville,[4] escritor nova-iorquino que viveu entre os anos de 1819 e 1891. O autor começou a escrever o romance aos 30 anos, em 1850, e já em outubro de 1851 a obra é publicada.

Grande parte das críticas apresentadas durante a narrativa da aventura marítima estão diretamente relacionadas ao expansionismo norte-americano, que fora vivenciado pelo autor. Herman Melville nasceu logo após a Revolução Americana de 1776 e a Guerra de 1812, que consolidou a independência norte-americana, e escreveu *Moby Dick* em meio ao turbilhão político que culmina na Guerra da Secessão (1861-

1865), com a Marcha ao Oeste, o rápido desenvolvimento econômico do país e o acirramento das diferenças entre os estados do Norte e do Sul dos Estados Unidos.

Não à toa, o nome escolhido pelo autor para a embarcação que vai à caçada da Moby Dick é Pequod, em referência a uma tribo indígena americana, que, na década de 30 do século XVII, fora dizimada pela colonização. Além da referência histórica, o nome serve como um verdadeiro prenúncio do destino da expedição baleeira, sinalizando destruição e morte.

Os membros da tripulação do Pequod representam diferentes raças e religiões, refletindo a diversidade cultural dos Estados Unidos da América. A hierarquia e a divisão de funções entre os membros da tripulação da embarcação, na qual todos se ajudam e protegem uns aos outros em busca do bem maior que é o sucesso da expedição marítima, reflete a ideia de democracia de Herman Melville.

É impressionante a maturidade intelectual de Melville, o livro traz uma grandiosa quantidade de alusões a eventos históricos, políticos e religiosos de seu tempo, além de profundas referências científicas no campo da arqueologia, da geografia, da oceanografia e da astronomia.

Herman Melville não chegou, contudo, a receber em vida o reconhecimento por sua obra-prima, morrendo esquecido e sem conhecer o grandioso sucesso. Apenas três décadas após a sua morte, Melville foi aclamado como um grande escritor da literatura e considerado a base da literatura norte-americana.

As aventuras marítimas vividas por Herman Melville

Fica claro que o escritor Melville era um leitor contumaz e admirador de Shakespeare e outros grandes escritores, mas o que é surpreendente é o fato de que ele teve uma educação irregular. Apesar de vir de uma família aristocrata de Nova Iorque — com descendência de nobres noruegueses e escoceses e com seus avôs reconhecidos como heróis militares nos Estados

Unidos da América —, seu pai foi um desastre nos negócios e perdeu tudo, obrigando a família a mudar-se constantemente.

Melville deixou a escola quando tinha apenas doze anos de idade, por ocasião da morte de seu pai. Foi autodidata e deixa claro no livro que o navio baleeiro fora o seu Yale College e Harvard.[5] Por volta dos vinte anos de idade teria passado aproximadamente três anos vivendo aventuras nos mares do sul.

Após experiência em um navio mercante, Herman Melville esteve, entre os anos de 1841 e 1842, em duas expedições baleeiras. Nessas expedições ao mar, além da prática como membro da tripulação, o autor pôde testemunhar eventos históricos do colonialismo e do imperialismo,[6] que são criticados ao longo de sua narrativa.

Nessa oportunidade e em suas expedições, Herman Melville conviveu com pessoas de diferentes nacionalidades, idades e grau de instrução. As experiências vivenciadas pelo autor contribuem para a riqueza de detalhes e para a propriedade com que é apresentada a aventura da tripulação do Pequod.

As experiências pessoais do autor permitiram que ele desenvolvesse um afiado senso de relatividade das culturas diante do convencionalismo norte-americano, em especial sua atitude dominante nas corridas para a civilização e cristianização dos pagãos.

A CAÇA À BALEIA MOBY DICK E A OUTRAS CACHALOTES ENCONTRADAS NO CAMINHO

A narrativa do autor é carregada do característico fascínio e mistério das expedições marítimas, que partem a caminho do desconhecido e com a perspectiva de riqueza.

Ressalvadas as atuais respeitáveis preocupações ambientais que cercam o tema, a caça à cachalote era uma importante e lucrativa atividade econômica no século XIX,[7] já que o óleo da baleia servia de matéria-prima para diversas finalidades, como, por exemplo, para os lampiões que iluminavam as cidades.

Toda baleia cachalote tinha valor e podia ser aproveitada: o óleo retirado de sua gordura e seu espermacete,[8] bastante usados para fabricação de velas e como lubrificante, os seus ossos, que eram queimados para fabricação de cal, os seus dentes de marfim, utilizados em objetos de arte e seu óleo comumente usado em cerimonias de coroação dos reis e rainhas.

As expedições de busca e caça às baleias cachalotes demoravam cerca de três anos, tempo médio necessário para que os navios baleeiros retornassem com os seus barris repletos de óleo e espermacete.

Até o desenvolvimento da indústria de petrolífera,[9] toda a energia advinha do óleo da baleia. Naquela época, portanto, a atividade baleeira era equivalente às atuais explorações em busca de campos de petróleo. Curioso notar que justamente um dos maiores símbolos da ganância capitalista é o responsável pelo rompimento do caminho traçado para a extinção das baleias.

Costumeiramente, a remuneração de todos que participavam de uma expedição baleeira era calculada por um percentual do lucro líquido da viagem, fosse qual fosse, sendo que tal quota variava conforme a atividade desempenhada. Porém, ao contrário dos demais tripulantes, Ismael, o narrador da história, não estava preocupado com a perspectiva financeira da viagem.

Antes do início da viagem, quando visita pela primeira vez o navio Pequod, ao encontrar os Capitães Peleg e Bildad,[10] responsáveis por contratar os membros da tripulação, Ismael não negocia sua remuneração, aceitando o valor discutido entre os capitães, que encenaram uma rotineira discussão no melhor estilo *good-cop and bad-cop*.

Ismael, antes mesmo de ouvir a oferta de quota feita pelos Capitães do Pequod, confessa que "[é] do tipo que nunca se preocupa com fortunas principescas e fico absolutamente satisfeito se o mundo puder oferecer casa e comida enquanto me preparo para a macabra hospedaria da Nuvem do Trovão".[11] O narrador se mostra satisfeito com a atribuição de uma quota de 300 avos do lucro líquido da expedição.

Assim, tendo os Capitães Peleg e Bildad cuidado de todas as medidas para preparação e guarnecimento do navio, bem como estando toda a tripulação contratada e a bordo, em esforço conjunto, a âncora é levantada e as velas são içadas. Devagar, o Pequod se afasta do Porto de Nantucket, em uma manhã de Natal, deslizando pelo Oceano Atlântico.

Apesar de Ismael identificar, desde o início do livro, maus agouros e prenúncios do trágico destino que esperava a expedição do Pequod, desvelando antecipadamente ao leitor o desfecho do romance, a narrativa consegue manter o forte tom enigmático. O mistério se mantém em especial porque as figuras centrais da narrativa, o Capitão Ahab e a baleia Moby Dick, demoram a efetivamente ingressar e participar do enredo, apesar de ambos estarem presentes nos diálogos e no imaginário dos demais personagens.

No momento da partida do Pequod do Porto de Nantucket, diferentemente do que usualmente acontece na ocasião em que as embarcações zarpam, o Capitão Ahab — responsável maior pela tripulação ao mar, já que os Capitães Peleg e Bildad não participaram da viagem — não é visto pela tripulação, que parte sob comando do Primeiro Imediato Starbuck. A única informação que os tripulantes possuíam naquele momento é de que o misterioso Capitão estava em seu camarote. Passam-se vários dias até ele ser visto no convés do navio.

É apenas no transcorrer da viagem que a tripulação começa a conhecer o Capitão Ahab,[12] que, naquela expedição, tem como objetivo maior reafirmar o seu domínio sobre o mar, vingando-se da amputação de umas de suas pernas pela baleia Moby Dick. Desde o embate com o leviatã, o Capitão Ahab passou a utilizar um osso de mandíbula de baleia para se apoiar, em substituição à sua perna que fora arrancada até a altura dos joelhos.

Ainda que com objetivo diverso do que aquele originalmente imaginado por todos os envolvidos na expedição do Pequod, o monomaníaco Capitão Ahab possui controle total de sua tripulação e consegue o compromisso de todos para ajudar na caçada à Moby Dick,[13] o que para ele é a verdadeira missão daquela embarcação.

Por vezes, o suspense leva o leitor a se questionar sobre a própria existência da Moby Dick ou, ao menos, duvidar da possibilidade de reencontrar o específico cachalote na imensidão do mar. Desse modo, a história ganha contornos de estranheza e improbabilidade. No entanto, através dos encontros com outras expedições baleeiras em alto mar,[14] vão sendo confirmadas, por capitães e marujos, as informações a respeito da Moby Dick, que surge apenas no final da obra.

A caçada à baleia Moby Dick é uma obsessão do Capitão Ahab. Por diversas vezes durante a viagem do navio Pequod, o diabólico e agressivo Capitão Ahab demonstra que qualquer outra atividade que não diretamente relacionada à Moby Dick é desimportante.

Em um dos trechos do livro, o Primeiro Imediato Starbuck comunica que está havendo um vazamento de óleo no porão do navio, que precisava ser contido, sob pena de colocar a expedição em risco. O Capitão Ahab, em um primeiro momento, chega a cogitar não deslocar o foco da tripulação para o reparo, já que todos deveriam permanecer dedicados à caçada da baleia albina. O narrador Ismael também nos conta que o Capitão Ahab apenas permite que a tripulação se aventure na caçada a outros cachalotes como uma maneira de manter o controle sobre ela.[15]

Outro ponto alto da história contada por Ismael é a diversidade dos tripulantes do Pequod, com pessoas de diferentes origens e crenças. Variadas são as situações em que o autor consegue, em meio à narrativa, desferir profundas críticas ao colonialismo e ao falso sentimento de superioridade dos cristãos. Fica claro que, independentemente das origens e crenças, todos os tripulantes têm muito em comum e que, por vezes, os pagãos têm posturas mais éticas.

Herman Melville lança mão de uma mistura de estilos de escrita, de maneira que os capítulos dedicados aos acontecimentos da expedição baleeira são intercalados com capítulos dedicados a uma profunda abordagem de temas técnicos de alta especificidade, como, por exemplo, a cetologia,[16] a cor branca da albina Moby Dick ou até mesmo detalhes dos navios baleeiros.[17]

Após explicar em detalhes como são os navios baleeiros, o narrador descreve que o navio Pequod possui três botes utilizados para o enfrentamento e captura das baleias. Cada um dos botes é pilotado por um imediato e acompanhado por um arpoador, que fica em destaque na proa, separadamente dos demais tripulantes. Assim, Herman Melville constrói mais uma simbólica cena em que os arpoadores pagãos e selvagens, sujeitos tidos como exóticos, desempenham papel determinante naqueles botes pilotados por imediatos europeus e cristãos.[18]

Uma parte tocante do livro é a sincera amizade entre o narrador, Ismael, e Queequeg, um homem enorme, de pele queimada pelo Sol e com várias tatuagens tribais, inclusive no rosto. As circunstâncias do encontro e dos primeiros dias de amizade são hilárias e, certamente, são um ponto alto do enredo. Queequeg é um canibal da fictícia ilha de Kokovoko, na qual era um príncipe. Mesmo com tal título, o nativo largou sua ilha como um clandestino em uma embarcação, com objetivo de aprender com os cristãos.

O narrador coloca o leitor em uma posição de maior simpatia por um canibal do que por aqueles que adotam a fé cristã, expondo as diversas contradições existentes no seio da sociedade cristã ocidental, que, por conveniência, em diversas situações, justificava ou ignorava atitudes moralmente duvidosas.

Queequeg é um personagem que nos dá verdadeiras lições de como se adaptar em ambientes diversos, como sempre respeitar o próximo e evitar julgamento ou preconceito. Apesar de Queequeg ter saído de sua ilha em busca de conhecimento, o narrador questiona se realmente haveria algo para ele aprender ali, evidenciando a contradição entre a moral cristã e o imperialismo e o colonialismo e a exploração da escravidão.[19]

MOBY DICK: JUSTIÇA SOB DIFERENTES PERSPECTIVAS

Tal qual a narrativa do autor, que se despetala em diversos níveis e camadas de leitura, partindo de proposições e pensamentos profundos e filosóficos, passando por críticas diretas à sociedade ocidental e chegando a uma narrativa da aventura na caça à baleia Moby Dick, também é possível extrair reflexões a respeito da Justiça em diferentes perspectivas e níveis de profundidade.

As possíveis alegorias que a obra admite exprimem uma visão filosófica da natureza e da inquietude humana, e, seja qual for a interpretação depreendida pelo leitor a partir da narrativa de Herman Melville,[20] em todas elas a condição humana desafia a eterna aspiração pelo justo e pelo equitativo, como expressão de um imperativo de retributividade e expressão maior do princípio da igualdade.

Além dessa perspectiva filosófica a respeito da condição humana, o tema Justiça também pode ser observado de forma mais palpável, a partir das provocativas críticas apresentadas pelo autor à vida civilizada americana. É impossível ler algumas páginas do livro e não se ver meditando a respeito do senso de justiça em questões atinentes às liberdades individuais,[21] ao poder estatal ou relacionadas com o direito de propriedade.[22] A recém-criada nação americana vivia uma contradição entre a moral cristã e a conveniência de dizimar indígenas e explorar o negro através da escravidão.

Interessante notar que, além de incorporar o tema da Justiça ao simbolismo da narrativa, pelo menos em três oportunidades, o autor utiliza-se do formato argumentativo típico da advocacia para apresentar ao leitor sua perspectiva a respeito de determinado assunto.

No capítulo 24, não à toa intitulado "O Advogado" (*The Advocate*), Ismael defende que a profissão de baleeiro é respeitável e que deve ser considerada do mesmo nível que as demais profissões liberais. O narrador apresenta diferentes argumentos que justificariam afastar a pecha de carniceiros dos baleeiros, apontando razões pelas quais a profissão deveria ser vista como uma atividade altamente lucrativa e pioneira, desbravando caminhos que posteriormente passam a ser seguidos por embarcações da marinha mercante. E, em forte crítica às guerras e atividades militares, afirma o narrador: "Somos açougueiros, isso é verdade. Mas também são açougueiros e sanguinários da pior natureza, os comandantes militares que o mundo invariavelmente se deleita em homenagear."[23]

Já no capítulo 89, com o título de "Peixes Presos e Peixes Soltos" (*Fast Fish and Loose Fish*), Ismael apresenta como *leis universais* as normas que definem quem teria direito de propriedade sobre uma baleia que fora atingida pelos baleeiros de uma embarcação, mas, após ferida, consegue escapar e é capturada por outro navio.

Não era incomum que, após caça e captura cansativas e perigosas, o corpo da baleia, por alguma circunstância, como uma forte tempestade, se soltasse da embarcação, vindo a ser capturado por outro navio baleeiro. Para resolver a disputa, Ismael afirma a existência de duas leis simples e curtas, que constituem um sistema conciso e claro.[24]

Porém, mesmo diante de normas precisas, o narrador afirma que a admirável brevidade "necessita um vasto volume de comentários para expô-lo".[25] Seguindo o formato de uma típica análise jurídica, é examinado um caso que teria sido julgado na Inglaterra, em que as tais leis universais teriam sido aplicadas para solução da controvérsia.

Em tom espirituoso, no entanto, o autor assevera que todos os comentários são científicos, e o que prevalece são os comentários dos próprios baleeiros, "palavras duras e pancadas mais duras — a Lei dos punhos".[26]

Outra oportunidade em que matérias legais são diretamente enfrentadas se dá no Capítulo 90, intitulado "Cabeças ou Caudas" (*Heads or Tails*). O capítulo possui exacerbado senso crítico, sem, contudo, perder o viés cômico. Nele é narrada uma pequena história que desafia o senso de justiça do leitor.

Após uma caça bastante difícil, um navio baleeiro de certa nacionalidade leva para a costa sua baleia, que fora capturada bem distante dali. Esse baleeiro é surpreendido por uma espécie de bedel, chamado de Lorde Guardião — na obra original, em língua inglesa, *Lord Waren*. O bedel, portando uma cópia do Blackstone, afirma que todas as baleias capturadas por qualquer pessoa nas costas pertenceriam ao Duque, ordenando que os tripulantes tirem as mãos daquele animal. A partir daí, inicia-se curioso diálogo, em que, diante de argumentos ponderados trazidos pelos baleeiros, o bedel limita-se a repetir a frase: "mas lhe pertence."

Assim, nada adiantou aos marinheiros argumentar o grande trabalho e perigos que enfrentaram na captura do animal. Também não lhes adiantou afirmar que incorreram em despesas para realizar a expedição. A curta resposta era sempre a mesma: "mas lhe pertence".

Ao final, os baleeiros se veem obrigados a entregar a baleia ao Lorde Guardião. Diante do ocorrido, o narrador, como se estivesse em uma interlocução direta com advogados, questiona o poder do Soberano, procurando as razões lógicas e a justiça por trás da imposição: "Precisamos investigar qual princípio que outorgou ao Soberano esse direito. [...] Ele diz que a baleia caçada pertence ao rei e à rainha 'devido à sua superior excelência' [...] Mas porque o rei deveria receber a cabeça, e a rainha a cauda? Deve haver uma boa razão para isso, advogados!"[27]

De forma recorrente na narrativa, o primeiro imediato Starbuck[28] questiona a justiça do comportamento do Capitão Ahab, que, relegando a segundo plano o verdadeiro objetivo da expedição baleeira do navio Pequod, utiliza-se desta e de sua tripulação para atender o seu intento pessoal de caçada à Moby Dick.

Conforme relatado por Ismael, o próprio Capitão Ahab tem conhecimento de que sua atitude perante todos os que estão envolvidos na expedição do Pequod é errada do ponto de vista moral e legal, chegando a mencionar que era uma conduta de usurpação:

> Tendo provavelmente revelado de modo impulsivo e prematuro o motivo principal e particular da viagem do Pequod, Ahab agora estava totalmente consciente de que ao fazê-lo indiretamente se expusera à incontestável acusação de usurpação, e se quisesse e tivesse esse fim sua tripulação poderia se recusar a obedecê-lo e até privá-lo violentamente do comando, com perfeita impunidade, tanto moral quanto legal.[29]

Apesar de o Capitão Ahab ser o comandante do navio, e, portanto, a figura mais importante e autoridade máxima a bordo, isso não o autoriza a desviar o propósito da expedição. Como Ismael indica logo nos primeiros capítulos do livro, a partir de sua conversa com os Capitães Peleg e Bildad, várias pessoas investiram na expedição, o que demanda vultosos custos e investimentos: "deves considerar o direito de outros proprietários deste navio — viúvas e órfãos, muitos deles — e se remunerarmos de modo por demais abundantes os serviços deste rapaz [Ismael], talvez estejamos tirando o pão dessas viúvas e órfãos."[30]

Em interessante trecho, o Capitão Ahab mostra o seu desinteresse em relação aos proprietários da embarcação: "Os proprietários que fiquem na proa de Nantucket e gritem mais alto que os tufões. Que importância tem isso para Ahab? Proprietários, proprietários! Starbuck, estás sempre a me dizer tolices sobre esses proprietários miseráveis, como se eles fossem minha consciência. Mas olha, o único real proprietário de alguma coisa é teu comandante, e lembra-te de que minha consciência se encontra na quilha deste navio — para o convés!"[31]

Além da relação entre proprietários, armadores e comandante, a expedição de caça às baleias cachalotes descreve, ainda, a relação dos proprietários e armadores do navio com marinheiros que aceitam trabalhar na expedição, na expectativa de receber determinada quota sobre os lucros líquidos obtidos. Contudo, para a surpresa de todos, na primeira descida aos botes para a caça de uma baleia, Ahab surge rodeado por "cinco fantasma escuros que pareciam ter acabado de se formar no ar",[32] que utilizam um bote que, anteriormente, era considerado por todos como um bote de reserva.

É possível identificar, nesse contexto, algumas das típicas e mais importantes figuras no âmbito do Direito Marítimo, cuja presença é perpetuada nas relações comerciais marítimas atuais, e disciplinadas nas legislações pertinentes,[33] como, por exemplo, armadores, proprietários da embarcação, capitão, imediato, agentes marítimos e a própria expedição marítima.

Os Capitães Peleg e Bildad são, portanto, os armadores-proprietários do navio Pequod, responsáveis por providenciar o provimento da embarcação, com fins de explorá-la comercialmente. Porém, ambos não fazem parte da tripulação em alto mar, confiando a missão comercial de caça às baleias cachalotes ao seu Comandante, o Capitão Ahab, que os trai, ocultando a sua obsessão e objetivo maior naquela expedição.

Considerações finais: princípio da igualdade, justiça e democracia

Moby Dick é um livro que pode ser lido diversas vezes e, com toda certeza, em cada uma delas o leitor se surpreenderá com, ao menos, uma dezena de novidades, tamanha a riqueza de detalhes e conteúdo que se encontra em suas profundezas. A obra está muito longe de ser a simples narrativa a respeito de uma tripulação que desbrava o mar em busca de uma baleia.

O Capitão Ahab é obsessivo na sua busca de fazer justiça e como toda pessoa autoritária não admite questionamento. Ele se vê como o grande salvador e sua missão é destruir a baleia — personificação do mal. Não importa os armadores, as recompensas financeiras, sua família, a tripulação, enfim, tudo é secundário. O livro mostra que o Capitão Ahab, apesar de ser um grande e respeitado comandante, é um líder fanático e vai levar toda a sua tripulação à destruição. Uma tripulação que parece anestesiada e que não enxerga o seu fim. Para Ahab, a vingança se tornou sua razão de viver.

Seria realmente a luta entre o bem e o mal? Herman Melville escolheu preservar a Baleia no final de seu livro, juntamente com Ismael, o narrador.

Todas as críticas trazidas pelo autor às contradições propagadas pelas sociedade ocidental do começo do século XIX levam o leitor a um pensamento filosófico de ruptura, para que se busque a igualdade e a democracia entre os homens.

É evidente a grande contemporaneidade do livro, refletido no forte contexto de intolerância que experimentamos hoje. Herman Melville antecipou as tensões políticas e religiosas dos anos que se seguiram com o expansionismo capitalista americano.

Este ano celebramos 200 anos do nascimento de Melville e, ao refletir sobre este período, podemos identificar que a intolerância continua presente. Basta lembrar das duas grandes guerras mundiais, das lutas religiosas, da morte de inúmeros imigrantes, do preconceito em face dos índios que foram praticamente aniquilados e dos negros e mulheres marginalizados pela sociedade. O recente episódio do Brexit demonstra a dificuldade em se viver em comunhão com diferentes nacionalidades. Com relação à natureza, a destruição permanece crescente. Tampouco a sociedade globalizada conseguiu extinguir a profunda desigualdade social, apesar da abundância do mundo moderno. Está tudo lá escrito em Moby Dick e este livro permanece um hino pela democracia. É um livro clássico que antecipou as injustiças do século XX e XXI.

Nesse sentido, ressalto que existem inúmeras reflexões e caminhos que o livro permite, e não pretendo, neste modesto trabalho, limitar toda a grandeza e lições deste livro. Apenas destaco a importância no mundo atual da tolerância ao próximo, sempre tendo como direção a busca da igualdade e da democracia entre os homens.

Extratos da obra de Herman Melville

> De todas as absurdas suposições da humanidade nada excede as críticas feitas aos hábitos dos pobres, pelos que tem boa moradia estão bem aquecidos e bem alimentados.
>
> Ninguém pode salvar ninguém. Temos de nos salvar a nós próprios.
>
> Prefiro embarcar com um canibal sóbrio do que com alguém civilizado e bêbado.
>
> Se a natureza não é contra nós, também não é por nós.
>
> Não podemos viver apenas para nós mesmos. Mil fibras nos conectam com outras pessoas, e por essas fibras nossas opções vão como causas e voltam para nós como efeito.
>
> Aprendi que amigos a gente ganha mostrando quem somos.

Sou atormentado por uma coceira interminável por coisas distantes. Eu adoro navegar por mares proibidos.

Eu não sei tudo o que está chegando, mas seja o que for, eu vou até lá rindo.

Bibliografia

ELLIS, Myriam. *A Baleia no Brasil Colonial*. São Paulo: Edições Melhoramentos/EdUSP, 1969.

FINLEY, Gary D. *Langdell and the leviathan: improving the first-year law school curriculum by incorporating mody-dick*. In: 97 Cornell L. Rev. 159 (2011). Disponível em: http://scholarship.law.cornell.edu/cgi/viewcontent.cgi?article=3229&context=clr. Acesso em: 20 out 2019.

LAWRENCE, David Herbert. *Studies in classic american literature*. New Delhi: Atlantic Publishers and Distributors, 1995.

_____. "Moby Dick". In: MELVILLE, Herman. *Moby Dick, ou A Baleia*. São Paulo: Cosac Naify, 2008.

MELVILLE, Herman. *Moby Dick, ou A Baleia*. Tradução e notas: Vera Silva Camargo Guarnieri. São Paulo: Ed. Landmark, 2012.

_____. PARKER, Hershel, editor. *Moby-Dick: an authoritative text, contexts, criticism*. 3ª ed. New York: W.W. Norton & Company, 2018.

_____. *Moby Dick or The Whale*. Introduction by David Herd — University of Kent at Canterbury. Herts, UK: Wordsworth Classics ltd, 1999.

_____. *Moby Dick*. Tradução e adaptação de Carlos Heitor Cony, 2ª ed. Rio de Janeiro: Nova Fronteira, 2012.

Notas

1 *Moby Dick* é uma baleia albina da espécie cachalote, e não uma baleia-branca ou beluga. A baleia cachalote é definida, no livro, como "[...] o maior habitante do globo, a mais formidável de todas as baleias que se pode encontrar, a de aspecto mais majestoso e, por fim, a mais valiosa para o comércio, sendo a única criatura de quem se extrai a precisa substância espermacete. " (MELVILLE, Herman. *Moby Dick, ou A Baleia*. Tradução e notas: Vera Silva Camargo Guarnieri. São Paulo: Ed. Landmark, 2012. p. 84).

2 D. H. Lawrence é um dos vários escritores e poetas que afirmam a grandiosidade do livro de *Moby Dick*: "*[...]one of the strangest and most wonderful books in the world, [...]. It is an epic of the sea such as no man has equaled; and it is a book of esoteric symbolism of profound significance, and of considerable tiresomeness. But it is a great book, a very great book, the greatest book of the sea ever written. It moves awe in the soul.*" (LAWRENCE, D.H., *Studies in classic American literature*. New Delhi: Atlantic Publishers and Distributors, 1995. p. 172).
Segundo Carlos Heitor Cony: "Numa lista rigorosa dos dez maiores livros de todos os tempos, muitos críticos incluiriam sem hesitações o grande romance de Herman Melville, *Moby Dick*. Trata-se, portanto, de uma obra-chave da literatura universal. Situa-se em pé de igualdade com Gulliver, Tom Jones, Dom Quixote e outros poucos monumentos literários. [...] Melville foi marinheiro, amou o mar e escreveu muito. Quando morreu, em 1891, já poderia ser considerado o pai da prosa norte-americana. Todos os escritores que vieram depois devem-lhe muito. Ao lado de Edgar Allan Poe, forma a base da própria literatura americana. Melville conseguiu impor ao seu romance um significado que transcende ao da simples aventura. [...] *Moby Dick* é, sobretudo, o Absoluto, o Absurdo, o Infinito, talvez o próprio Deus, que os homens teimosamente tentam apreender e assimilar. A obstinação do capitão Ahab em busca de sua enorme baleia branca tem um patente significado místico e talvez sexual. Sua luta contra o monstro inatingível é a própria busca de um destino que, embora absurdo, não deixa de ser profundamente humano. E sua derrota é humana também." (*Moby*

Dick. Tradução e adaptação de Carlos Heitor Cony, 2ª ed. Rio de Janeiro. Ed. Nova Fronteira, 2012. p. 7-8).
Outro grande admirador do livro, o artista Bob Dylan, por ocasião do recebimento do prêmio Nobel de literatura em 2016, em seu discurso, foi enfático e afirmou que este foi um dos 3 livros que mais lhe influenciou na sua carreira.

3 São diversas as interpretações e alegorias que podem ser atribuídas à obra. Por exemplo, para alguns, o enredo simbolizaria a luta do homem contra Deus. Para outros, a baleia-branca representaria o destino dos homens, e, portanto, o Capitão Ahab figuraria a empáfia humana que quer controlar o destino. Há quem entenda que a tripulação seria uma analogia à alma americana, supostamente civilizada. Esses são apenas alguns exemplos das interpretações mais comuns. O forte caráter simbólico da obra abre espaço para que o leitor desenvolva com amplitude e profundidade uma interpretação particular.

4 Além do clássico *Moby Dick* (1851), o autor também publicou, dentre outros, *Typee* (1846), *Ommo* (1847), *Mardi* (1849), *Redburn* (1849), *White-jacket* (1850) e *Billy Budd* (1924), este último publicado postumamente.

5 Há, no livro, interessante passagem em que o autor parece fazer referência às suas experiências pessoais através do narrador Ismael: "E quanto a mim, se por acaso ainda houver qualquer possibilidade de se descobrir algo bom em minha pessoa, se um dia eu puder razoavelmente ambicionar e merecer uma real reputação neste pequeno mundo, se no futuro eu fizer algo que um homem preferiria ter feito em lugar de deixar de fazer, se quando eu morrer meus testamenteiros ou, mais propriamente, meus credores, encontrarem algum manuscrito precioso em minha mesa, *desde já atribuo toda honra e glória à pesca da baleia, pois um navio baleeiro foi minha Universidade de Yale e minha Harvard.*" (MELVILLE, Herman. *op. cit.* p. 72 — grifou-se).

6 Em sua primeira expedição baleeira, Melville desertou na ilha pacífica de Nuku Hiva, uma das maiores das Ilhas Marqueses, que, naquela ocasião, no ano de 1842, acabara de se transformar em território da França (Polinésia Francesa). Herman Melville permaneceu na Ilha de Nuku Hiva, onde teria vivido por um pouco mais de um mês como um Robinson Crusoé moderno. Ainda em 1842, entrou em outra expedição baleeira e chegou ao Taiti, onde,

mais uma vez, vivenciou a dominação francesa. Em 1843, Melville chega ao Havaí, na época sob dominação dos britânicos e ainda sob a denominação de *Sandwich Islands*, onde viu americanos protestantes missionários escravizando nativos que vieram a ser cristianizados.

7   Segundo o autor nos conta no livro, os Estados Unidos possuíam, no século XIX, a maior frota mundial de navios baleeiros, com 700 navios tripulados por 18 mil homens (*Ibid.*, p.70).
    A prática de caça às baleias também foi desenvolvida no Brasil. Introduzida no século XVII, ainda por colonizadores ibéricos, a atividade de caça às baleias era realizada principalmente na Bahia, Rio de Janeiro, São Paulo e Santa Catarina. No início do século XX, ela passou a ser realizada na Paraíba. A atividade torna-se proibida no ano de 1987, com a Lei 7.683. Sobre o tema, vide ELLIS, Myriam. *A Baleia no Brasil Colonial*. São Paulo: Edições Melhoramentos/EdUSP, 1969.

8   O espermacete é o produto da baleia que apresenta maior valor, utilizado principalmente para fabricação de velas, lubrificantes, detergentes cosméticos e compostos farmacêuticos. O espermacete é retirado da cabeça do cachalote e possui textura oleosa, que, em contato com o ar, transforma-se em cera.

9   A partir da década de 50 do século XIX, iniciou-se o processo de refino e ganho de escala da indústria petrolífera.

10 Além de Ismael e Ahab, Peleg e Bildad também são nomes bíblicos. Peleg, mencionado no Livro Gêneses da Bíblia, significa divisão. Bildad, mencionado no livro de Jó na Bíblia, significa filho da discórdia.

11 MELVILLE, Herman. *op. cit.* p. 54.
    No capítulo de abertura do livro, intitulado Quimeras (*Loomings*, no texto original, em inglês), no primeiro parágrafo do livro, Ismael apresenta a sua justificativa para ir ao mar: "Chame-me por Ismael. Há alguns anos não me importa quantos ao certo, tendo pouco ou nenhum dinheiro no bolso, e nada em especial que me interessasse em terra firme, pensei em navegar um pouco e visitar o mundo das águas. É o meu jeito de afastar a melancolia e regular a circulação. Sempre que começo a ficar rabugento; sempre que há um novembro úmido e chuvoso em minha alma; sempre que, sem querer, me vejo parado diante de agências funerárias, ou acompanhado todos os funerais que encontro; e, em especial, quando minha tristeza é

tão profunda que se faz necessário um princípio moral muito forte que me impeça de sair à rua e rigorosamente arrancar os chapéus de todas as pessoas, então percebo que é hora de ir o mais rápido possível para o mar. Esse é o meu substituto para a arma e para as balas. Com garbo filosófico, Catão corre à sua espada; eu embarco discreto num navio. Não há nada de surpreendente nisso. Sem saber, quase todos os homens nutrem, cada um a seu modo, uma vez ou outra, praticamente o mesmo sentimento que tenho pelo oceano." (*Ibid.*, p. 15).

12 Na história bíblica, Ahab ou Acabe foi o sétimo rei do Reino de Israel. Casou-se com Jezebel e, posteriormente, morreu em uma guerra.

13 Após o Capitão Ahab convocar toda a tripulação para a caça da baleia Moby Dick, há uma cerimônia de pacto entre eles: "Recebendo a vasilha de estranho cheia até a borda, voltou-se para os arpoadores e lhes ordenou que apresentassem as armas. Então, enfileirando-os diante dele perto do cabrestante, arpões nas mãos enquanto os três pilotos permaneciam ao seu lado com lanças em punho, o resto da tripulação do navio formou um círculo em torno do grupo. Por um instante, ele olhou fixamente para cada um dos homens de sua tripulação. Aqueles olhos selvagens encontraram os seus como os olhos injetados de sangue dos lobos dos prados encontram os olhos de seu líder antes que este corra à sua frente no rastro do bisão. Mas, ó infelicidade! Ele cai na armadilha oculta do índio." (*Ibid.*, p.100).

14 Os encontros entre as embarcações baleeiras recebem o nome de GAM, que é, na gíria náutica, uma confraternização entre dois navios que se aproximam em alto mar. Nessas confraternizações, os capitães se encontram e conversam em uma embarcação, e o restante da tripulação se junta na outra. Ao longo do livro, são nove os encontros entre Pequod e outros baleeiros. É possível notar, na narrativa, uma clara gradação, de menor intensidade para maior intensidade, dos relatos e interações dessas embarcações com a baleia Moby Dick. Logo no primeiro, por exemplo, a comunicação não foi possível porque, por conta das condições climáticas, a trombeta que os capitães usavam para a comunicação inicial à distância cai ao mar justamente no momento em que o capitão da outra embarcação iria responder à indagação do Capitão Ahab sobre ter avistado ou não Mody Dick ao longo de sua viagem. Já

no nono GAM do Pequod com outro baleeiro, parte da tripulação deste havia sido morta em um confronto com Moby Dick. Três desses encontros merecem menção e referência expressa: (i) o encontro com um navio baleeiro inglês, cujo capitão também tivera o braço devorado pelo leviatã branco. Porém, ao contrário de Ahab, o capitão se sentia grato por estar vivo e não almejava vingança; (ii) o encontro com a embarcação Delight, que havia perdido cinco homens para Moby Dick, o que não é suficiente para causar qualquer temor à Ahab. Ao contrário, o capitão excita-se com a proximidade crescente do inimigo; e, por fim, (iii) o último GAM, em que há o encontro com a embarcação Raquel, cujo capitão relata ter acabado de perder vários marinheiros — incluindo o seu filho de doze anos — tentando matar Moby Dick.

15 "Naturalmente, Ahab devia estar ansioso para se proteger da simples sugestão de usurpação e das possíveis consequências da impressão reprimida que ganhava terreno. Essa proteção poderia ser apenas o predomínio se seu próprio cérebro, do seu coração e da sua mão, apoiados por uma cuidadosa atenção às menores influências atmosféricas que pudessem afetar a sua tripulação. Por todas essas razões, e talvez também por outras, analíticas demais para serem verbalmente expostas aqui, Ahab via claramente que devia continuar fiel ao propósito natural e aparente da viagem do Pequod, além de observar todos os costumes e se esforçar para demonstrar um apaixonado interesse por sua profissão. De qualquer modo, sua voz agora era ouvida com frequência, chamando os três vigias dos mastros, recomendando-lhes para ficar atentos e não deixar de anunciar qualquer animal avistado, mesmo que se tratasse de um golfinho. Essa vigilância não tardaria a trazer recompensa." (*Ibid.*, p. 125).

16 Cetologia é o ramo da Zoologia que estuda a vida e o comportamento dos mamíferos marinhos.

17 Segundo críticos e literatas, por de trás dessa estrutura e variação de estilo, Herman Melville buscou passar aos leitores a sensação e ritmo de vida de um marinheiro ao mar, com as atividades cotidianas repetitivas a serem cumpridas, beirando a monotonia. Sendo essa a função de tais capítulos e estrutura ou, ao contrário, tendo estes apenas a função de informar o leitor sobre detalhes importante para a compreensão da narrativa, fato é que os dados fazem crescer o mistério e a ansiedade em torno da Moby Dick.

18 O primeiro bote era pilotado por Starbuck, Primeiro-piloto, e tinha como arpoador Queequeg, canibal, que, antes mesmo do embarque, torna-se melhor amigo do narrador, Ismael. O segundo-piloto era Stubb, cujo arpoador era o índio americano Tashtego; o terceiro bote era pilotado por Flask, cujo arpoador era o africano Daggoo.

19 Há quem faça a crítica de que, após o Pequod zarpar, a amizade entre os dois personagens parece abandonada, sem a mesma cumplicidade que havia no início do livro. Nesse sentido, D. H. Lawrence: "Você poderia pensar que essa relação significa alguma coisa para Ismael. Mas não. Queequeg é esquecido como um jornal velho. As coisas humanas são emoções ou diversões momentâneas para o americano Ismael. Ismael, o caçado. Mas muito mais Ismael, o caçador. O que é Queequeg? O que é uma esposa? A baleia-branca precisa ser caçada até o fim. Queequeg precisa ser apenas 'conhecido', e então lançado ao esquecimento." (LAWRENCE, David Herbert. "Moby Dick".
In: MELVILLE, Herman. *Moby Dick, ou A Baleia*. São Paulo: Cosac Naify, 2008. p. 605).

20 Enquanto alguns leitores depreendem que as figuras do livro embutem questionamentos relacionados à condição humana perante Deus — admitindo, para tanto, que Mody Dick representaria Deus —, outros interpretam que os questionamentos seriam da luta do homem contra o seu próprio destino — partindo do entendimento de que Moby Dick resumiria o destino do homem e o Capitão Ahab representaria a empáfia humana em controlá-lo.

21 O livro Billy Budd, publicado postumamente, também trata de temas a respeito da injustiça e da liberdades civis. Muitos estudiosos da obra de Melville enxergam no injusto julgamento do personagem Billy Budd como uma metáfora para o sistema legal inglês, no qual regras formalistas, por vezes, prevalecem sob a simples moralidade.

22 No volume 97 do periódico Cornell Law Review foi publicado um interessante artigo do Professor Gary D. Finaley, intitulado *Langdell and the Leviathan: Improving the First-Year Law School Curriculum by incorporating Mody-Dick*, no qual o professor defende a utilização da obra de Herman Melville no currículo das faculdades de Direito, em especial para os alunos do primeiro ano ao inicia-

rem o estudo da propriedade, como um importante complemento ao *case method*.
23 *Ibid.*, p. 70.
24 As leis seriam as seguintes: "I- Um peixe preso pertence à parte à qual está preso; II- um peixe livre pertence a quem o capturar primeiro" (MELVILLE, Herman. *Op. cit.*, p. 219).
25 *Ibid.*, p. 220.
26 *Ibid.*, p. 220.
27 *Ibid.*, p. 222.
28 O religioso Starbuck, o Primeiro-Piloto do Pequod, foi o único membro da tripulação que chegou a esboçar um enfrentamento à autoridade comandante: "Capitão Ahab, tenho coragem suficiente para sua mandíbula torta e também para as mandíbulas da Morte, se houver motivo justo para isso, mas embarquei para caçar baleias, não para vingar o meu comandante. Quantos barris de óleo renderá tua vingança, caso de a conseguires, capitão Ahab? Não valerá muito em nosso Mercado de Nantucket." (*Ibid.*, p. 99). Porém, Starbuck, cujos pai e irmão haviam morrido no mar, não tem poder suficiente para se opor ao comandante, que já conta com o apoio da tripulação na empreitada: "Agora são três contra três. Apresentai os cálices sanguinários! Apresentai-os, vós, que agora sois parte desta aliança indissolúvel! Ah! Starbuck! O fato está consumado! O sol que o ratifica espera para se pôr sobre ele. Bebei, arpoadores! Bebei e jurai, homens, vós que tripulais a proa letal deste navio baleeiro — Morte para Moby Dick! Que Deus nos destrua a todos se não caçarmos Moby Dick até a Morte' Os longos cálices farpados foram levantados e com um silvo a bebida foi sorvida sob brados e imprecações contra a baleia branca. Starbuk empalideceu e virou-se tremendo. Mais uma vez o jarro cheio passou pela tripulação frenética. Ahab abanou a mão livre para os homens, todos se dispersaram e ele partiu para seu camarote." (*Ibid.*, p. 101).
29 *Ibid.*, p. 125.
30 *Ibid.*, p. 54.
31 *Ibid*, p. 260.
32 *Ibid*, p. 126.
33 O Código Comercial Brasileiro de 1850, cujo Título II, que disciplina o Comércio Marítimo, até hoje em vigor, disciplina tais importantes figuras típicas das relações comerciais marítimas.

Autores

Abel Fernandes Gomes é especialista em direito penal pela UnB e mestre em direito pela Universidade do Estado do Rio de Janeiro. Atua como desembargador federal no Tribunal Regional Federal da 2.ª Região.

Aluisio Gonçalves de Castro Mendes é formado em Direito pela Universidade do Estado do Rio de Janeiro, com especialização pela UnB e mestrado pela Universidade Federal do Paraná e pela Universidade de Frankfurt. Doutor em Direito pela Universidade Federal do Paraná, concluiu pós-doutorado na Universidade de Ratisbona. É desembargador do Tribunal Regional Federal da 2.ª Região.

Ana Tereza Basilio é bacharel em Direito pela Universidade Cândido Mendes e pós-graduada em Direito norte-americano pela Universidade de Wisconsin. Foi juíza do Tribunal Regional Eleitoral do Estado do Rio de Janeiro e diretora da Escola Judiciária Eleitoral do Rio de Janeiro.

André Gustavo Corrêa de Andrade é mestre em Direito pela Universidade Estácio de Sá, professor de Direito Civil e Processo Civil da Escola da Magistratura do Estado do Rio de Janeiro e professor convidado de Processo Civil do curso de pós-graduação da Fundação Getúlio Vargas. É desembargador com assento efetivo na 7.ª Câmara Cível do Tribunal de Justiça do Estado do Rio de Janeiro.

Andréa Pachá formou-se em Direito pela Universidade do Estado do Rio de Janeiro, foi membro do Conselho Nacional de Justiça e vice-presidente da Associação dos Magistrados Brasileiros. É juíza titular da 4.ª Vara de Órfãos e Sucessões do Tribunal de Justiça do Estado do Rio de Janeiro.

Calixto Salomão Filho concluiu o curso de Direito pela Faculdade de Direito do Largo São Francisco. Realizou seu doutorado na Universidade de Roma — "La Sapienza" e pós-doutorado tanto pela Universidade de Yale quanto pelo Max Planck Institut Für Ausländisches und Internationales Privatrecht. É professor da Universidade de São Paulo e da *Fondation Nationale des Sciences Politiques*, em Paris.

Camila Mendes Vianna Cardoso é graduada em Direito pela Pontifícia Universidade Católica do Rio de Janeiro, LLM em Direito Marítimo, Seguro Marítimo, Transporte de Mercadorias por Mar e Direito Internacional dos Recursos Naturais pela London School of Economics, bem como em Liderança em Gestão de Escritórios de Advocacia pela Harvard Law School.

Carlos Gustavo Direito é pós-doutor em História Antiga pela Universidade Federal do Estado do Rio de Janeiro e juiz do 1.º Tribunal do Júri da mesma cidade. É professor de Direito Romano da Pontifícia Universidade Católica do Rio de Janeiro.

Carlos Roberto Barbosa Moreira é bacharel em Direito pela Universidade do Estado do Rio de Janeiro e professor concursado de Direito

Civil do Departamento de Direito da Pontifícia Universidade Católica do Rio de Janeiro.

Cláudio dell'Orto é graduado em Direito pela Universidade Católica de Petrópolis. Na mesma instituição, bem como na Pontifícia Universidade Católica do Rio de Janeiro, ingressou também como professor adjunto. É desembargador do Tribunal de Justiça do Rio de Janeiro.

Claudio Lampert é bacharel em Direito pela Universidade do Estado do Rio de Janeiro e mestre em direito comparado pela Universidade de Miami.

Daniel Homem de Carvalho é presidente da Comissão de Direito dos Jogos e Entretenimento do Instituto dos Advogados Brasileiros (IAB) e secretário da Comissão de Direito dos Jogos Esportivos, Lotéricos e Entretenimento da OAB Nacional.

Francisco Amaral é doutor *honoris causa* pela Universidade de Coimbra e da Universidade Católica Portuguesa, bem como professor titular de Direito Civil e Romano na Faculdade de Direito da Universidade Federal do Rio de Janeiro. É ainda membro da Academia Brasileira de Letras Jurídicas e da Accademia dei Giusprivatisti Europei.

François Ost, belga, é jurista e filósofo. Especialista em Direitos Humanos e Direito do Ambiente, leciona na Université Saint-Louis, em Bruxelas.

Humberto Theodoro Jr. é doutor em Direito pela Universidade Federal de Minas Gerais, estado em cujo Tribunal de Justiça foi desembargador. Também na Universidade Federal de Minas Gerais, atuou como professor titular.

Jairo Carmo, paranaense, foi magistrado no Rio de Janeiro de 1988 a 2001 e coordenador acadêmico da Escola da Magistratura do Estado do Rio de Janeiro. Atua como professor de Direito Civil.

Joaquim Falcão é doutor em Educação pela Universidade de Genebra e mestre pela Faculdade de Direito de Harvard. É também professor titular de Direito Constitucional na Escola de Direito da Fundação Getúlio Vargas, no Rio de Janeiro.

Jorge Luis da Costa Silva é bacharel em Direito pela Universidade do Estado do Rio de Janeiro, mesma instituição em que cursa o mestrado em Direito Processual. É assessor jurídico no Tribunal Regional Federal da 2.ª Região.

José Alexandre Tavares Guerreiro possui bacharelado em Direito pela Universidade de São Paulo, onde concluiu mestrado e doutorado em Direito Comercial. É professor da Universidade de São Paulo.

José Carlos de Magalhães é bacharel em Ciências Jurídicas e Sociais pela Universidade de São Paulo, mestre em Direito pela Universidade de Yale e doutor em Direito pela Universidade de São Paulo, onde conquistou o título de livre-docente.

J. M. Leoni Lopes de Oliveira é mestre em Direito, procurador de justiça do Ministério Público do Estado do Rio de Janeiro e membro fundador da Academia Brasileira de Direito Civil (ABDC). Atua ainda como professor da Fundação Escola do Ministério Público do Estado do Rio de Janeiro e da Escola da Magistratura do Estado do Rio de Janeiro.

José Roberto de Castro Neves é doutor em Direito Civil pela Universidade do Estado do Rio de Janeiro e mestre em Direito pela Universidade de Cambridge, Inglaterra, tendo-se graduado na UERJ. É professor de Direito Civil na Pontifícia Universidade Católica do Rio de

Janeiro e na Fundação Getúlio Vargas. É membro da Comissão Permanente de Direito Civil do Instituto dos Advogados do Brasil e membro da Comissão Constitucional da OAB Nacional.

Judith Martins-Costa é parecerista, com atuação em processos judiciais e arbitragens. É livre-docente pela Faculdade de Direito da Universidade de São Paulo, mesma instituição onde concluiu o curso de doutorado. Foi profesora adjunta da Universidade Federal do Rio Grande do Sul.

Julian Fonseca Peña Chediak formou-se em Direito em 1991 pela Universidade do Estado do Rio de Janeiro. É professor de Direito Comercial e de Regulação do Mercado de Capitais na Pontifícia Universidade Católica do Rio de Janeiro e conferencista na Escola da Magistratura do Estado do Rio de Janeiro. É também presidente do comitê jurídico da Câmara de Comércio Americana no Rio de Janeiro.

Leonardo Greco formou-se em Ciências Jurídicas pela Universidade de São Paulo, onde também concluiu seu doutorado em Direito. Foi professor titular de Direito Processual Civil da Faculdade Nacional de Direito da Universidade Federal do Rio de Janeiro.

Marçal Justen Filho formou-se pela Universidade Federal do Paraná. É mestre e doutor pela Pontifícia Universidade Católica de São Paulo. Foi professor titular da Faculdade de Direito da Universidade Federal do Paraná, *visiting fellow* no Instituto Universitário Europeu (Itália) e *research scholar* na Faculdade de Direito de Yale.

Marcelo Barbosa é bacharel em Direito pela UERJ e mestre pela Universidade de Columbia. É presidente da Comissão de Valores Mobiliários. Foi professor de Direito Comercial na Universidade do Estado do Rio de Janeiro e de direito societário na Fundação Getúlio Vargas.

Maria Celina Bodin de Moraes é doutora em Direito Civil pela Universidade de Camerino (Itália), professora titular de Direito Civil da Faculdade de Direito da Universidade do Estado do Rio de Janeiro e professora associada do Departamento de Direito da Pontifícia Universidade Católica do Rio de Janeiro.

Maurício Almeida Prado é doutor em Direito Internacional pela Université de Paris X – Nanterre, onde também obteve o *master* em comércio internacional. É também mestre em Direito do Comércio Internacional e bacharel em Direito pela Universidade de São Paulo. Possui especialização em D.E.S.S. em comércio internacional pela Université Paris X – Nanterre. Atua como professor da Fundação Getúlio Vargas. É membro da Société de Législation Comparé (Paris) e do Working Group International Contracts.

Miguel Reale Jr. formou-se em Direito pela Universidade de São Paulo, mesma instituição em que se tornou doutor, livre-docente e professor titular de Direito Penal. Foi Ministro da Justiça durante o governo de Fernando Henrique Cardoso.

Nelson Eizirik é mestre em Direito pela Pontifícia Universidade Católica do Rio de Janeiro. Foi diretor da Comissão de Valores Mobiliários e é presidente do Comitê de Aquisições e Fusões.

Otavio Yazbek é doutor em Direito Econômico e bacharel em Direito pela Faculdade de Direito da Universidade de São Paulo. Foi diretor de regulação da BM&F, diretor de autorregulação da BM&FBOVESPA, diretor da Comissão de Valores Mobiliários e membro do Standing Committee on Supervisory and Regulatory Cooperation, do Financial Stability Board.

Patricia Ribeiro Serra Vieira graduou-se em Direito pela Universidade Candido Mendes, possui mestrado em Direito pela Pontifícia Universidade Católica do Rio de Janeiro e doutorado em Direito pela Universidade do Estado do Rio de Janeiro. É desembargadora do Tribunal de Justiça do Estado do Rio de Janeiro e professora titular da Universidade Federal do Estado do Rio de Janeiro.

Paulo Albert Weyland Vieira é bacharel em Direito pela Faculdade de Direito da Pontifícia Universidade Católica do Rio de Janeiro e mestre em Direito pela Faculdade de Direito da Universidade de Cambridge, Inglaterra. Foi professor de direito bancário e de direito comercial na Faculdade de Direito da Pontifícia Universidade Católica do Rio de Janeiro.

Pedro Paulo Salles Cristofaro formou-se pela Pontifícia Universidade Católica do Rio de Janeiro. É mestre em Direito do Comércio Internacional pela Universidade de Paris-Nanterre. Professor da PUC-Rio e de diversos cursos de pós-graduação, integra a Comissão de Arbitragem da Câmara FGV de Conciliação e Arbitragem. É membro das Seções de Direito Antitruste, Direito Internacional e Solução de Conflitos da American Bar Association, vice-presidente de Mineração da Câmara Brasileira de Mediação e Arbitragem e *vice-chair* do Comitê de Assuntos Jurídicos da Câmara de Comércio Americana do Rio de Janeiro. Faz parte do Conselho Deliberativo do IBRAC – Instituto Brasileiro de Estudos de Concorrência, Consumo e Comércio Internacional.

Ruy Rosado de Aguiar Jr. possui graduação em Ciências Jurídicas e Sociais pela Universidade Federal do Rio Grande do Sul, especialização em Direito Penal pela Universidade Federal do Rio Grande do Sul, especialização em Direito Comunitário pela École Nationale de La Magistrature de France e mestrado em sociedade e estado em perspectiva de integração pela Universidade Federal do Rio Grande do Sul. Foi promotor de justiça do Estado do Rio Grande do Sul, juiz do Tribunal de Alçada do Rio Grande do Sul, desembargador do Tribunal de Justiça do Estado do Rio Grande do Sul e ministro do Superior Tribunal de Justiça. É professor convidado da Universidade Federal do

Rio Grande do Sul em nível de pós-graduação e professor da Escola Superior da Magistratura do Rio Grande do Sul.

Sergio Cavalieri Filho foi desembargador e presidente do Tribunal de Justiça do Estado do Rio de Janeiro. Também foi diretor geral e professor da Escola da Magistratura do Rio de Janeiro.

Simone Schreiber é formada em Direito pela Universidade do Estado do Rio de Janeiro. Possui mestrado em Direito Constitucional e Teoria do Estado pela Pontifícia Universidade Católica do Rio de Janeiro e doutorado em Direito Público pela Universidade do Estado do Rio de Janeiro. É professora associada de Direito Processual Penal da Universidade Federal do Estado do Rio de Janeiro e desembargadora federal do Tribunal Regional Federal da 2.ª Região.

Tercio Sampaio Ferraz Jr. possui doutorado em direito pela Universidade de São Paulo e em filosofia pela Johannes Gutenberg Universität de Mainz, Alemanha. É professor titular aposentado do Departamento de Filosofia e Teoria Geral do Direito da Universidade de São Paulo e professor de filosofia e teoria geral do direito dos cursos de mestrado e doutorado da Pontifícia Universidade Católica de São Paulo.

Theófilo Miguel é bacharel em direito pela Universidade de São Paulo e mestre em direito e desenvolvimento pela Fundação Getúlio Vargas de São Paulo, onde também atua como pesquisador.

Direção editorial
Daniele Cajueiro

Editor responsável
Hugo Langone

Produção editorial
Adriana Torres
Carolina Rodrigues
Nina Soares
Mariana Bard
Thais Entriel

Preparação de originais
Bruno Fiúza
Luiz Felipe Fonseca
Gabriel Demasi

Revisão
Beatriz D'Oliveira
Rachel Rimas
Rita Godoy

Diagramação
Filigrana

Este livro foi impresso em 2019
para a Nova Fronteira.